KB211905

기도하면　뭐가　달라지나요？

PRAYER: DOES IT MAKE ANY DIFFERENCE?

by Philip D. Yancey

Originally published in the U. S. A. under the title: *Prayer: Does It Make Any Difference?*

Copyright © 2006 by Philip D. Yancey

Published by permission of Zondervan, Grand Rapids, Michigan, U.S.A. through arrangement of rMaeng2, Seoul, Republic of Korea.

www.zondervan.com

All rights reserved.

Further reproduction or distribution is prohibited.

This Korean Edition Copyright © 2015 by Poiema, an imprint of Gimm-Young Publishers, Inc., Seoul, Republic of Korea.

기도하면 뭐가 달라지나요?

필립 얀시
최종훈 옮김

포이에마
POIEMA

기도하면 뭐가 달라지나요?

필립 얀시 지음 | 최종훈 옮김

1판 1쇄 발행 2015. 1. 29 | **1판 5쇄 발행** 2024. 9. 26 | **발행처** 포이에마 | **발행인** 박강휘 | **등록번호** 제 300-2006-190호 | **등록일자** 2006. 10. 16 | 서울특별시 종로구 북촌로 63-3 우편번호 03052 | 마케팅 부 02)3668-3260, 편집부 02)730-8648, 팩스 02)745-4827

본 저작물의 한국어판 저작권은 알맹2 에이전시를 통하여 Zondervan과 독점 계약한 포이에마에 있습니다. 저작권법에 의하여 한국 내에서 보호받는 저작물이므로 무단전재와 무단복제를 금합니다.

값은 뒤표지에 있습니다. ISBN 978-89-97760-30-5 03230 | 독자의견 전화 02)730-8648 | 이메일 masterpiece@poiema.co.kr | 좋은 독자가 좋은 책을 만듭니다. | 포이에마는 독자 여러분의 의견에 항 상 귀를 기울이고 있습니다.

기도는 사랑하는 이의 주의를 끌기 위해

하늘의 창문에 던지는 작은 조약돌이다.

_ R. S. 토머스

01

늘 하나님과 동행하며

기도란 모든 이들이 체험하는 찬란한 행복과 끔찍한 고통, 초자연적인
권능과 정서적인 친밀감에 인간이 보이는 특별한 반응이다.
_ 퍼트리샤 햄플[1]

한 학생이 물었다. "아직 아무도 손대지 않은 논문 주제가 있을까요?" 알베르트 아인슈타인이
대답했다. "기도를 연구해보게. 누군가는 꼭 탐구해야 할 주제거든."[1]

내면 깊은 곳의 갈망

어쩌다 보니 상황이 좋지 않은 시기에 상트페테르부르크를 찾았다.
2002년 11월쯤이었다. 때마침 제정 러시아 수도 지정 300주년 기념 행
사를 준비하느라 도시 전체가 재건축 현장으로 변해 있었다. 볼만한 건
축물은 모조리 공사용 발판에 가리고, 포석이 깔린 고풍스러운 도로는
자갈투성이였다. 아침 조깅이라는 평범한 일과마저 엄청난 모험이 되어
버렸다. 먼지를 살짝 뒤집어쓴 채 숨어 있는 간교한 얼음구덩이를 피하
는 한편, 공사장 인부들이 쌓아놓은 벽돌이나 모래더미를 요리조리 피해
가려면 어쩔 수 없이 고개를 잔뜩 숙인 채 어둠 속을 달려야 했다. 고위
도 지방에서는 오전 9시가 넘어야 해가 뜬다.

그러다 어느 날 아침, 결국 길바닥에 얼굴을 처박고 말았다. 잠깐 한눈
을 팔았던 것 같다. 머리가 핑 돌면서 몸이 떨렸다. 애써 정신을 차리고
몸을 일으켰다. 중심을 잃고 쓰러지는 와중에도 도로 경계석 바깥으로

위험하게 삐져나온 철근 끄트머리를 피해 몸을 튼 기억이 난다. 장갑을 벗고 오른쪽 눈자위를 더듬으니 피가 만져졌다. 얼굴 오른쪽은 온통 피범벅이었다. 조심스럽게 일어나 옷에 묻은 흙과 얼음조각을 털어냈다. 생각보다 상처가 심한 듯했다. 살살 걸으면서 후들거리는 팔다리를 조금씩 움직여보았다. 처음부터 입안에서 피 맛이 나긴 했는데, 앞니가 없어진 걸 알아챈 것은 두어 블록쯤 걸은 뒤였다. 어두운 길을 되짚어 부러진 이를 찾아봤지만 헛수고였다.

번화가인 넵스키 대로大路에 도착했을 무렵부터는 행인들의 시선이 느껴졌다. 러시아인은 웬만해선 낯선 사람을 똑바로 쳐다보지 않는다. 하지만 이 좋은 구경거리만은 놓칠 수 없다는 듯 흘끔거렸다. 절뚝거리며 호텔로 들어서자마자, 미심쩍은 눈초리로 노려보는 경비원에게 사정을 말하고 방에 데려다달라고 부탁했다. 천신만고 끝에 도착한 객실! 문을 두드리며 소리쳤다. "여보, 문 좀 열어봐. 나 많이 다쳤어."

러시아 병원에 관한 흉흉한 소문은 진즉부터 알고 있었다. 간단한 찰과상을 치료하러 갔다가 에이즈나 바이러스성 간염을 얻어 온다는 식의 얘기였다. 그래서 병원 신세를 지지 않고 스스로 치료하기로 했다. 우선 냉장고를 열고 보드카를 꺼내 상처를 소독하기 시작했다. 윗입술이 두 갈래로 찢어져 있었다. 이를 악물고 알코올을 들이부은 다음, 비행기에서 얻은 물수건으로 얼굴을 문질렀다. 다음에는 일회용 반창고로 찢어진 입술을 단단히 결합시켰다. 상처가 덧나지 않고 그대로 나아주기만을 바랐다. 눈자위는 퉁퉁 부어오르고 시퍼렇게 멍이 들었지만, 다행히 시력에 문제가 생긴 것 같지는 않았다.

아스피린 몇 알을 먹고 자리에 누워 잠깐 쉬고는 곧장 넵스키 대로로

나가 인터넷 카페를 수소문했다. 세 번이나 계단을 오르내리고 손짓발짓으로 가격을 흥정한 끝에 간신히 컴퓨터 앞에 앉았다. 생소한 자판 위에 손가락을 얹고 눈으로는 모니터에 나타나는 키릴 문자를 노려보았다. 10분이 넘게 시도한 끝에야 간신히 영어 화면을 끌어낼 수 있었다. 드디어 원하는 웹사이트에 접속할 길이 열린 것이다. 서둘러 가족들은 물론이고 콜로라도에 있는 기도 후원자들과 친구들에게 편지를 써 보냈다. 툭하면 접속이 끊겼다. 그때마다 처음부터 다시 접속해 글을 써야 했다.

내용은 간단했다. 사정을 알리는 글을 몇 줄 쓴 다음에 "도움이 필요합니다. 기도해주세요"라고 적었다. 당시로서는 상처가 얼마나 깊은지 전혀 알 수가 없었다. 앞으로 며칠간 상트페테르부르크 서점 연합회 모임에서 강연을 하고 모스크바로 가서 몇 차례 연설하는 일정이 잡혀 있었다. 때마침 포털 사이트 실시간 뉴스 창에는 체첸 반군이 극장을 점거하고 수많은 관객을 인질 삼아 대치 중이며 군 당국이 모스크바를 철통같이 포위했다는 소식이 떠 있었다. 편지를 다 쓰고 '보내기' 버튼을 누름과 동시에 팝업 창이 열리면서 '사용 시간이 종료되었습니다'라는 메시지가 나타났다.

과연 기도라는 건 무엇이고, 어떻게 작동하는 것일까? 호텔로 돌아오는 내내 그 생각이 머리를 떠나지 않았다. 기도하는 이는 누군가 들어주기를 기대하면서 눈에 보이는 세상에서 보이지 않는 세계로 신호를 보낸다. 하지만 메시지가 수신되었다는 사실을 어떻게 알 수 있을까?

그럼에도 기도 요청을 한 뒤부터 두려움과 걱정의 응어리가 풀리기 시작했다. 이제 몇 시간만 지나면 나를 사랑하고 염려하는 가족과 친구들이 컴퓨터를 켜서 메일을 읽고 기도해줄 게 틀림없었다. 절대 혼자 버

려진 게 아니었다.[2]

전 인류의 호소

모든 종교에는 어떤 형태로든 기도 행위가 존재한다. 문명을 등지고 사는 원시 부족은 제물을 바치면서 건강과 식량, 비, 자손, 승전 따위를 구한다. 잉카와 아스텍 부족은 신의 관심을 끌기 위해 산 사람을 제물로 바치기까지 했다. 이슬람교도는 하루에 다섯 번씩, 하던 일을 멈추고 기도를 올린다. 운전을 하던 중이든, 커피를 마시던 중이든, 축구 경기를 하던 중이든 예외가 없다.

무신론자도 나름의 기도를 한다. 러시아에서 공산주의가 맹위를 떨치던 시절, 진심으로 공산주의를 신봉하던 이들은 집 안에 '레드 코너Red Corner'를 차려놓았다.[3] 정교회 신자들이 성상을 올려놓던 자리에 레닌의 초상화를 올려놓은 일종의 제단이었다. 공산당 기관지였던 〈프라우다〉는 1950년에 독자들에게 이렇게 촉구했다.

일하다가 어려운 문제에 부닥치거나 불현듯 자신이 너무 무능한 게 아닌가 싶은 생각이 들거든 그분[스탈린]을 생각하라. 어려움을 헤쳐나갈 자신감이 생길 것이다. 정신을 똑바로 차려도 시원치 않을 판에 피로감이 몰려올 때는 그분을 생각하라. 금방 말짱해질 것이다. 어떻게든 올바른 결정을 내리고 싶다면 그분을 생각하라. 바른 길을 찾게 될 것이다.[4]

인간은 살면서 만난 멋지고 아름다운 순간에 대하여 누군가 또는 무언가에 감사하고 싶을 때도 기도를 드린다. 자신이 너무나도 왜소하고 무기력하다는 사실을 절감할 때, 그리하여 깊은 두려움에 사로잡히는 순간에도 기도가 나온다. 용서를 받고 힘을 얻기 위해, '스스로 존재하는 분'을 만나기 위해, 세상에 홀로 버려진 게 아니라는 사실을 확인받기 위해서도 기도한다. 알코올 중독자 모임 회원들 역시 각자가 믿는 절대자에게 중독에서 벗어나게 도와달라고 간구한다. 자기 힘으로는 어쩔 수 없기에 기도하는 것이다. 기도를 뜻하는 영어 단어 prayer는 라틴어 *precárius*에서 왔다. 그러니 언어학적으로 따지면, 남에게 의지할 수밖에 없는 위태로운 상황을 가리키는 precarious의 사촌쯤 되는 단어다. 러시아 상트페테르부르크에서 드린 기도는 더할 나위 없이 절박한 호소였다. 하나님 말고는 달리 의지할 곳이 없었기 때문이다.

인간의 기본적인 필요를 반영한다는 점에서 기도는 보편성을 띤다. 토머스 머튼의 말처럼 "기도는 인간이란 존재를 있는 그대로 표현하는 행위다. 인간은 불완전한 존재다. 반드시 무언가로 채워야 할 간격이나 공간과 같다."[5] 기도를 시작하는 순간 침묵은 깨지고 내면 가장 깊은 곳에서 수많은 말이 흘러나온다. 2001년 9월 11일 이후 한동안 수많은 미국인이 "하나님, 미국에 축복을 내리소서"라든지, "미국을 구해주소서"라는 기도를 입에 달고 살았던 것도 같은 맥락이다. 우리를 구하소서. 우리를 살리소서. 다시 한 번 기회를 주소서.

갤럽연구소가 조사한 바에 따르면, "다음 한 주 동안 무엇을 하겠는가?"라고 물었을 때, 운동하러 가거나, 자동차를 운전하거나, 섹스를 하거나, 일하러 가겠다는 응답자보다 기도하러 가겠다는 사람이 더 많았다.[6] 현재 미국인 열에 아홉은 규칙적으로 무릎을 꿇고 있으며, 네 명 중 세 명은 날마다 기도를 한다. 기도에 대한 세간의 관심이 얼마나 높은지 알고 싶으면 인터넷 검색 엔진에 '기도'라는 단어를 입력하고 어떤 결과 가 나오는지 살펴보라. 얼마나 많은 사이트가 뜨는지 입이 딱 벌어진다.

나는 그리스도인의 기도 또는 기도 생활을 연구하기로 마음먹고 먼저 도서관부터 샅샅이 뒤졌다. 역사에 이름을 남긴 위대한 기도자들의 이야 기를 읽고 싶었다. 조지 뮬러는 아침마다 몇 시간씩 고아원을 운영하는 데 필요한 갖가지 것을 채워주시도록 하나님에게 요청한 뒤에야 비로소 일과를 시작했다. 랜슬럿 앤드루스 주교는 하루에 다섯 시간 이상을 기 도하는 데 할애했고, 찰스 시므온 목사는 새벽 4시부터 저녁 8시까지 이 어지는 기도 시간을 철저히 지켰다. 수잔나 웨슬리는 잠시도 쉴 틈이 없 을 만큼 바빴지만, 앞치마를 두른 채 흔들의자에 앉아서 존 웨슬리와 찰 스 웨슬리를 비롯한 자식들을 위해 간절히 기도하는 일과만큼은 절대 빼먹지 않았다. 마르틴 루터 역시 하루에 두세 시간씩 떼어 기도하기를 잊지 않았다. 구두 장인이나 재단사가 능숙하고 자연스럽게 신발을 만들 고 옷을 짓는 것처럼, 그리스도인은 기도하는 일에 익숙해져야 한다고 마르틴 루터는 주장했다. 조나단 에드워즈는 허드슨 강변을 거닐며 주님 과 더불어 '달콤한 시간'을 보냈다면서, 그때마다 "하나님께 사로잡혀 그 안으로 빨려 들어가는 것만 같았다"고 기록했다.[7]

위대한 기도자들의 자료를 찾아 본 다음에는 평범한 이들을 대상으로 기도에 관해 인터뷰했다. "기도가 중요하다고 생각하세요?" "물론이죠." "얼마나 자주 기도하세요?" "매일 합니다." "한 번에 대략 얼마쯤 기도 하세요?" "아마 5분쯤 될 겁니다. 아니다, 7분 정도는 하던가?" "기도 생활에 만족하세요?" "솔직히 말하자면 그렇지 못한 편이에요." "기도할 때 하나님의 임재를 느끼세요?" "가끔요. 자주는 아니에요." 십중팔구 이야기는 대강 이런 식으로 흘러갔다. 인터뷰에 응한 사람 중 상당수는 기도를 기쁨이 아니라 부담으로 여기고 있었다. 기도가 '대단히', 경우에 따라서는 '가장' 중요하다고 생각하면서도 꾸준히 주님과 교제하지 못하는 자신을 정죄하며 늘 죄책감에 시달리는 형편이었다.

현대인의 악전고투

복음주의 교회의 공중기도는 어떨까? 하나님 앞에서 스스로 행할 바를 이야기하는 것 같지만, 살짝 껍질을 들춰보면 다른 이들에게 이러저러하게 행동하라고 훈계하는 내용이 대부분이다. 반면 이른바 진보적인 교회에서 드리는 기도는 일어나 행동하라고 촉구하는 목소리가 또렷하다. 기도는 이제 별 쓸모가 없어졌으니 하나님나라를 위해 정말로 중요한 일을 하러 가야 한다는 투다. 한스 큉이 쓴 두툼한 신학서 《그리스도인의 실존 Christ Sein》에는 기도에 관한 내용이 전혀 없다. 본문은 물론이고 색인에도 기도라는 용어가 들어 있지 않다. 나중에 누군가 이 점을 지적하자 한스 큉은 세심하게 살피지 못한 탓에 놓치고 말았다며 머리를 긁적였다고 한다. 바티칸의 검열과 출판사의 독촉에 시달리다 보니 기도에 관한 논의를 깜빡 잊었다고 했다.[8]

이론상의 중요도를 따지는 연구에서 그토록 높은 점수를 받는 기도가 실제 만족도를 따지는 조사에서 바닥권을 헤매는 까닭은 무엇일까? 오랜 시간 무릎을 꿇고 기도했던 마르틴 루터나 찰스 시므온과 의자에 앉아서도 단 10분을 버티지 못하는 현대 그리스도인의 차이를 어떻게 설명할 수 있을까?

이론상의 기도와 실천상의 기도 사이의 괴리는 어디에서나 확인할 수 있다. 이론상으로 기도는 인간에게 없어서는 안 될 핵심 활동이자 우주를 다스리는 하나님과 만나는 소중한 접점이다. 그런데 현실에서 기도는 그리스도인을 혼란스럽게 만들고 좌절감에 빠트리기 일쑤다. 이 책의 출간을 앞두고 출판사에서 웹사이트를 통해 실시한 여론 조사에 따르면, 678명의 응답자 중에서 기도하면서 만족감을 느끼는 경우는 23명에 불과했다. 이처럼 모순된 현실이 내가 이 책을 기획한 결정적인 동기다.

과학 기술의 발전이 기도 생활에 혼란을 가져왔다는 점은 누구도 부인할 수 없다. 지난 시대 농부들은 하늘을 우러러 가뭄이 끝나길 기도했다. 요즘엔 저기압 전선을 연구하고 관개수로를 뚫는가 하면 금속성 입자를 뿌려 구름을 만들어내는 식으로 문제를 해결한다. 과거의 부모들은 자녀가 아플 때 얼른 하나님 앞에 달려가 부르짖었지만, 이제는 앰뷸런스를 부르거나 의사에게 전화한다.

우리 시대의 회의론도 기도 생활에 치명적인 해악을 끼쳤다. 현대인은 회의가 짙게 밴 공기를 들이마시며 생각한다. 하나님은 어째서 역사가 이상한 방향으로 꺾이는 걸 바로잡지 않으시고 그냥 보고만 계시는가? 기도로 핵무기의 위협과 테러, 태풍, 지구를 흔드는 기상이변 따위를 해결할 수 있는가? 기도란 조지 버트릭의 표현처럼 '광막한 허공에 흩어지고 마는 발작적인 말'에 불과한 게 아닐까?[9] (그는 1942년에 이미 이런 이야기를 했다.)

'등 따습고 배부르게' 된 현실도 기도를 무력화시키는 데 적잖은 역할을 했다. 세계 곳곳을 돌아다녀보면, 가난한 나라의 그리스도인일수록 기도에 능력이 있는지 의심하느라 세월을 낭비하지 않고 실제로 기도하는 일에 더 많은 시간을 쓴다는 사실을 금방 알 수 있다. 부자들은 자신의 재능과 재물을 이용해 당면한 문제를 해결하고 싶어 하고 사회 보장 정책과 은퇴 후 노후 대책에 기대어 미래를 대비하려 든다. 냉장고에 한 달 동안 먹고도 남을 음식을 쟁여둔 상태라면 "일용할 양식을 주옵소서"라는 기도가 간절할 수 없는 법이다.

세상은 날이 갈수록 빨리 돌아가고, 느긋하게 앉아서 기도할 여유는 그만큼 줄어들고 있다. 커뮤니케이션은 점점 짧아지고 더 비밀스러워졌다. 편지 한 장도 버거워서 이메일이나 문자 메시지로 처리해버리고 만다. 대화는 줄어들고 혼자 지내는 시간이 길어졌다. "없어"가 붙는 말이 폭발적으로 늘었다. 시간이 없고, 쉴 틈이 없고, 운동할 여유가 없고, 놀짬이 없다. 이렇게 온갖 스케줄이 꽉 들어찬 삶에 무슨 여백이 있어 하나님이 끼어드실 수 있겠는가?

내면을 들여다보고 마음을 털어놓고 싶을 때는 심리 치료사나 상담가를 동원한다. 과거에는 오직 하나님만이 출구였다. 하지만 지금은 보이지 않는 주님께 기도해봤자 즉각적인 반응이 없다. 카운슬러나 친구는 최소한 고개를 끄덕이며 공감해주지 않는가. 기도한들 과연 누가 듣기는 하는 걸까?

회의론자에게 기도란 그저 허상이요 시간낭비일 뿐이다. 그러나 믿는 자들에게는 기도하는 시간만큼 소중한 시간이 없을 것이다. 그리스도인인 나로서는 당연히 후자다. 그렇다면 어째서 기도에 대해 그토록 확신이 없는 것일까? 영국의 목회자 마틴 로이드 존스는 기도를 둘러싼 혼란을 이렇게 묘사했다. "그리스도인이 행하는 일 중에, 또는 그리스도인의 삶을 이루는 부분 가운데 이른바 기도만큼 그리스도인을 난처하게 만들고 허다한 문제를 일으키는 일도 없다."[10]

순례자의 탐색

전문가가 아니라 순례자의 마음으로 이 책을 썼다. 사람들이 의문을 품는 것에 대해서는 나 역시 궁금하다. 하나님이 기도를 들으실까? 주님이 나 같은 존재에게 마음을 쓰셔야 할 이유가 있을까? 기도 응답에 일관성이 없고 변덕스러워 보이는 이유는 무엇일까? 암에 걸렸을 때 주변에 중보해주는 친구가 많으면 기도를 받지 못하는 환자보다 빨리 나을까? 하나님이 때로는 가까이, 때로는 멀리 떨어져 계신 것처럼 느껴지는 이유는 무엇일까? 기도는 하나님 마음을 바꾸는가, 아니면 나를 변화시키는가?

나 역시 이 책을 쓰기 전까지는 웬만하면 기도라는 주제와 맞닥뜨리고 싶지 않았다. 죄책감과 열등감 때문이었다. 기도 일지를 쓰지도 않고, 영적인 지도자들을 만나러 다니지도 않고, 정기적으로 기도 모임에 나가지도 않는다는 사실을 드러내는 게 쉽지 않았다. 공개적으로 기도 이야기를 하자면 스스로 의심의 안경을 끼고 있다는 사실을 어쩔 수 없이 고백해야 했다. 응답받은 기도에 기뻐하기보다 응답받지 못한 기도에 더 집착하는 게 내 실상이다. 간단히 말해서 기도에 관한 책을 쓸 자질이라고는, '자격이 없다는 사실을 알고 있는 것, 그리고 진심으로 알고 싶어 하는 것'뿐이다.

지금까지 살아오면서 나는 줄곧 하나님이 어떤 분인지 알고 싶었다. 심리학자 제럴드 메이가 설명한 대로다. "마음이 외치는 소리에 20년 정도 귀를 기울여보고 나서 내린 결론은 인간에게는 하나님을 향한 태생적 욕구가 있다는 것이다. 신앙생활을 하든 안 하든, 이 욕구야말로 내면 가장 깊은 곳에 있는 갈망이며 무엇보다 소중한 보물이다."[11] 하나님은 그분의 형상대로 인간을 지으셨으므로 당연히 그 깊고 깊은 갈망을 채울 방법도 마련해두셨다. 그게 바로 기도다.

'글쟁이 기질'을 발휘해서 본격적인 작업에 들어가기 전에 주변 인물들과 알고 지내는 작가들, 같은 교회에 다니는 교인, 영적 스승들, 평범한 이들에게 기도에 대해 어떻게 생각하는지 물었다. 거기서 들은 이야기를 각 장 끝에 넣었다. 기도와 관련하여 진솔하고 솔직한 이야기를 담는 동시에 그들이 제기한 문제에서 이탈하지 않도록 마음을 다잡기 위한 장치다. 누구라고 하면 다 알 만한 인물도 있지만, 성姓은 밝히지 않고 이름만 썼다. 거짓이 단 한 점이라도 섞이지 않게 하려는 배려였다. 기도에 관해서라면 누구나 초보자다.

금식, 철야, 신령한 계시 따위의 구체적인 기법을 다루는 가이드북을 쓸 생각은 애당초 없었다. 어슬렁어슬렁 돌아다니면서 유적지를 돌아보며 질문을 던지고 곰곰이 생각해서 전후사정을 살피는 순례자처럼 기도를 파고들었다. 약속은 많이 하고 생각은 적게 하는 사람들 사이에서 시간을 보내느라 얼마간 치우쳤고 과도하게 반응한 면이 없지 않은 것도 사실이다. 그러나 다른 부분에서 다소 부족함이 생기더라도 있는 그대로 자신을 드러내는 정직성만큼은 지키려고 노력했다.

글을 써가면서 차츰 기도를 의무가 아닌 특권으로 보게 되었다. 영혼에 유익한 일이 다 그렇듯 기도에도 훈련이 필요한 게 사실이다. 그러나 하나님과 더불어 살아가는 삶이라면, 기도는 책임과 의무보다 우정에 더 가까운 모습을 취할 것이다. 기도하는 과정에는 환희의 순간과 무감각한 시간이 공존한다. 아무 생각 없이 방심할 때가 있고 예민하게 집중할 때가 있다. 기쁨이 폭죽처럼 터지는 시점이 있는가 하면, 초조해서 미칠 것 같은 시간도 엄연히 존재한다. 쉽게 얘기해서, 관계에서 볼 수 있는 중요한 특성이 모두 나타난다는 말이다.

기도가 하나님과 인간이 만나는 자리라고 한다면, 당연히 기도를 배워야 한다. 여태까지 그리스도인으로 살아오면서 벌였던 씨름은 대체로 두 가지 주제를 맴돌았다. "하나님은 어째서 인간이 기대하는 대로 역사하지 않으시는가?" 하는 것과 "나는 어째서 하나님이 원하시는 대로 행동하지 않는가?" 하는 것이다. 기도는 그 두 가지 주제가 한데 겹쳐지는 중요한 지점이다.

지나가는 배에서 나오는 불빛을 기준으로 방향을 잡는 건 어리석은 짓이다. 하늘의 별을 보고 항로를 정해야 한다. _조지 마셜[1]

하나님의 눈으로

콜로라도 주에 있는 해발 4,000미터의 산에 오르려면 아침 일찍, 적어도 새벽 4시 이전에 출발해야 한다. 탈수 증세가 생기지 않도록 되도록 커피는 삼가는 게 좋다. 등반이 시작되는 지점까지는 자동차를 몰고 올라간다. 바퀴 자국이 깊이 패는 험로인지라 바닥에서 튀어 오른 흙과 잔돌이 차체를 두들겨댄다. 아직 사방이 캄캄한 시각, 언제 어디서 야생 동물이 튀어나올지 모르니 늘 주의를 기울여야 한다. 이윽고 3,000미터 지점에 도착하면 차를 두고 푸른 가문비나무와 아름드리 소나무, 미송나무가 들어찬 숲길을 따라 등산을 시작한다. 낙엽송에서 떨어진 솔잎이 길바닥에 수북해서 마치 스펀지를 밟는 것 같다. 흙냄새와 잎이 삭는 냄새가 코를 찌른다. 등산로는 콸콸 흐르는 냇물을 따라 이어진다. 새벽 달빛을 받은 시내는 마치 허공에 펼쳐놓은 은빛 비단 같다. 새마저 단잠을 자는 새벽, 정적을 깨는 건 물소리뿐이다.

3,300미터 근처에 다다르면 나무 사이 간격이 성겨지면서 초지가 펼쳐진다. 우거진 풀 사이로 야생화가 지천이다. 서서히 태양이 떠오른다. 먼저 산꼭대기가 불그스레한 아침노을에 물들고 곧이어 분지 아래까지 햇살이 쏟아진다. 툭 터진 벌판에 루핀, 분홍바늘꽃, 매발톱꽃, 인디언붓꽃 따위가 군락을 이루며 환하게 아롱진다. 물가에는 투구꽃류, 코끼리귀, 난봉옥, 차임벨풀, 동의나물 등 이름조차 생소한 풀이 무리지어 있다.

냇물을 끼고 더 올라가면 우뚝 솟은 절벽이 앞을 막는다. 거기서부터 목표로 삼은 봉우리의 코앞, 수풀에 덮인 산마루까지는 지그재그로 꺾이는 등산로를 타야 한다. 얼마 지나지 않아 심장은 단거리 선수처럼 요동치기 시작한다. 아침의 한기가 채 가시지 않았지만, 배낭 밑으로 땀이 배어난다. 잠시 물 한 모금을 마시고 고개를 들면 깎아지른 듯한 절벽 위로 아슬아슬 이어지는 길이 보인다. 새들의 새벽 합창이 시작되는가 싶더니 한 무리의 멕시코파랑지빠귀가 햇살을 뚫고 날아오른다. 네온사인처럼 밝게 타오르는 빛 덩어리에 눈이 번쩍 뜨인다.

고지대에서 자라는 야생화들은 땅바닥에 붙듯이 움츠리고 있다. 제대로 보자면 녀석들의 키에 맞춰 허리를 굽혀야 한다. 이곳 사람들이 '배꼽식물학'이라고 부르는 자세다. 다람쥣과 동물로 고산지대에 사는 마멋이란 놈이 뒤뚱거리고 서서 제 영역을 경계하며, 더 높은 곳에 사는 동료들에게 인간들이 올라가니 조심하라는 신호를 보낸다.

곧 흙과 풀을 뒤로한 채 헐벗은 벌판을 지나면, 외바퀴수레로 나를 수 있을 만한 크기의 화강암 덩어리가 주황색, 초록색, 노란색 이끼를 뒤집어쓰고 널려 있다. 여기부터는 발을 옮기기 전에 돌이 제대로 박혀 있는지 먼저 건드려봐야 하므로 계속 고개를 숙이고 걸을 수밖에 없다. 그렇게 한 시간 남짓 돌맹이를 건너뛰고 나면 비로소 산마루에 닿는다. 위쪽으로 뻗은 오르막길을 내처 따라가면 정상에 이를 수 있다. 일단 배낭을 내동댕이치고 숨을 고르고 나서 물을 들이켜고 간단한 음식으로 허기진 배를 채우니 피가 빠르게 돌며 쿵쾅거리는 바람에 다른 소리는 귀에 들어오지도 않는다. 여태껏 걸어온 길을 돌아보면 뿌듯한 성취감에 무언가 이룰 수 있다는 자신감이 생긴다.

아래를 굽어보니 멀리 수목한계선 부근에 조그만 점이 보인다. 처음엔 하나인 줄 알았는데 자세히 보니 둘이다. 짐승인가? 아니면 바위인가? 한 점이 움직인다. 그렇다면 돌덩이는 아니다. 그럼 마멋일까? 여기서는 크기를 짐작할 수가 없다. 두 번째 점은 붉은색을 띠고 있다. 등산객인가? 정오 무렵이면 몰려오던 폭풍우의 조짐이 있나 하늘을 올려다본다. 등산객이라면 최소한 세 시간 뒤에야 본격적인 등반에 나설 수 있을 텐데, 그 무렵이면 폭풍의 위협에 노출될 가능성이 적지 않다. 작은 점들이 다시 좁은 길을 따라 움직이는 게 보인다. 마치 개미가 꼼지락거리며 전진하는 것 같다.

불현듯 뇌리를 스치는 생각이 있다. 여기서 보면 세 시간 전의 내 모습도 저와 똑같지 않았을까? 거대하고 웅장하며 시시때때로 날씨가 달라지는 산에 오르는 한 점 인생. 떡하니 버티고 서 있는 산은 인간이 다가오든 말든 요동함이 없다. (어느 유명한 산악인이 말했다. "산은 사람을 죽이지 않는다. 그냥 거기 있을 뿐이다.") 스스로 왜소하다는, 미물만도 못하다는 느낌이 든다. 하나님의 눈으로 세상을 바라보면 그렇게 보일지도 모른다. 정상에서 내려다본 세상은 창조주의 시각을 잠시 빌려서, 그것도 단편적으로 잠깐 둘러본 풍경에 불과하다.

시편 29편 3절은 천둥소리를, 번갯불로 세상을 치는 주님의 음성이라고 묘사했다. 물론 번개는 땅에서 올라온 양전기의 수증기와 음전기를 띤 구름의 밑바닥이 만나서 생기는 현상이라는 건 초등학생도 다 아는 사실이다. 남들은 어떤지 몰라도 개인적으로는 번개가 번쩍할 때마다 하나님이 일일이 어디에 벼락을 떨어뜨릴지 결정하신다고 생각하지는 않는다. 하지만 산꼭대기에서 폭풍우를 만날 때면, 언제나 두려움에 사로잡히곤 한다. 지팡이 잡은 손이 떨리고 머리카락이 쭈뼛쭈뼛 일어선다. 벼락이 내 정수리에 떨어지지 않기를 바라면서 얌전히 두 다리를 모으고 몸을 웅크린다. 동시에 죽을 확률을 줄이기 위해 동반자와는 충분한 거리를 둔다. 얼마나 먼 곳에서 벼락이 쳤는지 가늠해보기도 한다(번개가 치고 2초가 지나서 천둥소리가 났다면, 800미터쯤 떨어진 곳이다). 인간이 어떤 존재인지 한눈에 들어온다. 녹아내리는 별 껍데기에 위태롭게 서 있는 두발짐승, 그게 인간이다.

다들 자기 삶을 스스로 어찌해볼 수 있다는 야무진 꿈을 꾸며 하루하루 살아간다. 나만 해도 그렇다. 책상 위엔 해야 할 일을 적어둔 쪽지가 그득하다. 사용 설명서를 잘 읽어본 다음에 제대로 돌아가지 않는 프린터를 손봐야 하고, 빗물받이 홈통을 막고 있는 솔잎을 치워야 하고, 변기 청소를 해야 하고, 스노타이어를 바꿔 끼워야 하고, 몸이 아픈 이웃을 들여다보아야 한다. 하루쯤 휴가를 낼 수 있다면 여유가 좀 있으련만… 산꼭대기에서 만난 벼락은 이런 내 생각을 바꿔놓았다. 바위를 때리고 고막을 울리면서 제힘으로 무언가를 좌지우지할 수 있다는 환상을 여지없이 도려낸 것이다. 먼 훗날은 고사하고 일분일초 뒤조차 알지 못하는 게 인생 아닌가.

시편 기자는 "여호와여 나의 종말과 연한이 언제까지인지 알게 하사 내가 나의 연약함을 알게 하소서"시 39:4라고 기도했다. 산마루를 휩쓸고 지나간 돌풍은 우레 같은 소리로 그 기도에 응답했다. 인생을 살면서 소중하게 생각했던 것이 산산이 부서지고 새로운 세계가 열린 것이다.

눈을 들어

거대한 봉우리마저도 작아 보이게 하는 것이 또 있다. 1997년 어느 날 밤, 차를 타고 집 근처 호숫가로 나가서 월식을 관찰했다. 동쪽 하늘에는 산봉우리 위로 헤일밥혜성이 하늘을 비추고 있었다. 다른 별에 비해 월등하게 환했다. 두 팔을 쭉 내밀고 주먹을 쥐어서 크기를 재보았다. 몸통부터 밝은 빛을 내는 꼬리까지 다 가려졌다. 이번에는 망원경 렌즈를 통해 태양계를 가로지르는 이 신비로운 물체를 구경했다.

반대편 하늘에선 지구 그림자가 점점 달을 덮어가는 중이었다. 달은 기묘한 주황색을 띠면서 차츰 흐려졌다. 몇 세기 만에 지구에 가장 가까이 근접했다는 화성이 그 위에서 붉게 타오르고 있었다. 월식이 진행될수록 하늘의 모든 별이 내뿜는 광채가 한결 밝아졌다. 머리 위에 내걸린 은하수가 금방이라도 쏟아질 것 같았다. 마치 다이아몬드 가루를 흩뿌려놓은 듯했다. 얼마나 오래 고개를 빼들고 쳐다봤던지 뒷목이 뻣뻣해왔다. 게다가 얼마 뒤부터는 구름이 몰려들고 눈발까지 날리기 시작해서 천체의 장관을 더 이상 구경하기 어려워졌다. 서둘러 판을 접고 자리를 뜨는 게 상책이었다.

그날 밤 역시 스스로 왜소해지는 체험을 했다. 크기를 비교한다는 것 자체가 우스웠다. 은하계가 북아메리카 대륙 전체만 하다면, 태양계의 크기는 커피 잔 하나에 지나지 않는다. 지금 이 시간에도 보이저호 두 대가 태양계 끄트머리를 향해 시속 16만 킬로미터로 날아가고 있다. 약 30년 전에 발사된 이래 비행을 계속해서 현재 14억 킬로미터 지점에 접근 중이다. 과학자들이 광속으로 명령을 보내면 우주선에 도달하기까지 13시간이 걸릴 것이다. 하지만 태양을 중심으로 돌아가는 세계가 아무리 광활하다 해도(상대적인 크기는 찻잔만 하다) 은하계에 존재하는 수백억 개의 다른 별과 행성의 일부일 뿐이다. 우주에는 그런 은하계가 무려 1,000억 개나 있을 것으로 추정된다. 우주 끝까지 광속으로 메시지를 보내자면 무려 150억 년이 필요하다.

시편 기자는 묻는다. "주의 손가락으로 만드신 주의 하늘과 주께서 베풀어 두신 달과 별들을 내가 보오니 사람이 무엇이기에 주께서 그를 생각하시며 인자가 무엇이기에 주께서 그를 돌보시나이까"시 8:3-4. 사람들이 툭하면 잃어버리는 관점을 되살려주는 탁월한 질문이다. 인간은 이름 모를 행성에 흩날리는 티끌 같은 존재다. 모든 실재의 중심에는 하나님이 계신다. 감히 상상할 수 없을 만큼 풍성한 권능과 사랑을 가지신 분 말이다. 주님의 실존 앞에서 인간은 연약한 인간 본연의 자세로 돌아가 납작 엎드리거나, 시편 기자가 그랬듯 하늘을 바라보며 고백해야 한다. "여호와 우리 주여 주의 이름이 온 땅에 어찌 그리 아름다운지요"시 8:1.

신비로운 기도의 세계를 탐험하기 위한 출발점은 바로 여기다. 아래를 굽어볼 수 있는 산꼭대기에 서든지, 아니면 하늘을 올려다볼 전망대에 자리를 잡는 것이다. 어떤 위치에서든 잠시나마 하나님의 눈으로 만물의 실체를 바라볼 수 있다. 마치 번갯불처럼 기도는 우리가 모르는 척 무시하고 살았던 부분을 선명하게 노출시킨다. 비록 10억분의 1초도 안 될 만큼 짧은 순간이지만 제힘으로는 도저히 살아갈 수 없는 허약한 인간의 실상이 고스란히 드러난다. 그제야 가족들과 인간관계, 갖가지 유혹, 건강, 미래 설계 등 깔끔하게 처리하지 못한 채 차곡차곡 쌓아둔 문제를 무엇에도 비할 수 없을 만큼 위대한 존재 앞에 풀어낸다. 하나님 앞에다 모든 짐을 부려놓고 어찌되는지 호기심어린 눈으로 지켜보는 것이다.

기도는 마음의 근시를 바로잡아준다. 잊어버리기 쉬운 하나님의 관점을 상기시켜주는 것이다. 우리는 시시때때로 역할을 뒤집어버린다. 내가 하나님을 섬기는 게 아니라 주님이 나를 위해 봉사한다고 착각하기 일쑤다. 하나님이 통렬한 어조로 욥에게 상기시키신 것처럼 주님은 수없이 많은 일을 관리하고 조정하는 우주의 주인이시다. 그래서 나는 자기 연민에 허우적댈 때면 하나님의 관점을 묵상하려 한다.

내가 땅의 기초를 놓을 때에 네가 어디 있었느냐. 네가 깨달아 알았거든 말할지니라. 누가 그것의 도량법을 정하였는지, 누가 그 줄을 그것의 위에 띄웠는지 네가 아느냐욥 38:4-5.

기도는 일상생활에서 벌어지는 자잘한(욥의 경우는 비참한) 사건을 뛰어넘어 더 높은 세계를 바라보게 한다. 인간의 왜소함과 하나님의 광대함을 각인시키는 동시에 둘 사이에 어떤 관계가 있는지 깨닫게 해준다. 하나님의 임재 앞에서 저절로 작아지는 걸 느낀다. 지극히 왜소한 인간이 바로 나이기 때문이다.

한동안 치열한 신학 논쟁이 벌어진 뒤에 하나님은 불우한 처지에 빠진 욥의 의혹을 풀어주셨다. 불쌍한 사나이는 단박에 무릎을 꿇었다. 욥의 고백은 간단했다. "죄송합니다. 질문을 하면서도 무얼 묻고 있는지조차 몰랐습니다." 하나님께 던진 질문 가운데 대답을 얻은 건 하나도 없었다. 하지만 상관없었다. 질문 자체가 의미 없어졌기 때문이다.

무지한 말로 이치를 가리는 자가 누구니이까. 나는 깨닫지도 못한 일을 말하였고 스스로 알 수도 없고 헤아리기도 어려운 일을 말하였나이다욥 42:3.

지금도 나는 쉴 새 없이 불평하고 비명을 지르며 욥이 배웠던 교훈을 학습하고 있다. 하나님은 모든 실재의 본질을 알고 계시지만, 그렇지 못한 나로서는 무엇이 참다운 실체인지 자주 상기해야 한다.

지구는 태양에서 세 번째로 멀리 떨어진 행성인 동시에 하나님의 뜻을 축으로 회전해온 행성이다. 창세기를 읽어보면, 하나님과 아담이 나란히 동산을 거닐며 친구처럼 대화하던 시절이 있었다. 아담으로서는 자신을 빚어주시고 창의적인 일을 맡기셨으며 하와라는 사랑스러운 선물을 주셔서 동반자를 갖고 싶어 하는 열망을 채워주신 분과 친밀하게 교제하는 건 더할 나위 없이 자연스러운 일이었다. 따라서 기도는 친구나 연인과 이야기를 나누는 것처럼 일상적인 행위였다. 하지만 죄를 짓고 타락한 순간부터 아담과 그 후손들은 하나님의 임재로부터 점점 멀어졌고 그분의 성품을 의심하고 심지어 존재까지 부정하기에 이르렀다.

이제 시야는 잔뜩 흐려져서 물질세계 외에는 아무것도 인식하지 못하는 신세가 되었다. 바울이 아테네의 세련된 군중에게 외쳤던 이야기를 날마다 의지적으로 되새겨야 하는 시대가 된 것이다. "그는 우리 각 사람에게서 멀리 계시지 아니하도다. 우리가 그를 힘입어 살며 기동하며 존재하느니라"행 17:27-28. 기도한다는 게 더러 이상하거나 혼란스러운 일로 비쳐지는 까닭도 여기에 있다. (대중매체가 만든 유행, 미신, 본능, 호르몬, 출세욕, 심지어 점성술에 기대어 살면서도 기도를 어리석은 일로 생각한다니, 이 얼마나 기괴한 일인가?)

기도가 흔히 얘기하는 대로 특별한 확신을 주는 경우는 거의 없다. 그럼에도 우리는 입에서 나온 말이 눈에 보이는 세계와 보이지 않는 세계 사이의 다리를 건너서 아무도 본 적이 없는 분께 도달하리라는 믿음을 가지고 기도한다. 기도를 통해 그리스도인은 하나님의 환경, 신령한 영역 가운데로 들어간다. 물론 아담이 경험했던 것보다는 생생함이 훨씬 떨어진다.

흐르는 강물처럼

손턴 와일더의 희곡 〈우리 읍내〉에 재미있는 대목이 있다. 어느 날 제인에게 편지 한 통이 배달된다. 그런데 봉투에 적힌 주소가 특이하다. 주소는 농장의 이름과 읍, 면, 군의 명칭을 적는 데서 끝나지 않고 길게 이어진다. "미국, 북아메리카 대륙, 북반구, 지구, 태양계, 우주, 하나님 마음."2 그리스도인은 순서를 거꾸로 바꿔야 한다. 하나님의 마음과 뜻에 토대를 두고 삶을 바라본다면 그 밖에 잡다한 일은 저절로 제자리를 찾게 마련이다. 설령 그렇게 되지 않는다 해도, 최소한 과거와는 전혀 다른 차원에서 상황을 이해하게 될 것이다.

우리 집은 커다란 산그늘에 가려진 계곡 아래에 있다. 줄줄이 늘어선 봉우리를 끼고 베어 크리크라는 개천이 흐르는데, 눈이 녹아내리는 봄철이나 폭우가 쏟아지는 여름에는 수량이 많이 늘어서 바위에 부딪히며 흰 거품을 내뿜는다. 그맘때는 냇물이라기보다 강에 가깝다. 간혹 물에 빠져 목숨을 잃는 사고가 일어날 정도다. 언젠가 베어 크리크가 시작되는 근원을 찾아 산꼭대기 어간까지 거슬러 올라간 적이 있다. 발원지는 지도에 '선 컵스'라고 표기된 곳으로, 눈이 녹아 양푼 모양으로 움푹 꺼져 있는 자리였다. 발아래로 졸졸졸 물 흐르는 소리가 어렴풋이 들려왔다. 겨우내 쌓였던 눈이 단층을 이루며 끊어진 부분을 보니 가느다란 물길이 나 있었다. 그렇게 새어나온 물은 한데 모여 자그마한 연못을 이뤘다. 다시 못을 타넘은 물줄기는 산을 내려가는 동안 다른 개울과 합쳐지면서 우리 집 근처에서 제법 큰 시내를 이루고 긴 여행을 이어갔다.

물방울이 강물을 이루는 여정을 보며 기도에 대해 오랫동안 잘못 생각하고 있었다는 사실을 깨달았다. 여태까지는 하류에서 시작해서 개인적인 관심사를 상류에 계신 하나님께 올려보내려고 했었다. 주님이 아무것도 모르고 계시는 것처럼 나의 상황을 알려드리기에 급급했다. 하나님의 마음을 바꾸고, 도저히 거부할 수 없게 몰아붙이려는 듯 강청하며 매달렸다. 그럴 것이 아니었다. 상류에서 시작해 물길을 탔어야 했다.

기도의 방향을 바꾸자 새로운 사실이 눈에 들어왔다. 하나님은 암으로 투병 중인 삼촌, 전쟁 중인 세상, 깨진 가정, 반항적인 십 대 자녀 등 나의 개인적인 관심사에 이미 나 이상으로 신경을 쓰고 계셨다. 은혜는 물처럼 높은 곳에서 낮은 데로 흐른다. 사랑도 시냇물처럼 흘러내린다. 하나님이야말로 세상에서 일어나는 모든 일에 최종 책임을 지시는 분이므로 이제 모든 기도를 그분으로부터 시작하기로 했다. 그리고 지구상에서 주님이 행하시는 역사 가운데 내가 감당할 수 있는 부분이 있는지 물었다. 아모스 예언자는 "오직 정의를 물 같이, 공의를 마르지 않는 강 같이 흐르게 할지어다"암 5:24라고 부르짖었다. 강둑에 서서 구경만 할 것인가, 아니면 강물로 뛰어들 것인가?

새로운 출발점에서 기도를 시작하자 사고방식도 달라졌다. 아름다운 자연을 감상할 때에도 야생화와 포플러뿐 아니라 그토록 멋진 그림을 그린 위대한 화가의 손길까지 보게 되었다. 사람을 볼 때도 '가난하고 헐벗은 직립형 포유류'만이 아니라 하나님의 형상대로 지음 받았으며 영원성을 가진 인격체까지 시야에 포착되었다.[3] 감사와 찬양은 의무가 아닌 자연스러운 반응이 되었다.

우리는 기도를 통해 시력을 교정할 필요가 있다. 하루를 살다 보면 하나님의 관점을 잃어버리게 마련이기 때문이다. 텔레비전을 켜면 재산과 외모가 성공의 척도라고 가르치는 광고가 연발탄처럼 쏟아진다. 고속도로에서 시내로 들어가는 입구에 머리가 희끗희끗한 걸인이 "하나님의 축복을 받으세요. 한 푼만 보태주십시오"라고 적힌 피켓을 들고 서 있는게 보이지만, 슬그머니 고개를 돌리고 만다. 아프리카의 어느 독재자가 도시 정화 사업을 벌인답시고 무허가 주택을 불도저로 밀어버리는 바람에 무려 70만 명이 길거리에 나앉았다는 뉴스를 무심히 들어 넘긴다. 세상이 하나님의 관점을 가리고 있다.

기도, 오직 기도만이 하나님과 같은 관점을 갖도록 시력을 회복시켜준다. 눈을 가렸던 비늘이 떨어지면서 부富의 이면에 무서운 위험이 도사리고 있으며 그것이 삶의 궁극적인 목표가 될 수 없다는 사실이 드러난다. 인간의 가치를 판단하는 기준은 인종이나 지위가 아니라 각 사람 안에 있는 하나님의 형상이라는 진리가 새롭게 다가온다. 제아무리 육신을 아름답게 꾸며도 영원한 세계와는 아무 상관이 없다는 사실을 깨닫는다.

러시아 정교회 사제로 개혁 운동을 이끈 알렉산더 슈메만은 프랑스 파리에서 약혼자와 함께 지하철을 타고 가다 마음의 눈이 번쩍 뜨이는 경험을 했다. 어느 역에선가 늙고 추레한 여인이 구세군 복장을 하고 전 동차에 올랐다. 두리번거리며 빈자리를 찾는 노파를 바라보며 두 연인은 흉측하고 불쾌한 노인네가 아니냐는 투의 이야기를 러시아어로 주고받았다. 몇 정거장이 지나고 노파는 출입문을 향해 일어섰다. 그리고 두 사람을 지나치며 완벽한 러시아어로 말했다. "나도 젊었을 땐 이렇게 추하지 않았다오." 슈메만은 학생들에게 이 이야기를 들려줄 때마다 노파를 가리켜 하나님이 보낸 천사였다고 말한다.[4] 늙은 여인은 그의 눈을 열어 주었다. 평생 잊을 수 없는 방식으로 잃었던 시력을 회복시킨 것이다.

주의를 기울이는 습관

"너희는 가만히 있어 내가 하나님 됨을 알지어다"시 46:10. 시편에서 이와 비슷한 구절을 읽을 때면 두 가지 명령이 눈에 들어온다. 더하고 덜함도 없이 똑같이 중요한 주님의 분부다. 하나는 "가만히 있으라"는 말씀으로, 현대인의 생활 방식에 역행하는 가르침이다. 10년 전에는 편지를 받으면 2주 안에 답장을 보냈고 상대방도 행복해했다. 5년 전부터는 이

틀이 지나기 전에 팩스를 보냈고 받는 쪽에서도 만족해했다. 요새는 이메일을 보내자마자 답장을 받고 싶어 하고 메신저나 휴대 전화를 쓰지 않는다고 불평이 대단하다.[5]

이렇게 분주하고 빠르게 돌아가는 세상에 살다 보면 신비감, 하늘나라에 대한 인식, 행위보다 존재를 중시하는 태도는 물론이고 잠시 침묵하는 일마저 어려워진다. 따라서 억지로라도 시간을 뚝 잘라서 하나님께 드리고 내면이 건강하게 자라도록 이끌어주시길 간구해야 한다.

작가 퍼트리샤 햄플은 이탈리아 아시시를 도보로 순례하면서 기도가 무엇인지 적어보기로 했다. 생각나는 대로 몇 개의 단어를 써내려갔다. 찬양, 감사, 간구, 탄원, 흥정, 쓸데없는 넋두리와 우는 소리, 초점. 목록은 거기서 끊어졌다. 기도가 언어 행위로만 보인다는 사실을 깨달았기 때문이다. "근본적으로 기도는 자세, 즉 자신을 어디에 놓느냐의 문제다. 초점을 맞추는 기도란, 시야를 제한한다는 뜻이 아니다. 있는 그대로의 실체에 주의를 집중하는 습관이 기도라는 말이다."[6]

주의를 집중하는 습관, 성경은 "가만히 있으라"고 명령한다. 초점이 제대로 맞으면 모든 상황이 선명해지는 법이다. 어수선한 일상에서 우주가 질서를 찾아간다.

"가만히 있으라"는 말씀에 순종해야 다음 명령도 충실히 따를 수 있다. "내가 하나님 됨을 알지어다. 내가 뭇 나라 중에서 높임을 받으리라. 내가 세계 중에서 높임을 받으리라"시 46:10. 하나님을 찬양하기는커녕 제한하려고 발버둥 치는 세상에서 진리를 믿고 따르는 길은 기도뿐이다.

남아프리카공화국의 '진실과 화해 위원회' 심리에 한 흑인이 증인으로 출석했다. 분리 정책이 실시되던 시절, 백인 경찰관들이 그를 곤봉으로

흠씬 두들겨 팬 뒤에 몸에 전극을 붙이고 전류를 흘려보냈다. 고통에 겨워 하나님의 이름을 부르자 백인 관리는 대놓고 비웃었다. 한 경찰관이 이죽거리며 말했다. "여기서는 우리가 하나님이야!" 얼마나 터무니없는 소리인지 굳이 논할 필요도 없다. 위원회 심리 자체가 이미 그런 사실을 웅변하고 있기 때문이다. 이제 그 경찰관들은 모든 권력을 박탈당하고 피고석에 앉는 신세가 되었다. 고발인들이 지나갈 때마다 비굴하게 굽실거렸다. 권좌에서 쫓거나 죄인의 신분으로 전락한 것이다.

시편 2편은 하나님이 하늘에서 웃으신다고 말한다. 그분은 주님의 뜻을 거스르는 쪽에 선 왕과 통치자를 비웃으신다. 남아프리카공화국의 죄수나 중국의 학대받는 목회자, 핍박에 시달리는 북한의 그리스도인은 오직 하나님만이 열방 중에서 진정으로 찬양을 받으신다는 숭고한 믿음을 지키기 위해 엄청난 대가를 치르고 있다.[7] 빌립보 감옥에서도 찬양을 멈추지 않았던 바울이나 명확한 진리의 말씀으로 빌라도의 잘못을 지적하셨던 예수님의 모습도 떠오른다. "위에서 주지 아니하셨더라면 나를 해할 권한이 없었으리니"요 19:11. 위기의 순간에도 주님은 태양계를 뛰어넘는 원대한 시각을 잃지 않으셨다.

"너희는 가만히 있어 내가 하나님 됨을 알지어다"라는 말씀에서 '가만히 있어'에 해당되는 라틴어 명령형은 *vacate*로, 휴가를 뜻하는 영어 단어 vacation의 어원이 되는 말이다. 사이먼 터그웰의 설명은 이런 사실을 토대로 하고 있다. "하나님은 휴가vacation를 즐기자고 우리를 초청하신다. 우리가 잠시 하나님 노릇을 쉬면 그분이 친히 하나님이 되시겠다는 것이다."[8] 흔히 기도를 엄숙한 허드렛일로 여긴다. 줄줄이 이어지는 약속 사이를 비집고 일정을 잡거나, 중요한 활동 틈에 끼워 넣어야 하는 사소한 일쯤으로 생각한다. 그렇다면 기도의 핵심을 놓쳐버린 것이라고 터그웰은 지적한다. "하나님은 조금 쉬자고, 잠시 농땡이를 치자고 부르신다. 하나님의 자리를 차고앉아서 제힘으로 중요한 일을 처리하려 들지 말고 그분으로 하여금 하나님이 되시도록 모든 일을 맡겨버리자." 기도는 인간의 연약함을 한없는 사랑으로 채우시는 주님 앞에 온갖 실수와 약점과 한계를 인정할 힘을 주는 것이다.

하나님을 주인으로 모신다는 것은 삶을 통제하는 권좌에서 스스로 내려간다는 뜻이다. 한계를 넘어서거나 창조 목적을 넘어서서 자신의 세계를 공고히 쌓으려 해서는 안 된다. 아담과 이브, 바벨탑을 쌓은 사람들, 느부갓네살, 남아프리카공화국의 경찰관들은 물론이고, 갖가지 중독증이나 자존심 따위를 붙들고 힘겹게 씨름하는 이들은 그런 시도가 얼마나 위험한지 잘 알 것이다. 원죄의 뿌리를 캐보면 아담과 하와 두 사람이 하나님과 같아지기를 원한 데서 비롯된 것을 알 수 있다. 따라서 기도의 첫 단계는 하나님을 인정하거나 최소한 '기억하는' 행위가 되어야 한다. 그래야 우주의 진리가 회복되지 않겠는가? 존 밀턴은 말한다. "하늘의 광활함은 … 창조주의 숭고한 위대함을 나타내고, 그럼으로써 인간이 제 세상에 사는 것이 아님을 알리는 것이니."[9]

망가진 별에 떨어진 이방인

지난 몇 년 동안, 일본인 요코다 일가가 정의를 실현하려고 발버둥 치는 걸 도왔다. 1977년, 당시 열세 살이던 메구미는 방과 후에 배드민턴

연습을 마치고 집으로 돌아오는 길에 실종되었다. 경찰견까지 동원해서 가까운 바닷가를 샅샅이 훑으며 아이의 흔적을 찾았지만, 조그마한 단서 하나 찾지 못했다.

그로부터 16년이 흘렀다. 요코다 가족은 딸의 죽음을 기정사실로 받아들였다. 그런데 북한을 탈출해서 망명한 인물에게서 충격적인 정보가 흘러나왔다. 배드민턴을 잘 치는 메구미라는 이름의 일본 여인이 공작원을 훈련하는 기관에서 일하고 있다는 이야기였다. 그 외에도 수십 명의 일본인이 납북되어 스파이 요원들에게 일본의 언어와 문화를 가르치고 있다고 했다. 납치 과정에 대해서도 가슴 찢어지는 아픈 사연이 공개되었다. 유괴에 성공한 공작원들은 아이를 멍석으로 둘둘 싼 다음 나룻배에 실어 간첩선까지 날랐다. 좁은 방에 갇힌 메구미는 밤새 손톱 밑에서 피가 나도록 벽을 긁어대며 엄마를 찾았다.

여러 해 동안 북한은 관련 보도 모두 날조라고 잡아뗐다. 그러나 국제 사회의 압력이 점점 심해지자 이른바 '경애하는 지도자' 김정일이 직접 나서서 일본인 13명을 납치했다고 인정했다. 5명은 일본으로 돌아왔지만, 문제는 해결되지 않았다. 북한은 나머지 8명이 이미 사망했다고 주장했다. 메구미는 1993년에 기모노 끈으로 목을 매 자살했다고 했다. 하지만 북쪽에서 제시한 증거 가운데 상당 부분이 거짓으로 판명되었다. 가족들로서는 북한의 주장을 믿을 수 없었다. 딸을 잃어버린 가족을 돕기 위해 일본 전역에서 수많은 기도 모임이 열렸다. 요코다 부인은 정의를 호소하기 위해 지구를 가로지르는 여행길에 나섰으며 금세 일본 언론에 가장 자주 오르내리는 인물이 되었다. 백악관을 방문해서 미국 대통령에게 직접 사정을 설명했고 조지 부시로부터 지지를 이끌어내기도했다.

납치되고 스물일곱 해가 지난 2004년, 북한 당국은 부모에게 메구미의 사진 세 장을 보냈다. 한 장은 피랍 직후에 찍은 듯, 열세 살쯤 된 여자아이가 일본 교복을 입고 있었다. 차마 쳐다보기 힘들 만큼 쓸쓸해 보였다. 너무도 가슴 아픈 사진이었다. 요코다 부인은 울먹이는 목소리로 기자에게 이야기했다. "눈물이 쏟아져서 사진을 제대로 볼 수가 없었어요." 나머지 두 장은 성인이 된 뒤의 모습으로, 겨울 외투를 입은 30대 여성이 집 밖에 서 있는 사진이었다.

요코다 가족은 사진을 쓰다듬고 또 쓰다듬었다. 어른이 된 딸의 사진을 보며 그나마 건강하게 잘 자라주었다는 사실로 위안을 삼았다. 식구들은 메구미가 어떻게 살았을지 상상해보려고 했다. 납북된 다른 일본인들과 대화하면서 모국어를 잊지 않으려고 노력했을까? 자신이 북한을 찾아온 이민자가 아니라 억지로 끌려온 납북자라는 사실을 잊지 않고 있을까? 일본에서 엄마 아빠와 살던 기억은 남아 있을까? 얼마나 자주 고향 쪽을 바라보았을까? 일본 신문을 이 잡듯 뒤져가며 옛 추억의 실마리를 찾지는 않았을까?

2004년, 나는 도쿄에서 열린 연합 기도회에서 설교를 맡아달라는 부탁을 받았다. 마침 아시아 지역을 여행하는 길이었다. 요코다 가족이나 염려하는 친지에게 어떤 말씀을 전해야 위로가 될지 고민스러웠다. 성경으로 돌아가서 비슷한 상황을 다룬 본문이 있는지 찾으면서 멀리 타국에서 하나님을 섬겼던 인물을 정리해보았다. 아브라함은 고향을 떠나서 소돔과 고모라를 비롯한 새로운 땅에 정착했다. 요셉은 형들에게 납치되어 아무도 모르게 팔려갔지만 훗날 이집트의 총리가 되었다. 다니엘을 비롯한 여러 사람은 바벨론이나 페르시아로 끌려가서 적국의 통치자를 섬겼다. 에스더는 페르시아에서 목숨을 걸고 동족을 지켰다. 바울은 사슬에 묶인 채 복음을 들고 로마로 갔다. 일본에서 목숨을 잃은 초기 순교자를 포함해서 외국 문화의 저항에 부닥쳤던 수많은 선교사의 선두 주자였던 셈이다.

메구미처럼 이들도 모두 낯선 타국에서 객으로 살며 자신이 누구인지 기억하기 위해 끊임없이 씨름했다. 이방인은 현지 문화에 휩쓸리기 쉽다. 다니엘은 창문을 연 채로 고향 예루살렘을 향해 하루에 세 번씩 기도했다. 폭압적인 군주의 명령을 정면으로 거부하는 행위였다. 다니엘에게, 그리고 낯선 땅에 사는 모든 신앙인에게, 어쩌면 메구미에게도, 기도는 현지 문화에 묻혀 정체성을 잃지 않도록 지켜주는 유일하고 막강한 장치였을 것이다. 기도는 믿음의 통로로서 주위 환경이 왜곡시킨 진리를 회복하는 역할을 한다.

우리에게도 기도는 통로가 될 수 있다. 현대인은 망가진 행성, 하나님의 창조 목적에서 멀어진 타락한 별에 살고 있다. 따라서 거룩한 피조물로서 자신의 정체성을 기억하려는 노력과 장차 하나님이 이루실 승리를 내다보는 믿음이 필요하다.

왜 기도일까? 그리스도인으로 살면서 거의 매일 이 문제를 생각했다. 하나님이 한없이 멀게만 느껴질 때는 고민이 더 깊었다. 기도란 게 혹시 자신을 세뇌시키는 신앙 의식이 아닌지 의심하기도 했다. 신학 서적을 읽어보아도 의문은 사라지지 않았다. 하나님이 분명히 아셔야 할 것을 되풀이해서 알리는 게 기도란 말인가? 이런 의문에 당장 결론을 내릴 수는 없지만, 일단 여기서부터 시작해볼 참이다. 기도란 하나님께 제출할

지원 물품 요청서가 아니기 때문이다. 기도는 질서를 재조정하는 과정이다. 나는 우주를 아우르는 진리를 회복시키시고 하나님의 시각으로 세상과 나를 볼 수 있게 해달라고 하나님께 기도한다.

기도하면서 자기중심적인 사고가 바뀌었다. 산꼭대기로 기어 올라가서 저 아래 꼬물거리는 한 점을 내려다보니, 그게 바로 나였다. 별을 바라보면서 비록 정확히 알지 못할지라도 우주 속에서 내가, 또는 우리가 감당해야 할 역할이 무엇인지 생각했다. 기도는 이렇게 하나님의 시각으로 모든 존재를 바라보는 행위다.

야생 피조물의 평화

웬델 베리

마음속에서 세상에 대한 절망이 자라날 때

나와 우리 아이들의 삶이 어찌될까 두려워

한밤중 아주 작은 소리에도 눈을 뜨게 될 때

야생오리가 물 위에 자신의 아름다움을 내려놓은 곳

큰 왜가리가 사는 그곳에

나는 걸어가 몸을 누이네

나는 야생 피조물의 평화 속으로 들어가네

그들은 슬픔을 앞질러 생각하면서 자신의 삶을 괴롭히지는 않는다네

나는 고요한 물의 존재에게도 가네

그리고 내 머리 위로 낮엔 보이지 않던 별이

이제 반짝이려고 기다리고 있음을 느끼네

잠시 세상의 은총 속에 쉬고 나면

나는 자유로워지네

_《시선집 *Collected Poem*》에서

주님의 은혜가 네게 임하길

라이너

처음으로 진심 어린 기도를 드렸던 기억이 지금도 생생하다. 친구를 붙들고 그리스도인이 되는 길을 열심히 설명하던 학생회 교사가 갑자기 나한테 말했다. "당장 무릎을 꿇자. 라이너, 너도 그리스도인이 되고 싶지 않니?" 별 생각 없이 "예"라고 대답하고 가르쳐주는 대로 기도를 따라 했다. 인생이 영원히 달라진 일생일대의 사건이었다. 하늘의 별을 쳐다보며 우주의 주인과 교제하는 기쁨을 누렸다. 열두 살 어린아이에 불과했지만, 마땅히 있어야 할 제자리를 찾았으며 전혀 새로운 정체성을 갖게 되었다.

잠시 후, 지금이 몇 신데 아직 돌아다니느냐는 고함을 듣고서야 다시 땅으로 내려왔다. 어머니는 아무리 설명해도 이해하지 못했다. 그분에게 기도란 교회에 가면 얼마든지 들을 수 있는 공식 낭송 의식일 뿐, 개인의 체험이 아니었다. 사흘 동안 밥을 먹지 않고 살았다. 어머니는 "하나님만 생각하고 살겠다는 거냐?"고 꾸짖었다. 그랬다. 한 점 틀림이 없는 말이었다.

수줍고 내향적이던 내가 큰소리로 기도하는 법을 배웠다. 남들이 기도하는 걸 듣고 표현법을 익혔으며 언제 소리를 높여야 하고 언제 침묵해야 하는지 파악했다. 기도는 일종의 사교술인 것 같았다. 이상하게 들리겠지만, 독일에 살다가 미국에 유학을 떠난 뒤로 기도가 더 쉬워졌다. 영어라는 새로운 언어로 기도를 하려니, 한마디 한마디에 더 신경을 써야 했고 그만큼 진실해졌다. 판에 박힌 말투와 문구로 돌아가는 건 생각조차 할 수 없었다.

결국 나는 목회자가 되었다. 누군가 찾아와서 마음의 고통과 인간적인 어려움을 쏟아놓을 때마다 잘 듣고 위로가 될 만한 답을 주려고 노력한다. 가끔 그 자리에서 하는 말이 곧 기도가 된다는 느낌을 받을 때가 있다. 나와 상대방 말고도 누군가 함께 계심을 실감한다는 말이다.

나는 또한 아들 하나, 딸 하나를 둔 아빠가 되었다. 깊은 밤, 꼬맹이들의 방에 들어가서 하나님이 미래를 책임져주시길 기도한다. "얘들아, 부모가 해줄 수 있는 건 지극히 제한적이란다. 너희는 반드시 하나님을 의지해야 한다."

아들아이는 간질을 앓는다. 처음 발작이 일어났을 때는 얼마나 무섭던지. 당장 구급차를 부르고, 몸을 심하게 흔드는 아이를 꼭 껴안고 머리를 쓰다듬었다. 나 역시 마음을 추스르기 어려웠지만, 어떻게든 진정하는 데 도움이 될 말을 해주려고 했다. 의식적으로 내 영혼을 아들아이의 영혼에 쏟아붓고 그 고통을 덜어주려고 안간힘을 썼다. 줄곧 아이를 품에 안고 있던 첫 발작 당시만큼 자식에게 친밀감을 느껴본 적이 또 있을까 싶다. 둘 다 의지할 데가 없었고 너무도 두려웠다.

기도는 축복을 비는 방식 가운데 하나이기도 했다. 속 얘기를 숨김없이 털어놓는 교인들에게 말한다. "하나님의 은총을 빕니다." 딸아이의 침대 맡에서 중얼거린다. "애야, 네게 은혜가 있기를 빈다." 경련을 일으킨 아들아이를 붙들고도 말한다. "하나님이 은혜 주시길 빈다." 하나님의 은혜가 다른 이들에게 흘러가는 통로이고 싶다. 기도하는 가운데 나 역시 그 은총을 누리고 싶다.

　때로는 주님의 사랑 안에서 쉬며 긴장을 푼다. 또 가끔은 발작을 일으킨 아들아이처럼 떨며 몸부림친다.

"참다운 내가 주께 고하게 하소서. 그리고 참 하나님이 내 기도를 들으소서." 모든 기도보다 앞서야 할 기도가 바로 이것이다. _C. S. 루이스[1]

있는 모습 그대로

기도를 구성하는 여러 요소 가운데 말이 차지하는 비중이 가장 낮지 않을까. 나는 누구인가? 그리고 하나님은 어떤 분인가? 여기에 제대로 답할 수 있다면, 굳이 말을 많이 하지 않아도 깊은 기도를 드릴 수 있다. 기도는 방어벽을 바짝 낮추고 다른 누구도 아닌 진정한 자기 자신을, 이미 모든 걸 알고 계시는 하나님께 최대한 보여드리는 과정이다.

몇 년 전, 마크라는 독자가 편지를 보내왔다. 내용을 간단히 소개하자면 이렇다.

성인이 된 뒤로 줄곧 경계성 인격장애 때문에 고생했습니다. 우울증과 극도의 불안감, 심신쇠약 증세 따위가 주기적으로 찾아왔습니다. 어린 시절에 어머니한테 성적으로도, 정서적으로도 심한 학대를 당했습니다. 새삼스럽게 비난하려는 것이 아니라 원인을 찾아보자면 그렇다는 말입니다. 거기에 대해서는 더 이상 자세히 설명하고 싶지 않습니다.

이어서 마크는 내 책 이야기를 했다. 다른 이들에게는 격려가 되었는지 모르지만, 자기에게는 자괴감만 더했을 뿐이라고 했다.

묻고 싶은 게 있습니다. 우리처럼 하나님의 밭에 나가 땀 흘려 일하지 않고 빈민가를 어슬렁거리기나 하는 부류는 죽은 뒤에 어떤 심판을 받습니까? 음란물을 붙들고 날마다 씨름하는 친구들은 또 어떻습니까? 인터넷 말고는 그나마 포르노그래피가 유일한 낙인 놈들입니다. 기껏 회복되어야 예수를 믿지 않는 일반인들의 도덕성에 형편없이 못 미치는 인간들은 또 어떻게 됩니까? 이런 족속들도 그리스도의 건강한 일꾼으로 하나님의 은혜를 입을 수 있습니까?

복음은 마크처럼 어려운 처지에 있는 이들에게도 깊은 안식을 준다. 하나님의 은혜는 물 같아서 차츰 아래로 흘러 결국 가장 낮은 곳까지 이른다고 마크에게 말해주었다. 우리의 결점을 통해서가 아니라면 어떻게 은혜를 실감할 수 있겠는가? 예수님이 세상에 계실 당시에 세리와 창기, 죄인들은 하나님의 은혜를 바라고 손을 내민 반면, 신앙적으로 한 경지를 이루었다고 자부하던 이들은 주먹을 단단히 말아 쥐었다. 선물을 받는 데 필요한 조건은 손을 펼치는 것, 그것뿐이다.

답장을 보내고 한참이 지난 뒤까지도 그 편지가 생각이 났다. 마크에게 편지를 쓰면서 다윗 왕의 말을 인용했다. "하나님께서 구하시는 제사는 상한 심령이라. 하나님이여 상하고 통회하는 마음을 주께서 멸시하지 아니하시리이다"시 51:17. 개인적으로도 이 말씀으로 여러 번 힘을 얻었다. 그러나 모두가 경계성 인격장애로 고생하는 건 아니다. 누구나 자신에 대해 만성적인 회의감을 품고 지내는 것도 아니다. 도대체 언제까지 하나님 앞에서 실패를 거듭해야 할까? 주께 다가가기 위해 누구나 공통적으로 갖춰야 할 가장 기본적인 모습은 무엇일까? 어떻게 하면 '참다운 자아'를 드러내고 진실한 기도를 드릴 수 있을까?

죄책감

기도에 관해 가르치는 책은 한결같이 고백하는 행위를 강조한다. 그렇게 고백하는 사람 중에는 스스럼없이 자신을 낮출 줄 아는 이도 있다. 어떤 작가는 이런 감정을 일컬어 "마치 강아지가 침에 푹 젖은 공을 주인에게 넘겨주듯, 스스로의 됨됨이를 있는 그대로 누군가의 발 앞에 내려 놓으려는 욕구"라고 표현했다.[2] 마크처럼 은혜와 치유를 갈구하는 사람을 만나면, 나는 반가운 마음으로 예수님의 따스한 사랑을 소개한다. 주님은 굶주리고 목말라 허덕이고 애통하는 이를 외면하지 않으셨으며, 절박한 처지에 빠진 이를 모두 끌어안으셨다.

하지만 허울을 벗어던지고 진리의 밝은 빛에 자신을 내어맡기며 진실한 자아를 드러내는 과정을 더할 나위 없이 고통스럽게 느끼는 이들도 부지기수다. 다른 사람을 예로 들 것도 없다. 그런 이들을 일렬로 세운다면, 내가 가장 앞에 서야 할 것이다. 도대체 무엇 때문에 고백이 그토록 필요하다는 걸까?

우주 저 반대편에서 지구를 내려다보는 관점까지는 바라지 않더라도, 산등성이에서 아래쪽으로 작은 점들을 굽어보던 시각을 기억하기 위해서다. 이는 초라하고 비참한 느낌을 갖고 싶어서가 아니라, 새카맣게 잊고 지내던 스스로의 실체를 상기하려는 몸부림이다. 완전하신 하나님 앞에서 내가 어떤 위치에 서 있는지 정확하게 파악하는 순간부터 우주는 질서를 회복한다. 고백이란 피조물이 창조주를 바라보면서 자기 자리를 제대로 잡아가는 가장 기본적인 행위다. 유명한 설교학자 해돈 로빈슨은 언제 어디서 설교하든지 이렇게 기도했다고 한다. "여기 모인 이들이 하나님처럼 제 실체를 낱낱이 알게 된다면, 제 설교가 하나도 귀에 들어오지 않을 것입니다. 제가 그런 인간입니다."

고백은 신학적으로도 중요하지만, 정신적으로도 의미 있는 일이다.[3] 기도는 하나님과의 관계를 재는 척도다. 여느 남편들과 마찬가지로, 나 역시 부부 사이에서 벌어지는 문제는 덮어둔다고 해서 없어지는 게 아니며 도리어 상황을 악화시킬 뿐이라는 진리를 비싼 수업료를 치르고 배웠다. 대수롭지 않은 상처나 오해라도 몇 주, 몇 달 동안 방치해두면 어디부터 손대야 좋을지 모를 만큼 심각한 상태로 증폭되기 일쑤다. 살 갗에 가시가 박힌 정도는 쉽게 치료할 수 있지만 깊은 곳에 생긴 염증을 무시하면 건강, 더 나아가 생명까지 위협할 수 있다. 관계도 마찬가지다.

신앙에 대한 자부심이 하늘을 찌르던 바리새인들은 자신들의 허상을 여지없이 깨트리신 예수님을 가능하면 멀리하고 싶어 했다. 진실은 그토록 뼈아픈 법이다. 그러나 하나님의 진단을 받아들이지 않는 한 치료는 불가능하다. 주님은 인간의 실체를 낱낱이 꿰뚫고 계신다. 인간은 자신의 참모습을 발견하고 받아들일 때에야 정상적으로 살아갈 수 있는 존재다. 시편 기자는 이렇게 외쳤다. "하나님이여 나를 살피사 … 내게 무슨 악한 행위가 있나 보시고 나를 영원한 길로 인도하소서"시 139:23-24. 스스로 속이고 속는 악순환을 극복하려면, 모든 걸 아시는 하나님의 도움을 받아 이기심과 교만, 거짓과 무정한 마음 따위의 죄악을 뿌리 뽑아야 한다.

영적으로 발전이 없어서 낙담할 때마다 바로 그런 좌절감이 발전하고 있다는 증거임을 새삼 떠올린다. 주님이 무엇을 바라시는지, 그걸 채워드리기에 자신이 얼마나 부족한지 더 선명히 인식할수록 하나님으로부터 너무도 멀리 떨어져 나왔다는 사실을 더 잘 감지하는 법이다. 그런 까닭에 마크에게도 소망을 가지라고 격려하는 답장을 보낼 수 있었다. 연약함을 절감하고 자포자기에 가까운 심정이 되는 순간이야말로 하나님의 은혜와 치유를 향해 돌이키기에 가장 적합한 때이기 때문이다. 알코올 중독에서 헤어나오는 과정도 마찬가지다. 마크는 고통스러운 과정을 거쳐 낮아질 필요가 없다. 생활 환경 자체가 벌써 그런 요건을 충족시키고 있기 때문이다.

월터 웽거린 주니어는 결혼 초기에 아내 앞에서 올바르게 처신하지 못했다고 한다. 목회자가 될 요량으로 신학교에 들어가 공부하고 있는 처지였음에도, 그는 아내와 함께 소리 내어 기도하는 걸 몹시 불편하게 생각했다. 기도란 지극히 은밀하고 개인적인 행위여야 할 것 같았다. 그러던 어느 날, 마침내 부부가 한자리에 마주앉았다. 갑자기 심한 죄의식이 몰아치는 바람에 창피니 어쩌니 생각할 겨를이 없었다. 두 사람은 침대에 나란히 앉아서 서로 상대방이 먼저 기도하기를 기다렸다. 마침내 남편이 중얼거리듯 입을 열었다. 신학교에서 배운 형식에 따라 의례적인 고백이 이어졌다. 잠시 침묵이 흐른 뒤, 이번에는 아내 샌이 단순하고 또렷한 목소리로 남편을 위해 간구했다. 마치 대화하듯 겸손한 말투였다. 귀를 기울이던 월터의 눈에서 눈물이 흐르기 시작했다. 마음을 짓누르던 죄의식도 차츰 사라졌다. 월터 웽거린 주니어는 겸손해진다는 건 그 자체로 끝이 아니라 치유로 가기 위해 반드시 거쳐야 할 첫 단계라는 사실을 배웠다.[4]

그리스도는 제자들에게 사람들 앞에 드러내 기도하기를 좋아하는 위선자가 되지 말라고 엄히 경계하셨다. 대신 골방에 들어가 은밀한 곳에서 일어나는 일까지 모두 아시는 오직 한 분, 하나님 아버지께 간구하라고 하셨다. 주석가들 중에는 주님의 이런 가르침을 혼란스러워하는 이들이 더러 있는 모양이다. 당시의 집은 방이 하나뿐이어서 골방이라는 게 아예 없지 않았느냐는 것이다. 예수님도 당연히 그런 집에서 사셨을 터였다. 주님이 말씀하신 골방은 비유적인 표현이다. 하나님 앞에서 백 퍼센트 솔직하게 자신을 드러낼 수 있는 가상의 공간, 즉 마음의 지성소를 지어야 한다는 뜻이다. 그리스도의 말씀을 문자적으로 해석해서 골방을 마련할 필요는 없다 할지라도, 기도가 단순히 형식적인 절차에 그치지 않고 진심에서 우러나는 행위가 되도록 최선을 다해야 한다는 것만큼은 분명한 진리다. 아무도 없는 방에 혼자 있으면 그렇게 되기가 훨씬 쉬울지 모른다. 하지만 많은 사람이 북적거리는 교회에서 예배드릴 때, 나이 많은 부모와 함께 앉아 있을 때, 심지어 부부가 나란히 침대에 누워 있을 때도 얼마든지 가능한 일이다.

무력함

노르웨이 신학자 오 할레스비는 '무력함'을 하나님이 인정하는 대표적인 기도의 마음가짐으로 꼽는다. "말로 표현하느냐 마느냐는 인간의 관심사일 뿐, 하나님께는 의미가 없다. 오직 제힘으로 어찌할 수 없는 무력한 인간만이 진정으로 기도할 수 있다."[5]

얼마나 치명적인 장애물인가! 인간은 자신을 의지하고 싶어 한다. 이런 성향은 태어날 때부터 나타난다. 부모는 자녀가 제힘으로 무언가를 할 줄 알게 될 때마다 뛸 듯이 기뻐한다. 혼자서 자러 가고, 옷을 갈아입고, 이를 닦고, 신발 끈을 매고, 자전거를 타고, 학교에 가는 걸 보면서 뿌듯해한다. 꼬맹이가 "내가 해볼래요" 하고 고집을 부리면, 설령 일을 망칠지라도 부모는 은근한 자부심을 느낀다. 아이의 독립심이 대견스러운 것이다.

성인이 된 다음부터는 누구한테 기대는 법 없이 자기 힘으로 돈을 벌어서 스스로 구한 집에 살며 모든 일을 알아서 한다. 복지 혜택이나 자선단체의 도움을 받으며 사는 이들을 얼마쯤 낮춰본다. 예상치 못한 어려움을 만나면 우선 자구책을 일러주는 책부터 찾는다. 하나님 보시기에 가장 바람직한 태도이자 우주에서 인간이 처한 상황을 가장 잘 설명하는 마음가짐을 한사코 피하려고만 하는 것이다. 예수님은 제자들에게 "나를 떠나서는 너희가 아무것도 할 수 없느니라"요 15:5라고 말씀하셨다. 지극히 명백한 사실인 동시에 인간들이 한사코 부정하려는 진리다.

인간은 스스로 무엇을 할 수 있는 존재가 아니다. 그게 진실이다. 초등학교에 들어가서는 선생님이 제대로 책을 읽나 봐주러 곁에 다가오는 걸 끔찍이도 싫어했다. "알아서 한다니까요!" 하지만 교사가 적절히 도 와주지 않았다면 쓰기는 고사하고 읽는 법조차 배울 수 없었을 것이다. 어른이 된 뒤에도 마찬가지다. 공공 기업 덕분에 전기와 가스를 사용하고, 운송 회사가 제공하는 이동 수단에 의지해서 움직이며, 축산업자와 농부들 덕분에 먹을거리를 얻고, 목회자와 스승에게 기대어 영적 자양분을 얻는다. 누구나 의존의 거미줄 안에서 살아가고, 그 중심에는 세상 모든 일을 주장하시는 하나님이 계신다.

기도는 인간의 이러한 실체를 제대로 파악하게 해준다. 헨리 나우웬은 이렇게 말한다. "기도한다는 것은 곧 하나님의 온전한 빛 속을 걸어가며 잠시의 망설임도 없이 '저는 인간이고 당신은 하나님이십니다'라고 고백하는 일이다. 바로 그 순간 변화가 일어난다. 관계가 정상적으로 회복된다. 인간은 가끔 실수를 저지르는 존재가 아니고, 하나님 역시 가끔씩 용서를 베푸는 창조주가 아니다. 인간과 하나님의 정의가 잘못되었다. 인류는 총체적으로 죄인이며 하나님은 총체적으로 사랑이시다."6

부모들은 대부분 자녀들이 의존 상태에서 벗어나 독립하는 걸 보면서 절로 아픔을 느낀다. 성장 과정에 따른 건전하고 정상적인 현상이라는 사실을 알고 있어도 통증은 가시지 않는다. 하나님의 심정도 마찬가지가 아닐까? 주님과의 관계에서는 의존과 독립의 법칙이 달라져야 한다. 나라면 절대로 의존 관계에서 벗어나고 싶지 않다. 혼자만의 생각일지 모르지만, 아직은 하나님께 깊이 의지하고 있다고 생각한다. 도움을 청하는 자세야말로 기도의 뿌리다. 주님이 가르치신 기도만 봐도 온갖 요청이 줄줄이 이어진다. 하나님께 의지한다는 선언, 그것이 기도다.

헨리 애덤스의 소설에 나오는 등장인물은 좌절감에 사로잡혀 이렇게 소리친다. "어째서 교회는 내 연약함만 물고 늘어지는 겁니까? 강점에는 눈길 한 번 주지 않고 말입니다."[7] 그럴 만한 이유가 있다. 성공을 으뜸으로 떠받드는 세상에서 스스로 약점을 인정하는 태도는 교만한 마음을 무장 해제시키는 동시에 은혜 입을 준비를 갖추어준다. 연약함은 기도를 부른다. 긍휼과 권능으로 응답해주시도록 하나님을 초청하는 것이다. "여호와와 그 능력을 구할지어다. 그의 얼굴을 항상 구할지어다"시 105:4.

누구와도 비할 수 없을 만큼 탁월한 의사 앞에서, 인간이 취해야 할 가장 적절한 행동은 상처를 보여드리는 것뿐이다.

겸손

직설적으로 기도를 가르치는 말씀 한 구절을 살펴보자. 베드로의 이야기다. "젊은 자들아 이와 같이 장로들에게 순종하고 다 서로 겸손으로 허리를 동이라. 하나님은 교만한 자를 대적하시되 겸손한 자들에게는 은혜를 주시느니라. 그러므로 하나님의 능하신 손 아래에서 겸손하라. 때가 되면 너희를 높이시리라"벧전 5:5-6. 순서에 주목하라. 겸손이 먼저다. 내려놓으면 하나님이 높이신다. 강해지려고 발버둥 치면 하나님의 능력을 가로막는 셈이다.

바리새인과 세리의 비유는 경건해 보이나 하나님이 받지 않으시는 기도와 주님이 기뻐하시는 기도를 선명히 대비시킨다. 세리는 간절히 고백한다. "하나님이여 불쌍히 여기소서. 나는 죄인이로소이다"눅 18:13. 예수님이 내리신 결론은 "무릇 자기를 높이는 자는 낮아지고 자기를 낮추는 자는 높아지리라"눅 18:14 는 것이다.

한동안은 무엇이 제대로 된 겸손인지 몰랐다. 겸손과 부정적인 자아상이 헷갈렸던 것이다. 칭찬을 받으면 "어디 제가 했나요, 하나님이 하셨지"라며 슬쩍 빠져나가는 것만이 자기를 낮추는 그리스도인의 겸손이라고 생각했다. 그러나 여러 존경스러운 이들을 만나면서 또 다른 형태의 겸손이 존재한다는 걸 알게 되었다. 그들에게 겸손은 타고난 은사를 통해 하나님을 섬길 기회가 있을 때마다, 자신이 아닌 창조주를 신뢰하기로 선택하는 것이었다.

나의 첫 번째 고용주였던 해럴드 마이라는 아직 솜털이 보송보송한 풋내기 작가였던 나를 친절과 인내로 대하면서 겸손이 무엇인지 직접 보여주었다. 그는 어떠한 경우에도 편집자의 판단에 따라 독단적으로 내 작품을 손질하지 않았다. 그렇게 하는 게 글을 더 돋보이게 만든다는 걸 성심성의껏 확인시키고 나서야 수정을 가했다. 글을 더 멋지게 꾸미는 게 아니라 작가를 제대로 키우는 데 자신의 사명이 있다고 생각했으며, 처음부터 끝까지 작가를 다독여서 바람직한 방향으로 이끌어가는 방식으로 부르심을 감당했다.

세상에서 버림받고 보호받지 못하는 집단을 찾아 겸손을 실천했던 영웅들도 있었다. 청년 의사 폴 브랜드는 보장된 앞날을 포기한 채 인도에서 불가촉천민이 대부분인 한센병 환자들을 돌보는 정형외과 전문의가 되었다. 헨리 나우웬은 예일 대학과 하버드 대학 교수 자리를 던지고 프랑스와 캐나다의 라르쉬 공동체에 들어가 정신지체 장애인들과 더불어 살았다. 지능지수가 아이비리그 학생들의 절반에도 미치지 못하는 이들을 돌보는 목회자가 된 것이다. 폴 브랜드나 헨리 나우웬을 깊이 알아갈

수록 낮아짐이 진정한 성공에 더욱 가깝다는 사실이 더 확실해졌다.

지미 카터 대통령이 선거에서 패하고 당직까지 내놓은 뒤, 참으로 겸손한 삶을 살았다는 건 미국인이라면 누구나 다 아는 사실이다. 한때 세계에서 가장 힘 있는 인물이었던 그는 골프장과 토크쇼 무대를 전전하는 대신, 퇴직과 동시에 아프리카의 빈민을 돕고 해비타트 운동을 지원하는 일에 헌신했다.

고대 그리스 로마 문명권에서는 성취와 자립을 높이 평가하고 찬양하며, 겸손의 가치는 낮춰 보았다. 현대 사회도 크게 달라진 게 없다. 성공 지향적인 현대 문화는 대량 해고를 즐기는 백만장자와 슈퍼모델, 어깨에 잔뜩 힘이 들어간 래퍼, 잘난 척하길 좋아하는 운동선수에게만 스포트라이트를 비춘다. 대니얼 호크는 인간의 모든 문제는 '신이 있다면 그건 바로 나'라는 생각에서 시작된다고 지적했다.[8] 따라서 강력한 개선책이 필요한데, 내게는 그게 바로 기도였다.

하나님께 다가가는 데 겸손이 그토록 중요한 까닭은 무엇일까? 진실을 정확히 반영하고 있기 때문이다. 자신을 있는 그대로 돌아보라. 국적, 모국어, 인종, 외모, 몸매, 지능, 출생 시기, 비교적 건강하게 유지하는 일상 가운데 스스로 좌지우지할 수 있는 부분이 얼마나 될까? 극소수이거나 전혀 없을 것이다. 더 넓은 세계로 눈을 돌리면 상황은 더 명료해진다. 지구가 회전하는 데 영향을 줄 수 있는가? 새카맣게 타거나 바싹 구워지지 않도록 태양과 적절한 거리를 유지하는 공전 궤도를 바꿀 수 있는가? 광대한 은하계에서 섬세하게 균형을 유지하도록 잡아주는 인력을 어찌해볼 힘이 있는가? 그건 오직 하나님의 영역일 뿐, 우리에게는 그럴 능력이 없다.

겸손은 황실의 환관이 황제 앞에서 벌레처럼 굽실거리듯 하나님 앞에서 납작 엎드린다는 뜻이 아니라, 하나님의 임재를 기준으로 자신이 우주에서 어떤 위치인지 정확하게 파악한다는 뜻이다. 당연히 인간의 왜소함이 분명해지는 동시에 하나님의 광대하심이 드러나지 않겠는가.

회의

밭에서 보화를 찾은 농부의 이야기는 예수님의 비유 가운데 가장 짧은 축에 속한다. 나는 이 비유를 설명할 기회가 있을 때마다 보물이 땅에 묻혀 있었고, 이를 캐내려는 노력이 필요했다는 사실을 침이 마르게 강조한다. 기독교 신앙 가운데 상당 부분이 눈에 띄지 않는다. 하나님은 아기 예수를 구유에 숨기셨고, 굴곡진 역사를 살았던 유대인들이 작성한 거룩한 문서 속에 메시아를 감추셨다. 그뿐 아니라 아예 한술 더 떠서 별달리 거룩할 것도, 뛰어날 것도 없는 교회라는 조직으로 덮어두셨다.

그동안 삼위일체 같은 교리를 설명할 방법을 찾으려고 밭을 파고 또 파왔다. 유대인이나 무슬림 친구들도 금방 알아들을 수 있도록 이야기해주고 싶었다. 장구한 세월에 걸쳐 진행되고 있는 구원 계획의 값어치에 대해서도 의문을 품었다. 허다한 인간들은 물론이고 하나님 자신도 처절한 고통을 겪으셨다. 과연 그럴 만한 가치가 있었을까? 차라리 타락한 천사들을 구원하실 것이지 어째서 인간이라는 하찮은 종種을 구원하시기로 작정하신 걸까? 지구라는 별에서 수십 년을 어떻게 사느냐에 따라 영원이라는 시간을 어떤 모습으로 살지가 정녕 결정된다는 말인가?

일본을 방문한 첫날 밤, 도쿄에서 제법 큰 규모에 속한다는 어느 교회 (평균 예배 참석자 수를 기준으로 30위 안에 든다. 그리스도인이 전체 인구의 1퍼센트에 불과한 나라라는 점을 감안해야 한다) 담임 목회자와 서재에 마주앉았다. 벌써 밤늦은 시간이었다. 아침에 도착해서 가혹하리만치 많은 모임에 끌려다닌 탓에 호텔에 가서 드러눕고 싶은 마음이 굴뚝같았지만, 정중한 부탁을 차마 물리칠 수가 없어서 따라나선 길이었다.

그는 두툼한 종이 한 묶음을 내밀며 통역을 통해 말했다. 평생 목회를 해오면서 깊이 괴로워해온 문제가 있는데, 여태까지 아무에게도 이야기하지 못했다고 했다. 이걸 들어야 하나, 말아야 하나? 어쨌든 계속하라는 뜻으로 고개를 끄덕였다. 늦은 시간에는 커피를 마시지 않는다는 생활수칙까지 깨고 커피 잔에 손을 내밀었다.

그때부터 20분 동안 상대는 통역도 거치지 않고 답답한 마음을 쏟아놓았다. 그리스도를 받아들이지 않고 있는 99퍼센트의 일본인에 대한 고민이었다. 단지 예수님에 대해 무지하다는 이유로 지옥에 떨어져서 영원히 고통받아야 하는가? 신학자 가운데는 죽은 뒤에 다시 한 번 구원받을 기회가 있다고 주장하는 이들도 있지 않은가? 심지어 베드로전서에는 예수님이 '옥에 있는 영들에게' 말씀을 전하신다는 불가사의한 구절까지 있다. 일부 학자들이 쓴 책을 보면 보편적인 구원을 강조하는 게 아닌가 싶기도 하다. 물론 성경에는 그와 배치되는 말씀이 여럿 있지만 말이다. 이 목회자에게 도대체 무슨 소망을 줄 수 있을까?

생각에 잠겨 혼자 중얼거리듯, 창조주께서는 선인과 악인에게 골고루 햇살을 비추시며 누구도 멸망당하길 원치 않으신다고 말했다. 세상에 오신 하나님의 독생자는 원수들을 위해 가장 간절한 기도를 드리셨다. C.

S. 루이스가 판타지 소설 《천국과 지옥의 이혼The Great Divorce》에서 그려낸 지옥의 모습을 두고도 한동안 말이 오갔다. 나폴레옹 같은 사람들이 세상을 떠난 뒤에 두 번째 기회를 맞지만 헛되이 흘려보낸다는 흥미로운 소설이었다. 하나님은 끝까지 구원의 손길을 물리치는 이들에게 마지못해 말씀하셨다. "네 뜻대로 될지어다."

마침내 오랜 대화를 마무리하며 말했다. "어떻게 답을 해야 할지 모르겠군요. 그러나 마지막 때는 누구도 하나님 앞에 당당히 서지 못할 겁니다. '이건 불공평해'라고 말할 수도 없고요. 분명히 그럴 거라고 믿어요. 그러나 인류 역사를 매듭짓는 순간에는 하나님의 자비가 공의보다 앞설 겁니다."

욥이 그랬던 것처럼, 나도 관찰과 논쟁이 아니라 만남을 통해 결론에 도달했다. 나치 집단 수용소에 갇힌 네덜란드 출신 에티 힐레숨은 이렇게 물었다. "이렇게 형편없는 세상에 대해 회의하는 걸 하나님은 분명히 이해해주실 거예요, 그렇지 않을까요?"[9] 아무렴. 주님은 틀림없이 이해하시리라고 믿는다. 하나님이 인간에게 주신 계시에도 그런 회의가 생생히 표현되어 있지 않은가.

회의론자에게 묻고 싶다. 볼테르, 데이비드 흄, 버트런드 러셀 등 이름난 불가지론자들이 하나님께 제기한 문제 가운데 하박국서, 시편, 전도서, 예레미야 애가, 특히 욥기 같은 성경책에 들어 있지 않은 게 있는가? 여기에 실린 강렬한 말씀들은 뒤죽박죽 엉켜버린 세상에 대한 깊은 고민을 표출한다. 상처와 배신, 한 치 앞을 알 수 없는 인생, 보살펴주시지 않는 건 고사하고 아예 존재하지 않는 것처럼 보이는 하나님 등 인간이 겪는 뼈아픈 갈등이 모두 담겨 있다. 그런데 여기서 반드시 짚고 넘어가야 할 중요한 사실은 이런 고민과 비난이 모두 기도의 형식을 띠고 있다는 것이다.

기도는 회의와 불만(결국은 무지의 소치)을 꺼내놓고 그것들을 눈앞이 캄캄해질 만큼 환하게 쏟아지는 진실의 빛에 비춰볼 무대를 제공한다. 설령 진실을 이해하지는 못할지라도 신뢰하는 법은 배울 수 있을 것이다. 기도는 지극히 인간적인 행위다. 기도를 들으시는 분에 대해 더 깊이 알아갈수록 회의는 다른 모습으로 부상하게 마련이다.

얼마나 오랫동안 예수님이 가르쳐주신 비유의 핵심을 놓치고 있었던가! 농부는 밭에 묻힌 보화를 찾기 위해 수고롭게 일해야 했지만, 결국은 기뻐하며 돌아가 자기의 소유를 다 팔아 그 밭을 사들였다마 13:44. 그렇다면 농부가 땅 파는 일을 고단하게 여겼을까? 적어도 나는 그렇게 생각하지 않는다.

정직

시카고에 있는 어느 교회에서 성경을 가르치던 중에, 젊은 여성이 손을 들고 일어나서 질문을 했다. 꼬박꼬박 수업에 참석하면서도 입 한번 뻥긋하지 않던 수줍고 성실한 학생이었다. 함께 공부를 하던 이들은 너나 할 것 없이 귀를 쫑긋 세웠다. 무언가를 묻는다는 사실만으로도 너무나 놀라웠기 때문이다. "늘 진심으로 기도하려고 했습니다. 하지만 가끔은 마지못해 앉아 있기도 했어요. 무슨 의식에 참석하는 것처럼요. 주문을 외듯 같은 말을 반복했습니다. 하나님이 그런 기도도 들으실까요? 이

건 아니다 싶은데도 계속 그러고 있어야 할까요?"

한동안 침묵이 흐르도록 내버려둔 다음에 말했다. "보세요, 방 안이 조용해졌지요? 자매님이 얼마나 정직한 사람인지 이미 다들 알고 있습니다. 연약함을 드러내는 데는 용기가 필요합니다. 그런 의미에서 자매님은 여기 있는 모든 이들에게 용기를 주었습니다. 교묘한 말로 지갑을 열게 만드는 장사꾼과는 전혀 다른 진지함 같은 게 느껴집니다. 그래서 모두들 하던 일을 멈추고 이야기를 경청하고 그 뜻을 존중하는 것입니다. 진정으로 하는 말이라는 것을 알기 때문이죠. 기도에도 똑같은 원리가 적용될 거라고 믿습니다. 하나님은 기도하는 이의 진심을 원하십니다."

일본어에는 분열된 자아를 암시하는 두 단어가 있다. 속을 알 수 없기로 유명한 일본인의 면모를 엿볼 수 있는 대목이다. 우선 타테마에たてまえ는 겉으로 드러내어 다른 이들에게 보여주는 자아를 말한다. 또 하나는 혼네ほん-ね로 아무도 볼 수 없는 내면 깊숙한 곳의 자아를 말한다. 그렇게 치자면 그리스도인에게는 세 단어가 필요할지 모른다. 첫째는 직장동료나 슈퍼마켓 점원에게 보여주고 싶은 모습, 둘째는 가족 구성원이나 단짝 친구처럼 흉허물 없이 지내는 사이에 보여주는 자아로 좀 더 연약한 부분이다. 셋째는 그야말로 아무도 모르고 혼자만 아는 은밀한 자신이다.

기도할 때마다 하나님은 세 번째 자아를 공개하라고 초청하신다. 기도는 아무에게도 말 못하는 비밀의 방문을 조금씩 열어나간다. 방 안에는 외부로 새어나가지 못하도록 단단히 틀어막은 수치심과 후회가 가득하다. 가끔은 손바닥으로 하나님의 시선을 가리려고 발버둥 친 일도 있다. 한사코 외면하려고 하지만 엄연한 사실은, 주님이 중심을 보시되 타테마에는 물론이고 혼네까지 꿰뚫어 살피신다는 것이다. 사무엘에게 주셨던 말씀 그대로다. "내가 보는 것은 사람과 같지 아니하니 사람은 외모를 보거니와 나 여호와는 중심을 보느니라"삼상 16:7.

어쩌면 기도하면서 생각하고 느끼는 하나하나가 말보다 더 절실한 기도일지도 모른다. 하나님은 그런 기도에도 한결같이 귀 기울이신다. 사실 모든 생각은 하나님의 임재 앞에서 떠오르고 사라진다. 시편 기자는 "여호와여 내 혀의 말을 알지 못하시는 것이 하나도 없으시니이다. … 내가 주의 영을 떠나 어디로 가며 주의 앞에서 어디로 피하리이까. 내가 하늘에 올라갈지라도 거기 계시며 스올에 내 자리를 펼지라도 거기 계시니이다"시 139:4, 7-8라고 고백한다. 주님 앞에서 그 비밀들을 쏟아내면 신비롭게도 영혼을 억누르던 힘이 스르르 풀리면서 어느 틈에 사라져버린다.

멀지도 가깝지도 않은 친구들과 나누는 피상적인 인간관계가 어떤 건지 잘 알 것이다. 날씨, 스포츠, 머잖아 열릴 음악회, 개봉을 앞둔 영화에 대해 이야기하지만, 억압된 상처나 은밀한 시기심, 제멋대로 구는 아이들을 향한 분노, 영적인 삶에 대한 관심처럼 더 중요한 주제는 가능한 건드리지 않는다. 그런 관계가 성숙해질 리가 없다. 상대를 신뢰하고 깊은 비밀을 털어놓을 때 비로소 관계가 깊어진다.

주님과의 관계도 마찬가지다. 기도에 응답받지 못한 쓸쓸함, 가까운 이를 잃은 데서 오는 상실감, 누군가를 용서하지 못하고 느끼는 죄책감, 하나님이 과연 존재하시는가에 대한 회의 따위를 고백하지 않고 피상적인 단계에 머물러 있다면 관계가 발전할 길이 없다. 꼬박꼬박 예배에 참석하고, 찬송을 부르고, 성가대 활동을 하고, 더할 나위 없이 경건하게 대표 기도를 한다 해도 친밀감을 가로막는 장벽은 절대 깨뜨릴 수 없다. C. S. 루이스는 "우리 가운데 마땅히 있어야 할 무언가가 아니라 분명히 존재하는 것들을 하나님 앞에 내려놓아야 한다"고 지적한다. 또 "먼저 우리 안에 이루어져야 하는 것이 아니라 우리 안에 있는 것을 하나님 앞에 내려놓아야 한다"고도 말한다.[10] 풀어서 설명하자면, 하나님이 이미 알고 계시는 바로 그 문제를 주님께 맡겨야 한다는 것이다.

캐나다에 살고 있는 친구가 편지를 보내왔다. 철들고 나서부터 줄곧 슬픔이나 두려움, 분노 따위의 부정적인 감정을 품고 사는 걸 부끄럽게 여겨왔다고 했다. 물론 억눌러 보려고 무진 애를 썼지만, 부정적인 느낌을 긍정적으로 받아들이는 건 그 자체로 진실하지 못했다. 분명히 느끼고 있으면서 마치 아무 일도 없는 것처럼 가장하는 꼴에 지나지 않았다. 마침내 친구는 결론을 내렸다.

하나님 앞에서 그런 짓을 벌이는 건 시간낭비더라고. 그래서 부끄러워하거나 아무렇지도 않은 척하기보다 차라리 부정적인 감정을 받아들이고 하나님께 정직하게 내어놓기로 했어. 원색적인 감정을 아예 갖지 않는 건 애당초 불가능하다는 걸 깨달았지. 나라는 인간이 본래부터 그렇게 만들어졌거든. 감성이 풍부한 편이지. 감정 은행에 언제나 찾아 쓸 수 있는 계좌를 열어두고 있는 셈이야. 그러니 어쩌겠어. 감정이 요동치는 한복판에서도 제대로 균형을 잡고 살아가는 법을 배워야지. 하나님이 가르쳐주실 거라고 믿어.

노출

불현듯 이상한 생각이 들었다. 내가 하나님의 임재를 의식하지 못할까 봐 전전긍긍하면서, 하나님께 내 진정한 실체를 보여드리고 있는지에 대해서는 전혀 고민하지 않았다는 데 생각이 미친 것이다. 기도할 때 가장 깊고 은밀한 부분까지 남김없이 드러내고 있나? 그렇기만 하다면 참다운 자신을 찾을 수 있을 것이다. 세상의 그 무엇도 실체를 드러내는 하나님의 광선을 약화시키지 못하기 때문이다. 그 빛 아래 서면 그동안 쌓아 왔던 이미지와는 다른, 자신과 주변 인물들이 또렷하게 보인다. 마치 발가벗고 서 있는 것 같은 느낌이 들 수밖에 없다.

모든 행동 뒤에 감춰진 이기적인 동기나 독사처럼 똬리를 틀고 있는 욕망과 야심, 완벽해 보이려고 안간힘을 쓰게 만드는 치유되지 않은 상처 따위는 오직 하나님만이 알고 계신다. 기도는 하나님의 임재 앞에 삶 전체를 들고 나와서 정결하게 씻어내고 제 모습을 되찾으라고 초청하는 안내장이다. 자기를 있는 그대로 드러내는 건 절대 쉬운 일이 아니다. 그러나 참모습을 노출하는 바로 그 순간, 켜켜이 때를 뒤집어쓰고 망가진 채 버려졌던 예술 작품이 나타난다. 하나님이 그토록 고치고 싶어 하시는 바로 그 걸작이다.

아브라함 요수아 헤셸은 "하나님을 볼 수는 없지만 하나님께 우리를 보여드릴 수는 있다"고 했다.[11] 물론 망설여지고 부끄럽고 두렵지만, 과감하게 자신을 있는 그대로 내놓으면 모든 어색한 감정이 즉시 풀려나가는 걸 느낄 수 있다. 두 팔을 활짝 벌리고 받아주시는 하나님 앞에서 거절당할까 봐 두려워하던 마음은 눈 녹듯 사라진다. 하나님을 신뢰하고 의지하면 그뿐, 굳이 이해하려고 애쓸 필요가 없다. 삶의 시시콜콜한 구석을 모두 보여드리는 것 자체가 주님께는 기쁨이다.

여인이 어찌 그 젖 먹는 자식을 잊겠으며 자기 태에서 난 아들을 긍휼히 여기지 않겠느냐. 그들은 혹시 잊을지라도 나는 너를 잊지 아니할 것이라. 내가 너를 내 손바닥에 새겼고 너의 성벽이 항상 내 앞에 있나니 사 49:15-16.

어린 자식에게 맹목적으로 사랑을 쏟는 어머니를 생각해보라. 아기가 갚을 수 있는 건 거의 없다. 그런데도 어머니는 아이가 재채기 한 번 할 때마다, 머리를 돌리고 눈을 한 번 맞출 때마다, 울음을 터트리거나 환하게 웃을 때마다 눈길을 떼지 못한다. 마치 갓난아기의 행동 양식에 관한 시험이라도 치르려는 것 같다. 인간의 어미가 그토록 깊은 사랑을 쏟을진대 하나님은 어떠하실까?

인간은 지구에서 하나님과 대화를 나눌 수 있는 유일의 존재다. 우리가 할 일은 또박또박 찬양하거나 탄식하는 것뿐이다. 삶이 빚어내는 기적에 대해, 그리고 비극적인 상황에 반응해서 입을 열 따름이다. 말로 존재를 표현하고 창조주와 대화하는 건 우주에서 인간만이 가진 독특한 역할이다. 누구라서 그 가치를 폄하하겠는가? 하나님은 바로 그 말에 귀를 기울이신다.[12]

케임브리지 대학의 데이비드 포드 교수는 어느 가톨릭 사제에게 지난 20년간 고해를 들으며 가장 많이 접한 문제가 무엇인지 물었다. 잠깐의 망설임도 없이 대답이 돌아왔다. "하나님입니다." 사제에게 찾아와서 고해했던 교인 가운데 하나님을 사랑과 용서가 많으시며 온유하고 따뜻한 분으로 생각하는 이는 거의 없었다. 믿고 의지할 분이 아니라 그 앞에서 설설 기어야 할 존재로만 여겼다. 포드 교수는 이런 평가를 내렸다. "하나님이 진정 인자한 분이라는 건 아마도 가장 이해하기 어려운 진리 가운데 하나다. 아침마다 창조주의 사랑을 받는다는 사실에 감격하며 자리에서 일어나는가? 주님이 세워두신 계획에 따라 기꺼이 하루를 살아가려 하는가?"**13**

포드 교수의 질문을 읽으면서 깨달은 게 있다. 내 안에 깃든 하나님의 형상은 기도하면서 얼마나 정직하게 자신을 노출하느냐에 달렸다는 사실이다. 한 점 꾸밈없는 모습으로 하나님을 의지하는가? 하나님이 기뻐하시지 않을 거라고 생각해서 자신을 있는 그대로 보여드리지 않는 경우가 얼마나 많은가? 어리석고 또 어리석은 생각이다. 그런 은폐야말로 하나님이 가장 미워하시는 행동이기 때문이다. 나름대로는 보호막을 쳤다고 생각할지 모르지만, 하나님의 눈에는 믿음의 결핍으로 보일 따름이다. 그런 식의 장벽은 하나님과 인간 모두에게 분리를 의미한다. 자신이 터무니없을 만큼 부족한 존재이며 하나님이 그 필요를 넉넉히 채워주고 싶어 하신다는 사실을 통감하기 전까지는 절대로 해결되지 않는다. 그러나 두렵고 떨리는 마음으로 하나님께 다가서는 순간, 독재자가 아니라 사랑이 넘치는 주님을 만나게 된다.

사도 바울은 "믿음으로 말미암아 그리스도께서 너희 마음에 계시게 하옵시고 너희가 사랑 가운데서 뿌리가 박히고 터가 굳어져서 능히 모든 성도와 함께 지식에 넘치는 그리스도의 사랑을"엡 3:17-18 알게 되도록 기도했다. 바울은 이 기도를 한 번만 하고 말았을까? 그렇지는 않았을 것이다. 적어도 나로서는 날마다 이 기도를 드려야 한다. 진정한 나의 자아가 하나님의 사랑을 받게 하는 것이야말로 기도의 가장 중요한 목적이다.

> 우리의 죄를 따라 우리를 처벌하지는 아니하시며
>
> 우리의 죄악을 따라 우리에게 그대로 갚지는 아니하셨으니
>
> 이는 하늘이 땅에서 높음같이
>
> 그를 경외하는 자에게 그의 인자하심이 크심이로다.
>
> 동이 서에서 먼 것같이
>
> 우리의 죄과를 우리에게서 멀리 옮기셨으며
>
> 아버지가 자식을 긍휼히 여김같이
>
> 여호와께서는 자기를 경외하는 자를 긍휼히 여기시나니
>
> 이는 그가 우리의 체질을 아시며
>
> 우리가 단지 먼지뿐임을 기억하심이로다시 103:10-14.

비밀의 무게

존

지난 25년 동안 노숙인을 대상으로 사역해왔다. 그들이 잠시라도 쉬어 갈 수 있는 커피하우스를 운영하고, 주일이면 2층에 자그마한 교회를 연다. 예배 시간에 무슨 일이 벌어질지는 그야말로 예측불허다. 악취를 풍겨서 코를 싸쥐게 만드는 친구가 있는가 하면, 정신이 조금 이상한 양반이 나서서 횡설수설 긴 기도를 이어가기도 한다. 어떤 곳인지 모르고 찾아온 방문객은 질겁하고 돌아 나간다.

그런데 노숙인 가운데 근본주의자가 얼마나 많은지 깜짝 놀랄 지경이다. 신앙을 가졌다 싶으면 죄다 근본주의자다. 어찌 보면 당연한 일이다. 노숙인이 들락거리는 선교 단체들은 끊임없이 지옥불과 끔찍한 형벌을 설교한다. 그렇지 않아도 노숙인 가운데 상당수는 어린 시절부터 '하나님이 심술궂게 따라다니며 벌주는 분'이란 생각을 하면서 살아왔다. 엄청난 수치심과 자기비하가 이들을 짓누르고 있다.

노숙인과 근본주의자는 양쪽 모두 애착장애로 고통받고 있다는 게 내 지론이다. 부모와 끈끈한 정으로 연결되어 있다는 느낌을 갖지 못하고 성장했으니 하나님과의 관계는 묻지 않아도 뻔하다. 다른 인간조차 있는 그대로 받아들이지 못하는데 어떻게 하나님을 신뢰할 수 있겠는가?

알코올 중독자 모임에 나가는 내 친구는 "비밀이 많다는 건 그만큼 병들어 있다는 뜻"이라고 장담한다. 어두운 비밀을 가지고 있지만 털어놓을 데가 없는 이들이 얼마나 많은가? 어두운 생각과 은밀한 비밀을 주체하지 못하는 까닭에 다들 미칠 것처럼 괴로워하고 일부는 정말 미쳐버린다. 비교적 괜찮은 경우도 지나치게 짓눌려 지내거나 감정이 격앙된 상태로 살아간다.

몇 골목 떨어진 지역에서 똑같이 노숙인 사역을 하는 친구가 있었다. 과거에 저지른 실수 때문에 괴롭고 재정 상태가 말이 아니게 어려워 고민이 많았지만, 아무에게도 이야기하지 못했다. 엄청난 고민을 마음속에 단단히 꿍쳐두고 입 한 번 뻥긋하지 않았다. 어느 날, 현관문을 열고 들어서던 아내는 남편의 몸이 끈에 매달려 축 늘어져 있는 장면을 목격했다. 친구가 돌보던 이들이 입은 충격은 말로 다 할 수 없을 정도다. 삶의 전부라고 해도 좋을 만큼 믿었던 목자가 자살을 하다니.

누구에게나 비밀이 있다. 신뢰할 만한 배우자나 친구, 또는 아무라도 비밀을 나눌 만한 상대를 가진 경우는 다행이다. 그렇지 않더라도 하나님, 비밀을 털어놓기 전에 벌써 알고 계신 분을 믿고 있다면 참으로 행복하다. 무슨 비밀을 털어놓든 하나님은 다 받아주신다. 주님의 한계 용량은 인간이 생각하는 것보다 훨씬 크다. 그러기에 우리가 여전히 살아 있는 게 아니겠는가?

노숙인이 애착장애로 고생하고 있다는 판단이 옳다면, 그들에게 가장 필요한 사역은 장기적인 관계를 형성해주는 일이다. 그래서 기회가 있을 때마다 가난한 이들을 떠나지 않겠다고 이야기한다. 긴 말이 필요 없다. 나라는 사람을, 비밀을 고백할 만한 대상으로 믿어주길 바랄 뿐이다. 몇 년이든, 몇 십 년이든 상관없다. 나를 믿는 데 그치지 않고 점점 하나님께 속내를 털어놓는 쪽으로 옮겨가기를 바란다. 거리에서 노숙인을 만나면 어찌해야 할지 모르겠다는 이들을 볼 때마다 눈을 마주치고 얘기를 들어주는 게 음식이나 돈, 성경 말씀을 주는 것보다 더 중요할 수 있다고 가르친다. 노숙인은 아주 사소한 방식으로라도 다른 인간과 접촉하고 싶어 하기 때문이다.

어느 독일 시인은 가난한 이들에 대해 이렇게 노래했다. 참다운 기도가 여기 있다.

더 이상 가난한 사람들을
멸시하거나 내몰지 않기를.
가만히 서서 바라보라.
뿌리 내릴 곳을 찾지 못한 야생화 같지 않은가.

다시 기도드립니다, 지엄하신 하나님

라이너 마리아 릴케

다시 기도드립니다, 지엄하신 하나님.

주님은 내 말을 다시 들으십니다.
저 깊은 곳에서부터 나와
바람을 타고 쏜살같이 날아가는 말들.

나는 산산조각이 난 채 흩어져 있었습니다.
갈등에 찢기고
비웃음 속에 조롱당하며
술꾼에게 시달렸습니다.

좁은 골목길 쓰레기 더미와 깨진 유리조각 사이에서
내 자아를 쓸어 담았습니다.
절반쯤 입을 벌리고 더듬거리며 당신을 불렀습니다.
영원히 조화로우신 하나님을.
두 손을 절반쯤 들어 올리고 말없이 간구합니다.

언젠가 주님을 바라보던
그 눈을 다시 찾게 하소서.

나는 송두리째 불타버린 집 한 채.
때때로 죄인들만이 깃들어
끈질기게 따라다니며 괴롭히며
허허벌판으로 쫓아내는 징벌을 앞두고
잠을 청하던 곳.

나는 바닷가의 어느 도시.
독물이 섞인 파도에 가라앉아갑니다.
나는 스스로에게도 낯설기만 합니다.
마치 내가 태중에 있을 때
알 수 없는 누군가가 어머니에게 독을 먹이기라도 한 것처럼.

이제 온갖 부끄러움의 편린들 가운데서
내 자신을 다시 찾습니다.
어디엔가 속하기를 고대합니다.
세상에서 단 하나뿐인 존재로 나를 바라봐주는
넉넉한 품에 안기기를 갈망합니다.
주님의 마음, 그 위대한 손길에
사로잡히기를 사모합니다.
오, 지금 그 손길이 나를 붙들게 하소서.

그 안에 이 파편들, 곧 내 삶을 내려놓습니다.

그리고 하나님, 당신께서 원하시면

그것들을 아낌없이 사용해주소서.

자신이 어떤 하나님을 믿고 있느냐는 사도신경을 암송할 때가 아니라 아무도 없는 곳에서 주님과 이야기할 때 가장 정확하게 드러난다. _낸시 메어스[1]

하나님은 어떤 분일까

네팔에 갔다가 '기도바퀴'를 샀다. 반죽을 미는 방망이처럼 생긴 물건인데 둘레에 색색 돌을 박아 넣었다. 묵직한 원통에 달려 있는 손잡이를 돌리면 실린더가 뱅글뱅글 돌아간다. 뚜껑을 돌려 빼면 안에는 네팔어로 빽빽하게 적힌 기도문이 들어 있다. 신심 깊은 네팔 불교도들은 바퀴를 한 번 돌릴 때마다 기도가 하늘로 올라간다고 믿는다. 금빛 찬란한 사원 바깥에서는 승려들이 하루 종일 거대한 기도바퀴를 돌린다. 첨단 기술에 익숙한 불교도들은 1분에 5,400번 회전하는 사이버 기도바퀴를 컴퓨터에서 다운받기도 한다.[2]

일본에 갔을 때는 옷을 잘 차려 입은 수많은 사람들이 신사를 찾는 걸 보았다. 승려의 기도를 받으려면 한 명당 대략 50달러 정도를 내야 하는데, 접수처에서는 '참배객의 편의를 위하여' 비자카드와 아멕스카드도 받는다. 제관은 먼저 북을 울려서 신들의 주의를 환기시킨 뒤 기도를 시작한다. 곁에는 신에게 헌주로 바치는, 정종을 담은 커다란 통이 늘어서 있다. 신사를 나서기에 앞서 참배객들은 소원을 적은 종이를 건물 주위의 '기도 나무'에 잡아맨다. 실바람이라도 불어올라 치면 하얀 종이쪽지들이 벚꽃처럼 나부낀다.

타이완에서는 산길을 걷다가 요상하게 생긴 종잇조각을 주운 적이 있다. 처음에는 누가 버린 휴지인 줄 알았다. 알고 보니, 트럭 기사들이 길 위를 떠도는 신령을 달래고 사고를 예방하기 위해 차창 밖으로 내던진 유령화폐였다. 소꿉장난용처럼 질 낮은 종이에 인쇄된 이 돈은 도교 사원에서 판매한다. 참배를 마친 이들은 지전紙錢을 사서 구석에 차려 놓은 소각로에다 다발째 불사른다. 그렇게 하면 지하의 혼령들이 자신들을 괴롭히지 못하며 세상을 떠난 친척들이 저승에서 급전이 필요할 때 도움을 줄 수 있다고 믿는다. 사원에서는 모형 자동차나 오토바이도 팔고 있다. 망자들이 마음대로 돌아다닐 수 있도록 하늘나라로 보내줄 물건들이다. 그 밖에도 귀신들을 기쁘게 해준다는 잡다한 요리도 판매한다.

타이완은 세계에서 유통되는 노트북 컴퓨터의 상당량을 생산하는 하이테크 국가지만, 국민들은 아직도 신앙을 복을 부르는 부적쯤으로 여긴다. 신은 운명을 좌우하는 초인적인 힘을 의미한다. 마찬가지로 인도의 힌두교도들도 음식과 꽃, 짐승을 제물로 바치는 제사를 통해서 신들을 위로한다.

사실 그리스도인이 드리는 기도 가운데도 이와 비슷한 경우가 적지 않다. 인간이 이러저러한 의무를 다하면 하나님이 '은혜를 갚을 것'이라는 사고방식이다. 예배는 일종의 거래가 되었다. 이쪽에서 뭘 좀 드리면 다음에는 저쪽에서 보답할 차례다. 관계가 아니라 거래로서의 기도는 기뽐이기보다 정해진 규정을 지키는 관습으로 변질된다. 생명과는 별 관계가 없는 순간적이고 임시변통적인 숙제로 전락하는 것이다.

그렇게 되면 기독교의 기도 역시 불교 승려들이 기도바퀴를 돌리고 일본의 직장 여성들이 신사를 들락거리는 것과 본질적으로 같은 행위가 된다. 남성들은 잠자리에 들기 전이나 밥상머리에서 어릴 때부터 수없이 들어왔던 기도문을 그대로 되풀이해 읊조리기 일쑤다. 주부들은 하루 종일 집안일을 하는 짬짬이 남자들보다는 좀 더 이야기하듯 기도하는 편이지만, 하나님은 하늘나라나 그 비슷한 데 뚝 떨어져 계신, 감히 다가갈 수 없는 분이라고 믿는다. 친구처럼 살뜰하게 삶에 개입하고 싶어 하는 사랑의 주님으로는 좀처럼 인식하지 못한다.

영국 보수당 의원을 지낸 조나단 아이트켄은 아직 신앙이 미숙하던 시절, 하나님과 나누었던 교제를 은행 지점장과의 관계에 빗대어 설명했다. "가능한 한 공손하게 말씀드리고, 드문드문 집으로 찾아가며, 어려운 일이 생길 때마다 도움을 청하거나 추가 대출을 요청하고, 지원해준 데 대해 짐짓 겸손한 표정으로 감사를 전하며, 신뢰할 만한 고객의 면모를 잃지 않도록 애쓰며, 세상을 살다 보면 언젠가 꼭 필요할 수도 있다는 판단에서 피상적인 접촉을 유지했다."[3] 아이트켄은 위증 혐의로 수감된 뒤에야 비로소 하나님과 더불어 가까이 사귀려는 노력을 시작했다.

잔상

하나님과 직접 대화를 나누고 싶어 하는 이들은 아주 독특한 난관에 부닥친다. 일찌감치 그런 사실을 깨달았던 아이트켄을 비롯하여 수많은 이들이 같은 문제를 두고 씨름했다. 영국 콘월 지방에 산다는 어느 독자의 편지 역시 비슷한 내용을 담고 있었다.

화목한 기독교 가정에서 태어나 성장했고 조그만 시골 교회에 다녔습니다. 예배를 드리면서 커다란 기쁨과 위로를 얻었습니다. 정말 감동적인 시간이었어요. 하지만 나이가 들수록 하나님은 엄하기만 한 분으로 생각되었습니다. 선생님도 어렸을 때 그러셨다죠? 주님의 사랑에 감격하기보다 심판을 두려워하는 마음이 앞섰습니다. 마음이 착잡해지고 신앙에 회의가 들기 시작했습니다. 도대체 무얼 믿고 있는지 스스로 몇 번을 물었는지 모릅니다. 회의와 의혹이 일어나기 전에는 하나님과 친밀한 관계를 맺고 있었는데 어느새 다 잃어버리고 말았습니다. 확신하는 마음이 사라졌습니다. '나 처음 믿은 그 시간 귀하고 귀하다'라는 찬송가 가사가 있습니다만, 지금은 어린 시절처럼 그렇게 편안하고 순수하며 친밀한 교제를 나누지 못하고 있는 실정입니다.

누구나 설교나 유년 주일학교 공과 공부, 경건 서적, 영화, 기독교 텔레비전, 동료 그리스도인이나 회의론자들이 스치듯 던지는 얘기 등 갖가지 경로를 통해 갖게 된 선입견을 품고 하나님께 다가선다. 한번 형성된 선입견은 마음에 잔상으로 남아 좀처럼 사라지지 않는다. 콘월에서 편지를 보낸 독자가 그랬던 것처럼, 나도 하나님을 오해했다. 눈에 불을 켜고 우주 만물을 감시하는 슈퍼 울트라 경찰관쯤으로 착각했던 것이다. 그러니 사랑하기보다 두려운 대상일 수밖에 없었다.

어떤 여성은 누군가 기도하면서 하나님을 '아버지'라고 부르면 저도 모르게 몸이 떨리곤 했다고 한다. 생부生父에게서 심한 학대를 받으며 자란 탓에 아버지라는 말만 들어도 끔찍했던 것이다.[4] 하나님은 하얀 수염을 기르고 커다란 손을 가진 백인 남성의 모습을 하고 무슨 잘못을 저지르지 않나 끊임없이 추적하는 분이라고 굳게 믿으며 자란 친구도 있었다. 그는 오랜 세월이 흐른 뒤에 영적으로 신뢰하던 선배에게 그런 사실을 털어놓았다. 그러자 측은하게 한참을 쳐다보던 선배가 마침내 입을 열었다. "이제 그런 하나님은 그만 해고해버리지 않겠니?" 친구는 멘토의 조언을 받아들였다.[5]

나 개인적으로는 지금까지 하나님의 모습을 구체적인 형상으로 마음에 그려본 적이 없다. 아마도 어려서부터 '아로새긴 우상'을 심하게 정죄하고 콘크리트 블록으로 지은 예배당 벽에 성화 한 점 붙이지 못하게 하는 교회에 출석했던 영향이 아닐까 싶다. 대신에 창조주나 심판자로서 하나님의 역할에 대한 이야기를 많이 들은 까닭에 주님은 그런 일만 하시는 분이라고 믿게 되었다. 나는 초등학교 1학년이 교사나 교장이라는 직분 이면에 숨겨진 진정한 인간을 상상할 수 없는 것처럼, 창조주나 심판자라는 역할 뒤편에 감춰진 하나님의 인격을 볼 수 없었다.

인간은 다 자란 뒤까지도 여전히 남들과 관계를 맺고 그들의 도움을 받으며 살아간다. 커피숍 점원, 세차장 종업원, 인도에서 온라인 서비스를 제공하는 회사 직원 등 다양한 인물들이 생활을 뒷받침한다. 친구를 선택하는 경우에는 더 친밀한 수준까지 상대를 알고 싶어 한다. 겉모습만 보는 게 아니라 내면 깊숙한 곳에 자리 잡고 있는 진정한 자아와 만나길 원하는 것이다. 친구가 나를 위해 뭔가 해주어서가 아니라 교제하는 것 자체가 기쁨이 되는 까닭에 함께 시간을 보낸다. 어떻게 하면 하나님과도 그런 관계를 맺을 수 있을까?

광대한 차이

친구들에게는 나와 비슷한 구석이 있는가 하면 전혀 다른 점도 있다. 어떤 친구는 나처럼 남부 출신으로 근본주의 신앙을 가진 가정에서 성장했다. 그래서 내가 스포츠 기사를 즐겨 읽는 걸 별스럽게 생각한다. 다른 친구 하나는 작가와 작품을 선택하는 취향이 엇비슷하다고 좋아하더니 내가 클래식 음악을 좋아하는 걸 알고는 금방 구식 취급을 했다. 모든 관계는 춤을 추듯 상대방과 교감하는 과정이다. 인간 대 인간의 관계가 그럴진대, 영혼의 세계를 주관하시며 감히 입에 올리기조차 황송할 만큼 거룩하신 주님과의 관계는 말해 뭐하겠는가?

하나님의 광대하심을 생각하면 숨이 턱 막힌다. 그렇게 놀라운 분과 교제할 자격을 갖춘 피조물은 아예 존재하지도 않는다. 아우구스티누스는 "대화하는 대상이 하나님이라는 걸 생각하면 그분 말씀을 제대로 알아듣지 못하는 건 당연한 일"이라고 했다.[6] 자기 자신조차 똑바로 분별하지 못하는 인간이 하나님을 정확하게 파악한다는 게 가당하기나 한 일인가. 그런 의미에서 지난날 그리스도인들이 무슨 성인들이나 중재인에게 기대어 하나님께 아뢰는 걸 더 편안하게 느꼈던 것도 얼마든지 이해가 간다.

한때 기자 노릇을 하면서 유명 인사들과 만날 기회가 있었다. 대통령

두 명, 록밴드 U2의 멤버, 노벨상 수상자, 텔레비전 스타, 올림픽 영웅 등 앞에 가기만 해도 주눅이 들 만큼 쟁쟁한 인물을 인터뷰했다. 무엇을 물어볼지 철저하게 준비했지만, 막상 취재가 코앞에 닥쳐오면 전날 밤부터 잠을 못 이루고 신경쇠약증과 싸워야 했다. 그처럼 내로라하는 인물들과 친구가 되는 건 상상조차 할 수 없는 일이었다. 연회 자리에서 아인슈타인이나 모차르트와 나란히 앉는다면 어떨까? 말인들 제대로 걸 수 있을까? 너무 긴장해서 바보 같은 짓을 저지르지나 않을까?

그리스도인은 기도를 통해 우주 만물을 지으신 창조주께 나아간다. 거룩한 임재 앞에 서면 누구나 움츠러들 수밖에 없다. 그저 입을 꾹 다물 뿐 무슨 말을 한단 말인가? 언감생심 자신이 하는 말을 귀 기울여 들어주시길 바랄 수 있겠는가? 한 걸음 뒤로 물러나서 큰 그림을 볼 때마다, 그토록 광대하시고 능력이 무한하신 분이 지구처럼 하찮은 별을 두고 성가신 실험을 계속하시는 까닭이 무언지 궁금해진다.[7]

성경을 보면 왕과 신하, 심판관과 죄인, 주인과 종 등 인간과 하나님의 차이를 강조할 때가 있는가 하면, 신랑과 신부, 목자와 양, 부모와 자녀 등 친밀감을 부각시키는 경우가 있다. 그러나 예수님은 분명히 친밀한 관계에 의지하라고 말씀하셨다. 직접 가르쳐주신 기도에서는 '아바'라는 말까지 쓰셨는데, 유대인들의 기도에는 사용되지 않는 비공식적인 단어였다. 이전에는 누구도 그런 표현을 써서 기도한 적이 없었다. 독일 신학자 요아킴 예레미아스는 이를 두고 새로운 기도 방식이 탄생했다고 평가한다. "예수님은 아이가 아빠에게 이야기할 때처럼 마음을 턱 놓고 자연스럽고 다정하게 하늘 아버지와 대화하셨다."[8]

초대교회 그리스도인들은 예수님의 친밀한 기도 방식을 따랐다. 바울도 똑같이 가르쳤다. "너희가 아들이므로 하나님이 그 아들의 영을 우리 마음 가운데 보내사 아빠 아버지라 부르게 하셨느니라"갈 4:6. 다른 본문에서는 한 걸음 더 나간 친밀감을 보여준다. "성령도 우리의 연약함을 도우시나니 우리는 마땅히 기도할 바를 알지 못하나 오직 성령이 말할 수 없는 탄식으로 우리를 위하여 친히 간구하시느니라"롬 8:26.

그러므로 그리스도인은 한 손으로는 창조주의 광대하심을 선포하는 진리를 붙들고, 또 한 손으로는 친밀한 관계를 맺고 싶어 하시는 주님의 마음, 단테의 표현을 빌리자면 '태양과 뭇별을 움직이는 사랑'에 매달리는 것이다.9 별을 쳐다보며 인간의 체험이라는 게 얼마나 하찮은 것인지 새기는 한편, 하늘 아버지께서 자녀들을 보고 즐거워 노래하신다는 성경 말씀을 읽는 식이다. 최근에 깨달은 사실이지만, 친밀감은 하나님과 인간 사이의 엄청난 차이를 깊이 인식하는 데서 비롯된다. 주님은 시간과 공간의 법칙을 초월해서 움직이신다. 깊이를 잴 수 없는 위대하심 덕분에 모든 이들이 그토록 갈망하는 친밀한 관계가 실제로 가능해진다는 것이다.

하나님은 시간의 법칙에 묶이지 않으시므로 인간 하나하나에 관심을 쏟으실 수 있다. 문자 그대로 세상에 존재하는 한 사람 한 사람을 하루 종일 돌보신다는 말이다. 성경은 "주의 목전에는 천 년이 지나간 어제 같다"시 90:4고 노래하면서 동시에 "주께는 하루가 천 년 같다"벧후 3:8고 선언한다.10 흔히들 "아무리 하나님이라지만 어떻게 수백만 명의 기도를 동시에 들으실 수 있느냐?"고 묻지만, 그건 시간을 초월해서 사고할 능력이 없다는 사실을 드러낼 뿐이다. 그들은 인간의 한계에 갇혀 있기 때문에 수백만 명이 수천 가지 언어로 드리는 기도를 한꺼번에 들을 수 있는 존재를 떠올리지 못한다. 시간의 덫에 걸려 무한성을 생각할 수 없는 것이다. 누구도 그 크기를 짐작할 수 없는 하나님과 인간 사이의 거대한 간격은 아이러니컬하게도 친밀감을 불러일으킨다.

세상에 머무시는 동안 한시적으로 시간의 제약을 받아들이셨던 예수님은 하나님과 인간의 현격한 차이를 누구보다도 정확하게 감지하고 계셨다. 두말할 것도 없이, 아버지가 얼마나 탁월하신 분인지 잘 아셨으며 그 모습을 그리워하셨다. "아버지여 창세전에 내가 아버지와 함께 가졌던 영화로써 지금도 아버지와 함께 나를 영화롭게 하옵소서"요 17:5. 그렇지만 하나님이 참새 한 마리도 놓치지 않고 돌보시며 우리의 머리카락까지 헤아리실 만큼 개인적이고 인격적인 관심을 가지신다는 사실 역시 믿어 의심치 않으셨다.

단도직입적으로 말해서, 예수님은 하루 일과 가운데 상당한 시간을 할애하실 만큼 기도의 가치를 높이 평가하셨다. "왜 기도하느냐?"는 질문에 한마디로 답해야 한다면 "예수님이 기도하셨기 때문에"가 가장 적합한 답이다. 그리스도는 하나님과 인류 사이를 연결하는 다리를 놓으셨다. 세상에 계시면서 우리가 연약한 것처럼 연약하게 되셨고, 우리가 버림받은 것처럼 버림받으셨으며, 우리가 시험당하는 것처럼 시험당하셨다. 그러나 무슨 일을 만나든지 예수님은 먼저 기도하셨다.

예측 불가능한 하나님의 임재

하나님과 교제하기에는 도무지 격이 맞지 않는다는 사실도 문제지만,

주님의 모습이 눈에 보이지 않는다는 점도 친밀한 교제를 가로막는 주요한 장애물이다. 바울이 지적한 것처럼, '그를 힘입어 살며 기동하며 존재'행 17:28하고 있음에도, 하나님의 임재에 대한 관념은 하루에도 열두 번씩 요동친다. 콘월에서 편지를 보낸 독자 말고도 친밀감을 잃어버리고 안타까워하는 그리스도인은 이루 헤아릴 수 없을 만큼 많다. 지난날 누리던 은혜는 다 어디로 가버렸는가?

아름다운 자연, 은혜와 용서의 햇살, 예수님을 통해 보는 하나님의 모습, 진정 믿음으로 사는 이들과 만났을 때의 감동 같은 것들은 내 신앙에 영양을 공급한다. 반면에 역사를 피로 물들이는 잔혹한 사건을 한없이 지켜보기만 하시는 하나님에 대한 의구심, 응답받지 못한 기도, 마치 주님이 외면하신 듯한 시간을 견뎌내는 일 따위는 회의를 부채질한다. 하나님과의 만남에는 기쁨과 만족, 위축과 침묵이 모두 들어 있으며 항상 수수께끼를 동반한다. 한마디로 예측 불가능이다.

하나님의 이런 특성을 어떻게 설명해야 할까? 개인적으로는 어떤 사귐이든 신비로운 측면이 존재하며, 모든 관계에는 드러낼 시점이 있고 감춰야 하는 순간이 있다고 생각한다. 그래서 하나님이 왜 직접 나타나서 도와주시지 않는지 부쩍 의심이 들면, 특히 구약 성경에서 주님이 직접 강림하신 사건들을 더듬어가며 주님이 몸소 찾아오셨다고 해서 대화가 더 잘 이뤄진 건 아니었다는 사실을 되새긴다. 사실 거룩한 임재와 맞닥뜨린 인간들은 땅에 납작 엎드리기 일쑤였고 강렬한 빛살에 눈이 캄캄해져서 비틀거렸다. 관계라는 게 어차피 뜨거웠다가 차갑게 식기를 되풀이하는 법이 아니겠냐고 스스로 위로하기도 한다. 구체적인 대화가 이뤄지는 경우가 있는가 하면 침묵이 계속될 때도 있다. 가까이 느껴지는 시기가 있으면 멀게만 보이는 시기도 있게 마련이다. 하지만 이런 논리들은 어딘가 모르게 설득력이 떨어지는 느낌이다. 결국 다소 불안하기는 하지만 관계를 어떻게 이끌어 나갈지는 궁극적으로 내가 아니라 하나님이 결정하신다는 사실만 잊지 않기로 했다.

아우슈비츠 수용소에 갇혀 지내면서도 일기 쓰기를 잊지 않았던 에티 힐레숨은 "누구도 방해할 수 없는 하나님과의 대화"라는 글을 남겼다. 도덕의 불모지에서 힘겹게 살아가고 있음에도 힐레숨은 진리를 꿰뚫어 보고 있었다. "가끔 수용소 한 모퉁이에 서서 두 다리로 주님의 땅을 딛고 눈을 들어 하늘나라를 우러러보면 눈물이 뺨을 타고 흘러내립니다. 깊은 감동과 감사의 눈물입니다." 그렇다고 두려움을 몰랐던 건 아니다. "사람들이 공포라고 부르는 감정의 한복판에 있습니다. 그럼에도 여전히 삶은 아름답다고 말할 수 있습니다. 그렇습니다. 나는 수용소 한구석에 누워 있습니다. 바싹 말라서 뼈만 남았습니다. 현기증이 나고 열이 올라서 아무것도 할 수 없습니다. 하지만 곁에는 꽃 화분이 있고 창문 너머 한 조각 하늘이 보입니다."

글을 맺으며 힐레숨은 말한다. "일단 하나님과 동행하기 시작했다면 꾸준히 그분과 더불어 걸어가야 합니다. 삶이란 긴 산책과도 같습니다. 얼마나 놀라운지 모릅니다."[11] 이 젊은 여성이 내뱉는, 나이에 걸맞지 않은 담대한 신앙고백을 읽는 내내 나를 돌아보았다. 히틀러가 이른바 '선민'들을 불살라 광기의 번제를 드렸던 소각로에서 나오는 재를 날마다 들이마시며 사는 처지라면 난 과연 일기장에 뭐라고 쓸 것인가? 그녀의 말대로 주님과 동행하는 삶은 긴 산책일 수 있다. 그런데 나는 얼마나 깊이, 얼마나 자주 놀라움을 느끼는가?

끊임없이 믿음을 흔들어대는 세상에서 기도는 일종의 도발 행위다. 기도한다는 이유만으로도 얼마든지 따돌림의 대상이 될 수 있다. 하지만 나는 한결같은 믿음을 품고 기도하면서 거룩한 임재를 보여주는 징표를 계속 찾아낼 작정이다. 하나님은 세상 만물 가운데 일종의 원소처럼 존재하신다. 그렇지 않았더라면 우주는 단박에 무너져 내리고 말았을 것이다. 그분은 아름답고 기이한 피조물 속에도 머무신다. 인간의 눈으로는 죽었다 깨어나도 찾아낼 수 없다. 잠시 세상에 오셨다가 지금은 땅 위에 남은 이들을 위해 중보하시는 독생자 그리스도 안에도 하나님이 계신다. 마태복음 25장에서 가르치는 것처럼 주님은 주리고, 헐벗고, 병들고, 감옥에 갇힌 이들 가운데 계신다. 그러므로 그들을 섬기면 곧 하늘 아버지를 섬기는 셈이다. 하나님은 라틴아메리카의 빈민촌에도 거하신다. 멋진 예배당과 부속 건물은 물론이고 중국 가정교회 그리스도인들이 모여 숨죽여 예배드리는 허름한 창고에도 함께 계신다. 하나님은 성령님 가운데 계신다. 자녀들을 위하여 말없이 간구하시며 귀를 기울이는 모든 심령을 향해 부드러운 목소리로 말씀하신다.

기도란 하나님을 가까이 불러오는 도구가 아니라 거룩한 임재에 반응하는 방식을 가리킨다. 기도하는 쪽에서 실감하든 못하든 주님은 엄연히 그 자리에 계신다. 아브라함 요수아 헤셸의 말을 빌리자면, "하나님과의 교제는 노력의 산물이 아니다. 오히려 선물에 가깝다. 로켓처럼 쏘아 올리는 게 아니라 유성처럼 높은 곳에서 뚝 떨어진다. 입을 열어 기도하기 전에 먼저 준비할 게 있다. 주님이 자녀들 곁으로 가까이 다가오기를 간절히 원하신다는 사실과 우리에게 그 길을 예비할 능력이 있다는 사실을 마음으로 믿는 일이다. 기도는 바로 그런 믿음에서 비롯된다."[12]

하나님의 임재(또는 부재)를 생각한다는 말은 주님이 곁에 계시느냐 아니냐를 가린다는 얘기가 아니다. 주님과 대화하면서 지엽적이고 기술적인 문제에 지나치게 신경을 쓴다든지, 충분히 아뢰지 못하는 데 대해 깊은 죄책감을 느낀다든지, 오랫동안 응답이 없어서 실망하고 돌아설 때마다 기도란 진작부터 함께 계신 하나님과 계속해서 동행하는 것임을 다시 한 번 되새긴다.[13]

아주 매력적인 혼혈 여성인 내 친구 조애너는 날마다 남아프리카공화국에서 가장 험악하다는 교도소를 찾아간다. 그동안 열심히 일한 보람이 있어서 교도소의 폭력적인 분위기가 완전히 가라앉았다. BBC 방송에서 두 번씩이나 다큐멘터리 프로그램을 제작해서 내보낼 정도다. 어떻게 그처럼 놀라운 일을 해낼 수 있었을까? 조애너의 설명은 이렇다. "당연한 얘기지만, 감옥에 가보니까 하나님이 이미 거기 계시더라고. 난 그저 주님을 구체적으로 보여줬을 뿐이야." 기도 역시 같은 맥락에서 보아야 한다. 하나님은 이미 내 삶에 들어와 계시며 한시도 곁을 떠나지 않으신다. 기도는 주님의 임재 앞에 나가서 부르심에 반응할 수 있는 통로를 제공한다.

하나님의 음성

작가 브레넌 매닝은 한 해에도 몇 번씩 영성 수련회를 인도하는데, 내게도 참가를 권유했다. 침묵 수련을 하면 백발백중 하나님의 음성을 듣는다고 했다. 기대 반 호기심 반으로 닷새짜리 프로그램에 등록했다. 참가자는 매일 60분씩 각자 브레넌 매닝과 만나서 묵상 주제와 영성 훈련 과제를 받는다. 하루에 한 번 예배를 드리는데 강사를 제외하곤 아무도 말을 해선 안 된다. 나머지 시간은 저마다 원하는 일을 하면서 자유롭게 보낼 수 있다. 다만 하루에 두 시간 이상 반드시 기도를 해야 한다.

평생 단 한 번이라도 30분 이상 열심히 기도한 적이 있는지 의심스러웠다. 첫날은 풀밭을 서성대다가 큰 나무에 기대앉았다. 묵상할 주제는 이미 받았고 생각을 정리할 노트도 준비했다. 하지만 얼마나 깨어 있을 수 있을지 심히 걱정스러웠다.

다행히 자리를 잡자마자 들소 147마리가(수를 다 헤아릴 만큼 시간이 많았다) 나타나서 어슬렁거리기 시작했다. 들소가 노는 모습을 지켜보는 일은 흥미로웠다. 자연 상태에서 돌아다니는 들소 떼를 관찰하는 것까지는 그럭저럭 괜찮았다. 하지만 금방 신물이 났다. 일이십 분도 아니고 무려 두 시간 동안이나 들소 147마리를 쳐다본다는 건 최대한 부드럽게 표현해도 지겨운 일이었다. 녀석들은 땅에 머리를 처박고 풀만 씹었다. 까마귀가 신경질적으로 울어대면 잠깐 고개를 들 뿐 금방 본래의 자세로 돌아갔다. 두 시간 동안 아무 일도 일어나지 않았다. 사자가 뛰쳐나와 덤벼들지도 않았고, 수놈들이 뿔을 들이밀며 싸움을 벌이지도 않았다. 약속이라도 한 듯 고개를 숙이고 묵묵히 풀을 뜯을 따름이었다.

그런데 얼마 뒤부터 그 평온한 풍경이 내게 영향을 미치기 시작했다. 들소들은 내 존재를 전혀 눈치 채지 못했다. 녀석들의 속도와 리듬에 맞춰 나 역시 느릿느릿 반응하는 자연의 일부가 된 것이다. 집에 두고 온 일이나 코앞에 닥친 원고 마감, 브레넌이 숙제로 내준 읽을거리 따위는 생각 밖으로 멀리멀리 사라져버렸다. 몸이 편안하게 늘어졌다. 무거운 침묵 속에서 마음 한가득 평온함이 밀려들었다.

마이스터 에크하르트는 "마음이 평온할수록 기도는 더 강렬해지고, 더 소중해지고, 더 깊어지고, 더 풍성해지고, 더 완전해진다"고 했다.[14] 들소는 평온한 마음을 갖기 위해 일부러 애쓸 필요가 없다. 하루 종일 무리와 어울려 풀을 씹으며 어슬렁거리는 데서 만족을 느낀다. 사랑하는 상대에게는 굳이 노력하지 않더라도 관심이 가게 마련이다. 하나님을 향해서도 연인들처럼 서로에게 넋을 잃고 빠져드는 종류의 관심을 갖게 해달라고 짧게 기도했다.

기도 시간에도 얘기는 몇 마디 안 했지만 대단히 중요한 사실을 배웠다. 욥기와 시편은 창조주께서 인간뿐 아니라 지구상에 존재하는 수많은 피조물에게서도 기쁨을 얻으신다고 분명히 가르친다. 나는 그때그때 보이는 풍경에 잠시 눈길을 줄 뿐이지만 하나님은 날마다 지켜보며 기뻐하신다. 그날의 경험 덕분에 우주에서 내가 차지하는 자리를 다른 시각에서, 공중에서 내려다보는 하나님의 시선으로 바라보는 법을 배웠다.

들소들은 모두 사라졌다. 매일 들판과 숲을 살폈지만 찾을 수 없었다. 하지만 녀석들을 관찰하는 대신 하나님과 많은 이야기를 나누었다. 그해에 쉰 살이 되었던 터라 남은 인생을 어떤 마음가짐으로 살아야 할지 가르침을 구하는 한편, 반드시 준비해야 할 일들을 정리해서 목록을 작성했다. 수없이 많은 아이디어가 튀어나왔다. 풀밭에 앉아서 시간을 보내지 않았더라면 떠오르지 않았을 생각이었다. 수련회에 참석한 한 주간은 영적으로 더욱 성숙해지는 길을 모색하는 일종의 점검 기간이 되었다. 어려서부터 지금까지 하나님에 대해 얼마나 그릇된 선입견을 가지고 살았는지, 주님을 불신하고 거역한 적이 얼마나 많았는지 새삼 깨달았다.

귓가에 무슨 음성이 들렸던 건 아니다. 그러나 수련회를 마칠 즈음에는 주님의 목소리를 들을 수 있을 거라던 브레넌 매닝의 말이 사실임을 알 수 있었다.

하나님은 전심으로 그분을 찾는 이들과 대화할 통로를 찾고 계신다. 이 사실을 그 어느 때보다 확신하게 되었다. 사방에서 쏟아져 나오는 잡음의 볼륨을 낮추면 좀 더 선명하게 그 길을 볼 수 있다. 책에서 읽은 재미있는 이야기가 기억난다. 영적으로 성숙해지길 소원하던 어느 구도자가 분주한 일상을 제쳐놓고 수도원에 들어가서 며칠을 보내기로 했다. 멀리서 찾아온 손님을 방까지 안내해준 수도사가 말했다. "여기 머무는 동안 넉넉한 은혜를 누리시길 빕니다. 뭐든지 필요한 게 있으면 말씀해주세요. 그것 없이 살아가는 방법을 알려드리겠습니다."**15**

실제로 기도하면서 기도하는 법을 배웠다. 하루에 두 시간씩 온 마음을 다해 간구하면서 수많은 진리를 터득했다. 무엇보다도 기도하는 동안 자신에 대해서보다 하나님에 관해 더 많이 묵상해야 함을 깨달았다. 예수님이 가르쳐주신 기도 역시 하나님이 우리에게 무엇을 원하시는지에 가장 먼저 초점을 맞추고 있다. "이름이 거룩히 여김을 받으시오며 나라가 임하시오며 뜻이 하늘에서 이루어진 것같이 땅에서도 이루어지이다" 마 6:9-10. 주님은 거룩한 백성들이 그런 일들을 사모하며 거기에 목표를 두고 살아가기를 바라신다.

이것저것 달라고 보채기 위해서가 아니라 그저 하나님과 시간을 보내고 싶어서 무릎을 꿇은 적이 얼마나 되는가? 자신이 원하는 것과 하나님이 원하는 것, 자신이 원치 않는 일과 주님이 원치 않으시는 일을 분별하기 위해 거룩한 임재 앞에 나가는 경우가 몇 번이나 되는가?

들소들이 노니는 풀밭에서 나는 그런 기도를 드렸다. 인도하심을 구하는 기도에 대한 응답은 주변 곳곳에서 찾을 수 있었다. 상황이 달라진 건 아무것도 없었다. 달라진 건 수신 장치였다. 기도를 통해서 하나님의 음성을 수신할 수 있는 안테나를 높이 세웠던 것이다. 릴케는 "세상 만물이 당신을 찬양하므로, 때때로 그걸 더욱 분명히 들을 뿐입니다"라고 노래했다.[16]

하나님께 초점을 맞추고 묵상하는 기도를 드리다 보면 자신을 완전히 잊어버리는 상태에 이른다. 개중에는 이런 형태를 '무심한' 기도라고 부른다. 무언가를 얻기 위해 매달리는 게 아니라 어린아이처럼 사심 없이 자연스럽게 간구한다는 뜻이다. 주님과 더불어 충분한 시간을 가진 뒤에는 여태까지 너무나 중요한 일이라고 생각해서 긴급하게 구하던 일들을 새로운 관점에서 다시 보게 되었다. 무엇을 요청하든 나를 위해서가 아니라 하나님의 뜻을 위해 간구하기 시작했다. 처음에는 개인적인 욕구에서 출발했지만 거기서 가장 중요하고 시급한 필요에 직면하게 된 것이다. 하나님 자신과의 만남이 바로 그것이다. 주님은 여태껏 누구도 도달해본 적이 없으며 감히 상상조차 못하는 자리에서 세상을 굽어보신다. 거래가 아니라 관계에 토대를 둔 기도야말로 그런 하나님께 다가서는 가장 자율적인 방식일 것이다. 베드로는 시편을 인용하며 자신 있게 말한다. "주의 눈은 의인을 향하시고 그의 귀는 의인의 간구에 기울이시되 주의 얼굴은 악행하는 자들을 대하시느니라"벧전 3:12. 하나님의 관심을 끌기 위해 북을 치거나 짐승을 잡아 바칠 필요가 없다. 하나님은 이미 우리에게 관심을 쏟고 계신다.

영혼의 소리

앤소니

나는 중년의 고개를 비틀비틀 넘어가는 49세 남성이다. 갖가지 풍상을 겪었지만, 이혼 절차를 밟고 세상을 떠난 아버지의 뒷수습을 하느라 참 힘든 시간을 보냈다. 그런 과정을 겪으면서 내 참모습을 보게 되었고 영적인 삶을 잘 가꾸는 게 중요하다는 걸 새삼 절감했다. 남에게 도움을 청하거나 울지 않고 언제나 논리적이고 자제력이 있는 전통적인 남성상에 맞춰 살려고 발버둥 쳐봐야 결국 불건전하고 파괴적인 행동에 이를 뿐임을 깨달았다.

하나님께 활짝 마음을 여는 일에 시간을 투자하기 시작했다. 기도하고 묵상하고, 오래 걷고, 신앙 서적을 읽는 데 시간을 쏟았다. 그리고 날마다 자신에게 질문했다. 물질적인 부분이 아니라 영적인 분야에 초점을 맞추는 질문이다.

- 어떻게 하면 속도를 늦출 수 있을까?
- 어떻게 하면 상황을 단순화할 수 있을까?
- 어떻게 하면 생활 속에서 침묵할 수 있을까?
- 어떻게 하면 순간순간을 즐길 수 있을까?

- 어떻게 하면 거리낌 없이 진실을 말할 수 있을까?

- 어떻게 하면 뿌리를 내릴 수 있을까?

- 어떻게 하면 방패와 가면을 내려놓을 수 있을까?

- 어떻게 하면 더 유연한 태도로 살 수 있을까?

- 어떻게 하면 공동체를 잘 섬길 수 있을까?

이런 질문은 영혼의 핵심을 찌르고, 마음의 소리에 귀를 기울여 하나님께 더 가까이 가는 데 도움이 된다. 하인리히 아르 놀트는 이렇게 말한다. "제자 훈련은 어떤 행동을 하느냐의 문제가 아니다. 마음에 주님이 머물 공간을 마련해드리고 거기에 영원히 머무시도록 만드는 게 중요하다."

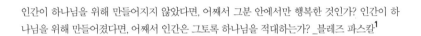

인간이 하나님을 위해 만들어지지 않았다면, 어째서 그분 안에서만 행복한 것인가? 인간이 하나님을 위해 만들어졌다면, 어째서 인간은 그토록 하나님을 적대하는가? _블레즈 파스칼[1]

하나님과 함께

기도의 주목적은 생활을 더 편하게 만들거나 기적적인 능력을 얻는 게 아니라 하나님을 아는 데 있다. 주님이 주시는 그 어떤 선물보다 하나님 자신이 내게는 더 필요하다. 그런데 기도를 통해서 그분을 알아가려고 힘쓸 때마다 몇 가지 문제에 부닥친다.

오래전, 〈캠퍼스 라이프〉라는 잡지에서 글쟁이 노릇을 시작할 무렵부터 직장 동료였던 팀 스태포드와 이런 문제를 두고 토론을 벌이곤 했다. 팀은 당시에 나누었던 이야기를 토대로 《하나님의 얼굴을 아는 것*Knowing the Face of God*》이란 책을 썼다. 여기에 그 내용을 조금 인용해본다.

친구와 이말 저말 하는 것보다 말없이 눈동자를 바라보는 것이 좀 더 순수해 보일지도 모른다. 적어도 훨씬 낭만적으로 보이는 건 사실이다. 그러나 관계를 형성하는 데는 침묵이 아니라 대화가 필요하다. 아름다운 눈 맞춤의 효과를 폄하하고 싶은 마음은 눈곱만큼도 없지만, 나는 관심이 가는 이들과 이야기를 나누고 싶다. 상대방이 하는 얘기를 듣고 싶다. 몇 년에 한두 마디 나누는 정도로는 관계를 이어나갈 수 없다. 정말 가까운 친구라면 대화가 끊이지 않을 것이다.

그러므로 하나님과 내 관계에는 문제가 있다. 나는 그분과 대화해본 적이 없다. 주님의 음성을 들어본 기억도 없다. 경건한 감정이 강렬하게 솟구칠 때가 있지만 내면의 느낌이나 충동을 거룩한 메시지로 해석해도 좋을지 조심스럽다. 쓸데없이 하나님의 이름을 들먹거릴 생각은 없다. 머릿속 녹음기에서 흘러나오는 어머니의 목소리를 들으면서 "주님이 말씀하신다"고 떠벌리고 싶지도 않다. 적지 않은 시간을 들여 하나님께 뭔가 아뢰지만, 아무도 부인할 수 없을 만큼 분명한 음성으로 대답해주신 경우는 단 한 번도 없다.

팀은 뭔가 요청하기도 하고 찬양과 경배를 드리기도 하면서 기도를 계속했지만 수수께끼는 좀처럼 풀리지 않았다. 하나님은 누구에게서든 격려받을 필요가 없는 분인데 어째서 그분을 찬양해야 하는가? 주님이 이미 모든 필요를 알고 계신다면 굳이 기도를 통해 말씀드릴 이유가 있는가? 주님은 칭찬에 연연하지 않으시는데 새삼스레 감사해야 할 까닭이 있을까?

사람은 하나님이 원해서가 아니라 자신에게 필요해서 기도하는 법이다. 주님을 찬양하면 인간에게 가장 중요한 게 뭔지 다시 한 번 되새기게 된다. 감사 기도를 드리면서 인간이란 궁극적으로 하나님의 돌보심에 의지할 수밖에 없는 존재임을 겸손히 인정하게 된다. 누군가를 위해 기도하면 용기가 생겨서 상대에게 도움이 될 만한 일을 할 수 있게 된다. 이런 의미에서 기도는 '스스로 돕는' 훈련이다.

　기도가 이러저러한 이유에서 유익하다는 데는 의심의 여지가 없다. 그러나 기도하는 이유가 '유익'뿐이라면 '인격적인 관계'는 설 자리가 없어진다. 이로운 일뿐이지 대화는 아니다. 마치 일기를 쓰는 것과 같아서 여러모로 도움이 되지만 지극히 개인적이며 일방적이다.[2]

왜 기도하는가? 어째서 하나님은 대단히 생소하고, 그래서 많은 이들이 의심스러워하는 기도를 그토록 소중히 생각하는 것일까?

예수님은 왜 기도하셨는가?

　신앙적인 의문이 생기면 먼저 예수님을 쳐다보고 실마리를 찾게 된다. 그런데 기도에 관한 한, 주님은 별다른 갈등이 없으셨던 것처럼 보인다. 온갖 문제를 붙들고 씨름하는 나와는 차원이 달랐다. 그리스도는 한 번도 하늘 아버지의 존재를 의심하지 않으셨다. 정말 기도를 들으시기는 하는 걸까 초조해한 적도 없으셨다. 기도가 중요하다는 사실에 회의를 품지도 않으셨다. 오히려 보살펴주길 바라고 몰려드는 군중을 피해 하나님과 단둘이 시간을 보내셨으며 기도에 전념하느라 밤을 꼬박 새우신 일도 있었다. 기도는 불가능한 일까지 가능하게 만들 수 있다는 취지의 말씀도 서슴지 않았다.

　예수님은 세상에 있는 걸 불편해하셨으며 하나님과 더불어 지내실 때

온전히 편안해하셨다. 그리스도에게 기도는 우주의 실체를 다시 한 번 확인하는 도구였다. 지구라는 별에는 '높은 데서 내려다보는' 시각을 가로막는 장애물이 너무 많았다. 때로 그분은 눈에 보이지 않는 나라를 그리워하셨다. 잡혀가시던 날 밤에도 제자들과 저녁식사를 하시면서 추억에 잠기셨다. "아버지여 창세전에 내가 아버지와 함께 가졌던 영화로써 지금도 아버지와 함께 나를 영화롭게 하옵소서"요 17:5. 자유를 주러 오신 세상의 열악한 상황을 보시고 실망해서 탄식하신 적도 있었다. "믿음이 없는 세대여 내가 얼마나 너희와 함께 있으며 얼마나 너희에게 참으리요"막 9:19. 그리스도는 하나님의 명령이 아무런 지장 없이 시행되는 곳에서 오셨다. "나라가 임하시오며 뜻이 하늘에서 이루어진 것같이 땅에서도 이루어지이다"마 6:10라고 가르치실 때 주님은 스스로 무엇을 구하고 있는지 정확히 알고 계셨다.

예수님이 과거의 신분을 그리워하셨던 것처럼, 드문드문 하늘 아버지께서도 독생자의 정체성을 따뜻하게 떠올리셨다. 그리스도가 세례를 받으시고 물에서 올라오자 "너는 내 사랑하는 아들이라. 내가 너를 기뻐하노라"막 1:11고 말씀하셨다. 변화산에서 역시 비슷한 말씀으로 힘을 주셨다. (당시 두 분이 얼마나 가까이서 만나셨던지, 제자들은 잔뜩 겁을 먹고 땅에 얼굴을 처박은 채 고개 한 번 들지 못했다.) 죽음을 목전에 둔 침울한 순간에도 같은 상황이 연출되었다. 곁에 있던 제자들은 매번 하나님의 음성을 들었으며 경이로운 현상에 기겁하곤 했다. 하늘나라의 유민流民이었던 예수님은 화들짝 놀라기는커녕 오히려 위로를 받으셨다.

그리스도가 30여 년 세상에 머무는 동안, 하나님이 이렇게 초자연적으로 지원해주셨던 것은 세 번뿐이다. 예수님은 나머지 기간에 필요한 힘을 공급받기 위해서 지금 우리가 쓰는 수단, 즉 기도라는 방법을 사용하셨다. 기도를 세상에서 아버지와 파트너십을 유지할 능력의 원천으로 여기셨던 것이다. 주님은 스스로 연약하고 의존적임을 거리낌 없이 인정하셨다. "아들이 아버지께서 하시는 일을 보지 않고는 아무것도 스스로 할 수 없나니 아버지께서 행하시는 그것을 아들도 그와 같이 행하느니라"요 5:19.

그리스도인이라면 누구나 한 번쯤 "구하기 전에 너희에게 있어야 할 것을 하나님 너희 아버지께서 아시느니라"마 6:8는 말씀을 들어보았을 것이다. 기도가 부질없는 짓이란 얘기가 아니다. 예수님의 생애는 기도의 역사라고 해도 지나치지 않기 때문이다. 다만 주님이 돌봐주신다는 걸 확인하려고 안달복달할 필요가 없다는 뜻이다. 하늘 아버지는 진즉부터 자녀들을 돌보고 계시며 우리가 상상하는 것 이상으로 깊이 관여하신다. 기도는 하나님께 새로운 정보를 드리는 의식이 아니다. 그러므로 그분이 상황을 새카맣게 모르고 계신다는 듯 요구 사항을 늘어놓을 게 아니라, "주님은 제게 이것이 필요하다는 걸 아십니다"라고 고백하는 편이 타당하다. 기도에 관한 의문점에 대해 팀 스태포드가 찾아낸 일종의 해답도 그와 비슷하다.

기도에서 가장 인격적인 부분을 이해하는 열쇠가 여기에 있다. 우리는 하나님이 모르고 계신 사실을 가르쳐드리려고 기도하는 게 아니다. 잊고 계신 걸 상기시켜드리려는 것도 아니다. 자녀들이 구하는 일을 하나님은 진즉부터 보살펴오셨다. 자녀들이 더불어 문제를 해결하자고 찾아오길 오랫동안 기다리셨다. 그리스도인은 기도하는 과정을 통해 어려움을 끼치는 인물이나 곤란한 상황을 주님과 나란히 서서 바라보게 된다. 문제나 사람으로부터 시선을 거두고 하나님을 바라본다면 얼마든지 아름다운 찬양을 드릴 수 있다. 말하지 않아도 내 마음을 잘 알고 있는 가장 절친하고 오래된 벗에게 내가 얼마나 사랑하는지 이야기하는 것과 같다. 그러므로 가장 친한 친구에게 이야기하듯 하나님과 대화하라. 사랑 안에서 교제할 수 있을 것이다.[3]

친구와 친구의 사귐

기도를 관계로 풀이한 팀의 글을 보고 가슴이 뭉클했다. 오랫동안 친구요 동료로서 가까이 지내며 함께 일했던 시절이 생각났기 때문이다. 같은 기도 모임에 나가고, 같은 책을 읽고, 서로 글을 손보고 편집해주었으며, 똑같은 직장 일로 고민했다. 테니스 코트가 비기를 기다리면서 나란히 앉아 스포츠와 날씨 따위의 잡담을 주고받기도 했다. 장래 문제나 사랑하는 여인, 가정, 꿈과 좌절에 관해서도 이야기했다.

하나님과의 관계를 우정에 빗댄 사례는 성경에도 자주 등장한다. 아브라함과 모세를 일컬어 하나님의 친구라고 했고, 다윗에 대해서는 하나님 마음에 합한 사람이라고 했다. 예수님은 제자들에게 "내가 명하는 대로 행하면 곧 나의 친구라"고 하시면서 "이제부터는 너희를 종이라 하지 아니하리니 종은 주인이 하는 것을 알지 못함이라. 너희를 친구라 하였노니 내가 내 아버지께 들은 것을 다 너희에게 알게 하였음이라"고 설명하셨다 요 15:14-15. 진리를 모두 알려주시면서 예수님은 우리더러 파트너가 되자고 초청하신다. 주님과 더불어 세상에서 거룩한 일을 하자는 것이다. 부르심에 응하면 그때부터는 하나님을 지배자가 아니라 친구로 바라볼 수 있다. 기도는 그런 우정을 보장해주는 보증수표다.

친구에게 끌리는 데는 여러 가지 이유가 있다. 보편적인 가치와 관심사를 공유하는 벗도 좋지만, 인습에 얽매이지 않고 자유롭게 세상을 보도록 자극해주는 친구도 매력적이다. 솔직하게 속내를 드러내도 그대로 받아줄 뿐 비난하지 않는 친구, 무던히도 내향적인 내게 깊은 친밀감을 느끼게 해주는 이라면 어느 쪽이든 상관없다. 함께 여행할 동무, 몸이 아프거나 깜짝 파티를 준비할 때 망설임 없이 전화할 수 있는 누군가를 찾을 뿐이다. 의지할 수 있는 인물까지는 아니더라도 상처와 배신감을 고백했을 때 가만히 토닥여줄 수 있는 상대면 좋겠다.

친구들과 대화하는 수준도 다양하다. 오후 내내 친구들과 어울려 골프를 쳤다고 치자. 집에 돌아가면 아내는 무슨 말을 나눴는지 물어볼 것이다. 머릿속이 하얘진다. "공이 어디로 날아갔는지 봤어?" "끝내주네!" "어쩌면 넌 슬라이스를 그렇게 잘 보냐?" 따위가 고작이다. 간혹 가족의 안부, 휴가 계획, 직장에 대해 이야기하겠지만, 골프채를 휘두르고 다음 공을 치러 걸어갈 때까지 5분을 못 넘길 것이다. 코스를 도는 다섯 시간보다는 오히려 클럽 하우스에서 잠깐 주전부리를 하는 동안 더 깊은 교제를 나눈다고 해도 틀린 말이 아니다.

반면에 아이디어를 나누고 의견을 듣기에 좋은 친구들이 있다. "다음 선거에서 누구한테 투표할 거야? 왜? 중동 정세에 대해 어떻게 생각해?" 다른 벗들에게는(여기부터는 숫자가 크게 줄어든다) 속마음을 드러내고 연약한 부분을 노출한다. 결혼, 노부모 봉양, 자녀, 좌절감을 안겨준 굵직한 사건, 성적인 유혹을 비롯해서 갖가지 시험에 맞서 벌이는 씨름을 자연스럽게 털어놓는다.

내게는 편히 기댈 친구들이 있다. 무슨 얘기든 나눌 수 있는 오랜 벗들이다. 우리 사이에 대화의 장벽 같은 건 없다. 상당한 세월을 같이 부대끼고 수많은 어려움을 함께 겪은 뒤에야 그런 관계에 도달할 수 있었다. 혹시라도 병원에서 말기 암 선고를 받는다면 가장 먼저 그 친구들에게 전화를 걸 것이다.

가까운 친구라고 하지만 대부분 멀리 떨어져 사는 까닭에 1년에 한 번 보면 다행이다. 그럼에도 일단 만났다 하면 시시한 얘기는 다 집어치우고 당장 관심을 가지고 있는 문제로 곧장 들어간다. 비판을 받거나, 나중에 입방아에 오르내리거나, 놀림감이 되면 어떻게 할까 하는 염려는 전혀 없다. 진실한 친구들이므로 언제 무슨 얘길 하든 안전하다고 믿는다.

이와 마찬가지로 하나님과 나누는 우정에도 다양한 수준이 있다. 주님은 자녀들의 삶에서 벌어지는 특별한 사건뿐 아니라 일상적인 일들까지 모두 관심을 가지고 돌아보신다. 따라서 주님 앞에 나갈 때는 승리와 환희(찬양과 감사)는 물론이고 실수와 죄(고백과 회개)도 들고 가야 한다. 뭔가를 숨기려는 시도 자체가 어리석은 짓이다. 하나님은 내가 어떤 인물인지 낱낱이 알고 계시기 때문이다. 타테마에는 물론이고 혼네도 꿰뚫어 보신다. 환경은 말할 것도 없고 유전자마저 파악하신다. 행위에서부터 동기까지 모르는 게 없으시다. 어쩌면 그분 앞에서는 가만히 있는 게 오히려 더 나은 의사소통 방법인지도 모른다.

전에는 "구하기 전에 너희에게 있어야 할 것을 하나님 너희 아버지께서 아시느니라"마 6:8고 하신 예수님 말씀 때문에 늘 헷갈리곤 했다. 그렇다면 뭐 하러 기도를 한단 말인가? 친구로서 친밀감을 나누고 싶어 하시는 마음을 알고 나서 이 의문이 풀렸다. 서로를 깊이 알면 알수록 커뮤니케이션에 필요한 정보의 양은 줄어들게 마련이다. 의사를 처음 만날 때는 병력을 시시콜콜 알려주는 서류를 작성해야 한다. 반면에 이미 모든 상황을 알고 있는 주치의라면 당장 어디가 아픈지만 이야기하면 그만이다. 교우관계도 그렇다. 흉허물없이 지내는 가까운 친구끼리는 낯빛만 봐도 서로의 상태를 파악할 수 있는 법이다. 이미 구석구석까지 서로의 생활을 꿰고 있는 까닭에 거추장스러운 절차를 생략한 채 곧바로 '영혼의 문제'를 꺼낼 수 있다.

하나님은 얼마쯤은 우리와 비슷하고 또 얼마쯤은 전혀 다른 분이다. 시편 기자는 그처럼 독특한 주님과 인간이 다양한 수준에서 나누는 우정을 노래했다. 깊은 교제가 있는가 하면 가벼운 만남도 있다. 찬양도 있고 분노도 있다. 하나님은 정직한 마음을 무척 소중히 여기는 친구가 틀림없다. 성경에 푸념 섞인 탄원이 그토록 많은 것만 봐도 알 수 있지 않은가. 예수님까지도 배신감을 느끼는 순간 비슷한 기도를 드리셨다. 시편의 한 구절을 인용해서 하나님의 이름을 소리 높여 불러가며 버림받은 아픔을 쏟아내셨다. "나의 하나님, 나의 하나님, 어찌하여 나를 버리셨나이까"마 27:46.

C. S. 루이스는 인간 역시 거룩한 인식의 대상이라고 말한다. 하나님이 지렁이나 양배추, 우주 먼지에 관해 낱낱이 아시는 것처럼 사람에 대해서도 소상하게 파악하고 계신다는 것이다. "좋아하든 싫어하든 그건 엄연한 진실이다. 하나님이 아신다는 사실 자체는 변하지 않겠지만 그 질은 달라질 수 있다."4 그러므로 온 마음을 다해서 자신을 주님께 보여드려야 한다. 그분 앞에서 가면을 쓸 이유가 없다. 하나님을 삶의 한복판으

로 초청하고 그분의 품에 푹 안기면 그만이다. 그처럼 인격적으로 친밀해질 때 관계는 한결 돈독해지고 삶에 생기를 불어넣을 만큼 깊은 우정이 쌓여갈 기반이 마련된다. 하나님은 신이면서도 또한 인성을 가지셨으므로 '인성'이라는 말에 담긴 의미를 조금도 감하지 않고 관계 속에서 모두 보여주실 것이다.

대화는 계속되어야 한다

지금은 한겨울이고 여기는 깊은 산속이다. 집에서 멀리 떨어진 이곳에 틀어박혀 원고를 쓰는 중이다. 가족들과 헤어져 지내는 터라 매일 저녁 아내에게 전화를 걸어서 오늘 무슨 일이 있었는지 자세히 이야기를 나눈다. 원고를 몇 쪽이나 썼으며 어떤 부분이 어려웠는지, 눈 위에 난 스키 자국이나 장화 자국을 따라 얼마나 멀리 산책을 다녀왔는지(글을 쓰다 벽에 부딪힐 때 이렇게 운동을 하면 치료와 극복의 효과를 모두 거둘 수 있다), 저녁으로 어떤 인스턴트 식품을 먹었는지 이야기한다. 아내는 아내대로 좀처럼 떨어지지 않는 감기가 지금 어떤 상태인지, 집을 비운 동안 무슨 편지가 날아와 쌓여 있는지, 개를 끌고 우편물을 찾으러 가다 누구를 만났는지 따위의 소식을 들려준다. 날씨, 빨리 처리해야 할 일들, 친척들의 근황, 함께 다녀야 할 경조사에 대해서 서로 의견을 주고받기도 한다. 요컨대 미주알고주알 사소한 일까지 들춰가면서 하루를 어떻게 보냈는지 돌아본다.

아내와 대화하는 모습은 기도를 통해 하나님과 대화하는 상황과 영락

없는 쌍둥이다. 한 옛 문헌에서는 기도를 '하나님과 늘 동행하는 일'로 정의한다.[5] 무척 마음에 드는 해석이다. 여기에는 스키 자국을 따라 산모퉁이를 돌아가고, 은색 여우가 살랑살랑 꼬리를 흔들며 멀어져가는 모습을 훔쳐보고, 해질녘 산꼭대기에 걸린 붉은 저녁놀을 감상하고, 구멍가게에 갔다가 친구를 만나는 모든 일상사가 포함된다. 이런 경험을 모두 기도에 엮어 넣으면 그 수명이 늘어나고 풍미가 깊어진다. 너무 빨리 기억의 은행으로 흘러들어가거나 허공으로 사라지지 않게 만드는 것이다.

앨런 에클레스턴은 "기도한다는 것은 인식의 기회를 최대한 활용하는 일"이라고 했다. 하나님과 나란히 "사건이 일어난 상황에 멈춰 서서, 선물을 뜯어보듯 차근차근 살펴보고, 과거와 미래의 맥락에 넣어보고, 마음속으로 가능성을 진단해본 다음에 그 안에 담긴 것을 끄집어낸다."[6] 게다가 하나님은 시종일관 현장에 계신다. 아내의 얘기를 듣거나 대리 체험을 하는 것과는 전혀 다른 차원이다.

'하나님과 늘 동행하는 일'에는 시험을 당하고 좌절을 겪는 동안 속마음을 정직하게 표현하는 것도 포함된다. 영화 〈지붕 위의 바이올린〉에서 주인공 테비에는 하나님과 끊임없이 대화를 나눈다. 순적한 길을 주신데 대해 감사를 드리는 건 물론이고 눈앞에 어려운 일이 닥치면 서슴없이 불평을 늘어놓기도 한다. 애지중지 아끼던 말이 다리를 절게 됐을 때는 너무나도 낙심한 나머지 길가에 주저앉아 투덜거린다. "저야 나쁜 짓을 했으니까 벌을 받아도 싸요. 마누라는 너무 수다스러워서 벌을 주셔도 할 말이 없지요. 딸년은 이방인이랑 결혼하겠다고 달아나버렸으니 꾸중을 듣는다 해도 어쩌겠어요. 그것까진 이해할 수 있어요. 하지만 내 말은 도대체 뭘 잘못했다고 이런 벌을 주십니까?"

예수님은 친구와 대화하듯 기도하셨다. 이전에 볼 수 없던 새로운 기도 형식을 만드신 것이다. 구약 성경을 보면 왕이나 예언자가 아름답고 장대한 기도를 드리는 장면이 곳곳에 등장한다. 유대인들은 기도라고 하면 의당 누군가가 앞에 나서서 격식을 갖춰 낭송해야 하는 것이라고 생각했다. 시편에조차 공동 예배에 필요한 표식이 되어 있었다. 개인적인 묵상을 위한 노래가 아니었던 것이다. 어떤 학자들은 예수님이야말로 개인적으로 기도할 수 있는 길을 처음 연 개척자라고 평가한다. 구약 성경에 나오는 인물 가운데 어느 누구도 하나님을 대놓고 '아버지'라고 부르지 못했지만, 예수님은 무려 170번이나 '아버지'라는 호칭을 사용하셨다. 예수님이 직접 가르치신 기도는 하나님의 뜻, 일용할 양식, 빚, 용서, 시험 따위의 일상생활과 밀접한 주제를 다루고 있다. 주님은 개인적인 기도를 통해서도 하늘 아버지와 끊임없이 교제하는 모습을 보여주셨는데, 이는 전례가 없는 일이었다. 기도가 무언지 이미 알고 있던 제자들까지도 그 차이에 깜짝 놀라서 "우리에게도 가르쳐주옵소서"눅 11:1라고 청했다.

예수님의 뒤를 좇는 이들이라면 누구나 아는 사실이지만, 그분처럼 자연스럽게 기도하는 게 쉬운 일이 아니다. (주님이 기도의 혁명을 일으키신 지 2,000년이나 지났지만 사정은 조금도 변하지 않았다.) 주님에게는 기도가 원기를 회복하는 방편이었지만, 내게는 고단한 노동처럼 보인다. 독백이 아니라 대화하기 위해 무진 애를 쓰지만, 분명한 음성으로 응답하시지 않는 분과 어떻게 교제할 수 있단 말인가? 전화통을 붙들고 앉아서 하루 종일 지낸 얘기를 나누는 것과는 경우가 다르다. 아내는 가끔 웃어주기도 하고 걱정을 해주기도 하면서 적절한 반응을 보이지만, 하나님은 웬만해선 무반응으로 일관하신다. 최소한 쉽게 식별할 수 있는 방식으로는 응답하지 않으신다.

기도를 연습하려고 시편 또는 예수님과 제자들의 기도를 교재삼아 읽곤 하는데, 거기서 도무지 이해할 수 없는 하나님의 성향을 몇 가지 보게 되었다. 성질이 고약하고 심지어 반항적이기까지 한 인물들을 이상하리만치 아끼시는(참으로 다행스러운 일 아닌가?) 편애나, 믿음을 시험하기 좋아하시는 취미나, 방탕한 인간들을 한없이 두고 보시는 불가사의한 인내나, 절체절명의 순간이 돼서야 겨우 움직이시는 태도나, 좀처럼 자신을 드러내지 않으시는 기질 같은 것들이다. 언제 어떻게 권능을 행사하느냐에 관해서 하나님은 인간과 전혀 다른 기준을 가지고 계신다. 여기에는 누구의 동의도 필요 없으며 결정은 오직 하나님의 몫이다.

개인적으로는 기도를 시작하면서 모세처럼 조심스럽게 "나는 입이 뻣뻣하고 혀가 둔한 자니이다"출 4:10라고 고백한다. 하나님이 놀라운 지혜로 이미 모든 일을 알고 계신다는 사실에 의지하여 마음 문을 연다. 시편 기자들은 "주의 계명들을 사모하므로 내가 입을 열고 헐떡이며"시 119:131, "살아계시는 하나님을 갈망하고"시 42:2, "물이 없어 마르고 황폐한 땅에서 내 영혼이 주를 갈망하노라"시 63:1고 노래했다. 마치 상사병에 걸린 젊은이가 연인에게 보내는 편지 같은 느낌이 들지 않는가? 이것이 바로 주님을 간절히 찾는 이의 속마음이다. 하나님이 내 말에 귀를 기울이신다는 사실을 이렇게 말로 인정할 뿐 아니라 같은 경험을 반복하면서 차츰 믿음을 갖게 된다. 우리가 그러하듯 주님도 사랑받고, 신뢰받고, 기대받고, 존중받기를 원하신다.

기도를 계속 하노라면 누군가 대화 상대가 돼서 일일이 대꾸해주는 걸 알게 된다. 하나님의 관점을 정확하게 대변하는 일종의 분신이 내면에 존재하는 것이다. 앙갚음하고 싶다는 마음이 들 때 내면의 파트너는 용서를 권한다. 이기적인 욕심에 사로잡힐 때는 다른 이들의 필요를 떠올리게 해준다. 불현듯 스스로 묻고 스스로 대답하는 게 아니라는 걸 깨닫는다. 내면의 대화 상대는 나 자신이 아니다. 하나님의 영이 내 안에서 기도하시며 아버지의 뜻을 전달하신다. 그런 대화술의 귀재였던 테레사 수녀는 이렇게 말한다. "비결은 아주 단순합니다. 그저 기도할 따름입니다. 기도는 꾸밈없이 하나님께 이야기하는 것입니다. 주님이 말씀하십니다. 우리는 듣습니다. 우리가 말씀드립니다. 그분은 듣습니다. 양방향의 교감, 말하고 듣는 것입니다."[7]

우리(하나님과 나)는 모든 면에서 차이가 나는 대화 상대이므로, 의사소통하는 방법을 끝없이 공부해야 한다. 이러한 사실을 인정하고 무릎을 꿇을 때 비로소 귀가 열린다. 엄청난 차이를 무릅쓰고 하나님을 따르면 입이 열리고, 이어서 마음까지 활짝 열릴 것이다.

하나님이 맺으신 강력한 동맹

하나님과 인간의 관계를 부적절한 동역이라고 부르는 건 우스꽝스러운 자기 비하다. 주님은 그리스도인들을 세상에서 불러 하나님나라의 사역을 감당하도록 초청하시고 기이한 동맹을 맺으셨다. 말하자면 자녀들에게 사역을 위임하시고 함께 역사를 써내려가자고 제안하신 것이다. 동맹이라고 하기에는 누가 봐도 한쪽이 너무 압도적이다. 굳이 비교하자면 미국과 피지의 동맹, 또는 마이크로소프트 사와 고등학교 컴퓨터 프로그래머 사이의 제휴쯤 되겠다.

대등하지 않은 상대와 파트너십을 맺을 때 어떤 일이 일어날지는 짐작하고도 남는다. 지배적인 쪽이 권력을 휘두르고 약한 쪽은 찍소리도 못할 게 틀림없다. 그런데 기이하게도 인간 따위를 두려워할 리가 없는 하나님이 우리더러 허심탄회하게 속을 터놓는 대화를 하자고 부르신다.

하나님이 어째서 솔직한 대화를 그토록 소중하게 생각하시는지 의아할 때가 있다. 가당치 않은 불평까지 참아주시는 주님의 속마음을 도무지 알 수가 없다. 성경에 기록된 기도를 살펴보면 건방진 태도로 대드는 내용이 얼마나 많은지 깜짝 놀랄 정도다. 위대한 예언자 예레미야까지도 하나님이 공평하지 못하다고 투덜거렸다. 욥은 "기도한들 무슨 소용이 있으랴?"욥 21:15는 말에 동의하는 듯한 태도를 보인다. 하박국 예언자는 침묵하시는 하나님을 원망했다. 성경은 그처럼 철두철미하게 정직한 태도로 기도하라고 가르친다.

월터 브루그만은 시편을 기록한 기자들이 시종일관 솔직하게 마음을 드러낸 데는 분명한 이유가 있다고 말한다. "인생이라는 게 본래 그렇기 때문이다. 부분적인 상황이 아니라 전반적인 현실을 있는 그대로 그려냈던 것이다." 브루그만은 시편의 절반 이상이 "세상에서 부딪히는 모순에 탄식하고 저항하며 불평하는 시가詩歌"라는 사실을 깨닫고부터, 매사 낙관적인 복음주의 교회에 가서 행복한 이야기만 듣고 앉아 있는 게 불편해졌다고 한다. "이처럼 명명백백한 현실 앞에서 줄기차게 '즐거운 노래'만 부르고 있는 교회는 성경이 가르치는 바와는 전혀 다른 일을 행하고 있음에 틀림없다."[8]

시편이라면 그저 상을 당했거나 몸이 아픈 이들을 위로하는 데 쓰는 말씀이라고 생각하던 때가 있었다. 하지만 공부가 조금 더 깊어진 뒤부터는 선택에 신중을 기하게 되었다. 브루그만이 지적한 것처럼 시편은 성내고, 짜증 부리고, 쩨쩨하게 굴고, 후회하고, 격정적이고, 시끄럽고, 불손한 면모를 모두 담고 있으며 그래서 지극히 인간적이다. 생각나는 대로 거침없이 휘갈겨 써서 중요한 파트너에게 보낸 쪽지 같은 느낌이 든다. (그나마 선지서들은 평균보다 약간 더 주님의 입장을 반영하는 것처럼 보인다.) 성경에 실린 기도는 마치 약속이라도 한 것처럼 입을 모아 세상이 어떻게 돌아가야 하는지 알려달라고 요청하지만, 하나님은 그렇게 흠투성이인 세계를 있는 그대로 받아들이고 파트너로 삼으셨다.

데보라 태넌의 책을 가지고 공부하는 부부 모임에 아내와 함께 다닌 적이 있다. 남성과 여성의 커뮤니케이션 스타일이 서로 다르다는 사실을 파고든 《그래도 당신을 이해하고 싶다*You Just Don't Understand*》라는 책이었다. 지은이는 보통 '투정'쯤으로 무시되는 여자들의 하소연에다가 과감하게 '제의적 탄식'이라는 이름을 붙였다. 한결 존중의 의미가 담긴 용어였다. 모임이 진행될수록 토론도 덩달아 뜨거워졌다. 평소에는 과묵한 편이던 그렉이 가장 열을 올렸다.

"그래요, 얘기해보자고요. 남자들 몇이 어울려 스키장에 간 적이 있었어요. 여자들은 사흘 뒤에 합류하기로 했죠. 남편들끼리 시간을 보낼 때는 정말 즐거웠어요. 그런데 아내들이 나타나면서 갑자기 모든 게 변해버렸어요. 제대로 돌아가는 게 하나도 없었어요. 날씨가 너무 추워졌고, 눈이 너무 심술궂게 내렸고, 콘도에는 바람이 몰아치고, 슈퍼마켓에는 물건이 떨어지고, 샤워 꼭지에서는 더러운 물이 쏟아져 나왔어요. 게다가 밤마다 여자들의 불평을 들어야 했어요. 근육이 욱신거리고 스키 부츠에 쓸려서 살갗이 벗겨졌다는 거죠. 아니, 자기들만 그런가요? 지난 사흘 동안 남자들도 똑같은 일을 겪었다고요. 그렇지만 아무도 불평하지 않았어요. 그냥 스키 타는 얘기만 했다고요. 마침내 가시 돋친 농담을 하게 됐어요. 여자들이 불평하는 소리를 들으면 남편들끼리 은밀하게 눈을 맞추며 말합니다. '아하, 여자들이 오기는 왔구나.'"

태넌의 설명에 따르면 여성들에게는 고통을 매개로 결속을 다지는 성향이 있다고 한다. 불평하고 수다를 떨면서, 즉 제의적 탄식을 고리 삼아 서로의 관계를 다시 확인한다는 말이다. 쉽게 말해서 "어려운 일 앞에서 하나가 되자"는 것이다. 그러므로 여성들은 반드시 문제가 해결되기를 바라고 불평하는 게 아니다. 예를 들어 날씨를 어쩌지 못한다는 걸 모를 사람은 없다. 다만 상대가 이해하고 다독여주기를 원할 뿐이다. 반면에 남성들은 불평의 원인을 찾아 해소하는 식으로 반응한다. 문제를 해결하려는 게 아니라면 도대체 무엇 때문에 투덜거린다는 말인가?

모임에 참석한 한 남성은 여자들의 이런 연대의식에 전혀 공감하지 못했다. "다들 평안을 구하는 기도를 알고 계시죠? '주여, 제가 변화시킬 수 없는 일들을 받아들일 수 있는 평안을, 제가 변화시킬 수 있는 것은 바꿀 수 있는 용기를, 그리고 두 가지를 구별할 수 있는 지혜를 주소서'라는 기도문 말입니다. 잘 보세요. 거기에 '제의적 탄식'이 끼어들 자리가 어디 있습니까? 내 눈에는 그저 감정 소모로 보일 뿐입니다. 기분이 나쁘면 아무 여과 없이 쏟아붓는 거죠. 나도 불쾌해요. 도저히 받아들일 수가 없다니까요."

마침 성경 공부 과정을 가르치고 있던 참이라, 하나님과 의사소통하는

데 편안한 마음이 참으로 부족하다는 데 생각이 미쳤다. 참 충격적이었다. 하나님은 기도에 제의적 탄식이 끼어드는 걸 환영하시는 것처럼 보인다. 예레미야는 구슬피 울거나 불평하기 일쑤였으며 탄식으로 책 한 권을 가득 채웠다. 성경을 통틀어 주님께 가장 불손한 말을 내뱉었던 욥은 결국 영웅 취급을 받았으며 비판을 일삼던 친구들의 영적인 리더가 되었다. 그래도 여전히 하나님 앞에서 감정을 쏟아내는 게 과연 옳은 일인지 의심스럽다면 독생자 그리스도의 경우를 살펴보자. 예수님은 '심한 통곡과 눈물로'히 5:7 간구하셨으며, 겟세마네 동산에서 기도하실 때는 땀이 핏방울같이 되었다.

데보라 태넌은 일반적으로 여성들의 수명이 남성보다 길다는 점에 주목하고 감정을 안으로 끌어들이기보다 밖으로 분출하는 성향이 장수에 영향을 미치는 게 아닌지 가설을 제시한다. 성경과 유대인은 모두 감정의 분출과 강렬한 느낌을 소중하게 생각하는 중동 문화의 산물이다. 요즘도 중동 어느 나라의 장터에 가면 토마토 한 봉지 값을 놓고 적어도 10분 이상 고래고래 소리를 질러가며 흥정하는 장면을 쉽게 볼 수 있다. 그처럼 격정적인 스타일은 감정을 최대한 절제하는 것을 미덕으로 여겼던 고대 그리스 로마 사회의 스토아식 정서와 선명하게 대조된다.

하나님이 자녀들에게 감정을 마음껏 분출하도록 허락하시고 더 나아가 장려하시는 걸 보면 동맹의 결속력이 얼마나 강력한지 알 수 있다. 진정한 친구이자 참다운 파트너는 서로를 충분히 이해하고 받아들이게 마련이다. 하나님과 파트너가 되었던 구약 시대의 지도자들은 여호와의 명성에 호소하고 심지어 자존심을 건드리기까지 했다. "원수들이 주님을 멸시하는 게 보이십니까? 그래도 그냥 두시렵니까?" 자신의 역할을 지키는 일 또한 적극적이었다. "유령들이 일어나 주를 찬송하리이까"시 88:10. 하나님의 말씀과 약속을 들춰가면서 은혜를 베푸셨던 과거를 상기시켜드리기도 했다. 자신이 얼마나 의롭고 공로가 많은지 열거하는 경우도 있었다. 잘못이란 잘못은 다 저지르고도 뻔뻔스럽게 불쌍히 여겨주시길 구했다. "저를 긍휼히 여기소서."

이런 기도를 읽으면, 마음이 자유로워져서 이상하게 돌아가는 세상에 대해 속 시원하게 불만을 토로하고 싶은 기분이 든다. 하나님의 사랑과 공의를 믿지만 눈에 보이는 건 불의와 폭력, 가난뿐이다. 사악한 인간들은 날로 번성하는데 착한 이들에게는 늘 어려운 일이 닥친다. 성경의 탄식들은 우선 지성적으로 믿고 있는 원리들을 떠올리게 해주고, 이어서 그 원리가 제대로 들어맞지 않는 부분들을 음울하게 드러낸다.

성경에 기록된 기도를 차근차근 살펴보면, 하나님은 그리스도인들과 동맹 관계를 지속하기를 원하시며 파트너의 불만을 기꺼이 들어주려 하신다는 사실을 알 수 있다. 그러므로 평생 속으로는 피눈물을 흘리면서 겉으로만 억지 미소를 짓는 태도로 산다면, 그건 주님과의 동맹 관계를 모독하는 짓이다.

《하시디즘 우화집The Hasidic Tales》에는 예루살렘의 랍비 도비드 딘에 얽힌 이야기가 나온다. 신앙의 위기를 겪으며 괴로워하던 남자가 그를 찾아왔다. 랍비는 갖가지 조언을 했지만 남자는 전혀 만족스러워하지 않았다. 도비드는 말을 삼가고 상대의 폭언과 고함을 들어주기로 했다. 남자는 무려 네 시간을 떠들었다. 마침내 랍비가 물었다. "그렇게 화가 나면 하나님한테 쏟아내면 되잖아요?" 남자는 몹시 놀라는 눈치였다. 그분께는 단 한마디도 해본 적이 없기 때문이었다. 한참 침묵이 흐른 뒤에, 남자가 도비드 딘을 똑바로 쳐다보며 말했다. "평생 하나님께 화를 낸다는 게 두렵기만 해서 늘 그분과 관계된 일을 하는 이들에게만 분통을 터트리곤 했습니다. 그러나 조금 전까지만 하더라도 내가 그렇다는 걸 전혀 몰랐습니다."[9]

도비드는 자리에서 일어서며 남자더러 따라오라고 했다. 그리곤 통곡의 벽으로 데려갔다. 사람들을 피해서 무너진 성전 한 귀퉁이에 자리를 잡았다. 랍비는 하나님한테 화를 내든 원망을 하든 마음대로 표현하라고 주문했다. 남자는 벽을 두들기고 고함을 쳐가며 한 시간이 넘게 마음에 맺힌 이야기를 토해냈다. 한번 터진 눈물은 통곡으로 발전했다. 얼마나 지났을까, 차츰차츰 울음은 흐느낌으로 변하고 다시 기도가 되었다. 랍비 도비드 딘은 그렇게 기도를 가르쳤다.

하나님과 함께하는 시간

새라

예수를 믿은 지 얼마 안 돼서 대학에 들어갔다. 아이비리그에 속한 사립학교였는데, 교내에서 교제를 나눌 수 있는 길이라고는 은사를 강조하는 기도회뿐이었다. 모임에 참석해서는 여러 번 하나님의 임재를 강하게 느꼈다. 한동안은 그런 느낌이 오락가락했다.

자라는 동안 하나님이 구체적으로 기도에 응답하신다는 생각을 해본적이 없었으므로, 주차할 곳 따위의 사소한 제목을 놓고 기도하는 걸 들으면 솔직히 눈이 튀어나오도록 놀라웠다. 그런데 고등학교를 졸업하고 대학에 진학하면서부터 상황이 달라졌다. 위태로운 환경에 노출되면서 대단히 구체적으로 기도할 수밖에 없었다.

요즘에는 아이들이 캠퍼스에서 떠들썩한 술판을 벌이고 섹스파티를 연다는 보도를 다들 읽어보았을 것이다. 대학생 자녀를 둔 부모라면 아이들이 지금 무슨 짓을 하고 있는지 알 수 없다는 사실에 안타까워할지도 모른다. 의지할 데가 전혀 없다는 무력감이 들 수도 있다. 간혹, 아이의 자살 소식을 들은 부모들은 어떤 심정일까? 그들도 기도하지 않을까?

하나님께 기도하면서 자식을 타이르는 '부모처럼' 되지 않으려고 노력하는 중이다. 모든 걸 다 아시는 분께 무얼 해야 하는지 일러주는 무례를 범하지 않으려고 애쓴다는 뜻이다. 대신 주님을 거역하고 위태로운 행동을 하는 현상의 이면을 살펴보는 한편, 내 아이들이 생활 속에서 스트레스를 처리하는 방법을 찾아낼 수 있도록 도와주시길 간구한다.

하나님과 심각하게 부대끼는 문제는 그뿐이 아니다. 결혼처럼 개인적인 일에서는 물론이고 정치나 테러리스트의 공격, 전쟁, 환경파괴 따위의 사안을 두고도 그분과 씨름한다.

주님이 평화와 행복을 갈구하는 수많은 이들의 기도에 응답하지 않는 것처럼 보이는 탓에 혼란스러워하는 그리스도인이 얼마나 많은가?

정말이지 틀에 박힌 기도를 드리고 싶지는 않다. 기도와 묵상 기법을 가르치는 강의를 들을 마음도 없다. 대신 두어 달에 한 번씩 영적인 가르침을 줄 만한 이들을 찾아간다. 제자로 살아갈 수 있도록 나를 지탱해주기 때문이다. 하나님이 내 삶에 어떻게 역사하시는지 딱딱 짚어주는 게 큰 도움이 된다. 한편으로는 내 삶이 무언가 유익하고, 정직하며, 의미 깊고, 즐거워할 만한 것을 향해 흘러가게 해달라고 기도한다. 주님과 더불어 시간을 보내고 싶은 마음이 간절하게 해주는 무언가를 구하는 것이다.

대학원 마지막 학기에 다니면서는 어떻게 해야 주님과 더불어 학문적인 작업을 해나갈 수 있을지를 두고 고민했다. 그러다가 우연히 아브라함 요수아 헤셸의 글을 보고 얼른 베껴다가 책상 앞에 붙여놓았다. "학교는 예배당이다. 공부는 예배다." 기도는 생활과 분리된 행위가 아니라 삶의 일부라고 생각한다. 그래서 짬이 날 때마다 기도한다. 엎드리면 코 닿을 친구네 집까지 걸어가거나 줄 서서 기다리는 동안, 운전하면서도 주님과 대화한다. 기도는 운동과도 같다. 알다시피 유익하고 좋은 일이며 자주 할수록 좋다. 그럴수록 얻는 게 많아지기 때문이다.

여전히 기다립니다

조앤

예수 믿은 지 얼마 안 돼서 "기도의 능력을 믿습니까?"라는 질문을 받았다면 조금도 지체하지 않고 "예"라고 대답했을 게 틀림없다. 눈밭에서 길을 잃고 오래도록 헤맸는데 기도했더니 아무 탈 없이 돌아올 수 있었다든지, 큰길 어딘가에서 열쇠를 잊어버리고 한참동안 못 찾았는데 기도를 마치기가 무섭게 눈에 띄더라는 간증을 들려줬을 것이다. 하나님은 미숙한 그리스도인의 기도를 더 잘 들어주시는 걸까? 모르겠다. 하지만 어쩐지 오래도록 신앙생활을 한 이들의 기도는 쉬 응답하시지 않는 것만 같다.

그동안 응답받지 못한 기도를 꼽자면 수백 가지는 될 성 싶다. 이기적인 기도가 아니었다. 한결같이 중요한 제목뿐이었다. "아이들을 안전하게 지켜주세요. 나쁜 친구들과 어울리지 않게 해주세요"라고 기도했었다. 하지만 세 아이 모두 법을 어기고 말았다. 마약을 복용하고 알코올 중독자가 되었다.

불의한 재판장에게 쉴 새 없이 강청했던 끈질긴 과부에 관한 비유만 해도 그렇다. 암 선고를 받은 교회 지도자를 위해 수많은 사람이 기도했지만 결국 세상을 떠나고 말았다. 그럼 예수님이 비유에서 말씀하시고 싶었던 핵심은 무엇이었을까? 벽에 머리를 찧으면서 기도해야 한다는 말이었을까?

벌써 여러 해째 고통의 심연을 헤매지만, 하나님과 함께 긴밀하게 교제하고 그분의 임재를 실감하며 살았다. 그렇지 않았더라면 난 벌써 세상을 떠났을지도 모른다.

두세 번쯤 하나님의 음성을 들었다. 한 번은 정말 두 귀로 똑똑히 들었다. 대학을 졸업한 지 얼마 안 돼서 백혈병이라는 청천벽력 같은 소리를 들은 직후였다. 병원에 가고 있는 중이었는데 갑자기 이사야서 41장 10절 말씀이 예리하게 가슴을 파고들었다. "놀라지 말라. 나는 네 하나님이 됨이니라. 내가 너를 굳세게 하리라. 참으로 너를 도와주리라. 참으로 나의 의로운 오른손으로 너를 붙들리라." 나는 그 실낱같은 기억에 매달렸다. 그 뒤로는 아무 일도 일어나지 않았다. 주님이 기도를 들으셨다는 징표는 전혀 없었다.

기대했던 대로 응답받은 제목은 전체의 20퍼센트에도 못 미치는 것 같았다. 점점 자포자기하는 심정이 되었다. 다음부터는 들어주실 것 같은 제목만 가지고 기도했다. 가능성이 없는 일은 아예 기도조차 하지 않았다. 지난 일기장을 들춰보면 하나님의 역사는 날이 갈수록 줄어들고 있었다. 미칠 것 같았다. 토라진 아이처럼 입을 꼭 다물어버렸다. 은근히 공격적인 성향이 생겼다. 하나님을 마음 한쪽으로 밀쳐버렸다. 나중에 시간 나면 다시 찾지 뭐.

하도 답답해서 멘토에게 속내를 털어놓았다. 지난 몇 년 동안 내 건강이 어떻게 되었으며 특히 내 아이들에게 어떤 일이 일어났는지 낱낱이 이야기했다. 그리고 물었다. "제가 어떻게 하면 좋겠습니까?"

오래도록 말이 없던 그가 한숨을 내쉬며 말했다. "모르겠어요, 조앤." 지혜의 말씀을 기대했는데 그런 건 없었다. 그러고 보니 그것도 일종의 기도 응답이었다.

02

풀리지 않는 미스터리

주님은 분명히 들으신다.
귀를 만드신 분이 듣지 않으실 리가 있겠는가?
_조지 허버트[1]

기도는 왜 할까

하나님은 집을 팔거나 잃어버린 고양이를 찾는 것처럼 자질구레한 일상사에도 관심을 가지실까? 그렇다면 어째서 허리케인에 도시 하나가 다 날아가도록 내버려두실까? 25만 명이 희생된 지진 해일에 개입하지 않으신 이유는 무엇일까? 무질서한 지구에 개입하실 시기와 방법을 결정하시는 기준이 어째서 그토록 들쑥날쑥할까?

뭔가를 요청하는 기도 제목은 크게 두 범주로 나뉜다. 문제를 해결해 달라는 간청이거나 생활과 밀접하게 연관된 일상사에 관한 것이다. 어려운 일이 닥치면 인간은 거의 본능적으로 하나님을 찾는다. 심하게 앓는 자식 때문에 안절부절못하는 부모나, 잔뜩 겁을 먹은 비행기 승객, 바다 한가운데서 천둥·번개와 폭풍우를 만난 선원들처럼 위험을 직감한 이들은 즉시 주님의 이름을 부른다. 상황이 정말 긴박할 때는 구구절절 아뢰지도 못하고 오직 "주여!"를 외칠 뿐이다. 하나님이 언제나 동행하신다는 따위의 고상한 생각은 온데간데없다. 그저 훨씬 더 큰 능력을 가진 존재의 도움을 받고 싶을 뿐이다. 그러기에 참호 속에는 무신론자가 없다지 않는가.

아주 사소한 일상사를 두고 기도할 때도 있다. 톨스토이의 《전쟁과 평화_Voina i mir_》에서 로스토프 백작은 사냥감으로 늑대가 걸리게 해달라고 진지하게 기도한다. "안 될 이유가 없잖아요. 주님은 정말 위대한 분이시라 이런 기도하면 안 되는 건 압니다. 하지만 제발 늙은 늑대 한 마리만 보내주세요. 그래서 우리 카레이(사냥개)가 냉큼 덤벼들어 멀리서 지켜보고 있는 '아저씨' 앞에서 놈의 목덜미에 이빨을 박아 넣고 숨통을 끊어버리게 해주세요!"[2]

이혼의 쓴맛을 본 지 얼마 안 된 친구 하나가 남아프리카공화국의 국립공원으로 사파리 관광을 떠났다. 친구는 희귀한 짐승들과 뱀들을 많이 보게 해달라고 열심히 기도했다. (한 점 사심 없이 바른 동기를 가지고 간구했노라고 몇 번이나 장담했다.) 가능성을 높이기 위해서 한밤중까지 자지 않고 주위를 살폈다. 나무 꼭대기에 판자때기로 만든 발판에 앉아서 스무 시간을 버티기도 했다. 결과는 참담했다. 함께 생태 관광길에 나선 다른 이들은 갖가지 동물을 잘도 만났다. 하지만 친구는 정작 짐승들이 코앞에 나타나도 이런저런 이유로 관찰할 기회를 놓치기 일쑤였다. 별다른 소득 없이 집으로 돌아온 그는 깊은 회의를 느꼈다. 하나님은 이혼을 막아달라는 절박한 기도는 물론이고 자연의 신비를 감상하게 해달라는 지극히 경건한 기도까지도 모조리 무시하셨다. 과연 주님이 인간사에 개입하긴 하시는 걸까?

물론 사소한 기도가 모두 응답된다면(늑대가 로스토프 앞에 나타나거나, 친구가 있는 나무 꼭대기 앞으로 야생 동물이 줄지어 퍼레이드를 벌인다면) 그게 다른 이들에게는 큰 문제가 될 수 있다. 어느 철학자는 말했다. "하나님이 일상사에 관여하셔서 감기를 고치고 주차장에 빈자리를 준비해주시면서 아우슈비츠와 히로시마의 재앙은 미리 막지 않고 방치하셨다면 그건 윤리적으로 모순이다. 히로시마와 아우슈비츠 참사로 미루어보건대, 하나님은 세계적인 큰 사건의 진행 과정에는 영향을 미치실 수 없다(또는 절대로 개입하지 않는다는 원칙을 가지고 계신다)고 추정하는 게 타당하다."[3]

이런 극단적인 결론에까지는 동의하지 않는다 할지라도 여전히 의문이 남는 게 사실이다.

무엇이 문제일까

기도에 관해서 추상적인 얘기를 늘어놓고 싶지 않아서 서랍장에서 독자들이 보내준 편지들을 꺼내 하나하나 읽기 시작했다. 뜬구름 잡는 얘기를 써 보낸 이는 아무도 없었다. 다들 개인적이고 실제적이며 때로는 통렬하게 문제를 제기했다.

인디애나 주의 한 재소자도 편지를 보내왔다. "성경에는 하나님이 피조물을 두루 살피신다고 분명하게 쓰여 있더군요. 하지만 저의 일상적이고 사소한 일에는 전혀 관심이 없으신 건가요? 아니면 도와주시겠다는 약속은 오직 영적인 영역에만 해당되는 겁니까? 문제가 일어났을 때 어떻게 반응해야 하는지를 가르쳐주실 뿐, 문제 그 자체에는 아무런 영향도 미치지 않으신단 말씀인가요?" 그리고는 자신이 처한 어려운 상황을 줄줄이 열거했다. 수형 생활은 힘들기만 하고, 누이는 이혼 수속을 밟고 있으며, 여자 친구는 바람이 나서 달아나버렸다고 했다. 감옥에 들어오기 전에 알고 지내던 가난한 가족 이야기도 했다.

아직 십 대인 아들아이는 만성 천식을 앓고 있습니다. 뇌성마비 때문에 몸이 불편한데도 아버지한테 늘 얻어맞고 살았습니다. 여러 장애를 가졌다는 걸 수치스럽게 여겼고 무엇보다 어머니가 살해당한 걸 부끄럽게 생각했습니다. 아무 죄도 없는 아이에게 그처럼 끔찍한 일이 일어난 건 뭔가 잘못돼도 단단히 잘못된 겁니다. 더구나 주님은 '작은 자'를 선대하는 이들을 반드시 기억하겠다고 분명 약속하시지 않았습니까? 아이를 태우고 애 엄마 무덤을 찾아갔던 기억이 머리에서 떠나지 않습니다. 무덤에는 비석조차 없었습니다. 그런 걸 세워줄 만큼 넉넉한 친척이 하나도 없었기 때문일 겁니다. 그렇게 불쌍한 아이의 삶 어느 한구석에라도 개입해달라는 간구는 무슨 기적을 일으켜 주십사 하는 기도가 아닙니다. 눈곱만큼이라도 자비를 베풀어달라는 간청일 뿐입니다.

이야기는 프랜시스 포드 코폴라 감독의 이야기로 넘어갔다. 무슨 영화인가를 찍을 때 현장에서 멀리 떨어진 트레일러에서 모니터 수십 개를 들여다보면서 마이크와 헤드폰을 통해서만 배우와 연출부를 통솔했다는 이야기를 책에서 읽었다고 했다. 그가 물었다. "하나님도 세상을 그렇게 움직이실까요?"

아이다호 주에 사는 다른 독자는 상환 독촉을 받고 있는 융자금, 파산 직전까지 몰린 살림, 극한으로 치닫는 부부싸움, 사업 실패, 노부모 봉양 등 중년 남성의 고단한 일상을 담담하게 적고는 기도할 때마다 얼마나 갈등이 심한지 모른다고 덧붙였다. 특히 출산 당시의 충격으로 다리가 뒤틀리고 손이 마비된 아들 이야기를 하면서부터는 글의 분위기가 한층 격해졌다. "날마다, 날마다 아이의 몸을 고쳐달라고 기도했단 말입니다." 하나님은 그런 일에 개입하실까? 꼭 병을 고치는 문제가 아니더라도 우리는 누구나 행복이니, 안정이니, 평안한 마음이니 하는 은밀한 소망을 갖고 있다. 편지를 보낸 아이 아버지는 물었다. "감히 이런 것들을 주께 요청해도 괜찮을까요? 저는 길을 찾고 있습니다. 제가 걸어갈 길, 그리고 아들아이에게도 가르쳐줄 수 있는 길을 말입니다."

마흔한 살의 어떤 여성은 유대인으로서 그리스도인이 된 사연을 먼저 적은 다음, 눈앞에 닥친 무서운 시험에 관한 이야기를 꺼냈다. 유방암이 이미 폐와 간에까지 번졌다는 것이다. 하나님을 완전히 등질 마음을 먹은 적도 있었다고 했다. 하지만 "며칠, 또는 몇 주 동안 입을 꼭 다물고 뿌루퉁하게 지내다가 결국 천천히, 망설이면서 주께 되돌아가곤 했습니다. 서운한 마음이 가신 건 아니지만, 하나님을 떠나서 살 수 있는 방법을 모르겠다는 생각 때문입니다." 길고 긴 고난의 터널을 지나면서 그녀는 어떻게 기도해야 할지 힘들게 고민하고 있었다.

어떻게 해야 변화를 일으키는 기도를 드릴 수 있을까요? 기도의 목적이 뭔지 모르겠습니다. 하나님이 오직 교제의 수단으로만 기도라는 장치를 마련해두셨다고는 생각하지 않습니다. 그럼 누군가를 고쳐달라거나, 남편에게 일자리를 허락해달라거나, 부모님을 구원해주시길 간구할 이유가 없지 않겠습니까? 가끔은 하나님이 해줄 건 아무것도 없다는 무력감이 들 때가 있습니다. 그래도 혹시나, 혹시나 이번에는 도움이 될까 싶어 기도에 매달립니다. 영적인 리더들은 시간을 내서 어려운 처지에 빠진 이들을 위해 기도하라고 가르치더군요. 하나님은 자녀들에게 무엇이 필요한지, 무엇을 원하는지 아신다고 하면서요. 어떤 게 최선인지 미리 아시고 그걸 주신다고 말합니다. 그게 사실이라면 오랫동안 기도하며 마음을 바꿔달라고 기도할 필요가 있을까요? 아무리 기도해도 별로 응답해주시는 게 없는 것처럼 보이는데, 어떻게 믿음을 가지고 기도할 수가 있습니까?

이 여성은 주변의 수많은 이들이 기도해주고 있다고 전하면서 그게 과연 효과가 있을지 의심스럽다고도 했다. "똑같이 암에 걸렸는데 정기적으로 몇몇 친구들의 기도를 받고 있는 내가 병에서 나을 가능성이 더 높은 걸까요? 하나님은 병을 고쳐주시든지, 아니면 나를 위해 기도하고 있는 이들의 기도에 응답해주시든지 둘 중 하나를 선택하셔야 한다고 농담 삼아 이야기합니다." 주일학교에서 초등학생을 가르치는 그녀는 아이들에게 길에서 예수님을 만나면 뭐라고 하고 싶은지 써 오라는 숙제를 냈다고 한다. 대개 "하늘나라는 어떻게 생겼어요?"라든지 "어릴 때는 어떤 모습이었어요?" 따위의 호기심어린 질문을 적어냈다. 그런데 유독 눈에 띄는 질문이 있었다. "왜 우리 엄마를 고쳐주지 않으세요?" 낯익은 글씨체를 알아보고 마음이 미어졌다고 했다. 그건 자기 아들아이의 필체였다.

가장 난감한 편지는 응답받지 못한 기도 때문에 새로 깊은 상처를 입었다는 내용이었다. 어느 부부가 보낸 글이었는데, 자녀들이 정서적인 어려움을 겪지 않게 해달라고 오랫동안 기도해왔다고 했다. 그런데 어느 날, 딸아이가 전화를 걸어 날벼락 같은 소식을 전했다. 스물두 살인 아들이 일산화탄소를 마시고 스스로 목숨을 끊었다는 전갈이었다. 부부의 첫 반응은 무엇이었을까? "주님, 세 아이를 위해서 날마다 꼬박꼬박 기도했습니다. 그걸 못 들으셨습니까?"라는 탄식 어린 질문이었다. 어머니가 가장 좋아하던 성경 말씀은 "아무것도 염려하지 말고 다만 모든 일에 기도와 간구로, 너희 구할 것을 감사함으로 하나님께 아뢰라. 그리하면 모든 지각에 뛰어난 하나님의 평강이 그리스도 예수 안에서 너희 마음과 생각을 지키시리라"빌 4:6-7는 구절이었다. 그러나 아들이 자살한 판에 어떻게 그 말씀을 받아들일 수 있다는 말인가?

예수님의 기도를 뜯어보니

편지에 하나하나 답장을 쓰면서 내 마음에는 해답은커녕 의문만 더 크게 자리 잡았다. 지금부터 이어지는 내용은 해답을 찾으려는 노력(이 책을 쓴 진짜 이유도 여기에 있다)의 결과물이라고 할 수 있다. 가능한 한 다양한 시각에서 기도의 신비를 파헤치려고 했다. 기도와 관련해서 위로를 줄 만한 사실들을 얼마나 찾아낼 수 있을까?

우선 인디애나의 재소자, 아이다호의 중년 남성, 마흔한 살의 유방암 환자, 아들이 자살하는 바람에 충격에 휩싸인 가정의 사례를 자세히 살펴보는 한편, 2,000년 전 팔레스타인 지역에 살면서 세상을 완전히 바꾸어놓은 랍비에게서 문제의 실마리를 구했다. 예수님이라면 기도의 한계와 그 안에 잠재된 힘을 모두 알고 계셨음에 틀림없다. 그러기에 앞에서

"왜 기도하느냐?"는 질문에 간결하게 "예수님이 하셨기 때문"이라고 했던 것이다. 주님의 기도는 독자들의 편지에 어떤 답을 주는가?

복음서는 기도에 대한 비유와 가르침뿐 아니라 그리스도가 드린 기도 내용도 여러 차례 기록하고 있다. 주님은 통상적인 유대인의 관습에 따라 '기도하는 집', 즉 회당을 찾아 하루에 최소한 세 번 이상 기도하셨다. 제자들이 기도를 가르쳐달라고 청하자, '골방에 들어가 문을 닫고' 은밀하게 구하라고 가르치셨던 것으로 미루어, 개인적으로는 남의 눈에 띄지 않는 곳에 가서 더 자주 간구하셨을 게 분명하다. 예수님의 그러한 기도는 제자들에게 깊은 인상을 남겼다. 복음서는 주님이 혼자 기도하러 가셨다는 사실을 다섯 번이나 기록하고 있다.

누구나 그러하듯, 그리스도 역시 어려운 일이 생길 때면 어김없이 기도하러 가셨다. 광야에서 시험을 받으시는 동안 예수님은 줄곧 금식하며 말씀을 묵상하셨을 뿐 아니라 간절히 기도하셨다. 죽음과 맞닥뜨릴 시간이 다가올 때도 큰소리로 간구하셨다. 예수님의 기도 한마디 한마디는 그분 내면에 자리 잡고 있던 갈등이 얼마나 컸는지를 함축적으로 보여준다. "지금 내 마음이 괴로우니 무슨 말을 하리요. 아버지여 나를 구원하여 이때를 면하게 하여 주옵소서. 그러나 내가 이를 위하여 이때에 왔나이다"요 12:27. 겟세마네 동산에서 주님은 땅에 엎드렸다 일어나기를 세 번이나 되풀이하며 인내의 한계에 이르도록 간절히 기도하셨다. 그럼에도 아무런 응답도 얻지 못하셨다.

곤고한 시기에 예수님이 드린 기도 가운데 두 번(겟세마네 동산에서의 '아바'와 십자가에서의 '엘리')은 너무나도 애절해서 듣는 이의 가슴을 후벼 팠다. 십자가에서 외치신 말씀 가운데 적어도 세 번은 기도였다. 히브리서 기자는 "그는 육체에 계실 때에 자기를 죽음에서 능히 구원하실 이에게 심한 통곡과 눈물로 간구와 소원을"히 5:7 올렸다고 기록했다. 그러나 하나님은 하나뿐인 아들을 죽음에서 건져주지 않으셨다. 편지를 보내온 독자들처럼 그리스도 자신도 부르짖음에 응답받지 못하는 아픔을 알고 계셨다.

예수님의 기도에서는 또 다른 범주의 기도 제목, 즉 일상적이고 사소한 요청의 비중이 그리 높지 않았다. 하루하루 생활하는 데 소요되는 자질구레한 일들에 관해서라면 분명히 그랬다. 물론 일용할 양식, 시험, 깨어진 관계를 위해 기도하라고 가르치셨지만, 이들은 결코 하찮은 제목이 아니었다. 그리스도는 스스로의 필요를 언급하신 적이 거의 없다. 당신을 위해 뭔가를 구한 사례라고는 "이 잔을 내게서 옮기시옵소서"막 14:36가 유일하다.

자신과 관련된 요청을 최대한 절제하셨던 반면, 다른 이들을 위해서는 자주 기도하셨다. 엄마들이 자식들을 데리고 나오면 꼬맹이들을 위해 축복해주셨다. 나사로의 무덤에서는 '둘러선 무리'요 11:42를 위해 기도하셨으며, 시험과 시련의 시기를 앞두고 있는 시몬 베드로를 위해서도 간구하셨다. 세상을 떠나기 직전, 마지막 숨을 내쉬는 순간까지도 원수들을 위해 중보하셨다. "아버지 저들을 사하여주옵소서. 자기들이 하는 것을 알지 못함이니이다"눅 23:34.

주님은 조금이라도 한가한 시간이 생기면 기도하면서 영적으로 재충전하셨다. 제자들을 선발하고 무리를 가르치시며 병자들을 고치시는 등 종일 고단하게 사역하신 뒤에는 자주 한적한 곳에 가서 하나님과 대화하셨다. 사탄은 광야에서 대중의 인기를 미끼로 주님을 유혹하고 시험했다. 따라서 그리스도로서는 공명심을 물리치고 소명감을 새롭게 하기 위해 환호하는 군중에게서 의도적으로 멀어질 필요가 있었는지도 모른다. 그때마다 금식하셨으며 그것을 걱정하는 제자들에게 "너희가 알지 못하는 먹을 양식이 있느니라"요 4:32고 안심시키셨다.

세례를 받는다든지, 열두 제자를 선택한다든지, 변화산에 올라 하나님을 대면한다든지, 특히 세상과 작별한다든지 하는 중대사를 앞두고 주님은 더욱 깊이 기도하셨다. 언젠가 단기 선교를 나갔던 제자들이 갖가지 승전보를 가지고 돌아오자 "또 다른 보혜사를 너희에게 주사 영원토록"요 14:16 그들을 지켜달라고 하늘 아버지께 요청하셨다. 또 요한복음 17장에 따르면, 주님은 눈앞에 있는 제자들뿐 아니라 장차 복음을 듣고 예수를 믿게 될 모든 무리를 위해서도 유장하고 엄숙한 기도를 드리셨다.

정말 기도를 해야 하는가

예수님의 기도를 조사하면서 기도에 관한 핵심적인 의문 하나가 풀렸다. "기도가 정말 할 만한 가치가 있는가?" 하는 문제다. 마음속으로 살금살금 회의가 기어들고, '기도라는 게 혹시 거룩한 형식을 빌려 스스로에게 하고 싶은 얘기를 늘어놓는 게 아닐까?'라는 의구심이 들 때마다, 예수님조차도 기도해야 할 필요를 강하게 느끼셨다는 사실을 기억해야 한다. 그분이 누구신가? 말씀 한마디로 세상을 만드시고 온 우주를 움직이시는 분의 독생자가 아닌가? 기도가 변화를 일으킨다는 점에 대해 주님은 한 점 의심이 없으셨다. 사람들을 돌보는 데 투자하는 것과 똑같은 양의 시간을 기도에 쏟아부으셨다.

외과의사로 일하는 한 친구는 기도에 관해서 조사하고 있다는 애기를 듣고 하나님은 살아계시다, 하나님은 기도를 들으신다, 하나님은 자녀들의 기도에 관심을 기울이신다는 세 가지 전제에서 시작하는 게 좋겠다고 조언했다. "셋 다 인정하거나 부정할 수 있는 명제가 아니야. 믿느냐 마느냐의 문제일 뿐이지." 옳은 말이다. 나로서는 믿는 쪽을 선택할 수밖에 없다. 예수님이 보여주신 모범이 기도의 중요성을 입증하는 결정적인 증거이기 때문이다. 기도의 중요성을 폄하한다면 결국 예수님이 착각하셨다고 결론짓는 셈이다.

그리스도는 세상에서 사역하는 동안 기도를 통해 상황이 달라질 수 있다는 사실을 언제나 신뢰하셨다. 당시 로마인들도 신에게 기도했지만 진심으로 무엇을 기대해서가 아니었다. 그저 행운을 불러다 준다는 부적을 만지작거리는 정도의 개념이었다. 회의론자였던 그리스인들은 한 발 더 나가서 기도하는 이들을 조롱했다. 희곡 작가들은 어리석고 우스꽝스러운 데다가 음탕하기까지 한 기도를 희곡에 집어넣어서 왁자지껄한 웃음을 유도했다.[4] 오직 고집스러운 유대인들만이 지극히 높으시고 사랑 많으신 창조주께서 온 우주를 통치하시고, 늘 자녀들의 부르짖음에 귀를 기울이시며, 언젠가는 반드시 응답하신다고 주장했다. 그들은 응답받지 못한 기도로 점철된 비극적인 역사를 가졌음에도 믿음을 버리지 않았다.

그리스도는 그 기도의 응답이 바로 자신이라고 선언하셨다. 메시아를 기다리던 유대인들의 소망이 채워졌다고 선포하신 것이다. "나를 본 사람은 아버지를 보았다"요 14:9, 새번역라고 말씀하셨을 뿐 아니라, 주린 백성들을 먹이고 병든 이들을 고치며 사탄의 손에 사로잡힌 이들을 해방시키심으로써 하나님의 뜻을 분명히 드러내 보이셨다.

인력으로는 어찌해볼 수 없는 문제를 적어 보낸 독자들에게 답장할 때마다 먼저 "왜?"라는 질문에는 대답할 힘이 없노라고 고백한다. 하지만 다른 질문에 대해서는 나름대로 성의껏 답변할 수 있다. 어쩌면 하나님은 그들의 아픔을 그런 방식으로 위로하시는지도 모른다. 자녀들의 어려움을 지켜보시는 하나님의 마음이 어떨지는 짐작하고도 남음이 있다. 예수님이 세상에 오셔서 구체적으로 아버지의 얼굴, 눈물로 얼룩진 하나님의 얼굴을 구현해 보여주셨기 때문이다. 복음서를 따라가노라면 예수님의 모습이 생생하게 보인다. 하나뿐인 자식을 잃은 과부를, 혈루증을 앓고 있던 비천한 여인을, 심지어 죽을병에 걸린 종을 고쳐달라고 찾아온 로마군 장교를 어떻게 대하셨는지가 눈앞에서 펼쳐진다. 주님은 그렇게 따뜻한 모습을 통해서 하나님이 자녀들의 기도를 어떻게 들으시는지 가시적으로 보여주신다.

하늘과 땅의 차이를 누구보다 잘 아셨으므로 예수님은 "뜻이 하늘에서 이루어진 것같이 땅에서도 이루어지이다"마 6:10라고 기도하라고 가르치셨다. 세상에 머무는 동안 그리스도는 날마다 하나님 뜻과 상충되는 현실에 맞서 싸우셨다. 어미는 병든 아이를 구세주 앞에 내밀었고, 거동이 불편한 거지들은 소리 높여 거룩한 이름을 불렀고, 남편을 잃은 여인들은 그분 앞에서 눈물을 쏟았다. 마귀는 시시때때로 집적댔고 원수들은 조용히 틈을 노렸다. 그렇게 적대적인 환경에서 예수님은 기도에 눈을 돌리셨다. 주님에게 기도는 무력하게 울부짖는 군중으로부터 한발 물러서 전열을 가다듬는 피난처이기도 했고, 악과 고통이 없는 영원한 나라를 바라보는 통로이기도 했다.

그리스도는 기도를 생명선으로 여기셨다. 하늘 아버지의 뜻을 깨달아 행할 수 있도록 이끄는 한편, 거기에 필요한 에너지를 공급해주기 때문이다. 떠나온 '본향'에 대한 믿음을 지키고 늘 밝기만 한 세상을 잊지 않기 위해 주님은 밤을 새가며, 또는 새벽 미명에 일어나 기도하셨다. 그럼에도 가끔은 패역한 세상에 분노하셨으며("믿음이 없는 세대여 내가 얼마나 너희와 함께 있으며"), 때로는 유혹과 싸우셨고("주 너의 하나님을 시험하지 말라"), 심지어 회의에 빠지기도 하셨다("나의 하나님, 나의 하나님, 어찌하여 나를 버리셨나이까").

회의론자들은 기도해봐야 무슨 소용이 있느냐고 딴죽을 건다. 무엇이 최선인지 하나님이 알고 계시다면 기도할 이유가 뭐냐는 것이다. 어느 목회자에게서도 비슷한 질문을 받은 적이 있다. "시시한 요청들로 하나님을 귀찮게 하지 말아야 하는 게 아닌가 싶습니다. 그렇게 사소한 일들은 우리끼리 알아서 처리하고 창조주는 우주를 움직이는 일에 전념하게 해드려야 하지 않을까요?"[5] 이런 논리에 그리스도의 모범 이상으로 좋은 답이 또 있을까? 예수님은 하나님의 지혜에 관해서라면 누구보다 정확히 알고 계시면서도 하늘나라가 푹 잠기도록 기도의 봇물을 터트리지 않으셨던가!

그리스도는 기도의 효용과 관련해서 형이상학적 증거들을 내놓지는 않으셨지만, 하나님의 독생자인 그분이 손수 모범을 보이셨다는 사실만으로도 기도의 가치를 입증하기에 모자람이 없다. 주님은 "구하라 그리하면 받으리니"요 16:24라고 직선적으로 말씀하신다. '푸념'이 기도의 원형이라고 생각하는 이들을 향한 준엄한 꾸지람이다. 제자들이 귀신들린 아이를 붙들고 씨름하다 결국 두 손을 들고 말았을 때, 예수님은 원인을 한

마디로 짚어내셨다. 기도가 부족했다는 것이다.

기도의 한계

하지만 예수님께도 기도는 간단한 문제가 아니었던 것처럼 보인다. 언젠가 "응답받지 못한 예수님의 기도"라는 글을 쓰느라 관련된 말씀과 기록을 살펴본 적이 있는데, 시종일관 깊은 위안을 받았을 뿐 아니라 주님도 모든 면에서 우리와 똑같은 조건 아래서 기도하셨다는 사실을 새삼 깨달았다. 내게 편지를 보낸 독자들이 그랬던 것처럼 예수님 역시 기도에 응답받지 못할 때 얼마나 쓰리고 아픈지 잘 알고 계셨다. 요한복음 17장의 기도만 해도 그렇다. 그렇게 긴 기도의 주안점은 교회가 하나 되게 해달라는 데 있었다. "아버지께서 내 안에, 내가 아버지 안에 있는 것 같이 그들도 다 하나가 되어"요 17:21. 그러나 교회사를 조금만 살펴보면 그 기도가 아직 응답되지 않은 상태라는 걸 금방 알 수 있다. 현존하는 교단과 교파가 무려 3만 4,000개라지 않은가.

하늘나라의 사명을 맡길 열두 제자를 선택하기 위해 밤새 아버지의 인도하심을 구하셨던 기도도 석연찮은 구석이 많다. 예수님의 기도 가운데 의혹과 혼란이 있는 것들을 골라 목록을 작성한다면 이것을 1순위로 삼아야 할지도 모른다. 누가는 "밤이 새도록 하나님께 기도하시고 밝으매 그 제자들을 부르사 그중에서 열둘을 택하여 사도라 칭하셨으니"눅 6:12-13라고 기록했다. 하지만 본문을 읽을 때마다 그다지 특별할 게 없는 열두 명이 어떻게 기도의 응답이 될 수 있는지 의문스럽다. 야심만만했던 야고보와 우레의 아들 요한은 백번 양보한다 쳐도 베드로는 예수님 으로부터 "사탄아 물러가라"마 16:23는 질책까지 받지 않았는가? 누가가 콕 집어서 지적한 것처럼 '예수를 파는 자'눅 6:16까지 들어 있었으니 더 말해 무엇하겠는가? 훗날 주님은 제자들을 향해 크게 분노하시며 탄식 하셨다. "믿음이 없고 패역한 세대여 내가 얼마나 너희와 함께 있으며 얼마나 너희에게 참으리요"마 17:17. 적어도 그 순간만큼은 그리스도 역시 기도하는 가운데 그 열둘을 택하게 하셨던 하나님의 가르침에 회의가 드셨던 게 아닐까?

논란이 많았던 책《유다복음서 The Gospel According to Judas》를 쓴 신학자 레 이 앤더슨은 전혀 다른 견해를 보인다. 예수님이 분명한 의도를 가지고 유다를 열두 명에 포함시켰다는 것이다. 정말 주님은 제자 선택을 앞두 고 기도하시던 날 밤부터 유다의 운명을 미리 알고 계셨던 것일까? 마지 막 만찬 자리를 빠져나가서 스승을 팔 인물이라는 사실을 아버지께 알 려드렸을까? 앤더슨은 유다의 사례에서 기도의 핵심 원리 하나를 추출 해냈다. "기도는 정체를 알 수 없고 예측 불가능한 요소를 삶에서 제거 하는 수단이 아니라 그런 성분을 하나님이 주관하시는 은혜의 사역에 포함시키는 도구다."[6]

제자들을 위해 기도하실 때도 예수님은 '정체를 알 수 없고 예측 불가 능한 요소'를 없애달라고 요청하지 않으셨다. 열두 제자들은 툭하면 주 님께 당혹스러움과 실망을 안겨드렸다. 대개는 사소한 일에 집착하는 세 속적인 시각과 부정확한 신앙 탓이었다. 그리스도에게 도움이 절실했던 시기에도 하나같이 그 필요에 제대로 부응하지 못했다. 그러나 궁극적으 로 열둘 가운데 열한 명은 느리지만 착실한 변화 과정을 밟았다. 장기적으로 보면 주님이 처음 드리셨던 기도가 그대로 응답된 것을 알 수 있다. 우레의 아들 요한은 몰라보게 부드러워져서 '사랑의 사도'가 되었다. 메시아가 고난당한다는 것을 받아들일 수 없어서 반사적으로 거부 반응을 보였다가 꾸중을 들었던 시몬 베드로는 그리스도처럼 십자가를 짐으로써 '그 자취를 따라'벧전 2:21 간다는 게 무엇을 의미하는지 상징적으로 보여주었다. 가룟 유다는 제자들 가운데 유일하게 예외적인 행보를 보이기는 했지만, 바로 그 돌출 행동 역시 주님이 십자가를 지고 인류를 구원하는 과정의 일부가 되었다. 기도는 이처럼 예측 불가능한 요소를 한데 엮어서 아무도 생각하지 못한 신비로운 방식으로 하나님의 은혜로운 역사를 이루어낸다.

예수님의 기도에서 누구에게나 적용할 수 있는 간단명료한 공식을 뽑아낼 수는 없지만, 하나님이 세상에서 어떻게 일하시는지 또는 언제 움직이지 않으시는지에 관한 실마리는 충분히 얻을 수 있다. 보통은 더 구체적이고 결정적으로 하나님이 상황에 간섭해주시길 바라지만(처지가 어려우면 어려울수록 그런 바람이 커진다), 예수님은 아버지의 성품을 십분 염두에 두고 기도하셨다. 하나님은 인간의 자유를 최대한 존중해서 개입을 절제하신다는 사실을 잘 아셨기 때문이다. 창조주께서는 종종 자녀들의 요청을 거절하는 방법으로 세상을 다스리신다.

기도의 태생적 한계를 유난히 도드라지게 보여주는 장면이 있다. 예수님이 베드로의 옛 이름을 불러가면서 "시몬아, 시몬아, 보라 사탄이 너희를 밀 까부르듯 하려고 요구하였으나 그러나 내가 너를 위하여 네 믿음이 떨어지지 않기를 기도하였노니"눅 22:31라고 알려주시는 대목이다. 천성적으로 다혈질이었던 베드로는 감옥이든 죽을 자리든 따라가겠노라고 장담했다. 주님은 그 말이 끝나기가 무섭게 수탉이 울기 전에 세 번이나 부인할 것이라는 추악한 진실을 폭로하셨다. 여기가 바로 의문이 생기는 지점이다. 그런 사실을 모두 알고 계시면서도 어째서 사탄의 계획을 미리 차단하지 않으셨는지 알 수가 없다. "안 된다. 베드로에게는 손대지 말거라." 그게 어렵다면 적어도 베드로에게 초자연적인 능력을 주셔서 시험을 이기게 해주실 수는 있지 않았을까? 그런데 그리스도는 베드로의 믿음이 떨어지지 않게 해달라고 기도하는 미적지근한 대책을 선택하셨다.

물론 베드로는 믿음을 지키는 데 실패했다. 한 번도 아니고 세 번씩이나 거푸 넘어졌다. 그럼 베드로의 믿음을 위해 간구하셨던 기도는 결국 응답을 받지 못했다고 봐야 하는가? 아니면 하나님이 세상을 움직이시는 방식을 암시하는 실마리로 보아야 하는가? 베드로의 사례는 유다에 관한 기록과 절묘한 대조를 이룬다. 둘 다 주님의 신임을 받던 제자였고 똑같이 시험에 빠졌다. 그런데 유다 쪽의 결과는 그야말로 참혹했다. 배신감에 마음이 상했던 누가는 재난의 성격을 간결하게 기록했다. "유다에게 사탄이 들어가니"눅 22:3. 그것 말고 달리 무엇으로 유다의 행동을 설명할 수 있겠는가?

유다와 베드로는 영적인 전쟁에 휘말렸다. 물론 무슨 일이 일어나고 있는지도 몰랐고 본질을 꿰뚫어보지도 못했다. 양쪽 모두 마귀의 공격을 받았지만 결과에 대해서는 각자 책임을 져야 했다. 상대방의 협력이 없는 한, 사탄은 아무도 정복할 수 없기 때문이다. 둘 다 믿음의 시험에서 참담한 실패를 맛보았으며, 3년이나 따라다닌 스승을 배신했다. 그럼에도 구원받을 가능성은 여전히 남아 있었다. 결국 한 제자는 자신의 잘못을 깨닫고 목매달아 자살하고 말았다. 반면에 다른 한쪽은 과오를 뉘우치고 교회의 기둥이 되었다. 예수님의 기도는 베드로로 하여금 제2의 유다가 되는 걸 막아주었다. 그렇다면 배신자 유다를 위해서는 무슨 기도를 드리셨을까? 핍박하는 자들을 위해 간구하라고 가르치셨으며 십자가 위에서 몸소 본을 보이셨던 걸 생각하면 얼추 짐작이 간다. 유다와 마지막으로 만난 자리에서도 예수님은 말씀하신다. "친구여 네가 무엇을 하려고 왔는지 행하라"마 26:50.

베드로가 실족하는 과정을 보면 욥의 기사가 희미하게 겹치며 떠오른다. 하나님은 욥을 구석으로 몰아붙이는 것을 허락해달라는 사탄의 청을 들어주셨다. 적극적으로 뜯어말리는 대신 시험에 빠진 인간이 어떻게 반응하는지 지켜보자는 난해한 결정을 내리신 것이다. 욥처럼 시몬도(누구나 마찬가지다) 시험을 이겨내든 실족하든 자유롭게 선택할 수 있었다. 예수님은 여기에 한 가지 요소를 덧붙이셨다. 베드로를 위해 뜨겁게 기도해주신 것이다. 욥과 유다, 베드로의 이야기를 따라가면 인류가 오랫동안 풀지 못한 수수께끼를 해결하는 결정적 단서를 얻을 수 있다. 사탄이 악한 일을 도모할 때, 잔혹한 군주가 선량한 백성을 압제할 때, 배신자가 독생자를 원수에게 넘겨줄 때 어째서 하나님은 '두 손 놓고 앉아만' 계시는가 하는 문제다.

성경은 자유를 파괴하는 악과 자유를 존중하는 선을 선명하게 대비시킨다. 마가복음 9장은 악한 영에 붙잡힌 소년의 모습을 생생하게 묘사한다. 아이는 입에 거품을 물고 이를 갈며 물에도 뛰어들고 불에도 덤벼들었다. 사탄의 수중에 떨어진 순간부터 인간의 자유가 어떻게 말살되는지를 다각도에서 보여주는 장면이다. 성령에 사로잡힌 것과는 판이하다.

바울은 "성령을 소멸하지 말며"_살전 5:19_, "하나님의 성령을 근심하게 하지 말라"_엡 4:30_고 가르쳤다. 본문에 사용된 표현만으로도 우주의 주인께서 인간과 눈높이를 맞추시기 위해 스스로 작아지셨으며 자유를 최대한 보장해주신다는 사실을 똑똑히 볼 수 있지 않은가.

전능하신 하나님이 인간의 내면에 들어와 살기로 하셨다는 게 얼마나 파격적이고 터무니없는 강등인지 말로 다 표현하기 어렵다. 게다가 "제발 나를 해치지 말아다오. 나를 몰아내지 말아다오"라고 부탁하고 계시지 않은가. 시인 존 던은 "내 마음을 두들겨 깨소서, 삼위일체 하나님"이라고 기도했지만 주님이 그렇게 하시는 경우는 거의 없다.[7] 그분은 다만 요청하고 기다리실 뿐이다.

베드로를 위한 기도에도 인간의 자유를 무한정 존중하시는 하나님의 마음이 담뿍 담겨 있다. 모르긴 해도 유다를 위한 기도 역시 그랬을 것이다. 가장 가까운 친구가 언젠가 등을 돌릴 것임을 미리 아셨지만 예수님은 무리하게 상황을 되돌리려 하지 않으셨다. 기적을 일으키면서까지 상대방의 자유의사를 깔아뭉갤 생각이 없었기 때문이다. 엄청난 인명이 희생되는 사건 앞에서도 역사의 물결이 흘러가는 대로 내버려두셨다. 다만, 배신이나 죽음마저도 세상에 은혜를 베푸시는 하나님의 사역에 편입되기를 줄기차게 요청하셨을 따름이다. 베드로를 위해, 유다를 위해, 세상을 위해 주님은 그렇게 기도하셨다.

끝내 입 밖에 내지 않으셨던 기도

예수님이 끝내 입 밖에 내지 않으셨던 기도가 있다. 주님이 드린 기도들 못지않은 가르침을 거기서도 얻을 수 있다. 하나님이 세상을 움직이시는 신비로운 방법을 더욱 또렷하게 보여주기 때문이다. 예수님은 감옥에 갇힌 요한이 곧 처형된다는 소식을 들으시고 사촌을 석방시켜 달라든지 기적을 베풀어 구출해달라고 기도하지 않으셨다. 사탄이 베드로를 '밀 까부르듯' 시험하지 못하게 해달라거나 유다의 마음을 바꾸어주시도록 요청하지 않으신 것과 같은 맥락이다.

겟세마네 동산에서 붙잡히시던 날, 주님은 그 긴박한 상황에서도 성급하게 대처한 베드로를 꾸짖으셨다. "너는 내가 내 아버지께 구하여 지금 열두 군단 더 되는 천사를 보내시게 할 수 없는 줄로 아느냐"마 26:53. 당시로마군은 6,000명 정도의 병력으로 1개 군단을 꾸렸다. 그러므로 예수님의 말씀은 7만 2,000명의 하늘나라 특공대를 요청해서 체포를 막을 수 있지만 그렇게 하지 않으셨다는 것이다. 유다와 베드로는 한자리에서 똑같은 꾸지람을 들었다. 그리고 둘 다 주님의 말씀을 믿지 않았다. 유다는 배신 음모를 계속 진행시켰고 베드로는 어둠 속으로 달아나버렸다.

그리스도가 기도를 입 밖에 내지 않은 덕분에, 인류는 전쟁을 맡은 천사들이 하늘을 가득 채우고 맹렬한 우주 전쟁을 벌이는 〈스타워즈〉대신 하늘로부터 버림받은 주인공이 살갗이 찢어지도록 채찍질을 당하는 〈패션 오브 크라이스트〉를 얻었다. 예수님이 기도를 드리셨더라면 어떻게 됐을까? 역사는 어떻게 달라졌을까? 하늘나라 군대를 보내어 구원해주시길 요청하셨더라면 얼마든지 악을 섬멸하실 수 있었을 테지만(아마 인류의 역사도 종말을 맞았을 것이다), 주님은 그렇게 하지 않으셨다. 힘을 써서 위풍당당하게 승리를 얻은 대신 하나님과 우리 모두에게 훨씬 힘들고 고단한 구원 방법을 택하신 것이다.

지금 하나님을 붙들고 몸부림치는 중인가? 그렇다면 독생자 예수님이 아버지와 씨름하던 그 캄캄한 밤으로 돌아가서 그분의 기도를 들어보는 게 좋겠다막 14:36.

"아빠 아버지여 아버지께는 모든 것이 가능하오니."

맞습니다. 하나님이 바로 탈출구입니다. 아버지가 도와주시면 다른 건 둘째치고라도, 우선 고통과 굴욕을 당할 필요가 없을 겁니다. 천사들로 구성된 군대가 제 명령만 기다리고 있으니까요.

"이 잔을 내게서 옮기시옵소서."

제가 드리고 싶은 말씀이 이겁니다. 마음속에서 차마 꺼내지 못했던 기도를 이제 입에 올립니다. 굴복하고 포기하렵니다. 미래에 일어날 일들을 견딜 수도 없을뿐더러 현재의 고통도 참지 못하겠습니다. 틀림없이 다른 길이 있을 겁니다. 아버지여, 간청하오니 그게 무엇이든 만일 다른 길이 있다면….

"그러나 나의 원대로 마시옵고 아버지의 원대로 하옵소서."

우선 저를 원수의 손에서 빼앗아 구원해주실 것입니다. 하나님이 그것을 원하신다고 믿습니다. 문제는 저뿐 아니라 모든 인류를 건져내서 해방시키고 싶어 하신다는 겁니다. 그러나 어느 한 쪽을 희생하지 않고는 다른 쪽을 얻을 수가 없습니다. 저를 세상에 보내신 이유가 거기에 있습니다. 그러므로 제가 양보하겠습니다. 아버지의 더 크고 귀한 뜻이 곧 저의 뜻입니다.

씨름이 계속되는 동안 그리스도의 얼굴은 피와 땀으로 범벅이 되었다. 그러나 그토록 간절한 호소에도 주님의 운명은 달라지지 않았다. 예수님 자신이 그 길을 선택했기 때문이다. 그때부터 놀라운 평안의 영이 그리스도를 에워쌌다. 산헤드린의 심문을 받든, 헤롯과 빌라도의 법정에 서든, 매질과 고문을 당하든, 심지어 십자가의 고난을 받을 때도 한결같았다. 복음서를 보면 모든 상황에서 가장 당당하고 침착했던 인물은 그리스도였다. (영화 〈패션 오브 크라이스트〉가 그려내는 분위기와는 사뭇 다르다.) 체포하러 온 병사들 앞에서도 예수님은 당당하게 자신을 밝히셨다. 오히려 주님을 잡아가려던 이들이 뒤로 물러나며 땅에 엎드러졌다. 빌라도와 대면했을 때 역시 한 점 주눅 들거나 망설이지 않고 또박또박 지적하셨다. "위에서 주지 아니하셨더라면 나를 해할 권한이 없었으리니"요 19:11.

대다수 그리스도인에게 기도는 시험에 빠지거나 갈등을 겪는 시기에 도움을 얻는 일종의 저수지 역할을 한다. 그러나 예수님에게는 그 자체가 전투였다. 겟세마네 동산에서 아버지의 뜻에 자신을 맞추는 과정까지가 핵심이었으며 그 이후에 벌어진 사건들은 단순히 거룩한 목표를 이루어가는 수단에 불과했다. 기도는 그만큼 중요하다. 해돈 로빈슨은 이렇게 말한다.

예수님이 피와 땀을 흘리신 장소가 어디인가? 빌라도의 궁정도 아니었고 골고다로 올라가는 길도 아니었다. 바로 겟세마네 동산이었다. 거기서 주님은 "자기를 죽음에서 능히 구원하실 이에게 심한 통곡과 눈물로 간구와 소원을"히 5:7 올리셨다. 예수님이 벌이고 있는 씨름을 근처에서 목격했더라면 미래 일이 심히 걱정스러운 나머지 한마디 했을지도 모른다. "아직까지 하는 일이라곤 기도뿐인데도 그토록 고통스러워한다면 진짜 어려운 상황이 닥쳤을 때는 어쩔 셈인가? 어째서 잠들어 있는 세 제자처럼 느긋한 믿음을 가지고 시련에 대처하지 않는 것인가?" 그러나 정작 시련이 닥쳐오자 그리스도는 자신 있게 십자가의 길을 걸어갔던 반면, 세 제자는 뿔뿔이 흩어져 달아나기 바빴다.[8]

자식을 지켜보는 부모의 심정

기도가 작동되는 원리에 관해 예수님이 보여주신 모범에서 무엇을 배울 수 있을까? 조금 더 범위를 좁혀서 앞에서 소개했던 독자 편지에 어떤 답장을 보낼 수 있을까? 금방 기도 응답을 받을 거라고 이야기할 수 있으면 얼마나 좋을까! 하나님의 뜻이 하늘에서 이루어진 것같이 곧 세상에서도 이뤄질 거라고 말이다. 물론 나도 기적을 믿는다. 하지만 기적은 문자 그대로 기적이어야 한다. 세상을 움직이는 통상적인 법칙을 깨는 아주 희귀한 사례여야 의미가 있다는 뜻이다. 나로서는 기도만 하면 만사형통이고 모든 고통이 사라진다고 호언할 수 없다. 누구라서 그렇게 장담할 수 있겠는가? 아울러 예수님이 제자들에게 기도하라고 명령하셨다는 사실도 잘 알고 있다. 기도야말로 하나님의 뜻을 거역하는 원수들이 사방에 포진하고 있는 세상을 변화시키는 원동력임에 틀림없다.

이유야 어찌됐든, 하나님은 지금 세상을 너그럽게 봐주고 계신다. 아버지가 몸이 성치 않은 아들을 학대하고, 자녀가 선천적인 장애를 지닌 채 살아야 하고, 유방에 생긴 암세포가 온몸으로 전이되고, 우울증에 시달리던 젊은이가 스스로 목숨을 끊는 세상을 참고 지켜보시는 중이다.

어째서 하나님은 기도로 요청한 문제에 적극 개입해서 기적적으로 상황을 반전시켜주지 않으시는가? 도대체 무엇을 망설이고 계신단 말인가? 세상에 고통이 그토록 만연되어 있는 까닭은 무엇인가? 이런 질문에 대해서는 아무도 모범 답안을 제시할 수 없다. 한동안 창조주께서는 하향식(독생자 그리스도가 이 땅에 계시는 동안 사용하신, 꼭대기에서 바닥으로 내려가는 방식)보다는 상향식(바닥에서 시작해서 꼭대기로 올라가는 방식)으로 혼란스러운 세상을 움직이신다. 인간의 자유를 어느 정도 존중한다는 뜻에서 모든 일이 '자연스럽게' 흘러가도록 내버려두시는 것이다.

그렇다 할지라도 하나님은 인간에 대해 깊은 동정심을 품고 계신다. 세상에 계실 때 예수님도 똑같은 마음을 품으셨다. 이스라엘의 지도자라는 이들이 무슨 일을 꾸미고 있는지 잘 아셨던 예수님은 예루살렘을 굽어보시며 말씀하셨다. "예루살렘아, 예루살렘아 선지자들을 죽이고 네게 파송된 자들을 돌로 치는 자여. 암탉이 그 새끼를 날개 아래에 모음 같이 내가 네 자녀를 모으려 한 일이 몇 번이더냐. 그러나 너희가 원하지 아니하였도다" 마 23:37. 주님은 파괴적인 길을 선택하는 자식을 보며 사랑이 지극한 부모가 느끼는 안타까운 심정을 잘 알고 계신다. 그러므로 나는 기도할 때마다 긍휼히 여기시는 주님의 얼굴을 놓치지 않으려고 무척 노력한다.

그리스도는 거룩한 절제에 대가가 따른다는 사실을 잘 알고 계신다. 제멋대로 돌아가는 세상을 지켜보면서 말없이 참아야 하는 고통은 예수님에게 얼마나 깊고 큰 것인가! 뿐만 아니라 구원은 고통을 피하는 게 아니라 뚫고 나감으로써 가능하다는 점도 정확히 파악하고 계셨다. 그러기에 "그 앞에 있는 기쁨을 위하여 십자가를 참으사 부끄러움을 개의치" 히 12:2 아니하셨던 것이다. 고통이 아예 없는 쪽보다 고통스럽더라도 구원을 얻는 쪽이 낫다. 최후의 만찬이 계속되는 것보다 죽음의 고통을 통과하더라도 부활의 아침을 맞는 편이 낫다. 하지만 장차 어떤 과정을 거쳐 구속 사역이 완성될 것인지, 제자들에게 소상히 설명해주실 만큼 환하게 꿰뚫고 계셨을지라도, 겟세마네에서 골고다에 이르는 동안에는 그 길이 너무나 멀어 보였을 것이다. 한창 환난의 골짜기를 헤매는 이들 역시 구원이 멀고 또 멀어 보일 것이다.

베드로를 위한 예수님의 기도에서도 이러한 유형이 도드라지게 나타난다. 사탄은 베드로를 '밀 까부르듯' 시험하면서 부분적으로는 바라던 성과를 얻었다. 그러나 궁극적으로는 주님의 기도가 그대로 응답되었다. 시험을 당하고 실족하는 과정을 통해서 제힘만 믿고 설친다든지, 반항적이라든지, 툭하면 폭력을 휘두른다든지 하는 따위의 거친 성품이 다듬어졌다. 복음서에 기록된 베드로는 그리스도에게 십자가를 져서는 안 된다고 목소리를 높였고, 예수님이 잡혀가시던 캄캄한 밤에는 잔뜩 겁을 먹었으며, 얼굴을 알아보는 종에게는 맹세하며 스승을 부인했던 인물이었다. 그러나 베드로전서에 이르러서는 '겸손'과 '순종'을 이야기하고 고난을 명예로운 훈장으로 받아들이는 사도로 변화되었다.

하나님은 사탄의 세력과 영향력을 원천적으로 봉쇄해버리지 않으셨다. 최소한 지금까지는 그러셨다.[9] 다만 필요한 자원(독생자 예수님의 보살핌도 여기에 포함된다)을 은밀히 공급하셔서 악과 맞서 싸우고 더 나아가 변화를 이끌어내게 하셨다. 주님은 하늘로 들려 올라가신 뒤에 감당해야 할 주요한 과제 가운데 하나로 기도를 꼽으셨다. 그것만으로도 기도가 얼마나 중요한 일인지 충분히 짐작할 수 있다. "그러므로 자기를 힘입어 하나님께 나아가는 자들을 온전히 구원하실 수 있으니 이는 그가 항상 살아계셔서 그들을 위하여 간구하심이라"히 7:25. 지난날 베드로를 위해 기도하셨던 것처럼 지금 예수님은 우리를 위해 간구하신다. 여기에는 내게 편지를 보냈던 독자들도 포함된다. 사실, 신약 성경에서 현재 예수님의 근황을 설명하는 말씀은 "하나님의 오른쪽에 계시며, 우리를 위하여 대신 간구하여 주십니다"롬 8:34, 새번역라는 구절뿐이다. 그리스도는 3년 동안 세상에서 활발하게 사역하시면서 도덕적인 환경을 완전히 바꿔놓으셨다. 그리고 그때부터 지금까지 2,000년이 넘는 세월 동안 또 다른 작전을 진행 중이시다. 바로 기도라는 작전이다.

하나님의 사랑과 은혜를 저버리는 잘못을 저지를 때마다 나는 얼른 예수님의 약속에 매달린다. 베드로에게 그러셨던 것처럼 나를 위해서 기도하신다는 약속 말이다. 주님은 시험 자체를 없애달라든지 결코 실족하지 않게 해달라고 기도하지 않으신다. 비록 시험을 당하고 실패를 거듭한다 할지라도 그것을 통해 우리가 궁극적으로 하늘나라의 유익한 일꾼이 되고 주님을 좀 더 닮아가길 간청하실 따름이다.

주먹을 휘둘러가며

디

기도에 관해 생각할 때면 언제나 폴이란 친구가 간절히 그리워진다. 사실은 친구라기보다 나이가 지긋한 어른이었다. 마지막으로 함께 기도했을 때는 일부러 눈을 뜨고 그의 모습을 지켜보았다. 폴은 식탁에 팔꿈치를 대고 두 손으로 머리를 감싸 쥐고 있었다. 창조주 앞에서 깊이 몸을 숙인 형상이랄까? 친구가 기도를 하면 언제나 하나님이 보좌에 기대어 하늘나라 전체에 침묵하라는 명령을 내리신다는 생각이 들었다. "다들 조용히 하거라. 내 신실한 종, 폴이 기도하고 있지 않느냐?"

친구가 떠난 지금, 우리는 수요일 저녁마다 그의 아내 마가렛과 함께 기도한다. 참으로 소중한 시간이다. 보통은 직장에서 돌아오자마자 그 집으로 향한다. 거기서 다 같이 저녁을 먹고 교회에서 열리는 기도 모임에 참석한다. 집회가 끝나면 비로소 우리끼리 기도하는 시간을 갖는다. 마가렛도 남편이 그랬던 것처럼 천국을 침묵하게 만드는 기도를 드린다. 나이가 들수록 기도도 성숙해지는 것일까? 80대가 되면 나도 그들처럼 단순하고, 우아하며, 주님을 깊이 의지하는 믿음을 갖게 될지 의문이다.

암울했던 시절, 심리 치료사는 나를 붙들고 아버지를 용서하라고 열심히 설득했다. 아버지가 내게 저지른 잘못을 용서하든지 아니면 지옥에 가든지 선택하라고까지 했다. 조금도 망설이지 않고 나는 지옥을 택했다. 심리 치료사의 말은 거짓이 아니었다. 정말 지옥 같은 나날이었다.

얼마나 오랫동안 그렇게 하나님을 향해 삿대질을 해대며 살았을까? 언제부터인가 "주께서는 … 아무도 멸망하지 아니하고 다 회개하기에 이르기를 원하시느니라"^{벤후 3:9}라는 말씀을 붙들고 기도하기 시작했다. '아무도'와 '다'라는 말은 대단히 포괄적이므로 당연히 나도 거기에 포함시켜주셔야 한다고 생떼를 썼다. 할 수 있는 기도라고는 그게 전부였다.

하루는 직장에 앉아 있는데 갑자기 기도하고 싶은 마음이 걷잡을 수 없을 만큼 거세게 일어났다. 폴과 마가렛 생각이 가장 먼저 떠올랐다. 다행히 둘 다 집에 있었고 별다른 약속이 없었다. 목사님 내외분도 청해서 폴의 집 거실에 다 같이 둘러앉았다. 그리고 마침내 잔뜩 막아놓았던 마음의 마개를 열어젖혔다. 폴은 나를 위해 기도한 뒤에 아버지를 위해서도 기도해야겠다고 했다. 선뜻 마음이 내키지 않았다. 목사님이 대표로 기도했는데, 그 첫마디를 잊을 수가 없다. "하나님, 저는 디 형제의 아버지, 그 못된 인간을 위해 기도하고 싶지 않습니다."

목사님과 친구들의 기도를 들으며 들었던 느낌은 너무도 복합적이어서 한두 마디 말로는 다 표현하기 어렵다. 온갖 소회가 마음의 둑을 무너뜨리고 밀물처럼 밀려들었다. 감정의 소용돌이에 빠져 허우적거리다가 나도 모르게 손을 뻗어 폴의 무릎을 잡았다. 친구는 손을 꼭 쥐고 부드럽게 토닥여주었다. 그날 기도 모임은 견고하게 쌓아놓은 마음의 요새에 가해진 첫 번째 공격이었다.

기도하면서 하나님의 면전에 주먹을 휘두른다는 생각(완강한 반항)이 들 때가 있고, 그분의 가슴을 두드리는 듯한 느낌(깊은 슬픔과 호소)이 드는 경우가 있다. 주님의 무릎에 손을 가만히 올려놓으면 어떻게 될까? 그분은 틀림없이 내 손을 꼭 잡아주실 것이다.

얼마 전에 본 영화에서, 상처를 입고 화가 잔뜩 난 여자 주인공이 주먹으로 남자 주인공의 가슴을 두들기는 장면이 있었다. 남자가 말없이 손을 붙드는 순간, 카메라가 맞잡은 두 손을 클로즈업했다. 남자가 여자의 손을 꼭 쥐고 있었다. 그것이 바로 내가 생각하는 기도의 이미지다.

보물 사냥

헤럴드

기억하기로는 아주 어려서부터 기도했던 것 같다. 기차가 다니지 않는 집 뒤편의 철길을 따라 걸으면서 날마다 한 시간 정도 기도했고, 응답 여부를 꼬박꼬박 기록했다. 물론, 깊이 낙심해서 기도를 거른 적도 있다. 하지만 결국은 다시 기도로 돌아갔다. 테레사 수녀, 빌리 그레이엄, 헨리 나우웬 같은 이들의 글을 읽으며 큰 위로를 받았다. 뛰어난 신앙인에게도 기도와 관련해 힘겨운 씨름을 벌였던 시절이 있다는 사실이 힘이 되었다.

며칠 전에는 기분이 너무 가라앉는다 싶기에 하나님께 간구했다. "주님, 정서적으로 바닥을 헤매고 있습니다. 여기서 기어 올라가려면 하나님의 도움이 꼭 필요합니다." 밤 11시경에 기도를 시작했는데 동이 틀 때쯤에야 응답을 주셨다. 간구하기를 멈추고 감사를 드렸다. 의지적으로 문제를 그분 앞에 꺼내놓고 도와주시길 부탁드릴 때마다 실제로 신체의 화학작용이 달라지는 걸 느낀다.

인간은 속된 말로 '하루 벌어 하루 먹고 사는' 존재다. 손이 미치지 못하는 장래의 문제나 바꿀 수 없는 과거사를 걱정하는 건 정말 도움이 되지 않는다. 그래서 그날그날 하나님이 원하시는 일을 내게서 극대화해달라고 기도한다. 하루하루는 하나님의 보화를 캐내는 일종의 보물 사냥터

다. 그러나 제대로 보물을 찾아내자면 반드시 의식적으로 주님과 교통해야 한다. 그분만이 눈을 밝게 하시고 감각을 예민하게 다듬어주실 수 있기 때문이다.

기도는 진부한 일상을 흥미진진한 모험으로 변화시킨다. 톨킨이 쓴 《반지의 제왕Lord of the Rings》을 보면, 불쌍한 프로도는 그저 다음 목적지 정도의 정보만 가지고 먼 길을 여행한다. 뒤를 돌아보면 모든 일이 다 잘 풀렸다는 생각이 들지만, 당장 눈앞에서 긴박한 상황이 전개되는 동안에는 혼란스럽고 무기력한 상태로 헤매야 했다. 간혹 간달프가 알듯 말듯 미묘한 방식으로 길을 가르쳐주고 문제 해결의 실마리를 제공하지만, 그것도 아주 가끔뿐이다.

실은 인간은 너나없이 프로도처럼 적들로 가득 찬 세계에 살고 있다. 섹스에 찌들고 악과 폭력, 가난이 넘쳐나는 세상이다. 이것이 과연 창조주께서 의도하신 곳이란 말인가? 나는 불평하고 탄식하며 하나님을 찾는다. 그리고 주님과 씨름하며 해명을 요구한다. 그분이 이런 대화를 환영하신다고 믿어 의심치 않는다. 주님과 이야기하다 보면 자연스럽게 내 실체를 보게 된다.

스위스의 유명한 상담가 폴 투르니에에게 누군가 "위선이 뭐라고 생각하십니까?"라고 물었다. 매우 간단하고 인상적인 대답이 돌아왔다. "바로 나입니다C'est moi." 기도는 투르니에가 발견한 진리를 다시 한 번 확인하게 해준다.

기도는 잘못된 기대감을 정리해준다. 싸움에는 고통과 갈등이 따르게 마련이다. 세상에서 그리스도인으로 산다는 것 역시 전투다. 하나님을 거역하는 환경 속에서 그분을 좇으려고 발버둥 쳐야 하기 때문이다. 기도가 그런 싸움에서 쉽게 이기게 해주거나 까다로운 문제를 풀어줄 거라고 기대하지 않는다. 다만 전투를 계속할 힘을 주시길 바랄 따름이다. 인내는 믿음을 표현하는 방식 가운데 하나다.

성경에 기록된 기도는 하나같이 뻔뻔하고, 고집스러운 데다가, 도통 염치가 없으며, 무척 천박했다. 교회에 어울리는 경건한 고백이기보다는 저잣거리에서나 오감직한 흥정에 가까웠다.
_월터 윙크[1]

끝이 없는 씨름

지금 내가 출석하는 교회에서는 예배 도중에 교인들이 의자에 앉은 채로 잠깐씩 소리 내어 기도할 시간을 준다. 벌써 여러 해 전부터 시작된 순서이므로 그동안 수많은 기도를 들을 수 있었다. 대부분은 공손한 말투로 정중하게 간구했다. 그런데 유독 한 사람만은 하고 싶은 말을 조금도 거르지 않고 쏟아냈다. 지금까지 그 기도를 기억하는 것도 그 때문이다.

떨리는 목소리의 주인공은 젊은 여성이었다. "하나님, 강간당한 뒤부터 당신을 미워했습니다. 어떻게 저한테 그런 일이 일어나도록 내버려둘 수가 있습니까?" 갑자기 교회 안이 물을 끼얹은 듯 조용해졌다. 책장 넘기는 소리도, 자리를 정리하는 소리도 일시에 사라졌다. "위로한답시고 이 얘기 저 얘기 하는 교인들도 미웠습니다. 복수하고 싶었습니다. 내가 받은 만큼 상처를 되돌려주어야 속이 풀릴 것 같았습니다. 하지만 주님께 감사합니다. 여기 있는 다른 이들처럼 저도 끝까지 포기하지 않으셨더군요. 예수님은 끈질기게 저를 따라다니셨습니다. 그래서 이제 다시 돌아가려고 합니다. 제 마음의 상처를 치료해주세요."

성경에서 말하는 기도, 특히 아브라함이나 모세의 경우처럼 하나님이 기뻐 받으셨던 간구와 가장 비슷한 부르짖음이었다. 여태까지 교회에서 들어본 기도 가운데 단연 으뜸이었다.

넬슨 만델라의 자서전에서도 그런 기도를 읽을 수 있었다. 성경이 강조하며 가르치는 전형적인 유형이다.

여러 해가 지났지만 어느 목회자가 드렸던 대표 기도가 마음에서 떠나지 않는다. 어려운 시기마다 얼마나 큰 힘이 되었는지 모른다. 처음에는 주님의 너그러우심과 선하심을 찬양하고 모든 이들을 사랑하고 돌봐주시는 데 대해 감사드리는 말로 시작했다. 그러나 곧 하나님의 뜻이 골고루 실현되지 못하고 형편없이 뒤처진 영역이 존재한다는 점을 지적하고 그런 일들을 볼 때마다 하나님이 기도를 들으시기는 하는 건지 의심스럽다고 서슴없이 고백했다. "주님이 흑인들을 구원하는 데 더욱 적극적으로 나서주시지 않는다면, 저희들이 직접 나서서 해내는 수밖에 없습니다." 목회자는 그렇게 기도를 마쳤다.[2]

만델라보다 100년 전에 살았던 인물로 인종차별 철폐와 여성참정권 운동의 기수였던 소저너 트루스 역시 거침없이 기도하기로 유명한 인물이었다. 그는 아들이 앓아눕자 이렇게 기도했다. "하나님, 제가 얼마나 슬프고 낙담했는지 아시지 않습니까. 한두 번 기도한 것도 아니고 정말 지쳤습니다. 이제 그만 제 아들을 고쳐주십시오. 언젠가 하나님이 저처럼 곤란한 지경에 빠지시면 그땐 제가 도와드리겠습니다. 지금 저한테 하실 수 있듯 말입니다. 그렇게 못할 거라고 생각하십니까? 아니시죠? 그렇습니다, 하나님. 전 꼭 그렇게 할 겁니다." 재정적으로 궁핍한 상황에 처했을 때도 비슷한 기도를 드렸다. "저한테 돈이 없는 걸 잘 아시죠? 하나님은 마음을 움직여서 저를 위해 지갑을 열게 만드실 수 있습니다. 그러므로 반드시 사람들로 하여금 저를 위해 뭔가 하도록 해주셔야 합니다, 주님!"[3]

퉁명스럽기 짝이 없는 이 기도들은 100년의 시간을 뛰어넘어 성경이 오래전부터 제시해온 똑같은 길을 따르고 있다.

흥정의 대가

믿음의 조상으로 명성이 높은 아브라함은 환상 중에 하나님의 음성을 들었을 뿐 아니라 일대일로 마주앉아 대화를 나누기도 했다. 심지어 주님이 직접 장막까지 찾아오신 적도 있다. 그때마다 하나님은 아브라함에게 빛나는 약속을 살랑살랑 흔들어 보이셨다. (생각하면 참을 수 없을 만큼 감질나는 장면이다.) 핵심은 '열국의 아비'가 되게 해주시겠다는 것이다. 약속을 처음 들었을 당시 아브라함의 나이가 일흔 다섯이었다. 그리고 몇 해 동안 땅의 티끌같이, 하늘의 별같이 많은 자손을 주시겠다는 확인이 이어졌다.

하지만 세월은 무심하게 흘러갔고 증손자들의 머리를 쓰다듬어주어야 할 나이가 될 때까지 여전히 자식을 낳지 못했다. 아브라함은 자녀를 가질 수 있는 시간이 얼마 남지 않았다는 사실을 직감했다. 아이를 낳을 수 있다면 얼마나 좋을까? 하나님과 대면한 아브라함은 종에게서 상속자를 얻겠다면서 은근히 압력을 가했다. 단순히 말에 그치지 않고 안타깝게 자식을 기다리던 아내의 제안을 받아들여 실행에 옮기기까지 했다. 여든여섯 살 때였다.

주님이 다시 찾아오셨을 무렵, 십 대가 된 이스마엘은 이미 사막으로 내쫓겨 떠도는 신세가 되어 있었다. 사라의 사랑과 질투가 빚어낸 사건이었다. 이번에도 하나님은 똑같은 약속을 주셨다. 아브라함은 웃음을 터뜨렸다. 말투에서는 빈정거리는 느낌마저 묻어나왔다. "백 세 된 사람이 어찌 자식을 낳을까. 사라는 구십 세니 어찌 출산하리요"창 17:17. 사라도 씁쓸한 말장난을 거들고 나서며 중얼거렸다. "내가 노쇠하였고 내 주인도 늙었으니 내게 무슨 즐거움이 있으리요"창 18:12.

주님은 듣기에 따라 좋을 수도 있고 나쁠 수도 있는 메시지를 아브라함에게 전하셨다. 친자식을 낳고 아버지가 되겠지만 그러자면 먼저 몸에 간단한 수술을 해야 했다. 결국 아브라함은 이삭의 아버지인 동시에 할례의 시조가 되었다.

이처럼 덤벼들고 들이미는 방식은 계속 이어진 비범한 기도에서도 그대로 재연된다. 사실은 기도라기보다 대화의 연장이라고 보는 게 옳다. 여호와께서는 "내가 하려는 것을 아브라함에게 숨기겠느냐"창 18:17라면서 이야기를 꺼내셨다. 신뢰하는 파트너끼리는 중대한 결정을 내리기에 앞서 서로 자문을 구하는 게 당연하지 않느냐는 태도였다. 그리고는 아브라함의 조카와 그 가족들이 살고 있는 소돔과 고모라가 도덕적으로 너무나도 부패하고 타락해서 곧 멸망시킬 작정임을 알리셨다.

아브라함은 즉시 하나님의 파트너로서 자신이 맡은 역할을 기억하고 주저 없이 이의를 제기했다. "주께서 이같이 하사 의인을 악인과 함께 죽이심은 부당하오며 의인과 악인을 같이 하심도 부당하니이다. 세상을 심판하시는 이가 정의를 행하실 것이 아니니이까"창 18:25. 곧바로 중동 지역 시장에서 흔히 볼 수 있는 흥정이 이어졌다.

"그 성 안에 의인이 쉰 명이 있으면, 어떻게 하시겠습니까? 그래도 주님께서는 그 성을 기어이 쓸어버리시렵니까?"

"소돔 성에서 내가 의인 쉰 명을 찾을 수 있으면, 그들을 보아서라도 그 성 전체를 용서하겠다."

순간 아브라함의 머릿속에 지금 여염집 아낙하고 흥정하는 게 아니라는 생각이 떠올랐나 보다. "티끌이나 재밖에 안 되는 주제에, 제가 주님께 감히 아룁니다." 하지만 커트라인을 45명으로 끌어내리는 작업은 결코 포기하지 않았다.

"내가 거기에서 마흔다섯 명만 찾아도, 그 성을 멸하지 않겠다."

"주님! 노하지 마시고, 제가 한 번만 더 말씀드리게 허락하여주시기 바랍니다."

아브라함은 머리를 조아리고 손을 비비면서 계속 밀어붙인다. 마흔 명까지는 괜찮지 않을까요? 서른 명이면 어때요? 스무 명은 안 될까요? 열명은요? 그때마다 하나님은 전혀 문제 삼지 않으시고 받아주셨으며 "열 명을 보아서라도, 내가 그 성을 멸하지 않겠다"고까지 양보하셨다.

의인 열 명을 찾아서 소돔과 고모라를 구해내는 데는 실패했다 할지라도, 아브라함은 진심으로 원하던 바를 다 이루었다. 조카와 그 딸들의 목숨을 살릴 수 있었다. 그러나 성경을 읽는 이들은 여전히 안타깝다. 하나님은 얘기를 더 들어주고 싶은데 아브라함이 지레 간구하기를 그만둔 건 아니었을까? 좀 더 흥정을 계속했더라면 어떻게 되었을까? 단 한 명의 의인, 조카 롯을 보시고 두 성읍을 보존해달라고 간청했더라면 상황이 달라지지 않았을까? 매번 아브라함의 말이 떨어지기가 무섭게 소원을 들어주셨던 걸 보면 주님은 유능한 변호사를 찾고 계셨는지도 모른다. 누군가 용감한 인물이 나타나서 하나님의 깊고 깊은 사랑의 본능을 온 천하에 분명하게 드러내주길 기대하셨을 수도 있다는 말이다.

아브라함이 똑똑히 배운 것처럼 은혜와 긍휼에 호소하는 순간, 무섭고 두려운 하나님은 금방 자취를 감춘다. "여호와는 노하기를 더디 하시고 인자가 많아 죄악과 허물을 사하시나"민 14:18.

하나님과의 논쟁

역사의 무대에 그만큼 걸출한 흥정의 대가가 다시 등장한 것은 그로부터 500년의 세월이 더 흘러서다. 하나님은 "아브라함과 이삭과 야곱에게 세운 그의 언약을 기억하사"출 2:24 막중한 사명을 감당할 조건을 완벽하게 구비한 인물을 고르셨다. 모세는 당시에 전성기를 구가하던 제국에서 리더십을 익히느라 반생을 보냈고, 살인을 저지르고 도망쳐서 광야에서 살아남는 법을 익히는 데 나머지 반생을 바쳤다. 해방 노예로 구성된 대집단을 광야를 거쳐 약속의 땅으로 데려가기에 그보다 더 좋은 경력이 어디 있겠는가?

의심의 여지가 없는 적임자였으므로, 하나님은 초자연적인 현상(떨기

나무에 불이 붙었지만 타서 없어지지 않는)을 통해 자신을 드러내셨다. 모세는 화들짝 놀라서 얼굴을 가렸다. 감히 하나님을 바라보기가 두려웠던 것이다. 주님은 그에게 특별한 임무를 부여하셨다. "이제 가라. 이스라엘 자손의 부르짖음이 내게 달하고 애굽 사람이 그들을 괴롭히는 학대도 내가 보았으니 이제 내가 너를 바로에게 보내어 너에게 내 백성 이스라엘 자손을 애굽에서 인도하여 내게 하리라" 출 3:9-10.

아브라함과 달리, 모세는 처음 만날 때부터 입씨름을 벌였다. 먼저 겸손 아닌 겸손을 내세웠다. "제가 도대체 무엇이기에 바로에게 간다는 말입니까?" 핑계가 잘 안 통하자 이번에는 다른 이유를 들고 나왔다.

"저는 당신의 이름도 모릅니다."

"이스라엘 백성들이 내 말을 믿지 않으면 어떻게 합니까?"

"주여, 저는 본래 말주변이 없습니다."

하나님은 일일이 대꾸해주시는 한편, 확신을 심어주기 위해 몇 가지 기적을 나타내기도 하셨다. 하지만 모세는 여전히 꽁무니를 뺐다. "오, 주여 보낼 만한 자를 보내소서." 인내의 한계를 넘어서 머리끝까지 화가 날만 한 상황인데도 여호와께서는 형 아론과 역할을 나누라는 타협안을 내놓으셨다. 세상을 떠들썩하게 만든 출애굽 프로젝트는 이렇게 길고도 끈질긴 흥정을 거쳐서 본격적인 시행에 들어갔다.

모세는 교묘한 협상 기술을 구사했다. 하나님이 더 이상 이스라엘 백성을 참아주시지 않을 것 같다 싶으면 시치미 뚝 떼고 극단적인 방식으로 시위를 벌였다. 이스라엘 백성들은 이집트에 열 가지 재앙이 내리는 걸 목격했고, 노예 생활을 청산하며 값나가는 물건까지 잔뜩 챙겼고, 바로의 정예군이 바닷물에 휩쓸려 수장되는 걸 지켜보았고, 낮에는 구름기둥, 밤에는 불기둥을 따라 행진했고, 기적적으로 공급해주시는 물과 음식을 받아먹었음에도(뱃속으로 들어가기가 무섭게 누가 주신 선물인지 잊어버린 적도 많았다) 점점 더 두려워하고 싫증을 냈으며 하나님의 표현 그대로 '목이 곧은 백성'출 32:9; 33:3, 5; 34:9이 되어갔다. 급기야 하나님의 호의를 거부하고 모세의 오른팔 노릇을 하는 형 아론(그가 누구인가? 하나님이 타협책으로 선택하신 인물이 아니던가?)을 시켜 황금 우상을 만들어 섬기기에 이르렀다.

하나님은 정말 참을 만큼 참으셨다. "나를 막지 말라. 내가 그들을 멸하여 그들의 이름을 천하에서 없애고 너를 그들보다 강대한 나라가 되게 하리라"신 9:14. 모세는 하나님의 파괴력이 얼마나 무서운지 잘 알았다. 이집트 전역에서 장자와 첫배에 난 태생을 모두 쓸어버리셨던 기억이 아직 생생했다. 바로 그분이 "나를 막지 말라"고 말씀하신다. 모세는 그 말씀을 명령이라기보다 괴로움에 지친 부모의 탄식으로 받아들였다. 너무도 화가 나서 폭발해버릴 것 같지만 어떻게 해서라도 자식을 되돌려 끌어당기고 싶은, 다시 말해서 타협의 여지를 남겨두고 있는 한숨이라고 믿었다.

모세는 말씨름을 시작했다. "주 여호와여 주께서 큰 위엄으로 속하시고 강한 손으로 인도하여 내신 백성을 보십시오. 세상 사람들이 뭐라고 하겠습니까? 애굽인들이 얼마나 비웃을지 생각하십시오. 아브라함에게 하신 약속을 잊지 마십시오." 모세는 그동안 하나님이 주셨던 약속을 한바탕 늘어놓았다.⁴ 40일 동안 밤낮으로 밥도 먹지 않고 물도 마시지 않으면서 주님을 피곤하게 했다. 마침내 하나님이 양보하셨다. "너희를 젖과 꿀이 흐르는 땅에 이르게 하려니와 나는 너희와 함께 올라가지 아니하리니 너희는 목이 곧은 백성인즉 내가 길에서 너희를 진멸할까 염려함이니라"출 33:3. 모세는 말씨름에서 승리를 거두었다. 주님은 마지못해서 이스라엘 백성의 나머지 여정에도 계속 동행하기로 동의하셨다.

그로부터 얼마나 지났을까, 이번에는 정반대 상황이 연출되었다. 모세가 더는 못하겠다고 나자빠진 것이다. "이 모든 백성을 제가 배기라도 했습니까? 제가 그들을 낳기라도 했습니까? 어찌하여 저더러, 주님께서 그들의 조상에게 맹세하신 땅으로, 마치 유모가 젖먹이를 품듯이, 그들을 품에 품고 가라고 하십니까?"민 11:12, 새번역 이번에는 하나님 쪽에서 모세를 불쌍히 여기시고 푸념을 들어주셨다. 마음을 가라앉혀 주시고 불평을 죄다 받아주셨으며 장로와 지도자가 될 만한 인물 70명을 선발해서 짐을 나눠서 지게 하셨다. 하지만 아브라함의 경우처럼 모세의 사례도 한 가지 중요한 사실을 알려준다. 하나님은 자녀들에게 논쟁하고 씨름하자고 초청하시며, 특히 주님의 사랑이 관건인 문제에서는 자주 양보해주신다는 사실이다. 그렇게 논쟁을 벌이면서 우리는 하나님의 성품을 덧입는다.

트렌치 대주교는 단언한다. "기도는 하나님의 뜻을 꺾는 작업이 아니다. 기꺼이, 자발적으로 베풀어주시려는 그분의 마음을 붙잡는 행위일 뿐이다."5

독특한 친밀감

성경에서 하나님과 맞붙어서 설전을 벌였던 인물이 아브라함과 모세뿌이었더라면, 그 치열한 씨름에서 기도의 원리를 찾아내는 게 좀 망설여졌을 것이다. 하지만 그런 기도 형식은 성경 전반에 두루 나타난다. 아브라함과 모세는 그저 대표주자였을 뿐이다. (주님이 둘을 선택해서 그토록 중요한 임무를 맡기신 까닭이 어디에 있었을까? 혹시 그런 씨름을 할 만한 성품에 있었던 건 아닐까?)

욥의 거친 언사에 비하면 두 거장이 주님과 벌인 논쟁은 유순한 편에 속한다. 욥의 세 친구는 상투적이고 거룩한 표현을 써가며 이야기했다. 대표 기도 시간에 자주 듣는 점잖은 말투를 사용했다. 다들 하나님의 입장을 변호하면서 불운한 친구의 분노를 가라앉히려고 갖은 애를 썼으며, 별다른 문제의식 없이 세상을 있는 그대로 받아들이는 자신의 가치관을 합리화했다. 반면에 욥은 고분고분하지 않았다. 잔인한 하나님의 희생자가 되길 통렬하게 거부했다. 깊은 상처에서 나오는 생각을 조금도 가리지 않고 직설적으로 토해냈다. 기도는 거의 포기하다시피 했다. 마땅찮게 쳐다보는 친구들에게 했던 말처럼, "전능자가 누구이기에 우리가 섬기며 우리가 그에게 기도한들 무슨 소용이 있으랴"욥 21:15는 생각 때문이었다. 하지만 욥기 끝부분을 읽어보면 참으로 역설적인 반전을 볼 수 있다. 하나님은 자신을 적나라하게 노출하는 욥의 접근 방식을 단호하게 두둔하시면서 친구들의 번드르르한 말치레를 신랄하게 나무라셨다.

시편 기자들도 욥이 그랬던 것처럼 하나님의 임재를 느낄 수가 없으며 불공평해 보인다고 불평했다. 다윗의 작품으로 알려진 시편 69편은 그런 마음을 여실히 드러낸다.

목이 타도록 부르짖다가,

이 몸은 지쳤습니다.

눈이 빠지도록,

나는 나의 하나님을 기다렸습니다 시 69:3, 새번역.

시편과 예언서에서 반항적인 기도를 드렸던 인물들은 마치 약속이라도 한 것처럼 세상이 일그러져 있으며, 하나님의 약속 가운데 상당 부분이 아직 성취되지 않았으며, 이 땅에 정의와 사랑이 발붙일 곳이 없다고 호소한다.

방대한 기록을 남긴 두 명의 대예언자 역시 하나님의 부르심에 모세식으로 반응했다. 이사야의 첫 반응은 "화로다 나여. 망하게 되었도다. 나는 입술이 부정한 사람이요. 나는 입술이 부정한 백성 중에 거주하면서"사 6:5 하나님을 뵈었다는 탄식이었다. 예레미야는 펄쩍 뛰며 사양했다. "슬프도소이다. 주 여호와여. 보소서. 나는 아이라 말할 줄을 알지 못하나이다"렘 1:6. 또 오랫동안 하나님이 시키시는 일을 감당하면서도 쉴 새 없이 불평했다. 기가 막힌다는 듯 투덜대기도 다반사였다. "슬프도소이다. 주 여호와여. 주께서 진실로 이 백성과 예루살렘을 크게 속이셨나이다. 이르시기를 너희에게 평강이 있으리라 하시더니 칼이 생명에 이르렀나이다"렘 4:10.

예언서 연구에 정통한 유대교 신학자 헤셸은 예언자들의 반항적인 기도를 이렇게 평가한다. "하나님이 요구하시는 고통스러운 길을 '사랑의 선물'로 합리화하며 무조건 받아들이는 태도를 버리는 게 올바른 기도 방식이다. 고대 예언자들은 주님의 가혹한 심판에 기계적으로 고개를 끄덕이지 않았다. '뜻이 이루어지이다'라고 기도하는 대신 '뜻을 바꿔주소서'라고 요구했던 것이다. 설령 상대가 주님이라 할지라도 결코 저항을 포기하지 않았다."[6]

겟세마네 동산에서 예수님이 아버지와 더불어 어떻게 씨름하셨는지에 관해서는 이미 설명했다. 하나님의 뜻을 두고 격렬한 토론을 벌이셨지만 달리 대안이 없었으므로 피치 못할 선택을 하셨다는 이야기였다. 훗날, 그리스도가 전혀 가당치 않아 보이는 인물, 즉 그리스도인을 핍박하는 활동으로 악명이 높았던 다소의 사울을 이방인에게 복음을 전할 사자로 선택하시자 한 교회 지도자가 나서서 반대 의견을 냈다. "주여 이 사람에 대하여 내가 여러 사람에게 들사온즉 그가 예루살렘에서 주의 성도에게 적지 않은 해를 끼쳤다 하더니"행 9:13. 주님은 이 논란을 단번에 잠재우셨다. "가라. 이 사람은 내 이름을 이방인과 임금들과 이스라엘 자손들에게 전하기 위하여 택한 나의 그릇이라"행 9:15. 그로부터 몇 년 뒤, 이제 바울이란 이름을 갖게 된 문제의 주인공은 육신의 가시를 제거해달라며 하나님과 흥정을 벌인다.

우주를 다스리는 전능하신 분께서 협상(아주 노골적으로 이야기하자면 흥정)처럼 보이는 방식으로 인간들과 관계를 맺으시는 까닭이 무엇일까? 그리스도인을 영적으로 훈련시키는 데 꼭 필요해서일까? 그럴 수도 있겠지만, 자녀들이 표출하는 불만을 처리하는 과정을 통해서 세상에 거룩한 성품을 보여주시거나 간섭하시겠다는 경보 장치로 사용하시는 것은 아닐까? 결국 이스라엘 백성의 안타까운 부르짖음이 하나님으로 하여금 모세를 부르게 만들지 않았던가?

가까이 지내는 이들을 지켜보면 하나님이 우리 기도에서 무엇을 원하시는지 짐작할 수 있다. 가장 먼저, 어려서부터 수치심과 고통의 비밀을 홀로 간직하고 살았던 형이 떠오른다. 아내는 세상 누구보다 나를 잘 알고 식당에서 주문하는 음식부터 직업에 이르기까지 모든 문제를 두고 흥정을 벌이는 대상이다. 그리고 편집자도 생각난다. 그는 책 한 권이 나오기까지 고뇌에 찬 시간 동안 내 손을 잡고 한 걸음 한 걸음 이끌어주었다. 이렇게 가까운 파트너들의 관계를 곱씹으면서 거기에다 내가 하나님과 흥정하는 방식을 비춰본다. 뭔가를 제안했다가 다시 한발 물러서서 상대방의 관점을 받아들이고 타협하고 변화한다.

처음에는 아브라함처럼 두렵고 떨리는 마음으로 하나님께 다가선다. 그러나 얼마 가지 않아서, 주님이 원하는 건 납작 엎드려 설설 기는 꼴이 아니라 하고 싶은 말을 솔직하게 털어놓는 모습이라는 사실을 깨닫는다. 외람된 얘기지만, 세상의 불공정하고 불공평한 현실을 잠자코 받아들일 수만은 없지 않은가! 하나님의 약속과 그분의 성품을 일일이 짚어가며 해명을 요구해야 한다.

로버트 듀발이 주연한 영화 〈사도〉에는 주인공이 2층 마룻바닥을 쿵쾅거리고 돌아다니며 가구를 걷어차고 욕설을 퍼붓는 장면이 나온다. 서니라는 목회자인데, 성격이 불같아서 한때 감옥에도 들락거린 적이 있는 인물이다. 참다못한 이웃이 시끄럽다고 전화를 한다. "거기 그놈, 미친 거 아녜요?" 전화를 받은 어머니는 웃으며 설명한다. "미친놈이 아니라 내 아들이라우. 걔는 아주 꼬맹이 적부터 주님과 저렇게 대화를 나눴어요. 가끔은 그분과 이야기하다 욕을 하기도 하죠. 오늘 밤에도 수가 틀리는지 저렇게 고함을 치고 난리구려."

하나님과 씨름하는 자

　믿음이 부족하다는 것을 나는 종종 절감한다. 기도를 하면서도 특별한 기대감이 없고, 조금 부족한 상황에도 만족하는 편이다. 믿음이란 근육처럼 훈련해서 키울 수 있는 게 아니라 은사처럼 태어날 때부터 많고 적음이 결정되는 게 아닌가 생각할 때도 있다. 그러나 믿음을 하나님과 맺는 일종의 약속으로 이해하면서 태도가 조금씩 달라지고 있는 중이다. 앞으로도 기적을 이루거나 원대한 꿈을 품을 만큼 믿음이 성장하지 않을지도 모른다. 그렇다 하더라도 기도하면서 하나님과 약속을 맺는 차원에서 믿음을 연습하는 건 얼마든지 가능한 일이다.

　신혼 때가 생각난다. 아내와 함께 서부 지역에 사는 벗을 찾은 적이 있다. 친구는 침실이 네 개나 되는 숙소를 구해주었다. 다른 손님은 아무도 없었다. 그런데 저녁을 먹다가 문제가 생겼다. 정확히 기억나지 않지만, 둘 중에 누군가가 던진 사소한 말 한마디가 상대방을 자극했다. 가벼운 입씨름은 곧 심각한 부부 싸움으로 발전했다. 끝장을 보려고 밤늦게까지 이야기를 이어갔지만 그러면 그럴수록 마음은 점점 갈라지기만 했다. 다음날 회의가 있어서 마냥 앉아 있을 수는 없었다. 나는 평화와 단잠을 찾아서 다른 방으로 피신했다.

　채 몇 분이 지나기도 전에 방문이 활짝 열렸다. 아내가 자기 입장을 뒷받침하는 새로운 논리를 싸들고 나타난 것이다. 나는 또 다른 방으로 도망쳤다. 똑같은 상황이 되풀이되었다. 도대체 그냥 내버려두는 법이 없었다. 생각해보면 그런 코미디가 없다. 소심한 남편은 골이 잔뜩 나서 도망 다니고 고집 센 아내는 끈질기게 쫓아다니고. 그러고도 다음날은 언제 그랬냐는 듯 마주보고 키득거렸다. 우리는 중요한 교훈 하나를 얻었다. 대화하지 않는 게 다투는 것보다 나쁘다는 사실이다. 씨름이 되려면 양쪽이 최소한 맞붙기라도 해야 하는 법이다.

하나님과 씨름한다는 얘기가 나오면 으레 떠올리게 되는 성경의 한 장면이 있다. 아브라함의 손자 야곱은 평생 속임수와 거짓말로 범벅이 된 삶을 살았다. 그리고 이제 성질 급한 형 에서를 대면하고 처분을 기다리는 처지가 되었다. 술수로 장자권을 빼앗은 형을 말이다. 두려움과 죄책감이 엄습했다. 야곱은 가족들에게 전 재산을 맡기고 먼저 강을 건너가게 했다. 식구들의 손에는 에서의 분노를 가라앉히는 데 쓸 선물을 잔뜩 들려 보냈다. 고향에서 쫓겨나 타향살이를 한 세월이 무려 20년이었다. 형은 내게 칼을 겨눌까, 끌어안아 줄까? 캄캄한 밤, 알 수 없는 운명을 기다리며 야곱은 와들와들 떨었다.

그때 눈앞에 누군가가 불쑥 나타났다. 야곱은 평소에 하던 대로 처신했다. 죽기살기로 덤벼들어 싸웠다. 둘은 밤새 맞붙어 씨름을 벌였다. 아무도 쉽게 승기를 잡지 못했다. 마침내 지평선 너머로 하늘이 부옇게 밝아오기 시작했다. "나로 가게 하라"창 32:26. 정체 모를 인물이 말했다. 그리고 손을 뻗쳐서 야곱의 허리뼈를 어긋나게 만들었다.

다리가 풀리고 힘이 빠졌다. 그러나 정신을 잃을 지경에서도 야곱은 여전히 손을 놓지 않았다. "당신이 내게 축복하지 아니하면 가게 하지 아니하겠나이다"창 32:26라며 매달렸다. 상대방은 다시 한 번 손을 대서 목뼈를 부러트리는 대신 부드러운 목소리로 야곱에게 다른 이름을 주었다. 이스라엘, '하나님과 씨름하는 자'라는 뜻이었다. 그제야 야곱은 그동안 누구와 씨름했는지 눈치 챘다.

잠시 후, 야곱은 절뚝거리며 나가서 군사 400명을 이끌고 나타난 형을 맞았다. 태어나기 전부터 치열한 싸움을 벌였던 형과 동생이었다. 자궁 속에 있을 때 이미 다투기 시작했다. 마침내 진심을 드러낼 시간이 되었다. '하나님과 씨름하는 자'가 먼저 손을 내밀었다.

유대교 랍비로 수많은 책을 쓴 아서 워스코는 형과의 불화가 극심할 때 야곱의 이야기를 읽었다. 주체할 수 없을 만큼 형과 화해하고 싶었다. 형제는 메릴랜드에 있는 깊은 산속 통나무집에서 만났다. 때마침 내린 폭설로 오도 가도 못하는 상태였다. 성인으로 만난 형과 아우는 난생 처음 마음 깊이 담아두었던 이야기를 털어놓았다. 서늘한 가을 무렵 오리건에서 만났을 때만 해도 형은 차갑게 노려보며 다시 한 번 눈에 띄면 무슨 일이 있어도 죽여버리겠다고 했었다. 그날의 경험을 토대로 아서 워스코는 《하나님과의 씨름*Godwrestling*》이라는 책을 썼다. 워스코라는 아버지를 둔 두 형제와, 이삭의 두 아들 이야기였다. 어린 시절 서로를 향해 돌진하고 나자빠지며 침대에서 난투극을 벌였던 이야기를 하면서 작가는 말한다. "씨름은 사랑을 나누는 행위와 아주 많이 닮았다."[7]

한편 에서는

자기와의 씨름에서

빠져나오기가 무섭게

숨이 턱에 차도록 강을 건너 동생에게 달려갔다.

전쟁과

대단히 흡사한

정경이 아닌가.

야곱은 한밤중에 나타난 정체불명의 인물과 한낮에 나타난 털북숭이 에서에게서 각각 사랑과 전쟁을 느꼈다. 멀리서는 먹살잡이와 포옹을 구별하는 게 무척 어려운 일이다.

하나님은 쉽게 포기하지 않으신다. 아울러 결말이 난 한참 뒤까지도 싸움을 계속하는 끈기를 높이 평가하시는 것 같다. 아마도 야곱은 강가에서 길고 어두운 밤을 지새우면서 씨름이 사랑으로 바뀌는 과정을 생생하게 체험했을 것이다. 에서를 만난 자리에서 동생은 고백했다. "형님의 얼굴을 뵈온즉 하나님의 얼굴을 본 것 같사오며"창 33:10. 전날 밤, 하나님과 얼굴을 마주하지 않았더라면 결코 할 수 없는 말이다.

야곱은 살면서 수많은 잘못을 범했지만, 결국 한 민족과 한 나라의 시조가 되었을 뿐 아니라 하나님과 씨름하는 모든 이들의 조상이 되었다. 그런 의미에서 그리스도인은 누구나 이스라엘의 아들딸이다. 어둠 속에서 하나님을 붙잡고 늘어지며, 방에서 방으로 쫓아다니고, "가게 하지 아니하겠나이다"라고 협박하는 씨름꾼들이다. 동시에 장자의 권리와 축복, 하나님나라가 우리의 것이다.

기도의 반대는 무관심

기도에 관한 책을 여덟 권이나 낸 E. M. 바운즈는 "하나님과 싸우는 씨름꾼의 마음가짐을 가질 때만 가장 고상한 기도를 드리고 가장 위대한 성공을 거둘 수 있다"고 말한다.[8] 인간이 있는 힘껏 성을 낸다 해도 창조주께 위협이 될 리가 없다. 그런데 가끔은 그게 그분의 마음을 움직이는 듯하다. 강가에서 밤새 싸우던 날 밤, 마음만 먹으면 주님은 아무 때고 씨름을 끝내실 수 있었다. 단 한 번 손을 대는 순간 야곱의 허리뼈가 덜컥 어긋나버리지 않았던가. 그런데도 야곱에게 붙잡히고 싶어 안달이라도 난 듯, 날이 밝도록 떠나지 않고 우물쭈물 그 자리에 머무셨다. 로이 로렌스는 씨름하는 기도의 대척점에는 무관심이 있다고 설명한다.

영국에 머물면서 '성 콜롬바회' 집회에 참석하는 특권을 누렸다. 호스피스 직원과 간호사, 또는 임종을 목전에 둔 이들을 돕는 전문가들의 모임이었다. 요청이 있을 때마다 아내와 함께 가서 설교를 하곤 했다.

한번은 집회에 참석했다가 호스피스 사역을 하는 목회자의 간증을 들었다. 어느 날 정서적으로 심한 우울증에 시달리는 환자가 상담을 요청했다. 암세포가 이미 온몸으로 번진 상태였는데, 전날 밤에 고래고래 소리치며 하나님께 욕설을 퍼부었다며 심한 죄책감을 느끼고 있었다. 그는 영생을 얻을 수 있는 기회가 영영 사라져버렸다는 생각까지 하고 있었다. 하나님이 당신을 저주하고 욕한 인간을 용서하실 리가 있겠는가?

목사가 환자에게 물었다. "사랑의 반대가 뭐라고 생각합니까?"

"미움이겠죠." 환자가 대답했다.

대단히 지혜로운 목사가 대답했다. "아니요. 사랑의 반대는 무관심입니다. 형제님은 하나님께 무관심하지 않았어요. 도리어 어떤 마음으로 무슨 생각을 하고 있는지 밤새도록 정직하게 말씀드렸던 겁니다. 어젯밤에 한 일을 기독교에서 뭐라고 부르는지 아세요? 바로 '기도'입니다. 형제님은 밤을 꼬박 새워가며 기도를 드린 겁니다."[9]

필요를 다 채워주신다고요?

제니

예나 지금이나 아버지는 술을 과하게 마신다. 엄마는 늘 우울해하셔서 어른이 될 때까지 웃는 얼굴을 몇 번 보지 못했다. 마음 깊은 곳에 공허감을 감춘 채 자랄 수밖에 없는 구조였다. 보호해주고 돌봐주고 아껴주는 누군가가 간절히 필요했다. 사랑을 베풀어줄 보호자를 갈구했지만, 집안엔 그럴 인물이 없었다. 그래서 교회에 다니기 시작했다. 혹시라도 그런 사람을 만날 수 있을까 해서였다. (아버지가 우리를 데리고 예배를 드리러 간 적도 있다. 물론 술을 단 한 방울도 마시지 않았을 때뿐이지만.) 하지만 교회에서 만날 수 있는 존재라곤 또 다른 아버지가 전부라는 사실을 알게 되었다. 차이가 있다면 그분은 언제나 맨정신이라는 정도였다.

그렇게 얼마나 지났을까? 어느 토요일 저녁, 예배당 뒤편에 서 있는데 그날따라 십자가가 내 눈길을 사로잡았다. 예수님이 정말 내 죄를 속하기 위해 돌아가셨다면 진정으로 날 사랑하시는 게 틀림없다는 확신이 들었다. 하나님은 그렇게 나를 찾아오셨다. 그분을 만난 뒤로 삶이 전폭적으로 달라지기 시작했다. 열 살 어간의 일이다.

요즘 결혼하고 싶은데 마땅한 상대가 나타나지 않아서 계속 갈등 중이다. 어디 가서 미혼이라고 말하는 게 좀 거북하다. 특히 가정과 결혼을 중요한 가치로 여기는 교회 문화에서는 더 그렇다. 남들이 이상하게 생각한다는 느낌이 들 때도 있다. '무슨 문제가 있는 거 아냐? 동성애자일지도 몰라. 성격이 너무 까다로울 수도 있지. 가족한테 헌신하는 게 싫어서일 거야. 에이, 형편없는 친구 같으니라고.'

크리스 톰린의 찬양 〈주님의 모든 것이〉는 곡조를 붙인 기도다. "주님의 그 모든 것이 내 삶을 가득 채우네. 내 모든 갈증과 필요, 주 사랑으로 만족시키니 부족함 없네." 성경 말씀도 똑같은 약속을 제시한다. 그리스도가 어떤 경로를 통해서든 모든 필요를 채우신다는 것이다. "나의 하나님이 그리스도 예수 안에서 영광 가운데 그 풍성한 대로 너희 모든 쓸 것을 채우시리라"빌 4:19. 지금 하나님과 이 구절을 두고 입씨름을 벌이고 있다. 아직 미혼인가? 그렇다면 함께 싸울 누군가를 찾아봐야 한다.

씨름은 대개 이런 식으로 흘러간다. "하나님, 정말 모든 걸 채워주신다면 어째서 내 문제는 쏙 빼놓고 돌아보시지 않으십니까?" 주님은 대답하지 않으신다. 그래도 계속 쏘아붙인다. "좋아요. 모든 필요를 다 채워주시는데 혼자 살기가 왜 이렇게 힘들죠? 지난달 보다 이번 달이 더 힘들고, 어제보다 오늘이 더 힘들다고요." 여전히 대꾸가 없으시다. 그래서 싸움은 멈출 줄 모르고 계속된다.

실상은 이렇다. 하루의 49퍼센트에 해당하는 시간에는 하나님만으로는 모자란다. 그래서 상처를 입는다. 혼자 차를 몰고 집으로 돌아가는 건 힘든 일이다. 그런데 나머지 51퍼센트 동안은 하나님만으로 충분하다. 특히 그리스도의 지체들과 어울려 있을 때 그렇다. 사랑으로 '입양한' 새로운 가족에 기대어 내면의 깊은 공허감을 채울 수 있기 때문이다. 그래도 우리는 여전히 다투는 중이다. 하나님과 나만의 씨름이다.

재난 앞에서 드린 기도

아이작

　하나님, 희생자들을 위해 부르짖습니다. 주님의 이름을 믿지 않는 이들이라 할지라도 그들을 위해 간구하지 않을 수가 없습니다. 모두에게 사랑을 베풀어주소서. 지진 해일 피해를 입고 고통스러워하는 이들을 보면 너무나도 마음이 아픕니다. 하나님이 외면하고 계신 게 아닌가 하는 의심이 들 때도 있습니다. 인간이 저지른 죄를 보고 벌을 내리는 분이 아니심을 압니다. 주님은 죄인을 위해 오셨기 때문입니다. 하나님은 우리를 사랑하신다고 배웠습니다. 그런데 어째서 지금은 침묵하십니까?

　어째서 지구를 만드실 때 한 꺼풀만 들춰도 불안정한 단층이 나오도록 만드셨습니까? 지진대를 만든 건 우리 인간이 아닙니다. 그렇지 않습니까? 가정이 깨지고 어린아이들이 덧없이 죽어가고 실종되는 걸 보면서 주님은 고통스럽지 않으십니까?

　그릇이 토기장이에게 이의를 제기하지 못한다는 것쯤이야 진즉에 알고 있습니다. 하지만 의구심을 떨쳐버릴 수가 없습니다. 원수를 용서하고 사랑하라고 가르치지 않으셨던가요? 그런데 사랑을 만드신 창조주께서 어쩌면 그렇게 믿지 않는 이들을 쓸어버리실 수가 있단 말입니까? 주님의 사랑을 의심하는 걸 용서해주십시오. 하나님은 사랑이심을 믿지만 눈

173

앞에서 벌어진 이 끔찍한 사건을 어떻게 설명해야 할지 모르기에 드리는 말씀입니다. 세상에서는 답을 얻기가 힘들다는 것도 압니다. 그러므로 하나님을 향한 믿음을 생생하게 지켜주시길 기도할 뿐입니다. 아멘.

우주를 만드는 역사는 이미 끝났다. 하지만 그보다 더 위대한 작품은 아직 미완성이며 창조 작업이 진행 중이다. 인류의 역사가 그것이다. 광대한 구상을 실현하기 위해 하나님은 인간의 도움을 필요로 하신다. _아브라함 요수아 헤셸[1]

하나님과의 동역

역사란 창조주가 인간에게 통치권을 나눠주시는 과정이다. 하나님은 인간에게 자기 앞길을 자유롭게 선택할 수 있는 권리를 선물로 주시고 그 대표들을 불러서 파트너 역할을 맡기셨다. 게다가 시비를 걸듯 덤벼들거나 씨름을 벌이자고 나서도 그냥 눈감아주실 만큼 너그럽게 대하셨다. 그러나 하나님이 더불어 새로운 모험을 해나갈 파트너로 선택한 인물들, 예를 들어 아담, 아브라함, 모세, 다윗은 한결같이 크고 작은 실망을 안겨드리고 말았다. 그토록 속을 썩여드렸으면 체념하실 법도 하련만, 주님은 끝내 인간과의 동역을 포기하지 않으셨다.

예수님은 대단히 짧은 기간 동안 세상에 머무르셨다. 하나님나라의 열쇠를 넘겨줄 고만고만한 제자 열둘을 모으기에도 빠듯했다. 하지만 새로운 움직임은 온갖 역경을 뚫고 비상하기 시작했으며, 그때부터 지금까지 하나님과 인간의 동역은 단 한 번도 멈춘 적이 없다. 사도 바울은 '우리는 하나님의 동역자들'고전 3:9이라고 했다. 주님이 세상에서 행하시는 일을 함께 수행하는 존재라는 말이다.[2] 그러므로 하나님은 자녀들이 거룩한 동역자로서 기도를 통해 저마다 가진 필요와 욕구, 소원을 아뢰도록 하신다.

그러나 이 글을 쓰고 있는 지금 이 순간에도 응답의 벨은 울리지 않는다. 성경 시대와는 뭔가 달라진 것이 틀림없다. 지난날, 아담은 하나님과 직접 이야기를 나누었고, 아브라함은 장사꾼처럼 하나님과 흥정을 벌였으며, 모세는 타오르는 가시덤불을 보았고, 사무엘은 하나님의 음성을 두 귀로 똑똑히 들었으며, 제자들은 육신을 입으신 예수님과 대화를 나누었다. 하나님은 친히 역사에 개입하셨다. 그런데 요즘은 어떠한가?

그처럼 엄청난 권능을 가진 파트너라면 어째서 다른 한 편을 위해 좀 더 자주 그 힘을 쓰지 않는 것일까? 하나님의 뜻을 찾기 위해 훈련 중인 학생들과 병든 자녀를 돌보는 부모들, 반기독교 정권 아래서 핍박받는 그리스도인이라면 누구나 똑같은 의문을 품고 있을 것이다.

여러 해 전에 《하나님, 당신께 실망했습니다 *Disappointment with God*》라는 책을 썼다. 주님이 개입하신 역사적 사건들 이면에 어떤 원리가 작동하고 있는지, 그리고 어째서 그렇게 개입하는 경우가 그다지도 드문지 알아보려는 의도였다. 예를 들어, 모세를 통해 열 가지 재앙을 내리신 뒤로 무려 400년 동안 하나님은 침묵하셨다. 사무엘을 불러 선지자로 삼으실 때는 "주님께서 말씀을 해주시는 일이 드물었고, 환상도 자주 나타나지" 삼상 3:1, 새번역 않는 시대였다. 성경에 기록된 모든 기적과 하나님이 등장하신 사례, 그와 관련해서 그분이 주신 말씀을 낱낱이 뒤져가며 어떤 패턴이 있는지 살폈다.

결론은 분명했다. 현대 그리스도인들이 느끼는 실망감은 십중팔구 하나님이 옛날처럼 극적인 방식으로 역사하시리라는 기대에서 비롯된 것이었다. 너나없이 하나님이 타오르는 가시덤불 속에서 육성으로 말씀해 주시길 바라고, 기적으로 병을 고쳐주시거나 죽었던 친척을 되살려주시길 원한다. 성경에서 놀라운 사건들에 관한 기사를 읽고, 그에 관한 설교에 감동하며, 믿음을 가지고 기도하는데, 웬일인지 똑같은 결과가 나오지 않는 것이다.

성경 말씀을 자세히 살펴보면서 하나님은 정말 마지못해 인간사에 개입하셨다는 사실을 깨달았다. 구약 시대에는 오랫동안 기다리고 기다리시다가 마침내 파트너를 선택하곤 하셨다. 답답하리만치 천천히 움직이시며 조심스럽게 몇 가지 기적을 행하시고는 또 기다리셨다. 복음서로 넘어오면 다시 초자연적인 역사들이 쏟아져 나온다. 예수님이 갖가지 권능을 행하셨기 때문이다. 하지만 그리스도 역시 무차별적으로 기사를 행하지는 않으셨다. 모든 병자를 고쳐주신 게 아니라 아버지의 뜻을 나타내는 징표가 될 수 있을 때만 기적을 일으키셨다는 뜻이다.

변화는 여전히 진행 중

예수님은 획기적인 변화를 선포하셨다. 당시 유대인들은 하나님을 예배하려면 아무리 멀어도 성전까지 가야 했다. 하나님이 거기 임하셔서 머무신다고 생각했기 때문이다. 그러나 주님은 전혀 다른 말을 하셨다. 사마리아 여인이 어디에서 예배드리는 게 합당하냐고 묻자 "아버지께

참되게 예배하는 자들은 영과 진리로 예배할 때가 오나니 곧 이때라. 아버지께서는 자기에게 이렇게 예배하는 자들을 찾으시느니라"요 4:23고 대답하신 것이다. 하나님의 임재를 성전 건물이라는 전통적인 장소에서 옮겨다가 사마리아 여인처럼 평범한 이들의 마음이라는 전혀 생소한 자리에 두신 것이다. (심지어 성전 건물은 곧 무너져버릴 것이라고까지 예언하셨다.)

사도 바울이 뒷날 설명했듯이, 그리스도는 하나님과 인간 사이의 끊어진 관계를 다시 연결시키셨다. 이제는 제사 의식을 집전하는 제사장을 거쳐 하나님 앞에 나갈 필요가 없어졌다. 모든 그리스도인이 하나님의 성전이며 성령님이 거하시는 집이 되었다. 하나님이 우리 안에 사신다. 주님이 세상에 계속 머무시지 않고 하늘로 올라가신 이유도 바로 거기에 있었다. 주님은 분명하게 말씀하셨다. "내가 떠나가지 아니하면 보혜사가 너희에게로 오시지 아니할 것이요, 가면 내가 그를 너희에게로 보내리니"요 16:7.

하나님은 세상을 온갖 자연법칙을 보여주는 공연장으로 설계하지 않으셨다. 인간들이 요구하는 대로 이리저리 자연계의 질서를 바꾸는 시범을 보여주시려는 게 아니었다. 하나님은 피조물들과 사랑을 주고받는 인격적인 관계를 맺고 싶어 하신다. 주님이 원하는 관계로 돌아가는 과정은 고통스러울 만큼 답답하고, 시행착오가 뒤따르게 마련이며, 진로 수정과 재출발이 끊임없이 되풀이된다. 구약 성경을 펼치고 기적과 승리를 기록한 말씀을 차근차근 조사해보라. 전반적으로 퇴보하는 느낌이 들지 않는가? 거기에 반하여 신약 성경의 기사들은 하나님과의 친밀한 관계라는 측면에서 다소 느리긴 해도 조금씩 발전하는 양상을 보인다.

개중에는 과거의 하나님, 즉 바로를 몰락시키고 여리고 성을 무너뜨리며 바알의 선지자들을 몰살시킨 권능자로서의 하나님을 그리워하는 그리스도인들이 있다. 나 개인적으로는 그런 하나님을 사모하지 않는다. 하나님나라는 은혜와 자유를 향해 전진하는 중이다. 주님의 목표는 시종일관 그것이었다. 주님은 세상과 작별하고 하늘로 올라가시는 것이 보혜사가 오는 통로를 연다는 점에서 곧 발전이라고 말씀하셨다. 예수님 말씀을 그대로 믿는다.

상담자들이 어떻게 일하는지 잘 알 것이다. 훌륭한 상담자는 명령이나 강압으로 변화를 이끌어내려고 덤비지 않으며, 마음을 건드려서 내면의 건강 상태를 분명히 드러내는 방식을 사용한다. 하나님과 인간이라는 불균형한 파트너 관계에서도 마찬가지다. 기도는 내면을 쏟아놓는 아주 이상적인 수단이다.

기도는 하나님과 협력하는 도구다. 은혜가 작동할 수 있도록 문을 여는 열쇠인 셈이다. 보혜사 성령님은 미묘하고도 불가사의하게 역사하시는 경우가 많다. 한순간 마음에 반짝하는 아이디어를 공급하시는가 하면 통렬한 비판으로 깨달음에 이르게 하신다. 어느 한쪽을 선택하려는 순간 영감을 주셔서 더 나은 쪽으로 방향을 돌리게도 하신다. 유혹에 넘어가기 직전, 그 이면에 감춰진 위험을 또렷이 보여주시는 경우도 있다. 다른 이들의 필요에 민감하게 만드시기도 한다. 성령님은 고함치기보다 속삭이시며, 혼란 대신 평안을 주신다. 이런 관계에서는 아브라함과 모세의 경우처럼 하나님과 협상을 벌이는 극적인 대목은 찾아보기 어렵다. 하지만 친밀감이라는 차원에서는 비교할 수 없을 만큼 발전적이다. 주님과 나누는 파트너십, 그 핵심을 설명하는 사도 바울의 이야기를 들어보자.

- 두렵고 떨림으로 너희 구원을 이루라. 너희 안에서 행하시는 이는 하나님이시니 자기의 기쁘신 뜻을 위하여 너희에게 소원을 두고 행하게 하시나니 빌 2:12–13.
- 내가 모든 사도보다 더 많이 수고하였으나 내가 한 것이 아니요 오직 나와 함께하신 하나님의 은혜로라고전 15:10.
- 그런즉 이제는 내가 사는 것이 아니요 오직 내 안에 그리스도께서 사시는 것이라갈 2:20.
- 우리는 그가 만드신 바라. 그리스도 예수 안에서 선한 일을 위하여 지으심을 받은 자니 이 일은 하나님이 전에 예비하사 우리로 그 가운데서 행하게 하려 하심이니라엡 2:10.

하나님과 자녀들의 파트너십은 워낙 탄탄해서 이제는 누가 어떤 역할을 하는지 구별하기 어려울 지경이다. 주님이 행하신 일인지 인간이 해낸 일인지 쉽게 가늠할 수 없을 정도가 되었다. 하나님은 인간에게 그만큼 친밀하게 다가오셨다.

하나님이 만드신 우연

인간은 물질세계에 살고 있으므로 자연과 성경, 육신이 된 말씀, 각종 예배 예식, 다른 사람들, 교회 등 하나님과 만나는 통로들 역시 대부분 물질성을 갖는다. 그럼에도 하나님 쪽에서 생각하자면 주님이 더 좋아하시는 환경은 아무래도 영적인 영역이다. 기도는 창조주와 인간 사이의 이런 차이를 선명히 드러낸다. 어려운 상황에 직접 개입해달라고 간구할 수는 있겠지만, 기도하는 자녀의 뜻을 십분 살려서 하나님이 더 은밀한 방식으로 응답하신다 해도 전혀 이상할 게 없다. 어떤 알코올 중독자가 "주님, 오늘부터 술을 끊게 해주세요"라고 기도한다 치자. 기도 응답은 냉장고에서 술병이 스르륵 사라져버리는 식보다는 결심이 단단해진다든지, 믿을 만한 친구에게 도움을 청한다든지 하는 형태로 올 공산이 크다.

창조주께서는 거룩한 뜻을 이뤄가는 과정에서 피조물을 무시하지 않으시며 오히려 피조물을 통해 그 안에서 일하신다. 그런 까닭에 기도에 응답하셨는지 여부를 분명히 가리는 것은 만만한 일이 아니다. C. S. 루이스가 쓴 《스크루테이프의 편지 *The Screwtape Letters*》를 보면 고참 마귀가 신참 마귀에게 기도에 관해 이렇게 충고하는 대목이 있다.

기도라는 관습이 애당초 불합리한 데다가 손에 잡히는 결과를 전혀 얻을 수 없다는 질긴 의구심을 불어넣어서 속이 타게 만들 수도 있을 거야. 동전 던지기를 해서 '앞이 나오면 내가 이기고 뒤가 나오면 네가 진다'는 논리를 잘 기억했다가 써먹어야 해. 간구했던 문제가 해결되지 않으면 기도 따위는 아무짝에도 못 쓴다는 증거가 하나 더 생기는 셈이니 좋은 일이지. 혹시 구했던 대로 이뤄졌다 해도 그렇게 될 수밖에 없었던 물리적인 요인을 제시해줄 수 있잖아. '기도하지 않았어도 어차피 일어날 일이었다'는 결론에 이르게 하는 거지. 결국 응답받은 기도도 거절당한 간구와 마찬가지로 '기도란 허무한 짓'이라는 사실을 입증하는 멋진 증거인 셈이야.[3]

《스크루테이프의 편지》에서 풍자적으로 다루었던 문제는《기적

》에서 좀 더 철학적으로 설명되었다.

경험적인 증거를 제시하는 게 불가능하다는 건 불가피한 사실이다. 기도했더니 이렇게 응답되더라는 사실을 알고 있는 이는 스스로 무슨 마술사가 된 듯한 느낌이 들 것이다. 머리가 돌고 마음이 썩어들어갈 게 틀림없다. 그리스도인은 이 일과 저 일 가운데 어떤 쪽이 기도 때문에 일어난 사건인지 묻지 않는다. 모든 일이 예외 없이 기도의 응답이라고 믿을 뿐이다. 하나님은 자녀들의 필요를 잘 아시며 거기에 따라 간구를 그대로 들어주시거나 물리치시기 때문이다. 모든 기도에 요구하는 그대로 응답하시는 건 아니더라도 모든 기도를 들으시는 것만큼은 엄연한 사실이다.[4]

C. S. 루이스는 "관계를 보증하는 건 오직 믿음뿐"이지만 "어떤 경험적인 증거로도 그 사실을 입증할 수는 없다"고 결론짓는다.[5] 그리스도인은 원인과 결과를 명확하게 증명할 수 있는 과학적 기준 때문이 아니라 믿음을 가진 까닭에 기도에 응답을 받는다고 믿는다. 하나님의 성품을 신뢰하므로 기도와 그 결과 사이에 '우연의 일치' 이상의 상관관계가 있다고 판단한다. 진정한 연합, 아무리 힘써도 깨트릴 수 없는 파트너십이 이면에 자리 잡고 있는 것이다.

성경 공부 모임을 진행하면서 가끔 "우연의 일치란 하나님이 스스로 모습을 드러내지 않기 위해 사용하는 방식이다"라는 명제를 가지고 토론하게 할 때가 있다. 그렇다. 믿음이야말로 하나님이 배후에서 어떤 일을 하고 계신지 정확하게 알 수 있는 지름길일지도 모른다. C. S. 루이스는 기도 응답이라는 게 대부분, 어떻게 보느냐에 따라 다른 해석이 가능하다고 했다. 곰곰이 씹어볼수록 맞는 말이다.

한 달 전쯤이었던가? 헝가리 부다페스트 한복판에서 정말 당황스러운 일을 겪었다. 열 시간이 넘는 여행을 마치고 호텔에 들어가서 짐을 푸는데 노트북 컴퓨터와 전원을 연결하는 코드가 보이지 않았다. 비행기를 갈아탄 공항 대합실에 흘리고 온 게 틀림없었다. 큰일이었다. 강연을 준비하는 데 필요한 자료들이 죄다 노트북에 들어 있었다. 늦은 시간이라 상점은 벌써 문을 닫았고 다음날은 주일이었다. 도시 자체가 낯선 건 말할 것도 없고, 대중교통을 이용하는 방법조차 몰랐던 터라 어디로 가서 어떻게 컴퓨터 부품을 구해야 할지 참으로 막막했다. 후다닥 기도를 마치고 서둘러 영어 할 줄 아는 사람을 찾아 나섰다. 마땅한 인물이 좀처럼 눈에 띄지 않았다. 그때, 절박하게 허둥거리는 꼴이 눈에 띄었는지 어떤 학생과 그 엄마로 보이는 여인이 다가와서 영어로 말을 걸었다. "도와드릴까요?" 학생은 막 영어 능력 검증 시험을 마치고 나오는 길이라 했다. 둘을 따라 가까운 기차역으로 달려갔다. 역사와 나란히 붙은 상가 건물에 컴퓨터 가게가 있었다. 나중에 알았지만, 부다페스트에서 내게 필요한 코드를 파는 컴퓨터 상점은 둘뿐이었는데 그 가운데 한 집을 찾아간 것이다. 이게 우연일까?

1년 전, 1,200명이 모이는 집회에 참석해 식사를 할 때였다. 식당에 들어가서 줄줄이 늘어선 테이블 가운데 아무 자리나 골라 앉았다. 같은 식탁에 앉은 이들과 자연스럽게 이야기를 나누다 보니 다섯 명 모두 한 집안 식구였다. 아버지는 고향에 남아 있는데, 식도암 말기 선고를 받고 속수무책으로 죽음을 기다리는 형편이라고 했다. 멀리 떨어진 지방에 사는 두 딸은 밤을 새워가며 꼬박 스물네 시간 동안 차를 몰고 달려왔다. 사위들은 장인의 마지막 가는 길을 곁에서 지켜주기 위해 직장에 휴가를 냈다. 지난 여섯 달 동안 어머니는 잠시도 남편 곁을 떠나지 않았다. 이들은 고난에 관해 이야기하고 싶어서 나를 찾아왔다고 했다. 내 아내가 호스피스 예배를 돕고 있다는 얘길 어디선가 들었다는 것이다. 어머니가 챙겨온 종이에는 물어보고 싶은 질문이 줄줄이 적혀 있었다. 혹시라도 기회가 되면 이야기를 꺼내려고 준비해온 목록이었다. 그렇게까지 간절한 마음을 어떻게 모르는 척하겠는가?

윌리엄 템플 대주교는 "기도하면 우연한 일들이 일어난다. 그러나 기도하지 않으면 아무런 일도 일어나지 않는다"고 했다.[6] 개인적으로는 그런 우연을 분석하고 해부하기보다는 도리어 믿음을 쌓아올리는 벽돌로 삼으려고 노력한다. '우연'이 아니라 '하나님이 만드신 필연'으로 여긴다는 말이다.[7] 깜빡 잊어버리지만 않는다면(부끄러운 얘기지만 얼마나 자주 까먹는지 모른다), 앞에서 이야기한 난감한 편지들에 답장을 보낸다든지, 까다로운 문제에 관한 글을 쓴다든지, 고질적인 질병을 떨쳐낸다든지, 어려운 처지에 있는 친지에게 전화를 건다든지, 사교적인 모임에 참석하기를 두려워한다든지 하는 일들을 하나님께 맡겨버릴 수 있다. 하나님께 뭔가를 꺼내놓고 부탁드리는 동안에는 갖가지 상념이 마음을 스쳐간다. 최소한 결과가 나오기 전까지는 그렇다. 하지만 상황이 끝난 뒤에 잠시 여유를 갖고 그동안 일어난 일을 되돌아보면 주님이 역사하신 궤적이 또렷하게 드러난다. 증거를 찾으려 하지 말고 믿음의 눈으로 보아야 한다.

하나님 체험은 미리 계획하거나 노력해서 얻을 수 있는 게 아니라고 설파했던 랍비가 있다. "은혜가 자연스럽게 이어지는 과정에서 일어나는, 거의 우연에 가까운 사건이다."

한 학생이 물었다. "선생님, 하나님의 손길을 깨닫는 게 그저 우발적인 일이라면, 꾸준히 영적인 훈련을 해야 할 이유가 어디에 있습니까?" 랍비가 대답했다. "우발적인 일이 일어날 수 있게 하기 위해서지."[8]

기도의 단계

'단계'라는 말을 쓰는 게 영 내키지 않는다. 마치 기도에 초보자와 숙련자가 있는 것 같은 오해를 불러일으킬 수 있기 때문이다. 기도하는 데 무슨 기술이나 특별한 능력이 필요하다는 게 아니다. 하나님과 파트너십이 차츰 성숙해가는 문제를 말하려는 것이다. 개인적인 경험으로 미루어 볼 때, 최소한 세 단계 정도로 구별해볼 수 있겠다.

첫째는 그야말로 어린아이처럼 필요한 것을 요청하는 단계다. 친구들이 몇 번인가 꼬맹이들을 우리 집에 보낸 적이 있었다. 부모가 함께 올 형편이 아니어서 자녀들만 보낸 것이다. 아이를 키워본 경험이 전혀 없었던 탓에 나는 아이와 어른 사이의 일방적인 관계에 퍽 놀랐다. 어린 친구들은 누군가 아침마다 깨워주고, 따라다니면서 방을 치워주고, 밥을 먹여주고, 재미있는 곳에 데려가고, 모든 비용을 대주는 게 당연하다고 생각했다. 가뭄에 콩 나듯 "고맙습니다"라고 말할 뿐, 그때그때 반응을 보이는 법도 없고 먼저 말을 걸지도 않았다. 마치 자기들의 요구를 다 들어주기 위해 어른이 존재한다는 듯한 태도였다. 한마디로 '미숙' 그 자체다. 그런데 가끔은 나를 보며 똑같은 단어를 떠올린다. 하나님께 온갖 요구를 쏟아놓고 문제를 해결해달라느니 욕구를 채워달라느니 보채는 모습이 영락없는 미숙아가 아닌가.

하지만 그런 어린아이 같은 간구를 무조건 얕잡아 볼 수는 없다. 예수님은 그런 기도에 귀를 기울이셨다. 특히 이방 여인이나 로마 군대의 백부장, 지붕을 뚫고 침상을 내려 보낸 중풍병자의 친구들처럼 기대하지 않았던 이들이 드리는 기도에 대해 더욱 민감히 반응하셨다. 내가 아는 범위에서 주님이 가장 극적으로 응답해주신 사례는 스스로 원하는 걸 정확히 아뢰는 것 외에 '마땅히 빌 바를 알지 못했던' 어린 그리스도인들의 기도였다. 다들 얼마나 어린아이 같은 믿음을 가지고 있는지 볼 때마다 감탄스러울 정도다. 마르틴 루터는 먼저 치마폭을 활짝 펼치고 하늘 아버지께 받고 싶은 걸 솔직하게 구하라고 충고했다.

한 일본 그리스도인에게서 재미있는 이야기를 들었다. 미국을 처음 여행할 당시, 그들이 기도하는 모습을 보고 충격을 받았다고 했다. 기도가 너무 직선적이어서 마치 햄버거 가게에 가서 음식을 주문하는 느낌이 들었다는 것이다. "쇠고기 햄버거로 주시고요, 고기는 다 익혀주세요. 피클하고 상추는 많이 넣어주시고요. 케첩도 하나 더 주셔야 해요. 아셨죠?" 거기에 대면 일본의 그리스도인들은 외국 식당에 들어가 앉기는 했지만 메뉴조차 제대로 읽지 못하는 쪽에 가깝다고 평가했다. 한참을 망설이다가 손짓발짓에 사전까지 동원해서 기껏 '주방장 추천 메뉴'를 시킬 뿐이라는 설명이다. 기도에 임하는 동양인의 자세에는 긴장감과 모험심뿐 아니라 더 큰 신뢰가 필요하다는 게 그의 판단이었다. 기도하는 쪽에서는 어떤 결과를 얻게 될지 전혀 알 수 없다. 결정권은 기도를 들으시는 분에게 있기 때문이다. 기도로 뭔가를 요청하는 방식에 대해 동양과 서양의 그리스도인은 서로에게서 배울 게 많다.

두 번째는 일종의 묵상 단계다. 다시 한 번 말하지만, 여기에서 단계는 상승 발달 개념이 아니다. 개인적으로는 이 단계를 하나님과 지속적으로 동행하는 단계라고 부른다. 신비주의자들은 단순히 뭘 달라고 부탁하는 차원을 지나 궁극적인 목표를 묵상하는 수준으로 옮겨가야 한다고 말한다. 하지만 요청하는 기도의 가치를 낮게 평가하는 듯한 태도에는 동의할 수 없다. 예수님은 기도를 가르치시면서 도움을 청하는 면을 강조하셨다. 단지 그것만 가지고도 충분한 이유가 된다. 주기도문만 하더라도 갖가지 요청의 연속이 아니던가?

그러나 묵상이 깊어질수록 하나님께 요청하는 내용이 달라진다. 결국은 주님이 원하는 걸 위해 간구하고 싶은 생각이 들고, 그분이 원치 않는 일은 나 역시 바라지 않게 된다. 묵상으로 기도하면서 하나님을 더 깊이 알아가노라면 자연스럽게 거룩한 뜻에 내 소망을 맞춰가게 마련이다. 여태까지 단 한 번도 하나님 뜻에 나를 맞춰본 적이 없다. 그분의 뜻을 완전히 파악하기에는 내 역량이 형편없이 모자라기 때문이다. 다만 아는 만큼 기도로 표현할 따름이다.[9] 어느 유명한 목회자는 "하나님의 뜻에서 벗어난 일 말고는 기도의 손길이 닿지 않는 영역이란 없다"고 했다. 누구도 하나님의 뜻을 완전하게 알 수는 없다. 기도해야 할 이유가 거기에 있다.

예수님은 겟세마네 동산에서 오랫동안 씨름한 뒤에 "아버지의 원대로 하옵소서"마 26:39라고 기도하셨다. 다른 길을 마련해달라는 분명한 요청을 포함해서 그때까지 엉켜 있던 모든 매듭을 일거에 풀어버리는 선언이었다. "아버지의 원대로 하옵소서"라는 말은 분명히 기도의 첫머리가 아니라 끝부분에 들어 있다. 만일 주님이 기도를 시작하는 대목에서 그런 한정 어구를 사용하셨더라면, 나 역시 마음의 소원을 억누르고 어떻게 되든 상관없다는 식의 체념 어린 기도를 드리고 싶은 유혹에 시달렸을 게 틀림없다. 결국은 자녀들로 하여금 필요를 고하고 그 과정에서 스스로 참다운 자아를 드러내게 하시려는 하나님의 의도를 사전에 차단하고 말았을 것이다.

하나님은 상상을 초월하는 다양한 방법으로 지혜롭게 기도에 응답하신다. 새로 낸 책으로 출판상을 받게 해달라고 기도하면, 좀 더 다듬어야겠다는 깨달음을 주신다. 부자가 되게 해달라고 기도했더니 돈이란 게 더 중요한 것을 보지 못하게 하는 저주가 될 수 있다는 사실을 알려주셨다. 이런 가르침을 수없이 받은 뒤에야 비로소 묵상을 통해 알게 된 하나님의 성품에 비추어 내 기도를 바꿔갈 수 있었다.

요즘 헬스클럽마다 '명상 코스'를 앞다퉈 개설하는 추세다. 그런데 주로 긴장 해소와 자아 개발을 강조하다 보니 묵상의 진정한 의미를 잃어버리고 있다. 묵상이란 기도하는 인간이 아니라 기도의 궁극적인 대상이신 하나님께 초점을 맞추는 행위다. 오직 하나님만을 찾고 또 찾는다면 결국 주님이 원하시는 일이 무엇이며 어떻게 하면 그분을 만족시켜드릴지 연구하게 될 것이다. 퍼트리샤 햄플은 기도는 그저 언어 행위에 지나지 않으며, 하나님과의 관계에서 적절한 자기 자리를 잡는 게 핵심이라고 한다. "초점을 정확히 맞추라. 성공했는가? 그렇다면 이제 입 밖에 낼 수 있는 말은 성경 말씀뿐이다."[10]

다니엘서의 삽화는 목숨을 건지고 싶어 하는 인간적인 욕구와 하나님의 뜻이라면 무엇이든 받아들이려는 마음이 한데 어우러져 있다. 히브리 청년 셋은 맹렬히 타오르는 풀무에 던져지는 걸 무릅쓰고 왕에게 절하지 않는 이유를 이렇게 설명한다. "왕이여 우리가 섬기는 하나님이 계시다면 우리를 맹렬히 타는 풀무 불 가운데에서 능히 건져내시겠고 왕의 손에서도 건져내시리이다. 그렇게 하지 아니하실지라도 왕이여 우리가 왕의 신들을 섬기지도 아니하고 왕이 세우신 금 신상에게 절하지도 아니할 줄을 아옵소서"단 3:17-18.

'그렇게 하지 아니하실지라도'는 기도의 세 번째 단계를 상징적으로 보여주는 표현이다. 예수님이 긴긴 밤을 꼬박 새우며 기도하신 뒤에 "그러나 내 원대로 마시옵고 아버지의 원대로 되기를 원하나이다"눅 22:42라고 맺으신 것과 같은 순종의 단계다. 하나님은 기도를 인간의 욕구가 아닌 하나님의 뜻이 세상에서 이뤄지는 도구로 삼으셨다. 주님은 뭔가를 요청하는 자녀들의 기도를 들으시고 응답하신다. 세상을 움직이시는 하나님의 활동 계획 속에는 거룩한 자녀들이 기도로 요청한 사안이 어느 정도 포함되어 있다. 그러나 우리가 간절하게 소망하고 간구한다고 해서 항상 뜻대로 이뤄지는 건 아니다. 요즘 세계 곳곳에서 핍박받고 있는 교회들을 생각해도 그렇지만, 무엇보다도 하나님의 독생자를 비롯한 여러 순교자의 사례를 보아도 쉽게 알 수 있는 사실이다.

유진 피터슨은 그런 점에서 "신중하게 기도하라"고 충고한다. "기도는 그리스도인들로 하여금 하나님이 만드신 환경에 과감하게 끼어들게 한다. 기도는 사람이 원하는 일이 아니라 주님이 원하시는 일을 이루는 경우가 절대 다수다. 어떤 부분에서는 하나님의 관심사와 기도하는 이의 관심사가 전혀 딴판일 수도 있다. 따라서 이미 돌이킬 수 없는 처지에 이르러서야 비로소 일이 어떻게 돌아가는지 상황을 파악하기 십상이다."[11]

하나님나라의 파트너

세상이 이상하게 돌아간다 싶으면 마음속으로 이것저것 대안을 생각해본다. 창조주께서 다양한 원칙에 따라 우주를 움직이시리라는 건 얼마든지 짐작할 수 있는 일이다. 마음만 먹으면 하나님은 언제든지, 그것도 아주 적극적으로 인간사에 개입하실 수 있다. 이스라엘 백성들이 광야에서 생활할 때 몇 번 그렇게 하신 적이 있지만, 그렇게 효과적이었던 것 같지는 않다.

반면에, 이신론자들이 주장하듯 뒤로 물러나서 지켜보기만 하실 수도 있다. 시계를 만드는 장인처럼 제작 과정까지만 관여하고 그 뒤로는 알아서 돌아가게 내버려두는 식이다. 그렇다면 아무리 기도를 해봐야 소용이 없을 것이다.

그런데 하나님은 태초부터 인간을 파트너로 선택하시고 시종일관 창조 과정을 함께 진행시키셨다. 땅을 경작하고 짐승들을 관리하게 하신 뒤에는 동산 전체를 돌보는 책임까지 맡기셨다. 인류의 역사가 오늘에 이르는 동안 이런 형태는 변함없이 이어졌다. 주님은 흙과 씨앗, 비를 주시지만 인간이 땀 흘려 농사를 짓지 않는 한 곡식을 거둘 수 없다. 과학 기술을 발전시키는 데 필요한 물질이 땅속에 풍부하게 묻혀 있지만, 그걸 어떻게 활용할지 알아내는 건 인류의 몫이다. 하나님이 지상의 거처를 원하셨을 때도 마찬가지다. 장막이나 성전은 우주선처럼 하늘에서 내려온 게 아니었다. 수많은 예술가와 장인들이 애쓰고 노력해서 장막을 세우고 성전을 건립했다.

예수님은 하나님나라의 새로운 통치를 선포하시면서 "내 교회를 세우겠다"마 16:18, 새번역고 말씀하셨다. 하지만 그 말씀이 구체화되기까지는 2,000년이라는 세월이 걸렸다. 발전과 어처구니없는 퇴보를 수없이 되풀이하면서 느릿느릿, 들쑥날쑥 오늘날의 모습을 갖추었다. 하나님은 교회사의 몇몇 장면을 지켜보시면서 틀림없이 깊이 슬퍼하셨을 것이다. 하지만 그럼에도 믿을 만한 구석이 전혀 없기로 소문난 인류에게 하나님 나라의 사역을 맡겨 추진하셨다. 사도 바울은 눈부신 비유로 이런 파트너십을 설명한다. "머리가 발더러 내가 너를 쓸 데가 없다 하지 못하리라"고전 12:21.

어느 날, 예수님은 정말 분주한 하루를 보내셨다. 죽은 소녀를 살려내셨고, 병든 여인을 고쳐주셨고, 앞을 보지 못하는 두 사람을 회복시키셨으며, 말하지 못하는 이의 입을 열게 하셨다. 좀처럼 일이 끝날 기미가 보이지 않았다. 그런데도 군중은 점점 불어나고 있었다. 주님의 마음에 파도처럼 안타까움이 밀려들었다. "무리를 보시고 불쌍히 여기시니 이는 그들이 목자 없는 양과 같이 고생하며 기진함이라"마 9:36. 인간적인 도움을 요청하는 이들이 구름처럼 늘어선 걸 바라보시며 예수님은 "그러므로 추수하는 주인에게 청하여 추수할 일꾼들을 보내주소서 하라"마 9:38고 말씀하셨다. 이렇게 직접적으로 무엇을 위해 기도하라고 명령하시는 경우는 드문 일이었다.

그런데 그 기도의 내용이라는 게 참 요상하다. 사역자가 더 필요하시면 직접 뽑으면 그만 아닌가? 그게 마땅치 않으시면 직접 나서서 '추수하는 주인에게' 구하면 될 일 아닌가?

성경에서 이 대목은 그리스도께서 스스로의 역할에 관해 어떤 생각을 품고 계셨는지 확연하게 보여준다. 그렇다. 팔레스타인의 제한된 지역을 변화시키시는 작업을 계속하시면서도 예수님은 로마와 세계 모든 대륙에 하나님나라의 복음을 전해줄 파트너를 구하고 계셨다. 주님은 진즉부터 추수하는 주인께 일꾼을 보내달라고 밤새워 간구하셨으며 열두 제자를 열매로 얻으셨다. 그리고 아버지가 반드시 들어주시리라는 사실을 이미 알고 있기에, 그 열둘에게 더 많은 일꾼을 보내주시도록 기도하라고 명령하시는 것이다. 하나님은 제자들을 하나님나라의 파트너로 반갑게 맞아주신다.

19세기 후반, 윌리엄 캐리는 인도로 가서 '추수할 일꾼'이 되라는 부르심을 받았다. 주위의 목회자들은 한결같이 냉소적이었다. "여보게, 젊은 친구. 하나님이 인도의 이교도를 구원하실 작정이시라면 굳이 자네나 우리 같은 인간이 나서지 않더라도 당신께서 직접 하셨을 걸세."[12] 파트너십이라는 핵심 요소를 보지 못했기에 생긴 일이었다. 하나님은 이 세상에서 '자네나 우리 같은 인간'을 배제하고는 거의 아무런 일도 행하지 않으신다.

그리스도인은 세상에서 거룩한 사역을 감당하는 파트너로서 하나님의 뜻이 이뤄지기를 추구하는 동시에, 무슨 일이든 주님이 원하시면 기꺼이 헌신해야 한다. 예수님은 "나라가 임하시오며 뜻이 하늘에서 이루어진 것 같이 땅에서도 이루어지이다"마 6:10라고 기도하도록 가르치셨다. 이건 차분하고 온건한 분위기의 말씀이 아니라 명령조로 다그치는 쪽에 가깝다. "정의를 세워주세요! 세상이 똑바로 돌아가게 해주세요!" 하나님은 세상에 치유와 구원을 전달하는 사절로 일할 파트너들을 부르고 계신다.

하나님과 인간은 기도를 둘러싸고 서로 다른 역할을 감당한다. 주님이 욥에게 분명히 알려주셨던 것처럼, 인간은 거룩한 섭리와 보편적인 정의가 무엇인지 정확히 파악할 능력이 없으며 "왜?"라는 질문에 명쾌히 대답할 힘도 없다. 인간은 기도하고 실천하면서 하나님나라의 사역을 감당하고 예수님의 발자취를 따라가면 그뿐이다. 그럼 하나님은 세상에서 무슨 일을 하시는가? 여기에 대한 대답은 또 다른 질문으로 대신할 수 있다. 하나님의 백성들은 세상에서 어떤 역할을 감당하는가? 사도 바울의 표현을 빌리자면 그리스도인은 세상에 존재하는 그리스도의 지체다. 신약 성경은 '예수 안에서'라는 표현을 164번이나 사용하고 있다.[13] 그리스도인이 누군가를 돌본다면 곧 예수님이 보살피는 것이나 마찬가지다. 우리가 용서하면 그리스도가 용서한 것이다. 상처 입은 이들에게 사랑을 베푸는 건 주님이 손을 내미는 것과 같다.

더 나아가서, 우리가 기도하면 그리스도께서도 더불어 간구하신다. 바울은 "너희가 아들이므로 하나님이 그 아들의 영을 우리 마음 가운데 보내사 아빠 아버지라 부르게 하셨느니라"갈 4:6고 했다. 무엇을 구해야 할지 전혀 알 수 없을 때조차도 성령님은 우리를 위해 대신 기도하신다. "마음을 살피시는 이가 성령의 생각을 아시나니 이는 성령이 하나님의 뜻대로 성도를 위하여 간구하심이니라"롬 8:27.

지혜가 부족해 무슨 말씀을 드려야 할지 종잡을 수 없는 순간에도 성령님은 우리 안에 거하신다. 눈앞에 닥친 문제에 대한 하나님의 뜻이 무엇인지 우리는 모를지라도 그리스도의 영은 아신다. 탈진해서 손가락 하나 움직일 수 없고 머릿속이 온통 혼란스러울지라도 성령님은 그렇지 않으시다. 우리는 믿음이 부족해도 성령님은 다르시다. 하나님은 아주 가까이 계신다. 고래고래 목청을 높이지 않아도 다 들으신다. 그저 입만 달싹여도 무슨 소리를 하는지 전부 아신다.

복합적인 상호작용

개중에는 기도가 사람을 수동적으로 만들지 않겠느냐고 걱정하는 이들이 있다. 직접 움직이는 대신, 하나님의 치마폭에 몸을 숨기는 게 아니냐는 것이다. 하지만 예수님은 기도와 행동 사이에 전혀 모순이 없다고 보셨다. 기도하는 데 많은 시간을 투자하셨지만 그만큼 오랜 시간을 들여서 사람들의 필요를 채우셨다. 사도행전에 등장하는 초대교회들도 똑같은 양상을 보였다. 진정한 의미의 파트너십을 지켰던 것이다. 홀로 된 여인들을 돌보는 일에 지침을 달라고 간구하는 한편, 다른 교회 지도자들이 더 중요한 일에 전념할 수 있도록 집사들을 세웠다. 기도하지 않았더라면 구제사업 역시 뿌리를 내리지 못했을 것이다. 초대교회는 유대인들과 이방인들 사이의 문화적인 충돌을 놓고 함께 기도했을 뿐 아니라 공회를 개최해서 적극적으로 타협에 나섰다.

사도 바울도 그랬다. 초대교회에 편지를 쓰고 직접 찾아다녔을 뿐 아니라 쉬지 않고 간구했다. 사역과 기도를 똑같이 중요하게 생각했으며 어느 쪽에도 치우치지 않았다. 항해 도중에 풍랑을 만났을 때도 한결같은 태도를 취했다. 바울은 먼저 간절히 기도했으며 하나님이 거기에 응답하셔서 시시각각 닥쳐오는 침몰 위기에서 건져주실 것을 확실히 믿었다. 그리고 곧바로 승객과 선원 276명을 지휘해서 난국을 해결해나갔다.

사도행전에 실린 이야기들은 어디부터가 하나님의 역사고 무엇이 그리스도인의 사역인지 구분하기 어려운 일종의 복합 작용을 기록하고 있다. 바울이 빌립보교회에 주었던 모순적인 명령과 일맥상통하는 대목이다. "항상 복종하여 두렵고 떨림으로 너희 구원을 이루라 너희 안에서 행하시는 이는 하나님이시니 너희에게 소원을 두고 행하게 하시나니"빌 2:12-13.

기도하다 낙심할 때마다 하나님이 간섭해주시지 않는 것을 원망했었다. 어째서 간절한 부탁을 들어주시지 않을까? 그러나 기도가 파트너십, 즉 하나님과 인간이 미묘하게 상호작용하면서 거룩한 뜻을 이뤄가는 과정이라는 사실을 깨닫고부터 시각이 많이 달라졌다.[14] 주님의 요구 사항은 하나뿐이다. 기도하면서 그분을 더 드러내라는 것이다. 그리고 나로서는 그저 어렴풋하게 짐작할 뿐인, 나를 위해 세워두신 원대한 계획 속에 그 기도를 끼워 넣으신다.

《메시지The Message》를 쓴 유진 피터슨은 그 미묘한 속성을 그리스어 문법에서 능동태와 수동태 사이의 어법인 '중간태' 개념으로 설명했다.

그리스어 문법책에는 중간태가 '행위의 결과에 참여하는 주체들을 묘사하는 동사 용법을 말한다'고 적혀 있다. 지금 그것을 읽고 있는데, 마치 기도를 설명하는 문서를 보는 느낌이다. '행위의 결과에 참여하는 주체들'이란 표현은 기도에 딱 들어맞는다. 나는 상대의 행위를 통제하지 않는다. 주문이나 의식으로 신을 움직이게 한다는 건 이교도의 기도 관념이다. 상대의 행위에 통제받지도 않는다. 온갖 신들의 비인격적이고 운명론적인 의지에 수동적으로 끌려가는 건 힌두교적인 기도 개념이다. 나는 세상을 지으시고 인류를 구원하신 분이 시작한 행위에 가담하며, 스스로 인식하지 못하는 사이에 그 결과에 참여한다. 행위를 하지도, 행위에 지배받지도 않았지만, 주님이 뜻하신 행위에 동참하게 되는 것이다.[15]

우리 교회 목사님이 들려준 이야기가 생각난다. 하루는 뒤뜰에 돌계단을 만드느라 하루 종일 땀을 흘려가며 일하고 있었단다. 돌멩이 하나만 해도 무게가 40-80킬로그램이나 나가서 얼마 지나지 않아 기진맥진 지쳐버리고 말았다. 암석을 제자리에 가져다놓느라 몇 가지 장비를 요령 있게 사용하는 일도 무척 신경이 쓰였다. 곁에 있던 다섯 살짜리 딸아이는 자기도 돕게 해달라고 떼를 썼다. 아빠가 힘을 낼 수 있도록 노래를 불러달라고 했지만 그건 싫다고 했다. 직접 돕고 싶다는 것이다. 하도 졸라대는 바람에, 돌을 옮길 때 손을 올려놓고 살살 밀게 시켰다. 물론 위험하지 않겠다 싶은 때에 한해서였다.

솔직히 말하자면, 딸아이의 도움은 오히려 일을 더 복잡하게 만들었다. 아이의 '도움'이 없었더라면 계단 공사는 훨씬 빨리 끝났을 것이다. 그렇지만 일이 마무리될 때쯤, 아버지는 새로 만든 계단은 물론, 자부심과 성취감으로 뿌듯해하는 딸아이까지 한꺼번에 얻을 수 있었다. 저녁 식사 시간에 딸아이가 자랑스럽게 말했다. "나랑 아빠랑 둘이서 계단을 만들었어요." 마치 기다렸다는 듯 가장 먼저 맞장구를 친 건 바로 아버지였다.

프란치스코회 수도사들의 축복기도

하나님께서 편한 길과 반쪽짜리 진리,
피상적인 관계를 불편하게 여기는 심령을 주셔서,
마음 속 깊이 침잠하는 삶을 살게 하시길 빕니다.

하나님께서 불의와 핍박, 인간에 대한 착취에
분노할 줄 아는 심령을 주셔서,
정의와 자유, 평화를 위해 일하게 하시길 빕니다.

하나님께서 아픔과 거절,
굶주림과 전쟁으로 고난당하는 이들을 위해
눈물 흘릴 줄 아는 심령을 주셔서,
기꺼이 손을 내밀어 세상의 고통을 어루만지며
괴로움을 기쁨으로 바꿀 수 있게 되기를 빕니다.

아울러 하나님께서 어리석음의 복을 주셔서
스스로 세상을 바꿀 수 있다고 믿게 하시길 빕니다.

그리하여 다들 할 수 없다고 생각하는 일들을 행함으로써

모든 아이들과 가난한 이들에게 정의와 사랑을

가져다줄 수 있기를 기도합니다. 아멘.[16]

정의의 파트너

게리

대학을 졸업하자마자 남아프리카공화국으로 가서 데스몬드 투투 주교를 도와서 인종 분리 정책과 싸웠다. 변호사로서 르완다 내전 당시 자행된 종족 말살 행위와 미국에서 벌어지는 경찰력 남용 사례를 조사하기도 했다. 그러다 보니 차츰 그리스도인이라면 정의를 실현하는 데 앞장서야 한다는 믿음을 갖게 되었다. 결국 몇 가지 불의한 문제를 거룩한 진리의 빛을 비추기 위해 노력하는(물론 법적 압력을 가하고 강력한 정책을 추진하게 하는 일도 한다) 국제정의선교회를 설립했다. 현재 세계 12개국에서 인신매매, 노예 제도, 불법 감금, 고문 따위의 불의한 행위를 감시하는 한편, 남편을 잃은 여자들이나 고아들을 돕는 사업을 펼치고 있다.

공의를 추구하는 일은 하나님의 사역으로, 정의를 추구할 때마다 거룩한 손길이 항상 함께하신다. 단체를 창설할 당시부터 이 진리를 늘 기억하기 위해 무진 애를 썼다. 그렇지 않으면 악한 기운에 지레 질려버릴 확률이 높았다. 무엇보다도 두려웠던 건 '기도 없는 열심'에 빠질 수 있다는 점이었다. 그래서 전 직원에게 매일 30분씩 침묵의 시간을 주고 묵상하며 기도하기를 권유했다. 모든 업무가 중지되고 서로 이야기를 나누지도 못하게 했다. 다들 자기 자리에 앉아서 기도했다. 아울러 날마다 오전 11시가 되면 다 같이 모여서 30분 동안 당면 현안과 서로를 위해 간구했다. 그때가 하루 중에 가장 뜻깊은 시간이라는 이야기를 직원들에게서 종종 듣는다.

또 5,000명이 넘는 후원자가 우리 사역에 공감하고 기도로 돕고 있다. 일 년에 한 번은 이런 후원자를 모두 초대해서 집회를 열고 진행 상황을 보고하는 한편 함께 기도하는 시간을 갖는다. 간혹, 기도 후원자가 5,000 명이 아니라 5만 명이라면 사역이 어떻게 달라졌겠느냐는 질문을 받는다. 모를 일이다. 다만, 하나님은 온 세상에 정의가 실현되는 일에 관심이 많으시고, 더 많은 이들이 불의를 제거하는 데 동참하기를 기대하시며, 성경은 시종일관 기도만이 하나님을 움직일 수 있다고 가르친다는 사실이다. 아울러 더 많은 이들이 여기에 참여할수록 더 많은 하나님나라의 파트너들이 이 땅에서 활동하게 될 것이다.

기도하면서 줄곧 거룩한 뜻을 구한다. "주님, 태국에서 노예로 살아가는 어린아이들을 사랑하시는 줄 믿습니다." 기적적으로 기도에 응답해주신 사례는 이루 헤아릴 수조차 없다. 예를 들자면, 희생자들이 하나님께 도와달라고 간청하자마자 우리 변호사나 사회복지 담당자가 나타나는 식이다.

때로는 시험에 직면하기도 한다. 오늘 아침에도 아직 동남아 국가에 수감 중인 9명의 여성이 석방되도록 기도했다. 아홉 달 전쯤, 치밀한 작전에 따라 홍등가를 습격해서 성 노예로 살아가던 여성 90명을 구출했었다. 얼마나 기뻤는지 모른다. 그런데 상당수가 다른 나라에서 인신매매되어 온 여성이라 신분을 증명해줄 만한 자료가 없었다. 마지못해 습격 작전에 협력했던 해당국 정부는 불법체류자라는 이유로 그런 여성들을 감옥에 가둬버렸다. 그렇게 갇혀 있는 여성들을 석방시켜서 고향으로 돌려보내려는 노력이 벌써 여러 달째 계속되고 있다. 완전 석방이 이뤄지는 날까지 오늘도, 내일도, 그 다음날도 기도를 멈추지 않을 작정이다. 아울러 목적을 달성하기 위해 열심히 뛰고 또 뛸 것이다.

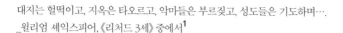

대지는 헐떡이고, 지옥은 타오르고, 악마들은 부르짖고, 성도들은 기도하며….
_윌리엄 셰익스피어,《리처드 3세》중에서[1]

기도하면 뭐가 달라질까

러시아 혁명 직후, 블라디미르 레닌은 이렇게 장담했다. "앞으로는 전기가 하나님을 대신하게 될 것이다. 당연히 농민들도 전기에게 기도해야 한다. 그때마다 하늘에서 보내오는 응답 따위와는 상대가 안 될 만큼 신속한 효과가 나타날 게 틀림없다."[2] 몇 해 뒤, 레닌의 후계자를 자처하던 스탈린은 미국의 루즈벨트 대통령이 대유럽 정책과 관련해서 교황에게 자문을 구했다는 소식을 듣고 비아냥댔다. "교황이라고? 그 양반이 보유한 병력이 얼마나 되지?"[3]

기도는 정말 현실 세계에 구체적인 영향을 미치는가? 아니면 그저 하나님과 나누는 사적인 대화에 불과한가? 이것은 수사적인 표현이 아니라 정말 심각한 질문이다. 러시아의 어느 대성당에 간 적이 있다. 소비에트 시절 당국에 징발당한 이래 무려 50년 동안이나 무신론 박물관으로 쓰인 건물이었다. 당시 러시아의 목회자와 그리스도인들은 예배당을 지

커달라고 간절히 기도했지만 레닌 일파는 98퍼센트의 교회를 폐쇄해버렸다. 히틀러는 600만 명에 이르는 유대인과 수백만 그리스도인을 처형했다. 구원해주시길 애타게 호소하던 희생자들의 간구는 화덕 속에서 육신과 더불어 한 줌 재로 사라져버렸다.

인류 역사 전체에 걸쳐서, 하나님의 발자취를 따라가려는 노력은 언제나 실패하고 말았다. 나폴레옹이 러시아에 몰고 온 파괴적인 재난에 대해 톨스토이는 어떠한 신학적 해석도 내놓지 못했다. 유럽에 거주하는 유대인들이 간절히 기도한 결과 이스라엘이라는 독립 국가가 선포되었지만, 한편에선 팔레스타인의 그리스도인들이 집을 잃고 정든 고향에서 쫓겨났다. 유럽 일대를 독일군이 장악할 무렵 궁지에 몰린 연합군을 작은 고깃배들이 구출한 '케르크의 기적'은 기도 응답인가? 그럼 히로시마는?

그리스도인들은 좀처럼 이런 의혹을 씻어내지 못하고 풀리지 않는 의문에 고개를 내저을 뿐이다. 하나님이 바벨론이나 아시리아 같은 이방 나라들을 들어 쓰시는 까닭을 도무지 납득할 수 없었던 구약 시대 예언자들과 마찬가지다. 전문가들의 연구에 따르면, 유럽인들의 신앙이 오늘날처럼 바닥까지 떨어지게 된 데는 두 차례 세계대전을 치르며 마음에 스며든 절망감이 크게 작용했다고 한다. 어떻게 기독교가 지배적인 유럽에서 그처럼 참혹한 전쟁이 벌어질 수 있단 말인가?

이른바 신실하다는 그리스도인들조차 테러와의 전쟁, 핵 확산, 환경 재앙 따위의 현실 문제에 대해서는 깊이 기도하지 않는 듯하다. 리처드 마우는 이와 관련해서 재미있는 이야기를 들려준다. 한 관광객이 예루살렘에 갔다가 서벽, 이른바 통곡의 벽에 서서 기도하는 경건한 어느 유대인의 모습을 보았다. 눈을 꼭 감은 채 앞뒤로 몸을 흔들어가며 뭔가를 간구하고 있었다. 가끔 가슴을 치기도 하고 손을 높이 쳐들기도 했다. 기도를 끝낸 유대인을 붙잡고 관광객이 물었다. "무슨 기도를 그렇게 열심히 하셨습니까?"

"착하게 살도록 도와주시길 기도했어요. 식구들의 건강을 위해서도 구했고요. 그리고 세계 평화, 그중에서도 특히 예루살렘의 평화를 위해 간구했습니다."

"그렇게 기도하면 뭐가 좀 달라집니까?"

"글쎄요, 벽에다 대고 소리치는 것뿐이죠."[4]

가장 강력한 무기

2004년 선거에서 조지 부시가 재선에 성공한 직후, 〈타임〉 지는 미국에서 가장 영향력 있는 복음주의자 25명에 관한 기사를 커버스토리로 올렸다. 편집진은 다양한 방법을 동원해가며 표심을 좌우하는 이 새로운 집단을 분석했다. 대통령 역시 이들이 전략적으로 얼마나 중요한 존재인지 분명히 인식하고 있었으므로, 백악관 측에서 전화를 거는 형식으로 매주 화상회의를 열었다. 〈타임〉 지 기사는 백악관과 얼마나 가까이 지내느냐를 토대로 복음주의자들의 영향력을 평가한 게 아닌가 싶다. 화상회의 초청자 명단에 들어 있는지, 오찬에는 초대를 받았는지를 기준 삼아 등급을 매긴 것이다.

잡지가 꼽은 인물들을 잘 안다. 그리고 권력의 유혹이라는 게 뭔지도 잘 알고 있다. 백악관 회의에 다녀와서 브리핑 자료와 기념품을 척 꺼내 놓는 게 어떤 건지, 스스로 거물이 된 듯한 뿌듯한 느낌이 어떤 건지, 골방에 들어가서 기도하면서 예수님의 세계관을 다시 회복한다는 게 뭘 의미하는지 잘 안다. 하지만 그리스도는 로마 궁정에 초대받아 가신 일이 전혀 없다. 권좌에 앉으신 적도 없다. 딱 한번 지방 장관의 관저에 불려갔지만 손은 뒤로 묶이고 온몸이 밧줄에 포박된 채로였다. 더할 나위 없이 초라하고 무기력한 모습임에도 주님은 새로운 왕국을 예언하셨다. 그 왕국은 당시 최강의 국력을 자랑하던 강대국을 누르고 세계로 뻗어 나갈 뿐 아니라, 돌과 시멘트로 세운 어떤 나라들보다 오래(사실은 영원히) 살아남을 것이라고 하셨다.

기도할 때, 특히 권력의 끄트머리라도 만지고 난 뒤에는 반드시 기억해야 할 일이 있다. 하나님나라는 미국에 정치적으로 종속된 국가가 아니며, 단순히 정치가들의 표밭이라든지 국제 교류를 뜻하는 것도 아니다. 고아를 돌본다든지 빈민촌에 우물을 파주는 프로젝트를 수행하기 위해 조직된 고상하고도 윤리적인 국제기구 수준에 그치지 않는다. 하나님의 통치는 인간이 여태까지 세운 모든 기구와 인류 역사 전체를 포괄한다. 헬무트 틸리케는 단호한 어조로 말한다. "결코 식지 않는 사랑을 가진 이들이 기도를 통해 마치 아틀라스의 두 팔처럼 떠받치고 있는 덕분에 지구는 스스로 돌아간다. 세상은 그렇게 높이 쳐든 손들에 기대어 유지될 뿐, 나머지는 아무것도 아니다!"[5] 이것은 별천지에 사는 수도사의 얘기가 아니다. 히틀러 우상화가 극단을 향해 치닫던 제3제국 치하에서, 연합군이 슈투트가르트에 퍼붓는 폭탄 세례를 견뎌가며 토해낸 신앙 고백이다.

미얀마(버마)나 중국처럼 교회 지도자들을 높은 자리에 앉히기는커녕 감옥에 집어넣는 나라들을 여행할 기회가 있었다. 핍박이 얼마나 심한지에 관해서는 이미 끔찍한 소문을 많이 듣고 있었다. 담요 한 장 없이 차가운 감방에서 수십 년을 지낸다든지, 죽도록 얻어맞거나 지독한 고문을 당했다는 이야기였다. 중국에서 만난 어느 목회자는 무려 20년 동안이나 징역을 살았다고 했다. 그렇게 가혹한 처벌을 받았음에도 여전히 한 해에 수백 명씩 새신자를 강가로 데려가서 주님께 삶을 드리는 기도를 드리게 한다. 세례를 베풀거나 받는 행위만으로도 체포되어 수감될 수 있다는 사실을 누구나 알지만 아무도 개의치 않는다. "바깥 세계의 그리스도인들이 무엇을 도와드리면 좋겠습니까?"라고 물을 때마다 목회자의 답변은 한결같았다. "기도해주세요. 어느 교회를 가든지 우리를 위해 기도해달라고 부탁해주세요."

똑같은 대답을 몇 차례 듣다 보니 좀 답답한 생각이 들었다. "그래요. 당연히 그렇게 하죠. 하지만 솔직히 말해서 어떻게든 목사님을 도와드리고 싶어요. 기도 말고 특별히 필요한 건 없으세요?" 하지만 그날 대화에서 배운 게 있다. 세상 권력에 연연해하지 않는 그리스도인일수록 기도를 통해서 더 위대한 권세에 다가설 수 있다는 사실을 진정으로 신뢰한다는 점이다. 실제로 핍박받는 그리스도인들은 기도가 보이지 않는 세력에 대항하는 가장 강력한 무기라고 생각한다. "우리의 씨름은 혈과 육을 상대하는 것이 아니요. 통치자들과 권세들과 이 어둠의 세상 주관자들과 하늘에 있는 악의 영들을 상대함이라"엡 6:12고 한 사도 바울의 가르침을 믿어 의심치 않는다.

다니엘은 기도 응답을 받지 못하자 3주 동안이나 금식하고 기도하면서 하나님의 침묵으로 인해 혼란스러워진 영성을 재정비했다. 마침내 번 갯불처럼 눈부시게 빛나는 모습을 한 주님의 사자가 나타나 응답이 지 체된 사연을 설명했다. "페르시아 왕국의 천사장이 스무하루 동안 내 앞 을 막았다. 내가 페르시아에 홀로 남아 있었으므로, 천사장 가운데 하나 인 미가엘이 나를 도와주었다"단 10:13, 새번역. 다니엘이 보기에는 하나님이 기도에 응답하지 않으신 수많은 사례 가운데 하나에 지나지 않았다. 그 러나 영적인 세계에서는 인간의 눈에 보이지 않는 방식으로 은밀한 전 투가 불을 뿜고 있었던 것이다.

현대 사상가들은 "어째서 불행한 일들이 벌어지는가?"라는 질문에 집 착하지만, 성경은 그 문제를 체계적으로 다루지 않는 편이다. 성경 기자 들은 나쁜 일이 일어나는 원인을 이미 알고 있었기 때문이다. 어차피 우 리는 하나님의 뜻을 차단하고 왜곡하려는 세력들이 지배하고 있는 세상 에 살고 있지 않은가? 신약 성경은 공개적으로 사탄을 가리켜 '이 세상 의 신'고후 4:4이며 '공중의 권세를 잡은 통치자, 곧 지금 불순종의 자식들 가운데서 작용하는 영'엡 2:2, 새번역이라고 했다.[6] 불행한 일들이 벌어지는 건 지극히 자연스러운 노릇이다. 악이 지배하는 세상에서 기대할 게 무 엇이겠는가? 폭력과 기만, 질병과 하나님의 통치에 대적하는 온갖 행태 가 난무할 뿐이다.

그것 말고는 악한 세력에 대항해서 보이는 세계와 보이지 않는 세계 를 통합할 방법이 없기에 우리는 기도한다. 상황이 어떠하든 자신이 속 한 세상을 하나님께 그대로 보여드리고 악한 권세와 맞서 싸울 수 있도 록 무장시켜주시길 구하는 것이다. 다니엘처럼 핍박을 받고 있는 교회들 은 적대적인 정부와 폭력적인 탄압이라는 형태의 악한 세력과 싸우는 중이다. 유럽 교회는 냉소와 냉담이라는 세력에 맞서고 있다. 미국 교회는 권력과 부, 정치적인 영향력에 의지하려는 유혹과 씨름 중이다. 개발도상국 교회는 질병과 가난, 부패한 정치라는 적과 투쟁하고 있다.

칼 바르트는 "기도하기 위해 두 손을 모으는 행위야말로 무질서한 세상을 바로잡기 위해 일어서는 출발점"이라고 썼다.[7] 다니엘이 들었다면 백 번 공감했을 얘기다. 하루에 세 번씩 손을 모으고 기도함으로써 다니엘은 왕 외의 존재에게 기도하는 걸 불법으로 규정한 독재 정권에 맞서 일종의 시민 불복종 운동을 벌인 셈이다. 그러나 당국에 체포되어 사자 우리에 던져진 뒤에 벌어진 일련의 사건을 보면 누가 진정한 권세자인지 선명히 드러난다.

봉기의 현장

기도가 봉기를 일으키는 장면은 우리 시대에도 어렵잖게 목격된다. 1980년 무렵, 라즐로 토케스라는 헝가리 출신 목사가 차별받고 있는 동족을 보살피겠다는 포부를 품고 루마니아의 조그만 개신교 교회에 부임했다. 전임자는 대놓고 공산주의 정부를 지지하는 인물이었다. 예배 가운에 붉은 별을 붙일 정도였으니, 더 말해 무엇하겠는가. 그에 반해 토케스 목사는 불의를 맹렬히 비난하는 한편, 정부가 추진하는 갖가지 정책에 적극적으로 저항했다. 얼마 지나지 않아 주일마다 예배당에 교인들이 꽉꽉 들어차기 시작했다. 신자들과 반체제 인사들이 한자리에 모여 예배를 드렸다. 루마니아인도 있었고 헝가리인도 있었다. 부임 당시 40명에 불과하던 교인 수가 무려 5,000명으로 늘었다.

용감한 신임 목회자는 정보 요원들에게도 관심의 대상이었다. 그들은 여러 차례 폭력을 행사하며 겁을 주려 했다. 어느 날 저녁, 마침내 토케스 목사를 끌어내겠다며 경찰관들이 몰려왔다. 소문은 입에서 입으로 삽시간에 퍼져나갔다. 침례교인, 러시아정교도, 개신교 교인, 가톨릭 신자 할 것 없이 수백 명의 그리스도인이 달려와서 사택을 에워싼 채 인간 보호벽을 만들었다. 밤낮으로 촛불을 들고 찬양을 불러가며 한 곳에 서 있었다.

그렇게 며칠이 지났다. 경찰은 방어선을 무너뜨리고 토케스 목사를 체포하러 들어갔다. 시위대는 조금도 동요하지 않았다. 이리저리 흩어져서 도망가기는커녕 시내에 있는 경찰서를 향해 행진을 시작했다. 떠들썩한 행렬이 길을 따라 지나가는 동안 점점 더 많은 시민이 합류했다. 중앙 광장에 이르렀을 쯤에는 군중의 숫자가 20만 명을 헤아렸다. 지역 주민 전체가 모였다 해도 과언이 아니었다. 정부는 군 병력을 동원해서 시위를 진압하려 들었다. 그날 군인들의 발포로 100여 명이 사망하고 수많은 이들이 부상하는 유혈 사태가 벌어졌다. 그럼에도 군중은 해산하기를 거부하고 자리를 지켰다.

시위 군중의 분노를 가라앉히고 전면적인 폭동으로 발전하는 걸 막기 위해서 토케스 목사가 연단에 섰다. 연설은 짧고 굵은 한마디로 시작했다. "기도합시다." 수많은 인파가 일사불란하게 움직였다. 농부, 교사, 학생, 의사, 그 밖에 갖가지 직업과 배경을 가진 이들이 일제히 무릎을 꿇고 주님이 가르쳐주신 기도를 드리기 시작했다. 시민들의 단합된 불복종 행동이었다. 며칠 지나지 않아서 저항의 불길은 수도 부다페스트까지 옮겨붙었다. 그리고 얼마 뒤, 루마니아를 철권으로 통치하던 공산 정부는 와해되고 말았다.

공산당이 지배하던 암담한 시절, 폴란드인들은 우스갯소리로 눈앞의 정치적인 위기를 해결하는 해법이 두 가지 있는데 하나는 현실적인 방안이고 다른 하나는 기적적인 방법이라고들 했다. 쳉스토호바의 검은 성모가 하늘에서 강림해 소련 놈들을 겁주어 쫓아내는 게 현실적인 방안이고, 러시아인들이 스스로 보따리를 꾸려 자기 나라로 돌아가는 게 기적적인 방법이라고 했다. 그런데 바로 그 기적이 일어났다. 아무도 예상하지 못한 일이었다.

교황의 병력이 얼마나 되느냐고? 실제로 보니 그야말로 '대군'이었다. 거리로 쏟아져나온 수백만 폴란드인은 고국을 방문한 교황 요한 바오로 2세를 열렬히 환영했다. 공산당 지도자들 따위는 안중에도 없다는 듯한 목소리로 하나님을 돌려달라고 외쳤다. "우리는 하나님을 원한다! 우리는 하나님을 원한다!"[8] 군중의 외침은 장장 13분 동안이나 이어졌다. 역사가들은 폴란드 자유 노조와 저항 운동의 기원을 바로 이 순간에서 찾는다.

1953년, 동독 라이프치히에서 공산당 정권에 대항해 일어났던 무장봉기는 정부군의 힘에 밀려 허망하게 진압되었다. 그로부터 40년 가까운 세월이 흐르는 동안 물리적인 힘으로는 철의 장막 뒤편 세계를 조금도 바꿔놓을 수 없었다. 그러던 1989년, 어느 성당에서 열린 그리스도인 모임에서 촛불 기도 행진이 시작되었다. 바흐가 오르간을 연주한 것으로 유명한 교회였다. 1만, 3만, 5만… 날이 갈수록 더 많은 라이프치히 시민들이 행진에 참가했으며, 베를린에 이르자 군중은 50만 명으로 불어났다. 마침내 숙명의 날 밤, 철의 장막을 대표하는 상징물이던 베를린 장벽은 인간의 물리력과는 전혀 다른 차원의 권능에 밀려 무너져내렸고 산산이 흩어졌다.

이사야 예언자는 메시아가 오시면 "그의 입의 막대기로 세상을 치며 그의 입술의 기운으로 악인을 죽일 것"사 11:4이라고 예언했다. 입, 입술, 기운 등의 명사들이 치다, 죽이다 따위의 격렬한 동사와 짝을 이루고 있는 건 참으로 역설적인 것 같다. 그럴 때마다 동유럽 국가의 시민들이 바람막이 컵에 담긴 작은 촛불을 들고 찬송을 부르면서, 옥상에서 대기중인 저격수들의 예리한 시선을 뚫고 포석이 깔린 거리를 행진하는 장면을 그려본다.

라이프치히나 부다페스트 같은 도시의 박물관들을 생각한다. 지난날 온 국민을 공포에 떨게 만들었던 취조실이 이제는 관광객들의 사랑을 받는 구경거리가 되지 않았는가? 몹시 추운 겨울날 모스크바의 어느 공원에서 조깅을 하다 마주쳤던 레닌과 스탈린, 마르크스의 거대한 동상들을 떠올리기도 한다. 한때는 신처럼 떠받들어졌지만 지금은 외진 공터에 흉물로 버려졌을 뿐이다.

분노를 누그러뜨리다

기도가 정말로 세상사의 흐름을 바꿔놓을 수 있을까? 무대를 남아프리카공화국으로 옮겨보자. 1990년대에 들어서면서 남아공에서 인종차별주의 정권이 물러나야 한다는 국제적인 공감대가 형성됐지만, 그러자면 대규모 유혈 사태를 피할 수 없다는 게 대다수 전문가의 견해였다. 바로 그 현장에 레이 맥콜리가 있었다. 그는 파란만장한 인생을 산 오순절 교회 목회자로, 한창때는 미스터 유니버스 대회에 출전해 아널드 슈워제네거와 경쟁했을 만큼 당당한 체구를 가진 인물이었다. 흑인 지도자로 새롭게 부상하고 있던 넬슨 만델라와 데스몬드 투투 주교는 그에게 손을 내밀었다. 당시 레이는 일주일에 한 번씩 텔레비전 방송에 출연해서 여론에 적지 않은 영향을 미치고 있었다.

어느 날, 만델라에게서 도와달라는 전화가 왔다. 흑인 거주 구역인 타운십에서 흑인 45명이 살해되는 사건이 벌어졌다고 했다. 레이는 투투 주교와 함께 유족들을 일일이 찾아다니며 위로했으며, 일주일 뒤에 열린 장례식에도 참석했다. 식장이 마련된 공설 운동장에는 1만 5,000명이 들어차서 발 디딜 틈조차 없었다. 장례 예배가 진행되는 동안, 격렬한 분노의 전류가 군중을 타고 흘렀다. 누군가가 연단으로 뛰어오르더니 복수를 외쳤다. 레이는 조금 불안해졌다. 성난 민중들 사이에서 백인이라곤 혼자뿐이었다. 투투 주교가 그를 돌아보며 말했다. "걱정 마세요. 시위대가 다치지 않게 해야겠어요." 다음은 레이가 기억하는 당시의 상황이다.

평생 다시 못 볼 감동적인 장면을 목격했어요. 데스몬드 투투 주교는 1만 5,000명이나 되는 군중 앞에 나서더니 조용히 해달라는 신호를 보냈어요. 그리곤 특유의 읊조리듯 강렬한 목소리로 말하기 시작했습니다.

"저는 하나님이 기름 부으신 여러분들의 주교입니다."

"맞습니다! 저희에게 가르침을 주세요!"

"노벨 평화상을 받은 적도 있습니다. 아시죠?"

"알고말고요! 맞아요, 맞아! 아멘!"

"하지만 아직도 저쪽에는 경찰견들이 으르렁거리고 있군요. 보이세요? 현정부는 제 존재를 용납할 수 없는 모양입니다. 이제 남아프리카공화국에서 저 개가 할 일이 없게 만듭시다!"

군중들은 환호했습니다. 고함을 지르고 발을 구르며 손수건을 흔들어댔어요. 투투 주교는 잠깐 뜸을 들였습니다. 대중을 한 손에 쥐고 흔드는 힘이 느껴지더군요. 이윽고 정말 놀라운 일이 일어났습니다. 하나님이 들어 쓰시는 이 위대한 일꾼은 30분 동안 오직 말이라는 도구만으로 성난 무리를 진정시키고 일촉즉발의 상황을 평화롭게 바꿔놓은 다음 기도로 마무리 지었습니다. 피를 보겠다는 각오로 몰려들었던 1만 5,000명의 시위대는 아무 충돌 없이 집으로 돌아갔습니다.

몇 달 뒤, 투투 주교와 맥콜리는 더 많은 무리 앞에 섰다. 이번에는 10만 명이 넘었다. 어느 흑인 거주 지역인 홈랜드를 향해 행진을 벌이던 흑인들이 총격을 당한 사건 직후였다. 자치 지구 행정 책임자는 무장 병력에 서슴없이 발포 명령을 내렸으며 결국 28명이 사망하고 200여 명이 부상하는 사태가 벌어졌다. 양측이 대치하고 있는 경계선에 어마어마한 군중이 몰려들었다. 투투 주교를 비롯한 교회 지도자들은 최악의 상황으로 치닫는 걸 막기 위해 다시 현장으로 달려갔다.

"언제쯤에나 이런 비극이 모두 끝나겠습니까?" 주교가 군중에게 외쳤다. "우리는 언제 폭발할지 모르는 나라에 살고 있습니다. 백성들의 눈에서 눈물을 씻어내는 일을 멈춰서는 안 됩니다." 뒤편에선 장갑차가 이미 도로를 차단했고, 병사들의 총구는 시위대를 직접 겨냥하고 있었다.

설교자로는 누구 못지않은 명성을 떨치고 있었지만 정치적으로는 초보자에 불과했던 레이는 그제야 팽팽한 긴장이 흐르는 극적인 상황의 한복판에 들어와 있다는 사실을 깨달았다. 막 새로운 국가가 탄생하려 하고 있었다. "어떻게 해야 좋을지 모르겠어요"라고 말하자 주교가 대답했다. "나는 시위대가 다치지 않게 해야겠어요." 그리곤 짧게 덧붙였다. "레이 목사님은 저쪽으로 가서 군인들을 진정시키는 게 좋겠어요."

그래서 병사들에게 다가갔어요. 앳돼 보이는 아이들이 신경을 바짝 곤두세운 채 기관총을 단단히 움켜잡고 탱크 뒤에 몸을 숨기고 있었어요. 성난 목소리로 구호를 외쳐대는 흑인 10만여 명과 대치하고 있으니 얼마나 겁이 났겠어요. 모르긴 해도, 거기 있던 백인 청년들은 대부분 열심히 교회에 다니는 칼뱅주의자들이었을 거예요. 다 같이 기도하자고 했더니 병사들이 일제히 모자와 헬멧을 벗고 고개를 숙이더군요. 모든 걸 기도에 쏟아부었습니다. 내가 가진 게 뭐 있나요, 그저 말뿐이지. 하루 종일 대치 상태가 계속됐어요. 교회 지도자들도 내내 현장을 떠나지 않았어요. 저는 분명히 믿습니다. 양쪽 사람들과 더불어 드렸던 기도가 대대적인 폭력 사태로 비화될 뻔했던 상황을 가라앉히는 데 큰 도움이 됐을 겁니다.

그로부터 두 해 뒤, 맥콜리는 줄루족 추장을 만나고 있었다. 남아프리카공화국의 정권 교체가 코앞에 다가온 시점이었다. 넬슨 만델라는 분노와 배신감에 치를 떨고 있었다. 백인 정부가 그동안 협상을 진행하면서 다른 한편으로는 줄루족 전사들에게 은밀히 돈을 쥐어주고 흑인들 거주지에서 살인을 저지르도록 사주했다는 사실이 알려졌기 때문이다. (흑인들 사이에 분열을 조장하려는 음모였다.) 그럼에도 줄루족 추장은 최초의 흑백 공명 선거를 거부하겠다는 입장을 보이고 있었다. 새로 태어날 정부의 정통성에 흠집을 내겠다는 속셈이 분명했다. 나라의 장래가 몹시 불안정했다. 언제 깨질지 모를 만큼 허약한 정권 이양 계획을 지켜내기 위해서 수없이 많은 사절과 외교관이 동분서주하며 각 진영을 오갔다. 자발적인 기도 모임이 전국에서 속속 구성됐으며 완강하게 버티는 백인 지도자들과 테러리스트 집단들 사이에서 만델라가 타협을 이끌어내는 기적을 베풀어달라고 하나님께 간구했다.

선거를 불과 12일 앞두고 맥콜리는 투투 주교와 더불어 전세기에 올라탔다. 두 목회자는 줄루족 추장과 여섯 시간을 함께 보냈다. 레이는 당시 상황을 이렇게 전한다. "추장은 표범 가죽이 덮인 일종의 이동식 왕좌에 앉아 있었어요. 주변에는 창을 든 전사들이 지키고 있었죠. 지금 생각해도 어떻게 그런 일을 해낼 수 있었는지 모르겠어요. 성령님의 임재를 강하게 느꼈습니다. 내가 말했어요. '추장님, 당신은 위대한 왕입니다. 그럴지라도 만왕의 왕 앞에서는 마땅히 무릎을 꿇어야 합니다.' 추장은 잠시 망설이더니 왕좌에서 내려와서 무릎을 꿇었습니다. 첫 날은 평화를 위해 기도했습니다. 그리고 다음날은 당면한 과제들을 위해 간구했죠. 폭력 사태를 막아주시고 단결하게 해달라고 간청했습니다. 하나님나라를 구했습니다."

회담이 끝나자, 추장은 줄루족 전사들에게 싸움을 멈추고 자숙하며 평화를 지키라고 명령했다. 선거는 예정대로 진행되었다. 더 이상 폭력 사태는 없었다. 레이는 말한다. "다시는 기도의 능력을 의심하지 않을 겁니다. 각 진영에서는 저마다 주님이 자기들 편이라고 믿었습니다. 하지만 심각한 위기 상황이 닥치자 모두들 기꺼이 무릎을 꿇었습니다. 그리고 각자 섬기는 하나님 앞에 굴복했습니다."[9]

안정 각도

정권 교체가 이뤄진 뒤에도 데스몬드 투투 주교의 일은 끝나지 않았다. 오히려 시작에 가까웠다. 남아프리카공화국 '진실과 화해 위원회' 위원장으로서 청문회를 주관하는 까다롭고 고된 일을 맡았기 때문이다. 끔찍한 이야기가 한없이 쏟아져 나왔다. 죽을 만큼 두들겨 맞고, 전기고문을 받고, 임신 상태에서 성폭행을 당하고, 불타는 타이어를 강제로 목에 걸쳐야 했다는 소름끼치는 증언을 청취했다. 지옥에서나 있을 법한 만행이 조국에서 버젓이 벌어졌다는 이야기를 2년 가까이, 그것도 날마다 들어야 했다. 청문회가 한창이던 어느 날, 기자가 찾아와서 물었다. "주교님은 왜 기도를 하십니까?"

아침을 잘못 시작하면 하루가 비뚤어집니다. 조금 일찍 일어나서 성경을 깊이 묵상하며 하나님의 임재 안에 조용히 머무는 시간을 갖는 게 나를 지탱하는 힘이라는 걸 깨달았습니다. 그래서 하루에 두세 시간씩 그런 시간을 가지려고 노력합니다. 운동하는 시간, 예를 들어 러닝머신 위에서 30분씩 달리는 동안에도 다른 이들을 위해 기도합니다. 마음속에 세계 지도를 품고 이 대륙 저 대륙(좀 더 좁게는 아프리카)을 돌아다니며 거기서 일어나는 일들을 하나님 앞에 내놓습니다.[10]

투투 주교는 그렇게 하나님과 교제한 뒤에야 비로소 법복을 입고 청문회 자리에 앉아서 도덕적으로 오염된 땅에 진실과 화해를 심는 작업을 했다. 한번은 록 가수 보노가 그토록 꾸준히 기도하고 묵상하는 시간을 확보하는 비결이 뭐냐고 물었다. 주교가 대답했다. "무슨 말씀인지 모르겠군요. 기도하고 묵상하지 않으면서 어떻게 이런 일을 해낼 수 있겠습니까?"[11]

기도를 하다 보면 주변 환경뿐 아니라 자신이 처한 상황까지도 하나님 앞에 꺼내놓게 마련이다. 그렇게 간구하는 과정을 통해서 세상을 변화시키는 일에 동참할 용기를 얻는다. 아버지의 뜻이 하늘에서와 마찬가지로 이 땅에서도 온전히 이루어지게 만드는 일을 감당하는 것이다. 그리스도인은 세상에 존재하는 그리스도의 지체다. 예수님이 가진 손은 우리뿐이다. 그러나 주님의 지체로 제 몫을 다하기 위해서는 몸에서 떨어지지 않고 항상 잘 붙어 있을 필요가 있다. 하나님의 눈으로 세상을 바라보며 주님의 권능이 흘러나갈 때 그 흐름에 동참해야 한다. 기도해야 하는 이유가 바로 거기에 있다.

지금도 산골 마을에 살고 있는 까닭에, 지질학자나 광부를 만날 때마다 '안식각安息角'이라는 전문 용어를 자주 듣는다. 둥글둥글한 돌덩이들이 산비탈에서 굴러 내리지 않고 경사면에 붙어 있게 해주는 정확한 각도를 말한다. 기도와 행동이 만나는 접점도 같은 개념으로 설명할 수 있지 않을까 싶다. 호박돌 하나가 움직이면서 가지고 있던 에너지를 내뿜는 바람에 언덕이 와르르 무너져 내리고 결국 주변 풍경이 완전히 달라지고 만다. 무게를 잴 수 없을 만큼 가볍고 작은 눈 알갱이가 풀려나가면서 엄청난 눈사태를 몰고 오는 것이나 마찬가지다.

어느 독일 신학자는 디트리히 본회퍼의 성공 비결은 기도와 지상의 요소들을 창의적인 방식으로 잘 조합하는 데 있었다고 분석했다. 행동주의적인 사고뿐 아니라 경건한 신앙이 뿌리내릴 여지를 제공하는 독특한 영성을 차근차근 키워갔던 것이다. 본회퍼가 레지스탕스 조직의 연락을 기다리며 수도원에 숨어 지내는 동안 쓴 글에서는 "아침과 저녁 기도를 거른 날, 그리고 중보기도를 빠트린 날은 사실상 무의미하고 가치 없는 날이다"라고까지 단언했다.[12] 목회자이기도 했던 그는 스스로 기도 시간을 정해놓고 꼬박꼬박 지켰다. 히틀러에게 저항하는 음모에 가담했다는 이유로 수감된 이후에도 전혀 변함이 없었다.

본회퍼는 기도의 본질을 '세상에서 사역하시는 하나님과의 동역'으로 파악했다. 세상에 가득한 악을 보고도 지레 체념한 채("세상이 다 그렇지 뭐") 신앙생활에만 전념하는 독일 그리스도인들을 맹렬하게 꾸짖었던 것도 같은 맥락에서였다. 기도만 해놓고 나머지는 모두 하나님한테 떠맡기는 것도 올바른 태도가 아니라고 보았다. 반면에 기도의 능력에 의지하지 않고 무작정 악에 맞서겠다고 덤벼드는 행동주의에 대해서도 엄중히 경고했다. 악과 싸우려면 '행동하는 기도'와 '기도하는 행동'이 모두 필요하다는 것이다.

1960년대부터 1970년대에 이르기까지, 이른바 사회 복음을 강조하던 주요 개신교 신학교에서는 기도가 거의 사라져버렸다. 개인적인 기도 생활 이야기를 꺼내면 푼수데기 취급을 받거나 경건주의 신앙이 얼마나 위험한지에 대해 한바탕 훈계를 듣기 일쑤였다. 결국 수많은 개신교도들이 수도원을 찾아다니며 영적인 가르침을 구했으며, 도로시 데이나 토머스 머튼 같은 활동가들에게서 기도가 뒷받침되지 않는 사회 운동은 고

갈과 절망에 이를 수밖에 없다는 사실을 배웠다.

　나는 세계 곳곳을 돌아다니면서 기도하는 행동이 남긴 뚜렷한 성과들을 목격했다. 정상적인 그리스도인이라면 하나님의 선하심과 전능하심을 확실히 신뢰하는 믿음을 갖는 동시에, 반역적이고 타락한 세상에서 주님의 거룩한 성품을 삶으로 드러내야 한다는 소명감을 품기 마련이다. 그런 까닭에 기독교 선교사들은 어디를 들어가든 병원과 진료소, 고아원과 학교를 세운다. 하나님나라 없이 하나님을 전하는 행위는 하나님 없이 하나님나라를 선포하는 것보다 나을 게 없다.

　그리스도인들이 모두 독일의 본회퍼나 남아프리카공화국의 투투 주교처럼 극한적인 상황에 처해 있는 건 아니다. 그러나 다들 기도와 실천, 행동과 묵상 사이에서 저마다의 방식으로 갈등을 겪고 있는 것도 엄연한 현실이다. 요즘 '행동 및 묵상 센터'에서 보내주는 소식지를 정기적으로 받아보고 있는데, 행동과 묵상이라는 두 마디에 예수님을 따라가기 위해 행해야 할 모든 일이 담겨 있다. 센터의 설립자는 이렇게 말한다. "가장 중요한 단어는 '행동'이나 '묵상'이 아니라 '과'라는 접속사입니다."[13]

행동을 일으키다

　비판적인 이들은 기도를 시간 낭비요 문제를 피해 가려는 도피적 발상이라고 생각한다. 찰스 디킨스는 미스터 펙스니프라는 인물을 통해 기도의 초상을 그려냈다. 이름에 담긴 뜻 그대로 하는 짓도 더할 나위 없이 위선적이다. 다리가 휘어질 것 같은 밥상을 앞에 두고 은혜에 관한 이야기를 하면서 "끼니거리가 없어서 굶고 있는 이들은 모두 하나님의 섭리에 맡겨야 한다"고 주장한다. "가난한 이들을 돌보는 일은 분명 주님의 몫"이라는 것이다.[14] 디킨스의 고발에 대해 야고보 사도는 똑같이 매서운 말투로 대답한다.

> 만일 형제나 자매가 헐벗고 일용할 양식이 없는데 너희 중에 누구든지 그에게 이르되 평안히 가라, 덥게 하라, 배부르게 하라 하며 그 몸에 쓸 것을 주지 아니하면 무슨 유익이 있으리요. 이와 같이 행함이 없는 믿음은 그 자체가 죽은 것이라 약 2:15-16.

나라면 여기다 덧붙였을 것이다. "만일 당신을 위해 기도하겠노라 하며 아무것도 하지 않는다면 무슨 유익이 있으리요." 중국이나 미얀마의 그리스도인을 만나면, "기도 말고 특별히 필요한 건 없으세요?"라고 묻고 싶었다. 그런데 "기도 말고"만 너무 강조한다면 어떻게 될까? 그런 의미에서 토머스 모어는 "선하신 주님, 은혜를 베풀어주셔서 우리가 기도하는 그것을 위해 노력하게 하소서"라고 기도했다.[15]

어쩌면 기도는 대단히 부담스러운 일인지도 모른다. 성령님이 기도를 들으시면서 그 내용에 관해 뭘 잘못하고 있는지 지적해주실 때가 많기 때문이다. "주여, 제 이웃을 돌봐주소서. 남편을 잃고 혼자 자식을 키우는 아이 엄마의 고단한 삶을 돌봐주소서"라고 기도한다 치자. 갑자기 머릿속에 '가만있자, 그러고 보니 놀이공원에 갈 때 그 집 아이를 데려가겠다고 얘기해본 적이 한 번도 없네'라는 생각이 떠오를 것이다. "하나님

아버지, 친구 내외의 삐걱거리는 결혼 생활을 위해서 기도합니다"라고 기도하기가 무섭게 '두 사람이 잘 어울려 살도록 뭘 도와주고 있지? 신경 써주는 게 하나도 없잖아'라는 마음이 생긴다. 기도할 때 들리는 내면의 목소리는 행동을 요구한다. 두뇌를 울리는 목소리가 신체의 동작으로 연결되는 것이나 매한가지다.

에스더는 페르시아에 끌려와 있는 동족들에게 사흘 동안 금식하며 기도하라고 주문하는 한편, 최선을 다해 치장하고 왕 앞에 나갔다. 초대교회 교인들은 바울을 안전하게 지켜달라고 기도하는 한편, 탈출을 돕기 위해 바구니에 실어 성벽에서 달아 내리는 모험을 감행했다. 사도 바울도 그랬다. 자신의 권리를 지키기 위해서뿐 아니라 궁극적으로는 복음을 들고 로마에 들어가게 해달라는 간구가 결실을 맺게 하기 위해 로마의 법률 제도를 적극적으로 활용했다.

비디오게임을 하면서 엄마 아빠더러 수학 숙제를 대신 해달라고 떼넘기는 아이처럼, 가끔 스스로 해야 할 일을 하나님께 구할 때가 있다. 이스라엘 백성들은 다시 한 번 구원을 베풀어달라고 부르짖었다. "여호와의 팔이여 깨소서. 깨소서. 능력을 베푸소서. 옛날 옛 시대에 깨신 것같이 하소서"사 51:9. 주님은 바로 다음 장 첫머리에서 대답하셨다. "시온이여 깰지어다. 깰지어다. 네 힘을 낼지어다"사 52:1.

기도는 일종의 유체 이탈 상태인지도 모른다. 주님의 눈으로 문제를 깊이 생각해보는 일종의 묵상 시간인 셈이다. 하지만 그처럼 거룩한 관점으로 조명하다 보면 결국 아버지의 뜻으로, 하나님나라의 사역으로 돌아갈 수밖에 없다. 그리스도인은 하나님의 동역자들이다. 하지만 기도로 준비를 갖추지 않으면 파트너로서 제 몫을 다할 수가 없다. 나치를 지켜보며 하루하루 고단한 삶을 살았던 칼 바르트는 기도야말로 "그리스도인의 가장 순수하고 독특한 사역"이라고 선언하고 "세상에서 가장 활동적으로 하나님을 섬겼던 사역자와 사상가, 투사들은 어김없이 기도하는 데 있어서도 가장 열심을 냈던 이들"이라고 했다.[16]

가톨릭 노동자 운동 단체인 가톨릭 워커가 로스앤젤레스에서 운영하고 있는 무료 급식소는 기도로 하루 일과를 시작한다. "주님, 가난과 굶주림 속에 살다 세상을 떠나는 형제자매들을 섬기기에 합당하도록 우리를 다듬어주소서. 오늘도 우리 손을 통해 일용할 양식을 공급하시고, 너그러운 사랑을 품고 평안과 기쁨을 주게 하소서."

하지만 현장 사역자들은 이런 시작 기도만으로는 충분치 않은 경우가 많다고 고백한다. 어느 자원봉사자의 이야기를 들어보자.

> 기도의 마지막 한마디가 입술을 떠나자마자 수프와 샐러드에 들어갈 야채 다지는 소리가 요란하게 울려 퍼지기 시작한다. 몇 시간 뒤에 1,000명분 이상의 식사를 제공할 준비를 갖춰야 하는 것이다. 그러다 보면 맡은 일이 무거운 짐으로 다가올 때가 있다. 뒤로 물러나서 처음의 기도를 다시 드릴 시점이 된 것이다. 그때마다 주님 앞에서 기억을 되살린다. '오, 그렇습니다. 저는 이 일의 주관자가 아닙니다. 주님이 책임자이십니다. 어떻게든 음식은 충분히 채워질 겁니다. 어떻게든 식사 준비는 마칠 수 있을 겁니다. 어떻게든 봉사자들이 모일 것입니다. 오늘 하루도 잘 헤쳐 나갈 수 있을 겁니다.'[17]

다 같이 음식을 준비하는 동안, 누군가는 일손을 놓고 조용한 곳에 가서 한 시간 동안 기도한다. 당장 야채를 다지고 커피를 끓일 손이 아쉬워도 식구들은 고집스럽게 이 관습을 지킨다. 인간의 봉사가 아니라 하나님의 사역을 하고 싶기 때문이다. 기도하는 시간을 없애버리는 순간, 현대문화에 만연되어 있는 일 중독증이 스며들 공산이 크다. 일주일에 한 번씩은 아침 시간에 모든 공동체 식구들이 모여서 30분 정도 묵상 기도를 드린다. 일선에서 활동하는 운동가들에게 기도는 오아시스요 응급실이나 다름없다.

비상 요원들이 따라야 할 규범

쓰나미津波가 아시아 국가를 강타한 2004년 크리스마스 직후, 국영 라디오 방송에서 불교도와 이슬람교도, 그리스도인이 저마다의 입장을 밝히는 것을 들었다. 불교도는 희생자들을 위해 도움의 손길을 펴고 있기는 하지만, 신앙의 측면에서는 인격적인 신을 믿지 않으며 자연재해는 피할 수 없는 운명의 일부라고 생각한다고 견해를 밝혔다. 무슬림은 더 매서운 진단을 내렸다. 지진해일이 닥친 것은 현지 이슬람교도들이 신앙생활에 충실하지 않은 데 대한 징계(최소한의 경고)였을 가능성이 높다고 했다.

리포터는 대다수 지진해일 피해자가 불교나 이슬람교를 믿는 이들이라는 점을 짚어준 다음 국제 지원 단체의 대표를 맡고 있는 그리스도인에게 마이크를 넘겼다. "어째서 이런 일이 일어났는지에 대해서는 명쾌하게 설명할 길이 없습니다. 하나님이 어떻게 개입하셨는지 이야기하는 것도 주제넘은 짓인 것 같습니다. 저희가 그곳에서 활동하는 이유는 인종적으로나 종교적으로 반대편에 속했던 사람에게 도움의 손길을 내밀었던 선한 사마리아인의 예화를 통해 사랑을 정의하신 분의 모범을 따르려는 것뿐입니다. 예수님은 바로 그런 사랑을 보여주셨습니다. 그리스도의 발자취를 좇아가는 게 곧 세상에서 하나님의 뜻을 행하는 길이라고 생각합니다.”

며칠 뒤에 알고 지내는 이에게서 이메일이 왔다. 스리랑카에서 구호 사역 조직을 돕고 있는 아지스 페르난도 목사였다. 메일에는 “비상 요원들이 따라야 할 규범”이란 제목이 달려 있었다. 그는 흔히들 재난을 만나면 정상 생활에서 벗어나려는 성향을 보인다면서 구호 사역을 하는 이들에게 구체적인 지침을 제시했다. 충분히 자고, 가정생활에 충실하며, 정서적인 필요를 채우라는 것이다. 누군가를 도우려면 스스로 강해져야 하기 때문이다. 마지막으로 아지스는 영적인 훈련을 강조했다.

위기에 처한 이들을 대상으로 오랜 기간에 걸쳐 사역하려면 반드시 경건 생활을 건강하게 유지해야 합니다. 테레사 수녀 같은 인물들의 삶을 살펴보면 금방 알 수 있는 일입니다. 하나님은 절대로 깨트리지 말아야 할 리듬을 인간의 시스템에 심어두셨습니다. 투입과 산출, 일과 휴식, 봉사와 예배, 사회활동과 가정생활, 혼자만의 시간 따위가 대표적인 예입니다. 하지만 이 가운데서 덜 활동적인 부분에 대해서는 소홀해지기 쉽습니다. 기도하거나 성경을 읽으려고 자리에 앉으면 번번이 더 급해 보이는 일이 신경을 분산시킵니다.

지금 내가 살고 있는 곳은 지진해일과는 전혀 동떨어진 지역이다. 할 수 있는 일이라곤 현장에 있는 아지스 목사와 다른 사역자들(그중 몇몇은 나도 잘 아는 이들이다)을 위해 기도하고 후원금을 조금 내는 것뿐이다. 조국을 위기에서 건지기 위해 혼신의 힘을 다하는 이들을 생각하면 기도만 하고 있다는 게 무력하게 느껴진다. 하지만 아지스 목사가 이런 소릴 듣는다면 펄쩍 뛸 게 틀림없다. "아니에요. 기도가 핵심입니다. 기도 덕분에 하루하루 살 수 있습니다. 낙심하거나 지치지 않게 지탱해주는 힘이 기도에서 나옵니다."

시카고에 사는 한 그리스도인은 몇 주씩 버려진 빌딩에 들어가서 생활한다. 지저분한 건물을 깨끗이 치우면서 노숙인을 위한 숙소로 쓸 수 있는 길을 열어달라고 기도하는 것이다. 시간이 나는 대로 나가서 모금 활동을 펴는 한편, 자원봉사자들을 모집한다. 그 한 사람의 노력을 통해서 수백 명의 노숙인이 편안한 숙소를 얻게 되었다.

뉴저지의 어느 부부는 거리를 지나다가 '성범죄 전력이 있는 사람의 집'이란 표지판을 보게 되었다. 집으로 배달된 안내장에는 감옥에서 막 석방된 전과자가 인근 지역으로 이사 왔다고 적혀 있었다. 부부는 전단에 얼굴이 나온 이들을 위해 기도했다. 가끔씩은 거리에서 얼굴을 마주쳤다. 다들 전과자가 살고 있는 집을 멀리 돌아다녔으며 담벼락에다 페인트로 험한 낙서를 해놓기도 했다. 아이들에게는 거기 어떤 사람이 사는지 단단히 주지시켰다. 하지만 부부는 열심히 기도한 뒤에, 성범죄 전과자를 찾아다니기 시작했다. 일주일에 한 번씩 자기 집에 불러다가 아침식사를 대접했다. 동네에서 가장 멸시받던 전과자가 그제야 비로소 언제 가도 환영해주며 인간 대접을 해주는 이웃을 갖게 되었다.

원수를 사랑하고 핍박하는 자들을 위해 기도하라는 예수님의 가르침을 문자 그대로 받아들여 지켰더라면 세상은 어떻게 되었을까? 그리스도인들이 백악관에만 들락거리는 게 아니라 적극적으로 앞을 가로막는 이들, 심지어 극단적으로 반대하는 이들을 위해서 하늘나라와도 부지런히 접촉한다는 사실이 알려진다면 기독교에 대한 세간의 평판이 어떻게 달라졌을까?

요한계시록에 나오는 장면에서, 사도 요한은 가시적인 세상과 비가시적인 세계를 직접 연결해서 관찰하고 있다. 역사가 대단원의 막을 내리는 순간 하늘나라는 고요했다. 일곱 천사가 일곱 나팔을 든 채 대기하고 있었다. 30분 정도 무거운 침묵이 깔렸다. 마치 하늘이 숨을 죽이고 귀를 기울이는 것 같았다. 한 천사가 땅 위에 사는 자녀들의 분노, 찬양, 탄식, 포기, 절망, 탄원 따위가 차곡차곡 쌓인 기도를 모두 거둬서 향료와 섞은 뒤에 하나님의 보좌 앞에 드렸다. 향로가 기울고 안에 들었던 기도가 쏟아지는 순간, 마침내 침묵은 깨졌다. "천둥과 요란한 소리와 번개와 지진"계 8:5이 일어났다.

월터 윙크는 이 장면을 통해 성경 기자가 전달하려는 메시지는 분명하다고 말한다. "역사는 장차 다가올 세상의 참모습을 아는 이들의 중보기도에 따라 달라진다."[18] 기도하는 이들이야말로 악과 고통, 죽음을 이기고 최후의 승리를 이끌어내는 핵심 요원들이다.

마침내 얻은 자유

세르게이

공산주의 치하에서 살아본 이들은 기도의 능력을 누구보다 실감한다. 아버지는 시베리아에서 로켓 관련 업무에 종사했으며 나는 무신론과 공산주의 사상을 찬양하는 선전물의 홍수 속에서 성장했다. 소비에트 체제가 서구 국가보다 탁월하다는 이야기를 끊임없이 들었다. 물론 실상은 그 반대라는 것쯤은 다들 알고 있었다. 그렇지만 어느 날 갑자기 공산주의가 붕괴되고 소비에트가 해체되리라고는 꿈에도 생각 못 했다. 기적을 불러일으킨 진정한 동력은 기도에 있었지만, 지금까지도 거기에 동의하는 이들은 많지 않다.

당시 동유럽 전 지역에서 교회는 '민중의 힘'과 더불어 촛불을 들고 거리를 누비며 평화 행진을 벌였다. 싸움은 없었고 총소리도 거의 들리지 않았지만, 막강하던 소비에트 제국은 일시에 허물어져 내렸다. 우리 가족은 우크라이나에 정착했다. 덕분에 주로 휴대폰 문자 메시지를 이용해 변화를 요구하는 목소리가 확산되고 결국 정권이 교체된, 2004년 '오렌지 혁명'을 처음부터 끝까지 지켜보았다.

그 무렵부터 전국의 그리스도인들은 매일 밤 11시에 각자 자신의 처소에서 나라를 위해 간구하는 기도 모임을 조직해나갔다. 세 명 단위로 이른바 '트리플릿'이라는 팀을 만들어서 주변 사람에게 기도하는 법을 가르쳤다. 알다시피 그동안은 기도라고 하면 교회에서 흔히 듣는 길고 형식적이며 지루한 의식을 떠올렸다. 그런데 이제는 친구에게 이야기하듯 하나님과 대화하는 특권을 누리게 되었다.

몰도바 출신인 한 친구는 실외에 있는 화장실에 가는 척 집을 빠져나와 담장을 넘어 이웃집으로 도망치곤 했다. 무신론자인 부모의 눈을 피해 기도회에 참석하려면 어쩔 수 없었다. 때로는 꽁꽁 얼어붙은 호수에 구멍을 뚫고 세례를 주기도 했다. 이런저런 일로 찾아오는 외국 손님이 들여온 신앙 서적과 성경은 복잡하고도 은밀한 경로를 통해 전국에 배포되었다. 수많은 목회자가 교회를 돕다가 줄줄이 감옥으로 끌려갔다.

이제 드디어 우리는 자유를 얻었다. 하지만 한편으로는 열정이 점점 식고 예배의 자유를 소중하게 여기는 마음이 희미해지는 위기를 겪고 있다. 실제로 소비에트 시절을 경험한 그리스도인 가운데는 공산당이 재집권할 수 있게 도와주는 쪽으로 표를 던지는 이들도 있다. 환난을 당할 때 가졌던 신앙이 훨씬 순수했다고 생각하기 때문이다. 교회가 번성하는 시기보다는 박해가 극심한 시절이 신앙에는 더 유익한 게 아닐까 싶다. 개인적으로 다시는 그런 시대로 돌아가지 않기를 기도한다. 그리고 간구해야 할 것보다 현재 가지고 있는 것으로 하나님을 찬양하는 법을 배우게 되길 소원한다.

고난 중의 인내

닐

나는 요즘 OMF의 미국 지역 책임자로 일하고 있다. 우리 선교회는 본래 중국내지선교회를 모태로 탄생했는데, 설립자 허드슨 테일러는 늘 기도하면서 하나님을 깊이 의지하는 인물이었다. 단적인 예로, 무슨 일이 있어도 재정 지원을 요청하는 법이 없었다. 필요를 알리고 기도하는 게 전부였다.

여태까지 선교회를 유지해오면서 수많은 시험을 당했지만, 1949년 중국 공산당 정부가 모든 외국인 선교사를 축출했을 때만큼 심각했던 적은 없었다. 당시 중국에서 활동하던 OMF 사역자는 900명에 육박했고, 하나님이 자신을 중국으로 부르셨다는 사실을 믿어 의심치 않았다. 그런 선교사들이 추방이라는 냉엄한 정치 현실을 어떻게 소화해야 할 것인가?

지도부에서는 모임을 갖고 선교회의 장래를 토의했다. 처음 이틀 동안은 기도만 했다. 개중에는 즉시 단체를 해산하는 게 좋겠다는 의견도 있었다. 하나님이 허드슨 테일러와 동료 선교사들을 중국으로 인도하시지 않는데, 달리 어디로 간다는 말인가? 다른 리더들은 소속 사역자들을 다른 아시아 국가에 재배치해야 한다고 주장했고, 결국 그쪽으로 진로가 결정되었다.

오늘날 OMF는 구체적으로 공개할 수는 없지만, 폐쇄적이고 안전을 보장할 수 없는 국가에 사역자를 파견하고 있다. 그런 지역의 선교사들을 지원하다 보면 무력감을 느낄 때가 한두 번이 아니다. 기도라는 장치가 없었다면, 실제로도 무기력했을 것이다. 하나님은 역사를 설계하시면서 자녀들의 기도를 통해 변화될 여지를 남겨두셨다고 믿는다. 그렇게 해서 인간의 지혜만으로는 도저히 이룰 수 없는 일을 성취하신다. 간혹 눈부신 승리를 거두고 있다는 이야기가 들려온다. 한국과 중국에서 일어나고 있는 영적 부흥 운동이 대표적인 사례다. 특히 중국의 경우는 얼마나 역설적인가? 모든 선교사를 쫓아내고 정부가 앞장서서 신앙을 제한하는 법률을 통과시켰음에도 세계 역사상 가장 큰 규모의 부흥이 일어나고 있지 않은가!

하지만 완강한 반대에 부닥쳐서 사역이 흔들리고 선교사들이 핍박을 당하거나 순교하는 등 참담한 일을 겪기도 한다. (1900년에 일어난 의화단 사건을 겪는 과정에서만도 무려 79명의 선교사와 그 자녀들을 잃었다.) 계속 기도하면서 모든 문제를 하나님께 맡기고 해결해주시길 요청한다. 재정 후원이나 자원봉사 활동을 강권할 수 없는 것처럼 아무에게도 우리의 뜻을 강요할 수 없다. 사실 그러고 싶은 마음도 없다. 하이델베르크 신앙고백이 강조하는 것처럼, 마음의 소원을 있는 그대로 꺼내놓고 곤고한 날에는 인내하고 형통한 날에는 감사하게 해달라고 기도할 따름이다.

미국 OMF에서 일하기 전에는 타이에서 의료 선교사로 사역했다. 의료 선교는 파트너십이 뭔지를 보여주는 멋진 모델이다. 하나님은 세상에서 주님의 뜻을 행하는 영광스러운 일을 맡겨주셨다. 몸이 상하거나 마음에 깊은 고통을 받고 있는 이들에게 건강을 찾아주고 위로하는 일 역시 하나님의 뜻이다. 우리 외과 팀은 환자를 마취하기 전에 기도를 빠트리지 않았다. 그리고 환자를 고치기 위해 가지고 있는 의술을 총동원해서 힘닿는 데까지 최선을 다했다. 하지만 여러 차례, 수술 도중에 메스를 내려놓고 어찌할 바를 몰라 쩔쩔매다가 창밖을 바라보며 기도했다. "제가 알고 있는 지식은 이제 바닥이 났습니다, 하나님. 도와주십시오. 주님의 인도가 필요합니다."

예전에는 전반적으로 개발이 전도를 따라갔다. 먼저 복음을 선포하고 이어서 우물을 파주고, 농사를 도와주고, 의료 혜택을 베풀면서 물질적인 필요를 채워주었다. 요즘은 거꾸로 진행되는 경우가 많다. 접근 자체가 어려운 나라에 들어갈 때 개발 사역은 좋은 통로가 된다. 그렇게 진입한 뒤에 진심으로 긍휼을 베푸는 사역을 통해서 회심을 이끌어낸다. 하나님은 그런 방식으로도 우리와 동역하신다. 하나님의 뜻이 하늘에서와 같이 땅에서도 이뤄져서 거룩한 이름이 모든 민족 가운데 널리 알려지고 찬양받으시도록 우리는 오늘도 최선을 다한다.

기도로 하나님의 뜻을 바꿀 수 있을까

"나 여호와는 변하지 아니하나니"말 3:6. "내 마음이 내 속에서 돌이키어 나의 긍휼이 온전히 불붙듯 하도다"호 11:8.

모두 성경에 기록된 하나님의 말씀으로 종종 독자를 헷갈리게 만드는 구절들이다. 하나님이 변치 않으신다는 구절은 이것 말고도 부지기수다. 물론 마음을 바꾸신다는 말씀도 그만큼 많다. 솔직히 말하자면 마음은 왔다 갔다 한다. 언제나 기댈 수 있는 믿음직스러운 하나님을 좋아할 때가 있고, 기도를 듣고 마음을 바꾸시는 자상한 주님이 간절해지는 상황도 있다.

그리스도인이라고 해서 누구나 기도의 철학적 기반을 궁금해하는 건 아니다. 하지만 심각하게 고민하는 이들에게는 이 문제에 대해 어떤 결론을 내리느냐에 따라 기도의 유용(또는 무용)성이 판가름난다.

결코 변치 않는 주님께 기도한다는 게 대단히 역설적이라는 점에 처음으로 착안한 학자는 오리게네스였다. "먼저, 하나님이 장차 무슨 일이 있을지 미리 아시며 만사가 그대로만 진행된다면 기도는 쓸데없는 짓이다. 둘째, 세상사가 모두 창조주의 뜻에 따라 진행되며 거룩한 뜻은 확정적이어서 한 치도 달라질 여지가 없다면 그때 역시 기도는 헛수고에 지나지 않는다."[2] 주님은 결코 변함이 없으시다는 게 오리게네스의 입장이다. 자유의지를 가진 인간이 어떤 선택을 할지 미리 내다보고 계셨다는 것이다. 심지어 무슨 기도를 할지까지 아신다고 주장한다. 수많은 철학자들이 오리게네스의 뒤를 따랐다. 임마누엘 칸트 같은 철학자는 인간의 기도가 거룩한 뜻을 굽게 할 수 있다는 생각 자체가 '불합리하며 건방진 망상'이라고 단정했다.[3]

하나님의 절대 주권을 강조하는 칼뱅주의는 기도의 초점을 '주님께 미치는 영향'에서 '간구하는 인간에게 미치는 영향'으로 바꾸어놓았다. 신앙이 깊었던 조나단 에드워즈는 탄원하는 기도를 탐탁지 않게 여겼다. "하나님이 우리의 기도대로 움직이거나 마음을 정하신다고 생각해서는 안 된다."[4] 칼뱅은 하나님이 '짐짓 기도에 설득되어 뜻을 바꾸셨다는 듯' 사랑을 베푸실 뿐이라고 말했다.[5]

과학이 발전함에 따라 흔히 하나님의 섭리로 여기던 현상들이 속속 논리적으로 규명되었다. 그렇게 합리주의의 세례를 받은 현대인들은 차츰 기도를 비이성적인 행위로 보기 시작했다. 언제 장마가 오고 가뭄이 들지 예측할 수 있는 능력이 커지면서 변화무쌍한 하나님이나 그분께 기도하는 이들에게 의지하는 마음이 눈에 띄게 줄어들었다. 토머스 하디는 하나님을 일컬어 '지루한 쇼의 핸들을 돌리고 있는 몽상적이고 음울하며 말 못하는 존재'라고 했다.[6] 소설가 커트 보네거트도 기꺼이 한몫

거들었다.《제5도살장*Slaughterhouse-Five*》의 주인공이 '평안을 구하는 기도'
에 회의를 품게 되는 대목에서 신랄한 풍자를 퍼부었던 것이다.

　　주여, 제가 변화시킬 수 없는 일들은 받아들이는 평안을,

　　제가 변화시킬 수 있는 것들은 바꿀 수 있는 용기를 주십시오.

　　그리고 두 가지를 구별할 줄 아는 지혜를 주소서.

　　빌리 필그림이 변화시킬 수 없었던 것들은 과거와 현재와 미래였다.

　　대놓고 이야기한 것은 아니지만, 보네거트의 결론은 분명했다. "만사
예정된 세상에서 기도를 한다는 게 무슨 소용이 있는가?"[7]

성경의 관점

　　하지만 성경적인 역사관으로 돌아가서 '기도에 귀를 기울이시며 잊지
않고 응답하시는' 인격적인 하나님으로 보면 어떻게 될까? 예수님은 아
버지의 그런 모습을 자세히 설명해주셨으며, 가르침을 받은 제자들은 그
리스도가 하늘로 올라가자마자 곧바로 기도하기 시작했다. 하나님이 역
사해주시기를 구체적이고 개인적으로 요청하는 기도였다.
　　제자들이 기도를 가르쳐달라고 청하자, 예수님은 기쁜 마음으로 그 유
명한 '주님의 기도'마 6:9-13를 일러주셨다. 주님은 모범 기도문을 소개하
면서 하나님이 자녀들의 필요를 벌써부터 완벽하게 파악하고 계신다는

점을 지적하셨다.

> 또 기도할 때에 이방인과 같이 중언부언하지 말라. 그들은 말을 많이 하여야 들으실 줄 생각하느니라. 그러므로 그들을 본받지 말라. 구하기 전에 너희에게 있어야 할 것을 하나님 너희 아버지께서 아시느니라 마 6:7-8.

개중에는 하나님이 그처럼 모든 걸 다 아신다는 사실 때문에 기도할 마음이 생기지 않는다고 말하는 이들도 있다. 시작과 끝을 이미 알고 계시는데 굳이 기도할 이유가 뭐란 말인가? 그러나 예수님의 생각은 달랐다. 하나님의 전지全知하심이 기도 의지를 꺾는 게 아니라 긍정적인 동기를 부여한다고 보셨다. 아버지가 형편을 완전히 꿰뚫고 계시므로 주님의 주의를 끌려고 노력할 필요가 없다. 스스로 성실함을 입증하거나 모자라는 부분을 확인시켜드리지 않아도 괜찮다. 거룩한 자녀들은 존재 자체로 창조주의 주의를 끌고도 남는다. 하나님은 머리끝부터 발끝까지 모르시는 게 없는데도 한결같이 기도를 들어주시는 것이다. 따라서 곧장 요점으로 들어간다 해도 아무 흠될 게 없다.

하나님이 기도에 응답하셔서 역사하신다는 성경의 선명한 가르침을 도저히 부정할 수 없었던 자크 엘륄은 "기도는 산산이 깨져 흩어진 창조 세계의 파편들을 다시 끌어모아 맞춰나가는 일이다. 역사를 존재하게 하는 동력인 셈"이라고 고백했다.[8] 아브라함의 가계 형성, 요셉의 이집트 종살이, 출애굽, 광야 생활, 여호수아와 다윗 왕이 거둔 승리, 아시리아와 바벨론에서의 탈출, 성전 재건축, 메시아가 오심 등 구약 성경에 등장하는 굵직한 사건은 하나같이 하나님의 백성들이 간절히 기도하며 부르짖은 뒤에 일어났다.

성경은 시종일관 하나님을 긍정적으로든 부정적으로든 인간으로부터 깊이 영향을 받으시는 분으로 묘사한다. "여호와는 자기를 경외하는 자들과 그의 인자하심을 바라는 자들을 기뻐하시는"시 147:11 하나님이시다. 동시에 예언자들이 지적하듯, 불순종하는 자녀들 때문에 속을 태우시고 인내의 한계를 느끼는 분이기도 하다. "내가 오랫동안 조용하며 잠잠하고 참았으나 내가 해산하는 여인같이 부르짖으리니 숨이 차서 심히 헐떡일 것이라"사 42:14. 신약 성경에 기록된 말씀들 또한 자녀들의 기도가 하나님과 세상을 변화시킨다고 강조한다.

- 구하라 그리하면 너희에게 주실 것이요마 7:7.
- 믿음의 기도는 병든 자를 구원하리니 … 의인의 간구는 역사하는 힘이 큼이니라약 5:15-16.
- 주의 눈은 의인을 향하시고 그의 귀는 의인의 간구에 기울이시되벧전 3:12.
- 너희가 얻지 못함은 구하지 아니하기 때문이요약 4:2.

이처럼 아낌없이 주시겠다는 약속을 제시하면서, 성경은 예언자와 사도들에게 육신의 병을 고쳐달라고, 심지어 주검이 다시 살아나게 해주시길 구하라고 가르친다. 사라, 리브가, 라헬, 한나, 엘리사벳은 아이를 갖게 해달라고 기도했다. 다니엘은 사자 굴에서, 세 친구들은 불구덩이 속에서 기도했다. 당시로서는 주님과 가장 깊이 교제하는 인물이었던 이사야를 통해 자신의 죽음이 임박했다는 사실을 통보받았을 때, 히스기야왕은 다시 한 번 무릎을 꿇었다. 이사야가 채 궁정을 나서기도 전에, 하나님은 마음을 바꾸시고 왕에게 15년의 삶을 추가로 허락하셨다.

반면에 기도로도 하나님의 마음을 바꿀 수 없다는 증거 역시 곳곳에 보인다. 하나님은 예레미야에게 기도를 멈추라고 세 번씩이나 명령하셨으며, 반역한 백성들을 징계하시려는 계획을 바꾸고 싶어 하지 않으셨다. 그럼에도 하나님은 기도를 들으시고 처벌의 수위를 낮추신다. 요나는 이방인의 성읍에 들어가서 "사십 일이 지나면 니느웨가 무너지리라" 욘 3:4고 선포했지만, 하나님은 "그들이 행한 것 곧 그 악한 길에서 돌이켜 떠난 것을 보시고 뜻을 돌이키사 그들에게 내리리라고 말씀하신 재앙을 내리지" 욘 3:10 않으셨다. 구약 성경은 이처럼 하나님이 기도에 응답하셔서 뜻을 돌이키시고 예고된 징벌을 철회하셨던 사실을 네 차례에 걸쳐 기록하고 있다 출 32:14; 시 106:45; 암 7:3; 암 7:6.

작업 진행 중

성경은 변치 않으시는 하나님과 기도를 들으시고 마음을 바꾸시는 주님을 나란히 기록하고 있다. 어떻게 이 두 가지 상반된 속성을 조화시킬 수 있을까? 부흥 운동가 찰스 피니는 신앙의 토대를 기도의 권능과 변함이 없으신 하나님의 성품에 두었다. 청년 시절, 경직된 칼뱅주의를 버리고 뛰쳐나왔던 이력을 생각하면 그의 한마디는 대단히 아이러니컬하다. "기도하기만 하면 반드시 들어주시는 이유가 궁금한가? 이유는 분명하다. 주님은 변함이 없으신 분이기 때문이다."[9] 예를 들어, 사랑과 자비라는 한결같은 성품을 가지신 하나님은 뉘우치며 기도하는 죄인을 용서하실 수밖에 없다. 주님이 정해진 방침을 바꾸신 것은 죄에서 돌이킨 데 대한 반응이기도 하지만, 변치 않는 성품에서 비롯된 일이기도 하다.

현대 신학자 클라크 피노크도 비슷한 논리를 편다. 하나님의 본질이 사랑이므로 그토록 쉽게 마음을 주시고 동정을 베푸신다는 것이다. "하나님의 사랑은 절대로 변치 않으므로 주님의 행위는 필연적으로 변하게 마련이다."[10] 피노크는 창조주의 주권을 그려내는 두 가지 방식을 비교한다. 우선 세상의 자질구레한 일로부터 멀찌감치 떨어져서 구경만 하는 냉담한 지배자를 떠올릴 수 있다. 한편, 사랑이 넘치고 너그러우며 민감하게 반응하며 자녀를 돌보는 부모의 모습, 즉 피조물과 인격적으로 교통하며 응답하는 주님을 생각할 수 있다. 그런 하나님이라면 현명한 부모가 자녀의 요청에 주의를 기울이듯 그리스도인들이 드리는 기도 하나하나를 소중히 여기실 것이다.

칼뱅주의자였던 앤드류 머리는 이런 점들을 고려해 단호히 결론지었다. "하나님은 다른 방법으로는 행하지 않으실 일들을 기도를 통해서는 행하신다."[11] 그리고 삼위일체를 실마리로 하나님의 마음이 달라지는 메커니즘을 설명했다. 세상에 계실 때 예수님이 기도에 의지해서 아버지와 교제하고 도움을 요청했었던 건 누구나 아는 일이다. (몇 가지 특별한 기도 제목은 결국 응답되지 않았다.) 그런 주님이 이제 하나님 앞에서 변호사가 되어 개개인이 가진 관심사를 대변해주신다. 그뿐이 아니다. 사도 바울은 성령님 또한 기도와 떼려야 뗄 수 없는 중요한 역할을 하신다고 지적한다. "우리는 마땅히 기도할 바를 알지 못하나 오직 성령이 말할 수 없는 탄식으로 우리를 위하여 친히 간구하시느니라"롬 8:26. 에베소서 2장 18절에서는 삼위를 한꺼번에 언급한다. "이는 그(그리스도)로 말미암아 우리 둘이 한 성령 안에서 아버지께 나아감을 얻게 하려 하심이라." 삼위 하나님의 모든 위격이 동시에 등장하는 흔치 않은 구절이다. 아버지와 아들, 성령님이 서로 토론하며 의견을 주고받으며 내면의 대화를 나누신다는 것이다.

C. S. 루이스는 기도와 관련된 의문점을 풀어나가는 일에 쾌감을 느꼈던 듯하다. 그중에서도 '어떻게 전능하신 하나님이 인간의 기도를 듣고 반응하실 수 있는가?' 하는 문제에 매달렸다. 일본이 상하이를 공격했다는 소식을 듣자 C. S. 루이스는 외국에 나가 있는 형 워렌을 위해 기도하면서 혼란스러운 느낌이 들었다. 개인의 허약한 기도가 필연적인 운명이나 하나님의 섭리를 어떻게 바꿀 수 있단 말인가? 그는 이 주제를 계속 추적해가면서 몇 권의 책과 수많은 논문, 편지를 썼다. 루이스는 일단 보네거트에 가까운 회의론자의 목소리로 문제를 제기한다.

하나님이 세상을 운영하실 때, 제대로 아는 것도 없고 자가당착에 빠지기 쉬운 인간의 조언을 듣고 싶어 한다는 생각은 천부당만부당하다. 주님이 흔히 얘기하는 것처럼 전지전능하다면 무엇이 최선인지 모르실 리가 없지 않은가? 그리고 정말로 선한 분이라면 기도하든 말든 그 일을 행하시지 않겠는가?[12]

루이스는 그렇다면 기도뿐 아니라 인간의 모든 행위에도 똑같은 논리를 적용할 수 있지 않겠느냐고 대꾸했다. "왜 손을 씻는가? 하나님이 손을 깨끗하게 해주기로 작정하셨다면 굳이 닦지 않아도 말끔해질 것이다. 왜 소금을 달라고 하는가? 왜 장화를 신는가? 이 일 저 일을 하는 까닭이 무엇인가?" 창조주는 뭔가를 간단히 조작해서 음식을 먹지 않아도 초자연적인 현상이 일어나서 저절로 영양이 공급되며, 공부하지 않아도 지식이 쌓이며, 우산이 마술처럼 나타나서 빗줄기를 막아주게 하실 수 있다. 하지만 주님은 다른 방식으로 세상을 통치하는 쪽을 선택하셨다. 인간이라는 대리자를 세우고 그 선택을 존중하는 파트너십을 채택하신 것이다. 파스칼의 표현을 빌리자면 사랑하는 인류를 위하여 '인과율의 권위'를 인정해주기로 하신 셈이다.[13]

그런데 회의론자들은 기도뿐 아니라 기본적인 창조 원리까지 부정한다. 하나님은 만물을 만드시고 인간에게 그걸 잘 조절해서 사용하게 하셨다. 나무를 잘라서 집을 짓고 강물을 막아서 저수지를 만들 수 있게 하신 것이다. 주님이 허락하신 그처럼 광대한 자유를 가지고 인류는 서로를 억압하고 창조주께 반역하며 심지어 하나님의 아들을 죽이기까지 했다. 루이스는 세상을 생각할 때 주권자가 통치하는 국가보다는 연극처럼 현재 창조 과정에 있는 예술 작품으로 여기는 쪽이 훨씬 정확하다고 주장한다. 극작가는 등장인물 하나하나가 연극 자체에 영향을 미치게 하고 배우들의 행동을 모두 조화시켜서 최종적인 결과물을 만들어낸다.

이런 점에서 기도는 하나님나라를 확장하는 도구로서 여러 가지 다른 수단들과 전혀 차이가 없다. 예수님은 제자들에게 모든 민족에게 가서 복음을 전하라고 하셨고, 그때부터 처절한 선교 역사가 펼쳐지기 시작했다. 하늘에다 커다란 깃발이라도 내거셨더라면 하나님이 의도하신 목표를 달성하기가 더 쉬웠을지도 모를 일이다. 그리스도는 병자를 고쳐주고, 죄인을 찾아다니고, 굶주린 이들을 먹이고, 나그네에게 잠자리를 마련해주는 따위의 힘들고 고된 일들을 하라고 명령하셨다. 갈릴리에서 벌이셨던 사역을 손수 세계 방방곡곡으로 확장하시기보다 우리 손에 위임하셨다. 파트너로 삼은 인간들이 가장 잘 기여할 수 있는 길을 열어놓으신 것이다.

C. S. 루이스는 인류 역사의 드라마를 '작품'이라는 말로 규정했다. "줄거리를 이루는 장면들과 전반적인 틀은 작가가 확정해놓고 그다지 중요하지 않은 세부 묘사는 배우들이 즉석에서 처리하도록 만들어진 연극이다. 하나님이 인간으로 하여금 현실 속에서 벌어지는 갖가지 사건에 개입하게 하신 이유는 언제까지나 수수께끼로 남을지 모른다. 하지만 다른 방법이 아니라 기도를 통해서 그런 일들을 감당하게 하셨던 것만큼은 전혀 이상할 게 없다."[14] 하나님은 권능을 행사하는 도구로 기도를 지목하셨다. 주님이 사용하시는 다른 수단들만큼이나 실제적이고 지극히 '자연스러운' 방편이다.

시간의 한계를 초월한 복잡성

기도가 작동되는 메커니즘이나 창조주가 세상을 다스리는 방법 따위에 연연하지 않고 단순하게 믿는 이들이 부럽다. 정말 샘이 날 지경이다. 개인적으로는 이런저런 이유들 때문에 그처럼 난해한 문제에 깊이 매달릴 수밖에 없다. 최근에 현대물리학과 우주철학에 관한 책을 조금 읽으면서 새롭게 깨달은 게 있다. 시간과 공간의 제약을 받는 피조물들로서는 우주의 운행 원리를 어렴풋이 짐작할 수밖에 없다는 사실이다.

예를 들어보자. 물리학자 스티븐 호킹은 "하나님은 시간의 한계를 벗어나 존재한다"는 아우구스티누스의 말을 인용하면서 동감을 표시했다. 인간은 한순간에서 시작된 4차원적인 우주에 갇혀 있지만 주님은 그렇지 않으시다. 쉽게 납득하기 어려울지 모르지만, 시간 자체가 항구적인 개념이 아니라는 점은 이미 실험을 통해 입증된 바 있다. 누군가가 빛의 속도에 가깝게 움직이면 그 사람에게는 시간이 '느려'진다. 따라서 초고속으로 우주를 여행한 우주 비행사는 지구에 남아 있던 쌍둥이 형제보다 어느 정도 더 젊은 상태로 돌아오게 된다. 우주학자들은 시간의 화살을 되돌려 세월을 거슬러 올라가게 하는 발상을 진지하게 연구하고 있다. 주인공이 과거로 돌아가서 역사적인 사건을 미리 바꿔놓는다는 (또는 그런 유혹을 받는다) 영화 〈타임머신〉이나 〈백 투 더 퓨처〉 같은 개념이다.

시간을 초월하는 하나님의 속성은 기도에 어떤 영향을 미칠까? C. S. 루이스는 최종 결과를 모르고 있는 상태라면, 10시에 있었던 진찰을 위해 12시에 기도한다 해도 전혀 이상할 게 없다고 판단했다. "결과는 분명히 결정되었다. 어떤 점에서는 '모든 세상이 있기 이전에' 정해진 일이다. 하지만 결정을 촉발한 요소, 즉 그런 상황이 벌어지게 만든 요인 가운데 하나는 현재 드리고 있는 기도다."[15] 루이스는 과학에 어두운 이들보다는 과학자들이 쉽게 이 사실을 받아들일 수 있을 것이라고 주석을 붙였다.

이전의 물리학 모델들은 인과관계가 분명했다. 당구공 하나가 다른 공을 치면 에너지가 옮겨가면서 두 공이 모두 일정하고 예측 가능한 길을 따라 움직인다. 그러나 새롭게 등장하는 모델들은 복잡성 이론과 정보 이론을 추구한다. 복합적인 시스템에는 명백한 인과율을 적용하기 어렵다. 세포 하나는 몸 전체에 비해서는 대단히 작다. 하지만 그 인체도 자유의지를 행사하는 수많은 인간들로 구성된 공동체에 비하면 미미한 존재에 불과하다. 초점이 물질에서 마음으로, 다시 더 많은 이들의 마음으로 한 단계씩 올라갈 때마다, 새로운 차원의 불확실성과 복잡성이 모습을 드러낸다. 이제 사건이 벌어지는 이유와 거기에 기도가 작용했는지 여부를 가리자면 뉴턴이 찾아낸 원리를 능가할 만큼 복잡하고 불가사의한 모델이 필요하다.

과학자들은 한쪽 입자의 회전을 어떻게 통제하느냐에 따라 수억 킬로미터 떨어진 다른 분자의 운동에 영향을 줄 수 있다고 주장한다. 이른바 '나비효과' 이론이 있다. 곤충의 간단한 날갯짓 한 번이 연쇄적인 인과관계를 만들어내면서 멕시코만의 허리케인이나 텍사스의 토네이도 같은 결과를 가져온다는 것이다. 자연계에서든 인간사회에서든, 누구라서 사건의 원인을 자신 있게 지목할 수 있겠는가?[16]

무엇이 2004년 플로리다와 2005년 뉴올리언스를 초토화시킨 허리케인을 일으켰을까? 고등학생 하나가 주말에 술을 마시기로 작정했다 치자. 유전자와 두뇌에서 벌어지는 화학작용, 부모의 양육, 본인의 완고한 자유의지 따위가 결정 과정에서 각각 어떤 역할을 했을까? 기상이변이나 기형아 출산 같은 문제에서 주님은 무슨 역할을 하실까? 거기에 기도가 영향을 미칠까? 인간이 자연재해로 고통을 받아야 하는 이유는 무엇인가? 고통과 기쁨은 어째서 그토록 들쭉날쭉 불공평하게 분배되어야 하는가?

구약의 인물 욥이 그와 관련된 고뇌에 찬 질문을 꺼내들자 하나님은 과학적인 질책을 쏟아내셨다. 가련한 욥은 먼지와 재를 뒤집어쓰고 회개했으며 주님이 제기하신 '복잡성 이론' 앞에서 스스로의 무지를 통감하고 몹시 민망해하며 입을 다물었다. (여기에 아주 흥미로운 후일담이 있다. 인과율을 모두 파악하고 있다고 자만했던 욥의 친구들을 향하여 창조주께서는 그들의 '우매한 대로' 갚지 않으시고 욥의 기도에 따라 처분하시겠다고 말씀하신 것이다.)

성경을 보면, 다양한 자연 현상을 조절하는 데 하나님이 직접 관여하신 것을 분명히 알 수 있다. 비를 내리지 않으시거나, 메뚜기가 창궐하는 천재지변을 일으키시고, 질병과 장애의 방향을 바꾸시며, 심지어 주검에 생기를 불어넣기도 하셨다. 그러나 성경은 이렇게 기적이라고 부를 수 있을 만큼 드물게 벌어지는 사건뿐 아니라, 하나님의 뜻이 일상적인 자연의 순환과정과 인간 행위를 통해 이뤄지는 현재진행형 섭리도 중요하게 여긴다. 비가 내리고, 씨앗에서 싹이 트고, 농부가 곡식을 심고 거두며, 약자를 힘껏 돕고, 넉넉한 자들이 가난한 이들에게 필요한 것을 베풀며, 몸이 아픈 이들을 건강하게 돌보는 등의 일을 강조한다. 흔히 거룩한 역사를 자연의 움직임이나 인간의 행위와 다른 범주에 놓지만, 성경은 그 둘을 하나로 묶어서 생각하는 경향이 있다. 하나님은 어떻게 해서든지 모든 피조물과 역사 속에서 궁극적인 목표를 이루기 위해 일하신다.

기도는 창조주와 피조물, 영원과 시간을 한 점으로 수렴해서 깊이를 알 수 없는 신비 속으로 끌어들인다. 기도란 시간에 묶여 사는 지상의 인생들이 시간에 구애받지 않으시는 하나님께 좀 더 직접 개입해주시도록 요청하는 일이라고 나는 생각한다. (실제로 병에 걸린 이들을 위해, 비극적인 사건의 희생자들을 위해, 핍박받는 그리스도인들의 안전을 위해 늘 간구한다.) 아직 배워가는 과정에 있을 따름이지만 때로는 전혀 다른 각도에서 기도를 생각하기도 한다. 영원이라는 시간의 리듬 속에 들어가서 '높은 곳에서 내려다보는' 창조주의 시점에 나를 맞추는 방식이다. 자신의 소원을 주님의 소망에 일치시켜서 그분이 영원한 나라를 위해 세상에서 이루시기로 작정하신 일에 영향을 미칠 수 있도록 힘을 보태는 것이다.

기도할 때마다, 설령 거룩한 성품에 회의가 찾아온다 해도 하나님의 사랑과 공의를 굳세게 신뢰하게 해주시도록 구한다. 절대로 변치 않는 거룩한 속성에 자신을 맡긴 뒤에는 세상에 나가 행동으로 그 성품을 드러내는 본연의 임무로 돌아온다. "뜻이 하늘에서 이루어진 것같이 땅에서도 이루어지이다"마 6:10.

겹겹이 포위를 당했다는 느낌 속에서 기도하는 경우도 많다. 텔레비전만 틀면 빈곤과 불의, 인간의 잔인성, 테러리즘, 핵 위협 등 걱정스러운 일이 무한정 쏟아져나온다. 가족과 친구, 이웃들을 생각하면 고민이 마음 깊은 곳까지 파고든다. 적잖은 이들이 질병이나 이혼, 재정 파탄, 빗나간 자녀 문제로 힘겨운 싸움을 벌이고 있다. 그런데 부끄러운 얘기지만, 툭하면 멈추는 컴퓨터라든지 손봐야 할 구석이 한두 군데가 아닌 자동차와 집, 좀처럼 끝내지 못하고 있는 일거리 따위의 시시한 훼방꾼들이 종종 이런 관심사를 생활 영역 바깥으로 밀어내곤 한다. 죄를 고백하다 보면 어제, 또는 일주일 전에 털어놓았던 내용과 토씨 하나 다르지 않고 똑같다는 사실에 놀란다. 언제까지 이 지경으로 살아야 한단 말인가? 도대체 어찌 되려고 이러는가?

예수님은 골방에 들어가서 문을 걸어 잠그라고 충고한다. 주님이 시키신 대로 따라하는 장면을 마음속에 그려본다. 부담스럽고 시간에 쫓기는 일들을 짊어지고 골방으로 들어가서 새롭게 해주시며 생기를 불어넣으시고 잊었던 기억을 되살려주시길 간청한다. 한마디로 영원성을 내 안에 부어주시길 구한다. 나를 내려놓고 마음을 비운다.

　마더 테레사의 후배 수녀들이 동트기 훨씬 전에 예배당에 가서 무릎을 꿇고 하루를 살아갈 힘과 정결한 마음을 주시도록, 캘커타의 가난한 이들이 고통 없이 자비로운 죽음을 맞이할 수 있도록 요청하는 모습이 생각난다. 호스피스 사역자들과 군목들, 그리고 내가 염려하는 걱정거리 따위는 '새 발의 피'도 안 될 만큼 엄청난 과제를 껴안고 사는 수많은 하나님의 종들을 생각한다. 그리고 예수님, 인류 역사상 가장 캄캄한 날을 앞에 두고 모든 일을 멈춘 채 복음서에 기록된 가장 긴 기도, 요한복음 17장의 간구를 드리셨던 그분을 생각한다.

시간을 초월한 사랑

　예수님이 열두 제자(결국 하나는 배신자가 되었다)와 꼭 닫힌 방 안에 얼굴을 마주하고 앉아 있는 것은 인류 역사상 가장 극적인 장면 가운데 하나다. 바깥에는 성전 경비원과 로마 군단의 병사들이 칼과 채찍, 고문 도구를 갖추고 시시각각 다가오는 음울한 밤에 대비하고 있었다. 폭풍 전야처럼 팽팽한 긴장감 속에서 영원한 세계와 차분히 교통하는 기도가 절절히 이어졌다. 문 하나를 사이에 두고 눈에 보이지 않는 악한 세력이 안간힘을 써가며 방해 공작을 펴고 있었다.

　죽음을 예견하신 예수님은 제자들을 아버지께 맡기는 기도를 드리셨다. "지금 내가 아버지께로 가오니 내가 세상에서 이 말을 하옵는 것은 … 내가 세상에 속하지 아니함같이 그들도 세상에 속하지 아니함으로 인함이니이다"요 17:13-14. 그리고 핵심을 강조하시려는 듯 다시 한 번 되풀이하셨다. "내가 비옵는 것은 그들을 세상에서 데려가시기를 위함이 아니요. 다만 악에 빠지지 않게 보전하시기를 위함이니이다. 내가 세상에 속하지 아니함같이 그들도 세상에 속하지 아니하였사옵나이다"요 17:15-16. 주님은 장차 세상과 맞서 벌이실 싸움을 생각하시며 식탁에 둘러앉은 제자들을 하나씩 돌아보셨다.

33년간 세상에 계시는 동안, 그리스도는 단숨에 역사 전체를 꿰뚫어 보는 힘이나 시간을 초월하는 능력을 스스로 내려놓으셨다. (마지막 심판이 내려지고 세상이 온전히 회복되는 시점이 언제인지는 아버지만 아실 따름이라고 인정하신 적도 있었다.) 하지만 이번 기도에서는 달랐다. 주님은 지구라는 험한 행성에 자원해서 찾아오시기 전까지 향유하셨던 아름다운 시절을 잠시 떠올리며 순간과 영원을 하나로 연결하고 계신다. "아버지여 창세 전에 내가 아버지와 함께 가졌던 영화로써 지금도 아버지와 함께 나를 영화롭게 하옵소서"요 17:5.

예수님은 세상에 오시기 이전에 시간을 초월해서 사셨던 기억을 떠올리신다. 아울러 길지만 명쾌한 이 기도를 통해 "왜?"라는 질문에 궁극적인 해답을 주셨다. 왜 창조하셨는가? 왜 자유의지를 주셨는가? 왜 인류 역사는 이렇게 흘러왔으며 시간의 지배를 받는가? 하나님은 태초부터, 또는 그 이전부터 창조 이전에 거룩한 속성 가운데서 누리시던 사랑과 교제(생명)를 다른 피조물들과 영원토록 나누기로 작정하셨다. 그동안 벌어졌던 온갖 사건과 앞으로 생길 일들에도 창조주께서는 만물을 지으신 본래의 의도를 되살리는 한편, 어떤 대가를 치르고서라도 인간들과 다시 한 번 온전한 친밀감과 사랑을 나누기로 하신 것이다. 예수님의 기도는 바로 그 비전을 다시 부각시키고 있다. 주님 자신을 위한 요청인 동시에 우리를 위한 간구이기도 했다.

하나님이 우리를 '창세전부터'요 17:24 택하셨다는 사실은 몇몇 신약 말씀에서도 확인할 수 있다. 바울은 창조주께서 영원 전부터 그리스도 예수 안에서 은혜를 주셨는데 "이제는 우리 구주 그리스도 예수께서 나타나심으로 환히"딤후 1:10, 새번역 드러났다고 했다. 또 디도서 1장 2절은 "하나님이 영원 전부터 약속하신 것"이라고 단언한다. 그러므로 하나님의 사랑, 하나님나라, 은혜, 부활 등 성경이 특별히 강조하는 핵심적인 소망들은 시간이나 피조물의 제한을 받지 않는다. 아인슈타인의 상대성이론이나 우주의 기원을 설명하는 빅뱅설이 제기되기 훨씬 전에, 신약 성경 기자들은 벌써 시간을 초월하는 진리를 이야기하고 있었던 것이다.

이제 중년에 접어든 태양계는 40-50억 년 내에 스스로 불타 없어질 것이라고 한다. 차츰 우주 전체가 무너져내릴지도 모른다. 하지만 그리스도인들은 창조주의 말씀대로 다시 하나가 될 것이다. 우주는 흔히 생각하는 것처럼 그렇게 슬프고 외로운 별이 아니다. 탕자들까지도 언젠가는 제집을 찾게 될 것이기 때문이다.

그날 밤, 주님이 예루살렘의 주택가 어느 다락방에서 흐릿한 촛불을 사이에 두고 제자들에게 하신 말씀 가운데 유난히 헷갈리는 부분이 있다. 예수님은 임박한 죽음에 관한 이야기로 분위기가 우울해진 사실을 알고 계셨다. "도리어 내가 이 말을 하므로 너희 마음에 근심이 가득하였도다"요 16:6. 그래서일까? 마치 기운을 북돋우시려는 듯 덧붙이셨다. "그러나 내가 너희에게 실상을 말하노니 내가 떠나가는 것이 너희에게 유익이라"요 16:7.

248

참으로 뜻 모를 말씀이다. 하나님이 세상에서 거룩한 뜻을 성취하는 데 동원하실 수 있는 방법을 생각해본다. 만나를 넉넉하게 공급하신다면 세계의 기근 문제가 일시에 해결될 것이다. 생소한 종류의 바이러스나 박테리아가 돌연변이를 일으켜 위험한 변종이 되지 않도록 한꺼번에 박멸시켜주실 수도 있다. 자유의지의 폭을 축소해서 히틀러나 폴 포트 같은 독재자를 제거해버리실 수도 있다. 그러나 하나님은 하나뿐인 아들을 몇 년 동안 지구의 한 변방에 보내어 살게 하셨다. 인류에게 보내고 싶어 하시던 메시지를 직접 전달하고 다시 떠나셨으며, 그것이 우리에게 더 유익하다고 말씀하셨다.

궁금증과 불만, 갖가지 요청을 예수님께 직접 전달하는 데 익숙했던 제자들은 곧 전혀 다른 접근 방법, 기도에 의지하게 되었다. 하나님이 사용하실 수 있는 모든 방법 가운데 기도는 가장 허약하고, 모호하며, 무시하고 지나가기 쉬운 방법인 듯하다. 그리스도의 뜻 모를 말씀이 사실이라면, 주님은 권능을 나눠주시는 방편으로 세상을 떠나 하늘로 올라가셨다. 거룩한 자녀들로 하여금 하늘 아버지와 직접 교제하게 하는 한편, 악한 세력과 싸우는 결정적인 역할을 맡기기 원하셨던 것이다.

필요를 알려드리는 일

하나님의 주권 문제를 깊이 파고들었던 20세기 신학자 칼 바르트는 기도를 들으시고 마음을 돌리시는 주님의 모습에서 아무런 모순점을 발견할 수 없었다. "하나님은 벙어리가 아니시며, 우리 기도를 귀 기울여 들으신다. 그리고 한 걸음 더 나아가서 몸소 움직이신다. 기도하든 말든 똑같은 방식으로 역사하시는 게 아니다. 기도는 주님의 행동뿐 아니라 존재 자체에도 영향을 미친다. '응답'이란 바로 그런 것을 의미한다."[17]

바르트의 설명은 계속된다. "인간의 호소에 뜻을 굽히신다는 사실, 다시 말해서 기도를 들으시고 생각을 바꾸신다는 건 연약함의 상징이 아니다. 위엄과 권능이 가득한 영광 가운데서 하나님 스스로 그렇게 의도하신 것이다."[18]

왜 기도하는가? 하늘 아버지가 자녀들의 간구를 즐겨 들으신다는 건 분명하다. 하지만 인간의 지혜나 지식, 기도에 담긴 정보 따위가 필요하시기 때문은 아니다. 예수님은 "구하기 전에 너희에게 있어야 할 것을 하나님 너희 아버지께서 아시느니라"마 6:8라고 지적하신다. 다만 창조 작업의 동반자로 초청하시면서, 동시에 관계 속으로 부르신다. 사도 요한은 말한다. "하나님은 사랑이시라"요일 4:16. 그저 사랑을 가졌거나 사랑을 느끼시는 존재가 아니다. 주님은 사랑이시며 사랑하지 않을 수 없는 분이다. 그러므로 창조주는 자신의 형상을 따라 만든 피조물들과 친밀한 관계를 열망하신다.

바울은 "아무것도 염려하지 말고 오직 모든 일에 기도와 간구로, 너희 구할 것을 감사함으로 하나님께 아뢰라"빌 4:6라고 가르쳤다. 킹제임스 성경은 '아뢰라present'대신 필요를 '알려드려라making known'라고 표현한다. 모든 걸 알고 계신 주님께 어떻게 필요를 알릴 것인가? 열쇠는 바로 관계다.

가끔 안면이 없는 이들이 도와달라는 메일을 보내올 때가 있다. 그중에는 감옥에 갇혀 있거나 외국에 사는 사람도 적지 않다. 더러는 답장을 보내지만 때로는 현지에 있는 친구에게 사실 여부를 확인해달라고 부탁한다. 비슷한 요청이 홍수를 이룰까 봐 한발 물러서기도 한다. 그러나 이웃이나 조카, 또는 잘 알고 지내는 아무개가 보낸 편지라면 상황이 다르다. 상대의 필요를 채우기 위해 최선을 다할 것이다. 똑같은 정보라도 관계에 따라서 긴급하게 느끼는 정도가 크게 달라진다. 해외에서 벌어진 참사 보도를 접하는 것과 아들이나 약혼자가 현장에 있는 상황에서 듣는 건 전혀 다른 차원의 문제다.

'고백'이라는 행위를 다시 생각해보자. 하나님 앞에서 죄를 토설하는 건 엄밀히 말해서 그분이 이미 알고 계신 상황을 전달하는 일에 지나지 않는다. 하지만 고백하는 행동은 그 자체로 관계와 단단히 연결되어 있으며 친밀감을 보장해준다. 죄를 고하지 않았더라면 절대로 누릴 수 없었던 감정이다. 자신을 드러내고 하나님의 처분에 맡기는 과정을 통해 하나님과 일체감을 갖게 되는 것이다. 서로 잘 알고 있는 뭔가에 관해서 아내에게 사과할 때(몹시 드문 일이다)도 똑같은 친밀감이 생긴다. 상대방에게 전달하는 건 사건에 관한 정보가 아니다. 마음을 주고 낮아진 자아를 전달할 뿐이다.

태풍이 지나가거나 공산주의가 붕괴되는 동안 기도가 정확히 어떤 역할을 했는지 나로서는 전혀 알 수가 없다. 시간의 제한을 받는 인간에게는 그럴 만한 능력이 없다. 그렇다 할지라도 어린아이가 사랑이 넘치는 아버지를 찾듯 관심사를 가지고 하나님 앞에 나간다. 그분 없이는 살 수 없다는 걸 인정하고 필요한 것을 알려드린다. 자신이 아니라 하나님이 최종 결정권자라는 사실을 마음 깊이 새긴다. 그렇게 주님과 더불어 시간을 보내고 돌아설 때쯤이면, 이전과는 전혀 다른 세계관을 갖게 된다.

적어도 스스로의 시각이 얼마나 제한적인지 정확하게 파악할 수 있게 된다. 대신 하나님은 자녀들의 관심과 약속, 그 마음을 받으신다.

창조주께서는 다른 수단을 모두 제쳐두고 기도를 사용하기로 작정하셨다. 자유를 크게 강조하는 행동 유형을 선택하신 것이다. 주님은 우리가 요청하길 기다리신다. 세상에서 행하시는 역사를 인간의 손에 맡기시는 쉬 납득하기 어려운 방식이다. 그러다 보면 하나님의 나라와 그분의 뜻이 성취되는 속도가 느려지지 않을까?[19] 그렇다. 하지만 엄마 아빠는 이제 막 걸음마를 뗀 어린 자녀를 위해 보폭을 줄이게 마련이다. 부모의 목표는 스스로의 편리가 아니라 아이들이 굳세게 서도록 돕는 일이기 때문이다.

증거 문서

게일

하나님이 과연 기도를 듣고 응답하실지 불안할 때면 늘 기도 일지를 꺼내든다. 요즘은 컴퓨터 책상이 '제단'이다. 매일 거기 앉아서 성경을 펴 놓고 컴퓨터에다 영혼의 일기를 기록한다. 묵상에 깊이를 더하는 그런 구심점이 내게는 꼭 필요하다.

하루 동안 해야 할 일을 하나님께 여쭤보고 마음에 떠오르는 대로 하나씩 적어둔다. 묵상하는 시간을 마칠 때쯤에는 보통 서너 시간 분량의 일거리를 추려낸다. 이렇게 하는 데는 이유가 있다. 하나님은 종종 우리의 손을 빌어서 기도에 응답하신다고 믿기 때문이다.

날마다 기도 일지를 프린트해서 거기 적힌 내용을 돌아보며 오늘 무얼 배웠는지 생각한다. 그리고 일 년에 한 번 일지를 모아서 한데 묶어둔다. 새로운 시각, 찬양, 식구들에게 일어난 중요한 일, 회개, 즐거운 시간, 걱정거리, 기도 응답 등의 범주로 분류한다. 작년 일지를 모두 정리했더니 잔글씨로 56쪽 분량이었다. 하나하나 읽으면서 정말 놀랐다. 하나님이 기도에 응답하셔서 역사하신 일이 얼마나 많던지! 완고한 불가지론자였던 조카사위는 훨씬 누그러졌다. 지도하고 있던 소그룹 멤버들은 몰라보게 달라졌다. 이웃 가운데서도 영적인 잠에서 깨어난 이들이 나왔다. 우리 부부의 결혼 생활은 한결 성숙해졌다.

착하게 살기 위해 충분히 노력했더라면 내가 원하는 방식으로 기도 응답을 받지 않았을지도 모른다는 생각을 늘 했다. 하지만 이제는 납작 엎드리는 법을 배웠다. 나는 청지기요 졸병일 뿐이다. 무엇이 내게 가장 좋은지조차 제대로 분별하지 못한다. 그동안 거쳤던 어려운 시기를 통해서 하나님은 무엇이든 거룩한 목적을 위해 사용하실 수 있다는 걸 배웠다. 가끔 특별한 결과를 기다릴 때가 있었다. 그런데 나중에 보면 그게 도리어 재앙이 될 일이었다는 사실이 드러났다. 기도하면서 겸손해지는 법을 배웠다. 대장은 내가 아니라 하나님이시다. 낮아지게 만들어주는 건 무엇이든 내게 좋은 일이다. 주님은 자녀를 일으켜 세우시며 크게 기뻐하시기 때문이다.

함께 기도할 수 있는 남편이 있다는 건 축복이다. 아내 또는 남편과 더불어 기도하는 걸 힘들어하는 사람이 왜 그렇게 많은 걸까? 가까이 살지만 잘 모르고 지내던 이들과 같은 기도 모임에 참석하기를 꺼려하는 까닭은 무엇일까? 배우자 또는 상대방에게 아름답지 못한 구석을 보이기 싫은 마음 때문은 아닐까? 그렇다고 겉만 번지르르하게 꾸밀 수는 없다. 그것 역시 스스로 겸손해지는 방법이기 때문이다.

하나님을 조종하려는 야심을 버리고

짐

어려서부터 신앙생활을 했음에도 오랫동안 거룩한 음성을 외면하기만 했다. 하나님이 살아계신다는 사실을 한 번도 의심하지 않았지만, 주변에서 벌어지는 이런저런 일과 관련해서 주님을 못마땅하게 여겼던 게 아닌가 싶다. 그러던 어느 날, 축구 경기장에서 열린 '프라미스 키퍼스' 집회에 참석했다가 하나님께 돌아왔다. 수천 명이 넘는 참석자 틈에 끼어 옛날에 부르던 익숙한 찬송을 부르고 있는데, 갑자기 지난 20여 년 동안 이기적인 이유로 교회를 떠나 그저 나와 나의 가족만을 위해 살았던 게 마음에 사무치며 눈물이 쏟아졌다.

얼마간은 열정을 주체할 수가 없었다. 기독교 서적이라면 손에 잡히는 대로 읽었다. 잠도 거의 자지 않았다. 한밤중에 깨어서 몇 시간 동안 책을 읽곤 했다. 그때만 해도 하나님께 온갖 요구 사항과 불평이 섞인 목록을 꺼내놓았다. 솔직히 말하자면 기도 시간의 대부분을 칭얼거리는 데 할애했다.

얼마쯤 시간이 지난 뒤에야 조용히 거룩한 임재 가운데 침잠할 줄 알게 되었다. 일주일 내내 듣기만 한 적도 있다. 말씀은 주로 주님이 하셨다. 난생 처음, 영혼의 일기를 쓰기 시작했다. 하나님과 나누는 친밀한 교제의 참맛을 더 깊이 음미하게 되었다. "쉬지 말고 기도하라"는 말씀에 어떻게 순종할 수 있는지를 보여주는 작은 사례가 될 만했다. 성령님이 말할 수 없는 탄식으로 기도하신다고 했던 바울의 이야기가 무얼 뜻하는지 비로소 알 것 같았다.

이제는 하나님이 계시느냐 마느냐 따위의 문제로 시간을 낭비하지 않는다. 주님의 임재는 당연한 일이다. 물질적인 필요를 채워달라고 요청하는 데도 시간을 쓰지 않는다. 구체적인 제목은 내게 그다지 중요한 사안이 아니다. 하늘 아버지가 나를 사랑하시며 내가 염려하는 일을 이미 알고 계신다는 점을 다시 확인해주시길 바랄 따름이다.

차츰 하나님을 의지하는 법을 배웠다. 일단 주님을 신뢰하게 되면 그밖의 일은 상대적으로 덜 중요해진다. "실제로 제 기도를 듣고 계시다면, 앞으로 10분 안에 사슴 한 마리가 지나가게 해주세요" 하는 식으로 창조주를 시험하는 기도를 드린 적도 있다. 가끔은 정말 그런 일이 일어났다. 하지만 그게 얼마나 천박한 기도인지 금방 깨달았다. 숫제 전능자를 조종하려고 덤비는 꼴이 아닌가! 실생활과 관련된 구체적인 제목도 마찬가지였다. 주님이 아이들을 조종해서 내가 원하는 대로 행동하게 해달라고 간구하기 십상이었다.

지금은 더 이상 그런 짓을 하지 않는다. 집착하고 매달리는 일일수록 실망스럽고 참담한 결과를 얻기 쉽다는 걸 알게 되었다. 인생 최대의 선물은 기대하지도 않은 순간에 내 앞에 뚝 떨어졌다. 친구는 그걸 '은혜의 약속 어음'이라고 불렀다. 기도도 그렇다. 바울은 빌립보서에서 아무것도 염려하지 말고 모든 일을 위해 기도하라고 권면한다. 그게 하늘의 평강을 얻는 열쇠라는 것이다. 무언가를 채워달라고 요청하는 것보다는 그분과 더불어 시간을 보내는 일 자체가 내게는 더 소중하다.

그리고 만일, 쉴 새 없이 기도해서 전능하신 하나님의 뜻을 돌려놓을 여지가 있다면, 끈질기게 부르짖어 마침내 주님을 지치게 만들겠습니다. _존 밀턴[1]

구하라, 찾으라, 두드리라

예수님이 들려주시는 이야기를 들으면서 청중들은 슬며시 미소를 짓거나 아예 낄낄거리며 웃음을 터트렸을 것이다. 한밤중에 어느 집으로 나그네가 찾아들었다. 사막에서는 뜨거운 햇살을 피해 해가 진 뒤에 여행하는 게 일반적이다. 주인은 기꺼이 방을 내주었지만 마땅히 대접할 음식이 없었다. 그날따라 찬장은 텅텅 비어 있었다. 손님을 후하게 대접하기로 정평이 난 동네에서 가난한 나그네를 문전박대하거나 끼니를 거른 채 잠자리에 들게 하는 건 점잖은 사람이 할 짓이 아니었다. 집주인은 얼른 이웃집으로 달려갔다. 빵을 좀 얻어 올 심산이었다.

레바논에서 40년 가까이 살았던 장로교 선교사 케네스 베일리는, 이 이야기는 문화적인 배경을 알아야 더 실감나게 이해할 수 있다고 말한다. 팔레스타인 지역 주민들은 빵을 한 입에 먹기 좋은 크기로 잘게 잘라서 고기와 야채를 섞어 만든 요리에 푹 적셔 먹는다. 따라서 빈 쟁반을 들고 친구를 찾아간 집주인은 빵 몇 덩어리와 아울러 곁들여 먹을 요리까지 청하는 것으로 보아야 한다는 것이다. 중동 지역에서는 급한 일이 생기면 이처럼 서로 도움을 청하고 힘을 보태는 경우가 많다. 베일리 선교사도 비슷한 일을 몇 차례 겪었다. "현지에서 사역할 당시, 한동안 옛 풍습이 그대로 살아 있는 마을에 살았다. 이웃에게서 적절한 음식을 거둬다가 손님을 대접하는 관습에 관해서라면 우리 역시 예외가 될 수 없었다. 참으로 놀라운 일은 아내와 내가 손님인 경우에도 상황은 달라지지 않는다는 것이다. 가끔 건너편 집에서 식사하러 오라고 부를 때가 있었는데, 밥상을 받아보면 많이 보던 음식이 나오는 경우가 왕왕 있었다. 마을 사람들이 우리 집 요리사에게 은밀히 얻어온 것들이었다."[2]

이런 관습에도 불구하고, 비유에 등장하는 이웃은 쟁반을 들고 찾아간 집주인의 요청을 완강하게 거절했다눅 11장 참조. 단칸방에 온 식구가 누워 막 자려던 참이라고 했다. 문도 단단히 걸어 잠그고는 밖에다 대고 소리쳤다. "나를 괴롭히지 말게. 문은 이미 닫혔고, 아이들과 나는 잠자리에 누웠네. 내가 지금 일어나서, 자네의 청을 들어줄 수 없네"눅 11:7, 새번역.

그리스도에게 직접 이 이야기를 들은 중동의 청중들은 그 어설픈 핑계에 박장대소했을 것이다. 그런 이웃이 있을 수 있겠느냐고 예수님은 물으셨다. 청중들은 손사래를 쳤을 것이다. "말도 안 됩니다. 여기서는 누구도 그렇게 무례하게 굴지 않을 거예요. 혹시라도 그랬다가는 해가 뜨자마자 소문이 쫙 퍼질 테니까요."

무리의 말이 끝나기가 무섭게 주님은 핵심을 찌르셨다. "내가 너희에게 말하노니 비록 벗 됨으로 인하여서는 일어나서 주지 아니할지라도 그 간청함을 인하여 일어나 그 요구대로 주리라"눅 11:8. 그리고 곧바로 기도에 적용하셨다. "내가 또 너희에게 이르노니 구하라. 그러면 너희에게 주실 것이요. 찾으라. 그러면 찾아낼 것이요. 문을 두드리라. 그러면 너희에게 열릴 것이니"눅 11:9.

누가는 이 이야기를 주님이 가르쳐주신 기도 바로 다음에다 배치했다. 한사코 문을 열지 않으려는 이웃 남자와 하나님 아버지를 선명히 대비시키고 있는 것이다. 괴팍한 이웃 남자는 잠을 자려고 자리에 누웠다. 밖에서 기다리는 이가 어서 돌아가기만 바랐다. 어떻게든 못 들은 척하려고 했다. 그랬던 이웃조차 결국 못 견디고 일어나 뭔가를 내주었다면, 하나님은 뻔뻔스럽고 끈덕지게 매달리는 자녀들의 기도에 오죽 잘 응답하시겠는가? 다른 걸 다 떠나서, 세상의 못된 아버지라 할지라도 생선을 달라는 아들의 베개 밑으로 뱀을 쑥 넣어주거나 딸의 밥상에 달걀 대신 전갈을 던져주지는 않는 법이다.

그리스도는 비유를 통해서 직전에 가르치신 모범 기도를 새롭게 조명하신다. 주님의 기도가 그저 예배 순서나 주문으로 전락하지 않도록 단단한 버팀목을 대신 것이다. 그리스도인은 발을 쐐기처럼 문틈에 밀어넣고 물건을 파는 세일즈맨처럼, 팔뚝으로 상대방 머리통을 단단히 붙들고 놓아주지 않는 레슬링 선수처럼 기도해야 한다.

"너를 지키시는 이가 졸지 아니하시리로다"시 121:3라고 하신 약속은 언제 봐도 위로가 된다. 하지만 스스로 하나님을 졸리게 하는 기도를 드리고 있지는 않은지 살펴볼 필요가 있다. 예수님은 목소리를 높이라고 은근히 부추기신다. 한밤중에 친구네 집에 찾아간 남자처럼 기도하라. 문을 계속 두드리라.

문을 두드리라

누가는 예닐곱 장쯤 더 기록한 뒤에 다시 한 번 아주 매력적인 이야기를 소개한다. 아무도 뜯어말릴 수 없을 만큼 끈질기게 매달려서 뜻을 이룬 어느 과부가 그 주인공이다. 제자들은 예수님의 비유를 들을 때마다 어리둥절 머리를 긁적이기 일쑤였지만 이번에는 그럴 염려가 없었다. 놓치지 말아야 할 핵심을 첫머리에서 제시하고 들어가기 때문이다. "항상 기도하고 낙심하지 말아야 할 것을 비유로 말씀하여"눅 18:1. 과부의 탄원에 귀를 기울이지 않았던 냉정하고 부패한 재판장과 하나님을 비교하는 등 이야기를 풀어가는 방식에도 다소 아슬아슬한 점이 있다.

요즘 같으면 웬만한 도시마다 무료로 법률 지원을 해주는 단체들이 있어서 가난하고 소외된 이들에게 까다로운 재판 절차와 진술 과정에 적절히 대처하도록 도와주지만, 예수님 당시에는 상황이 전혀 달랐다. 어느 서양인이 19세기 이라크에서 목격했다는 재판 장면을 보면 그 분위기가 어땠을지 어렴풋하게나마 짐작할 수 있다.

바닥보다 조금 높은 단상에 카디, 즉 재판관이 푹신한 쿠션에 몸을 반쯤 파묻고 앉아 있다. 그를 둘러싸고 각기 다른 일을 맡아보는 법원 서기들과 지역 유지들이 포진해 있다. 일반 백성들은 재판정 아무 곳에나 적절히 자리를 잡았다. 잠시 후, 수많은 목소리가 한꺼번에 터져나왔다. 다들 자기 얘기를 먼저 들어달라는 것이다. 하지만 소송 당사자는 신중하게 처신했다. 논쟁에 끼어들지 않고 서기들이 요구하는 대가를 은밀히 쥐어주면서 귓속말을 주고받았다. 이윽고 욕심을 채운 하급 직원이 카디의 귀에 대고 뭔가를 속삭이자 곧 이러저러한 심리가 진행되었다. 재판이 뇌물을 많이 쓴 쪽에 유리하게 돌아간다는 건 공공연한 사실로 보였다. 그런데 갑자기 군중 가장 바깥쪽에 밀려나 있던 가난한 여인 하나가 억울함을 풀어달라고 계속해서 소리치며 공판 진행을 방해했다. 재판장은 조용히 하라고 엄하게 경고하며 어떻게 날마다 이런 짓을 하느냐고 꾸짖었다. 그래도 여인은 굽히지 않았다. "카디가 내 말을 들어주지 않으면 나도 포기하지 않을 겁니다!" 소송이 끝나갈 무렵, 더 이상 참을 수 없었던 재판관이 물었다. "저 여자가 원하는 게 뭔가?" 금방 사연이 파악되었다. 일찍이 남편을 잃고 외아들마저 군대에 나간 뒤로는 혼자 살고 있다고 했다. 힘이 부쳐서 논밭을 경작하지 못하는 처지라고 했다. 홀로 된 과부의 신세였으므로 마땅히 세금을 면제받아야 하지만, 어찌된 셈인지 세무 당국은 납세를 독촉하고 있었다. 카디는 몇 가지 질문을 던지고 나서 판결을 내렸다. "면세 처분을 내리노라." 여인의 끈기는 보상을 받았다. 법원 서기를 구워삶을 돈이 있었더라면 진즉에 해결됐을 일이었다.[3]

예수님의 비유는 이보다는 덜 자세하고 등장인물도 단둘에 불과하지만, 거의 똑같은 장면을 소개하고 있다. 재판관은 마침내 원고의 간청에 지고 말았다. "내가 하나님을 두려워하지 않고 사람을 무시하나 이 과부가 나를 번거롭게 하니 내가 그 원한을 풀어주리라. 그렇지 않으면 늘 와서 나를 괴롭게 하리라"눅 18:4-5. (여기 사용된 '괴롭게 하다'라는 동사는 본래 눈두덩을 연속으로 얻어맞는다는 뜻의 권투 용어다.)

이 비유에서도 대조가 뚜렷하다. 기도하다 보면 '과부'의 심정을 느낄 때가 한두 번이 아니다. 외롭고 의지할 곳이 없으며, 불의한 힘에 눌려 억울한 해를 입고, 보살핌을 받지 못하며, 맨 뒷줄로 밀려난 듯한 느낌에 시달린다. 하지만 실상은 전혀 다르다. 그리스도인이라면 누구나 훌륭한 변호사는 물론이고, 냉담한 재판장과는 딴판으로 언제나 사랑을 베풀어 주시는 아버지와 직접 통화할 수 있는 핫라인까지 확보한 셈이다. 하나님의 응답이 조금 지체되면 흔히들 관심이 없으신 게 아닌지 의심의 눈길을 보낸다. 예수님은 불의한 재판장의 비유를 통해서 잘못된 통념을 바로잡으신다. 어떻게 느끼느냐를 뛰어넘어 하나님 사랑의 실체를 다시 확인해주신 것이다. 냉정한 재판장일지라도 힘없는 과부의 끈질긴 하소연을 듣고 소원을 풀어주었는데, "하물며 하나님께서 그 밤낮 부르짖는 택하신 자들의 원한을 풀어주지 아니하시겠느냐"눅 18:7고 반문하신다.

하지만 청중들이 '맞아, 그렇지!'라고 안도하는 순간 뜨끔한 한마디를 덧붙이셨다. "그러나 인자가 올 때에 세상에서 믿음을 보겠느냐"눅 18:8. 방금 전까지 장차 다시 오시리라는 말씀을 하고 계셨으므로 제자들은 지금 무슨 이야기를 하고 계신지 잘 알았을 것이다. 주님은 언젠가 공의가 통치하는 시대가 반드시 올 것이며, 그때는 인자가 커다란 권세를 가지고 영광 중에 나타나 이 폭력적인 세상을 완전히 바꿀 것이라고 약속하셨다. 뒤틀린 세상을 바로잡고 창조주께서 애당초 의도하셨던 모습으로 되돌려놓겠다는 말씀이다. 하나님이 설계하셨던 나라는 불의한 재판관과 소외된 과부가 없는 세상, 가난과 죽음, 고통과 배신이 존재하지 않는 곳이었다. 그러나 언제가 될지 모르는 그날까지는 하나님을 의심하거나, 백 퍼센트 불신하거나, 불의한 재판관으로 오해하는 시험을 피할 수 없다.

예수님의 가르침을 직접 듣고 나서 몇 년이 흐른 뒤 쓴 편지에서, 사도 베드로는 말세에 이르면 주님의 예언을 비웃는 이들이 나타날 것이라고 적었다. "주께서 강림하신다는 약속이 어디 있느냐. 조상들이 잔 후로부터 만물이 처음 창조될 때와 같이 그냥 있다 하니"벧후 3:4. 그리스도의 재림을 기다린 지 20세기가 지난 지금, 아직 완전히 구속받지 못한 이 행성의 상황은 날이 갈수록 험악해지고 있다. 하나님을 사랑과 권세가 많으신 분으로 믿는 신앙을 포기하게 만드는 유혹이 말할 수 없이 강력해졌다. '항상 기도하고 낙심하지 말아야 할 것'을 가르치시기 위해 예수님은 강청하는 과부의 이야기를 들려주셨다. 역사란 곧 믿음에 대한 시험이며 거기에 올바르게 반응하는 방법은 끈질긴 기도뿐이다.

오래된 영어 성경들은 예수님의 비유에 등장하는 '과부'와 '빚진 자'를 설명하면서 '성가시게 조르는importunate'이라는 희귀한 표현을 동원한다. 뭔가를 요청하는 모습은 이 단어의 느낌 그대로 귀찮게 조르는 것처럼 보인다. 윌리엄 윌버포스는 노예 제도 폐지를 끈질기게 주장하면서 영국 의회에 매년 똑같은 법안을 제출했다. 미국의 윌리엄 프록스마이어 상원 의원은 제노사이드 조약이 통과될 때까지 날마다 단상에 올라 발언을 했다. (19년 동안 무려 3,211회나 발언대에 올랐다.) 영화 〈데드맨 워킹〉에 등장하는 헬렌 프리진 수녀는 사형 제도 폐지를 호소하기 위해 피곤한 줄 모르고 미국 전역을 돌아다녔다. 앨라배마 주 의회 의사당 계단에 올라선 마틴 루터 킹 주니어는 셀마에서 그곳까지 피의 대가를 치르며 행진해온 군중에게 외쳤다. "얼마나 오래 … 얼마나 오래 … 얼마나 더 오래 기다려야 합니까?"

제3세계 부채 탕감, 아프리카 에이즈 확산 방지, 노숙자 대책, 낙태 반대, 성매매 중지, 인종주의 철폐, 증오 범죄 예방, 음주 운전 추방, 의료 혜택 확대, 부조리한 전쟁 중단, 환경 보호, 포르노그래피 척결, 수형 시설 개선, 테러리즘 반대, 인권 신장 등 갖가지 대의를 실현하기 위해 애쓰는 운동가들을 생각해보라. 차츰 기운이 떨어지고 때로는 싸움을 포기하고 싶은 유혹에 시달릴 게 불을 보듯 뻔하지 않은가?

그런 이들의 눈에는 하나님이 비유 속의 냉담한 재판장이나 무정한 이웃처럼 보일지도 모른다. 하지만 예수님은 전혀 그렇지 않다고 단언하신다. 자녀들이 부탁하고 요청하는 일이라면, 특히 하나님나라의 큰 뜻을 이루는 사안이라면, 하늘 아버지는 한량없는 인내심을 가지고 경청해주신다는 것이다. 그것 말고는 시편 기자들의 끈덕진 탄원과 예언자들의 끈질긴 탄식이 성경에 그토록 자주 등장하는 이유를 설명할 길이 없다.

헬무트 틸리케는 "끈질긴 과부의 비유"라는 설교에서 "하나님은 기도하는 교회에 세상을 지배하는 힘의 일부를 반드시 나눠주신다"고 했다.[4] 그와 같은 시대를 살았던 히틀러나 스탈린 같은 역사 속 거인들은 스스로 우주적인 드라마의 감독이라는 망상에 빠져 세상을 활보했지만, 실제로는 잠시 무대에 얼굴을 비췄다 사라지는 단역 배우에 불과했다. 역사를 창조주가 연출하는 드라마로 인식하는 이들만이 진정한 힘을 소유했다. 그야말로 구하고, 찾고, 두드리는 이에게만 허락되는 권세였다. 기도는 하나님으로 하여금 자유롭게 역사하시게 하는 도구다. 그리스도인은 행동과 기도를 무기로 세상의 무질서에 저항하며 악의 지배력과 맞서 싸움으로써 주님이 "인자가 올 때에 보겠느냐"던 '믿음'을 보여드릴 수 있다.

경우에 따라서는 끈질긴 기도가 채 응답되기도 전에 한 세대가 다 지나갈 수도 있다. 자신의 조국인 독일에 평화와 정의가 실현되기를 간구하는 틸리케의 기도가 응답될 때까지 얼마나 많은 병사가 전쟁터에서 쓰러졌는가? 민족 전체가 한줌 재가 되어 사라질 것만 같은 상황에서 얼마나 많은 유대인이 미래를 위해 기도하다 죽어갔는가? 민중 봉기로 부패한 정권이 붕괴되기까지, 필리핀의 그리스도인들은 끈질기게 주님이 구원해주시길 요청해야 했다. 철의 장막이 비폭력 시위대의 손에 무너지기 전까지 수백만 러시아인이 수용소 군도에서 고통을 당했다. 높다란 담장 너머에서 사상 최대의 영적인 부흥 운동이 일어나고 있기는 하지만, 중국에서는 아직도 얼마나 많은 그리스도인이 투옥과 고문에 시달리는지 모른다.

조금 차원을 좁히면, 많은 성폭력 희생자가 날마다 상처와 수치심에 잠 못 이루며 치유를 갈구하고 있다. 약물 중독에 빠진 이들은 하나님께서 건져주시길 늘 기도하지만 눈을 뜨는 순간부터 하루하루 처절한 싸움을 벌여야 한다. 자신을 파괴하는 길에 들어선 자녀들을 위해 울부짖는 부모들은 또 얼마나 많은가.

알코올 중독에서 헤어나오려고 발버둥 치던 친구 생각이 떠나지 않는다. 그는 잠자리에 들 때마다 내일은 술 생각이 깨끗이 사라지게 해달라고 기도하지만, 눈을 뜨기가 무섭게 위스키 한잔이 간절해지는 통에 말할 수 없는 좌절감을 느낀다며 괴로워했다. 하나님이 정말 기도를 듣기는 하시는가? 그러나 나중에서야 깨달은 사실이지만, 술을 마시고 싶어하는 욕구야말로 친구가 그토록 열심히 기도에 매달릴 수밖에 없었던 가장 큰 동기였다. 끈질긴 유혹이 끈덕진 기도를 자극한 것이다.

악은 거대한 철문(예수님의 표현대로라면 '지옥의 문들')처럼 당당하게 앞을 가로막고 있다.[5] 기도는 망치질을 하듯 그 문을 두들겨 부순다. 문짝은 좀처럼 흔들리지 않고 심지어 꼼짝도 않는 것처럼 느껴진다. 공격할

테면 해보라는 듯 버티고 서 있다. 기도가 마치 망치로 철판을 두드리는 소리처럼 둔탁하고 알맹이가 없는 것처럼 보일지 몰라도 예수님은 지옥의 문들이 기도의 힘을 견뎌내지 못할 것이라고 단단히 약속하셨다. 음부의 권세는 반드시 무너진다. 한때 독일을 동서로 분단시켰던 베를린 장벽처럼, 유럽을 갈라놓았던 철의 장막처럼 산산이 부서질 것이다.

한번으로는 충분하지 않다

제리 싯처라는 작가는 부모의 시각에서 '끈기'를 풀이했다. "CD 플레이어, 자전거, 보트, 자동차, 집, 신나는 가족 휴가 등 그동안 아이들이 요구한 걸 다 꼽자면 입이 아플 지경이다. 아무거나 눈에 띄는 대로 갖고 싶다는 식이어서, 웬만한 건 다 무시하고 지나간다. 뭔가를 요구할 눈치가 보이면 각오를 새롭게 하고, 돌처럼 굳은 마음을 가진 부모로 변신한다. 하지만 아이들이 쉬 포기하지 않고 조를 때는 귀를 쫑긋 세우고 듣는다. 끈질기게 매달린다는 건 그만큼 진지하다는 뜻이기 때문이다."[6]

육신의 부모와 달리, 하늘 아버지는 자녀들의 요청을 처음 듣는 순간부터 동기가 순수한지 불순한지, 고상한지 이기적인지 한눈에 꿰뚫어보신다. 그렇다면 어째서 예수님은 끈질기게 간구하는 자세를 그토록 높이 평가하시는 걸까? 기도에 관한 비유를 읽을 때마다 늘 그게 궁금했다. 기도하는 인간의 입장에서도 똑같은 요청을 거듭 되풀이하는 게 싫증이 나는 판에, 하나님은 오죽 지겨우시겠는가? 그런데도 문을 계속 두드리라고 하시는 이유는 무엇인가? 왜 겹겹이 둘러선 사람들을 뚫고 들어가 소원을 외치라고 하시는가? 진심으로 한번 기도했으면 그것으로 충분하지 않을까?

우선 그리스도가 세상에 계실 때 보여주신 모습에서 실마리를 찾아보기로 했다. 끈질기게 구하는 태도를 소중히 여기신 장면을 곳곳에서 목격할 수 있었다. 나사로가 세상을 떠나자 두 누이, 즉 부지런한 마르다와 말씀 듣기를 좋아하는 마리아는 한목소리로 예수님을 원망했다. "주께서 여기 계셨더라면 내 오라버니가 죽지 아니하였겠나이다"요 11:21. 여인들은 그동안 꾹꾹 눌러왔던 슬픔을 한꺼번에 쏟아냈다. 예수님 또한 여인들만큼 깊은 슬픔에 잠기셨다.

가나안 여인이 병든 딸을 고쳐달라고 성가실 만큼 간절하게 매달리는 장면도 있다. 제자들의 태도를 보면 앞서 비유에 나오는 냉정한 이웃이 저절로 생각난다. "그 여자가 우리 뒤에서 소리를 지르오니 그를 보내소서"마 15:23. 처음에는 예수님마저도 여자의 요청을 못들은 척 물리치셨으며 도움을 요청할 자격까지 문제 삼으셨다. 이방 여인은 끈질기게 졸랐다. 주님은 깊이 감동을 받으시고 소원을 들어주셨으며 믿음의 표본으로 추켜세우셨다.

예수님은 우물가에서 만난 사마리아 여인과 생활 방식이라든지 신앙적인 신념 따위에 대해 이야기를 나누셨다. 또 예루살렘으로 올라가시는 도중에는 어느 부자 청년과 더불어 부富의 위험에 대해 토론하셨다. 여인은 끈질기게 매달렸으며 삶이 달라졌다. 반면에 청년은 씨름을 포기하고 슬퍼하며 물러갔다.

이런 장면들을 통해서 하나님은 문제를 헤쳐나가는 과정에 관심을 가지신다는 사실을 깨달았다. 시종일관 인간의 자유를 존중하시는 그분은 누구에게도 강요하는 법이 없으시다. 자녀들의 고집스러운 태도를 진정한 변화를 갈망하는 증거인 동시에 영적으로 성장하기 위해 갖춰야 할 전제 조건으로 보신다. 뭔가를 간절히 원한다면 거기에 몰두하고 집착하는 게 당연하지 않은가! 높은 산에 오르는 일이든, 지붕에서 딱따구리를 쫓아내는 작업이든, 집에다 초고속 인터넷을 설치하는 문제든 뜻을 이루기 위해서 최선을 다할 것이다. 기도할 때도 똑같은 마음가짐으로 임하는가?

쇠렌 키르케고르는 "기도는 하나님을 바꾸지 않는다. 기도하는 사람을 바꿀 뿐"이라고 말한다.[7] 글을 쓰고 책을 만들면서 이 말을 수없이 인용했다. 그러나 지금까지 주로 성경 말씀을 근거로 이야기한 여러 가지 이유 때문에 이 말의 전반부에 대해서는 전혀 동의할 수 없다. 하나님은 자녀들에게 마음의 소원을 조금도 감추지 않고 있는 그대로 가져오라고 요구하신다. 그렇게 하지 못하는 까닭에 뜻밖의 기쁨을 누리지 못하는 경우가 허다하기 때문이다. 예수님께 고쳐달라고 고래고래 소리치지 않았더라면, 길가에 서 있던 열 명의 문둥병자는 어떻게 되었을까? 가나안 여인이 스스로 포기하고 그리스도께 고하지 않았다면 병든 딸은 어떻게 되었을까?

하나님은 절대로 마음을 바꾸지 않을 것이라고 지레짐작해서 아예 기도조차 하지 않는 이들이 얼마나 많은지 모른다. "창조주께서 장차 어떻게 될지 이미 결정해두셨다면, 새삼스럽게 귀찮게 해드릴 필요가 없지 않겠는가?" 아이러니컬하게도 그런 식의 숙명론은 키르케고르가 남긴 경구의 후반부까지 부정하게 만든다. 거룩한 자녀들은 폭풍우 속에서도 기도로 하늘을 바꾸기 때문이다. 예수님의 두 가지 예화의 강조점, 즉 하나님이 기도에 귀를 기울이신다는 사실을 믿지 않을 바에는 기도할 필요가 없다. 그렇게 되면 친밀한 관계를 유지하기 위해 주님이 설정해두신 주요 통로가 막혀버린다.

끈질긴 기도에는 몇 가지 실제적인 이점이 있어서 하나님과 지속적인 연대감을 갖게 해준다. 주님 앞에 마음을 쏟아내는 순간, 무거운 짐을 내려놓게 된다. 말하자면, 해결 능력이 탁월한 분께 부담스러운 과제를 넘기는 셈이다. 깊은 속내를 모를 때는 더러 하늘 아버지가 불의한 재판장이나 인색한 이웃처럼 보이기도 하지만, 조금씩 실체를 알아갈수록 전혀 닮지 않았다는 사실을 깨닫게 된다. 하나님과 더불어 시간을 보내며 중요한 진리를 배우고 성장하다 보면, 주님이 세상에서 행하시려는 역사가 무엇이며 그 섭리 속에서 자신이 감당해야 할 역할이 무엇인지 구별하는 능력이 차츰 향상된다.

키케로는 신전에 기도하러 다니는 세상 사람들의 속셈을 쌀쌀맞게 꼬집었다. "주피터에게 선량한 인간이 되게 해달라고 기도하는 게 아니라 물질적인 이득을 얻게 해달라고 빌 뿐이다."8 우리는 그 말을 거꾸로 적용해야 한다. 그리스도인들 역시 더러는 세속적인 이익을 염두에 두고 하나님께 다가서며, 간혹 은혜를 입어 소원하던 바를 이루기도 한다. 그러나 기도라는 바로 그 행동을 통해서 주님이 우리를 변화시킬 수 있는 채널이 열린다. 끈질긴 기도는 하나님의 눈으로 세상과 자신을 보게 해서 궁극적인 변화를 이끌어낸다. 관계가 진전되면서 저마다에게 무엇이 필요한지 하나님이 정작 본인들보다 더 분명한 그림을 가지고 계시다는 사실을 절감하게 된다.

끈질기게 누군가를 설득하는 것은 보통 상대방이 나의 관점을 받아들이도록 애쓰는 걸 말한다. 자동차 판매원이 내가 제시한 가격에 맞추도록 유도하고, 이웃 사람이 내가 좋아하는 후보에게 투표하도록 납득시킨다. 초보 단계의 기도에서는 이런 방식으로 접근한다. 하지만 결국은 거룩한 관계에서 하나님이 비교할 수 없을 만큼 더 지혜로우시며 탁월한 파트너임을 깨닫게 된다. 실제로는 주님 역시 오랫동안 우리가 쉽게 놓치는 불가사의한 방법으로 구하고, 찾고, 두드리신 것을 알게 된다.

조지 맥도널드는 말한다. "대단히 미미하고 시시한 기도 한 토막을 들어주고, 용납하며, 주의하는 신이 아니라면 쉽게 믿음을 줄 수 없을 것이다. 하지만 인간의 요구를 하나도 물리치지 않고 듣는 족족 받아주는 신이라면 그건 악신이 분명하다. 하나님이 아니라 악마다."[9] 기도는 독백이 아니라 서로서로 관계 안에서 맞춰가는 진실한 대화다. 처음에는 자기 소원을 아뢴다 할지라도 시간이 흘러 대화가 깊어지면 전혀 다른 관심사를 갖게 된다. 베드로는 기도하러 지붕에 올라가면서 주로 음식을 생각하고 있었다행 10장. 인종 차별과 율법주의를 포기하고 내려오게 될 줄은 꿈에도 생각지 못했다. 지속적이고 끈질기게 기도하는 과정에서 인간적인 욕망과 계획은 차츰 하나님의 뜻이나 섭리와 조화를 이루게 된다.

잃음으로써 얻는 원리

"기도하는 데 한 시간씩 써야 할 이유가 뭐란 말인가? 그저 두 손 놓고 앉아서 나를 화나게 만든 이들, 나한테 화가 난 이들, 읽어야 할 책들, 써야 할 원고 등 순간순간 마음을 빼앗아가는 오만가지 잡다한 일을 생각하는 게 무슨 소용이 있는가?"[10] 헨리 나우웬은 이 문제를 다양한 각도에서 바라보고 가능한 모든 해답을 찾아내려 노력했다. 때로는 영성 훈련의 필요성을 깊이 자각하고 당장 눈에 보이는 성과가 없을지라도 성실하게 정해진 일과를 수행해냈다. 그는 "기분을 좋게 해준다든지 구체적인 도움이 된다든지 하는 것이 기도하는 가장 큰 이유가 되어서는 안 된다"면서 "하나님이 자녀들을 사랑하시며 우리의 관심을 받고 싶어 하시므로 기도해야 한다"고 강조했다.[11]

마침내 헨리 나우웬은 "총체적으로 혼란스럽고 말할 수 없을 만큼 심란한 날 동안 계속해서 매일 아침 한 시간씩 거룩한 임재 가운데 머물렀던 경험이 내 삶을 극적으로 바꿔놓았다"고 고백하기에 이르렀다.[12] 그는 겸손하게 주님께 의지하는 법을 배웠으며, 열매를 거둘 기미가 전혀 보이지 않는 상황을 무릅쓰고 장시간 끈질기게 기도한 끝에, 그동안 하나님이 미세하고 부드러운 음성으로 줄곧 말씀하고 계셨다는 사실을 깨달았다.

기도는 하나님을 바꾸지 못하며 기도하는 사람을 바꿀 뿐인가? 어쩌면 기도를 통해서 일어나는 내면의 변화야말로 모든 이들이 갈구하는 응답의 실체, 이렇게 표현해도 된다면, '하나님 안에서의 변화'인지도 모른다. 끈질긴 기도야말로 하나님이 역사하시기에 합당한 새로운 영적 차원으로 우리를 이끌어준다. 아브라함이나 모세, 야곱 같은 이들이 자신과 그토록 치열하게 씨름했던 것도 아마 그 때문이 아닌가 싶다. 하나님과 씨름하는 과정을 거치면서 그분이 원하시는 대로 거룩한 성품을 키워갈 수 있었던 것이다.

시몬 베유는 묻는다. "하나님과 씨름을 벌이고도 깨어지지 않았다면,

그보다 더 큰 재앙이 있을까?"¹³ 다시 말해서, 지금은 패배처럼 보여도 언젠가 영원한 승리로 변할 수 있다는 것이다. '속이는 자' 야곱은 멀쩡한 두 다리를 뽐내며 돌아다녔지만, 이스라엘은 다리를 절었을지라도 열국의 아비가 되었다. 끈질긴 기도의 진정한 가치는 무엇을 얻느냐가 아니라 어떤 사람이 되느냐에 있다.

나는 목표 지향적이며 무슨 수를 써서라도 과제를 완수하겠다는 식의 생활 태도를 가지고 있다. 산을 오르든, 책을 쓰든 언제나 한결같다. 기도는 그런 나를 제자리에 멈춰 서게 한다. 또한 누군가를 위해 기도할 수는 있을지언정, 그를 '바로잡아줄' 수는 없다는 사실을 가르쳐준다. 갖고 싶은 것들을 원하는 시점에 모두 얻을 수는 없는 법이다. 속도를 낮추고 기다려야 한다. 언뜻 포기처럼 보이는 방식으로 하나님께 요청해야 한다. 모든 걸 그분께 맡기는 것이다. 그렇게 순종하는 행동을 발판으로 주님은 화평과 인내, 오래 참음, 양선, 충성, 온유, 절제 등 그토록 갖고 싶어 하던 성품 또는 열매를 내 안에서 키워가기 시작하신다.

아우구스티누스는 "자신을 올바르게 세워주시길 기도할 뿐, 하나님을 가르치려 들지 말라"고 충고한다.¹⁴ 어떻게 하면 기도 생활을 충실하게 유지해나갈 수 있는지 갖가지 실험을 거듭하고 있는데, 개인적으로는 그런 시도들이 하나님이 튀어나온 부분을 잘라내고 각진 모서리를 둥글게 다듬어가시는 과정이라고 생각한다. 거기서 패배와 승리를 모두 보았다. 칭얼대기를 포기한 아이처럼 응답을 조르지 않으면서 기도하는 법을 배우고 나서야 그토록 끈질기게 요청했던 일들이 해결되는 경우도 있었다. 응답은 놀라움으로, 기대하지 않았던 은혜로 다가왔다. 처음에는 선물을 받고 싶어서 기도했지만 결국은 선물을 주시는 분을 알게 됐으며 더 이상 구하지 않게 된 선물까지 덤으로 받게 되었다.

이웃의 청을 거절한 괴팍한 남자의 이야기를 기록하면서 누가는 이렇게 마무리지었다. "너희가 악할지라도 좋은 것을 자식에게 줄 줄 알거든 하물며 너희 하늘 아버지께서 구하는 자에게 성령을 주시지 않겠느냐"눅 11:13. 마태는 한 군데만 다른 표현을 사용했다. "너희가 악한 자라도 좋은 것으로 자식에게 줄 줄 알거든 하물며 하늘에 계신 너희 아버지께서 구하는 자에게 좋은 것으로 주시지 않겠느냐"마 7:11.

그리스도인은 기도로 하나님께 소원을 아뢴다. 경우에 따라서는 똑같은 문제를 가지고 거듭 요청하기도 한다. 이제는 응답을 받기에 합당한 상태가 되어야 한다. 주님이 주고 싶어 하시는 것들을 달라고 기도해야 한다. '좋은 것'이나 '성령'을 구해야 한다는 말이다. (거룩한 눈으로 보자면 성령님, 곧 하나님 자신을 선물로 주시는 것보다 더 훌륭한 응답이 어디 있겠는가?) 베드로처럼 음식 때문에 기도를 시작했다가 인종적인 편견을 버리라는 가르침을 받을 수도 있다. 바울처럼 병을 고치기 위해 기도했다가 겸손에 대한 교훈을 얻을 수도 있다. 시험에서 건져주시길 기도했다가 환난을 견디는 인내를 얻을 수도 있다. 감옥에서 풀려나기를 기도했다가 갇혀 있는 시간을 하나님나라의 유익을 위해 선하게 활용할 수 있는 능력을 갖게 될 수도 있다. 예수님 말씀처럼 구하고 찾고 두드리는 기도는 우선 하나님께 영향을 미치지만 다른 한편으로는 구하고 찾고 두드리는 사람을 영원히 변화시킨다.

바울은 에베소 교회에 편지하면서 "우리는 그가 만드신 바라. 그리스도 예수 안에서 선한 일을 위하여 지으심을 받은 자"엡 2:10라고 했다. '만드신 바'라는 표현은 시를 뜻하는 영어 단어 poem의 어원인 *poiema*를 어색하게 옮긴 말이다. 바울이 전달하고 싶었던 의미는 우리 모두가 하나님의 예술 작품이라는 것이다. 수없이 얻어맞고, 감옥에 갇히고, 난파를 당하고, 가는 곳마다 소란을 일으켰던 바울은 그러한 고난이 바로 예술 작품을 만들어내는 과정이며 기도가 응답되는 절차라는 사실을 누구보다 정확히 알고 있었다. 기도는 하나님께 우리를 재건축할 수 있는 기회를 제공한다. 조각가처럼 정으로 대리석을 다듬고, 화가처럼 색깔을 입히며, 작가처럼 말을 다듬어달라고 부탁하는 것이다. 이런 작업은 살아 있는 동안 결코 완성되지 않으며 세상을 떠나는 순간까지 계속된다.

이야기할 상대

수잔

관계는 수고를 요구한다. 부부 사이는 물론이고, 부모와 자식의 관계나 친구끼리 나누는 우정도 마찬가지다. 따라서 하나님과 관계를 맺는 데도 노력이 필요한 것은 지극히 당연하다. 개인적으로는 마음에 갈등이 일어날 때마다 얼른 예수님이 가지고 계셨던 하나님의 형상, 즉 아버지의 모습을 떠올린다.

남편이 입양한 딸을 데리러 중국에 갔을 때였다. 혼자 남아서 할 수 있는 일이 아무것도 없었으므로, 우리 부부의 삶을 완전히 바꿔놓게 될 그 아이를 위해서 간구했다. 나중에 들은 얘기지만, 남편 역시 버스를 타고 아이를 만나러 가는 내내 간절히 기도했다고 한다. 가진 거라곤 달랑 사진 한 장뿐이지만, 이미 강렬한 유대감을 느꼈으며 가족의 일원으로 마음 깊이 받아들였노라고 했다. 한 사람 한 사람이 하나님과 그런 유대감을 나눌 수 있다면 얼마나 좋을까?

잠자리에 들기 전에 남편과 더불어 기도한 지 꽤 오래되었다. 시작할 당시에는 결혼 생활이 심하게 삐거덕거리고 있었는데, 하나님께 고하는 것 말고는 달리 전환점을 찾을 수가 없었다. 처음에는 모든 게 어설프고 애매했다. 기도 모임 같은 데 나가서 큰소리로 간구해본 적이 한 번도 없었던 나다. 하지만 남편과 단둘이 마주앉아서라면 내 필요를 주께 있는 그대로 알려드릴 수 있겠다 싶었다. 머릿속으로는 알코올 중독자 치유 모임에 나오는 이들을 생각했다. 다들 "술 마시지 않게 해주세요" 식으로 단순하게 기도했으며, 하나님이 어떤 분이신지도 정확히 모르는 듯했다. 그런데도 주님은 그 기도에 응답하시곤 했다.

쉬 잠들게 해달라고 자신을 달랠 때가 종종 있었다. 되도록 마음을 가라앉히고 스스로 최면을 걸었다. '잠이 들고 있다, 잠이 들고 있다.' 물론 아무것도 달라지지 않았다. 이제는 잠이 오지 않아도 이야기할 상대가 있다. 인생을 내 힘으로 끌어갈 필요가 없어졌다. 하나님이 내 마음을 지켜주셔서 지쳐 쓰러지지 않게 해주신다.

가끔은 기도하다 잠들까 봐 걱정스럽다. 그러나 아이를 키우면서 생각이 달라졌다. 자식이 품안에서 잠드는 걸 싫어할 부모가 어디 있겠는가?

03

기도의 언어

간청한다. 흐느껴 울기도 한다. 하찮은 찬송으로 하나님을 부담스럽게 한다. 벌써
부터 잘 알고 계신 죄를 새삼스럽게 털어놓는다. 창조주의 한결같으신 뜻을 바꿔
보려고 안달을 한다. 그런데 때로는 하나님의 너그러우신 은혜에 힘입어 그 기도
가 용납된다. _프레드릭 뷰크너[1]

누구나 기도를 선물로 거저 받을 수 있지만 진지한 노력이 뒤따라야 한다. 이것이 바로 기도의 역설이다. 인간은 하나님을 움직이거나, 끌어들이거나, 마음대로 조종할 수 없다. 철저한 훈련이 없다면, 그분을 맞아들일 수조차 없다. _헨리 나우웬[1]

막힘없는 기도에 대한 열망

기도를 빼놓고 지난 세월을 돌이켜볼 수 있을까? 어린 시절에는 꼭 기도문을 암송하고 잠자리에 들었고 밥 먹을 때마다 감사기도를 빼놓지 않았다. 수요 기도회와 송구영신 예배에도 꼬박꼬박 출석했다. 꼬맹이에게는 졸지 않고 버티는 능력을 가혹하게 검증하는 시간들이었지만 개의치 않았다. 어린아이답게 정말 순수한 믿음을 가지고 기도했다. 식구들에게 잃어버린 결혼반지나 친구네 애완동물을 찾도록 기도해달라는 따위의 부탁을 받을 정도였다. 더러 행복한 결말을 보고하는 전화가 걸려오기도 했다. (그런데 이상하게 우리 집 강아지는 아무리 지켜달라고 간구해도 차에 치거나, 병에 걸려 죽거나, 이웃집 개한테 물리기 일쑤였다.)

신학 대학에 다닐 때는, 얼마나 엄격하게 기도를 가르쳤던지 무슨 사관생도 훈련을 받는 것 같았다. 아침 6시에 벨이 울리면 전교생이 30분 동안 성경 읽기와 기도로 이어지는 '경건의 시간'을 가져야 했다. 학장은 예고도 없이 기숙사에 들러서 학생들의 동태를 점검했다. 불시 점검에 관한 갖가지 이야기가 전설처럼 돌아다녔다. 학장이 어느 방의 문을 열고 불을 켰다. 한 학생은 베갯머리에서 기도를 하고 있고 다른 학생들은 침대에 앉아 성경을 펼쳐놓고 있겠거니 했는데, 다들 잠을 자고 있어 호통이 떨어졌다는 식의 일화였다.

정기적으로 열리는 '기도의 날' 행사도 있었다. 수업을 받는 대신, 혼자서나 그룹으로 모여 기도하다가 저녁에 다 같이 기도와 간증이 길게 이어지는 승리의 예배를 드렸다. 학생들은 어떤 응답을 받았는지 보고서로 정리해서 제출해야 했다. 등록금이 없어서 학교를 그만둘 판이었는데 마침 누군가가 헌금을 해준 덕분에 학업을 계속할 수 있었다는 극적인 이야기가 필요했다. 언젠가는 같은 방을 쓰는 친구가 눈물 콧물 범벅이 되어 그동안 방탕한 생활을 해왔노라고 공개적으로 고백했다. 미화와 과장으로 범벅이 된 간증이었다. 흉악범들이 자신의 범행을 자랑삼아 떠벌이듯, 젊은 죄인들은 대중 앞에 나서서 극적으로 회개함으로써 뒤틀린 명성을 긁어모으려 하고 있었다. 또 다른 학생 하나는 여자 친구를 위해 기도해달라고 호소했다. 자기를 만나러 오는 길에 교통사고를 당해서 중상을 입었다는 것이다. 그 '가련하고 외로운' 청년은 나와 같은 마을에 살던 친구였는데, 여자 친구 같은 건 아예 있지도 않았다. 고향에 살 때부터 동성애자였고 결국 에이즈로 세상을 떠났다. 관심을 끌고 동정을 받고 싶은 마음에서 없는 이야기를 지어낸 것이다.

학교를 졸업하고는 기독교 기관에서 일하면서 다양한 교회 조직을 돕게 되었다. 당연히 기도회에 참석할 기회도 많았다. 어떤 모임은 참석할 때마다 깊은 감동을 주었으며 구성원들이 한마음으로 잘 뭉쳤다. 반면에 치열하게 자리다툼을 벌이는 듯한 모임도 있었다. 나 역시 인상적인 기도를 해서 적절한 지위를 확보하고 싶은 유혹을 받았다. 하나님께 고하는 말만큼이나 많은 이야기를 기도를 빙자해 둘러앉은 이들에게 쏟아냈다.

어쨌든 기도의 의미를 제대로 파악하지 못한 시절이었다. 하나님이 이미 알고 계신 이야기를 말씀드려야 할 이유가 무엇인가, 주님이 그 자체로 사랑이시라면 새삼스럽게 사랑을 구할 필요가 있는가, 다른 건 다 제쳐두더라도 기도는 왜 하는가 따위의 질문이 머리를 꽉 채우고 있어서 입술을 떼지 못하는 경우도 있었다. 여러 해가 지나도록 마음에서 우러나는 진정한 기도를 드리지 못했다. 〈전례기도서〉에 나오는 문구들을 읽으면서 거기 적힌 말들을 그냥 내 기도로 인정해주시길 바랐다. 기도문에 진정으로 공감하느냐는 관심 밖이었다. 그러던 어느 날, 마침내 구름이 걷혔고, 지금까지 나의 문제가 뭐였는지 궁금해졌다.

물론 하나님과의 대화가 단절된 황폐한 시기를 벗어나고도 기도하는 일을 두고 갈등하는 것은 그치지 않았다. 누군가 하루에 한 시간씩 묵상한다는 이야기를 들으면 어떻게 그럴 수 있는지 궁금했다. 나로서는 기껏해야 15분을 넘지 못할뿐더러, 간혹 그 한계를 넘어가면 정신이 산만해지고 집중력이 떨어졌다. 처리해야 할 일과 답장해야 할 편지로 온통 혼란스럽기만 한 현실이 하나님과 함께하는 질서정연한 시간을 압도하는 것 같았다. 하지만 그런 상황 속에서도, 기도와 일상생활을 분리해놓은 장벽을 어떻게 철거하는지 배워가고 있다. 온갖 일정이 빡빡하게 들어찬 삶을 '억지로라도' 장악해주시도록 하나님을 초청하고 있는 것이다.

기대 조정하기

기도가 무슨 숙제처럼 부담스럽게 느껴진다 할지라도 더 높은 단계까지 올라갈 수 있다는 소망을 포기하기에는 아직 이르다. 기도 안에는 보물이 감춰져 있으므로 캐내기만 하면 된다. 새로운 세계가 우리를 기다리고 있으므로 의사소통할 수 있는 언어만 찾아내면 된다. 갓난아이처럼 옹알거리면서 유창하게 대화할 날을 손꼽아 기다리는 그리스도인이 얼마나 많은지 모른다. 프레드릭 뷰크너는 남의 눈을 의식해서 너무 과장된 기도를 드렸던 지난날을 회상하면서 자신은 "기도하는 사람이라기보다 기도하는 사람이 되어가는 사람"이었다고 고백했다.[2]

개중에는 기도를 드리기는 하지만 누군가 대화 상대가 되어서 듣고 계신다고는 생각하지 않는 이들이 있다. 응답이 없는 건 스스로 잘못을 저질렀기 때문이라고 단정하며, 버림받았다고 믿기까지 한다. 오스트레일리아의 한 독자는 기도하면서 자폐 증세를 보이는 그리스도인들이 염려스럽다는 편지를 보내왔다. 우울증이나 경계성 인격장애를 가진 환자들뿐 아니라 스스로 하나님의 관심을 받을 자격이 없다고 생각하는 평범하고 소심한 이들 역시 큰 문제라는 것이다.

내가 기도에 대해 조사하고 있다는 얘기를 들은 또 다른 친구는 자신의 경험으로 미루어볼 때 기도하면서 만족스럽다든지 쉽다든지 보람이 있다고 느끼는 그리스도인이 거의 없다는 글을 적어 보냈다.

기도는 섹스와 비슷하다고 생각해. (이런 얘길 하면 귀가 번쩍 뜨이겠지.) 성생활이 정말 원만하고 즐겁다고 얘기하는 이들도 있지만, 대다수는 불만이 많아. 섹스와 기도에는 공통점이 있어. 아주 친밀한 만남인 동시에 지나치게 미화된 관계라는 거야. 현대인들은 성관계를 갖든 기도를 하든 극도의 만족감을 느껴야 한다는 강박증을 가지고 있는 것 같아. 그런 사고방식이 잘못된 기대감을 낳고 친밀감을 떨어뜨리는 게 아닐까.

친구는 아프리카에서 몇 달을 보내는 동안 느린 속도에 적응하는 법을 배웠으며, 기도에서 침묵이 얼마나 중요한 요소인지 새삼스럽게 깨달았다고 했다. "그것도 기도가 섹스와 비슷한 점이지. 일상이 너무 분주하게 돌아가고 온갖 소음이 삶을 가득 채우고 있는 상황이라면 여유를 갖는다든지, 평온한 마음을 유지한다든지, 누군가와 대화를 나눈다는 게 당연히 어려울 거야."

친구의 다소 엉뚱한 편지를 읽으면서 기도에 관한 서적과 성생활 지침서 사이에는 일대일로 대비시킬 만한 점이 제법 많겠구나 싶었다. 전혀 다른 기대를 품고 접근하는 연약한 두 인간 사이에서 실제로 행해지는 섹스와 지침서에 나와 있는 짜릿한 성생활 사이에는 비슷한 점이 거의 없다. 기도 역시 기교보다는 관계 중심적이다. 사랑을 나누는 남자와 여자 사이에 무수한 차이가 존재하는 것처럼 기도의 당사자들 또한 무수하게 많은 차이점을 가지고 있다. 그러니 하나님과 인간 사이의 의사소통에 어려움이 생긴다 한들 그렇게 놀랄 일이 아니지 않은가?

대중매체에 혼을 빼앗긴 현대 문화는 매사에 빠른 답을 요구한다. 하지만 관계는 빠르고 쉬운 대답을 내놓을 수 있는 성질의 것이 아니다. '결혼 생활을 지키는 방법' 따위의 책이 수없이 쏟아져 나오지만 이혼율을 끌어내리는 데는 별다른 영향을 미치지 못한다. 인간과의 관계도 공식대로 풀리지 않는 경우가 그토록 수두룩한데, 하나님과의 관계는 더 말해 무엇하겠는가? 새로 나온 강의 테이프나 서적, 설교, 주말 세미나에서 주님과 원만한 교제를 지속하는 비결을 찾는 건 말도 안 된다.

기도 관련 서적을 수없이 읽어치우고 허다한 이들을 인터뷰하면서 이쯤 노력하면 기도 생활이 눈에 띄게 달라지겠거니 기대했었다. 똑같은 에너지를 골프나 외국어 공부에 투자했더라면 상당한 성과를 거두었을 것이다. 하지만 기도하기 위해서는 여전히 의지적인 노력이 필요하다. 보람이 있을 때도 있지만 헛수고에 그친 듯 보이는 경우도 적지 않다. 기도를 시작할 때 원했던 것과는 아주 동떨어진 방식으로 응답되기 일쑤다. 기도는 이렇게 믿음을 요구한다. 눈에 보이는 증거는 없을지라도 하나님이 귀 기울여 들으신다는 사실과 의인의 간구에는 역사하는 힘이 있다는 점을 신뢰해야 한다. 하지만 개인적으로는 어느 쪽도 쉬운 일이 아니었다.

다른 문화 속에 들어갔을 때는 자신의 원칙을 버리고 현지의 규칙에 따라 의사소통해야 한다. 인도 남부 지방에 가서는 고개를 좌우로 흔드는 게 부정이 아니라 긍정의 의미임을 배웠다. 결혼한 뒤로는 남자는 화성에서, 여자는 금성에서 왔다는 걸 깨달았다. 아내와 만나서 함께 산 지 벌써 35년이 지난 지금도 남녀의 사고방식이 서로 다르다는 사실을 새록새록 깨닫는 중이다. 마찬가지로 하나님을 알아갈 때도 새로운 커뮤니케이션 방식을 배워야 한다. 다른 건 다 제쳐두더라도 일단 눈에 보이지 않는 존재와 동행한다는 게 얼마나 생소한 일인가!

얼마 전에 3년째 에콰도르에서 사역하고 있다는 어느 의료 선교사의 편지를 받았다. 언어를 배우면서 느끼는 좌절감을 구구절절 하소연하는 내용이었다. 벌써 3년이 흘렀는데도 문법적으로 어린아이 같은 실수를 저지르고, 현지인들의 이야기를 못 알아들어서 얼빠진 얼굴로 서 있기 일쑤라는 것이다. 머릿속에서는 막힘이 없는데 막상 입을 열면 더듬더듬 간신히 의사를 표현할 뿐이라고 했다. 그에게 스페인어로 말하는 건 끊임없이 낮아지는 훈련이나 다름없었다. 물론 조금씩 나아지고는 있었다. 하지만 아직까지는 뜻하는 대로 자유롭게 말하지 못하는 건 물론이고 상대방의 이야기를 들을 때도 미묘한 뉘앙스를 자꾸 놓친다는 사실을 날마다 아프게 깨달아야 했다.

편지를 읽으면서 기도와 닮은 점이 참 많다는 생각이 들었다. 외국어를 유창하게 구사하고 싶으면 당연히 뭔가를 포기하고 시간을 내야 한다. 열심히 공부할 뿐 아니라 초보자의 서툰 느낌을 무시하고 꾸준히 노력해야 한다. 달콤한 열매를 바라보면서 오늘의 고통을 참아내야 한다. 스포츠를 배우든, 기타를 마스터하든, 컴퓨터 실력을 쌓든 가치 있는 기술을 습득하는 과정은 어느 것이나 매한가지다.

기도는 갈등을 남긴다. 못되게 구는 누군가를 용서하는 일도 그렇다. 이웃을 사랑하는 일도 마찬가지다. 가난한 이들을 보살피는 일도 다르지 않다. 하나님의 명령에 순종하는 일이기에 참으며, 당시에는 어떨지 몰라도 결국은 자신에게 가장 유익한 일을 하고 있다고 믿기에 견딜 따름이다. 한 걸음 더 나아가, 바로 그런 인내가 인간으로서는 납득하기 어려운 경로를 통해 하늘 아버지를 기쁘게 해드린다고 믿는 것이다. 그러므로 예수님이 가르쳐주신 대로 항상 기도하고 포기하지 말아야 한다.

예수님을 따라 나선 지 여러 달이 지났지만 제자들은 여전히 갈피를 잡지 못하고 "우리에게도 [기도를] 가르쳐주옵소서"눅 11:1라고 간청했다.

은근히 위로가 되는 대목이다. 영적으로 훨씬 앞서가는 이들이 비슷한 문제와 씨름하는 걸 보면서 참으로 격려를 받는다. ('설마'라고 생각하는가? 그렇다면 트라피스트 수도사들의 이야기를 들어보라. 온종일 하나님과 교제하며 참다운 삶을 추구하는 데 전념하는 그들 역시 일반인들이 자주 걸려 넘어지는 바로 그 장애물을 부여잡고 고민한다.) 어떻게 해야 제대로 기도하는 법을 배울 수 있을까? 테레사 수녀는 이렇게 대답한다. "기도하면 됩니다. 더 잘 기도하고 싶으면 더 많이 기도해야 합니다."[3] 영국의 위대한 설교가 레슬리 웨더헤드의 말에는 절로 고개가 끄덕여진다.

기도는 언제나 힘들었다. 술래잡기를 하는 것 같을 때가 한두 번이 아니었다. 인간은 찾아다니고 하나님은 숨기만 했다. 주님이 나를 지켜보시며 참고 기다리신다는 걸 알고 있었다. 그렇지 않았다면 나는 진즉에 실족하고 말았을 것이다. 솔직히 말하자면, 참을성 있게 하나님을 기다리는 것 말고는 대안이 없었다. 다른 누군가가 그처럼 의도적으로 내게 반응을 보이지 않았더라면 계속 쫓아다녔을지 의문이다. 하지만 나로서는 기도하지 않고 오래 버틸 수가 없었다. 필요한 걸 얻으려면 기도할 수밖에 없었다. 그리고 하나님이 스스로 숨으시는 데는 그만한 이유가 있으며, 그분을 찾으려는 노력은 궁극적으로 무한한 가치가 있다는 걸 감각적으로 깨달았다. 더 커다란 만족을 갈망하면서도 한편으로는 의문을 떨쳐버릴 수가 없다. 때로는 예수님도 기도를 힘들어하셨다. 깊이 고민하며 기도하셨던 일 가운데 응답받지 못한 경우도 있었다. 하지만 주님은 기도를 그만두지 않으셨다. 터놓고 말해서 내게는 기도 생활이라고 보여줄 만한 게 없다. 그래도 포기할 수 없다. '내 영혼이 하나님을 갈망하기' 때문이다. 하나님을 떠나서는 살 수 없다는 걸 너무

도 잘 알기 때문이다.[4]

나만의 기도 방식을 찾아서

헨리 나우웬은 가장 분주하고 혼란스러운 시기에 예일 대학 교수직을 내려놓고 일곱 달 동안 뉴욕 북부에 있는 트라피스트 수도원에 들어가 지냈다. 나우웬은 멘토에게 어떻게 하면 바쁘고 번잡한 가운데 살면서 깊이 있는 기도 생활을 유지할 수 있는지 조언을 구했다. 기도하려고 할 때마다 해야 할 일이 떠올라서 마음이 산만해진다고 고백했다. 하나같이 기도보다 더 급하고 중요한 것처럼 보이는 일이었다. 멘토는 기도 시간을 정해놓고 무슨 일이 있어도 지키는 게 어떻겠느냐고 제안했다. 오전에는 일을 시작하기 전에 한 시간씩, 저녁때는 잠자리에 들기 전에 30분씩 기도해보라는 것이었다. 수도사들의 일과와는 비교할 수 없을 만큼 여유로운 일정이었다.

하루에 한 시간 반. 나우웬은 현실적인 기도 계획을 세웠다. 처음에는 온갖 상념이 마치 길들지 않은 야생 동물처럼 날뛰며 머리를 어지럽혔다. 그래도 자신을 타일러가며 악착같이 기도 시간을 지켜나갔다. '어쨌든 적어도 30분은 여기 있을 거니까 가만히 앉아 있으니 기도하는 편이 좋겠어!'[5] 서투른 느낌이 차츰 사라졌다. 얼마쯤 시간이 지나자 마음이 차분히 가라앉는 기분이 들었다. 기도하는 동안, 아무 일도 일어나지 않을 것처럼 보일지라도, 꾸준한 마음을 품고 정해진 일정대로 간구하면 언젠가는 반드시 변화가 일어남을 실감하게 되었다.

나우웬의 선례를 따라 나도 기도해보았다. 노동이 따로 없었다. 무슨 핑계로든 거르고 싶었고 기도를 하면서도 틈만 나면 시계를 쳐다보았다. 하지만 바로 그날, 기도를 노골적으로 방해하는 온갖 생각과 기억의 실체를 파악할 수 있었다. 주변에서 벌어지는 일과 마주치는 사람들을 이전보다는 조금 더 하나님의 관점에서 바라볼 수 있게 되었다. 기도는 은은한 향기처럼 내내 사라지지 않는 것이다.

적나라하게 털어놓자면, 거장들이 쓴 글을 읽을 때면 "기도를 훈련하라"는 가르침이 참 부담스러웠다. 마더 테레사는 함께 일하는 수녀들에게 한 시간씩 묵상하며 기도하라고 지시했다. 수녀들은 새벽 4시 30분에 일어나서 찬물로 몸을 씻고 아침 기도에 들어간다. 중세 시대 작가들 가운데는 기도의 집중도를 높이는 방편으로 한번 아뢸 때마다 간구하기를 마치자마자 죽을 수도 있다고 생각하라고 권면하는 이들도 있었다. 그런 조언을 들을 때면 거부 반응이 일어나곤 했다. 신학 대학 시절 6시만 되면 귓전을 때리던 종소리가 생각나서일지도 모른다.

그러나 정말 중요한 일이라면 훈련을 마다할 리가 없다. 없는 시간도 만들어서 투자할 것이다. 시간이 없어서 이메일을 열어보지 못하는 경우는 거의 없다. 하루도 빠짐없이 꼬박꼬박 열어본다. 병원 진료 약속도 철저히 지킨다. 기분이 우울하든 말든, 반드시 책상에 앉아 일을 한다. 식구들과 떨어져서 먼 곳에 가게 되면 늘 아내를 생각하고 저녁에는 전화를 건다.

돈 포스티마는 그런 점에 착안해 특별한 조치를 취했다. "일정표에다 '7:00-7:30 기도'라고 써놓았지만, 툭하면 빼먹고 지나갔다. 반드시 지켜야 할 약속이었는데도 말이다. 이제는 '7:00-7:30 하나님'이라고 적어둔다. 그렇게 해놓고 나니 무시하고 지나가기가 조금 더 켕긴다."⁶ 기도를 무슨 훈련으로 생각하면 싫은 마음이 커지는 반면, 하나님과 동행하는 시간으로 여기면 망설임이 한결 줄어든다. 진실한 기도는 내면 저 깊은 곳, 마음속에 일어나는 갈망에서 비롯된다. 주디 모포드라는 여성은 이렇게 말한다.

세월이 흐르면서 기도 생활에도 여러 차례 변화가 찾아왔다. 아이들이 돌배기, 세 살과 다섯 살이었을 때는 기도할 시간이 그야말로 오밤중밖에 없었다. 일어나기가 어려워서 그렇지, 일단 자리에 앉으면 기도할 수 있었다. 꼬맹이들이 어느 정도 자란 뒤로는 새벽 4시 30분에 일어나 기도했다. 규칙적으로 시간을 정해서 기도하기에는 아직도 형편이 좋지 않다. 아이들이 중학교와 고등학교에 다닐 때는 직장 일이 너무 피곤해서 가끔씩 기도를 거르곤했다. 그래도 정 어려운 날을 빼고는 다만 얼마라도 시간을 내서 기도했다. 여러 해 동안 기도 시간이 들쭉날쭉했던 탓에 스스로에게 자주 물었다. '하나님이 내 기도 생활에서 무엇을 기대하실까?' 마음에 짚이는 게 있었다. 주님은 사랑으로 가득한 관계를 원하실 것 같았다. 예수님은 봉급 주고 일 시킬 가사 도우미가 아니라 신부를 원하신다. 정말로 사랑한다면 해결책을 찾게 마련이다. 늘 똑같은 길도 아니고 누가 가르쳐준 길도 아니며 오직 사랑이 담긴 길일 따름이다. 하나님이 내게 기대하시는 게 바로 그것이다.⁷

모포드의 기도 생활은 나우웬의 정시 기도나 나우웬에게 조언을 해준 트라피스트 수도사의 기도 일과와는 아주 딴판이다. 누구나 남의 것이 아닌 자신만의 기도 방식을 찾아야 한다. 생활 방식이 달라지면 기도 생

활도 바뀌게 마련이다. 만성 질환과 싸우고 있는 환자는 학기말 시험이
나 소란스러운 룸메이트 문제로 기도하는 대학생과는 전혀 다른 형태의
기도를 드릴 것이다. 단기 선교를 떠난다든지, 결혼을 한다든지, 집안을
온통 휘젓고 다니는 아이들을 키운다든지, 연로한 부모를 돌본다든지 하
는 굵직한 삶의 매듭들은 기도 생활의 형식과 내용에도 적잖은 영향을
미친다. 기도 생활은 다양할 수 있다. 피해야 할 치명적인 실수가 있다
면, 기도를 그만두고 다시 시작하지 않는 것뿐이다.

얼굴을 내밀 뿐

현대인들은 너무도 분주하게 살고 있어서 규칙적이고 만족스러운 기
도 시간을 확보하기가 쉽지 않다. 명상록 종류의 고전을 읽으면서 상당
수가 수녀원이나 수도원처럼 묵상을 목적으로 조직된 공동체 구성원들
이나 자질구레한 일상사를 대신 처리해줄 하인(그들의 기도 생활에 관해서
는 아무도 관심을 기울이지 않았다)들을 여럿 거느려서 시간이 넉넉한 계층
출신들의 작품이라는 사실에 충격을 받았다. 십 대 자녀 셋을 키우는 엄
마나 하루 열 시간 이상 회사에 나가 일하는 직장인이 쓴 책은 찾아보기
힘들었다.

시대적인 장애물에다가 인터넷 대화방, 휴대 전화, 텔레비전, 문자 메
시지, 아이팟, 휴대용 정보 단말기 등 정보 사회의 소음까지 더해져 기도
소리는 아예 묻혀버리기 일쑤다. 공항에 가면 이어폰을 노상 귀에 꽂고
다니며 연달아 걸려오는 전화를 받는 직장인을 쉽게 볼 수 있다. 어느 전

자 제품이든 전원 스위치가 있으니 꺼버리면 그만이련만, 거기서 나오는 메시지가 가만히 앉아서 하나님과 조용히 대화하는 것보다 더 생산적이고 매력적인 모양이다.

솔직해지자. 어느 면으로 보든지 전자 제품이 기도보다 더 입맛에 맞고 매력적이다. 기도와 관련된 책자들은 하나님과 더불어 보내는 시간이 하루를 통틀어 가장 멋진 시간이며, 거룩하게 구별된 입술에서 술술 쏟아져나오는 기도는 이미 놀라운 응답을 받은 것이나 진배없다고 가르치지만, 어찌된 셈인지 기도할 때마다 권태감과 피로감, 시간 낭비 같다는 의구심과 한바탕 씨름을 벌여야 한다. 도대체 뭐가 잘못된 것일까?

시대사조의 변화를 예리하게 관찰했던 대니얼 얀켈로비치는 1970년대 서구 사회에 불어 닥친 '문화 이동'을 그 이유로 지목한다. 이전까지만 하더라도 사회적으로 자제심이나 '만족의 지연' 등을 소중하게 생각하는 분위기가 형성되어 있었다. 부부는 서로를 위해 자신을 희생했다. 서로를 위해서라면 부업을 할 수도 있고 멀리 떨어진 곳으로 이사를 갈 수도 있었다. 부모는 결혼 생활이 만족스럽지 않더라도 자식들을 생각해서 불편함을 꾹꾹 참아가며 한집에 살았다. 그러나 1970년대에 들어서면서 규범이 달라지기 시작했다. 자기부정의 도덕률이 자기만족의 윤리로 바뀌어갔다. 정서적인 욕구에 민감하게 반응하며, 희생하거나 기다리기보다 가능한 빨리 충족시키려고 노력하게 되었다. 마음이 끌리면 무엇이든 할부로 사들이지만, 조금이라도 싫증이 나면 무엇이든(예를 들어 삐걱거리는 결혼 생활까지도) 아낌없이 내던져버린다.[8]

새로운 풍조가 사회를 지배하면서 기도가 설 자리는 점점 좁아졌다. 기도에는 훈련이 필요하다. 어둡고 메마른 시기를 참고 견뎌야 하고 결과도 쉬 드러나지 않는다. 정서적인 갈망을 즉시 채워주는 경우는 거의 없다시피 하다.

　신약 성경은 기도를 장기전에서 승리하는 데 필요한 무기로 소개한다. 예수님의 비유를 보라. 불쌍한 과부는 불의한 재판장을 악착같이 괴롭히고 나그네를 위해 음식을 얻으러 간 남자는 이웃집 대문을 끈질기게 두드린다. 사도 바울은 그리스도인을 하나님의 '전신갑주'^{엡 6:11}를 입은 군사로 묘사한 뒤에 '무시로 깨어 기도하라고' 단도직입적으로 명령했다. 자식처럼 사랑했던 디모데에게는 군사답게 고난을 달게 받고, 농부처럼 수고하며, 운동선수처럼 달리라고 가르쳤다.

　나는 농사를 지어본 적도 없고 군대에 복무한 일도 없지만, 달리기만큼은 30년 동안 꾸준히 해왔고 자선 달리기 대회에도 자주 참가했다. 조깅을 시작한 동기는 별것 아니었다. 작가들이 모이는 집회에 갔다가 피터 젠킨스라는 젊은이를 만났다. 후에 베스트셀러가 된《걸어서 땅 끝까지*A Walk Across America*》라는 책을 쓰고 있는 중이라고 했다. 도보로 전국을 누비면서 겪은 모험담을 자세히 말하던 끝에 기자들 얘기가 나왔다. "뉴욕에서 비행기를 타고 날아와서 다시 자동차를 빌려 타고 찾아오는 기자들한테 신물이 났어요. 에어컨이 빵빵하게 돌아가는 차 안에 앉아서 창문을 절반쯤 내리고 질문하더군요. '그래서 말인데요, 미국을 걸어서 횡단하는 기분이 어때요?' 기자 양반이 잠시라도 나란히 걸었더라면 얼마나 좋았을까요?" 순간 그것도 괜찮겠다 싶은 마음이 들었고 특별한 고민 없이 내가 해보겠노라고 자원했다.

　만날 시간까지 모두 정하고 나자 그제야 한여름 뙤약볕 아래서 30킬로그램짜리 배낭을 지고 온종일 걸으려면 미리 체력을 길러둬야겠다는 생각이 들었다. 싸구려 운동화를 한 켤레 사 신고 도로를 따라 달리기 시작했다. 기분 같아서는 한없이 달릴 수 있을 것만 같았는데 한 블록이 채 끝나기도 전에 거친 숨을 몰아쉬며 멈춰서고 말았다. 체력이 떨어졌다는 게 여실히 드러났다. 10년 이상 운동을 쉬었던 탓에 몸이 예전 같지 않았다.

있는 힘껏 빨리 달렸다. 그래봐야 한 블록이 고작이었다. 다음부터는 걷다가 뛰다가 하기를 되풀이했다. 그리곤 잔뜩 풀이 죽어서 절뚝거리며 집으로 돌아왔다. 다음날은 달리는 거리를 두 배로 늘렸다. 힘이 들어도 제자리에 서서 쉬는 대신 천천히 걸었고 숨이 돌아오면 다시 달렸다. 그렇게 여섯 주를 보내고 마침내 약속 시간이 됐을 무렵에는 쉬지 않고 8킬로미터를 달릴 힘이 생겼다. 날마다 빼먹지 않고 에어로빅을 했던 것도 좋은 효과를 냈다. 그때 시작한 걸 지금까지 계속하고 있는데, 어딜 다치거나 병에 걸려서 며칠 쉬면 괜히 초조하고 몸이 근질거릴 정도가 되었다.

절대로 스스로에게 "오늘도 나가서 뛸까?"라고 묻지 말라는 철칙을 초장부터 터득했다. 그냥 나가서 달릴 뿐이다. 이유를 꼽자면 열 손가락이 모자란다. 규칙적으로 운동하면 체중에 신경 쓰지 않고 먹고 싶은 음식을 다 먹을 수 있다. 장기적으로 보면 심장과 폐가 튼튼해진다. 스키나 등산을 할 수 있는 체력을 쌓아준다. 얀켈로비치의 표현을 빌리자면 이루 헤아릴 수 없을 만큼 다양한 '지연된 만족'이 있는 셈이다.

신체 운동처럼 기도 역시 꾸준히 계속해야 풍성한 결실을 기대할 수 있다. 지속적으로 하나님 앞에 얼굴을 보일 필요가 있다는 말이다. 낸시 메어스는 아이디어가 떠오르면 즉시 받아적을 준비를 갖추고 책상에 앉는 작가의 마음가짐으로 아침마다 교회에 나갔다고 고백했다. 나도 그런 자세로 기도에 다가선다. 물론 얼마 동안은 뭔가 피부에 닿는 유익이 있어야 하지 않겠느냐는 내면의 속삭임이 집요하게 이어지지만, 도움이 되는 느낌이 들든 말든 꿋꿋이 기도한다. 하나님을 더 잘 알아갈 수 있으며 오직 기도와 고독으로만 열리는 문을 통해 거룩한 음성을 듣게 될지도 모른다는 소망을 품고 주님 앞에 나가는 것이다.

한동안 시간을 정해놓고 규칙적으로 기도하는 것이 마땅치 않았다. 하나님과의 대화는 자연스럽게 이뤄져야 한다고 믿었기 때문이다. 하지만 결과적으로는 기도를 자주 거르게 되었고 만족감도 크게 떨어졌다. 무의식적으로 기도하는 경지에 이르려면 먼저 훈련이 필요하다. 레오나르도 다빈치는 무려 10년에 걸쳐 귀, 팔꿈치, 손 등 신체 부위를 다양한 시점에서 표현하는 연습을 했다. 그렇게 연습을 마치고 나서야 비로소 눈앞에 보이는 대상을 정확하게 그려냈다. 운동선수나 음악가들도 마찬가지다. 꾸준히 훈련하지 않고 거장이 되는 길은 없다. 주님과 형식에 매이지 않고 자유롭게 의사소통하는 특별한 시간을 갖기 위해서는 우선 꼬박꼬박 기도하는 훈련이 필수적이다.

묵상한다는 뜻의 영어 단어 meditate는 '리허설하다'라는 의미의 라틴어에서 나왔다. 베르길리우스는 피리를 묵상, 즉 연습하는 목동들을 노래한 것이다.[9] 기도가 리허설처럼 보일 때가 종종 있다. 기본 원고(주님의 기도)를 되풀이해서 읽고, 비슷한 작품(시편)을 실습하며, 몇 가지 새로운 곡을 불러본다. 거기서 내가 맡은 가장 큰 역할은 주로 얼굴을 내미는 일이다.

두 개의 세계

중세에는 교회 종소리가 들리면 하던 일을 모두 멈추고 기도문을 암송해야 했다. 요즘도 수도원에서는 그렇게 한다. 그때마다 다들 하나님을 생각한다. 종소리가 전혀 들리지 않는 곳에 사는 나로서는 주님을 기억하기 위해 필사적으로 노력할 수밖에 없다. 행여 긴장을 늦추기라도 했다가는 텔레비전에서 본 장면, 아직 확정짓지 못한 구체적인 여행 일정, 빨래더미, 병든 친구 걱정이 단박에 마음을 채워버리기 때문이다.

기도를 시작하는 순간부터 세계는 좁아진다. 현실 세계를 뒤로하고 예수님이 상징적으로 말씀하신 기도 골방으로 들어가는 것이다. 실제로도 전혀 다른 영역에 진입하게 된다. 똑같이 실존하지만 눈에는 보이지 않는 세계다. 나는 물론이고 뒤에 남겨두고 온 세상을 모조리 변화시킬 힘이 거기에 있다. 시간을 정해서 규칙적으로 기도하면 내면 세계를 방어하는 데 큰 도움이 된다. 외부 세계가 침투해서 장악하지 못하게 막아준다는 뜻이다. 예수님은 "마음이 청결한 자는 복이 있나니 그들이 하나님을 볼 것임이요"마 5:8라고 말씀하셨다. 욕망을 부추기는 데 일가견이 있는 달인들이 할리우드에서 빚어낸 영상이 얼마나 끈질기게 마음을 사로잡는지 생각하면 주님 말씀을 쉽게 이해할 수 있다. 하나님이 머무시도록 마음의 방을 샅샅이 청소하는 상상을 자주 한다. 기도에는 '마음을 새롭게'롬 12:2 하는 과정이 포함되는데, 주님을 슬프게 하고 자신을 망가뜨리는 요소를 모두 정리하는 단계와 가장 소중한 것들을 채워주시도록 마음을 내어맡기는 단계로 구성된다.

하나님이 만남을 통해 자녀들에게 공급하시는 건 영적인 희열만이 아니다. 주님은 이후로 세상에 나가 살아갈 준비를 갖추어주신다. 아침에 조용한 시간을 가지면서 나는 그 평온함이 종일 유지되기를 소망한다. 그리고 꾸준히 기도하노라면 눈앞의 도전과 시험을 감당할 수 있을 만큼 자유롭고 강해지는 느낌이 든다. 시편이 잘 보여주고 있는 것처럼, 기도란 삶의 현장에서 물러나는 행위가 아니다. 자연의 변화, 골치 아픈 과제, 혼란스러운 감정, 인간적인 고뇌 등 오히려 현실 세계의 사건들을 하나님 앞에 꺼내놓고 다시 세상에 나가는 데 필요한 새로운 시각과 에너지를 요청하는 일을 말한다.

요약하자면, 기도는 하나님을 인간의 세계로 초청하는 동시에 속사람을 거룩한 세계로 들여보내는 작업이다. 예수님은 홀로 한적한 곳에 나가서 오래도록 기도하셨지만 결혼식이나 저녁 식사 따위의 행사가 즐비하고, 병들고 가난한 이들이 아우성치는 분주한 세계로 어김없이 돌아오셨다. 산 위에다 초막을 짓고 머물자는 베드로의 제안을 단호히 물리치시고 복잡다단한 세상으로 내려오셨다. 주님의 모범을 따라 우리는 하나님의 세계와 인간의 세상을 묶어 하나로 만드는 길을 찾아내야 한다.

아침 기도는 하루를 미리 계획하고, 그날 잡혀 있는 만남과 전화 일정들을 보여드리며, 주님과의 교감이 잠시도 끊어지지 않고 유지되도록 요청하기에 좋은 기회를 제공한다. 언제 어떤 사건이 일어날지 아무도 모르지만, 무슨 일이 생기든 민감하게 대처할 수 있도록 미리 도우심을 구하는 게 중요하다. 하나님이 사건의 이면에서 행하시는 역사에 협력해야 하기 때문이다. 한동안 출석했던 교회의 목사님은 "하나님, 오늘 행하실 일을 알려주시고 거기에 어떻게 참여해야 할지 가르쳐주세요"라고 기도하곤 했다. 놀랍게도 하루를 미리 내다보고 기도하다 보면 우선순위가 다시 정리되곤 한다. 전화해야 할 곳이 불쑥 떠오르는 바람에 소득신고서를 마무리짓기로 한 일정이 뒤로 밀려날 수도 있다.

반면에 저녁에 드리는 기도는 하루를 마감하는 계기가 된다. 그날 일어난 일을 찬찬히 곱씹으면서 배워야 할 점을 돌아보고, 잘못한 일을 고백하며, 좀처럼 풀리지 않고 속 썩이는 문제를 하나님께 넘겨드릴 수 있다. 컴퓨터가 자꾸 말썽을 피운다든지 글이 제대로 풀리지 않는 따위의 고민을 가지고 기도하다 잠이 들었는데, 다음날 일어나자마자 어려움을 해결할 아이디어가 떠오른 경우가 종종 있다. 아침이든 저녁이든, 의도적으로 일정을 잡지 않는 한 저절로 기도가 되는 법은 없다. 일부러 시간을 내야 한다. 운동을 하든, 뉴스를 보든, 심지어 밥을 먹는 데도 별도로 시간을 잡아야 하지 않던가?

다른 그리스도인들과 마찬가지로 나 역시 일정한 장소를 정해놓고 기도하는 게 몰입하는 데 도움이 된다고 생각한다. 지미 카터는 대통령으로 재직할 당시 집무실 바로 옆방을 기도실로 삼았다. 널찍한 침실을 쓰는 어느 여성은 모퉁이를 떼어서 '기도 골방'을 마련했다. 구석에 장식품을 하나 걸고 촛불을 밝혀놓은 게 전부였지만, 하루에 몇 차례씩 기도하러 들어간다고 했다.

예일 대학 교수 시절, 헨리 나우웬은 사람이 들락거릴 만한 옷장을 개조해서 기도실로 쓸 골방을 만들었으며 "단순히 골방 안에 있다는 사실만으로도 기도의 의미를 갖는다"고 믿었다. "거기서 오만 가지 생각을 다 할 수 있겠지만 물리적으로 그 자리에 앉아 있는 것 자체가 기도하는 중이라는 뜻이다. 적어도 15분 동안은 꼼짝 못하도록 나를 제어한다. 최선을 다해서 마음을 하나로 모으고 혼란스럽게 만드는 생각을 내쫓는다.

이윽고 본격적인 기도에 들어간다. 혹시라도 15분 안에 만족스럽게 기도하지 못하면 '주님, 뒤죽박죽이기는 하지만 이게 제 기도입니다. 저는 이제 세상으로 돌아갑니다'라고 말씀드린다."[10]

나는 매일 창밖으로 야트막한 나무숲이 보이는 쪽방에 들어가서 하루를 시작한다. 일찍 일어난 새들이 푸드득거리며 모이통과 물그릇 주변을 날아다닌다. 잠에서 깬 다람쥐가 기지개를 한번 켜고는 쪼르르 내려와서 먹이통을 엎지른다. 늘어선 봉우리 틈새로 마침내 첫 아침 햇살이 쏟아져 내린다. 밤새 일하신 하나님이 다시 새날을 시작하시는 걸 느낀다. 이윽고 개인적으로 고민하고 있는 시시한 문제를 꺼내놓고 더 크고 영원한 세계의 리듬에 맞춰 새롭게 조명해본다.

캘리포니아 주 웨스트몬트 대학에서 교목으로 일하는 벤 패터슨은 디스크 파열로 침대에 누워서 꼼짝도 말라는 진단을 받은 적이 있다. 독한 약을 복용하는데다 침상에서 일어날 수조차 없었으므로 책을 읽는 일도 불가능했다. 그렇게 무기력한 상태에서 패터슨은 기도에 관해 중요한 교훈을 얻었다.

속수무책이었다. 더럭 겁이 나기도 했다. 도대체 어떻게 되려고 이러나? 어떻게 가족을 먹여 살려야 할까? 교회는 어떻게 해야 할까? 목사라고는 나 하나뿐인데 이제 아무것도 할 수 없게 된 것이다. 자포자기하는 심정으로 교회를 위해 기도나 해보기로 했다. 주소록을 펼쳐놓고 교인 한 사람 한 사람을 위해서 날마다 기도했다. 거의 두 시간이 걸렸지만, 그것 말고는 달리 할 일이 없었으므로 그렇게 하는 게 특별히 싫지는 않았다. 신앙이 깊어서가 아니라 지루하고 낙심이 돼서 기도를 시작한 셈이다. 하지만 몇 주가 지나는 동안 차츰 기도 시간이 달콤하게 느껴졌다. 몸이 거의 회복되었을 무렵, 기도하는 가운데 하나님께 말씀드렸다. "아시다시피, 여기서 정말 멋진 시간을 보냈습니다. 주님과 더불어 보냈던 순간들 말입니다. 건강해지면 이런 여유를 가질 수 없게 된다는 게 정말 아쉽습니다."

하나님의 시큰둥한 대답이 금방 돌아왔다. "얘야, 건강해져도 아플 때만큼 시간이 넉넉하지 않니? 하루는 똑같이 스물네 시간이란다. 건강할 때는 네가 교회를 돌보는 책임자라고 생각하는 게 문제지. 몸이 아플 때는 그럴 수 없는데 말이야."[11]

작은 구멍을 내는 작업

칼 라너

오 날마다 드리는 기도여. 너는 초라하고 누추하며 일상처럼 몹시 지쳤구나. 존귀한 생각과 고상한 감정은 네게 너무 어렵다. 너는 큰 예배당에 울려 퍼지는 장엄한 교향곡이라기보다, 선한 의도를 가지고 마음으로 부르는, 조금 단조롭고 직선적인 믿음의 노래에 가깝다. 그러나 일상적인 기도여, 너는 충실하고 의지할 만하며, 사심 없이 존귀하신 분께 바치는 예배다. 음침한 시절에 빛을 비추고 하찮은 순간을 위대하게 만드는 제물이다. 너는 수많은 기도 가운데 하나가 되기를 원치 않았으며 오직 하나님의 영광을 찾았다. 체험을 바라지 않았으며 믿음을 구했다. 때로는 지쳐서 비틀거리지만, 걸음을 멈추지 않는다. 마음이 아니라 그저 입에서 나오는 것처럼 보이지만, 최소한 입술이라도 하나님을 찬양하는 것이 온몸이 침묵에 빠지는 것보다 낫지 않은가? 지금은 기도가 사라지는 시대! 입술만 달싹거린다고 자책하거나 비난하는 바로 그 간구가 사실은 연약하고, 지치고, 내면적으로 많은 어려움에 부닥쳐 있음에도 가난하지만 충직한 마음으로 정직하고 성실하게 드리는 기도인 경우가 많다. 일상에 파묻힌 마음에 영원한 광선이 가늘게나마 들이비칠 수 있도록 작은 구멍을 내는 작업이다.

_《기도의 필요와 축복*The Need and the Blessing of Prayer*》중에서

이따금 겨우 하는 기도

데브라 린스트라

얼마 전에 한 여성으로부터 기독교 잡지에 실을 예정이라며 "하나님께 첫 열매 드리기"라는 글을 부탁받았다. 청탁서에는 아침부터 저녁까지 그녀의 기도 시간이 얼마나 달라졌는지 열성적으로 설명하는 내용이 그 득했다. 영적으로 부쩍부쩍 성장하기 시작했으며 삶 자체가 변화되는 걸 느끼고 있다고 했다. 기도를 으뜸으로 여기는 생활에 관한 부분을 완성하 기 위해서 비슷한 이야기를 모으고 있다고 했다.

청탁받은 대로 글을 써주려고 최선을 다했지만 만만한 노릇이 아니었 다. 직장에 다니며 어린 세 자녀를 돌보고 밤늦게까지 일하는 남편을 뒷 바라지하는 내 일상을 꼼꼼히 뜯어볼수록 기도 생활이 내리막길을 걷고 있다는 사실만 분명해졌다.

아침에 일어나면 잠시 기도한다. 사무실에 나가면 차 마실 물을 끓일 동안 책상 앞에 앉아서 다시 몇 분쯤 기도한다. 운전하거나 냄비에 담긴 음식을 저으면서, 컴퓨터 프로그램이 작동되기를 기다리며 잠깐씩 기도 한다.

정말 상황이 좋은 날이라도 잠자리에 들기 전까지 다만 몇 차례 간단 하게 기도할 뿐이다. 그런 걸 가지고 영감이 넘치는 글을 지어내지 못하란 법도 없겠지만, 그냥 포기했다. 기도를 둘러싸고 씨름을 벌이는 이야기는 청탁한 쪽에서 바라는 내용이 아니었다. 승리를 거두고 삶이 180도 달라졌다는 보고를 원했기 때문이다.

_《더 많이So Much More》 중에서

목사님도, 선생님도 아니에요. 바로 저예요, 주님. 기도가 필요한 건 바로 저예요.
_〈기도가 필요한 건〉 중에서

기도 문법

　말을 배우는 어린아이는 단어와 문법을 먼저 익히지 않는다. 입을 움직이고 혀를 굴려가며 불분명한 발음으로 귀에 들리는 소리를 흉내 낸다. 다음에는 "싫어!" "맘마" "더!" "아빠!" "빠이빠이!" 따위의 한 단어짜리 말을 뱉기 시작한다. 그러고는 곧 외국인처럼 간단한 문장을 서툴게 말하는 단계로 발전한다. "나, 놀러, 가."

　청각 장애가 있는 아이라도 옹알이듯 서툰 소리를 낼 수는 있지만, 청각 반응이 뒤따르지 않으면 차츰 발성 능력이 떨어진다고 한다.[1] 말을 하려면 누군가의 도움이 필요하다. 다락방이나 골방에 오랫동안 갇혀 지낸 아이들의 끔찍한 사례를 조사한 바에 따르면, 혼자 고립된 아이들은 말을 배울 수 없었다.

　사람은 읽는 법을 터득할 때도 다른 이의 도움을 받아야 한다. 커다란 그림책을 물끄러미 들여다보다가 엄마한테 넘겨주던 생각이 난다. 다리

미판 위로 몸을 굽히고 "이게 뭐예요?"를 한없이 되풀이했었다. 엄마는 문자를 가르쳐주고, 그걸 조합해서 발음하는 방법을 일러주고, 책에 나온 고양이와 개 그림을 단어와 연결시킬 수 있게 가르쳐주었다. 점점 더 많은 문자와 단어를 파악하고, 마침내 문장에 낱말을 넣어서 의미가 통하게 하는 기술을 습득했다. 지금은 굳이 문자를 낱낱이 헤아리지 않아도 줄줄 읽어나갈 수 있다. 종이 위에 적힌 검은 기호에서 의미를 조합해내는 과정이 머릿속에서 자동으로 진행되는 게 분명하다.

말하고, 읽고, 걷는 법을 배우는 것처럼 기도하는 법을 배우는 데도 시간이 걸리고 시행착오가 있게 마련이다. 거북하고 뭔가 실수하고 있는 듯한 느낌이 따라다니는 건 두말할 필요도 없다. 언어의 문법이 그렇듯 기도의 '규칙'은 하나님과 나누는 대화가 자연스럽게 진행되도록 도와주는 데 목적이 있다. 다행히 도움을 청할 만한 사람과 끌어다 쓸 자원은 무궁무진하다. 수많은 사람이 아주 오랫동안 기도를 해왔기 때문이다.

성경에 나오는 기도

나는 큰 뜻을 품고 시간을 정해서 꼬박꼬박 기도하기로 결심했다. 아침 한때를 따로 구별하고 성경을 가져다놓는다. 기도에 도움이 될 만한 말씀을 찾아 읽으려는 것이다. 하나님과 소통할 채널을 정확히 찾아내는 데 성경만 한 도구가 어디 있겠는가? 손에 잡히는 대로 성경을 펴서 몇 구절 읽는다. 그런데 이게 무슨 조화일까? 이스라엘 지파별로 족장 이름이 죽 나열된 일종의 호구조사 대장이 나왔다. 슬쩍 덮어버리고 얼른 예언자들이 쓴 중요한 문서로 넘어간다. 낯선 이름이 쉴 새 없이 쏟아져 나온다. 억지로 참고 몇 장 넘기면, 이번에는 인종 말살과 기근 이야기가 등장한다. 주님을 깊이 묵상하려는 생각은 온데간데없이 사라지고 뒤죽박죽 혼란스러운 기분만 가득하다. 도대체 뭐가 잘못된 걸까?

성경을 처음 접하는 이들은 기도하고 예배드리고 싶은 감정을 자극하는 본문이 생각보다 많지 않다는 사실에 놀랄지도 모른다. 성경 기자들이 살았던 시대와 현대 사이에는 수천 년의 시간차가 존재한다. 마음과 마음이 만나서 교감할 확률이 그만큼 떨어진다. 따라서 되는 대로 펼쳐 드는 방식으로는 제비뽑기 식의 결과를 얻을 수밖에 없다. 성경이 다루는 주제에 익숙해지지 않는 한 문제는 해결되지 않는다. 그러므로 일단 기도에 초점을 맞춘 본문부터 읽는 게 좋다. 성경에는 650여 편에 달하는 기도가 들어 있다. 짧은 것도 있고 긴 것도 있으며, 저마다 다양한 환경과 분위기를 반영하고 있다. 한마디로 기도를 배우고자 하는 이들에게 더할 나위 없이 훌륭한 안내자가 되어줄 것이다.

주님의 기도

먼저 주님의 기도, 즉 주기도문을 자세히 살펴보기로 하자 마 6:9-13. 어려서부터 유대인의 전통적인 기도 방법을 배워서 잘 알고 있던 제자들에게 예수님은 직접 기도를 가르치셨다. 그리스도가 자기들과는 다른 방식으로 기도에 접근한다는 걸 안 제자들은 도움을 청했고, 거기에 대한 응답으로 주님은 이 기도를 알려주셨다.

교회 좀 다녔다는 그리스도인들이 다 그렇듯, 나도 이 기도를 수없이 드렸다. 입으로는 기도하면서 머리로는 딴 생각을 하는 경우도 있다. 의미를 제대로 새기려면, 속도를 낮추고 한 절 한 절 마음에 새기며 개인적인 고백을 덧붙여가며 기도하는 게 좋다.

하늘에 계신 우리 아버지여

따뜻한 관계를 일컫는 '아버지'라는 말로 기도를 시작합니다. 하늘에서뿐 아니라 제가 머무는 모든 곳과 제 삶 속에 거하시며 통치하신다는 사실을 오늘 하루 동안 늘 기억하게 해주세요. 무슨 일을 하든, 누구를 만나든 그 안에서 살아 숨 쉬는 아버지의 임재를 실감하게 도와주세요.

이름이 거룩히 여김을 받으시오며

어떻게 하면 화려하게 빛나는 자연의 풍광 속에서, 저마다 독특한 이들이 어울려 사는 모습 속에서, 주님을 닮아가도록 부르시는 잔잔한 목소리 속에서, 주님의 존재를 깨달을 수 있을까요? 의식적으로 하나하나를 하나님께 고하고 창조주의 완전하심과 거룩하심을 찬양하며 더욱 주님을 닮아가려고 노력하면서 제 앞에 있는 존재를 '거룩히 여기게' 하시길 원합니다.

나라가 임하시오며

번민이 많은 세상에 평화를, 가난한 세상에 은혜를, 그리고 제가 만나는 모든 이들에게 주님의 사랑을 전달하는 하나님나라의 일꾼이 되도록 허락해주십시오.

뜻이 하늘에서 이루어진 것같이 땅에서도 이루어지이다

몸이 아픈 이들을 고치시고, 슬픔에 빠진 이들을 위로하시고, 짓밟힌 이들을 세우시고, 죽음이 아니라 생명이 되시고, 절망이 아니라 소망이 되시고, 구속이 아니라 자유가 되신 예수님의 모습 속에서 아버지의 뜻을 분명히 봅니다. 그리스도는 하늘의 뜻을 삶으로 세상에 드러내셨습니다. 주님처럼 살게 해주세요.

오늘 우리에게 일용할 양식을 주시옵고

일용할 양식이 없다면 어떻게 생명을 유지할 수 있겠습니까? 오늘 하루 몸과 영혼이 살아가는 데 필요한 모든 것을 주님께 의지합니다. 앞으로 필요한 것과 소원하는 일을 모두 주님께 맡깁니다. 또한 당장 먹을거리가 부족한 이들도 책임져주시길 부탁드립니다.

우리가 우리에게 죄 지은 자를 사하여 준 것같이 우리 죄를 사하여 주시옵고

저의 참모습을 잊지 않게 도와주세요. 주님의 사랑을 받을 자격이 없는 죄인입니다. 자격이 없어도 괜찮다고 허락하신 하나님, 참 감사합니다. 제게 빚을 졌거나 잘못을 저지른 이들을 주님이 보여주신 그대로 너 그럽게 용서하는 태도를 갖게 해주세요.

우리를 시험에 들게 하지 마시옵고 다만 악에서 구하시옵소서

오늘 무심결에라도 악에 빠지지 않게 해주세요. 악의 유혹에 민감하게 하시고, 한 점 두려움이나 후회함 없이 강력하게 저항할 수 있게 하소서.

시편 기도

시편은 기도하는 방법을 삶의 현장에 적용해보는 실습서다. 장 칼뱅은 시편을 가리켜 "영혼 구석구석을 모두 꺼내 보여주는 해부도"라고 했다. "시편에는 인간이 체험할 수 있는 모든 감정이 담겨 있기 때문이다. 시편이라는 거울에 투영되지 않은 이미지는 없다."[2] 시편에 실린 기도에는 두려움, 찬양, 불안, 분노, 사랑, 근심, 절망, 감사, 슬픔, 의심, 고통, 기쁨, 복수 등 인간의 모든 감정과 경험이 녹아 있다.

교회는 처음부터 시편이라는 유대인의 노래를 가져다가 예배에 사용했다. 다 같이 시편을 찬송하면서 하나님께 기도를 드렸다. 우선 예수님부터 시편을 애용하셨다. 마지막 만찬을 나누는 자리에서는 제자들과 더불어 시편을 노래하셨고 십자가에 달려 돌아가시는 순간에도 시편 한 구절을 인용하셨다. 제3제국 문예 검열 위원회는 시편에 관한 서적을 출판했다는 이유로 디트리히 본회퍼에게 벌금형을 선고했다. 위원회가 본회퍼를 고발한 공식 사유는 유대인이 사용하는 문서의 일부를 출판했다는 것이었다. 본회퍼는 즉시 시편은 '예수님의 기도서'라며 반박했고 결국 취소 처분을 받아냈다.[3]

오늘날 그리스도인과 유대인은 물론이고 일부 지역의 이슬람교도 역시 이 기도서를 사용한다. 시편은 보편적인 정서를 자극하는 기도를 동원하여 하나님 앞에서 인간의 영혼을 발가벗긴다. 장 칼뱅의 표현을 빌리자면, 시편은 "대체 무엇이 인간을 자극해서 하나님께 기도하게 하는지 알려주는" 책이다.

멀리서 반짝이는 별빛, 언덕 위에 뛰노는 양떼, 갖가지 집안일, 싸움이나 전쟁에 관한 소문, 절망이나 환희 따위의 일상적인 소재가 시편 기자들을 자극해서 노래를 짓게 했다. 시편을 읽다 보면 하나님을 비난하거나 주님의 신실하심을 찬양하고, 죽기를 소원하거나 아름다운 자연에 탄성을 지르고, 더 나은 삶을 흥정하거나 원수들에게 저주를 퍼붓는 장면을 줄줄이 목격할 수 있다.[4]

시편은 인간을 하나님 앞에서 정직하게 만들어준다. 상황에 꼭 맞는 말을 제공해서 편안히 기도할 수 있게 도와주기 때문이다. 시편이 없다면 그렇게까지 과감한 표현을 써서 기도할 수 없을 것이다. 나는 시편을 읽고 그 내용으로 기도하면서 그야말로 '인간답게' 기도하는 법을 배웠다. 분노와 복수의 시편을 보면서 내게도 똑같은 성향이 있다는 사실을 깨달았다. 시편 기자들은 깊이 감춰두었던 케케묵은 분노와 상처를 밝은 빛 아래 드러낸다. 하나님은 그렇게 노출하는 작업을 환영하시고 심지어 부추기기까지 하신다. 그러기에 모든 비밀을 하나님께 맡길 수 있는 것이다.

예를 들어, 똑같은 실수를 되풀이했다는 자각이 들면 시편 51편을 찾아 묵상한다. 도덕적인 결함이 온 백성에게 알려져서 공개적으로 망신을 당하던 시기에 다윗이 쓴 위대한 노래다. (빌 클린턴 대통령과 모니카 르윈스키의 관계가 드러났을 당시를 생각해보면 다윗의 처지를 더 실감나게 이해할 수 있을지 모른다.) 왕의 부도덕한 행실이 뭇 백성의 입에서 입으로 농담과 가십거리로 회자되던 시기에 돌연히 이 시편이 등장한다.

다윗은 죄에서 비롯된 파괴적인 결과를 추적해 들어간다. 무엇보다도 죄가 왕의 사고를 지배하게 되었다. "내 죄가 항상 내 앞에 있나이다"시 51:3. 하나님의 임재를 의식하는 힘도 모두 잃어버렸다. 주님이 외면하시는 것 같은 느낌이 들었다. 하지만 그렇다고 달리 어디로 간단 말인가?

다윗은 자신의 잘못 때문에 수많은 사람에게 비극과 재난이 찾아왔지만, 궁극적으로는 오직 "주께만 범죄하여 주의 목전에 악을 행하였다"시 51:4 는 실상을 파악하고 있었다. 여호와께서 주신 십계명 가운데 후반부 다섯 가지 명령을 모조리 어겼던 것이다. 종전에 누리던 기쁨과 능력을 되찾으려면 어떻게든 하나님과의 관계를 회복해야 했다.

실족하고 죄를 지을 때마다 나는 다윗이 시편에서 묘사한 단계를 밟아간다. 간음과 살인을 저지른 왕에게 한 줄기 빛이 되었던 진리에 매달리는 것이다.

> 하나님께서 구하시는 제사는 상한 심령이라.
> 하나님이여 상하고 통회하는 마음을
> 주께서 멸시하지 아니하시리이다시 51:17.

시편 51편은 죄책감, 회개, 회복으로 이어지는 모범을 보여준다. 하나님 앞에서 실족한 인간이 따라가야 할 길이다. 시편의 기도는 곧 나의 간구가 되었다.

35편부터 44편까지 10개의 시편을 연이어 읽으면서 그리스도인이 알아야 할 또 다른 기도 원리를 찾아본 적이 있다. 이 시편들은 한결같이 위험을 무릅쓰고 더 깊은 관계를 요구하고, 더 큰 열정을 표현하고, 기도의 지경을 넓혀준다. 간단히 말하자면, 지금 드리고 있는 기도가 얼마나 피상적인지 드러내는 동시에 하나님과 더 깊게 교제하라고 도전한다. 그때 얻은 가르침 몇 가지를 여기에 정리한다.

- 누군가를 미워하는 마음을 험담이나 적대 행위로 표현하지 말라. 상대가 저지른 불의한 행동을 하나님께 알려드리고 바로잡아 주시길 간구하라.
- 기도에 신속하게 응답해주시기를 요청하며 조급한 마음을 드러내도 괜찮다. 소원하는 대로 응답해주시면 하나님께 어떤 유익이 있는지 설명하라.
- 때로는 '불평하지 말며'시 37:1, '여호와를 의뢰하고'시 37:3, '잠잠하고 참고 기다리라'시 37:7처럼 스스로 다짐하는 말이 들어가도 좋다. 어떻게 하는 게 건전한 태도인지 잘 알고 있지만, 실행하기가 어려운 시점에 있다는 사실을 큰소리로 고백하는 것이다.
- 인생의 불공평한 측면이나 온갖 문젯거리에만 초점을 맞추지 말고 형통하게 이루어지는 일에도 눈을 돌려라. 지난날 경험한 좋은 일을 돌아보고 빛 가운데 머물던 시절에 배운 가르침을 어둠 속을 걸을 때도 기억하라.
- 미래에 변화된 모습을 그려보라. 행동 심리학자들은 이런 훈련을 '~처럼 행하기'라고 부른다.

이런 가르침 말고도 마치 직장 상사나 친구, 아내와 이야기하듯 하나님과 대화하는 법을 배웠다. 쉽게 말하자면, 주님을 모든 면에서 인격체로 대한다는 말이다. 기도라고 하면 자신의 생각이나 느낌을 그대로 꺼내놓기보다는 일종의 의무로 여겼던 게 사실이다. 그런데 시편은 더 깊은 단계까지 들어갈 수 있도록 나를 자유롭게 해주었다.

수많은 그리스도인이 시편을 자기의 말로 적어보라고 권한다. 풍성한 유익을 얻을 수 있다는 것이다. 특히 감사와 고뇌, 탄원의 내용이 담긴 구절은 원문을 바꿔 써보는 훈련에도 적합하다. 몇몇 시편을 현대적인 감각으로 풀어서 잡지에 게재했던 유진 피터슨은 독자들의 열광적인 반응에 힘입어 성경 전체를 번역해《메시지》를 출간했다. 유진 피터슨에게 시편은 "어떻게 기도해야 하는가?"라는 문제를 풀어가는 결정적인 단서였다. 열정적이면서도 너무나 인간적이고, 그럼에도 하나님을 삶의 중심축으로 삼았던 시편 기자들이 쓴 노래는 각각의 인간사에 딱 어울리는 말씀을 제공한다.

바로 그거다. 성경을 펼치고 시편을 보면서 시편에 나온 대로 간구하라. 평생 꾸준히, 규칙적으로 신실하게 기도하라. 이것이 기독교 시대를 살았던 대다수 그리스도인이 기도의 깊이를 더해갔던 비결이다. 멋있게 꾸미지 말라. 그저 시편에 나온 대로 기도하라.[5]

바울의 기도

디도서를 제외하면 바울의 서신은 적어도 한 편 이상의 기도를 싣고 있다. 사도 바울은 데살로니가 교회에 사랑이 더욱 넘치기를, 고린도 교회는 더 성숙하게 행동하기를 간구했다. 그리고 성도들이 악에 맞서 싸우는 법을 배울 때 힘을 주시고 순종하며 연합할 수 있기를 기도했다. 빌립보 교회를 위해 간구하면서는 자신의 소망을 "너희 안에서 착한 일을 시작하신 이가 그리스도 예수의 날까지 이루실 줄을 우리는 확신하노라"라는 말로 압축해서 표현했다.

이런 기도문으로 하나님과 대화하면, 기도가 자기중심적인 요청에서 벗어날 수 있다는 점에서 아주 유익한 훈련이 된다. 이 성숙한 사도는 그리스도인의 눈길을 우주적인 차원으로 끌어올린다. 다메섹으로 가는 길에 기적적인 체험을 한 뒤부터 바울은 그리스도야말로 우주의 중심이며,

세상에 머무는 동안 주님의 권세와 하나가 되어야 한다는 사실을 믿어 의심치 않았다. 에베소 교회에 보낸 편지에서 바울은 우리의 씨름은 "혈과 육을 상대하는 것이 아니요 통치자들과 권세들과 이 어둠의 세상 주관자들과 하늘에 있는 악의 영들을 상대"하는 것이라고 규정했으며, 자신도 믿는 그대로 하나님께 간구했다.

바울은 종종 편지를 읽게 될 독자들의 성장의 기운을 엿보고 감사하는 말로 기도를 시작하곤 했다. 신앙이 성숙하고 있는지 그렇지 않은지를 정말 중요하게 여기고 있는 걸 기도를 통해서 분명히 드러낸 것이다. 편지에 실린 기도를 읽어보면 글쓴이가 자신보다 수신인을 더 염려한 것을 알 수 있다. 우리는 그만한 열정을 가지고 친구들과 가족들의 영적인 삶을 돌아보는가? 교회 모임에서 흔히 듣는 미숙한 기도(내 기도도 다를 게 없다)는 육신적이고 물질적인 행복이라는 주제를 맴도는 경향이 있는데, 사도의 간구는 이런 요청들과 선명하게 대비된다.

하지만 바울은 병든 친구라든지, 여행 일정, 담대한 마음과 안전 등의 구체적인 제목을 위해서도 기도를 게을리하지 않았다. 때로는 한참 복잡하고 까다로운 이야기를 하다가도 현실적인 염려를 끊임없이 창조주께 올려드렸으며, 주님 역시 그런 고민을 결코 외면하지 않으셨다. 이렇게 바울은 자신이 아니라 하나님을 신뢰함으로써 거룩한 임재를 연습해나갔다.

바울의 기도는 시편과 마찬가지로 내 기도를 찍어내는 거푸집이 되었다. 에베소 교회에 보낸 편지의 어느 문맥에 회의에 빠져 갈등하는 한 대학생의 이름을 끼워 넣는다. 마음에 드는 교회를 칭찬하거나 이리저리 흔들리는 교인들을 엄히 질책하는 기도를 탐조등 삼아 내 삶을 구석구석 살펴보기도 한다. 바울이 빌립보 교회를 위해 기도했던 것처럼 내 "사랑이 지식과 모든 통찰력으로 더욱 풍성"빌 1:9 해지고 있는가? 고린도 교회를 위해 기도했던 것처럼 온갖 환난을 당하는 사람들을 위로하고 있는가?

바울의 기도는 먼저 세상을 우주적인 시각으로 바라보고 자신을 삶의 중심에서 끌어내리는 법을 가르쳐준다. 친구와 가족, 인생과 교회, 더 나아가서 역사 전체를 거시적인 관점에서 바라보게 된다.

성경에 나온 다른 기도들

《학생성경 The Student Bible》을 편집하면서 하루에 한 편씩 2주 동안 읽을 수 있는 위대한 기도문을 성경에서 뽑아본 적이 있다. 개인적으로 친근하게 속삭이는 고백이 있는가 하면 공식적인 자리에서 드리는 기도도 있다. 하나님께 중요한 문제를 말씀드리는 인간의 모습이 어떠해야 하는지 보여주며 기도에 관해서 독특한 가르침을 준다는 점에서는 모두가 한결같았다.

- 창세기 18장: 소돔을 위한 아브라함의 간구.
- 출애굽기 15장: 하나님께 드리는 모세의 노래.
- 출애굽기 33장: 모세가 하나님을 만나다.
- 사무엘하 7장: 하나님의 약속에 대한 다윗의 화답.
- 열왕기상 8장: 솔로몬의 성전 봉헌.
- 역대하 20장: 승리를 간구하는 여호사밧의 기도.
- 에스라 9장: 백성들의 죄를 사해 달라는 에스라의 기도.

- 시편 22편: 하나님께 도와달라고 부르짖는 기도.

- 시편 104편: 찬양의 기도.

- 다니엘 9장: 예루살렘을 구원해달라는 다니엘의 기도.

- 하박국 3장: 용서를 구하는 예언자의 기도.

- 마태복음 6장: 주님의 기도.

- 요한복음 17장: 제자들을 위한 예수님의 기도.

- 골로새서 1장: 바울의 감사 기도.

성경을 연구하면 기도의 '원리'를 배울 수 있을 뿐 아니라 인류사 전반에 걸쳐 역사하시는 하나님의 광대한 손길을 어렴풋하게나마 가늠할 줄 알게 된다. 일단 눈이 열리면 누가 시키지 않아도 스스로 중앙 무대에서 내려올 수밖에 없다. 큰 그림을 보는 안목이 열리고 창조주가 써내려가는 이야기의 어디쯤인가에 자신의 사소한 사연을 붙여 넣는 지혜가 생기기 때문이다. 하나님과 씨름하면서 광야를 헤매거나 시험을 견디고 있는 이들이 나 말고도 허다하다는 사실을 인식한다. 비로소 하나님을 높이고 찬양하는 법을 깨닫는다. 물론 모든 게 저절로 이루어지는 건 아니다. 성경을 토대로 드리는 기도는 거룩한 음성을 알아듣는 데 큰 도움이 된다.

성경에 기록된 기도를 단순히 읽는 차원을 넘어서 한 걸음 더 나가보라고 권면하는 이들이 적지 않다. 기도의 말씀을 암송해서 언제든지 떠올릴 수 있게 하라는 것이다. 데브라 린스트라는 그런 작업을 성경 말씀 '사재기'라고 부른다. "성령님이 말씀하실 때 사용하실 수 있도록 더 많은 레퍼토리를 드려라. 더 많은 쪽지를 벽에 붙여두라."[6] 간호학교에서 일하는 친구 하나는 매일 지하철을 타고 출근하면서 적당한 시편을 골라 암송하는데, 그렇게 하면 일 때문에 생긴 중압감을 더는 데 큰 도움이 된다고 한다. 벤 패터슨은 이렇게 조언한다.

특히 바울의 기도들이 암송하기에 좋다. 예를 들어, 에베소 교회를 위해 드렸던 기도 가운데 "너희 마음의 눈을 밝히사 그의 부르심의 소망이 무엇이며 성도 안에서 그 기업의 영광의 풍성함이 무엇이며 그의 힘의 위력으로 역사하심을 따라 믿는 우리에게 베푸신 능력의 지극히 크심이 어떠한 것을 너희로 알게 하시기를 구하노라"엡 1:18-19라든지 "그 너비와 길이와 높이와 깊이가 어떠함을 깨달아 하나님의 모든 충만하신 것으로 너희에게 충만하게 하시기를 구하노라"엡 3:19 같은 구절을 선택하라.

　기도의 말씀을 외운다는 게 영적인 굶주림처럼 긴박하고 중요한 증상을 부자연스럽고 형식적인 방식으로 치료하려는 시도로 보일 수도 있다. 그렇다면 전례 기도서의 문장들이 마음에 와 닿지 않는다고 불평하는 회당 사람들에게 랍비 아브라함 헤셸이 했던 말을 곰곰이 되새겨볼 필요가 있다. 기도서가 교인들의 마음을 그대로 표현해주어야 하는 게 아니라, 오히려 교인들 쪽에서 기도서에 표현된 감정을 느낄 줄 알아야 한다는 게 랍비의 대답이었다. 놀라운 말씀에 담긴 위대한 생각을 외우고 되뇌는 과정도 마찬가지다. 연주를 하자면 악기가 있어야 하는 것처럼, 하나님을 향한 갈망을 해소하자면 성경 말씀을 암송하는 게 필수다. 영혼의 음계를 노래해주기 때문이다.[7]

기도문으로 또는 즉흥적으로

내가 어릴 때 다니던 교회는 기도문이나 기도서를 대놓고 신령하지 못한 것으로 취급했다. 종이 쪼가리에 적힌 기도를 읽는 게 어떻게 진지하고 정성 어린 간구가 될 수 있단 말인가? 거부감의 뿌리를 찾자면 영국 국교회에 반발하던 저교회파까지 거슬러 올라가야 할지 모른다. 오랜 세월 동안, 그리스도인들은 섬세하게 다듬어서 글로 정리해놓은 기도에 의지했다. 청교도 존 밀턴은 《성공회 기도서 *The Book of Common Prayer*》에 실린 장엄한 기도를 일컬어 '뻐꾸기 울음소리'나 다름없다며 신랄하게 비판했다. 존 번연이나 조지 폭스 역시 활자로 찍혀 나온 기도문의 폐해를 지적했다.[8] 심지어 영국 독립교회에서는 공적인 예배에서 주님의 기도를 사용하는 것마저 마땅찮게 여겼다.

개혁 교회의 이런 과민 반응은 상당한 세월이 흐르고 나서야 누그러지기 시작했다. C. S. 루이스는 개인적으로 예배할 때 글로 정리된 기도를 더 즐겨 사용했다. 당장 눈앞에 보이는 문제보다 영원한 나라에 초점을 맞추게 해준다는 까닭에서였다. (기도서를 개정하는 데도 똑같은 이유로 반대했다. "신속하게 최신판을 내놓을수록 구식이 되는 속도도 더 빨라질 게 틀림없다"는 것이다.[9]) 그는 개신교 전반에 즉흥적으로 드리는 기도가 퍼져나가는 것도 몹시 불편하게 생각했다. 누군가 선창하는 걸 듣지 않고서야 어떻게 모든 이들이 한마음으로 기도할 수 있다는 말인가? 이단적인 사상이 끼어들 여지가 많다는 점에서도 루이스는 즉석에서 드리는 기도보다 일정한 틀에 맞춰 확정된 기도를 더 좋아했다. 교회가 예민하게 갈고 다듬은 신학을 포함하고 있기 때문이다.

영적으로 고갈된 시기, 다시 말해서 꾸준히 기도하지 못하고 있을 때 이것은 대단히 유용하다. 입술에 말이 끊어진 상황에서 누군가 다른 이의 말을 빌려 쓰는 것이다. 영적으로 침체된 국면에서 택할 수 있는 두 가지 길이 있다. 우선 기도하기를 완전히 멈출 수 있다. 하지만 그렇게 되면 하나님으로부터 더 멀어질 뿐이다. 다른 대안은 기도를 계속하는 것이다. 어려운 시기를 무사히 통과할 수 있도록 보살펴주시기를, 다른 이들이 미리 마련해둔 기도를 활용해 요청하는 것이다.

앞에서도 언급했지만 1년 동안 〈성무일도〉에 따라 기도한 적이 있다. 한때는 《성공회 기도서》를 사용하기도 했다. 두 책자 모두 보급판으로 나와 있어서 누구나 쉽게 구할 수 있지만, 여럿이 함께 드리는 예배에서 진행자의 안내를 받아가며 사용하도록 고안된 책자인 탓에 처음에는 다소 불편한 감이 들 수도 있다. 하지만 거기에 실린 기도는 영적으로나 문학적으로 예민한 감각을 가진 이들의 손을 거친데다가 오랜 세월에 걸쳐 검증을 받았다는 장점이 있다.

그렇지만 개인적으로는 아주 특별한 경우를 제외하고는 하나님과 대화하는 데 문서화된 기도에 의존하지 않는 편이다. 정서적으로 맞지 않아서가 아니라 작가 노릇을 하고 있다 보니 종종 눈길이 엉뚱한 데로 쏠리는 연고다. 책을 펼쳐 들면 어느 틈엔가 기도문에 들어 있는 단어와 거기서 연상되는 이미지를 따라가기 시작한다. 그리고 얼마 지나지 않아 편집 본능이 꿈틀댄다. '음. 여기서 한 행을 꺾었으면 어땠을까? 아니야, 저쪽이 더 나을지도 몰라. 그렇게 밋밋하게 서술하지 말고 은유를 사용했더라면 더 나았을 텐데.' 글을 쓰는 직업을 갖고 있는 터라 늘 새로운 방식으로 생각을 표현하고 싶다. 비슷한 어구와 문장을 되풀이해서 읽는 것은 무척 힘들다. 이런 성향은 결단코 장점이 될 수 없다. 시간이 흐르면서 차츰 없어졌으면 좋겠다.

하지만 묘하게도 제대로 번역된 성경을 읽는 동안에는 이런 편집 본능이 가동되지 않는다. 존 던이나 조지 허버트처럼 진정 탁월한 작가들의 작품을 붙들고 있을 때도 여기저기 손대고 싶은 유혹은 전혀 생기지 않는다. 심오한 명상 시가들은 그 자체로 훌륭한 묵상 기도가 된다. 이미 함축적인 언어를 사용하고 있으므로, 묵상하면서 은유의 배경을 캐고 의미를 찾아야 한다. 성경을 읽고 해석하는 과정과 마찬가지다. 잘 쓰인 찬송가나 찬양곡 역시 기도의 도구가 될 수 있다.

즉흥적으로 편안하게 기도하기를 좋아하는 이들에게 도움이 될 만한 지침도 많이 나와 있다. 널리 읽히는 안내서들은 전반적으로 찬양, 고백, 감사, 간구의 네 가지 요소를 갖춰 기도하는 게 좋다고 권한다. 로잘린드 링커는 각 요소에 신약 성경 말씀을 덧붙여서 더 쉽게 이해할 수 있는 틀을 만들었다.[10]

1. 예수님이 여기 계시다마 18:19-20.
2. 주님, 나를 도우소서약 5:13-6.
3. 감사합니다, 주님빌 4:4-7.
4. 형제들을 돌봐주소서막 11:22-25.

가톨릭교회에도 하루에 몇 시간씩 기도에 매달린 거장들이 즐비한데, 이들은 현기증이 날 만큼 복잡한 공식을 내놓았다. 이그나티우스는 준비 과정으로만 무려 아홉 단계를 제시했다. 프랑수아 드 살레는 그 방식을 적용해서 가톨릭과 개신교 모두에게 유용한 묵상 형식을 만들었다.[11] 살레의 방식은 대략 네 단계로 구성된다.

1단계: 준비. 상상의 날개를 펼쳐라. 거룩한 임재 한복판에 있는 자신의 모습을 그려라. 하나님은 어디에나 존재하시므로 지금 여기에도 계신다는 사실을 믿어라. 그리스도가 바로 곁에 서서 모든 일을 함께 행하신다고 생각하라. 먼저 죄를 고백하고 나머지 묵상 시간 동안 인도해주시길 요청하라.

2단계: 고찰. 주제를 정하라. 방금 읽은 성경 본문에서 찾는 것도 괜찮다. 그리고 거기에 마음을 쏟아라. '집으로 가져갈 꿀을 딸 때까지 꽃을 떠나지 않는 벌처럼' 매달려라.

3단계: 고찰. 감정과 의지가 모두 필요하다. 고찰한 결과에 따르면 삶이 어떻게 달라져야 하겠는가? 그렇게 변하는 데 필요한 일을 행하기로 결심하라. 하나님의 도움을 받아라.

4단계: 결론. 정원을 거닐다가 꽃 몇 송이를 꺾어 들고 집으로 들어가듯, 오늘 남은 시간 속으로 가져가야 할 가르침을 골라내라. 주님이 알려주신 것에 대해 감사하는 기도를 드려라. 변화되기로 결심한 일에 대해 헌신하는 기도를 드려라. 뜻을 이룰 수 있도록 은혜와 능력을 간구하는 기도를 드려라.

나는 시시때때로 상황에 따라 다양한 방법을 시험해본다. 이러한 방법들이 만고불변의 법칙이 아니라 공사장의 비계처럼 기도를 지탱해주는 구조물에 불과하다는 사실을 잊지 않는 한, 모두 편리한 도구들이다. 목표는 하나님과 교제하는 것이지 형식적인 절차를 엄격하게 따라가는 게 아니다. 시스템이 그 목적에 부합되면 군말 없이 쓰면 되고, 적합하지 않다면 과감히 내버리면 그만이다. 세상은 시시각각 변한다. 저마다 지나가고 있는 인생의 단계가 다르다. 성품도 제각각이다. 그러므로 누구나 자신에게 어울리는 기도 방식과 리듬을 찾아내야 한다. 우리 한 사람 한 사람을 만드시고 살아가게 하신 창조주께 사랑과 관심을 보여드려야 할 특권이 있기 때문이다.

기도의 문법을 배우는 다양한 방식이 있다. 여력이 있으면 있는 대로, 연약하면 연약한 대로 거기에 맞는 다채로운 방법을 시도해보았다. 그런 과정을 거치면서 성령님의 중보하심에 힘입어 기도하는 법을 익혔으며, 자녀의 기도가 유창하든 더듬거리든 하나님은 전혀 개의치 않으신다는 사실을 깨달았다.

기도를 상기시키는 것들

예수님이 세상에 사셨을 때는 자명종이나 시계 같은 게 발명되기 전이었다. 오전 6시와 9시, 오후 3시와 6시에 로마식 광장에 걸어놓은 종이 울리는 게 전부였다. 경건한 유대인들은 이 종소리에 맞춰 기도 일정을 짰으며 초대교회 그리스도인들도 그 관행을 고스란히 물려받았다. 사도행전의 기록에 따르면 베드로와 요한은 오후 기도 시간에 성전으로 기도하러 가다가 '태어나면서부터 못 걷게 된 이'를 고쳐주었다. 또 베드로는 정오에 지붕에 올라가 기도하다가 환상을 보았다.

오랜 세월에 걸쳐 기독교 공동체는 일정한 시간에 기도하는 '성무일도'를 확정했다. 교회가 정해진 시간에 드릴 기도와 읽어야 할 성경 말씀을 골라서 〈성무일도〉니 《성공회 기도서》니 하는 문서를 만든 것도 같은 맥락이었다. 자유롭고 편안하게 기도하는 데 익숙한 요즘 그리스도인들도 마치 이어달리기를 하듯 입에서 입으로 전해 내려온 조상들의 지혜를 묵상하며 하루에 몇 차례 정해진 시간에 기도할 수 있다면 적잖은 도움이 될 것이다.

필리스 티클은 모든 그리스도인이 같은 시간대에 기도하는 장면을 연상하면 더 깊은 만족을 얻을 수 있다고 소개한다. 지구는 자전하고 있으므로 똑같은 시간에 기도한다 해도 한 시간 전에 동쪽에서 드린 기도를 이어받게 되고 다시 서쪽으로 물려주는 셈이어서 마침내 지구를 한 바퀴 돌게 된다는 것이다. 티클은 성경과 과거에 나온 고전 자료를 참고할 때, 아침과 점심, 저녁 때 기도하는 게 좋겠다고 추천한다. "아브라함을 부르신 이래로 하루 세 번 드리는 기도는 수많은 아버지와 어머니가 즐겨 부르는 노래가 되었다. 누구든 그 합창에 목소리를 보태기만 하면 수많은 삶이 이어진 기다란 끈의 일부가 된다. 세대와 세대를 가로지르는 성도의 교제에 즐거이 동참하는 것이다."[12]

정해진 문구를 암송하는 방식만으로는 개인적인 관심사를 원하는 대로 아뢰기 어렵다. 티클은 거기에 찬양, 고백, 감사, 간구로 구성되는 자유로운 기도를 가미했다. "개신교인 가운데는 지나치게 개인화된 기도 방식이 불편해서 전례적인 접근에서 돌파구를 찾으려는 이들이 적지 않다고 생각한다. 반면에 딱딱한 전례 전통에서 성장한 이들은 개신교 기도가 주는 따뜻하고 틀에 매이지 않는 접근 방식에서 구원을 본다." 따라서 개인 기도와 전례 기도를 조합해야 힘을 잃지 않고 기도할 수 있다는 것이다.

세상일은 하루에 세 번씩 시간 맞추어 기도할 수 있도록 돌아가지 않는다. 그렇게 기도하는 구조가 모든 이들에게 유익하다고 말할 수도 없다. 하지만 그리스도인들이 직면하고 있는 가장 보편적인 위험 요인은 따로 있다. 기도가 일상의 일부로 흡수되어 습관적으로 되풀이되는 바람에 하나님께 진실한 마음을 보여드리지 못할 수 있다는 것이다. 이슬람 국가를 방문하는 이들은 누구나 천편일률적인 장면을 목격한다. 하루에 다섯 번, 기도 시간을 알리는 소리가 들리면 모든 일이 중단된다. 거래가 중단되고, 버스와 기차가 텅텅 빈다. 신실한 무슬림들은 담요를 펼치고 땅에 엎드려 기도한다. 그리스도인들에게는 그렇게 만사를 제쳐놓고 일사불란하게 하나님을 기억하는 예식이 없다. 오직 한사람 한사람의 결정에 달렸다.

빅토르 위고가 쓴 《레미제라블Les Miserables》의 한 장면이 생각난다. 한 시간에 한 번씩 수녀원에 종소리가 울려 퍼지면, 원장과 부원장, 수녀, 수련 수녀, 성직 후보자 등 안에 있던 모든 사람은 하던 일이나 나누던 대화를 중단하고 하나님께 주의를 집중했다. 흉내를 내볼 작정으로, 한동안 미리 맞춰놓은 자명종에서 아름다운 차임벨 소리가 나면 하나님만을 생각하려고 노력했다. 하지만 시계를 꺼놓는 걸 계속 잊어버리는 게 문제였다. 자명종을 끄느라 대화가 끊겨 친구가 짜증을 낸다든지 한밤중에 벌떡벌떡 일어나는 일이 몇 차례 되풀이되면서 결국 포기하고 말았다. 하나님을 기억하는 데는 그만한 노력이 필요하다.

경건한 유대인들은 하루에 100가지 이상 감사할 거리를 찾았다고 한다. 복을 받기에 합당한 상태를 유지하려고 늘 조심하는 것이다. 유대인이든 그리스도인이든 느헤미야가 그랬던 것처럼 "힘을 주세요"나 "도와주세요" 따위의 간단한 메시지를 실어서 하늘을 향해 '기도의 화살'을 쏘아보낸다. 중독 증세와 싸우느라 진땀을 빼고 있는 이들은 술집을 지나거나, 담배 피우는 사람을 보거나, 인터넷에 접속할 때마다 화살을 발사한다. 앤 라모트는 가장 좋아하는 기도로 "감사합니다, 감사합니다, 감사합니다"와 "도와주세요, 도와주세요, 도와주세요"를 꼽았다.[13]

때로는 성경에 기록된 기도문 가운데 한 구절을 선택해서 종일 되풀이하기도 한다. 주문으로 쓰자는 게 아니라 하나님을 기억하는 장치로 활용하는 것이다. 실족해서 넘어졌을 때 "내 속에 정한 마음을 창조하소서"시 51:10라고 기도한다. 우울한 감정에서 좀처럼 헤어나지 못하면 "주의 구원의 즐거움을 내게 회복시켜주소서"시 51:12라고 간구한다. 아침부터 저녁까지 틈날 때마다 그런 말씀을 암송하노라면 축 늘어졌던 심령에 새 힘이 돌기 시작한다. 아울러 기도에 동원한 그 말씀을 그대로 믿게 해달라고 주님께 간청한다.

기도하기를 상기하는 것에 비하면 기도의 말은 그다지 중요치 않다. 분주한 일상을 소화하면서도 나는 언제나 여유 공간이나 빈틈을 찾는다. 잠 못 이루며 뒤척이는 불면의 시간, 욕조에 몸을 담그고 있는 시간, 운전하는 시간, 컴퓨터가 돌아갈 때까지 대기하는 시간, 제시간에 나타나지 않는 누군가를 기다리는 시간, 리프트를 타고 스키 슬로프에 올라가는 시간, 호텔 체크아웃 카운터에 서 있는 시간, 대중교통이나 기차를 타고 이동하는 시간, 운동하는 시간, 지루한 예배 시간은 기도를 드리기에 더없이 좋은 기회다. 자칫 무의미해질 수 있는 이런 시간에는 연신 시계를 들여다보며 초조해하는 대신 늘 기도한다.

그렇게 소모적인 순간들을 기도 시간으로 바꾸다 보면 가끔 놀라운 결과를 얻기도 한다. 개인적으로는 앞에 서 있던 노인의 주머니에서 잔돈 지갑 빠지는 게 더 잘 보인다. 이웃집이나 교회, 식당, 에이즈 전문병원, 대학을 지나갈 때는 그 안에 있는 이들을 위해 기도한다. 뉴스나 광고 화면을 보면서도 기도한다. (광고주들이 15초 동안 내 시선을 빼앗기 위해 얼마나 고생했을지 생각한다.)

예수님은 니고데모에게 "바람이 임의로 불매 네가 그 소리는 들어도 어디서 와서 어디로 가는지 알지 못하나니"요 3:8라고 말씀하셨다. 일상생활 중에 하나님을 찾을 때도 그렇다. "아!" 하는 탄성이 절로 나오는 순간이 있다. 감사하는 마음이 밀물처럼 밀려들기도 하고 타는 듯한 연민을 느끼기도 한다. 하지만 그런 순간은 늘 눈을 부릅뜨고 찾는 이들에게만 찾아온다.

욕망과 더불어

후아니타

    모국인 스페인이 아닌 브라질에서 의학을 공부하고 있다. 이역만리 타향에 나와 사는데다가 공부는 힘들고 언어 장벽까지 높아서 처음 한 해는 정말 힘들게 보냈다. 그래서 관능의 유희를 즐기는 것으로 위안을 삼았다. 브라질은 성적으로 상당히 개방적이어서 욕구를 해소하는 게 어렵지 않았다.

    하지만 욕망을 좇아 살다 보니 영적인 생활은 말할 수 없이 피폐해졌다. 브라질 사회에 적응하지 못하고 실패자가 되었다는 생각에 시달렸으며, 하나님께 다가서는 통로가 모두 막힌 것 같았다. 순수하던 내면도 이제는 모두 더럽혀졌으며, 그런 꼴로는 주님 앞에 나갈 엄두조차 낼 수 없었다. 멀쩡하던 인간이 다 망가져서 더러운 쓰레기로 변한 느낌이었다.

    그렇게 얼마를 살았을까? 견디다 못해 그리스도인 친구를 붙들고 고민을 털어놓았다. 누구도 함부로 정죄하지 않는 다정한 아이였다. 친구는 남들도 다 욕망과 힘들게 싸우고 있다고 위로해주었다. 그리고 치유와 용서로 이끌어줄 말씀이라며 시편 51편을 소개해주었다.

    시편 51편은 내가 읽어본 시편 가운데 단연 최고였다. 기자는 (자기 자신이 아니라) 죄에서 얼굴을 돌이켜주시길 요청했다. 시편을 처음 읽는데,

눈물이 주르륵 떨어졌다. 너무도 부끄러웠다. 하나님이 내 죄만 미워하신 다고는 한 번도 생각해보지 못했다. 너무 큰 잘못을 저질렀고 말할 수 없을 만큼 더러워졌기에 주님이 날 돌아보시지 않고 내치시며 다시는 품에 안아주시지 않을 거라고 믿었다.

이윽고 "하나님이여, 나의 구원의 하나님이여, 피 흘린 죄에서 나를 건지소서"라고 부르짖는 대목에 이르렀다. 그때부터 시편은 노래가 아니라 기도가 되었다. 다름 아니라 바로 나를 위한 기도였다. "제 죄를 씻으시고 내 모든 죄악을 없애주소서." 그날부터 매일 경건의 시간을 가질 때마다 시편 51편을 읽으며 그 말씀으로 기도했다.

관능적인 생각을 부채질할 만한 것을 모두 잘라버렸다. 좋은 친구를 사귀게 해달라고 기도했으며 브라질 학생들과 함께 성경을 공부하기 시작했다. 그 가운데 한 아이는 나를 꼭 끌어안으며 사랑한다고 말해주었다. 진심 어린 포옹이 그처럼 큰 힘이 있다는 걸 새삼 깨달았다. 돌아보면 외로움이 문제의 핵심이었고 욕망은 단지 증상에 불과했다.

관능적인 욕망에서 완전히 자유로워졌다고는 생각하지 않지만, 습관적으로 욕구를 행동으로 옮기는 생활 방식에서는 분명히 벗어났다. 처음에는 관능적인 욕망에 기대지 않으면 외로움이 극심해지지 않을까 더럭 겁이 났다. 하지만 그런 속삭임은 새빨간 거짓말이었다. 외로움은 그때보다 지금이 훨씬 덜하다. 죄책감을 느끼며 고통스럽게 살지 않아도 된다는 게 너무 행복하다. 물론 언덕을 높이 올라갈수록 난데없이 굴러온 돌멩이에 얻어맞을 가능성이 더 커진다는 걸 잘 안다. 잠시 조용해진 거짓말이 언제 다시 살아나 기승을 부릴지 모른다. 거기에 대해 내가 할 수 있는 건 아무것도 없다. 그러므로 기도할 수밖에 없다.

늘 기도하며 힘을 잃지 않는 그리스도인이라면, 모든 기도가 원하는 대로 응답받는 것보다 하나님과 대화하는 데 훨씬 더 많은 가치를 둘 것이다. 기도의 궁극적인 목표가 그것이다.
_조지 맥도널드[1]

기도가 막힐 때

일이 워낙 많이 생겨서, 마귀의 장난인가 하는 생각까지 들었다. 기도하려고 무릎을 꿇기만 하면 전화벨이 울렸다. 도대체 누가 그렇게 이른 새벽에 전화를 건단 말인가? 화장실에서 물이 새는 소리가 너무 또렷해서 화들짝 달려가 꼭지를 점검한 적도 있다. 한 시간 뒤에는 물탱크에 팔꿈치를 들이민 채 나사를 죄느라 정신이 없었다. 그날 하루는 그렇게 잡다한 일로 모두 망가지고 말았다.

다음날도 똑같은 시간에 기도를 시작했다. 이번에는 온갖 생각이 마치 먼지가 바람에 날리듯 사방팔방으로 흩어졌다. 어젯밤에 형이랑 나눈 이상한 이야기가 생각나고, 속옷 패션쇼 소식을 전하는 텔레비전 뉴스가 떠오르고, 내일 아침까지 보내야 할 원고가 신경 쓰였다. 하나님 말고는 모든 상념이 죄다 머리를 지나갔다.

기도의 거장 아빌라의 테레사는 기도하는 시간이 빨리 지나가라고 모래시계(16세기에는 이것으로 시간을 가늠했다)를 흔든 적이 있노라고 고백했다. 마르틴 루터 역시 기도가 신나는 일이 아니라는 걸 잘 알았다.

조용히 혼자 하나님과 대화하려고만 하면, 채 시작도 하기 전에 오만 가지 훼방꾼이 한꺼번에 달려들었다. 사탄은 모든 이유를 총동원해서 기도를 지연시키려고 했다. 사방을 에워싸고 극렬하게 방해 공작을 폈다. 하지만 끝까지 할 일을 할 뿐, 절대로 거기에 귀 기울이지 않는다. 아직 경험해보지 못했다면 한번 시도해보라. 열심히 기도하기로 작정하는 그 순간, 어마어마하게 다양한 잡념이 달려들어 시작조차 못하도록 물고 늘어질 게 틀림없다.[2]

무가치하다는 인식

루터의 혀를 단단히 잡아 묶었던 끈 가운데 하나는 자신을 보잘것없는 인간으로 여기는 마음이었다. 어린 시절에 심한 학대를 받기라도 한 듯, 루터는 좀처럼 수치심을 떨쳐버리지 못했다. 청년 수도사 시절, 루터는 정도에서 벗어난 생각과 죄악을 낱낱이 찾아내려고 몇날 며칠을 고민했는지 모른다. 철저하게 고백하고 또 회개했음에도 기도하려고 무릎을 꿇으면 언제나 하나님이 외면하시는 듯한 느낌이 들었다고 한다. 예수님이 죄인들 가운데서도 가장 비천한 이들에게 은혜와 용서를 베푸셔서 하늘 아버지의 성품을 환히 드러내셨다는 사실을 깨닫고 나서야 비로소 돌파구를 찾을 수 있었다. 그때부터 루터는 오랫동안 그를 괴롭혀왔던 열등감이 재발할 때마다 마귀의 장난으로 판단하고 당장 물러가라고 호통을 쳤다.

기도의 핵심 요소는 정직이라고 믿는다. '있는 그대로' 하나님께 다가가라는 뜻이다. 그런데도 많은 이들이 루터처럼 열등감에 휩싸여 허덕인다. 스스로 죄를 지었다거나, 한눈을 팔았다거나, 성질이 급하다는 자책감을 느끼며 그렇게 부정적인 자질 때문에 하나님의 관심을 받을 자격이 없다고 생각한다. 주님은 오직 착한 이들의 이야기만 듣고 싶어 하신다고 지레 단정짓는 것이다. 친구가 시끄럽게 떠드는 걸 감수하고, 망가진 결혼 생활을 바로잡고, 아이들에게 고함치며 윽박지르는 걸 그만두고, 숨통을 죄는 중독 증세를 극복해야만 기도하기에 적합하다고 믿는다. 당연히 용서와 치유가 시작되는 유일한 원천에서 멀어질 수밖에 없다.

그런 통념을 대놓고 반박하듯, 성경은 누가 봐도 부적합해 보이는 이들의 기도를 주님이 들어주시는 사례를 상세히 기록하고 있다. 성질이 급했던 모세를 비롯해서 분별력이 모자랐던 삼손, 선지자를 바다에 던져 버렸던 거친 선원들, 토라지기 좋아했던 요나에 이르기까지 꼽자면 열 손가락이 모자란다. 사악한 므낫세 왕의 절박한 간구는 물론이고 살인과 간음을 저지르고 나서 후회하며 회개했던 다윗의 기도에도 응답하셨다. 예수님은 죄인으로 비난받는 세리의 기도를 정직하다고 자부하는 바리새인의 기도보다 더 윗길이라고 평가하셨다.

부족하고 가치 없는 존재여서 기도할 수 없다는 건 그야말로 어불성설이다. 오히려 그런 사실을 깨닫는 일이야말로 기도를 시작하는 데 꼭 필요한 전제 조건이다. 부족한 게 없는 인간이 하나님을 마음의 중심에 모셔 들일 이유가 무엇이란 말인가. 모자라고 부적합하다는 인식은 망가진 인류와 완벽한 하나님 사이를 연결하는 기본 원리다. 따라서 그런 인식은 창조주와의 대화를 막는 장애물이 아니라 기도의 가장 큰 동기라고 보아야 한다.

이름을 알 수 없는 14세기의 한 영국 작가는 하나님과 의사소통하는 문제를 다룬 고전《무지의 구름*The Cloud of Unknowing*》에서 머리 위에 드리운 미지의 구름을 뚫고 지나가기에 앞서, 발밑에 '망각의 구름'을 펼쳐야 한다고 주장한다.[3] 과거의 실수를 잊고, 자꾸 되살아나서 괴롭히는 죄책감을 떨쳐버리고, 열등감을 잊은 다음 하나님께 마음을 열어야 한다는 것이다. 마음을 미리 비워놓지 않으면 주님이 주시는 선물로 충만해질 방도가 없지 않겠는가.

잡생각

마음잡고 기도 좀 해보려고 하면 금방 온갖 잡생각이 끼어든다. 난데없이 구급차가 경적을 울리며 지나간다. 아이가 밥그릇을 떨어뜨려서 방바닥을 밥풀 천지로 만든다. 세탁기가 망가지고, 마당을 지나가는 수도관이 터져서 이웃집으로 물이 흘러들어간다. 집에서 기르는 강아지가 흙투성이가 되어서 집 안으로 뛰어든다. 수학적으로는 전혀 확률이 없는 일들이 기도 시간만 되면 폭발적으로 늘어나는 것 같다.

《그리스도를 본받아*De Imitatione Christi*》로 유명한 토마스 아 켐피스는 하늘의 것에 초점을 맞추려고 노력할 때마다 육신의 유혹이 성난 폭도들처럼 사납게 덤벼든다고 적었다.[4] 요즘처럼 기계가 보편화되지 않아서 거기에 신경 빼앗길 일이 흔치 않았던 17세기에도 기도를 방해하는 요소는 여전히 존재했다. 존 던은 전혀 다른 부류의 훼방꾼을 지목한다.

> 골방으로 들어가 주님의 이름을 부르며 하나님과 천사들을 초청한다. 하지만 그렇게 거룩한 존재들이 임재하고 있음에도 불구하고, 윙윙거리는 파리들, 덜컹거리며 달려가는 마차 소리, 문짝이 삐걱대는 잡음 따위에 정신이 팔려 그분들을 소홀히 한다. 즐거웠던 일들, 닥쳐오는 위험에 대한 두려움, 무릎 아래 깔린 지푸라기, 귓속에서 들리는 소리, 눈앞에 어른거리는 빛줄기, 중요한 일, 시시한 일, 공상, 머릿속에 들어 있는 괴물 따위가 기도하는 나를 괴롭힌다.[5]

나는 오랫동안 불면증에 시달렸다. 몸을 편안히 늘어뜨리고, 마음을 비우고, 규칙적인 소리를 내는 기계를 트는 등 온갖 치료법을 동원했지만 아무 소용이 없었다. 아무 생각도 하지 않으려고 안간힘을 쓰면 오히려 더 많은 상념이 떠올랐다. 긴장을 늦추려고 노력할수록 신경은 더 곤두섰다. 폭포수 떨어지는 소리나 한여름 소나기 소리를 녹음한 테이프를 듣고 있으면 화장실이 가고 싶었다. 비슷한 현상이 기도할 때도 일어난다.

다마스쿠스의 성 요한은 기도를 '영혼을 주님께 들어 올리는 일'로 정의하고, 오직 하나님께만 마음을 열고 나머지에 대해서는 완전히 빗장을 닫아걸어야 한다고 했다.[6] 하지만 성경 말씀에 집중하거나 복음서의 한 대목을 묵상하려는 순간, 갑자기 어제 집수리 기술자에게 전화 거는 걸 깜빡한 게 떠오른다. 이걸 어쩐다? 벌써 다른 일을 맡았을지도 모를 일이 아닌가. 기도 시간은 10분을 못 넘기고 엉망진창이 돼버린다.

잡생각을 물리칠 수 있다는 이런저런 충고도 들어 알고 있다. 그러나 불면증을 고쳐준다는 처방만큼이나 효과가 미미했다. 어떤 사람은 꿈처럼 생각하라고 한다. 휙 들어왔다가 다시 그렇게 나가버리는 몽상으로 여기고 지나치게 마음 쓰지 말라는 것이다. 말은 좋은데, 구체적으로 어떻게 하라는 뜻일까? 부산스러운 아이들처럼 대하라고 충고하는 이들도 있다. 그냥 무시하라는 얘기다. 어른들끼리 나누는 중요한 대화에 낄 수 없는 어린아이들은 쉴 새 없이 집 안을 뛰어다니며 관심을 끌고 싶어 하게 마련이므로, 거기 휘말려서는 안 된다고 한다. 지당하신 말씀이다. 그렇지만 번잡스럽게 구는 것으로 그치지 않고 테이블을 뒤집어엎거나 유리컵을 깨뜨릴 때는 어떻게 해야 할까?

비록 몇 가지에 불과하지만, 나는 기어이 잡생각을 다스리는 데 실질적으로 도움이 되는 기술을 찾아냈다. 우선 가전제품이 정신을 산란하게 만들지 못하도록 예방 조치를 취한다. 컴퓨터가 없는 방에 자리를 잡는다. 자동 응답 장치를 작동시켜서 전화가 걸려오는 걸 막는다. 곁에는 언제나 메모지와 펜을 준비해둔다. 수리공에게 전화를 걸어야 한다든지, 자동차 엔진오일을 교환해야 한다든지 하는 잡다한 생각이 떠오르면 종이에 적어서 나중에 처리할 일 파일에 끼워둔다. 한두 가지 잡념이 떠오르다 말 때도 있지만 때로는 예닐곱 가지에 이르기도 한다. 그렇게 생각나는 일들을 적어두면 계속해서 깐죽거리지 못하도록 붙잡아두는 효과를 볼 수 있다.

마지막으로, 가능하면 잡생각을 기도에 끌어들인다. 아침을 먹으면서 보았던 지진 피해 영상이 머리에서 떠나지 않으면 재난을 당한 가정들과 현장에서 뛰고 있는 구조 대원들을 위해 기도한다. 지난주에는 편지 두 통 때문에 상한 마음을 가라앉히느라 힘들었다. 하나는 우리 교회에 나오는 극단적인 칼뱅주의자가 보낸 편지였는데, 하나님은 인간에게 어떤 고통도 주시지 않는다며 나를 비난했다. 다른 한 통은 화가 잔뜩 난 우익 인사의 서신이었는데 내게 애국심이 있는지 의심스럽다는 내용이었다. 나는 그런 비판을 기도로 끌어들였다. 주님께 간구하면서 대답할 말을 궁리하고, 동기를 점검하며, 이런 비난을 받으며 배워야 할 게 무엇인지 검토했다.

정신 사납게 만들던 생각들 가운데 상당수는 그렇게 기도가 되었다. 아내나 가까운 친구들과 대화할 때는 무엇이든 마음에 떠오르는 대로 자연스럽게 이야기하며 특별히 격식을 차리지 않는다. 기도도 마찬가지다. 언뜻 훼방꾼처럼 보이는 잡생각을 재료로 얼마든지 주님과 교제할 수 있다. 기도는 두 인격이 맺고 있는 관계(한쪽은 하나님이시다)를 드러낸다. 목표는 완벽한 대화 기술을 과시하는 게 아니라 속마음을 보여드리는 데 있다. 잡생각과 싸우는 데는 영국 신학자 허버트 맥카비의 충고가 제격이다.

흔히 기도하는 동안 '잡생각'이 든다고 불평한다. 신경이 이리저리 분산된다는 것이다. 이런 현상이 일어나는 건 십중팔구 진심으로 원하는 일을 구하고 있지 않기 때문이다. 구해야 마땅하고, 존경받을 만하며, 신앙적이라고 믿는 것만 구하는 것이다. 북아일랜드의 평화처럼 중요하지만 직접적인 관계가 없는 문제를 위해 고상하게 기도하거나, 감기로 고생하는 숙모가 낫게 해달라고 간구하지 않는가. 반면에 정말 기도해야 할 일은 마음에 묻어두고 아뢰지 않는다. 그렇게 되면 진정으로 원하는 일에서 비롯된 산란한 생각이 기도를 노략한다. 이를 테면 일종의 광고가 시작된다고나 할까? 그러므로 잡념

334

이란 대부분 품위 있지만 진심이 결여된 소원을 아뢸 때마다 진정한 욕구가 불쑥불쑥 떠오르는 걸 이른다. 잡생각이 생기는가? 상념의 뿌리에 무엇이 있는지 살펴서 바로 그것을 위해 기도하라. 진실로 소원하는 바를 위해 기도해야 산만해지지 않는다. 침몰중인 배에 타고 있는 승객들은 기도할 때 잡생각이 난다고 불평하지 않는다.[7]

제대로 드려야 한다는 오해

기도에 서툰 이들은 혹시 잘못 기도하고 있는 게 아닐까 걱정한다. 감동적인 대표 기도를 듣거나 책에서 멋진 기도문을 읽고 위축됐기 때문인지도 모른다. 모임에 나가서 소리 내어 기도해본 적이 없어서일 수도 있다. 무심코 그릇된 말을 입 밖에 낸다든지 자칫 완벽하신 하나님의 마음을 상하게 할까 봐 두려워서 개인적으로 기도하기를 주저하기도 한다. 유명 인사를 만나면 흔히들 입이 딱 얼어붙는다고 하지 않는가? 도대체 무슨 말을 해야 주님의 소중한 시간과 관심을 차지하기에 합당한 기도를 드릴 수 있을까?

한마디만 하겠다. 마음을 편히 가져라.

아무리 많은 기도를 수집해서 연구하더라도 '제대로 기도하는' 공식을 추출해내기 어려울 것이다. 그동안 나는 경건한 이들이 드리는 찬양과 불의에 희생당한 이들의 절규, 핍박당하는 교회의 절박한 호소와 국가적인 지원을 받는 교회의 웅장한 기도, 모든 이들이 알고 있으면서 공식적으로 되풀이하는 말과 아무도 모르는 저마다의 비밀, 단조로운 고백과 뜨거운 부르짖음, 감격에 찬 찬송과 겸손한 회개, 차분한 기도와 격정적인 간구, 승리를 구하는 기원과 패배 후에 내쏟는 탄식, 따뜻한 용서와 가차 없는 복수, 냉담해진 왕의 마음을 돌리려는 아첨과 사랑 많으신 창조주를 기쁘시게 해드리는 축원 등 다양한 기도를 들었다.

성격이나 생활 환경에 따라서 기도의 양상도 모두 다르다. 어떤 이들은 출근길이 기도하기에 가장 좋은 시간이라고 말하고 또 다른 이들은 아기에게 젖 먹일 때가 제일 편하다고 한다. 새벽녘 비몽사몽 누워서 하루를 미리 내다보며 기도하는 부류가 있는가 하면, 정오쯤 돼서 이미 지나간 일과 앞으로 닥쳐올 일을 하나님과 나누는 친구들도 있다. 기도는 낫고 못함을 비교하는 경연이 아니다. 배운 것 없고 잘난 구석 없는 심령이라도 교회의 내로라하는 전문가들과 동등하게 (또는 그 이상으로) 기도의 거장이 될 기회가 있다.

하루에 평균 두 시간 이상 기도했던 마르틴 루터는 "말수가 적을수록 더 훌륭한 기도"라고 했다.[8] 실제로 성경에 기록된 가장 짧은 두 편의 기도(세리의 고백과 그리스도와 더불어 십자가에 달렸던 강도의 탄원)야말로 가장 강력한 간구였다. 루터는 당시의 형식적이고 현란한 기도에 진저리를 쳤으며, 마음으로 기도하라고 가르쳤다. 이야기를 들어주시는 하나님께 집중하고 남들의 눈을 의식하지 말라고 지적했다.

'죽었다 깨나도 루터처럼 기도하지는 못할 거야. 절대로 테레사 수녀처럼 기도할 수 없겠지'라고 생각하는가? 두말하면 잔소리다. 하나님은 세상에 사는 누군가를 똑같이 흉내 내라고 우리를 부르시지 않았으며, 저마다 진정한 자아를 찾기를 바라신다. 세상에 보여주고 싶어 하는 자아와 하나님이 알고 계시는 진정한 자아를 구별했던 토머스 머튼은 "성

도가 된다는 건 곧 자신이 된다는 뜻"이라고 했다.[9]

　진즉부터 느꼈던 일이지만, 사회복지사와 호스피스 사역자로서 아내가 가진 천부적인 감각은 도저히 따라잡을 수가 없다. 비참하리만치 궁핍한 이들을 만나면 나는 상대방의 정신 상태에 신경을 쓰면서 인터뷰를 시작한다. 반면에 아내는 즉시 그들의 관심사에 초점을 맞춘다. 기도하는 방식에서도 전혀 다르다. 나는 미리 시간을 정해놓고 거기에 맞춰 기도하는 편이지만, 아내는 언제든 생각날 때마다 무릎을 꿇는다.

　진실한 마음으로 하나님께 나가야 한다는 조건 말고는 반드시 지켜야 할 기도 원칙이라 할 만한 것은 없다. 사람마다 성품과 외모, 훈련의 깊이, 약점, 교회나 하나님과 더불어 지내온 이력이 모두 다르다. 그래서 로베르타 본디는 말한다. "기도하고 있다면 이미 잘하고 있는 것이다."[10]

　시대가 변할 때마다 교회가 강조하는 기도 제목도 달라졌다. 초대교회는 적대적인 황제의 핍박을 받는 소수 집단에게 필요한 힘과 용기를 구했다. 사회적으로 기독교가 받아들여지고 국가의 지원을 받게 된 교회는 장엄한 기도 모임을 열었지만, 영적으로 시류에 영합하지 않던 이들은 정결한 삶을 추구하기 위해 스스로 사막으로 들어갔다. 역병과 가난이 지배하는 고난의 시기였던 중세에는 죄를 뉘우치고 자비를 간청하는 기도가 강조되었다. 나중에는 안셀름이나 클레르보의 베르나르도 같은 인물이 나타나 하나님의 사랑과 자비에 다시 눈을 돌리도록 이끌었으며 성 프란체스코는 예수님께 돌아가서 '두려움 없는 기쁨'을 찾아야 한다고 부르짖었다. 영성가 마이스터 에크하르트, 아빌라의 테레사, 조지 폭스 같은 이들은 마음으로 드리는 은밀하고 신비로운 기도에 침잠했던 반면, 로렌스 수사는 세속적인 일 속에서 거룩한 임재를 연습하는 데 힘을 쏟았다. 루터는 신비주의에서 실천적인 헌신 쪽으로 방향을 돌렸으며 칼뱅은 하나님의 주권을 강조했다.

지금도 기도의 다양성에는 변함이 없다. 러시아 정교회 성당에서 할머니들이 기도하는 모습을 본 적이 있다. 기도문이 모두 고대 슬라브어였으므로 한마디도 못 알아들을 게 틀림없는데도 모두들 눈물을 펑펑 쏟고 있었다. 시카고에서 본 어떤 한국인은 밤새 찬송하며 큰소리로 기도했다. 흑인 교회에서는 "아멘!"이나 "주여, 지금 응답하소서!"라고 외치는 소리에 묻혀 기도 소리가 들리지 않을 정도였다. 일본의 그리스도인들은 딱 한 번, 목회자가 공중 기도를 인도할 때만 소리를 내어 기도한다. 독일에 살고 있는 중국 가정교회 교인들은 고향에서 지키던 엄격한 전통을 그대로 이어받아서 사흘 내리 금식하며 기도하곤 한다. 우크라이나의 그리스도인들은 일어서서 기도하며, 아프리카의 신앙인들은 춤추며 간구한다.

예수님은 모범이 될 만한 기도를 가르쳐주셨다. 이른바 '주님의 기도'다. 하지만 그 밖에도 몇 가지 원칙을 제시하셨는데 대략 정직하라, 단순하게 고하라, 꾸준히 계속하라 등 세 가지 원리로 압축할 수 있다. 예수님이 차근차근 설명해주신 바에 따르면, 우리는 하나님의 사랑을 듬뿍 받는 아들딸로서, 먼저 은혜를 베푸시고 자녀들의 삶에 깊은 관심을 가지고 계신 아버지께 나가게 된다. 서너 살짜리 자녀를 둔 부모들에게 아이들이 어떻게 다가오는 게 가장 올바른 방법이라고 생각하는지 물어보라. 당장 이상한 눈으로 쳐다볼 것이다. 올바른 방법이라니. 부모가 된다는 건 언제든지 마음을 열어두고 있다가 자녀들의 필요에 민감하게 반응하는 걸 의미한다. 예수님이 말씀하신 것처럼, 육신의 부모도 적대감이 아니라 따뜻함을 품고 자식을 대하는데, 하물며 하나님은 어떠시겠는가?

히브리서 저자는 소리 높여 외친다. "그러므로 우리는 담대하게 은혜의 보좌로 나아갑시다. 그리하여 우리가 자비를 받고 은혜를 입어서, 제때에 주시는 도움을 받도록 합시다"히 4:16, 새번역.

기도와 성격

기도할 때 몸짓과 동작에 신경이 쓰인다는 이들이 있다. 무릎을 꿇어야 할까? 눈을 감아야 할까? 공식적인 표현으로 시작해야 할까, 아니면 편안하게 할까? 무엇이 적절한 기도 방식일까?[11]

성경에는 수많은 기도 방식이 등장한다. 베드로는 꿇어앉았고, 예레미야는 일어나서 간구했으며, 아브라함은 땅에 엎드렸고, 엘리야는 얼굴을 두 무릎 사이에 파묻었다. 예수님이 세상에서 사역하실 당시의 유대인들은 일어선 자세로 눈을 뜨고 하늘을 우러러보며 기도했다. 마리아는 시편으로 기도했으며 바울은 찬양으로 기도에 영감을 더했다.

초대교회에서는 생각나는 대로 기도하기보다는 기도문을 낭독하는 형태를 더 선호했다. 이단들이 사방에서 날뛰는 시기였던지라 정확한 교리적인 통제가 필요했기 때문이 아니었을까 싶다. 개인적으로 조용히 기도하는 자세가 널리 보급되기까지는 오랜 시간이 걸렸다. 13세기까지는 대다수 그리스도인이 개인적인 간구마저도 기도문을 큰소리로 낭독하며 하나님께 고했다. 아우구스티누스는 책을 펴들고 입을 꼭 다문 채 눈으로만 읽어나가는 밀라노의 암브로시우스 주교를 보고 대단히 놀랐다. '주교는 목소리를 아끼려는 것인가?' 조용히 책을 읽는 기술은 급속하게 퍼져나갔고 마침내 개인적으로 은밀하게 기도하는 형태로 발전했다. 그리고 다시 시간이 흐르면서 기도와 낭독 모두 성직자의 인도에 따라야 하는 집단행동으로 보는 시각이 등장했다.

최근에는 성격에 따라 선호하는 기도 형식이 달라질 수 있다는 주장이 제기되었다. 몇몇 연구자들은 MBTI 검사를 통해 드러난 성격 유형별로 어떤 스타일의 기도를 좋아하는지 조사하는 프로젝트를 진행했다.[12] 예상했던 대로, 이른바 직관형과 감정형이 기도에(프로젝트 자체에도) 더 잘 끌리는 성향을 보였다. 또 질서와 훈련을 좋아하는 이들과 자발적이고 틀에 매이지 않는 방식을 선호하는 이들이 명확히 나뉜다는 사실도 밝혀냈다.

조사를 이끌었던 연구자들은 누구나 자기 성격에 맞는 기도 형태를 선택할 필요가 있다는 합리적인 결론을 끌어냈다. 자유로운 정신을 가진 이들은 단단히 구조화된 시스템이 작동되지 않는다고 해도 죄책감을 가질 이유가 없다. 혼자서 여러 가지 일을 처리하며 시간의 압박을 받는 그리스도인이라면 오랫동안 묵상하는 게 영성을 깊게 하는 보약이기보다 오히려 부담으로 작용할 공산이 크다. 신비주의의 거장 이블린 언더힐은 이렇게 꼬집었다. "뭐든 말로 표현하는 게 자연스러운 사람들이나 구체적인 형상의 도움을 받아야 하는 이들까지도 '침묵에 잠기려고' 안간힘을 쓴다. 그렇게 해야 한다고 속삭이는 시시한 책들이 있기 때문이다."[13]

기도는 하나님과 교제하는 도구다. 복식부기 같은 기법이나 기교의 일종이 아니다. 무슨 규정집에 따라 관계를 맺는 사람은 아무도 없다. 지구상의 누구와도 닮지 않은 저만의 얼굴과 몸, 지성, 감성과 기질을 소유한 인격체로서 내키는 대로 자유롭게 사귈 뿐이다. 하나님은 우리가 어떤 인간이고 왜 사는지 세상 누구보다 잘 알고 계신다. 그러므로 진정한 자아를 있는 그대로 드러내는 방식으로 반응한다 해도 조금도 놀라지 않으신다.

> 주께서 나를 살펴보셨으므로 나를 아시나이다. …
> 멀리서도 나의 생각을 밝히 아시오며 …
> 나의 모든 행위를 익히 아시오니 …
> 여호와여 내 혀의 말을 알지 못하시는 것이
> 하나도 없으시니이다 시 139:1-4.

보혜사 성령

사도 바울은 우리가 아무것도 할 수 없고 심지어 입도 뻥끗하지 못한다 할지라도 "오직 성령이 말할 수 없는 탄식으로 우리를 위하여 친히 간구"롬 8:26하신다고 장담했다. 외국인들을 앞에 놓고 강연할 때는 통역에 의지해서 의사소통할 수밖에 없다. 통역이 시원치 않으면 제아무리 최선을 다해도 횡설수설이 되고 만다. 청중들의 얼굴에 혼란스러운 표정이 떠오르는 게 보이지만, 허탈하게 바라볼 뿐 다른 도리가 없다. 반면에 훌륭한 통역은 중구난방으로 쏟아놓는 얘기도 잘 소화해서 완벽하게 의미를 전달한다. 바울은 그리스도인에게는 완벽한 통역이 있어서 설령 말을 못한다 할지라도 모든 은혜의 원천으로 통하는 길을 찾아줄 것이라는 강력한 약속을 제시한다.

통역뿐이 아니다. 거룩한 자녀들은 본인 대신 관심사를 하나님께 전달해주는 변호사를 보유하고 있다. 흔히 '최후의 만찬'이라고 부르는 내밀한 모임에서 그리스도는 제자들에게 무려 네 번씩이나 '내 이름으로' 무엇을 구하든지 아버지께서 행하실 것이라고 말씀하셨다. 예수님은 세상에 오셔서 하나님이 인간들과 지속적으로 동행하기를 소망하신다는 확실한 증거가 되셨다. 지상에 머무시는 동안 인간의 한계를 몸소 체험하셨으며 지금은 하나님 앞에서 자녀들을 대변하신다. 그리스도의 이름으로 기도함으로써 그리스도인들은 자기 힘으로는 도저히 할 수 없는 일을 대신 감당해주시는 예수님의 선하신 보호를 받게 된다.

정체성 상실의 시대를 사는 현대인이라면 누구나 이름의 가치를 잘 알 것이다. 한번은 범죄 조직의 일원이었던 자동차 매장 직원이 아내의 운전 면허증과 사회 보장 번호를 복제해서 같은 이름으로 가짜 신분증을 만들었다. 위조 면허증에는 피부색도 다르고 삐죽삐죽 헤어스타일도 전혀 다른 여성의 사진이 붙어 있었지만 아내의 이름을 사용해서 비디오 리코더를 일곱 개나 살 수 있었다.

저널리스트 노릇을 하면서도 이름의 가치를 실감했다. 한번은 빌 클린턴 대통령을 인터뷰할 기회가 있었다. 첫 번째 임기 중의 일이었다. 한 중학교에서 열리는 정치 집회에 참석해서 대통령의 서명이 들어 있는 편지를 경호원에게 전해주라는 연락이 왔다. 집회가 끝난 뒤에 나는 구름처럼 몰려든 다른 보도진과 더불어 포토라인 뒤에 서서 기다렸다. 기자들은 마이크를 손에 들고 앞다투어 큰소리로 질문을 퍼부었다. "대통령 각하, 거기에 대해서 한 말씀만 해주시죠!"

클린턴은 미소를 지으며 손을 흔들어주는 것으로 대답을 대신하고 리무진에 올라탔다. 나는 기자들 틈을 비집고 앞줄로 나가서 경호원을 찾았다. 편지 아래 적힌 이름을 확인한 경호원은 포토라인을 들추고 나를 리무진까지 안내해주었다. 뒤에 남은 기자들이 툴툴거렸다. "저 친구는 들어가는데 왜 우린 안 되는 거지?" 나는 대통령 이름이 들어 있는 편지를 가졌기 때문이다. 그 이유 하나만으로 백악관 직원들이 전혀 다른 대우를 해주었던 것이다.

누군가에게 도움을 청하는 중이라면, 그에게 영향력을 행사할 수 있는 인물의 이름을 동원하려고 할 것이다. 그럴 만한 능력을 가진 사람의 이름을 대면 신기하게도 금방 신뢰를 얻을 수 있으며 리무진의 문이 활짝 열린다. 예수님은 기도와 관련해서 똑같은 권리를 약속하셨다. 아버지께 나갈 때 주님의 이름을 사용할 수 있도록 허락하신 것이다. 이제는 하나님의 권위와 명성, 권세에 자유롭게 접근할 수 있게 되었다. 백악관에 들어갈 수 있는 권세는 단 90분 만에 사라졌다. 그러나 예수님의 이름을 빌어서 무엇을 구할 수 있는 권한은 영구적이다.

심령의 체육관

개인적으로는 시편을 기도의 임상 실습 노트라고 부른다. 하나님 앞에서 무슨 말씀을 드려야 좋을지 모호할 때마다 얼른 모범 기도 문집을 집어든다. 시편을 펼치면 언제라도 상황에 딱 맞는 기도를 찾아낼 수 있기 때문이다. 그렇다고 150편에 이르는 시가들이 분위기별로 잘 구분되어 있는 건 아니다. 예수님이 십자가 위에서 인용하셨던 쓸쓸한 말씀이 들어 있는 22편이 끝나기가 무섭게 가장 환하고 따뜻한 시편이 이어진다. 평화로운 찬양으로 가득한 138편의 바로 앞자리에는 분노와 복수의 기도가 버티고 있다.

일전에 가봤던 한 트라피스트 수도원에서는 수도사들이 두 주 단위로 시편 전체를 암송하고 있었다. 14일에 150편을 암송하자면 매일 11편씩 소화해야 한다는 계산이 나온다. (숙련된 수도사들이 24시간 동안 전체를 외워 부르는 수도원도 있다.) 그렇게 몇 해를 반복하고 나면 익숙할 대로 익숙해져서 툭 건드리기만 해도 입에서 시편이 줄줄 흘러나오는 경지가 된다. 누구나 자기 나라 국가 한 절쯤이야 어렵잖게 부를 수 있는 것이나 마찬가지다. 그럼에도 시편을 암송하는 수도사의 얼굴에는 매번 다른 반응이 나타난다. 바로 그 순간, 바로 그 시편이 진정한 자아에게 이야기하는 내용이 스크린에 투사되듯 표정에 반영되는 것이다.

제일 앞줄에 서 있는 통통하고 수염이 덥수룩한 수도사는 찬양과 감사의 시편을 암송하는 동안 얼굴이 환해진다. 바로 곁에 서 있는 수사는 눈부시게 청아한 목소리를 가지고 있는데, 혼란스러움을 노래하는 시편을 가장 열심히 음창吟唱한다. 세력 다툼? 질병? 가족의 죽음? 신앙에 대한 회의? 수도원의 재정 형편? 수도원 담장 안에서 무슨 일이 일어나든 암송하는 시편이 낱낱이 드러내고 이야기해줄 것이다. 암브로시우스 주교는 시편을 일컬어 "모든 심령을 연마하는 일종의 체육관"이라고 했다.[14] 야심만만한 기도 선수들을 훈련시킬 운동 기구가 가득 들어찬 감정 단련실이라니, 얼마나 멋진 표현인가?

루터교 신학 교수였던 마틴 마티는 말기 암으로 몹시 고통스러워하는 아내와 함께 시편을 읽어나가기 시작했다. 아내는 매일 자정에 화학 요법으로 생기는 메스꺼움을 다스리는 약을 먹어야 했다. 한번 깨고 나면 다시 잠들 때까지 한동안 뒤척이게 마련인데, 그때마다 남편이 시편을 소리 내어 읽는 식이었다. 어느 날 밤, 아내는 남편이 시편 87편을 읽은 다음 은근슬쩍 91편으로 넘어가는 걸 눈치 챘다. 시편 88편("나의 생명은 스올에 가까웠사오니 나는 무덤에 내려가는 자같이 인정되고")을 건너뛰어서 "그가 너를 그의 깃으로 덮으시리니 네가 그의 날개 아래에 피하리로다" 시 91:4라는 위로의 말씀으로 곧장 갔던 것이다.

아내가 물었다. "왜 빼먹고 읽어요?" 그날 밤에 시편 88편 말씀을 아내가 받아들일 수 있을지 확신이 서지 않아서였다는 게 남편의 대답이었다. 아내가 단호히 말했다. "돌아가서 제대로 읽어주세요. 어두움을 다루지 않으면 다른 말씀들이 빛을 내지 못하잖아요."

훗날 마티는 그 참담하던 시절에 관한 책을 썼다. 이제는 묵상집의 고전이 된 《부재의 외침A Cry of Absence》에서 작가는 시편 가운데 절반은 한겨울 분위기였으며 밝고 따뜻한 여름 느낌을 주는 건 고작 3분의 1 정도에 불과했다고 적었다. 하지만 그렇게 쓸쓸한 시편들이야말로 눈앞에 맞닥뜨린 현실 속에서 환자가 '두려움과 슬픔을 받아들이는 데' 결정적인 도움을 주었다. 스스로 할 말이 없어졌을 때, 비로소 다른 말씀이 이해되기 시작했던 것이다.[15]

마티는 평생 신앙생활을 하면서 거듭 노력했음에도 하나님을 직접 만나는 감격적인 사건을 한 번도 경험해보지 못했다고 고백했다. 하지만 '직접'에 집착한 건 잠시뿐이었다. 시편 같은 2차적인 통로를 통해 얼마든지 하나님과 의사소통할 수 있었기 때문이다. 연인들이 편지를 주고받으면서 직접 얼굴을 맞대지 못하는 동안에도 만남을 유지하는 것이나 매한가지다.

하나님과 지속적으로 교제하는 이들은 너나없이 겨울처럼 황량한 시기와 여름같이 밝고 즐거운 기간을 두루 거치게 마련이다. 테리 머크는, 농사를 지으면서 가끔 도심지 공장에 나와 일하는 어느 나이 많은 농사꾼의 입을 빌려서, 농부와 도시인의 상반된 사고방식을 비교하고 있다.

눈에 띄는 가장 큰 차이점이라면, 도시인들은 항상 작년보다 올해가 더 나아져야 한다고 생각한다는 점입니다. 승진이 안 되거나, 뭔가 새로운 걸 손에 넣지 못하거나, 조금이라도 상황이 좋아지지 않으면 단박에 실패했다고 단정짓습니다. 논밭에 나가 일하는 이들은 세상을 좀 다르게 봅니다. 형편이 좋을 때가 있고 나쁠 때가 있다는 걸 아는 거죠. 아무도 날씨를 마음대로 바꿀 수 없습니다. 흉년이 드는 걸 막을 수도 없습니다. 병에 걸리는 것도 어쩌지 못합니다. 그러니 열심히 일하고 무슨 일이 닥치든 잘 받아들일 준비를 할밖에요.[16]

기도 중심으로 영적인 삶의 그래프를 그려보면 어떤 그림이 나올까. 어린 시절부터 청소년기까지는 기도에 관해 교회에서 배운 가르침을 조금도 의심치 않고 그대로 믿었다. 개인적으로 간구하거나, 경건의 시간을 갖거나, 영성 훈련을 하면서 그런 믿음을 제도적으로 다져나갔다. 하지만 성경 학교에 들어가서는 영적인 일을 모두 의심했다. '기도의 날'이면 예배당에 앉아서 어느 간증이 진실이고 무엇이 거짓인지 가려내는 게 일이었다. 수도원 같은 캠퍼스 공기 속에서 지내다 보면 울타리 너머에서 소용돌이치는 1960년대 사회 현실과 완전히 단절된 것 같은 기분이 들었다. 혼자만 국외자가 된 것 같은 고립감을 느꼈다.

그때부터 지금까지는 줄곧 농부의 이야기처럼 좋을 때와 나쁠 때가 있으며, 만족하고 감사하는 시기와 고민하며 자포자기하는 시절이 있게 마련이라는 사실을 배우고 있다. 마음 같아서는 매년 수직 성장을 기록했으면 좋겠다. 한 해도 거르지 않고 가치가 꾸준히 올라가는 뮤추얼펀드를 나타내는 증권 시장의 도표처럼 되기를 기대한다. 하지만 실제 성장 지표를 보면, 심장 모니터의 곡선처럼 위아래로 불규칙하게 널을 뛰는 게 나의 현실이다. 그래도 실망할 일은 아니다. 얼마 뒤에 스스로 돌아보면 가장 어두운 시기를 통과하면서 믿음이 단단해졌으며, 하나님이 내가 그 시절에 쓴 책을 사용하셔서 말씀하신다는 사실을 알 수 있기 때문이다.

목회자라면 누구나 그날 설교는 다른 사람보다 목사 자신에게 적용해야겠다는 교인의 한마디에 금방 실패자가 된 것처럼 착잡해져서 집으로 돌아온 경험이 한두 번쯤 있을 것이다. 어쩌면 하나님도 기도를 그렇게 보실지 모른다. C. S. 루이스는 이렇게 적었다. "가장 형편없어 보이는 기도가 실제로 하나님의 눈에는 제일 훌륭한 간구처럼 보일지 모른다. 경건한 느낌이 매우 적고 대단히 내키지 않아 하면서 드리는 기도 말이다. 이런 기도는 거의 모두 감정보다 더 깊은 곳에서 나오기 때문이다."[17]

계속 머물라

론

나는 재소자를 대상으로 사역하는 국제기구의 대표로서, 110개국 이 상을 돌아다녔으며, 그 과정에서 말 그대로 모든 종류의 기도를 들었다. 교도소 안에 있는 교회 조직 가운데 상당수는 오순절 교회의 성향을 띠고 있다. 거기서 예배를 드릴 때면 목청껏 외치는 기도가 한없이 되풀이 되어 아주 곤욕스러울 정도다. 나는 성공회 교회에서 성장한 까닭에 고요하고 예전적인 분위기에 익숙하기 때문이다.

그래도 지금까지 가장 놀라웠던 사례라면, 이탈리아에서 열렸던 가톨릭 성령 운동 집회를 꼽아야 할 것 같다. 무려 2만 명에 이르는 그리스도인이 소그룹으로 나뉘어 기도했는데, 이탈리아인들의 우아한 목소리가 리드미컬하게 고조되다가 다시 뚝 떨어지기를 되풀이했다. 개중에는 방언으로 기도하는 이들도 적지 않았다. 거기에 끼어 예배를 드리는 동안 성령님이 함께하신다는 확신이 절로 들었다.

노숙인과 매춘여성을 보살피는 '아름다운공동체'에도 갔었다. 기도한 다음에 나가서 맡은 작업을 하고, 다시 돌아와 자신의 일을 위해 기도했다. 반나절은 기도하고 반나절은 일하는 식이었다.

어떻게, 왜, 언제 기도해야 하는지는 잘 모르지만 기도의 능력은 분명히 믿는다. 실제로 수술을 받고 오랫동안 처치를 했지만 좀처럼 낫지 않던 발목이 기도로 나은 경험이 있다. 어느 수녀가 나를 위해 기도하고 있다는 편지를 보냈는데, 부친 지 열흘 만에 받은 것이었고, 기도했다는 바로 그날 내 병은 나았고 그 뒤로는 전혀 통증을 느끼지 못했다.

출장이 잦다 보니 잡아야 할 약속이나 갈아타야 할 비행기 편 하나하나를 위해 미리 기도하는 게 정말 중요하다는 걸 절감한다. 기도를 소홀히 하면 늘 어디선가 문제가 생기곤 했다. 한번은 한 의사가 나와 함께 여행하면서 장차 예정되어 있는 일을 놓고 매일 기도를 해주었다. 그때만큼 편안하게 돌아다닌 적이 없다. 정말 생산적인 여행이었다.

나는 일상생활 중에 정기적으로 기도하는 시간을 확보해두었다. 그리고 또박또박 일지를 쓴다. 주로 하나님께 감사해야 할 일, 스스로 점검해야 할 사항, 가족과 친구를 위한 기도 제목, 사역이 나가야 할 길과 국제적인 협력을 기록한다. 우리 교회 목사님은 누군가를 위해 기도할 때마다 손을 잡고 주님 앞으로 인도하는 장면을 떠올리라고 권면한다. 나는 중보기도할 때마다 그렇게 하려고 노력한다.

정기 기도 시간을 제법 잘 지키는 편인데, 마음이 내킬 때나 그렇지 않을 때나 한결같다. 훈련이라는 게 받기 전에는 어떨지 몰라도 일단 끝내고 나면 기분이 좋은 법이다. 하루를 걸렀을 때는 특별히 달라진 게 없어 보여도 며칠을 놓치면 분명 티가 난다. 손실은 이루 말할 수 없이 크다.

기도와 기질

캐시 캘러한 하웰

하나님이 주신 성품과 기질을 거스르지 않고 잘 활용해서 예수님의 가르침을 받는 방법은 없을까? 이런 궁금증을 풀고 싶은 마음에 휴가를 떠나면서 체스터 마이클과 마리 노르시가 쓴 《기질에 따른 기도와 영성 *Prayer and Temperament*》이라는 책을 챙겼다. 지은이는 기도와 묵상 스타일 네 가지를 MBTI 검사에서 말하는 기질과 일대일로 연결시켜 설명한다.

• 첫 번째 묵상유형은 직관·감정형(나도 여기에 해당한다)에게 맞춘 것인데 상상하기, 마음으로 그려보기, 일지 쓰기처럼 창의적인 훈련을 강조한다. 성경 구절을 자신에게 적용하여 읽는 방법도 효과적이다. 말씀에 자기 이름을 넣어서 묵상하는 것이다. 예를 들어, 마태복음 11장 28절은 "캐시야, 내게로 오라. 내가 너를 쉬게 하리라"로 읽는다. 이렇게 성경의 약속과 명령이 개인적으로 의미를 갖는다는 사실을 인식함으로써 마음을 자극하면 분주한 사역에 묻혀버리기 일쑤인 깊은 감정을 끄집어낼 수 있다.
• 과학적인 사고방식을 가진 이른바 직관·사고형은 성경 구절을 선택해서 언제, 어디서, 누가, 왜, 무엇을, 어떻게 따위의 기초적인 질문을 던

져가며 연구하는 게 좋다. 그렇게 단순한 질문을 뛰어넘어 "이 말씀이 내 삶의 어떤 영역에 도움을 줄 수 있는가?"라고 물을 수도 있다. 이렇게 말씀 연구식의 묵상 유형은 진리를 끌어들여 삶에 적용하는 방법을 찾아내는 데 유익하다.

• 의무를 이행하는 게 중요한 감각·판단형에게는 평화니, 은혜니, 희락이니 하는 추상적인 개념보다 확고하고 질서정연한 묵상 체계가 더 매력적이다. 성경에 기록된 사건이 마치 눈앞에서 벌어지고 있는 것처럼 보고, 듣고, 냄새 맡는 감각을 동원하면 옛 진리를 현대적으로 적용하기에 좋다. 금년 부활절을 앞두고, 그리스도의 고난을 깊이 묵상하기 위해 이런 스타일을 이용했다. 십자가에 달린 두 강도와 '유대인의 왕'이란 명패를 달고 있는 예수님을 상상했다. 아울러 군중의 야유와 무거운 죄, 땀과 피를 쏟는 아픔을 떠올렸다. 이번에는 눈을 돌려서 내 머리 위에 '하나님이 사랑하시는 자녀'라고 적힌 명패가 걸려 있는 모습을 마음에 그렸다. 그런 호칭을 주시기 위해 주님이 얼마나 큰 대가를 치러야 했는지가 새삼 아프게 다가왔다.

• 네 번째 묵상 유형은 기도에 활동을 접목시킨다. 낚시라든지 하이킹, 수영 따위가 묵상을 깊게 해준다. 야외 활동을 즐기는 이들일수록 이런 유형의 묵상을 즐길 수 있겠지만, 감각·인식형의 초점은 단순히 외부로 나간다는 사실에 있다기보다 기도하면서 활동하고 일하는 데 있다. 내 친구는 로렌스 수사처럼 설거지하면서 기도하기를 좋아한다. 마르다와 마리아의 방식이 결합되었다고나 할까? 일하면서 동시에 예수님의 가르침을 배우는 것이다.

_《리더십Leadership》중에서

바로 그 순간, 숨을 쉬기 위해 공기가 필요하고 혈액 속에 산소가 필요하듯, 기도가 필요했다. 뒤에는 허공뿐이었다. 그리고 앞에는 벽, 캄캄한 벽이었다. _조르주 베르나소스**[1]**

침묵의 소리

기도하는 이들은 너나없이 벽에 부닥치게 마련이다. 감정이 메마르고, 말문이 막히고, 혼란스러운 생각에 떠밀려 명쾌한 사고를 할 수 없다. 갑자기 기도하는 것이 어리석게 느껴지고 한술 더 떠 상식 밖의 행동처럼 보이기도 한다. 방 안에 혼자 앉아 중얼거리게 될지도 모른다. '저 혼자 묻고 대답하는 건 정신 나갔다는 증거 아닐까?'

배신감이 스며든다. 도대체 하나님은 무슨 속임수를 쓰신 것일까? 기도란 게 모두 자기기만이란 말인가? 마음의 말들은 천장을 뚫지 못한 채 바닥에 떨어지고, 급기야 입안에서 빠져나오지도 못한 채 죽어간다. 하나님은 나만 외롭게 남겨두고 멀찌감치 물러나신다.

우리 집에서 멀지 않은 곳에 칼이라는 퇴역 장교가 살고 있다. 공군대령으로 예편한 뒤에 지금은 장기 요양원의 원목으로 일하고 있다. 현역 시절에는 젊고 건강한 신병들에게 지지 않으려고 운동깨나 했다지만, 지금은 휠체어에 의지하여 병상에 누워 있거나 치매에 걸린 노인들을 찾아 병실을 누비는 게 고작이다. 30분에 한 번씩 신호가 오면 팔 힘으로 상체를 들어올려서 움직이지 않는 하반신의 자세를 바꾼다. 그래야 욕창을 막을 수 있기 때문이다. 처음에는 일터에서, 다음에는 집에서 칼을 만났다. 두 번 다 대화가 '하나님의 침묵'으로 흘러갔다.

처음 만나던 날, 칼은 몸을 못 쓰게 된 사연을 들려주었다. "얘기하자면 길어요. 어느 날, 뉴멕시코에서 자전거를 타고 언덕길을 쏜살같이 내려가고 있었죠. 그런데 갑자기 눈앞에 커다란 배수관이 보이는 거예요. 브레이크를 잡았지만 너무 늦었지요. 앞바퀴가 쇠창살에 처박히는 순간, 몸이 붕 떠서 날아갔죠. 조금 있다가 정신을 추스르고 일어서려는데, 누군가 소리를 질렀어요. '움직이지 말아요! 꼼짝 말란 말예요!' 그러더니 뉴멕시코의 뜨거운 햇살을 피하도록 모자를 씌어주었어요. 곧 응급 구조 대원이 뛰어오더니 부목을 대고 꽁꽁 묶더군요. 헬멧을 쓴 채로 머리부터 땅에 떨어졌는데 척추가 박살나고 척수에 손상을 입었어요. 그때부터 가슴 아래를 쓰지 못합니다. 공군에서도 전역해야 했고요. 사무실에 나가서 업무를 처리하는 대신 날마다 물리 치료를 받아야 했지요. 아직도 '장애인'이라는 새로운 정체성에 완전히 적응하지 못한 상태예요."

적응 과정에 대해서도 이야기했다. 들고나기가 좀 더 편리한 집으로 이사했고, 군대라는 직장을 잃었으며, 방광이나 배변 조절 기관을 대신할 장치를 달아야 했고, 근육 경련이나 감염 증상과 싸우며, 등뼈를 따라 철심을 박은 채로 살아야 했다. 칼은 그런 어려움을 구체적으로 들려준 뒤에 어안이 벙벙해질 만큼 충격적인 얘기 하나를 덧붙였다. "그렇지만 그쯤은 약과예요. 적응 과정 전체보다 더 견디기 힘든 변화가 있었어요.

왜 이런 시련을 주셨느냐고 따지고 싶은 마음도 억누르기 힘들었지만, 하나님의 임재를 느낄 수 없는 것이야말로 최악의 고통이었어요. 정말 주님이 필요한 시기에 그분을 실감할 수 없었어요. 믿음에도 이상이 없고 기도도 계속하고 있지만, 벽에다 대고 외치는 것 같아요. 아무런 반응이 없거든요."

다음에는 집으로 칼을 찾아갔다. 장애인이 생활하기에 불편하지 않도록 지은 집이었다. 복도와 방은 모두 널찍널찍하고 바닥에는 카펫을 깔지 않았다. 주방을 비롯한 모든 시설이 휠체어 높이에 맞춰져 있었다. 벽과 장식장에는 칼이 미국과 유럽의 공군기지에서 일하면서 수집한 갖가지 기념품이 가득했다. 칼은 프랑스의 테제 공동체에 갔던 이야기를 하면서 그때만큼 하나님의 임재를 강렬하게 느낀 적이 없다고 했다. 두 번 정도 찾아가서 일주일 정도 머물다 왔는데, 공동 예배 말고는 대부분 묵상하고 기도하면서 시간을 보냈다고 한다. "그처럼 감동적인 영적 체험은 그때가 처음이었어요. 공동체 전체가 하나님 중심으로 돌아가고 있었어요. 하나님의 임재가 거기에 충만했습니다. 앞으로 내게 닥칠 일을 아시는 주님이 흔들리지 않게 붙잡아주시려고 그런 경험을 하게 해주신 것 같아요."

"나는 어려서부터 칼뱅주의 교육을 받아왔어요. 나한테 일어난 이 모든 일을 내가 어쩌겠어요? 사고 전체를 하나님 발 앞에 내려놓지 않았죠. 하나님이 세상의 자질구레한 일까지 모두 간섭하신다고는 믿지 않아요. 상한 마음과 함께하실테죠. 주님의 임재를 느끼고 싶을 뿐이에요."

허공을 치다

　사고가 난 뒤부터, 칼은 예전에 무심코 지나쳤던 성경 말씀들을 찾아보면서 위로를 받았다. 삶이 별 탈 없이 돌아가던 시절에는 탄식하는 내용을 담은 시편에 눈길을 주지 않았지만, 이제는 말할 수 없이 깊이 몰입한다. 감정을 숨기지 않고 탄식을 토해낼 수 있는 통로를 열어주기 때문이다.

주님, 언제까지 나를 잊으시렵니까?

영원히 잊으시렵니까?

언제까지 나를 외면하시렵니까?

언제까지 나의 영혼이 아픔을 견디어야 합니까?

언제까지 고통을 받으며 괴로워하여야 합니까?시 13:1-2, 새번역

그러나 동쪽으로 가서 찾아보아도, 하나님은 거기에 안 계시고,

서쪽으로 가서 찾아보아도, 하나님을 뵐 수가 없구나.

북쪽에서 일을 하고 계실 터인데도, 그분을 뵐 수가 없고,

남쪽에서 일을 하고 계실 터인데도, 그분을 뵐 수가 없구나욥 23:8-9, 새번역.

나의 하나님, 온종일 불러도 대답하지 않으시고,

밤새도록 부르짖어도 모르는 체하십니다시 22:2, 새번역.

원수들이 날마다 나를 보고

"네 하나님이 어디에 있느냐?" 하고 빈정대니,

그 조롱 소리가 나의 뼈를 부수는구나시 42:10, 새번역.

내가 주님을 바라보며, 내 두 손을 펴 들고 기도합니다.

메마른 땅처럼 목마른 내 영혼이 주님을 그리워합니다시 143:6, 새번역.

칼을 만난 덕분에 그런 시편들에 더 주의하면서 기도하게 되었다. 귀를 막고 등을 돌리신 것만 같은 하나님을 향한 이 애절한 울부짖음이 곧 기도가 되었다는 점에 놀랐다. 더 충격적인 것은 이런 부류의 기도도 거룩한 책에 기록될 가치가 있다고 인정받았다는 사실이다. 그것만 가지고도 영적으로 메마르거나 침체되거나 약해지는 시기, 다시 말해 주님에게서 멀어지는 시기가 누구에게나 얼마든지 있을 수 있는 일임을 분명히 알 수 있지 않은가?

예수님이 십자가에서 인용하신 시편 말씀 "나의 하나님, 나의 하나님, 어찌하여 나를 버리셨나이까"마 27:46는 위에서 소개한 "나의 하나님, 온종일 불러도 대답하지 않으시고"의 확장판이다. 심지어 독생자 그리스도까지도 하나님이 임재하지 않으신 듯한 느낌에서 자유롭지 못했던 것이다. 점차 침울한 분위기의 시편들을 고맙게 여기게 되었다. 곤고한 처지에 빠진 이에게는 격려의 말이 오히려 상투적인 느낌을 줄 수 있는 법이다. 베드로가 십자가 아래로 다가와서 처절한 고통을 감내하고 계신 예수님을 위로한다고 상상해보라. "아니죠, 그게 아닙니다. 그렇게 말씀하지 마세요. 아버지가 아들을 포기하실 리가 있겠어요? 그냥 그렇게 느껴지는 것뿐입니다. 하나님은 정말 신실하신 분이라고 가르쳐주신 게 바로 주님이시잖아요."[2]

　어떤 이들에게는 삶을 통째로 뒤바꿔놓는 대형 사고(칼의 경우가 대표적이다)나 몸을 망가뜨리는 무서운 질병을 계기로 캄캄한 밤이 시작된다. 간절히 기도해보지만 마치 조롱하기라도 하듯 응답될 기미가 보이지 않는다. 주님께 매달리며 애원했음에도 부부 관계는 갈수록 엉망이 되고 이혼 후 황무지를 맴돌기도 한다. 심지어는 별다른 이유 없이 청천벽력처럼 불행이 밀어닥치는 일까지 벌어진다. 하나님은 어디로 가셨는가? 어째서 숨으시는가?

　이런 일을 만나면 본능적으로 스스로에게서 흠을 찾게 마련이다. 뭔가 하나님 마음을 상하게 했으니까 이런 사태가 벌어진 게 아니겠느냐고 추측한다. '너 같은 건 거룩한 임재 앞에 나갈 자격이 없다'거나 '부정한 생각으로 가득한 마음을 가진 인간의 이야기를 주님이 들어주실 리가 없지 않느냐'는 내면의 소리가 귓가를 맴돈다. 그때마다 '마음이 더러워졌으니 더욱 기도할 수밖에 없다'는 진리를 무기 삼아 그 목소리에 맞선다. 정결하게 씻어주시고 도움을 베풀어달라고 간청하는 건 물론이다.

　개인적으로 잘 아는 한 여성은 자기 죄가 너무 커서 절대로 용서받을 수 없을 거라는 두려움 때문에 입을 꼭 닫고 1년 이상 기도하지 않았다. 지혜로운 목회자인 토머스 그린은 그런 불안감을 단호하게 몰아낸다. 인간들 사이에서도 생채기를 잔뜩 끌어안은 채 무엇 때문에 그렇게 아파하는지 감추기만 하는 태도는 미숙하다는 평가를 받는다. 하물며 예수님을 통해 사랑의 극치를 보여주신 하나님이 그런 식으로 대처하실 리가 있겠는가? 그린은 이렇게 기도하라고 추천한다.

주님은 저보다 저를 더 염려하십니다. 그러므로 지금 수수께끼 놀음을 하고 계시다고 생각하지 않습니다. 지금 겪고 있는 고갈 상태가 제가 실족해서 생긴 문제라면, 무슨 잘못을 저질렀는지 분명히 가르쳐주셔서 얼른 고치게 하십시오. 하지만 주님이 딱 집어서 알려주시지 않는 한, 혹시 뭘 실수해서 관계가 이렇게 무미건조해진 건지 막연히 의심하지는 않겠습니다.[3]

영적인 거장들 역시 영혼의 캄캄한 밤을 경험했다는 사실에서 적잖이 위로를 받는다. 금방 빛이 찾아들기도 했지만 대개는 몇 달, 몇 년씩 어둠 속을 헤맸다. 제법 이름이 알려진 인물 치고 심령이 메말라 갈라지는 시기를 통과해봤다고 고백하지 않는 경우는 거의 없다. 아빌라의 테레사는 영적인 가뭄을 극복하고 기도의 거장이 되기까지 20년 동안 주님과 대화가 단절된 채 살았다. 윌리엄 쿠퍼는 기도할 때마다 가슴이 터질 것만 같은 환희를 경험했던 인물이지만, 나중에 하나님으로부터 멀리 떨어져 "동에서 서는 오히려 가깝다고 할 만한 곳으로 쫓겨났었노라"고 털어놨다.[4] 주님과 더불어 교제하며 느끼는 친밀한 감정을 즐겨 노래했던 17세기 시인 조지 허버트는 창조주가 멀리 떠난 것만 같은 느낌에 대해서도 감동적인 시를 썼다.

무릎은 땅을 파고들고,
두 눈은 하늘을 뚫어봅니다.
그러나 창공과 지구의 중심은
거기에 당신이 계심을 부인합니다.
나의 하나님은 어디에 계십니까?

어떤 은신처에 여태껏 숨어 계십니까?[5]

하나님의 침묵에 대해서는 신앙 서적이나 잡지는 물론이고 기독교 방송과 텔레비전에서도 아예 입을 다물고 있다. 미디어에 소개되는 얘기를 가만히 듣고 있노라면, 하나님이 매사에 구구절절이 말씀해주시는 것 같은 착각이 든다. 어떤 사역자에게는 성전을 세우라고 말씀하고, 또 누군가에게는 인터넷 기업을 차리라고 명령하는 식이다. 주님이라면 으레 성공과 선의, 평화로운 느낌, 따뜻한 빛줄기 따위를 떠올린다. 그렇게 고무적인 이야기에 길들여진 청중은 '침묵의 하나님'과 맞닥뜨리는 순간 충격을 받을 수밖에 없다. 지극히 예외적인 상황을 경험한다는 생각이 들고 부당한 대접을 받고 있는 것 같은 감정에 휩싸이는 게 당연하다.

하지만 그런 부류의 유쾌한 낙관론이야말로 고객 만족을 으뜸으로 생각하는 현대 기독교 신앙의 산물일 뿐, 실상은 오히려 예외에 속한다. 오랜 세월에 걸쳐 그리스도인들은 '천로역정'에 나섰던 실수투성이 순례자와 '영혼의 어두운 밤'을 체험했던 십자가의 성 요한, '그리스도를 본받아' 살라고 도전했던 토머스 아 켐피스에게서 주님을 따르는 여정에 무엇이 기다리고 있는지 배워왔다. 하나님의 임재에 대해 과감하고 솔직한 기록을 남겼던 만인의 멘토, 로렌스 수사는 설거지를 하고 화장실을 치우면서 생각을 가다듬어야 했다.

영적으로 무덤덤해지는 어둡고 공허한 시기를 만나 고통스러워하는 중이라면 새 힘을 얻을 때까지 기도 생활을 멈춰야 할까? 영성 훈련의 대가들은 그렇지 않다고 입을 모은다. 수많은 그리스도인이 경험하는 일이지만, 기도하는 습관을 다시 들이기란 기도하는 습관을 깨트리기보다 훨씬 어렵다.

생존 전략

난데없이 몸을 못 쓰게 된 칼의 경우처럼 삶이 풍비박산 나는 식의 시험을 나는 겪어보지 않았다. 하지만 하나님의 침묵에 관해서라면 누구 못지않게 자주 경험하는 편이어서, 몇 가지 극복 전략을 추려낼 수 있을 정도다.

우선 점검표를 만들어서 주님과의 대화를 가로막을 가능성이 있는 위험 요인을 점검한다. 의도적으로 죄를 짓거나 습관적으로 하나님께 주의를 기울이지 않는 까닭에 교제가 끊어지지는 않았는지 살펴본다. 대화가 단절된 게 분명하다면 잘못을 고백하고 통로를 다시 열어야 한다.

점검표에는 기도의 동기를 점검하는 일도 포함된다. 어쩌면 경건한 행위를 하고 있다는 막연한 느낌을 좇고 있는 건 아닌지 살펴본다. 원하는 대로 하나님을 조종하려 할 뿐 주님의 뜻에 나를 맞출 의사가 전혀 없을 수도 있다. 디트리히 본회퍼는 물었다. "이처럼 메마른 책망의 시간을 우리에게 주신 이가 다름 아닌 하나님 자신일지도 모른다. 다시 한 번 주님의 말씀에 모든 기대를 걸 수 있도록 말이다."[6] 하나님의 임재를 드러내는 새로운 증거를 찾아 헤맬 게 아니라 세상 만물과 성경 말씀, 예수님, 교회 등 창조주가 이미 베풀어주신 계시에 초점을 맞추어야 한다. 본회퍼는 무슨 권리를 가지고 있기라도 한 것처럼, 예외적인 영적 체험을 요구하는 인간의 허영심에 경종을 울렸다. "행복을 좇지 말고 하나님을 찾아라. 그것이 모든 묵상의 기본 원리다. 주님만 구하고 또 구하면 결국 행복을 얻게 될 것이다. 그것이 바로 성경의 약속이다."

기도 생활에 가뭄이 들 때 그 밖의 삶에 도리어 생기가 도는 걸 종종 느낀다. 친구들의 이야기를 훨씬 신경 써서 듣게 된다. 책만 펴면 아이디어가 툭툭 튀어나온다. 자연이 한결 그윽한 목소리로 말을 걸기도 한다. 주님과 지속적으로 동행한다는 건 날마다 일정한 시간을 떼어 기도한다는 것보다 훨씬 포괄적인 개념이다. 하나님은 언제나 살아계시며, 주변과 마음속에 항상 거하시고, 조용하고 미세한 음성으로 속삭이신다. 경우에 따라서는 알아듣기 어려운 방식으로 말씀하기도 하신다. 아빌라의 테레사는 진정한 의미에서 하나님이 침묵하시는 일은 결코 없으며 다만 인간이 의식하지 못할 뿐이라고 말한다. 그러므로 하늘이 부옇게 밝아오는 새벽녘은 물론이고 캄캄한 밤중에도 파수꾼처럼 무슨 소리가 들리지 않을까 정신을 바짝 차리고 늘 깨어 있어야 한다.

점검표를 가지고 꾸준히 점검하면서 혹시라도 기도하는 목적이 하나님과 동행하는 것보다 원하는 바를 성취하는 데 있는 게 아닌지 자신에게 항상 묻는다. 바울은 '육체에 가시'고후 12:7를 없애달라고 열심히 기도하고도 원하는 응답을 얻지 못하자 의구심을 떨쳐버릴 수가 없었다. 하나님이 기도를 제대로 들으셨는가? 하지만 금방 영적인 깨달음이 찾아왔다. 고통이 있었던 덕분에 꾸준히 주님께 의지할 수 있었다는 데 생각이 미쳤던 것이다. 사도 바울은 즉시 자세를 바로잡았다. 육신이 건강한 것보다 하나님과 긴밀하게 동행하는 게 더 소중했기 때문이다.

점검표에서 하나님이 침묵하시는 자명한 이유를 찾아내지 못하면 다음 단계로 넘어간다. 기도의 공백을 일종의 재난으로 간주하고 대책을 찾는 전략이다. 경험으로 미루어볼 때, "왜?"라는 질문에 오래 매달리는 건 좋을 게 하나도 없다. 성경도 과거보다 미래를 더 중요하게 생각한다. "어째서 이런 일이 일어났는가?"를 따지기보다 "어차피 벌어진 일이니 어떻게 대응하고 무엇을 배워야 하는가?"에 더 집중한다. 신약 성경의 주요 본문도 고통의 문제를 다루면서 한결같이 고난의 생산적인 가치와 끈기, 선한 성품, 인내, 소망 등 고난이 만들어내는 유익에 초점을 맞추고 있다.

그런 맥락에서 나는 심령이 메마른 시기를 신앙 성숙의 시간으로 삼아달라고 기도한다. 예수님은 포도나무의 비유를 들려주시면서 그런 과정을 암시하셨다. "무릇 열매를 맺는 가지는 더 열매를 맺게 하려 하여 그것을 깨끗하게 하시느니라"요 15:2. 싱싱한 가지를 잘라내는 작업이 언뜻 보면 잔인하고 파괴적인 일처럼 보이지만 실제로는 그렇게 정리해준 줄기에서 더 많은 열매가 맺히는 법이다. 포도나무나 장미나무를 키우는 농부라면 누구나 아는 사실이다. 심지어 포도나무에 한동안 물을 대주지 않는 과수원 주인도 있다. 그렇게 스트레스를 주어야 당도가 높은 최상품 포도를 거둘 수 있다는 것이다. 땅이 바짝 마를수록 포도나무는 뿌리를 더 깊이 내리고 장차 무슨 일이 닥쳐도 견뎌낼 만큼 강해진다.

헨리 블랙가비는 하나님의 침묵에 대응하는 방식에는 두 가지가 있다고 말한다. "우선 심한 죄책감과 자책에 빠져서 잔뜩 의기소침해지는 반응을 보일 수 있다. 반면에 하나님이 스스로에 관해 더 깊이 알려주시려 한다는 기대를 품을 수도 있다. 현상은 똑같지만 반응은 이렇게 천지 차이가 날 수 있다."[7]

메마른 시기를 '기다리는 시간'으로 보려고 노력하자. 사랑하는 이를 만나려면 비행기가 다소 연착한다 해도 즐거운 마음으로 기다려야 한다. 컴퓨터를 사용하려면 전원을 켜고 제대로 돌아갈 때까지 기다려야 한다. 연주회에 들어가고 싶으면 줄을 서서 기다려야 한다. 기다림은 낭비가 아니다. 머잖아 거두게 될 열매를 염두에 두고 시간을 활용하는 것이다.

어느 신학자가 조사한 바에 따르면, 복음서를 통틀어서 사람들이 질문 거리를 들고 예수님을 찾아온 경우는 183번이나 되지만 예수님이 거기에 직접 답을 주신 사례는 겨우 세 번에 불과하다.[8] 그리스도는 곧이곧대로 해답을 내놓기보다 다른 질문을 던지거나, 비유를 들어 설명하거나, 아예 엉뚱한 몸짓으로 대답을 대신하셨다. 말씀과 행동으로 가르쳐주신 원리를 활용해서 우리가 직접 정답을 찾아내길 기대하신 것이 틀림없다. 기도 역시 그런 식으로 작동될 때가 많다. 거룩한 뜻을 따라가며 겪는 고단함과 실망을 통해서 마음에 변화가 일어나고 하나님을 섬길 준비를 갖추게 되는 것이다. 어쩌면 버림받았다는 느낌이 힘을 실어주시는 또 다른 형태의 역사인지도 모른다.

마지막 생존 전략은 다른 그리스도인의 믿음에 기대는 방법이다. 먹구름이 짙게 깔릴 때마다 전부 똑같은 어려움을 동시에 겪지는 않음에 적잖이 격려를 받는다. 성경은 다른 이들과 더불어 기도하라고 강력하게 권면한다. 상당수 시편은 개인 묵상보다 공동 예배용임을 암시하는 주석이 붙어 있다. 예수님은 기도를 가르치시면서 분명히 복수 대명사를 사용하셨다. "두세 사람이 내 이름으로 모인 곳에는 나도 그들 중에 있느니라"마 18:20. 제자들은 주님이 하늘로 들려 올라가신 뒤에도 흩어지지 않고 한자리에 모여 계속 기도했다. 눈을 감아도 할 말이 없고 믿음이 바닥을 친다 싶으면 다른 이들의 기도를 들으며 기운을 차린다. 모든 이들이 나처럼 메마름에 시달리고 있는 게 아니라는 사실이 새삼스럽게 다가온다.

소그룹 활동이 활발한 교회들의 경우에는 가정(초대교회와 가장 유사한 환경이다)에서도 정말 뜻깊은 기도를 드릴 수 있다. 누군가 반복적으로 저지르는 심각한 죄를 고백하는 모임에 여러 번 함께했는데, 연약한 첫발을 내딛으며 주변에서 도와주기를 요청하는 자리였다. 참석자들은 잡다한 일을 모두 제쳐두고 시종 차분한 분위기에서 사랑과 정성을 다해 누구보다 사정을 잘 아시는 분께 친구를 올려드렸다.

여럿이 함께 드리는 기도는 산꼭대기에 올라선 이들뿐 아니라 광야를 헤매는 이들에게도, 중보하는 이들뿐 아니라 그저 "기도해주세요"라고 부탁하는 이들에게도 소중한 피난처를 제공한다. 어느 유대인 기도 교사는 말한다. "소원을 아뢸 준비를 하면서 나보다 더 하나님께 가까이 다가서 있는 사람들과 힘을 합친다. 그런 이들을 통해서 주님께 더 쉽게 다가설 수 있다. 마찬가지로, 나보다 멀리 창조주에게서 떨어져 있는 이들과도 협력한다. 나를 통해서 그들도 주님 앞에 한 걸음 더 다가설 수 있을지 모른다."[9]

다이앤이라는 여성은 지루하고도 고통스러운 이혼 절차를 밟으면서 다른 그리스도인과 기도하는 법을 배웠다. 처음 몇 달 동안은 망가진 결혼 생활을 원상으로 복구해주시길 기도했다. 그래도 특별한 변화가 일어나지 않자, 이번에는 신망이 높은 교인 열 명을 교회로 청해서 함께 기도했다. 동료 그리스도인들의 신앙은 다이앤의 믿음을 끌어올려주었다. 치유하시는 하나님의 손길이 이미 역사하고 계시다는 사실을 신뢰하게 된 것이다. 남편이 바람을 피우고 거짓말을 했다는 증거가 속속 드러났다. 그럼에도 그는 화해에는 전혀 관심을 보이지 않았다. 다이앤의 회고를 들어보자.

지독하게 삭막했던 시기였습니다. 종일 눈물만 흘렸던 날이 하루 이틀이 아니었어요. 아이들도 아픔을 느껴야 했어요. 자세한 상황은 몰랐겠지만 어쨌든 고통을 느꼈을 거예요. 남편과 나 사이에서 어찌할 바를 모르고 눈치를 보아야 했으니까요.

어느 날 밤이었어요. 절박한 심정으로 엄마한테 전화를 걸어서 함께 기도해달라고 했지요. 멀리 떨어져 계셨지만 전화통을 사이에 두고 난생처음 같이 간구했어요. 엄마가 나를 위해 간절히 기도하는 걸 들으면서 내 상처를 정말 잘 알고 있구나 싶었어요. 이러니저러니 해도 나를 위해 오래도록 기도해왔으니까요. 그런데도 그 전까지는 단 한 번도 더불어 기도하자고 요청한 적이 없었어요.

결혼 생활은 잘 풀리지 않았고 결국 남편과는 이혼했어요. 예전 생활을 되찾기 위해 애쓰는 중이지요. 비록 이혼하기는 했지만 엄마와 함께 기도하는 놀라운 선물을 받았어요. 어머니의 사랑이 그 어려운 시기를 견뎌낼 수 있도록 기운을 북돋아주었어요. 그때부터 지금까지 줄곧 기도해요. 사실은 이웃에도 기도 짝이 있어요. 매일 함께 기도하는 여성이에요. 교회에서도 기도 인도자로 일하면서, 캄캄한 암흑 속을 헤매는 이들을 위해 더불어 기도해줄 동료를 연결시켜주죠.

정말 긴급한 상황에 있으면서도 다른 이들과 같이 기도할 엄두를 내지 못하는 이유가 뭔지 생각해봤어요. 두려움이 문제인 것 같아요. 두려움이랑 자신이 너무 부족하다는 생각이요. 부족하긴 나도 마찬가지죠. 하지만 그게 바로 제가 기도하는 이유예요.

자유로운 당사자들

하나님과 친밀하게 교제하는 비결을 무슨 공식으로 추출해낼 수 있는 사람은 아무도 없다. 영국 성공회 주교 휴 래티머는 나란히 순교의 길을 걸었던 동료에게 이렇게 편지했다. "가끔은 너무 무서워서 쥐구멍에라도 기어들어가 숨어버리고 싶을 지경이라네. 그러나 하나님이 다시 찾아오셔서 위로를 베풀어주실 때도 있거든. 주님은 그렇게 왔다 갔다 하시더라고."[10] 영적으로 하늘 꼭대기까지 날아올랐다가 하루아침에 추락해서 몇 달씩 광야를 헤맨 경험이 누구에게나 있을 것이다. 예수님은 니고데모에게 "바람이 임의로 불매"요 3:8라고 말씀하셨다. 주님은 그렇게 오고 가신다.

지금 사는 곳은 산골짜기 동네인지라, 매년 봄마다 뒷산에 사는 붉은 여우 한 쌍이 새끼를 낳아 키우는 모습을 구경할 수 있다. 엄마 아빠 여우는 짬짬이 언덕배기를 어슬렁거리는 내 모습에 이미 익숙해져서 굴 앞에 다가가 휘파람으로 인사를 건네도 전혀 경계하지 않는다. 가끔은 어린것들이 바위틈으로 불쑥 얼굴을 내밀기도 한다. 반짝이는 눈동자를 이리저리 굴리며 바람결에 실려오는 냄새를 맡느라 연신 킁킁거린다. 굴 속에서 땅을 헤집는 소리가 들릴 때도 있다. 아무 소리도 들리지 않으면 잠들었으려니 짐작한다. 한번은 뉴질랜드에서 찾아온 손님에게 여우 굴을 구경시키면서 아무런 기척을 듣지 못할 수도 있다고 미리 귀띔해주었다. "알고 계시겠지만, 얘들은 야생이거든요. 우리로서는 어찌해볼 도리가 없어요. 얼굴을 보여주든 말든 녀석들한테 달린 거죠."

다행히 그날은 대담한 새끼 여우가 굴 밖으로 코를 내밀어서 손님에게 짜릿한 기쁨을 주었다. 그리고 몇 주 뒤, 고향 뉴질랜드로 돌아간 손님에게서 편지 한 통이 왔다. 여기 왔을 때 들었던 여우 얘기가 기묘하게도 하나님을 이해하는 데 큰 도움을 주었다는 사연이었다. 벌써 오랫동안 신앙의 침체기를 겪고 있는 중이었다고 했다. 주님이 마치 아내나 자식처럼 가까워 보일 때도 있지만, 임재를 전혀 느낄 수 없어서 의지할 엄두가 나지 않는 경우도 적잖았단다. "알고 계시겠지만, 그분은 길들지 않거든요. 우리로서는 어찌해볼 도리가 없어요."

야고보는 "하나님을 가까이하라. 그리하면 너희를 가까이하시리라"약 4:8고 충고한다. (무슨 공식처럼 들린다.) 하지만 후반부 어디에서도 시간이라는 매개변수를 찾아볼 수 없다. 야고보 사도는 지속적으로 교제하려면 반드시 양쪽 당사자가 있어야 하며 관계를 정상적으로 이어가기 위해서는 인간 역시 자기 몫을 해야 한다는 사실을 상기시킨다. 마음을 성결하게 하고 주님 앞에서 겸손한 심령을 가져야 한다는 것이다. 나는 지금 내 몫으로 주어진 역할을 충실하게 책임진 뒤, 나머지 부분을 하나님께 맡기는 법을 익히는 중이다.

어른이 돼가는 과정에서 언뜻 가식적인 방식으로 관계를 유지하는 법을 배우게 된다. 식당의 서비스가 형편없어도 두 살짜리 어린아이처럼 울화통을 터트리며 접시를 깨뜨리지는 않는다. 전화 통화를 할 때 상대방이 함부로 말을 끊고 끼어들어도 가능한 공손하게 대꾸하려고 노력한다. 기분이 좋든 말든 무조건 직장에 출근한다. 속마음이야 어떻든 최소한 겉으로라도 아내한테 신경을 쓰는 것처럼 보이려고 한다. 모든 관계에는 이처럼 의지적인 행동이 필요하다. 하나님과의 관계도 다르지 않다. 당장의 감정이 어떠하든지 어려움을 참고 꾸준히 기도해야 한다.

설령 위선적으로 보인다 하더라도 순전히 의지적인 결단에 힘입어 하나님 앞에 나가야 할 때가 있는 법이다. 그렇다고 가면을 뒤집어쓴 채 아무렇지도 않은 척하라는 얘기는 아니다. 하나님은 이미 내 심령을 환히 뚫어보고 계신다. 새로이 알려드릴 만한 내용은 하나도 없다. 다만, 내키지 않는 마음을 무릅쓰고 기도함으로써 하나님을 그만큼 사랑한다는 사실을 입증하는 것이다. 얼굴을 보여드리는 것만으로도 이면에 깔린 믿음을 충분히 드러낼 수 있기 때문이다.

하나님의 임재가 느껴지지 않는다는 불평이 치밀 때마다 오히려 그분이 내 얼굴을 볼 수 없다고 불만스러워하는 게 백번 마땅하다는 사실을 떠올린다. 하루 스물네 시간 가운데 고작 몇 분을 주님을 위해 떼어놓고 온갖 생색을 내지만, 실제로 생활 중에 양심을 통해 말씀하시는 미세한 음성을 대놓고 거부하거나 아예 무시해버리는 일이 얼마나 많은가. 요한계시록 전체를 통틀어 가장 귀에 익은 말씀, "볼지어다. 내가 문밖에 서서 두드리노니"계 3:20는 대개 전도용 메시지로 쓰이지만, 예수님이 이 말씀을 주신 대상은 이미 신앙을 가진 그리스도인으로 가득한 교회들이다. 예나 지금이나 부드러운 노크 소리를 듣지 못하고 하나님의 초대를 놓쳐버리는 그리스도인이 그만큼 많다는 반증이 아니겠는가?

관계란 자유로운 두 당사자 사이에 성립된다. 컴퓨터와는 기계적인 결합이 있을 따름이다. 스위치를 넣으면 미리 설정된 프로그램에 따라 예정된 반응이 나타나는 게 전부다. 인간이 개입된 어떠한 관계도 그런 식으로 작동되지 않는다. 친구 관계, 부부 관계, 직장 동료, 부모 자식 다 마찬가지다. 관계 당사자들은 제각기 상대방의 신호를 놓쳐버리고, 일정이 엇갈리고, 분위기가 제각각이며, 자율성의 함량이 다르다. 영적으로 바싹 말라붙은 시기를 지나가는 이도 있고 더할 나위 없이 친밀한 교제를 나누고 있는 이도 있다. 부부 관계의 건실함은 얼마나 낭만적인 생활을 하는지에 관한 당사자들의 설명이 아니라 험난한 시기를 헤쳐가는 모습을 기준으로 판단해야 한다.

기도를 통해 연결되는 관계 역시 다양한 리듬을 타게 마련이다. 오늘 드린 간구는 평생에 걸쳐 아뢰는 모든 기도 가운데 하나일 뿐이다. 하나님이 임재하지 않으시는 것 같은 느낌을 격정적으로 드러내는 탄식 시편들에는 "기억하소서!"라는 말이 자주 등장한다. 기자들은 시편을 기록하면서 지금 느끼는 감정이 과거부터 계속되었거나 앞으로 계속 이어지는 것이 아니라는 사실을 놓치지 않았다. 시인들이 즐겨 썼던 '숨다, 잊다, 거둬들이다' 따위의 용어를 보면, 하나님은 무엇에도 매이지 않는 자유로운 분이시고 거룩한 임재는 얼마든지 변할 수 있다는 사실을 짐작할 수 있다. "도대체 언제까지입니까?"라는 부르짖음은 변화가 일어나기를 바라는 표현일 따름이다.

> 내가 여호와를 기다리고 기다렸더니
> 귀를 기울이사 나의 부르짖음을 들으셨도다.
> 나를 기가 막힐 웅덩이와
> 수렁에서 끌어올리시고
> 내 발을 반석 위에 두사
> 내 걸음을 견고하게 하셨도다.
> 새 노래 곧 우리 하나님께 올릴 찬송을
> 내 입에 두셨으니 시 40:1-3.

신뢰의 발돋움

눈앞의 현실이 너무 힘들면 과연 하나님이 살아계시는지 의심할 수 있다. 하지만 창조주께서 정말로 살아 역사하지 않는다면 우주 만물 가운데 어느 것도 살아남을 수 없을 것이다. 그러므로 지금 특수한 시기를 지나고 있다는 사실을 인정하고 느낌을 기준으로 현실을 인식하지 않는 법을 배워야 한다.

성경을 읽으면서 하나님과 그분이 사랑하는 이들 사이에 통용되는 일정한 양식이 존재한다는 걸 알게 되었다. 아브라함은 여러 차례 믿음을 검증받았다. 욥은 특별한 이유 없이 고난을 받았으며, 야곱은 밤새도록 씨름을 벌였다. 예수님까지도 버림받은 것 같은 감정에 시달리셨다. 인간은 하나님과의 관계에서 마음껏 자유를 행사한다. 툭하면 불순종하고, 마음 내키는 대로 살며, 기도를 소홀히 하기도 한다. 그렇다면 주님이 비슷한 수준의 자유(물론 인간과는 표현 방식이 전혀 다르지만)를 누리신다 한들 불평할 이유가 없지 않을까? 마르틴 루터는 이렇게 말한다.

하나님께 역사하실 시간과 장소, 방법 따위를 시시콜콜 지정해드리려고 한다면 그분을 시험하고 있는 셈이다. 진짜로 살아 움직이시는지 보겠다는 심산이다. 이는 하나님을 제한하는 행동이며 마음대로 주님을 움직이려는 태도다. 창조주로부터 신성을 박탈하는 짓이나 매한가지다. 하나님은 자유로운 분임을 알아야 한다. 어떤 제한도 받지 않으신다. 그분이 인간에게 장소와 방법, 시간을 지정하시는 게 지극히 당연하다.[11]

결정적인 순간에 얼마나 큰 믿음을 발휘할 수 있을지 점검해보면 참으로 한심한 생각이 든다. 예수님이 칭찬하셨던 믿음, 서슴없이 기적을 믿고 받아들이는 식의 신앙을 간절히 사모하지만 아쉽게도 내게는 그런 종류의 믿음이 없다. 하나님과 시간을 보낼 때 부산물로 자연스럽게 자라나는 현실적인 믿음이 있을 뿐이다. 그래도 어쨌든 하나님을 신뢰한다. 따라가기는 몹시 고될지라도 결국 주님의 뜻을 따르는 게 최선의 길이라는 사실을 믿는다. 조나단 아이트켄은 이렇게 표현했다. "영혼을 호리려는 종교인들은 다르게 말하겠지만, 하나님을 신뢰하는 것은 두려워하는 일이 전혀 일어나지 않도록 보장해주심을 뜻하지 않는다. 오히려 정반대다. 피하고 싶은 일이 일어나기는 하지만, 하나님의 도우심에 힘입어 전혀 두려워할 일이 아니었음이 드러나는 것이다."[12]

과학자들이 검증된 법칙을 토대로 연구를 진행하는 것처럼, 우리는 예수님의 삶을 통해 알게 된 하나님에 관한 지식을 근거로 믿음을 지켜나간다. 그러나 정체를 벗어나 성장하기 위해서는 기존에 가지고 있던 지식의 한계를 뛰어넘어야 한다. 암을 치유하는 방법을 연구하든, 달 표면에 첫발을 내딛든, 30년을 끌어온 가정불화를 끝내달라고 기도하든, 지금 살고 있는 지역의 빈곤 문제를 해결하려 하든 마찬가지다. 기도가 어떻게 응답될지 상상조차 할 수 없지만, 하나님을 의지하는 법을 알기에 무조건 간구하는 것이다. 주님이 병을 고쳐주시고 세상에 정의를 세우시길 간절히 원한다는 사실을 믿는 것이다. 거룩한 열망이 내가 원하는 방식으로 실현되는 걸 볼 수 있는가의 여부는 중요하지 않다.

우주를 통치하시는 분은 창조주시며 세상 모든 문제를 푸는 열쇠는 궁극적으로 우리가 아니라 하나님의 수중에 있다. 기도는 그분에게 기대어 안식을 누리도록 이끌어준다. 주님과 시간을 보내며 충분히 교제할수록 그분의 관점과 아주 비슷한 시각으로 세상을 보게 마련이다. 아직 눈앞에 벌어지지 않은 나중 일을 앞질러 믿는 자세야말로 신앙의 핵심이 아니겠는가?[13]

최근에 다시 칼을 찾아갔다. 칼은 아직도 변함없이 기도하고 있으며 여전히 기도의 능력을 굳게 믿고 있다.

다른 이들의 기도에 기대어 살고 있어요. 카드나 격려 편지를 자주 읽습니다. 개중에는 낯모르는 사람이 보내준 것도 있어요. 힘이 다 떨어졌다 싶으면 그런 글을 보고 기운을 차리죠. 척수 수술이 끝난 뒤에는 지나가던 마취과 전문의가 그러더군요. "루이지애나 주에 있는 우리 교회에 전화해두었어요. 교인들이 당신을 위해 간구하고 있어요." 사고로 다친 입을 치료해준 흑인 여의사는 시술에 들어가기 전에 몸소 나를 위해 기도해주었어요. 정말 아름답고 경쾌한 기도였지요.

기도를 의심하진 않아요. 어째서 그렇게 오랫동안 하나님의 현존을 느끼지 못하는지 의아할 뿐이죠. 나는 임재 사역, 즉 함께 있어주는 사역이 뭔지 알고 있습니다. 코소보와 페르시아 만에 배치됐을 때 활주로를 누비고 다니면서 조종사들과 더불어 기도하곤 했거든요. 출격을 코앞에 둔 F16 전투기 날개 아래서 머리를 조아릴 때도 많았습니다. 어떤 친구들은 혹시 돌아오지 못하면 전해달라며 사랑하는 이들에게 쓴 편지를 건네기도 했어요. 그렇게 결정적인 순간에 주님은 우리들을 만나주셨어요. 그런데 어째서 지금은 얼굴을 보여주지 않으시는 거죠?

따라오라는 손짓을 하더니 칼은 휠체어를 밀고 복도를 가로질러 자기 침실로 들어갔다. 그리고 피부 궤양이 번져서 몇 주 동안 꼼짝없이 침대에 묶여 있던 시간을 이야기해주었다. 피딱지와 지독한 고름이 가신 뒤에도 병상을 벗어날 수가 없었다. 칼은 잠시 이야기를 끊고 벽에 붙여놓은 러시아 성화 두 장을 가리켰다.

사실 성화라는 게 내 신앙 전통하고는 어울리지 않습니다. 그렇지만 침상에 누운 채로 하나님한테 버림받은 게 아닌지, 정말로 보살펴주기는 하는 건지, 기도하는 게 무슨 의미가 있는지, 그런다고 뭐가 달라지는지 회의할 때 저 두 그림은 다른 세계로 통하는 창문이 되어주었습니다.

저쪽 성화는 예수님의 세례 장면입니다. 그걸 보면, 하나님이 인간의 몸을 입고 우리 세계에 완전히 들어오셨다는 생각이 듭니다. 여기서 내가 겪는 일을 하나님도 모두 경험하셨습니다. 심지어 한 발자국도 움직일 수 없는 마비 상태까지 체험하셨습니다. 십자가에 못 박히셨으니까요.

다른 성화는 크리스토 판토크라토르Cristo Pantocrator, 즉 전능자 그리스도입니다. 몇 시간에 한 번씩 반대쪽으로 몸을 돌려야 했는데, 이쪽으로 누우면 저 장면이 눈에 들어왔습니다. 그림을 바라보면서 묻곤 했습니다. 크리스토 판토크라토르여, 이렇게 절실하게 필요한 때 도대체 어디에 계십니까? 이쪽 성화를 보다가 다시 저쪽 성화를 보면 그리스도의 두 가지 형상 사이에 긴장이 느껴집니다. 두 이미지 사이의 어디쯤엔가 매달려서 나는 생명을 유지하고 있습니다. 전능하신 그리스도를 토대로 장래에 대한 소망을 품지만, 날마다 육신과 싸워야 합니다. 내 경우에는 상한 육신이지요.

10년쯤 지나서 영적인 삶 전체를 돌아보면 지금 시간은 그저 막간 정도로 보일지 모릅니다. 그때는 지금처럼 기도를 두고 씨름을 벌이지도 않을 겁니다. 무익하게 느껴지는 이 시간에도 하나님은 나를 사용하실 수 있다는 사실을 잘 압니다. 장애를 입지 않았다면 여기 요양원 노인들을 만날 수 있었을까요? 그 양반들이 누운 침상 곁으로 휠체어를 밀고 가면 자동으로 눈높이가 맞습니다. 몸을 굽힐 필요가 없어요. 나이 많은 환자들은 신체 기능이 떨어질 때마다 "이게 어떤 건지 칼은 잘 알 거야"라고들 이야기합니다.

몇 달 전에 동료 군목들에게 사고 이후에 신체적, 영적으로 어떤 여정을 걸어왔는지 이야기할 기회가 있었습니다. 간증이 끝나고 나서는 기름을 발라 치유하는 예배를 드리기로 했습니다. 참석자들에게 "이 예배는 치료가 아니라 치유를 위한 것입니다"라고 말해주었습니다. "내 몸은 예전으로 돌아갈 수 없습니다. 그렇게 변화되기를 기대하지 않습니다. 하지만 치유는 여전히 필요합니다." 그러나 예배에서는 정작 제가 성유를 발라주었습니다. 군목들이 줄지어 앞으로 나오고, 나는 성유에 손가락을 담갔다가 차례차례 이마에 발라주었습니다. 처음 몇몇은 휠체어 높이에 맞춰 몸을 굽히더군요. 그런데 한 사람이 무릎을 꿇었습니다. 다음부터는 모든 이들이 무릎을 꿇었습니다. 바로 이 점이 제가 주목해야 할 것이겠죠. 제 여생은 제 의지와는 상관없이 무릎을 꿇은이의 눈높이에 맞춰져 있으니까요.

침묵을 이해하라

마크 저먼

기도에 답하는 침묵을
먼저 너그러이 이해하라.
그리고 그 침묵에 흠을 내는 기도를
너그러이 이해하라.

꼭 존재하는 것만 같은 부재를
너그러이 이해하라.
그리고 거기 있다고 말하는 그 느낌을
너그러이 이해하라.

계시가 늦어지는 걸
너그러이 이해하라.
그리고 조급함을 보인 것을
너그러이 이해하라.

그저 한마디 말뿐이신

하나님을 이해하라.

그리고 그 한마디 말을 외면한 것에 대해

용서를 청하라.

_《투 더 그린 맨To The Green Man》의 〈다섯 개의 시편〉 중에서

의혹의 뒤편

린

　불행하게도 부모님의 신앙은 외부 과시용일 뿐, 가정생활로 이어지지 않았다. 여덟 살 무렵, 나는 친척에게 성추행을 당했다. 부모에게도 정서적으로나 정신적으로 학대를 받았고 아주 어려서부터 방치되었다. 상황을 이겨내기 위해 내가 택한 방법은 착한 아이가 되는 것이었다. 단단한 껍질 속에 속마음을 숨기고 흠잡을 데 없이 완벽하게 처신했다. 엄청난 고통에 시달리고 있다는 걸 아무에게도 알리지 않았다.

　열아홉 살 때 끔찍한 교통사고를 당했다. 가장 친한 친구가 그 사고로 목숨을 잃었다. 겉으로는 온 힘을 다해 주께 매달렸지만, 내면 깊은 곳에 있는 무의식에서는 그렇게 비극적인 상황을 주신 하나님을 미워하고 원망했다. 누구도 살갑게 맞아주지 않던 시절, 그 아이만이 나를 가족같이 대해주었다는 걸 아시면서도 그토록 비정하게 앗아가시다니. 하나님도 내 아버지나 매한가지라고 확신했다. 자식에게 무관심하고, 잔인하고, 신뢰를 배신하는 게 똑같다고 믿었다.

　서른이 넘고, 결혼을 하고, 아이를 낳았는데도 분노가 누그러들지 않았다. 두통이 심해지고, 바이러스성 질환을 달고 살았으며, 툭하면 화를 내고, 주기적으로 우울증이 찾아왔다. 급기야 공황장애를 겪기 시작했다.

꼭 무슨 일이 벌어질 것만 같은 공포감이 엄습했다. 숙련된 심리 치료사이자 성숙한 그리스도인의 도움을 받아가며 정서적인 문제를 치유하는 길에 들어섰다. 끝까지 견뎌낼 수 있을지, 언젠가 끝나기는 할지 의심스러운 여정이었다. 오랜 세월 안으로 쑤셔 넣었던 감정이 한꺼번에 터져 나오면서 나를 집어삼킬 듯이 덤벼들었다.

하나님과 화해하려고 노력하는 문제가 치유 과정의 상당 부분을 차지했다. 결코 작은 일이 아니었다. 덤벼들고, 악다구니를 쓰고, 분노를 토하다가 다시 주님께 매달렸다. 조금 진정이 된 다음부터는 그분을 찾아다니고, 간구하고, 경배하며 그분 말씀을 묵상했다. 곤란한 질문을 적나라하게 던지고 응답을 기다렸다. 치유로 가는 여정은 간청과 갈망과 슬픔으로 뒤죽박죽이었다. 죽을힘을 다해 부르짖었다. 고통이 너무나도 심해서 이러다간 몸이 어떻게 되겠다 싶을 정도였다.

지금은 마음이 편하고 기쁨이 넘친다. 말로 설명할 수 없는 안정감이 생겼다. 그것만 봐도 하나님이 나를 만나주신 걸 알겠다. 주님이 성경 말씀을 통해서 놀라우리만치 직접적으로 응답하실 때가 있다. 딱 들어맞는 답은 아니지만 어쨌든 만족할 만한 반응을 보여주신 적도 있다. 마치 질문의 이면에 어떤 의도가 숨어 있는지 다 아시고 거기에 대해 대답하시는 것 같다. 하지만 아무 대답도 없이 그저 기다리실 때도 적지 않다. 스스로 답을 깨우치고 주님이 말씀하시고자 하는 바에 귀를 기울이고 충분히 이해할 수 있는 자리에 도달할 때까지 사랑으로 참아주시는 것이다.

하나님은 "저를 사랑하세요?"라는 결정적인 물음에 명쾌하게 답하셨다. 대답을 듣고 나면 그동안 기승을 부리던 수많은 의혹이 다만 얼마 동안이라도 잠잠해지곤 했다. 모든 혼란과 방황의 한복판에는 "하나님이 정말 나를 사랑하시는가?"라는 질문이 자리 잡고 있었다. 주님은 언제나 우렁차게 대답해주신다. "그렇고말고!"

하나님은 그처럼 무한하고, 다양하며, 독창적인 방식으로 거듭 사랑을 확인해주신다. 바로 그 순간, 고통의 눈물은 환희의 눈물로 바뀐다. 마침내 온전히, 아무런 대가 없이, 영원히 사랑받는 존재가 되었다는 구원의 감격이 흘러넘치는 것이다.

다른 질문에 대해서는 응답을 좀 더 기다려야 한다. 그래도 이제는 한가지 진리를 깨달았노라고 자신 있게 말할 수 있다. 아물지 않은 상처와 쓰리고 아픈 자리가 아직도 곳곳에 남아 있지만, 그럼에도 하나님은 답을, 그것도 넉넉히 살아가기에 충분한 응답을 주신다는 사실이다. 어서 이 질곡에서 벗어나서 더욱 풍성한 삶을 누릴 수 있게 되기를 고대한다.

04

기도의 딜레마

구걸을 끝낼 시간, 누군가를 위해 간구하는 입술들이 자신들의 기도가
헛수고임을 인식할 때가 왔다.
_에밀리 디킨슨[1]

응답이 없는 건 누구의 잘못일까

편안한 의자에 앉아서 통유리창 너머로 호수를 내려다보는 중이다. 산속 호수는 세 가지 색깔이 영롱하다. 얼음덩이 몇 조각이 물 위를 정처 없이 떠돌고 있지만, 기슭에는 여전히 하얀 얼음 띠가 초승달처럼 달라붙었다. 맑은 물이 맨살을 드러낸 중심부는 콜로라도의 하늘을 큼지막하게 베어 문 채 바다처럼 푸른빛을 되쏘고 있다. 골짜기마다 눈 녹은 물이 작은 시내를 이뤄 흘러내리며 진갈색 진흙들 사이로 물길을 내놓았다. 인간의 종적은 어디서도 찾을 수 없다. 어린 개구리들이 떠드는 소리 말고는 절대 정적이다. 철새들은 흙바닥을 헤치며 모이를 쫀다. 둑길을 따라서 미끈한 전나무들의 몸매 자랑이 한창이다. 이렇게 아름다운 자리, 이처럼 멋진 시간을 어찌 그냥 흘려보내랴. 나는 최근에 드렸던 기도를 하나하나 되돌아보기로 했다.

크리스마스 전 주에 잘 알고 지내던 벗에게서 작별을 고하는 쪽지를 받았다. 친구는 샤워실로 들어가 총구를 입에 물고 방아쇠를 당겼다. 그 친구가 알코올 중독과 싸워 이기게 해달라고 벌써 여러 해 동안 기도해 왔다. 단 한 번 싸움에서 졌을 뿐이지만 결과는 참혹했다. 이제는 똑같은 문제로 씨름하고 있는 친구의 남편을 위해 기도한다. 아내의 지원도 끊어졌으니 포기하고 싶은 마음이 굴뚝같을 것이다.

최근에 먼 친척이 에이즈로 세상을 떠났다. 10년 동안이나 극심한 고통을 견뎌가며 투병했지만 아무 소용이 없었다. 또 다른 친척은 채 마흔 살도 되기 전에 당뇨 합병증으로 사망했다. 아저씨뻘 되는 어른 역시 당뇨로 다리 하나를 잃었으며 아직도 의식을 회복하지 못하고 병상에 누워 있다. 수술한 지 닷새가 지나도록 깨어나지 못한 상태다. 마약 중독에서 벗어나려고 치열하게 투쟁 중인 사촌도 있다. 친한 친구의 딸은 성폭행의 상처를 아직도 지우지 못하고 힘들어한다. 부모가 외국에서 선교사로 일하는 동안 일어난 일이었다.

다른 나라에 있는 이들의 얼굴도 눈앞을 스쳐간다. 남아프리카공화국에서 에이즈 퇴치 운동을 벌이고 있는 월드비전 사역자는 감염된 혈액을 수혈받는 바람에 본인도 같은 병에 걸리고 말았다. 폭탄 하나, 테러 행위 하나가 즉각 피비린내 나는 동란으로 이어지는 레바논에서 일하는 친구들도 있다. 과테말라에 파견된 지역 개발 전문가는 10년 동안 공들인 사업이 엄청난 산사태로 한순간에 사라지는 걸 속수무책 지켜보았다. 외신에는 그런 재해가 일어났다는 사실조차 보도되지 않았다.

맑고 깨끗한 풍광을 지긋이 바라보며 가까운 이들을 괴롭히는 고난과 불행을 곰곰이 생각하는 내내, 산사태처럼 다가온 함축적인 말씀이 있었다. "한 날의 괴로움은 그날로 족하니라"마 6:34고 하신 예수님의 가르침이었다. 이런 친척과 친구, 이웃을 위해 꾸준히 기도해왔건만, 어떤 합리적인 기준을 들이대봐도 결국 응답받지 못했다는 결론을 내릴 수밖에 없었다.

개인적으로는 기도의 무게 중심을 '간청'에서 '동행' 쪽으로 옮겼으며 더 이상 거절당한 간구를 두고 옛날처럼 고민하지 않는다. 하지만 응답받지 못한 기도 때문에 하나님과 동행하고자 하는 의지마저 흔들리는 그리스도인이 여전히 많은 게 사실이다. 정말 생명을 구하고 질병을 고쳐줄 능력을 가졌다면, 숨이 턱에 닿도록 도움을 청하는 상대를 그냥 내버려둘 리가 있겠는가? 모든 전쟁과 전염병, 가뭄, 갓난아기의 죽음, 선천성 기형 따위의 재난은 기도하면 들어주시겠다는 '과장된' 약속을 고발한다.

목회자이자 시인이었던 제라드 맨리 홉킨스는 기도할 때 받는 시험을 단 두 줄로 압축해서 표현했다.

> 가장 사랑하는 분, 그러나 슬프게도 너무 먼 곳에 사는 이에게
> 배달되지 못할 편지를 부치듯 부르짖습니다.[2]

믿음을 뒤흔드는 손

응답 없는 기도는 특히 하나님을 깊이 신뢰하는 어린아이들의 신앙에 심각한 타격을 입힌다. 어제 밤늦게까지 100쪽 분량의 원고를 읽었다. 어린 시절, 거의 매일 밤 오빠한테 성폭행을 당한 젊은 여성이 쓴 글이었

는데, 출판을 염두에 두었다기보다 과거를 지워버리고 싶어서 쓴 글이었다. 오누이가 나란히 자리에 누운 걸 발견한 어머니는 다짜고짜 딸의 뺨을 후려치며 매춘부라고 몰아세웠다. 글쓴이는 그날을 떠올리며 이렇게 적었다. "밤마다 그 고통에서 벗어나게 해달라고 하나님께 부르짖었습니다. 그러나 하나님은 한마디도 대답하지 않으셨습니다."

서머싯 몸은 《인간의 굴레에서 *Of Human Bondage*》라는 작품에서 어린 시절의 기억을 열거했다. 특히 신앙을 회복 불능 상태로 망가뜨린 사건을 살짝 허구화해서 소설에 포함시켰다. 주인공 필립은 마가복음을 읽다가 "무엇이든지 기도하고 구하는 것은 받은 줄로 믿으라"는 말씀을 보았다. 순간 심하게 굽어 제대로 쓸 수 없는 발에 생각이 미쳤다.

그럼 축구도 할 수 있게 될 것이다. 또래 친구들을 모두 제치고 달려가는 모습을 눈앞에 그리는 것만으로도 가슴이 뛰었다. 부활절 학기가 끝날 때쯤이면 운동회가 열리는데, 그때는 달리기 시합에도 나설 수 있을지 모른다. 허들을 뛰어넘는 장면이 다시 떠올랐다. 다른 이들과 똑같아진다는 것, 내게 장애가 있는 줄 모르는 신입생들의 호기심 어린 눈길을 받지 않아도 되고, 한여름 해수욕장에서 물속에 발을 감추기 전까지 옷을 벗는 내내 마음 졸일 필요가 없다는 것만으로도 더 바랄 게 없을 만큼 근사했다.

아이는 온 힘과 마음을 다해 기도했다. 눈곱만큼도 의심치 않았다. 하나님 말씀을 굳게 믿었다. 학교로 돌아가기 바로 전날 밤, 감격에 떨면서 자리에 누웠다. 세상이 눈에 덮여, 루이저 백모까지도 평소와 달리 방에 불을 지피는 호강을 했지만, 필립이 쓰는 작은 방은 너무나도 냉랭했다. 손이 곱아서 옷깃을 푸는 데도 무진 애를 써야 할 정도였다. 이가 딱딱 마주쳤다. 그런데 불현듯, 하나님의 눈길을 끌려면 뭔가 특별한 일을 해야 한다는 생각이 들었다. 침대 앞에 깔아둔 모직 천을 제치고 마룻바닥에 무릎을 꿇었다. 무릎이 덜 배기면 창조주께서 좋아하지 않을까 봐 잠옷도 벗고 맨몸으로 기도했다. 다시 잠자리에 들었을 때는 너무 추워서 한동안 잠을 이루지 못했다. 하지만 곧 혼곤히 잠에 빠져들었다.

다음날 아침, 메리앤이 뜨거운 물을 가져와서 몸을 흔들고 나서야 간신히 자리에서 일어났다. 커튼을 걷으며 그녀가 말을 걸었지만 아이는 대꾸하지 않았다. 기적의 아침이 밝았다는 생각이 다시 한 번 마음을 사로잡았다. 기쁨과 감사가 마음 한가득 피어올랐다. 하마터면 손을 내리뻗어서 이제 말짱해졌을 다리를 만져볼 뻔했다. 그러나 그렇게 했다가는 하나님의 선한 뜻을 의심하는 것처럼 보일 수도 있었다. 다리는 당연히 온전해졌을 것이다. 하지만 결국은 마음을 굳히고 오른발 발끝으로 왼발을 더듬어보았다. 그리곤 발 위로 손을 가져갔다. 메리앤이 기도하러 식당으로 들어가려는 참에 필립이 절뚝거리며 계단을 내려와서 아침 밥상 앞에 앉았다.

"오늘 아침엔 아주 조용하구나, 필립." 잠시 후, 루이저 백모가 말했다.[3]

이 장면을 구상하는 데는 서머싯 몸의 개인적인 체험이 토대가 되었다. 말을 더듬는 증세로 평생 고생했던 그는 스스로 어눌하다는 느낌이 들 때마다 응답받지 못한 기도를 떠올렸다. 그의 친구이자 소설가인 조지 오웰 역시 기숙 학교에 다니던 시절, 고뇌에 차서 눈물로 기도했던 경험이 있다. 툭하면 실수로 이불을 적시는 게 문제였다. 그러지 않게 해달라고 간구했지만 번번이 응답을 받지 못했고, 그때마다 방에 갇히는 벌을 받아야 했다. 그런 일을 겪으면서 몸과 오웰 모두 그나마 남았던 신앙의 부스러기까지 다 잃고 말았다.

　아우구스티누스는 학교에서 교사에게 맞지 않게 해달라고 기도했던 이야기를《고백록*Confessiones*》에 적었다. 그렇게 간곡히 요청했음에도 항상 얻어맞고 돌아왔다고 한다. 아우구스티누스의 글을 읽다 보니 문득 왈패들한테 공격당하지 않게 해달라고 간구하던 내 어린 시절이 떠올랐다. 모범생에다 작은 몸집까지, 녀석들에게 나는 비할 바 없이 완벽한 먹잇감이었다. 그러나 하나님이 기도를 들어주셔서 천사가 나타난 적은 한 번도 없었다. 결국 수업이 끝나자마자 냅다 뛰어서 집으로 돌아오는 자구책을 마련해야 했다. 누가 기도를 듣기는 하는 건지 의심스러웠다.

　하나님을 믿지 않는 어느 영국인이 기도를 과학적으로 분석하겠다고 나섰다. 찰스 다윈의 사촌이기도 한 프랜시스 골턴은 영국 성공회에서 사용하는 기도서에 왕의 장수를 기원하는 기도문이 들어 있다는 사실에 주목하고, 왕실 구성원의 수명을 다른 사회 집단과 비교했으며, 거기서 왕족의 연수가 다른 어떤 집단보다 짧다는 결과를 얻었다. 성공회 신자들의 입을 통해 하루에도 수백만 번씩 되풀이되는 기도가 아무런 효과를 내지 못했다는 것이다. 골턴은 실험을 확대해서 목회자의 수명 역시 조사했지만, 다른 직업을 가진 이들과 별다른 차이가 없다는 점을 밝혀냈다. 선교사도 그랬다. 수많은 이들이 기도로 지원하고 있음에도 파선이나 열대병, 폭력에 취약하기는 일반인이나 매한가지였다.[4]

　《하나님, 당신께 실망했습니다》가 출간되고 독자들이 보내온 편지는 서랍장 하나 가득이었다. 나는 그것을 틈틈이 꺼내 읽는다. 거기에는 예수만 믿으면 만사형통이라고 부르짖는 부흥사들도 할 말 없게 만들고, 제아무리 신중한 사람도 안타까워할 만한 내용이 부지기수다. 상대적으로 가벼운 내용의 응답받지 못한 기도도 있었다. 가령, 재우려고만 하면 번번이 큰소리로 울음을 터트리는 아기 때문에 너무 힘이 들어서 도와달라고 간구했다는 아이 엄마의 사연 같은 것이다. 반면에 좀 더 심각한 결과를 불러일으킨 경우는, 동네 깡패도 아닌 가족 구성원에게 폭행을 당해서 생긴 상처, 낭포성 섬유증을 앓고 있는 아이, 알츠하이머 증세가 심해져서 갑자기 주먹을 휘두르게 된 어머니, 유방암, 뇌종양, 췌장암 따위에 얽힌 사연이다. 편지 한 장 한 장이 사실상 큰 소망을 품고 시작해서, 친구들의 도움으로 기운을 내다가, 결국 절망의 골짜기로 곤두박질치는 과정을 기록한 기도 일지나 다름없었다.

사연을 보내온 독자들은 자기 신앙이 응답받지 못한 기도라는 실 끄트머리에 대롱대롱 매달려 있는 꼴이라 편지를 쓰게 되었다고 설명한다. 정말 믿음으로 기도했다면 원하던 결과를 얻지 못했을 리가 없다고 속삭이는 잔인한 율법주의자들의 충고에 귀가 솔깃해서 자신을 책망하는 이들도 적지 않다. 더러는 본래 요청했던 제목을 모두 무시해버리고 밝은 면, 즉 친척이 회심했다든지, 교회가 하나가 되었다든지 하는 기도를 통해서 얻게 된 긍정적인 효과에 만족한다. 이도저도 아닌 이들은 기도해봐야 아무 소용없다고 단정하고는 그저 입을 다물어버린다.

일관성이 없는 기도 응답

기도가 반드시 필요하며 사람과 상황을 바꿔놓을 힘이 거기에 있다고 확실히 믿음에도 불구하고, 비행기 추락 사고에서 기적적으로 살아남은 이들의 이야기를 들을 때마다 똑같은 현장에서 죽어간 다른 목숨들을 생각하지 않을 수 없다. 사망자들 가운데 상당수는 생존자 못지않게 열렬히 기도했을 것이다. 초자연적인 역사로 병을 고쳤다는 간증을 들을 때도 마찬가지다. 함께 기뻐하면서도 한편으로는 사무실 파일 박스에 가득한 치유 받지 못한 이들의 사연이 떠올라 마음이 아프다. 하나님이 기도를 들어주신다는 사실에 대해서는 조금도 의심치 않는다. 다만 모든 이들에게 일관되게 응답하시지 않는 까닭을 알 수 없어서 *끙끙거릴* 뿐이다.

공평하게도, 프랜시스 골턴이 기도해봐야 아무 소용없다는 연구 결과를 내놓기 무섭게, 같은 시대를 살았던 몇몇 인물이 그에 반박하는 책을 펴냈다. 《기도와 그 놀라운 응답*Prayer and Its Remarkable Answers*》과 《기도의 경이*Wonders of Prayer*》같은, 제목만 봐도 내용을 충분히 짐작할 수 있는 책이다. 응답받은 기도와 관련해서 두 권 합쳐 630쪽에 이를 만큼 방대한 기사를 수집해놓았다. 고아원을 세우고 순수하게 믿음만으로 운영한 조지 뮬러만 하더라도 평생 5만 번 이상 기도 응답을 받았다.

나도 책장에 비슷한 도서를 꽂아두고 있다. 브루클린 태버너클 교회에서 하나님의 놀라운 역사를 일으키고 있는 짐 심발라 목사의 최근 저서도 한자리를 차지했다. 미국의 언론사와 인터넷 포털 사이트가 5,600명을 대상으로 조사한 바에 따르면, 기도에 자주 응답을 받는 편이라고 대답한 응답자가 41퍼센트였다고 한다.[5] 개인적으로 인터뷰한 이들 가운데도 비슷한 반응을 보이는 경우가 적지 않았다. 코스타리카 출신 매춘 여성의 이야기는 돌같이 차가운 무신론자의 마음이라도 흔들어놓을 만큼 놀라웠다. 저널리스트로서 기도에 응답받은 이야기를 수없이 듣고 조사했다. 나는 들은 이야기들을 액면 그대로 믿으며, 더 나아가서 '드리지 못한 기도에 대한 응답'도 늘 의식하고 있다. 아직 기도하지 못했음에도 하나님이 길을 예비해주시거나 위험에 빠지지 않도록 천사들이 지켜주는 경우 말이다.

그러나 그런 이야기가 응답되지 못한 기도의 문제를 해결해주지는 못한다. 비행기 추락으로 아내를 잃은 남편에게는 생존자의 간증이 격려가 될 수 없다. 뇌수막염으로 자식을 잃은 부모에게는 다른 아이들에게 일어난 신유 역사가 위로를 주지 못한다. 기도 관련 도서에 빠짐없이 나오는 구절이 있다. "하나님은 기도에 어김없이 반응하신다. 'No'도 응답 가운데 하나다"라는 말이다. 그런 글을 읽을 때마다 부정적인 대답을 들었던 친구나 친지의 얼굴을 하나하나 떠올려본다. 어째서 'Yes'라는 응답을 받지 못했을까? 기도에 무슨 흠이라도 있었던 걸까?

공산주의가 붕괴되고 남아프리카공화국에서 평화적으로 정권이 교체되는 데 기도가 어떤 영향을 미쳤는지에 관해서는 앞에서 이미 이야기했다. 기도가 두 사건에서 결정적인 역할을 했다고 믿는다. 하지만 그런 날이 오기까지 얼마나 많은 러시아 목회자와 그리스도인이 구원해주시기를 부르짖다가 수용소 군도에서 죽어갔는가? 기도가 응답되기까지 얼마나 많은 남아프리카공화국의 시민들이 경찰 타격대의 고문과 박해에 맨몸으로 맞서야 했던가?

기독교 텔레비전을 보면, 프로그램을 시청하는 도중에 굽었던 등이 기적적으로 펴졌다느니, 방송이 끝나자마자 걸을 수 있게 되었다느니 하는 시청자의 편지가 소개되는 장면이 종종 나온다. 오후만 되면 폐를 막고 있는 점액이 흘러나오도록 낭포성 섬유증을 앓고 있는 열여섯 살짜리

아들의 등을 두들겨주어야 하는 어머니가 그 방송을 본다면 어떤 느낌이 들까? 나로서는 단 한 번도 그런 고질적인 유전병이 나왔다는 얘기를 들어본 적이 없다.

네덜란드의 작가 코리 텐 붐은 나치 집단 수용소에서 생활할 당시 작은 비타민 병 하나가 기적을 일으켰다고 전한다. 아무리 마셔도 새록새록 약물이 고여서 언니 베시는 물론이고 20명이 넘는 같은 방 동료들까지 생명을 보존하는 데 큰 도움을 받았다는 얘기다. 코리의 언니는 그걸 끊임없이 기름이 흘러나온 사렙다 과부의 기름병에 비교하곤 했다. 하지만 베시는 라벤스브뤼크 수용소에서 세상을 떠났다. 그렇다면 하나님은 비타민을 구하는 기도에는 응답하시고 목숨을 살려달라는 간청은 무시하셨는가?

2001년 9월 11일, 세계 무역 센터 건물이 붕괴되기 직전 건물 안에 있던 인도인 부부가 극적으로 살아난 이야기가 있다. 각각 다른 빌딩에 있던 남편과 아내는 초자연적인 인도하심에 힘입어 계단을 타고 붕괴 직전에 건물에서 빠져나왔고, 부부는 그날 일에 깊은 감명을 받아 기독교로 개종했으며, 남편은 전임 전도자가 되었다. 그렇게 놀라운 사연을 들으면서도 현장에서 목숨을 잃은 3,000여 명을 떠올릴 수밖에 없다. 엄청난 양의 강철 파편이 머리 위로 쏟아져 내리는 순간에 수많은 이들이 기도를 드리고 있었을 것이다.

이제는 승리주의에 빠지지 않는 감사와 작위적이지 않은 동정심이 깃든, 겸손한 태도로 기도의 비밀을 최대한 존중하며 간구하는 법을 배워야 한다.[6]

우리의 잘못

경박하고 어리석은 일을 요청하는 까닭에 응답받지 못하는 경우도 있다. 시골에서 농부들이 비를 내려달라고 간구하고 있는 상황에 "주여, 축구 시합을 벌일 수 있도록 맑은 날씨를 허락해주세요"라고 기도하는 식이다. 공부를 제대로 하지 않았다면, 시험을 코앞에 두고 "꼭 100점을 맞게 도와주세요"라고 기도해봐야 응답을 받을 수 없다. 줄담배를 피우는 골초 애연가가 "폐암에 걸리지 않게 해주소서"라고 기도할 권리가 없는 것이나 마찬가지다.

몇 차례 아시아 지역을 여행한 적이 있는데, 가는 곳마다 벼락 맞아 불탄 덤불 같은 내 곱슬머리가 관심을 끌었다. 우스꽝스러운 얘기지만, 일본에서는 강연이 끝난 뒤 십 대 소녀들이 몹시 수줍어하며 "머리카락 좀 만져봐도 될까요?"라고 이야기한 적도 있다. 하지만 내 눈에는 아시아인의 매끄럽게 뻗어 내린 검고 빛나는 머리칼이 훨씬 매력적이다. 초등학교에 다니는 동안 내내 '꼬부랑머리'라는 별명에 시달리다가 졸업과 동시에 선택한 게 '아시안 스타일'이었을 정도다. 물론 곧고 검은 머리를 갖게 해달라고 하나님께 간청하거나, 친구들에게도 그렇게 기도해달라고 요청하고, 심지어 텔레비전 복음 전도자들에게 편지를 쓸 수도 있겠지만, 그건 부모를 바꿔달라거나 다른 나라에서 태어나게 해달라는 것만큼이나 효과가 없다. 외모는 대부분 유전 법칙에 따라 결정되게 마련인데, 그런 원칙을 뒤집어달라는 기도는 제아무리 간절하다 해도 분별없는 일이다.

스포츠 스타들은 또 다른 형태의 경박한 기도를 보여준다. 어떤 종목이든 선수들이 가슴을 탁탁 친 다음 고개를 쳐들고 손가락으로 하늘을 찌르는 장면을 쉽게 볼 수 있다. 터치다운에 성공하고, 골을 넣고, 홈런을 치게 해주신 위대한 분께 감사한다는 뜻인 듯하다. 하지만 복싱 선수 플로이드 패터슨은 아치 무어를 KO로 누르고 헤비급 세계 챔피언에 오른 뒤에 이렇게 말했다. "상대를 두들겨 패기만 했어요. 주님은 그냥 쉬고 계셨고요."**7**

록 스타 제니스 조플린은 "주님, 저한테 벤츠 자동차를 한 대 사주시지 않으시렵니까?"라고 으르렁거렸다. 언젠가 기독교 작가 찰리 셰드의 우스갯소리를 들었다. "위대하신 하나님께 매일 책이 100만 부 이상 팔려서 수많은 독자에게 축복이 되게 해달라고 기도했어요. 그랬더니 이렇게 쉬지도 못하고 일을 하게 됐어요. 먼저 그럴 만한 책을 써내라는 뜻인가 봐요." 교도소에서 사역하는 목회자들은 재소자들에게서 체포의 위협을 느끼는 순간만큼 절실히 기도한 적이 없다는 얘기를 자주 듣는다고 한다. (그런 기도를 들어주신다면, 하나님도 결국 공범이 될 수밖에 없다.)

신약 성경은 예수님께 어리석은 요청을 드린 사례를 몇 가지 기록하고 있다. 모세와 엘리야가 변화산에 홀연히 나타나는 순간, 정신이 아득해진 베드로는 시간을 초월해서 찾아온 두 거인과 예수님을 위해 초막을 짓게 해달라고 요청했다. 야고보와 요한은 야심이 컸던 어머니와 함께 그리스도를 찾아가 하나님나라에서 높은 자리를 차지하게 해달라고 청탁했다. 주님은 "너희는 너희가 구하는 것을 알지 못하는도다"마 20:22 라고 말씀하시며 일축해버리셨다. 모르긴 해도, 어떻게 저리도 메시지의 속뜻을 못 알아들을까, 머리를 절레절레 흔드셨을 것이다. 사마리아의 한 마을에서 문전박대를 당하고는 복수심에 가득 차서 하늘로부터 불을 내려 멸망시켜주시기를 청했던 주역도 바로 그 둘이었다.

베드로는 예루살렘에 올라가서 고난을 받으시려는 예수님의 계획에 반대했다가 호된 꾸지람을 들었다. "사탄아 내 뒤로 물러가라. 너는 나를 넘어지게 하는 자로다. 네가 하나님의 일을 생각하지 아니하고 도리어 사람의 일을 생각하는도다"마 16:23. 이렇게 매섭게 몰아세우셨던 걸 보면, 주님의 심기가 얼마나 불편했는지 짐작할 수 있다. 충정이야 이해하고도 남지만 지나치게 단순한 사고방식이 문제였다. 부적절한 기도의 수수께끼를 풀 수 있는 중요한 단서가 여기에 있다. 하나님의 성품을 생각하지 않고 자기만족을 구하는 태도가 문제의 핵심이다. '하나님의 일'이 아니라 '사람의 일'에 초점을 맞추는 게 장애 요인으로 작용한 것이다. 훗날 야고보 사도는 이 원리를 다시 한 번 부연해서 설명했다. "구하여도 받지 못함은 정욕으로 쓰려고 잘못 구하기 때문이라"약 4:3.

성경은 또한 기도 자체가 잘못돼서라기보다 간구하는 이에게 흠이 있는 까닭에 응답을 받지 못할 수도 있다고 분명하게 지적한다. 아담과 이브는 불순종의 죄를 저지른 탓에 하나님과의 만남이 완전히 차단되는 사태를 겪었다. 단절 상태가 얼마나 심각했던지 주님이 손수 찾아오시고 나서야 해결의 가닥을 잡을 수 있었다. 시편 51편은 죄를 범한 다윗이 하나님께 다시 만나주시길 구하는 애처로운 호소를 담고 있다. 거룩한 뜻을 거슬렀던 사울 왕은 거푸 주님께 물었지만 아무런 응답을 얻지 못하고 결국 점쟁이에게 가서 조언을 구했다.

때로는 죄가 하나님과의 의사소통을 방해한다. 시편 기자는 기쁜 마음으로 하나님을 찬양하는 노래 한복판에 "내가 나의 마음에 죄악을 품었더라면 주께서 듣지 아니하시리라"시 66:18는 고백을 끼워 넣었다. 이사야는 누구보다 구슬픈 목소리로 이 진리를 설명한다. 하나님이 예언자에게 통보하신 메시지를 들어보자.

> 너희가 손을 펼 때에
> 내가 내 눈을 너희에게서 가리고
> 너희가 많이 기도할지라도
> 내가 듣지 아니하리니
> 이는 너희의 손에 피가 가득함이라.
> 너희는 스스로 씻으며
> 스스로 깨끗하게 하여
> 내 목전에서 너희 악한 행실을 버리며
> 행악을 그치고
> 선행을 배우며
> 정의를 구하며
> 학대받는 자를 도와주며
> 고아를 위하여 신원하며
> 과부를 위하여 변호하라사 1:15-17.[8]

이처럼 하나님은 저마다의 영적인 상태뿐 아니라, 가난한 이들과 고아와 과부에 대한 사회적인 관심 역시 기도 응답과 직접 관련이 있다고 단호하게 선언하신다. 말라기 같은 예언자들은 더 구체적인 요건을 제시한다. 착취에 가까운 임금을 지불하거나, 간음과 이혼으로 혼인 서약을 깨뜨리거나, 나그네를 무도하게 학대하거나, 굶주린 이에게 음식을 나눠주지 않거나, 집 없이 한뎃잠을 자는 이에게 묵을 곳을 제공하지 않는 이들의 기도에는 하나님이 귀를 막으신다는 것이다. 21세기를 사는 미국인으로서 그런 경고의 말씀을 들을 때마다 속이 뜨끔하다.

같은 원리를 얘기해도 잠언은 좀 더 직선적이다. "귀를 막고 가난한 자가 부르짖는 소리를 듣지 아니하면 자기가 부르짖을 때에도 들을 자가 없으리라"잠 21:13. 사도 베드로는 교회에 보내는 편지에서 남편들은 아내의 말을 허투루 듣지 말며 존중하는 마음을 가지고 대해야 "여러분의 기도가 막히지 않을 것"벧전 3:7, 새번역이라고 충고한다. 정치적인 이슈나 가정사가 기도 생활에 직접적인 영향을 미친다는 게 언뜻 이상하게 들릴 수도 있다. 하지만 기도를 하나님과 꾸준히 동행하는 일로 본다면 생각이 달라질 것이다. 주변 사람을 대하는 태도를 비롯해서 삶의 모든 측면이 하나님과의 친밀한 관계에 영향을 미친다.

이웃에게 이렇게 얘기한다고 생각해보라. "사랑합니다. 함께 시간을 보내는 게 얼마나 즐거운지 몰라요. 하지만 댁에서 키우는 개는 아주 질색이에요. 그리고 개구쟁이 자제를 두셨더군요. 저희 집 마당에는 얼씬도 못 하게 해주세요. 아시겠죠?" 이게 어디 가당하기나 한 얘기인가? 주님과의 관계에도 똑같은 원리가 적용된다. 하나님의 피조물이나 그분의 자녀들을 어떻게 대하느냐는 주님이 내 기도와 예배를 받아주실지 결정하는 데 중요한 변수로 작용한다. 기도는 하루에 몇 시간씩 머리를 조아리는 것 이상의 의미를 가지고 있다. 기도는 내 삶 전체에 고루 영향을 미치며, 반대로 내 삶 또한 기도에 영향을 미치게 마련이다.

사도 요한은 기도와 행동의 관계를 간단명료하게 요약했다. "무엇이든지 구하는 바를 그에게서 받나니 이는 우리가 그의 계명을 지키고 그

앞에서 기뻐하시는 것을 행함이라"요일 3:22. 조지 뮬러나 마르틴 루터 같은 인물이 그토록 놀라운 기도 응답을 받은 비결이 뭔지 묻는 이들에게 마틴 로이드 존스는 이렇게 대답했다고 한다. "흔히 성인들이 받았던 축복을 하나도 빠뜨리지 않고 똑같이 누리고 싶어 하지만, 그들이 탁월한 신앙인이었다는 사실은 곧잘 잊어버린다. 그리고는 성인들의 기도에 응답하시는 것처럼 자신의 기도에 반응하시지 않는 까닭이 뭐냐고 묻는다. 먼저 우리가 성인들의 생활 방식대로 살지 못하는 이유가 무엇인지 물어야 한다."9

양립할 수 없는 기도

어떻게 해도 허락될 수 없는 일을 구하는 경우가 있다. 일자리 하나를 놓고 수십 명이 달려들어 매달린다면, 결국 많은 사람의 기도는 받아들여질 길이 없다. 기독교 국가들끼리 전쟁을 벌이는 경우, 한쪽 국민들의 간구는 원하는 대로 응답되지 않을 게 분명하다.

전쟁만큼 온 국민을 기도의 마당으로 끌어내는 사건도 드물다. 중세 유럽에서는 "주여, 바이킹의 손에서 우리를 구해주소서. 아멘"이라는 말로 기도를 마무리 짓곤 했을 정도다. 스스로 공정한 쪽에 서 있다고 믿고 싶어 하는 건 인간의 본성에 가까울지도 모른다.10 문제는 상대방도 똑같은 생각을 가지고 있다는 데 있다. 영국의 계관시인 존 베처먼은 이처럼 전쟁을 아전인수 격으로 해석하는 세태를 예리하게 포착해서 풍자시로 풀어냈다.

은혜로우신 주님, 오, 독일인에게 폭탄을 퍼부으소서.

주님을 위해 여성들은 구해주시길 빕니다.

하지만 그게 그렇게 쉬운 일이 아니라면,

저희는 주님의 실수를 용서해드리겠습니다.

하지만 자비로우신 주여, 어떤 경우라도

제게는 단 한 발의 폭탄도 떨어지지 않게 하소서.[11]

미국 역사상 가장 참혹한 싸움이었던 남북전쟁은 양쪽 진영의 그리스
도인들을 모두 기도의 마당으로 끌어냈다. 남군의 사령관 리는 독실한
신앙가로, 불경스러운 데다가 툭하면 술에 취해 비틀거렸던 북군의 맞수
그랜트 장군과는 또렷이 대조되는 인물이었다. 리 사령관이 몹시 아꼈던
부하 스톤월 잭슨 장군은 공격을 받지 않는 한, 주일에는 전투를 벌이지
않았으며 병사들로 하여금 진중 예배에 참석하게 했다. 남부 연합의 제
퍼슨 데이비스 대통령은 "기도야말로 전능하시며 만사를 주관하시는 하
나님을 기쁘게 해드리는 일이며, 적들과의 싸움에서 남부 연합에 가담한
주들을 보호하고 지켜주는 방패가 되리라"고 확신한다면서 모든 국민이
'기도의 날'을 지켜달라고 요구했다.[12]

데이비스에 맞서는 북부 연방의 대통령 에이브러햄 링컨은 경건한 신
앙을 가진 이들이 노예 제도를 유지하려고 싸운다는 사실부터가 모순이
라고 꼬집었다. 제2기 취임 연설에서 그는 "다른 사람의 이마에 흘러내
리는 땀방울에서 잇속을 차릴 욕심으로 감히 공의로우신 하나님의 도우
심을 청하는 건 정말 이상한 노릇이 아닐 수 없습니다"라고 지적하면서
도 예수님의 말씀을 인용하며 특유의 평화 정신을 강조했다. "판단하지

맙시다. 그래야 우리도 판단을 받지 않습니다."¹³ 링컨의 연설을 보면, 자신이 앞장서 이끌고 있는 대의에 관해 놀라울 만큼 세심하게 다듬어진 겸손한 관점을 발견할 수 있다. "남과 북이 모두 똑같은 성경을 읽고, 한하나님께 기도를 드리며, 상대방을 이기게 해달라고 호소하고 있습니다. 양쪽의 기도가 모두 받아들여질 수는 없습니다. 어느 쪽도 소원하는 바를 완전히 이룰 수 없습니다. 전능하신 하나님은 그분만의 목적을 가지고 계십니다."

링컨의 태도는 전쟁에 으레 따라다니게 마련인 승리주의와 선명한 대조를 이루고 있다. 남북전쟁의 끔찍한 상황을 온 나라가 저지른 노예 제도라는 악에 대해 하나님이 내리시는 공의로운 심판으로 받아들였던 것이다.

전쟁이라는 강력한 회초리가 빨리 지나가기를 진심으로 소망하며 또한 간절히 기도합니다. 하지만 지난 250년 동안 노예들이 아무 대가도 받지 못하고 쌓아올린 부가 모두 무너져내릴 때까지, 채찍과 칼로 흘린 모든 피값을 치를 때까지 이 전쟁이 계속되는 게 하나님의 뜻이라면, 그럼에도 "주님의 법규는 참되어서 한결같이 바르다"시 19:9, 새번역라고 고백해야 합니다.¹⁴

전쟁이 끝나자 링컨은 한 걸음 더 나가서 복수가 아니라 화해의 정신을 요구했다. "아무에게도 원한을 품지 말고 모든 이들에게 자비를 베풉시다. 하나님이 올바로 알게 해주신 정의를 굳게 믿으며 눈앞에 주어진 일들을 마무리 지읍시다. 국민의 상처를 싸매고, 전선에서 죽어간 이와 그 아내, 고아들을 보살피며, 우리 자신과 세계 모든 민족들 사이에 정의롭고 영속적인 평화를 이룩하며 소중히 지켜내는 데 매진합시다."

당시 남부와 북부의 목회자들은 저마다 하나님이 자기들 편이라고 주장했다. 링컨은 오히려 자신이 주님 편에 서 있는지 물어야 하지 않겠느냐고 완곡하게 주의를 주었다. 유한한 인간은 아무리 발버둥 쳐봐야 무한하신 하나님의 뜻을 완벽하게 파악할 수 없다. 구약 시대 예언자들이 그랬던 것처럼, 링컨은 국가적인 상처 앞에서 거만하게 자기 의를 과시하려 들지 않았으며 오히려 스스로 죄를 돌아보고 자백하는 기회로 삼았다. "수없이 무릎을 꿇을 수밖에 없었습니다. 그것 말고는 어디로도 갈 수 없다는 걸 너무도 분명히 알고 있었기 때문입니다."

응답받지 못한 기도의 축복

적대 관계에 있는 양측이 각자 승리하게 해주시길 구한다든지, 농부와 운동선수가 날씨를 놓고 상충된 기도를 드리는 것처럼 논리적으로 모순되어 응답이 애초에 불가능한 기도는 그렇다 치고, 하나님이 다른 간구를 죄다 들어주신다면 어떤 일이 벌어질까?

모든 기도에 그대로 허락하신다면, 결과적으로는 인간에게 세상을 움직이게 맡겨두고 하나님은 뒤로 물러나는 셈이다. 역사는 인간이 자신에게 허용된 권력을 어떻게 휘둘렀는지 잘 보여준다. 무수한 전쟁을 일으키고 대량 학살을 저질렀다. 공기와 물을 더럽혔으며 숲을 파괴했다. 정의롭지 못한 정치 체제를 세웠고 부를 독점하며 가난한 이들을 착취했다. 제한된 권력을 가지고도 그런 일들을 저질렀는데, 초자연적인 권능을 마음대로 행사할 수 있다면 어떻게 되겠는가? 우리가 어떤 재앙을 몰고 올지 알 수 없다.

어린 시절, 〈슈퍼맨〉이나 〈배트맨〉, 〈스파이더맨〉, 〈투명인간〉 따위의 만화를 보면서 주인공들처럼 특별한 힘을 가질 수 있으면 정말 좋겠다고 생각했다. 당장이라도 슈퍼맨처럼 옷을 갈아입고 날아가서 평소에 괴롭히던 왈패들에게 실컷 앙갚음해줄 수 있을 텐데! 사람들의 눈에 보이지 않게 몸을 감추는 능력이 생긴다면 교실에서 마음대로 장난칠 수 있을 거야! 나는 아마 기도를 남의 주목을 끌거나 남들을 뜻대로 조종하는 마술 램프로 삼았을 게 분명하다.

어른들이라고 뭐 다를 게 있겠는가? 세계의 자원 가운데 상당 부분은 한 국가가 다른 나라들을 지배하는 데 사용할 최첨단 무기를 개발하는 데로 흘러들어간다. 그런 나라가 남들에게는 없는 초자연적인 능력을 보유하게 된다고 생각해보라. 그렇다면 아주 신실하게 기도하는 그리스도인들에게만 그런 권세를 허락해주시는 건 어떨까? 아마도 그랜트 장군이 아니라 리 사령관의 군대가 남북전쟁에서 승리를 거두었을 것이다. 그리스도인들은 병에 걸리지 않고, 직장을 잃지 않으며, 교통사고를 당하지도 않는 특권층을 형성할 게 틀림없다. 그리스도인 공동체 외부는 말할 것도 없고 내부에는 또 얼마나 큰 영향을 미치겠는가? 성경에 기록된 이스라엘의 역사를 보면 하나님의 특별한 사랑을 입어서 초자연적인 권능에 다가설 수 있었던 인물들이 있는데, 그들의 행적을 보면 충분한 실마리를 얻을 수 있다. 국가적으로 수치를 당한 시기에는 영적으로 크게 성장하는 역사가 일어났던 반면, 솔로몬의 치세처럼 황금기를 구가하던 시절에는 교만과 타락이 기승을 부렸다.

영화 〈브루스 올마이티〉는 만약 하나님이 초자연적인 권능을 평범한 인간의 손에 맡기면 어떤 일이 생길지를 할리우드식으로 보여준다. 뉴욕주 버펄로에서 텔레비전 방송국 리포터로 일하는 브루스 놀란은 갖가지 사고가 줄을 잇자 하나님께 있는 대로 신경질을 냈다. "마음만 잡수시면 5분도 안 돼서 내 삶을 완전히 바꿔놓으실 수 있었다고요." 어찌어찌해서 '무소부재 주식회사'라는 허름한 빌딩으로 불려간 놀란은 거기서 하나님을 만났다. 그리고 일주일 동안 하나님 노릇을 하게 해주겠다는 제안을 받았다. 세상이 얼마나 나아지는지 보겠다는 것이다.

브루스는 초자연적인 능력을 기분 내키는 대로 사용했다. 꽉 막힌 도로에서 새로 산 스포츠카를 몰고 지나갈 길을 열고 개한테 올바른 화장실 사용법을 가르치기도 한다. 회사에서 같이 일하던 동료 직원을 골탕먹이고 언젠가 주먹질을 당했던 깡패에게는 시원하게 복수한다. 심지어 로맨틱한 분위기로 여자 친구를 감동시킨다며 달을 지구 가까이로 끌어당기는 바람에 일본에서는 해일이 일어나기까지 했다. 버펄로 주민들에게서 올라오는 기도만 해도 하루에 수천 건. 머릿속이 어지러워진 브루스는 폭포처럼 쏟아지는 요청을 어떻게든 처리해보려 하지만 결과는 신통찮다. 로또에 당첨되게 해달라는 이들에게 무조건 그러마고 했더니 당첨자가 40만 명이나 나왔다. 일등을 해봐야 받을 돈이 거의 없을 만큼 배당금이 줄어든 것이다.

이런저런 일을 겪으며 전능자 브루스는 자신의 무력함을 깨닫고 겸손해졌을 뿐 아니라 기도의 결과가 다채롭다는 사실에 감사하는 법을 배우게 되었다. 마하트마 간디는 세상을 마음대로 바꿀 수 있는 힘이 생긴다면 무슨 일을 가장 먼저 하고 싶으냐는 질문에 이렇게 대답했다. "그 능력을 폐기시킬 힘을 달라고 기도하겠소."[15]

  세상에 계시는 동안 예수님은 기적을 행해 대중의 눈을 사로잡고, 온 세상을 지배하며, 위험에서 자신을 지켜내라고 요구하는 사탄의 시험을 모두 물리치심으로써 사실상 하나님으로서의 권능을 포기하셨다. 물론 초자연적인 능력을 여러 차례 보여주시기는 했지만 세계적이라기보다 지역적인 차원이었다. 긍휼히 여기는 마음에서 비롯된 일이지 볼거리를 제공하려는 게 아니었다. 자신을 과시하거나 방어할 목적으로 사용하신 적은 단 한 번도 없었다. 그리스도의 삶을 보면 초자연적인 권능을 행하는 데는 절묘한 균형 감각이 필수적이라는 사실을 알 수 있다. 영화에 등장하는 브루스 놀란처럼 미성숙한 부류는 물론이고 마하트마 간디처럼 성숙한 인간도 자유의지와 하나님의 개입, 자기희생 사이에서 균형을 맞출 만큼 엄청난 지혜, 이를테면 예수님이 세상에 계실 때 보여주셨던 것과 같은 지혜를 갖지 못했다.

  그리스도인은 경험을 통해서 웬만해서는 응답되지 않는 기도가 있다는 사실을 배운다. 에이미 카마이클은 어렸을 적에 갈색 눈동자를 푸르게 바꿔달라고 기도했었다. 나중에 인도 선교사가 된 뒤에야 갈색 눈에 감사하게 되었다. 서양인 느낌이 덜 들게 해주어서 현지의 꼬맹이들에게 쉽게 접근할 수 있었기 때문이다. 한동안 지적 능력을 도로 거두어주시길 기도했다는 여성도 있었다. "신앙의 걸림돌이었어요. 지적인 능력이 있었기에 여섯 살 적부터 주변 그리스도인과 교회의 모습에서 위선을 보았고 대답을 찾기 어려운 질문을 던지기 시작했으니까요." 편지는 "다행히도 이젠 하나님이 스스로 정하신 시간에 그분만의 방식으로 기도에 응답하신다는 사실을 알게 되었어요"라고 끝난다. 다시 믿음을 되찾게 해준 힘도 역시 지적 능력에서 나왔던 것이다.

컨트리 가수 가스 브룩스의 히트송 가운데, 고등학생 때 짝사랑하는 여자 친구의 마음을 사로잡게 해달라고 열심히 기도했지만, 세월이 흘러 돌아보니 그렇게 됐더라면 정말 끔찍할 뻔했다는 내용의 노래가 있다. 후렴부에서 브룩스는 이렇게 노래한다.

응답하지 않으신다고 해서 관심이 없다는 뜻은 아닙니다.
응답 없는 기도야말로 하나님의 가장 귀한 선물일지 모릅니다.[16]

정해지지 않은 공식

지금까지 기도에 관해서 잘못 이해하고 있는 문제를 살펴보았다. 그러나 또한 그렇기에 기도란 정해진 공식에 따라 작동되는 게 아니라는 점을 다시 한 번 강조하고 싶다. 흔히 선하게 살고 바른 말을 하며 결과를 소망해야 응답을 받을 수 있다고들 한다. 그게 사실이라면 욥은 그렇게 심한 고통을 당하지 않아야 하고, 바울은 육체의 가시가 뽑혔어야 하고, 예수님은 골고다에 오르지 않아야 한다. "하나님은 기도에 응답하시는가?"라는 물음과 "주님은 병을 앓고 있는 아이를 고쳐달라든지, 특정한 불의를 바로잡아달라는 식의 구체적인 요청을 들어주시는가?"라는 질문 사이에는 커다란 수수께끼의 강이 흐르고 있다.

미시건 주의 한 대학에서 가르치던 찰스 에드워드 화이트는 몇 학기 동안 교환 교수 자격으로 나이지리아 조스 대학에 머물렀다. 하루는 나이지리아 중앙 고원을 지나다가 한 교회의 조용한 뒷마당에 마련된 선교사들의 묘지에 들르게 되었다. 크기가 작은 무덤이 유난히 많은 게 눈길을 끌었다. 알고 보니 실제로 56기의 묘소 가운데 33개는 아이들의 무덤이었다. 묘비명은 1928년까지 거슬러 올라가지만, 고참 선교사들에게서 들을 수 있는 사연은 근자에 세상을 떠난 이들의 것뿐이었다.

거기 묻힌 아기들 가운데 둘은 단 하루를 못 넘기고 떠났다. 고작 몇 년을 살다가 열대병에 희생된 아이들도 있다. 현지에서는 드문 일도 아니었다. 열두 살 소년 멜빈은 계곡 사이를 아슬아슬하게 연결해놓은 줄다리를 건너다가 동생과 함께 급류에 떨어졌다. 선교사인 아버지가 뒤따라 뛰어들어 멜빈을 건져냈다. 그러나 동생을 구하러 다시 물속으로 들어간 아버지는 결국 빠져나오지 못했다.

어디 그들뿐이겠는가? 화이트 교수는 무슨 위험이 도사리고 있는 줄 뻔히 알면서도 나이지리아를 찾아왔던 선교사들과 선택의 여지도 없이 부모를 따라왔다가 죽음과 맞닥뜨려야 했던 어린아이들의 사연을 들었다. 세 살짜리 꼬마의 외침을 들을 수 없게 된 엄마, 막 읽기를 배우기 시작한 초등학교 1학년 아이를 잃어버린 부모의 심정은 어땠을까?

미앙고 선교사 묘지는 하나님과 그분의 은혜에 대해 많은 이야기를 들려준다. 주님은 무엇을 청하든지 다 들어주는 마음씨 좋은 할아버지가 아니다. 선교사들 역시 아들딸이 살아 있기를 간절히 원했을 것이다. 당연히 하나님께 간구했겠지만, 주님은 그 요청을 거절하셨다.

그뿐만이 아니다. 하나님은 당신 마음에 들 만큼 선한 일을 하거나 도움을 받기에 합당할 정도로 열심히 노력할 때까지 선의를 감추고 보여주시지 않는 야박한 장사꾼도 아니다. 신뢰할 만하기로 치자면, 그 선교사들을 따라갈 인물이 세상에 몇이나 되겠는가? 적대적인 환경에 복음의 뿌리를 내리기 위해 모든 걸 버리고 뛰어든 그들이 아닌가? 하지만 주님은 아무런 특혜도 주지 않으셨다.

미앙고 묘지에서는 주님의 성품에 대해서만이 아니라 그분의 은혜에 관한 진리도 배울 수 있다. 하나님의 은혜는 값이 없지만, 그렇다고 싸구려라는 뜻은 아니다. 구원은 돈 주고 살 수 있는 것도 아니고 값싼 선물로 취급할 수 있는 것도 아니다.

아벨을 비롯해서 수많은 증인이 자신의 증언에 피로 날인했다. 예수님은 유대인들에게 선지자들 가운데 핍박받지 않은 이가 있었느냐고 물으셨다. 제자들을 처음으로 세상에 내보내시면서 배신과 죽음이 뒤따를 것이라고 말씀하셨다. 지상 사역을 마치실 즈음에는 복음을 전하다 보면 온갖 어려움을 당하고 미움을 받게 되리라고 예고하셨다.[17]

화이트 교수의 이야기는 계속 이어진다. "미앙고 묘지를 이해할 수 있는 유일한 방법은 하나님도 독생자를 선교지에 묻었다는 사실을 기억하는 것뿐이다."

이곳 나이지리아의 흙무덤 가에 선 선교사 부부에게 응답되지 않는 기도를 아무리 설명해봐야 답이 되지 않는다. 그저 선이 악을 이길 것이고, 결국 하나님의 선하신 뜻이 이루어질 거라는 약속이 이미 성취되었다는 걸 믿어야 한다. 그 믿음에 매달리는 것이 가장 합리적 행동이자 가장 믿음 있는 행동이다.

마술인가, 믿음인가

데이비드

나는 호스피스 단체에서 전문 상담가로 일하고 있다. 죽어가는 이들을 상대하다 보니 늘 죽음을 의식하며 산다. 일하는 과정에서 어이없게도 하나님과 거룩한 백성들에게서 일관성을 찾아볼 수 없다는 사실 때문에 신앙에 상당한 도전을 받았다.

젊었을 때 주변 사람들은 하나님을 무슨 소원이든 척척 들어주는 유리병 속의 요정쯤으로 생각했다. (톱으로 켜서 죽임을 당하는 이들이 있는가 하면 위험에서 무사히 벗어난 이들도 있다는 사실을 보여주는 히브리서 11장을 통해 살고 죽는 데는 일관된 원칙이 존재하는 게 아니라는 사실을 개인적으로는 알고 있었다.)

실패는 혹시라도 눈에 띨세라 재빨리 뒤뜰에 묻어버리고 이른바 '성공'은 지붕 꼭대기에 올라가 사방에 대고 소리쳐 알렸다. 그러나 호스피스 사역을 하면서, 비는 악인과 선인에게 골고루 내리는 법이며, 그리스도인 가운데 더러는 하나님의 뜻에 따라 목숨을 건지고 또 더러는 주께 영광을 돌리며 세상을 떠나 하늘나라로 올라간다는 걸 깨달았다.

하나님이 세상을 부지런히 돌아다니시다가 약속 때문에 마지못해 주차할 공간을 잡아달라는 기도에 응답하신다는 식의 해석에 단호히 반대한다. 이런 믿음을 가진 이들의 기도를 들어보면, 주님이 기적적으로 간섭하셔서 가난하고 병든 이들을 도와달라는 식이다. 스스로 기도의 응답이 되려는 의지는 거의 찾아볼 수 없다. 하나님이 아니라 마법을 믿는 게 아닌가 싶을 정도다.

어제 큰아들 내외가 고속도로를 달리다 사고를 당했다. 앞서 달리던 트럭에서 날아온 목재를 피하려고 급하게 핸들을 꺾는 바람에 시속 110킬로미터로 달리던 자동차가 중심을 잃고 빙글 돌아버렸다. 다행히 자동차만 부서졌을 뿐, 식구들은 상처 하나 없이 빠져나왔다. 목격자들은 기적이라고 했다. 고속도로 순찰대는 그렇게 큰 사고가 났는데도 죽거나 다치지 않고 살아남은 걸 놀라워했다. 사고 직후에 다른 두 아들도 우연히 같은 길을 지나가다가 현장을 목격했다.

어제 밤, 온 식구가 모여서 사고를 두고 이런저런 이야기를 나누었다. 스무 살을 갓 넘긴 아들아이(우리 집에서는 '무신론자 토머스'로 통한다)는 별의별 사건이 하루에도 수없이 일어나는 무질서하고 타락한 세상에서 형과 형수는 그저 운이 좋았을 뿐이라고 평했다. 자동차를 몰았던 큰아들은 자기를 구해준 건 하나님이었다고 했다. 며느리도 같은 생각이었다. "막 할머니 무덤에 꽃을 꽂고 돌아가는 길이었어요. 알다시피 할머니는 열심히 기도하던 분이잖아요. 생전에 식구들을 축복하고 보호해주시길 간구했던 기도가 오늘 응답된 거라고 봐요." 아내 역시 주님의 은혜로 목숨을 건졌다고 믿었다.

몇 년이 지난 뒤에도 나는 진심으로 이야기할 수 있다. "하나님이 거기 계셨다. 우리와 더불어 그 자리에 머무셨다. 우리를 돕고 계셨다. '사망의 음침한 골짜기로 다닐지라도' 함께하신 게 분명하다. 주님은 삶 속에 함께하시고 날마다 힘과 은혜를 베풀어주신다." 좀 더 잘 얘기하고 싶은데 그게 잘 안 된다. 아무튼 귀신들린 아들을 고쳐달라고 주님을 찾아왔던 아버지의 심정을 충분히 이해한다. "내가 믿나이다. 나의 믿음 없는 것을 도와주소서"막 9:24.

어느 창녀의 기도

힐다

코스타리카에 있는 우리 집은 찢어지게 가난했다. 그래서였을까? 네 살 되던 해에 어머니는 나를 성노예로 팔아넘겼다. 남자들은 어린아이를 상대로 마음껏 욕심을 채우고 두둑한 대가를 치렀다. 다른 아이들이 학교에 갈 때, 나는 매음굴에서 일해야 했다. 수입은 모두 어머니의 손으로 넘어갔다. 평생 나 자신이 추하고 더럽다고 생각했다. 부끄러웠다. 일찌감치 술과 마약에 손을 댔다. 거기에라도 기대야 고통을 다소나마 눅일 수 있었다.

십 대에 벌써 자식을 둘이나 낳았다. 어머니는 아이들마저 빼앗아갔다. 나처럼 더러운 여자는 자녀를 키울 자격이 없다고 했다. 그때부터 훨씬 더 악착같이 돈을 벌어서 아이들에게 보냈다. 그것만이 엄마로서 아이들에게 사랑을 보여줄 수 있는 길이었다.

포주들은 점점 더 많은 손님을 받으라고 요구했다. 이틀에 하루 꼴로 100여 명의 남자를 상대해야 했다. 한 남자가 10분 만에 욕구를 채우고 나가면 문밖에 줄지어 기다리던 다음 손님이 들어오는 식이었다.

하루는 고분고분 시키는 대로 따르지 않는다며 손님이 무섭게 화를 냈다. 목에 칼을 들이대고 야구방망이로 후려치는 바람에 머리뼈가 깨지는 중상을 입었다. 사람들의 손에 들려 병원에 입원했다. 죽어야겠다는 생각뿐이었다. 몸에 연결해놓은 튜브를 뜯어내면 의료진이 와서 다시 연결시키기를 몇 번이나 되풀이했는지 모른다.

마침내 나는 침대 곁에 무릎을 꿇고 하나님께 애원했다. 어떻게든 매춘부 노릇을 그만두고 아이들한테 진짜 엄마가 돼주고 싶었다. 주님은 기도를 들으시고 기적을 베풀어주셨다. 기도하다 환상을 보았는데, "라합 재단을 찾아가라"는 글자가 선명했다. 제대로 읽을 줄도 몰랐고, 라합이 누군지도 몰랐다. 더구나 문구는 스페인어가 아니었다. 그렇지만 간호사의 도움을 받아 전화번호를 손에 넣었다. 그리곤 즉시 전화를 걸었다.

신호가 울리고, 울리고, 또 울리는 동안 절박하게 기도했다. "하나님, 정말 살아계시다면 누군가 전화를 받게 해주세요." 드디어 마릴리아나라는 여성이 수화기를 들었다. 나중에 안 일이지만 바로 라합 재단의 대표였다. 사무실을 열지 않는 날이었는데 서류를 가지러 잠깐 들렀던 참이었다.

"도와주세요." 이것저것 가릴 처지가 아니었다. "죽어가고 있어요. 제 힘으로는 어찌해볼 도리가 없어요." 전화기 너머의 여성이 입을 열었다. 주님이 나를 사랑하시며 절대 혼자 버려두지 않으신다고 했다. 매음굴에서 탈출해서 새 삶을 시작하도록 도와주겠노라고 했다. 그리고 며칠 뒤, 직접 찾아와서 나를 자기 집으로 데려갔다. 아직 곳곳에 멍 자국이 남아있고 붕대를 감은 채였다. 현관에 들어서자마자 마릴리아나는 나를 꼭 껴안으며 말했다. "여기는 안전해요, 힐다." 그리고 라합이 성경에 나오는 기생이며 훗날 이스라엘의 영웅이 되었다는 이야기를 해주었다.

소망의 싹을 보았지만, 실감이 나지 않았다. 모든 게 꿈만 같았다. 그녀는 깨끗한 침실을 준비하고 방안에 꽃까지 꽂아주었다. 아무도 해치지 못하게 막아주겠다고 약속했다. 새로운 삶을 시작한 다른 여성들도 소개받았다. 마릴리아나에게서 진짜 엄마가 되는 법을 배웠다. 지금 나는 하나님께 영광 돌리며 살기 위해 기술을 익히고 있다.

주님은 인간에게 부르짖을 수 있는 혀를 주셨습니다. 그러고 나서는 혀의 외침을 듣지 않으십니다. _조지 허버트[1]

응답 없는 기도: 미스터리와의 동거

전부는 아닐지라도, 기도에 응답받지 못하는 이유를 거슬러 올라가면 본인의 잘못 때문인 경우가 적지 않다. 그리고 다는 아니지만, 인간의 자유를 존중하고 아무것도 강요하지 않으시는 하나님의 불가사의한 태도에서 비롯되는 경우도 있다. 하나님의 법에 저항하는 흑암의 세력이 문제일 수도 있다. 더러는 질병과 폭력, 언제 폭발할지 모르는 비극적인 사고 따위로 훼손된 세상 탓이기도 하다. 어떻게 하면 응답되지 않은 기도의 속뜻을 단 한 번만이라도 제대로 이해할 수 있을까?

응답받지 못한 기도를 수없이 포함하고 있는 성경 자체에서 '뒤틀린' 위로를 받는다. 어째서 하나님이 속 시원히 대답하시지 않는가에 관해서는 다양한 추측이 가능하겠지만, 성경에 기록된 여러 사례를 살펴보면 쓸 만한 단서를 얻을 수 있다.

- 무려 40년 동안 이스라엘 백성을 이끌고 광야를 지나온 모세는 죽기 전에 동족들과 함께 요단강을 건널 수 있게 해달라고 간청했다. 하나님은 요청을 받아들이지 않으셨다. 지난날 분노의 감정을 분출한 것에 대한 징계였다. 주님께 거절당한 게 두고두고 마음에 걸렸던 모세는 신명기에 기록된 네 번의 설교에서 꼬박꼬박 이스라엘 백성들을 원망했다. 과거 다른 일로는 '마음을 바꿔주시길' 기도했지만 이번엔 그러지 않았다.

- 다윗 왕은 어린 아들이 죽지 않게 해달라고 일주일 동안이나 엎드려 금식하며 간구했다. 극악무도한 죄를 지었던 탓에 기도는 응답되지 않았고, 다윗과 밧세바는 결국 자식을 잃었다. 하지만 둘은 다시 동침하고 훗날 왕좌에 올라 이스라엘의 전성기를 열게 될 아들, 솔로몬을 낳았다.

- 모세, 욥, 요나, 엘리야 등 구약의 몇몇 인물은 실제로 죽게 해달라고 기도한 적이 있다. 다행스럽게도 하나님은 그들을 생각하셔서 그 요청을 무시하셨다.

- 이스라엘 군대는 원수를 누르고 승리를 거두게 해달라고 기도했음에도 굴욕적인 패배를 당한 경험이 여러 번 있다. 그때마다 온 백성이 자극을 받고 자신을 돌아보았다. 하나님의 명령을 어기고 성급하게 군대를 움직였기 때문일까? 주님이 싫어하시는 전쟁 범죄를 저지른 병사가 있었던 건 아닐까?

- 예언자 하박국은 바벨론의 손아귀에서 구원해주시길 요청했다. 예레미야는 예루살렘 성이 파괴되지 않도록 도와주시길 간구했다. 그러나 두 예언자의 기도는 모두 응답받지 못했으며, 전쟁에서 패배한 동족들에게 그 이유를 설명하느라 진땀을 뺐다. 예레미야는 "주께서 구름으로 자신을 가리사 기도가 상달되지 못하게 하시고"애 3:44라고 탄식했다. 애가哀歌. 슬픈

노래라니, 그보다 더 어울리는 이름이 또 있을까?

열두 제자의 부적절한 기도에 관해서는 앞에서 이야기한 바 있다. 적대적인 태도를 보이는 마을에 하늘에서 불벼락을 내려주시면 어떻겠느냐는 식의 요청이었다. 마태복음 17장과 마가복음 9장을 보면, 어느 때는 기적적으로 병을 낫게 할 능력이 없다는 사실이 공개적으로 드러나 몹시 당황하기도 했다. 그리스도는 그 일을 믿음 없는 것을 질책하는 기회로 삼으셨다. 비록 기도에 응답을 받지는 못했지만 소년의 병을 고쳐주는 건 분명히 하나님의 뜻에 부합되는 일이었다. 주님이 직접 나서서 제자들이 하지 못한 일을 대신 행하셨기 때문이다.

응답되지 않은 기도에 관해서라면 사도 바울도 할 얘기가 많은 사람이다. 여러 교회를 위해 드렸던 빛나는 기도를 읽고 나서 바로 그 기독교 공동체들에 관한 슬픈 기록을 살펴보라. 바울이 기도했던 이상적인 교회가 되기에는 얼마나 함량 미달이었는지 금방 알 수 있다. 하지만 뭐니뭐니해도 대표적인 사례라면 바울 자신이 '육체에 가시'고후 12:7를 없애주시기를 세 번에 걸쳐 요청했던 일을 꼽아야 한다. 바울은 부정적인 응답에 대해 모범 답안 같은 반응을 보였다. 원하는 대로 이루어지지 않은 것에 실망하는 대신 상황을 긍정적으로 받아들인 것이다.

나에게 이르시기를 내 은혜가 네게 족하도다. 이는 내 능력이 약한 데서 온전하여짐이라 하신지라. 그러므로 도리어 크게 기뻐함으로 나의 여러 약한 것들에 대하여 자랑하리니 이는 그리스도의 능력이 내게 머물게 하려 함이라. 그러므로 내가 그리스도를 위하여 약한 것들과 능욕과 궁핍과 박해와 곤고를 기뻐하노니 이는 내가 약한 그때에 강함이라고후 12:9-10.

하나님의 독생자마저도 응답받지 못한 기도의 쓰라림을 피해갈 수 없었다. 주님은 겟세마네 동산에서 이의를 제기하는 신앙에 묵묵히 순종하는 믿음을 모두 드러내며 기도하셨다. 예수님은 먼저 아버지께 도움을 구했다. "이 잔을 내게서 지나가게 하옵소서"마 26:39. 그리고는 친구들을 돌아보셨다. 모두들 코를 골며 잠들어 있었다. 종교 지도자들을 바라보셨다. 주님을 고발한 당사자들이 거기 있었다. 정부의 유력한 관리들에게 눈길을 주셨다. 그들은 사형 선고로 화답했다. 마지막으로 백성들을 둘러보셨다. 작당이라도 한 것처럼 입을 모아 그리스도를 거부하고 있었다. 마침내 예수님의 입에서 버림받은 존재의 몹시 고통스러운 외침이 터져나왔다. "나의 하나님, 나의 하나님, 어찌하여 나를 버리셨나이까"마 27:46.

C. S. 루이스는 어디서도 도움을 얻을 수 없었던 그 무기력한 상황을 이렇게 해석했다. "주님의 이 부르짖음은 인간의 처지를 확대해서 보여준다. 단단히 붙들고 있던 밧줄이 모두 끊어지고, 손을 뻗기가 무섭게 모든 문이 쾅 하고 닫혀버렸다."2

하나님의 응답을 받지 못한 이런 사례를 통해서 기도의 수수께끼를 푸는 희미한 실마리를 얻었다. 다윗의 아들이 살아나서 솔로몬 대신 이스라엘을 통치했더라면 어떻게 되었을까? 예언자들의 기도가 받아들여져서 이스라엘이 세계열강의 반열에 오르고 유대인들이 자기들의 신앙을 마음에 단단히 품은 채 세상에 나눠주지 않았더라면 어떻게 되었을까? 바울의 가시가 사라졌다면 어떻게 되었을까? 훨씬 더 활발하게 사역하는 선교사가 되었겠지만, 스스로 두려워했던 것처럼 눈 뜨고 봐줄 수 없을 만큼 교만해지지는 않았을까? 마지막으로 예수님이 그 두려운 순간에 기도한 대로 응답을 받았더라면 어떻게 되었을까? 그리스도가 십자가를 지지 않는다는 건 곧 인류의 멸망을 뜻하는 게 아닌가?

C. S. 루이스는 설명한다.

> 기도의 핵심은 응답될 수도 있고 거절당할 수도 있다는 점에 있다. 결과를 강제할 수 없다는 말이다. 지혜가 무궁무진하신 분께서 어리석기 한량없는 피조물의 요청을 듣는다면, 경우에 따라 들어주기도 하시고 거절하기도 하시는 게 당연하지 않겠는가. 언제나 응답을 받아내는 데 '성공'하는 건 기독교의 교리가 아니다. 오히려 마술에 가까운 현상일 뿐이다.
>
> 교장이 학생들에게 "교칙에 따라, 이러저러한 일들은 허용되어 있습니다. 하지만 여차여차한 행위는 너무나 위험해서 너그러운 원칙을 적용할 수가 없습니다. 그런 일을 하고 싶으면 내 방에 찾아와서 요청을 하세요. 모든 문제를 함께 상의할 수 있을 겁니다"라고 이야기하는 건 전혀 불합리한 일이 아니다.[3]

후한 약속

C. S. 루이스가 깨달은 것처럼 하나님이 자녀들의 요청을 거절하시는 게 문제가 아니라 성경의 약속들이 너무 후하다는 게 핵심이다. 간단히 말해서, 예수님이 무조건적인 응답을 약속하고 계신 것처럼 보이는 게

응답받지 못한 기도를 처리하는 데 가장 어려운 장애물이다.

예수님이 이런 식으로 말씀하셨더라면 어땠을까? "기도라는 선물을 주겠다. 하지만 알아둬야 할 게 있다. 인간은 완전한 지혜를 가질 수가 없다. 따라서 기도가 응답될지 말지를 아는 데는 한계가 있는 법이다. 기도는 '불만 신고함'이나 마찬가지다. 원하는 걸 하나님께 정확하게 제출하면 주의 깊게 살펴보시도록 내가 잘 말씀드리겠다." 그럼 좀 더 편안한 마음으로 기도할 수 있었을 것 같다. 하지만 정작 주님이 하신 말씀은 따로 있다.

- 내가 진실로 너희에게 이르노니 만일 너희가 믿음이 있고 의심하지 아니하면 이 무화과나무에게 된 이런 일만 할 뿐 아니라 이 산더러 들려 바다에 던져지라 하여도 될 것이요. 너희가 기도할 때에 무엇이든지 믿고 구하는 것은 다 받으리라 마 21:21-22.
- 진실로 다시 너희에게 이르노니 너희 중의 두 사람이 땅에서 합심하여 무엇이든지 구하면 하늘에 계신 내 아버지께서 그들을 위하여 이루게 하시리라 마 18:19.
- 그러므로 내가 너희에게 말하노니 무엇이든지 기도하고 구하는 것은 받은 줄로 믿으라. 그리하면 너희에게 그대로 되리라 막 11:24.
- 내 이름으로 무엇이든지 내게 구하면 내가 행하리라 요 14:14.

여기 소개한 신약 말씀들은 쉬운 언어로 포괄적인 약속을 전하고 있는 몇 가지 샘플에 불과하다. 설교자들 가운데는 이런 본문을 일종의 몽둥이처럼 휘두르는 이들도 있다. 말씀을 문자적으로 해석하고는 교인들을 믿음이 없다고 닦달하기 일쑤다. 하지만 예수님과 바울조차도 기도에 응답받지 못한 경험이 있다는 점은 어떻게 설명할 것인가? 무엇이든 구하기만 하면 다 이루어질듯 포괄적으로 표현된 말씀들과 기도에 응답받지 못하고 아우성치는 진지한 그리스도인의 현실적인 체험 사이의 충돌을 어떻게 조화시킬 것인가?

한 가지 가능한 설명은 이 본문들이 모두 특정한 집단, 즉 제자들에게 하신 말씀이라고 풀이하는 것이다. 그러나 기도와 관련한 권리와 혜택을 세상을 떠난 뒤 사역을 맡기려고 엄선한 열두 명에게만 부여하신다는 게 가능한가? 모든 그리스도인에게 적용할 수 없는 것을 말이다. 복음서 기자들은 "이 명령은 제자들에게만 적용된다"고 똑 부러지게 이야기하지 않는다. 다만 예수님이 모든 무리가 아니라 친밀한 제자들에게 그렇게 말씀하셨다고만 기록했을 뿐이다.

예수님은 하나님의 뜻을 분별할 수 있도록 제자들에게 남다른 통찰력을 주셨다. 마지막 만찬 자리에서는 "내가 내 아버지께 들은 것을 다 너희에게 알게 하였음이라"요 15:15고 말씀하셨다. 아마 제자들도 그리스도께 3년에 걸쳐 직접 가르침을 받고 나서는 거룩한 뜻을 세상에 두루 펼치는 기도와 변하기 쉽고 자기만족적인 요청을 어느 정도 가릴 줄 알게 됐을 것이다. (베드로와 요한의 서신서에서도 기도가 제자들에게조차 마술 같은 효력을 내지 않았다는 사실을 보여준다. 바울이 그랬던 것처럼 두 사도도 교회가 기도했던 것과 정반대로 돌아가는 데 대해 깊은 좌절감을 표현하곤 했다. 그뿐이 아니다. 교회사가들에 따르면 제자들 가운데 열 명이 순교의 길을 걸었다. 어느 한 순간, 그들의 마음에 "이 잔을 내게서 지나가게 하옵소서"라는 기도가 스쳐갔으리라는 건 두말할 필요가 없다.)

반면에 후하기만 한 약속들을 한정하는 '단서 조항'에 초점을 맞추어 설명할 수도 있다. 사실 기도와 관련된 말씀들에는 "너희가 내 이름으로 무엇을 구하든지"요 14:13나, "너희가 내 안에 거하고 내 말이 너희 안에 거하면"요 15:7 같은 전제 조건이 붙어 있다. 기도 응답을 보장하는 말씀들은 여전히 광범위하지만 여러 조건의 제한을 받는 것이다. 그리스도 안에 거하고 있는가? 주님의 뜻에 따라 구하는가? 거룩한 명령에 순종하고 있는가? 약속들은 한결같이 주님과의 관계나 지속적인 동행을 강조한다. 하나님을 더 잘 알게 될수록 그분의 뜻을 더 정확히 파악하게 되고 한결 더 그 뜻에 맞춰 기도하게 된다.

C. S. 루이스는 여러 해 동안 이 문제를 깊이 생각하고 "공부를 많이 했든 적게 했든, 평신도든 성직자든, 같은 교파든 다른 교단이든 알고 지내는 거의 모든 그리스도인과 토론한 뒤에" 마침내, 예수님이 요구하신 부류의 견고한 신앙은 "기도하는 이가 하나님의 동역자로서 공동 작업에 필요한 것을 구할 때만 생긴다"고 결론지었다. "선지자나 사도들, 선교사들의 기도를 보면 확실히 알 수 있다. 하나님의 예지가 마음에 떠올랐던 것이다."⁴ 다시 말해서, 하나님과 긴밀하게 동역하는 이들일수록 그분이 세상에서 성취하고자 하시는 일이 뭔지 파악할 능력이 점점 커지게 마련이고 누가 시키지 않아도 거기에 맞춰 기도하게 된다는 것이다.

기다리는 시간

기도와 관련해서 예수님이나 야고보, 요한 등 신약 성경의 인물들이 제시하는 당당한 약속을 평가절하할 생각은 추호도 없다. 내게는 그처럼 뻔뻔스럽고 단순한 믿음이 필요하다. 그건 하나님도 아신다. 정말 잘 알고 계신다. 하지만 한편으로는 그런 말씀들만 따로 떼어 생각하다가는 그 외의 계시들은 모두 무시한 채, "고하기만 하면 다 이뤄진다"는 식의 사고방식에 빠질까 두렵다. 겨자씨만 한 믿음을 말씀하신 그 예수님이 인내심을 가지고 불의한 재판관을 끈질기게 괴롭힌 여인에 대해서도 말씀하셨다. 성경 전체를 통틀어서, 영적 거장들은 너나없이 기도를 사이에 두고 하나님과 치열한 씨름을 벌였다.

알다시피, 예수님은 스스로 하나님께 드리는 요청에 일정한 한계를 설정하셨다. "이 잔을 내게서 옮기시옵소서"라고 기도하면서도 하나님 뜻에 맞춰 수정하는 말씀을 덧붙이셨다. 베드로의 믿음이 굳세어지길 간구하셨지만, 시험을 피할 수 있게 해달라고 구하지는 않으셨다. 천사들을 보내 처형을 면하게 해주시길 부탁드릴 수 있었지만 그러지 않으셨다.

그러므로 우리 역시 기도의 한계를 설정할 필요가 있다. 용서하고 용서받는다든지, 가난한 이들을 향해 따뜻한 마음을 품는다든지, 성령의 열매를 키워가는 데 진보가 있도록 도와달라든지 하는 문제는 아무 조건 없이 간구할 수 있는 제목이다. 하지만 '가시'를 제거해달라고 간청했던 사도 바울의 기도처럼 제한적으로 구해야 하는 사안도 있다. 경우에 따라서는 세상을 지배하는 자연법칙을 십분 존중해서 자제해야 할 일도 있다. 개인적으로 나는 친척 어른이 당뇨에서 회복되게 도와주시길 간구하고 있지만, 잘라낸 다리를 다시 회복시켜달라고는 요청하지 않는다. 지구 온난화 문제를 해결할 수 있도록 공전 궤도를 바꿔달라고 호소하지도 않는다. 대신 환자를 돕고 환경 문제를 부각시키기 위해 어떤 역할을 감당해야 하는지 알려주시길 간청한다.

또 응답받지 못한 기도에 어떤 비밀이 숨어 있는지 깊이 생각하며 참고 기다리는 법을 배워야 한다.

- 주님께서는, 주님을 기다리는 사람이나 주님을 찾는 사람에게 복을 주신다 애 3:25, 새번역.
- 오직 여호와를 앙망하는 자는 새 힘을 얻으리니 독수리가 날개 치며 올라 감 같을 것이요. 달음박질하여도 곤비하지 아니하겠고 걸어가도 피곤하지 아니하리로다 사 40:31.
- 우리가 선을 행하되 낙심하지 말지니 포기하지 아니하면 때가 이르매 거두리라 갈 6:9.

다니엘은 3주 동안 기도 응답을 기다렸다. 전쟁 중임에도 예레미야는 열흘을 기다렸다. 모세는 십계명을 받으러 시내 산에 올라가 엿새를 대기한 뒤에야 하나님의 음성을 들을 수 있었다. 예수님도 기다리셨다. 그리스도가 베푸신 놀라운 기적에 깊은 인상을 받은 제자들은 즉시 그 소식을 세상에 퍼트리고 싶어 했다. 하지만 주님은 단호하게 말리셨다. "내 때가 아직 이르지 아니하였다"요 2:4고 하셨다. 하나님은 서두르지 않으신다. 매사에 조급한 인간들은 그런 성품을 자꾸 간과하지만 예수님은 정확하게 파악하고 계셨다.

아담의 범죄에서 비롯된 단절과 그리스도로 말미암은 관계 회복 사이에 얼마나 긴 시간이 존재하는지 생각해보라. 아브라함이 자식을 기다리고, 이스라엘 백성들이 해방을 갈구하며, 예언자들이 메시아를 고대했던 유장한 세월이 그 기간에 포함되어 있다. 성경의 역사는 비틀비틀, 꼬불꼬불, 이리저리 지그재그로 돌아가는 이야기로 점철되어 있다. 하나님의 계획은 '아리아 베스트 40곡' 방식이 아니라 느릿느릿 흘러가는 오페라처럼 진행된다. 어느 한 대목, 특히 깊은 슬픔에 잠겨 애통하는 부분에 걸려 있는 이들은 견딜 수 없을 만큼 슬픈 음악을 감상할 수밖에 없다. 이야기는 속 터지는 속도로 힘들게 앞으로 전진해 나간다.

이런 지겨운 과정, 기다리는 행동이 바로 인내와 끈기, 신뢰, 온유, 긍휼의 자질을 키워내는 자양분을 공급한다. 하나님이 세상에 역사하시는 흐름에 몸을 담고 있기만 하면 자연히 그런 성품을 갖추게 된다. 구한 바를 얻었을 때보다 얻지 못할 때 더 큰 믿음이 필요하다. 히브리서 11장의 핵심이 바로 여기에 있다. 본문에는 "믿음으로 말미암아 증거를 받았으나 약속된 것을 받지 못하였"히 11:39던 영웅들의 뼈아픈 사연이 한가득 수록되어 있다. 그들의 좌절된 숙명은 현대 그리스도인들의 운명과 한데 얽혀 있다. "이는 하나님이 우리를 위하여 더 좋은 것을 예비하셨은즉 우리가 아니면 그들도 온전함을 이루지 못하게 하려"히 11:40 하기 때문이다. 믿음은 미래지향적으로 하나님을 신뢰하도록 요구한다.

냉소적인 이들은 그런 말씀에 의문을 제기할 게 틀림없다. 성경은 진즉부터 그런 상황을 예상하고 있었다. "말세에 조롱하는 자들이 와서 … 조롱하여 이르되 주께서 강림하신다는 약속이 어디 있느냐 조상들이 잔후로부터 만물이 처음 창조될 때와 같이 그냥 있다 하니 … 사랑하는 자들아 주께는 하루가 천 년 같고 천 년이 하루 같다는 이 한 가지를 잊지 말라. 주의 약속은 어떤 이들이 더디다고 생각하는 것같이 더딘 것이 아니라 오직 주께서는 너희를 대하여 오래 참으사 아무도 멸망하지 아니하고 다 회개하기에 이르기를 원하시느니라"^{벧후 3:3-4, 8-9}. 세상에 대해 하나님은 내내 기다리고 계신다. 힘이 없어서가 아니라 그만큼 사랑하시기에 인류사 전반에 걸쳐 가해지는 모욕을 참아내시는 것이다.

신음과 탄식 소리가 낭자한 시편조차도 마침내는 하나님의 신실하심이라는 주제로 돌아간다. 눈앞에 펼쳐지는 현실이 어떠하든, 하나님이 여전히 우주를 통치하신다는 사실에 신뢰를 보낸다. 주님은 거룩한 이름을 걸고 언젠가는 모든 일이 제자리를 찾고 부드럽게 돌아갈 것이라고 약속하신다.

놀라운 요소

중국 지하 교회를 돕는 일본인 친구가 있다. 자연히 현지 교인들과 어울려 예배드릴 기회가 많을 것 같아서 물어보았다. "중국 그리스도인들은 어떻게 기도하죠? 미국이나 일본 그리스도인들이 드리는 기도와 다른 게 있나요?" 친구에 따르면, 중국인들의 기도는 주님의 기도를 아주 비슷하게 따라가고 있다. 교회가 하층민들 중심으로 광범위하게 퍼져 있는 까닭에 문자 그대로 일용할 양식을 주시고 악에서 구원해달라고 간구한다.

"중국 그리스도인들이 정부 지도자들을 위해서 기도하는 걸 들었습니다. 하지만 정권을 교체해달라고 기도하는 경우는 거의 없어요. 박해를 받고 있는 지하 교회도 마찬가지입니다. 오늘 베풀어주신 은혜에 감사하고 내일도 보호해주시길 구하면서 아주 실용적으로 기도해요. 교회를 찾아간 손님들에게도 말하더군요. '저희를 감옥에서 꺼내달라고 기도하지 마세요. 힘과 용기를 주셔서 감옥 안에서도 과감하게 복음을 증거하며 믿음을 잃지 않게 해달라고 요청해주십시오.'"

네팔이나 중국 같은 지역을 방문할 때마다, 응답된 기도와 응답받지 못한 기도 사이에서 역설을 느낀다. 한편에서는 기적이 일어났다는 놀라운 간증을 듣는다. 네팔에서는 1950년에 첫 회심자가 나왔다. 그런데 지금 네팔 그리스도인의 숫자는 50만을 헤아린다. 네팔의 교회 지도자들에 따르면, 예수를 믿기로 작정하는 이들 가운데 80퍼센트 이상은 육체의 병이 나은 경험이 회심의 계기가 되었다고 한다. 그리스도인이 병든 이웃을 위해 기도하면 신기하게 병이 낫곤 했다는 것이다. 현장을 인터뷰한 유럽과 미국의 의료 선교사들은 그처럼 놀라운 회복은 과학적으로 설명이 불가능하다고 말한다. 데이비드 아이크만은 《베이징에 오신 예수님*Jesus in Beijing*》이란 글에서 비슷한 형태의 기적이 중국에서도 일어나고 있다고 보고한다.[5]

반면에 네팔과 중국의 그리스도인들이 온갖 핍박을 받고 있으며 감옥에 갇히거나 고문을 받고 있다는 무시무시한 소식도 심심찮게 들린다. 일본인 친구에게서 중국 목회자를 소개받은 적이 있다. 지하 교회의 4대 지도자 중 하나로 교회 활동을 중단하지 않는다는 이유로 23년 동안이나 감옥에 갇혀 지낸 믿음의 영웅이었다. 위안 목사는 감격에 찬 목소리로 자신이 체험한 기적에 관해 이야기했다. 몽골 접경 지역의 수용소에서 장기수로 복역하는 동안 매일 겉옷 한 장만 걸치고 혹독한 추위 속에서 작업을 했지만 단 한 번도 그 흔한 감기나 독감에 걸린 일이 없다고 했다. 참으로 감동적인 간증이라는 생각을 하면서도 한편으로는 어째서 그런 기도에는 응답해주시면서, 위안 목사를 풀어주시길 간청하는 무수한 그리스도인의 기도에는 응답하지 않으셨을까 하는 궁금증이 저 깊은 곳에서 고개를 쳐들었다.

일본인 친구에게 이 극심한 박해 속에서 받은 기적적인 응답의 기묘한 조합을 어떻게 조화시키는지 물었다. 하나님이 몸 아픈 이들을 고치시고 아예 병에 걸리지 않도록 사전에 막아주실 수 있는데도 고통받는 그리스도인들을 보호하시지 않는 까닭은 무엇인가? (실은 물으면서도 자꾸 웃음이 나왔다. 사도행전에 나오는 질문을 그대로 되풀이하고 있지 않은가.) 친구는 잠시 생각하더니 말했다. "교과서적인 대답이기는 하지만, 모든 게 주님 손에 달려 있기 때문이겠죠. 그분은 이렇게도 저렇게도 거룩한 영광을 나타내십니다."

원하는 응답을 받든 못 받든, 무슨 기도를 하든, 나는 하나님이 어떤 상황이든 모두 사용하실 수 있다는 사실을 믿는다. 하나님이 구속하실 수 없는 건 존재하지 않는다. 영국 작가 존 베일리는 "오 하나님, 저를 가르치소서, 오늘 제 삶의 모든 환경을 사용하셔서 죄가 아니라 경건의 열매를 맺게 하소서"라고 기도했다.

실망을 재료로 인내를 빚게 하소서.
성공을 재료로 감사를 알게 하소서.
곤경을 재료로 끈기를 기르게 하소서.
위험을 재료로 용기를 갖게 하소서.
비난을 재료로 참을성을 키우게 하소서.
칭찬을 재료로 겸손을 알게 하소서.

쾌락을 재료로 절제를 이루게 하소서.

고통을 재료로 지구력을 가꾸게 하소서.[6]

이기적인 성품을 가진 나로서는 성공과 행복한 결말, 고난의 면제를 간구하는 성향이 있다. 그리고 삶에서 얻을 수 있는 내 몫의 축복을 다 누렸으니 얼마나 감사하냐고 말한다. 하지만 예수님은 가난과 슬픔, 주림, 박해 등 일반적으로 생각하는 행복과는 전혀 동떨어진 일을 경험하는 이들에게 복이 있다고 말씀하셨다. 어느 날 갑자기 인생이 불행의 구렁텅이로 곤두박질친다면 과연 내 신앙이 명맥을 유지할 수 있을까? 기도는 또 어떻게 달라질까? 손가락 하나 꼼짝할 수 없는 퇴행성 질환에 걸리거나, 가정을 잃거나, 예수 믿는다는 이유로 감옥에 갇힌다면 어떻게 될까? 존 베일리의 기도에다 바닥으로 추락해버린 내 삶의 형편을 하나하나 끼워 넣어가며 기도할 수 있을까? 그처럼 달갑지 않은 요소를 통해서라도 성령님이 거룩한 뜻을 내 안에서 이루시도록 겸손히 마음을 열 수 있을까?

《순교자들의 기도Prayers of the Martyrs》라는 책이 있다.[7] 서기 107년 안디옥의 이그나티우스부터 1980년 오스카 로메로 주교까지, 여러 순교자가 드린 기도를 모아놓은 책이다. 기도를 읽으면서 참으로 놀라운 사실을 발견했다. 으르렁거리는 사자들이나 칼날을 겨누고 있는 검투사들 틈에서도, 또는 로메로 신부의 경우처럼 암살자들이 자동 소총을 겨누고 있는 줄 뻔히 알면서도, 목숨을 건져달라고 기도한 이는 없었다. 순교자들은 한결같이 뒤에 남게 될 가족, 견고한 믿음, 부끄럽지 않게 죽음을 맞이할 힘을 달라고 간구했다. 더러는 순교자가 될 재목으로 인정해주셨음에 놀라워하면서 고난당하는 특권을 베풀어주신 하나님께 감사했다. 핍박하는 이들을 용서해달라고 구하기도 했다. 기적을 일으켜주시길 요청한 이는 단 한 명도 없었다.

하나님의 미소

신학자 로널드 괴츠는 스스로 '우인론자偶因論者'라고 주장했다.[8] 하나님은 기도에 응답하시지만, 그 역사가 워낙 종횡무진해서 방향을 예측할 수 없다는 것이다. (물론 그리스도인의 기도 역시 좌충우돌 어디로 튈지 모른다.) 그렇다 해도 포괄적으로는 몇 가지 방향을 생각해볼 수 있다. 하나님은 인간의 의지와 기도를 모두 무시하고 단독으로 결정하고 행동하실 수 있다. 아니면 모든 일을 인류의 손에 맡겨두시고 역사에 개입하지 않으실 수도 있다. 첫 번째 방향은 하나님의 형상에 따라 사람을 만드신 거룩한 동기에 어긋난다. 두 번째 선택은 생각만 해도 끔찍하다.

대신에 우리들은 지속적인 협상을 토대로 하늘 아버지와 관계를 유지한다. 우리는 하나님이 세상에서 행해주셨으면 하는 일들을 아뢰고, 주님은 그것을 위해 우리가 감당해야 할 역할을 알려주신다. 원하는 걸 모두 얻는 경우는 거의 없으며, 소망을 완전히 채울 수 없기는 하나님 쪽에서도 마찬가지일 거라고 생각한다.

하나님이 역사하신 궤적이 직선을 그리는 예는 좀처럼 찾아보기 어렵다. 기도하며 품었던 기대와 전혀 다른 응답을 받게 될 수도 있다는 뜻이다. 이유야 어찌됐든, 하나님의 의외성 때문이든, 영적인 싸움의 결과든,

타락한 세상이 수시로 달라지는 탓이든, 기도 응답은 상상도 못했던 방식으로 찾아온다.

매년 12월이면 사촌 자매가 만나서 뛸 듯이 기뻐하는 크리스마스 연극이 재연된다. 언니는 오래도록 아이를 낳지 못했던 엘리사벳이고 동생은 동정녀 마리아인데, 둘 다 아이를 낳게 될 것이라는 놀라운 소식을 전해들었다. 하지만 수십 년 뒤, 마리아는 그리스도의 처형 장면을 목격하게 된다. 언젠가 굴복시키기를 기대했던 바로 그 통치자들이 오히려 아들을 십자가에 못 박은 것이다. 수태 소식을 듣고 드렸던 기도를 떠올리며 마리아는 무슨 생각을 했을까? 새로 태어난 아들을 품에 안고 "우리 원수에게서와 우리를 미워하는 모든 자의 손에서 구원하시는 일이라"눅 1:71고 예언했던 엘리사벳의 남편, 사가랴는 또 어떠했는가? 그렇게 생각했던 아들이 메뚜기나 잡아먹으며 기인처럼 살다가 적에게 잡혀 목이 잘려 죽는 걸 보고 어떤 생각을 했을까? 두 가족 모두 간절히 기도했지만 어느 쪽도 소원하던 바를 얻지 못했다.

그렇지만, 응답되지 않은 기도가 훨씬 나은 결과를 불러오는 경우도 적지 않다. 모니카는 쾌락을 좇고 기괴한 철학에 탐닉하는 아들을 위해서 무려 18년 동안이나 기도했다. 결국 아우구스티누스는 주님께 돌아왔다. 지난날의 경험은 생각의 깊이와 폭을 더해주었고, 오래도록 그리스도인들의 나침반 구실을 하는 저술을 남기게 해주었다. 언젠가 모니카는 아들이 사악한 로마에 가지 못하게 해달라고 하나님께 간청했다. 하지만 아들은 어머니를 속이고 배에 올라탔고, 바로 그 여행에서 그리스도인이 되었다. 훗날 아우구스티누스는 당시를 돌아보면서 어머니가 늘 간구하던 제목을 들어주시기 위해 하나님이 단 한 번 기도를 거절하셨다고 했다.

선교사의 딸인 이디스 셰퍼가 전하는 바에 따르면, 허드슨 테일러에 이어 중국내지선교회의 대표였던 호스트 박사는 하루도 빠짐없이 네 시간씩 걸으며 기도했다. 박사는 그 일이야말로 선교 단체 대표로서 감당해야 할 가장 중요한 일이라 간주했고, 선교사와 자녀들의 이름을 하나하나 불러가며 기도했다. 그러나 채 몇 년이 지나기도 전에 마오쩌둥은 중국에서 약 7,000명에 이르는 선교사를 추방했다. 박사가 기도하던 인물도 여럿 포함되어 있었다. 쫓겨난 선교사들은 필리핀, 홍콩, 싱가포르 같은 나라에 재배치되었다. 아직 미숙한 중국 교회가 외부 도움을 전혀 받을 수 없게 된 상황에 다들 실망하는 분위기였다. 하지만 선교사 하나 없이, 그것도 복음 전도를 금지한 독재 정권 아래서 역사상 유례를 찾아볼 수 없을 만큼 폭발적인 부흥이 일어났다. 중국에서 일어난, 그리고 지금도 일어나고 있는 역사는 1950년대 초 선교사들이 꿈꾸며 기도했던 제목을 훨씬 능가한다.

"하나님의 미소를 보고 싶으면, 주님께 계획을 알려드려라"는 옛말이 생각나는 대목이다.

대리인

기도에 응답하실 때, 하나님은 일반적으로 인간이라는 대리인을 통하신다. 네덜란드에 갔을 때 앞뒤가 꽉 막힌 칼뱅주의자 농부들의 이야기를 들은 적이 있었다. 1950년대에 전국을 휩쓸며 엄청난 피해를 몰고 온

대홍수 당시, 이들은 창고 지붕 위로 기어 올라가 버티면서도 모든 도움의 손길을 물리쳤다고 한다. 농부들의 대답은 한결같았다. "하나님이 구원해주실 거예요."

무섭게 흘러가는 물살에 갇힌 채 지붕 꼭대기에 앉아 버티는 농부를 주인공 삼은 우스갯소리도 있다. 이웃 사람이 조그만 보트를 타고 가 도와주겠다고 하자 농부는 정중히 사양했다. "하나님이 지켜주시겠죠." 이번에는 헬리콥터가 요란한 소리를 내며 날아왔다. 구조 대원은 밧줄을 내려보내며 스피커를 통해 지시했다. "구명줄만 잡으세요. 우리가 안전하게 끌어올리겠습니다." 그래도 농부는 고집스럽게 고개를 가로저었다.

순간, 사나운 물살이 곳간을 집어삼키고 농부의 모습은 흙탕물 속으로 완전히 사라졌다. 하늘나라에 간 농부는 하나님께 따졌다. "당연히 지켜주실 줄 알았어요. 도대체 제 기도를 들어주지 않은 이유가 뭐죠?"

그러자 하나님이 대답하셨다. "그래서 보트를 보내고 헬리콥터까지 보내줬잖니? 그만큼 애썼으면 됐지, 뭘 더 바라는 거니?"

응답되지 않는 기도의 비밀을 붙들고 씨름하는 이들일수록 하나님이 오늘날 이 세상에서 역사하시는 방법에 관한 신학적인 주요 진리들을 결코 흘려듣지 않는 법이다. 교회는 그리스도의 몸이며, 어떤 형식으로든 하나님의 사역을 감당한다. 로널드 롤하이저의 표현을 빌리자면, "단순한 유신론자는 하늘에 계신 하나님을 믿지만, 그리스도인은 하늘에도 계시고 이 땅에도 거하시며 인간의 내면에 존재하시는 주님을 믿는다. … 하나님은 예수라는 인물로 역사의 한 장을 사셨던 것처럼 지금도 육신을 입고 실질적으로 살아계신다. 그리스도가 그러셨던 것처럼 인간의 살갗을 가지셨으며 두 발로 땅을 딛고 걸어다니신다."9

"하나님, 이웃이 재정 문제를 극복해낼 수 있도록 도와주십시오"라든지, "주님, 시내를 떠도는 노숙자들을 위해 대책을 세워주소서"라고 기도하는 건 유신론자의 접근 방식이지 그리스도인의 자세가 아니다. 하나님은 그리스도의 몸인 그리스도인들을 통해 세상에 사랑과 은혜를 드러내시기 때문이다.

저널리스트 노릇을 하다 보니 이런 원리가 다양한 방식으로 구현되는 걸 곳곳에서 목격한다. 이 책을 쓰는 동안만 하더라도 몇몇 나라를 돌아다닐 기회가 있었다. 남아프리카공화국에서는 교인 숫자가 3만 5,000명을 헤아리는 큰 교회에 갔다. 재소자 사역을 비롯해서 병원과 중독자들을 위한 재활 농장에 이르기까지 다양한 선교 프로그램을 운영하고 있었다. 같은 지역에서 자원봉사자들을 모으고 있는 여성도 만났다. 날마다 시설을 찾아가서 에이즈에 걸린 아이들의 보모로 섬겨줄 사람들을 찾고 있다고 했다. 두 달 뒤에는 네팔에 가서 의료인들과 이야기를 나눴다. 15개국에서 모인 이들은 한센병 환자를 전문으로 하는 선교 단체에 소속된 의료 선교사들이었다. 역사적으로 한센병 치료법을 획기적으로 발전시킨 주역들은 주로 기독교 선교사들이었다. 그리스도인 말고는 모두가 두려워하는 환자를 기꺼이 돌보겠다고 나서는 의사가 거의 없었기 때문이다.

다시 몇 달이 지난 다음에는 위스콘신 주에서 열린 선교 회의에 참석했다. 30개국에서 모인 대표들이 매매춘 여성에 대한 선교 방법을 모색하는 자리였다. 참가자들은 성을 사고파는 행위에 반대하고 여성들을 해방시키는(가난한 나라의 매춘 여성들은 현대판 노예나 다름없다) 일을 하고 있었다. 모임이 끝나자마자 이번에는 구세군 집회가 열리는 곳에 가서 가난하고 학대받는 이들을 위해 싸우는, 지구상 세 번째로 큰 '군대'의 이야기를 들었다. 그러고 나서는 곧장 버지니아 주 로어노크로 날아가서 종합 선교 센터를 방문했다. 60여 교회의 지원을 받는 구제 선교회로 출발해서 지금은 임시 수용 시설과 교육 센터, 병원 등을 운영하고 있는 곳이었다.

이런 단체들의 책임자들을 인터뷰하면서 대다수 신앙의 위기는 사실상 기도의 위기에서 시작된다는 사실을 깨달았다. "하나님, 어째서 집 없이 거리로 내몰린 로어노크의 노숙자들을 그냥 내버려두십니까?", "요하네스버그의 에이즈 고아들을 도와주셔야 하지 않겠습니까? 그렇게 가련한 아이들이 가엾지 않으십니까?"라는 기도였다. 그러나 거기서 그쳐서는 안 되고, 국제 구호 단체 월드비전의 창설자 밥 피어스의 간구가 뒤따라야 한다. "주님의 마음을 울리는 일들이 내 마음도 울리게 해주세요." 여기에 반응한 이들은 스스로 그 기도 응답이 되었다.

어린아이들은 하나님을 산타클로스 할아버지의 하늘나라 버전쯤으로 생각한다. 주님이 구름 위에 앉아서 저 밑 세상에서 올라오는 기도를 검토하고 굴뚝에다 선물을 떨어뜨리듯 응답해주시리라 상상한다. 어쩌면 대기업 회장이 좀 더 나은 모델일지도 모른다. 경영에 위기가 닥칠 때만 가끔씩 개입하고 나머지는 관리자나 종업원들에게 모두 맡겨놓는 식의 하나님이다. 하지만 가장 훌륭한 모델은 신약 성경이 채택하고 있는 것처럼, 각 부분이 서로 유기적으로 움직이고 서로 협력하면서 머리의 의지를 실행에 옮기는 신체의 개념이다.

사도의 기도

사도 바울에게는 무엇보다도 간절한 소망이 있었다. 다메섹으로 가는 길에 만난 메시아를 유대인 동포들도 받아들이는 것이었다. "나에게는 큰 슬픔이 있고, 내 마음에는 끊임없는 고통이 있습니다. 나는, 육신으로 내 동족인 내 겨레를 위하는 일이면, 내가 저주를 받아서 그리스도에게서 끊어질지라도 달게 받겠습니다"롬 9:2-3, 새번역. 당연히 그 목표를 이루기 위해 날마다 기도했지만, 응답될 조짐은 조금도 보이지 않았다. 도시에서 도시로 옮겨 다닐 때마다 동족들은 바울을 거부했고, 그래서 이방인들에게 눈을 돌리지 않을 수 없었다.

그처럼 실망스러운 상황에서 사도가 보인 반응은 응답되지 않는 기도의 문제를 극복하는 이상적인 모범이 될 만하다. 무엇보다도, 바울은 일단 요청해놓고 나머지는 하나님이 다 알아서 하시라는 식의 태도를 취하지 않았다. 바울이라는 대리인은 기도를 행동으로 옮겼다. 어느 도시에 가든지 먼저 회당을 방문하는 게 습관이 되었을 정도다. 심각한 소동이 벌어지는 등 개인적으로 치러야 할 희생이 컸음에도 언제나 한결같았다.

뿐만 아니라, 응답될 가능성이 점점 희박해져가는 상황에서도 끈질기게 기도했다. 칼뱅은 말한다. "두세 번 간구하다 말 게 아니라 똑같은 기도를 백 번이고 천 번이고 필요한 만큼 자주 반복해야 한다. 절대로 지치지 말고 하나님의 도우심을 기다려야 한다."10

그러나 바울은 분명히 지쳐가고 있었다. 비할 바 없이 세련된 편지인 로마서를 쓰면서 사도는 하나님과 말씨름을 벌이는 격정적인 본문을 중심부9-11장에 두었다. 평생 동안 기도했지만 응답받지 못한 가장 큰 제목에 관해 공개 토론을 벌이는 형국이다.

바울은 참담한 결과를 얻기는 했지만 거기서 얻을 수 있는 대단히 중요한 유익이 있다는 사실을 잘 알았다. 유대인이 그리스도를 거부한 덕분에 이방인들이 예수님을 영접할 수 있는 길이 열렸던 것이다. 이상하게도 하나님의 선물을 추구하던 유대인들은 그걸 얻지 못했는데, 전혀 관심 밖이던 이방인들은 손에 넣게 된 것이다.

바울은 스스로 걸어온 길을 차분히 돌아본다. 때로는 고난이 앞을 가로막았지만 기도를 멈추지는 않았다. "형제자매 여러분, 내 마음의 간절한 소원과 내 동족을 위하여 하나님께 드리는 내 기도의 내용은, 그들이 구원을 얻는 일입니다"롬 10:1, 새번역. 잃어버린 보물을 찾아서 똑같은 땅을 몇 번이고 파헤친 끝에, 마침내 하나님은 유대인을 버리지 않으셨으며 오히려 이방인과 똑같은 기회를 주셨다는 결론을 내린다. 인간을 향해 열린 통로를 좁히신 게 아니라 활짝 넓히셨다고 말이다.

바울이 뒤로 물러나 큰 그림을 보기 시작하면서 편지의 분위기가 고조되기 시작한다. 여태껏 응답받지 못한 기도 문제를 이야기하던 사도의 입에서 이런 찬송이 터져 나왔다.

하나님의 부유하심은 어찌 그리 크십니까?
하나님의 지혜와 지식은 어찌 그리 깊고 깊으십니까?
그 어느 누가 하나님의 판단을 헤아려 알 수 있으며,
그 어느 누가 하나님의 길을 더듬어 찾아낼 수 있겠습니까?
누가 주님의 마음을 알았으며, 누가 주님의 조언자가 되었습니까?

누가 먼저 무엇을 드렸기에 주님의 답례를 바라겠습니까?

만물이 그에게서 나고, 그로 말미암아 있고, 그를 위하여 있습니다.

그에게 영광이 세세에 있기를 빕니다. 아멘롬 11:33-36, 새번역.

순간, 바울은 산허리가 아니라 산꼭대기의 시점으로, 로마가 아니라 안드로메다의 시각에서 상황을 꿰뚫어 보았다.[11] 그런 관점에서 바라보면 세대와 세대를 가로질러 총천연색으로 빛나는 하나님의 섭리가 눈에 들어온다. 역사 속의 우울한 사건들 모두가 거룩한 섭리라는 신학자들의 진부한 논리, 풀리지 않는 수수께끼와 응답받지 못한 기도들은 모두 빛을 잃어버린다.

하나님은 아버지고 우리는 자녀다. 아니 더 정확히 말해서, 하나님은 극작가고 그리스도인들은 배우다. 기도의 존재는 은혜의 선물이며 조화로운 미래로 우리를 부르는 너그러운 초대다. 응답받지 못한 기도는 바울의 입을 다물게 만들었던 바로 그 신비, 즉 하나님의 시각과 인간의 관점이 말로 다 할 수 없을 만큼 다르다는 진리와 마주치게 해준다.

이는 내 생각이 너희의 생각과 다르며

내 길은 너희의 길과 다름이니라.

여호와의 말씀이니라.

이는 하늘이 땅보다 높음 같이

내 길은 너희의 길보다 높으며

내 생각은 너희의 생각보다 높음이니라사 55:8-9.

노인들의 기도

이 부분을 쓰고 있을 때, 아내가 노인들에게 기도에 관해 물어보면 어떻겠느냐고 물었다. "노인들은 대부분 기도를 하잖아요. 상당히 오랫동안 기도했을 테고요. 그분들 이야기를 들어보면 유익한 가르침을 얻을 수 있을 것 같아요."

일리가 있었다. 아내가 원목으로 섬기고 있는 근처 요양원을 찾아갔다. 그리고 수없이 많은 이야기를 들었다. 기적을 체험한 간증은 끝없이 이어졌다. 어떤 할머니는 카드 게임을 하고 있는데, 갑자기 집으로 가야 할 것만 같은 느낌이 들어서 견딜 수가 없었다고 했다. 부랴부랴 돌아와 문을 열어보니 깜빡 잊어버리고 켜둔 초가 끄트머리만 남고 다 타들어가는 참이었다. 길게 일어난 불길이 곁에 있던 플라스틱 조화 바구니로 옮겨 붙을 지경이었다. 제때 끄지 않았더라면 큰불이 났을 법한 긴박한 상황이었다. 2차 세계대전에서 극적으로 살아남은 이야기를 들려준 할아버지도 있었다. 또 다른 할머니는 집에서 만든 계피 빵을 먹다가 질식사할 뻔했던 남편 이야기를 했다. 때마침 위생병 둘이 집 앞을 지나다가 달려와서 응급조치를 취한 덕분에 간신히 목숨을 건질 수 있었다고 한다.

인류의 생존을 위협했던 세계대전과 냉전 시대를 모두 경험한 노인들 중에 세계 평화와 정의를 위해 기도했던 이들의 간증도 있었다. 어느 흑인 할머니는 남부에서 이등 시민으로 성장하면서 기도했던 일을 회상했다. 노인이 지내온 세월의 굴곡은 상상을 초월할 만큼 기구했다.

응답받지 못한 기도 이야기를 듣고 싶었지만, 노인들은 대부분 응답받은 기도에 관해 간증하는 걸 더 좋아했다. 집안에 있었던 비극적인 사건들이나 건강이 나빠졌던 경험은 누구나 한두 가지 가지고 있었지만, 그런 일이 기도에 대한 믿음을 흔들어놓지는 못했다.

이번에는 다른 이들의 도움 없이는 생활하기 힘든 노인들을 만나보기로 했다. 침대에 누워 있거나 휠체어에 의지해서 움직이는 이들이었다. 어느 할아버지는 휠체어 팔걸이에 뺨을 찰싹 붙인 자세로 쉬고 있었다. 제각기 다리에 보조기를 차고 있거나, 초조하게 웅얼거리거나, 침을 흘리거나, 코를 골았다. 바나나를 쥐고 계속 흔들면서 허공을 뚫어져라 쳐다보는 할머니도 있었다. 다른 이는 똑같은 말을 수없이 되풀이했다. 그런 양반들과도 대화를 시도했지만, 노인들의 마음을 비추던 빛은 이미 사라져버렸다. 저마다 알고 있는 기도의 비밀을 기억해낼 가능성은 거의 없어보였다.

요양원에 다녀오면서, 응답되지 못한 기도 문제에 관한 최종적인 해답은 바울이 고린도 교회에 보낸 편지에서 설명한 그대로라는 확신이 깊어졌다. "우리가 지금은 거울로 보는 것 같이 희미하나 그때에는 얼굴과 얼굴을 대하여 볼 것이요. 지금은 내가 부분적으로 아나 그때에는 주께서 나를 아신 것같이 내가 온전히 알리라"고전 13:12. 인간이 제아무리 지혜롭고 신령하다 해도 하나님이 역사하시는 방식을 꿰뚫어볼 수 없다. 누구에게는 기적이 일어나고 다른 이에게는 침묵하시는 이유를 설명할 수 없고, 이 일에는 개입하시고 저 일은 그냥 놔두시는 까닭도 파악할 수 없다. 사도 바울과 마찬가지로 그저 기다리고 신뢰하면 그뿐이다.

탕자를 위한 기도

제니스

남편과 이혼하고 12년 동안 네 딸을 키웠다. 혼자 양육 책임을 진다는 건 참으로 무거운 짐이었다. 막내는 아버지가 없다는 걸 유난히 힘들어했으며, 남편이 찾아오지 않으면 내게 심하게 반항했다. 가정의 평화를 지키고 딸아이가 불행해지지 않게 신경 쓰느라 나날이 지쳐갔다.

어느 날 깊이 절망하여 엎드려 기도했다. "주님, 더는 못 하겠습니다. 저도 아이를 너무 사랑하지만 하나님이 저보다 더 사랑하십니다. 저는 이제 손을 떼고 주님이 딸아이의 마음을 붙드는 데 필요한 일을 대신 해주시길 부탁드립니다." 막내를 주님께 맡기는 게 얼마나 어려운 일인 줄 알기에 눈물이 쏟아졌다. 하지만 변함없이 하나님의 손길을 의지하고 아이에게 가장 좋은 길로 이끌어 가시도록 맡겨드려야 했다. 엄마로서 내가 할 수 있는 일이라곤 딸아이를 위해, 그리고 마음에 들지 않는 아이의 친구들을 위해 기도하는 것뿐이었다.

아이를 되돌리는 게 힘들었느냐고? 두말하면 잔소리다. 아이는 임신했고 남자친구와는 헤어졌다. 친구들은 낙태를 권했지만 딸은 낳겠다고 했다. 6개월쯤 됐을 무렵 막내가 말했다. "하나님이 부르신다는 걸 알겠어요. 주님은 이 아이를 통해서 세상을 살아갈 힘을 얻게 하실 거예요."

충격이 어느 정도 가셨을 때쯤, 조용히 속삭이는 목소리를 들었다. "잊지 말거라. 난 네 딸을 사랑한다. 내 계획은 너와 다르다. 네가 전혀 모르고 있는 아이의 상처를 내가 치료해주겠다." 마음에 평화가 흘러넘쳤다. 이제는 하나님이 막내딸의 삶에 어떻게 역사하시는지 흥미진진하게 지켜보고 있다. 주님이 꾸준히 인도하실 것을 믿고 의지한다.

전쟁의 한복판에서 드리는 기도

존

1980년 어간, 내전이 한창 치열할 무렵, 우리 가족은 레바논 베이루트에 살고 있었다. 몇 년간 맹렬한 분쟁을 겪으면서 15만 명이 전선에서 목숨을 잃었다. 현장에 있던 나로서는 이제 달리 기도해달라고 부탁하고 싶다. 당시, 나는 시내 곳곳을 전전하며 성경 공부를 인도하고 있었다. 매일 밤마다 저격수가 쏘아 올리는 조명탄 빛을 보고 모임 일정과 장소를 바꿔야 했다.

미국인과 결혼했지만 지금도 여전히 레바논에 살고 있다. 아내의 가족과 친구들은 사태가 진정될 때까지 외국에 나와 있는 게 어떠냐고 했지만, 하나님이 거기에 머물라고 말씀하시는 걸 감지할 수 있었다. 주님이 레바논에서 우리 부부를 필요로 하신다는 느낌이 강하게 들었다. 하나님은 멀리 밀어내는 대신 돌아서 다른 곳으로 인도하시는 법이라고 생각했다. 문제가 터질 때마다 그리스도인들이 보따리를 꾸려서 도망치기만 하면 세상이 어떻게 되겠는가?

전쟁이 치열할수록 기도는 실제적이 된다. "아이를 안전하게 지켜주세요, 주님. 평화를 정착시킬 인물을 보내주세요. 제발, 폭격이 재개되지 않게 해주세요. 오늘날의 미움이 다음 세대까지 이어지지 않게 도와주세요.

주님, 어느 날 아이들이 제 죽음을 목격하는 일이 벌어지지 않게 해주세요." 아내는 시편 91편 3-5절의 기도를 드리며 잠자리에 들곤 했다. 우리가 돌보는 아이들은 결코 보아서는 안 될 장면과 자주 부딪친다. 범퍼에 시신을 매단 자동차가 자갈길을 질주하고 잘린 머리가 승용차 보닛에 장식처럼 얹어져 있는 모습을 지켜본다. 그런 광경이 아이들 마음에 영원히 각인되지 않기를 기도한다.

이런 일을 염두에 두고 기도해주길 바란다. 전쟁은 일단 시작되면 쉽게 통제하기 어렵고 장기화되는 경향이 있는데, 그러다 보면 평화를 갈구하는 기도나 힘이 차츰 약해진다. 하지만 그건 위 속에 영원히 사라지지 않는 종양을 달고 사는 것이나 다름없다는 걸 잊지 말라.

하나님이 지켜주신 일을 꼽자면 입이 아프다. 민병대원들이 우리가 사는 아파트에서 길 쪽으로 미사일을 발사했지만, 하나같이 포대를 벗어나지 못하고 불발되고 말았다. 만약에 정상적으로 발사됐더라면 대응 사격을 받아 쑥대밭이 되고 말았을 것이다. 그러나 한편에서는 수많은 친구가 사랑하는 가족을 잃었다. 청각 장애가 있는 이웃 사람은 정지 신호를 듣지 못하고 지나가다가 총을 맞았고 결국 식구들을 남겨둔 채 세상을 떠났다. 남아프리카공화국에서 온 선교사는 정면에서 날아온 총알에 목숨을 잃었다. 이슬람교에서 기독교로 개종한 한 현지인은 네덜란드 선교사를 겨냥한 폭탄이 눈앞에서 터지는 바람에 즉사했다. 이들 모두 위험에서 보호해주시길 하나님께 기도했을 것이다.

지금 레바논은 평온하다. 가끔씩 전시에 얼마나 하나님과 가까이 지냈는지 돌아본다. 그때는 날마다 하나님께 기도했다. 그리고 정서적으로 어떻든, 생활이 되든 안 되든 하루하루 믿음으로 사는 법을 배웠다.

뒤에서 그분이 말씀하셨다. "네 죄가 사함 받았느니라." 나는 생각했다. '좋은 일이군. 그런데 왜 나는 이 모양이지? 고개를 돌려 물었다. "그럼 다 나은 건가요?" 그분이 가까이 다가와서 내려다보셨다. "물론." _레이놀즈 프라이스[1]

기도와 질병의 치유

교회에서 듣는 개인적인 기도 가운데 절반 이상이 병에 관련된 내용이다. 조금 부풀려서 말하자면, 목회자가 주일마다 욥기 본문을 가지고 설교하는 것만큼이나 균형을 잃은 모습이다. 하지만 달리 생각하면, 질병이 닥쳤을 때 인간이 얼마나 본능적으로 무릎을 꿇게 되는지 암시하는 현상으로도 볼 수 있다.

'고통에서 배울 수 있는 것'이라는 주제로 메시지를 전해달라는 요청을 받고 두툼한 편지 묶음을 다시 꺼내들었다. 고통의 문제를 다룬 책을 출간한 직후에 독자들이 보내온 글이다. 단상에 올라갈 때도 가져다가 강단 옆 테이블에 펼쳐놓았다. 모두 합치면 1,000장 남짓, 대단히 방대한 분량이다. 저마다 한 가지씩 마음에 사무치는 사연을 담고 있는데, 주로 육신의 병을 고치는 문제에 관해 뼈아픈 질문을 던지고 있다.

교회를 맡아 돌보고 있다는 한 목회자는 아들 이야기를 썼다. 전액 장

학금을 받는 운동선수로 대학에 들어갈 만큼 건장했고 청년부 회장을 맡을 정도로 교회 일에도 열심이었다. 그런데 스물한 살이 되던 1991년, 아들아이는 픽업트럭을 몰고 달리다 깜빡 졸고 말았다. 사고는 대동맥에 치명적인 손상을 입혔고 아들은 결국 가슴 아래를 전혀 쓸 수 없는 장애인이 되었다. 밀접하게 연결된 공동체의 동역자 3만 명이 한마음으로 하나님의 치유하심을 간구했다. 장로들은 기름을 바르며 기도했고, 전국에 방영되는 프로그램에서 진행자가 공개적으로 기도해주기도 했다. 그러나 15년이 흐른 지금까지도 젊은이는 여전히 몸을 움직이지 못한다. 어머니는 편지에다 "기도 응답은 어디에 있습니까? 믿지 않는 친구들한테 무슨 이야기를 해야 합니까?"라고 썼다. "참새 하나도 허투로 땅에 떨어지게 하지 않으시고 나보다 더 내 아들을 사랑하시는 하나님은 어디로 가셨습니까?" 아버지는 한결 직선적이었다. "기도해봐야 무슨 소용이 있습니까?"

뉴질랜드 여성 하나는 다운증후군을 앓고 있는 18개월짜리 아들의 사연을 보내왔다. 엎친 데 덮친 격으로 아기는 거핵구성 백혈병이라는 불치병까지 앓고 있었다. 골수가 점점 걸쭉해져서 혈액 세포를 생산할 수 없게 되는 질환으로 발병률이 대단히 낮은 희귀병이었다. 비장이 점점 커져서 뱃속을 채우는 바람에 아이는 일어나 앉기조차 어려워했다. 혈액 전체를 수혈받은 것만도 벌써 아홉 번. 의사가 정맥을 찾는 동안 숨이 넘어갈듯 울어대는 아기를 꼭 껴안고 달래면서 엄마는 하나님께 자비를 베풀어달라고 눈물로 호소했다.

헌팅턴병에 걸렸다는 편지도 두 통이나 왔다. 신경이 망가지는 이 질환은 50퍼센트 확률로 자녀들에게 대물림되는데, 근육이 서서히 파괴되어 죽음에 이른다. 첫 번째 편지를 보낸 여성은 서른 살 된 딸이 쓰러지고 나서야 자신에게 그런 유전자가 있다는 사실을 알았다. 지금은 스물일곱 살 아들에게도 같은 증상이 나타나기 시작했다. 아들은 하나님을 향해 맹렬한 분노를 느끼고 있었다. 누나의 건강이 악화되는 과정을 모두 지켜본 까닭에 자신에게 무슨 일이 일어나는지 정확히 알고 있었던 것이다. 두 번째는 한 남성이 보낸 편지였는데, 동생이 최근에 헌팅턴병 진단을 받았다고 했다. 그렇다면 자신은 물론이고 십 대 자녀 셋에게도 발병할 확률이 50퍼센트에 이른다는 뜻이 아니겠는가? 편지의 주인공은 검사를 받을 엄두가 나지 않아서 지금껏 미뤄두고 있는 형편이라고 고백했다. 어머니가 임신한 순간부터 그런 유전자를 갖게 됐는데, 지금 기도한들 무슨 영향을 미칠 수 있겠는가?

편지를 보낸 이들은 대부분 교회에서 들은 비판적이고 혼란스러운 메시지에 관해 이야기했다. 그리스도인이 고통을 당하는 건 그에게 뭔가 흠이 있다는 사실의 반증이라고 생각하는 이들이 있는 듯하다. 고난은 죄를 지은 데 따른 형벌이라고 지레짐작하거나 믿음이 부족해서 병이 낫지 않는 거라고 단정짓는다. 욥을 위로한답시고 찾아왔던 친구들 같지 않은가? 가뜩이나 연약한 처지에 빠져 있는 이들에게 그런 이야기는 육체적인 고통보다 더 쓰라린 상처가 된다.

믿음을 꺾을 마음은 추호도 없다. 예수님도 담대한 믿음에 깊은 인상을 받으셨던 걸 잘 안다. 하지만 서류함에서 꺼낸 편지 뭉치는 육신의 병을 고치는 문제에 대해 잘못된 믿음을 심어주는 것 역시 해로울 수 있다는 사실을 확연히 보여준다. 다운증후군에 걸린 아이의 부모나 헌팅턴병의 위협을 받고 있는 가족들에게 "어찌해볼 도리가 없군요"라고 이야기하기보다 "믿기만 하세요. 그럼 나을 수 있습니다"라고 말하는 편이 더 쉬울 수도 있다. 하지만 그런 질병이 기적적으로 치유된 경우를 한 번도 보지 못했다면 그릇된 소망을 주는 게 더 잔인할 수도 있다.

개인적으로는 기도와 신유의 문제와 씨름하게 내버려두는 쪽이다. 기적적으로 병을 고친 사례를 이야기하면서 지나친 희망을 불어넣는 책이나 글이 사방에 넘쳐난다. 하지만 나는 기도가 응답되지 않는 것을 경험한 진지한 이들의 이야기를 주로 듣는 편이다. 따라서 여기 제시한 관점은 병을 고칠 수 없었던 이들의 경우에 치우쳐 균형을 잃은 것처럼 보일 수도 있다.

극단적 행위에서 주류로

어린 시절에는 생각할 수 없었던 현격한 변화라면, 신유가 극단적인 종파, 쉽게 말해서 오순절 교단과 미신적인 가톨릭 종파의 영역에서 주류 신앙으로 편입된 것이다.

어린 시절 여름마다 신유를 내세우는 부흥사들이 우리 집이 있던 변두리까지 와서 천막을 치곤 했다. 포스터에서는 한결같이 질병의 완쾌를 약속했다. 가끔은 천막에 바짝 다가서서 방언으로 기도하면서 성령으로 귀신을 내쫓는 기이한 소리에 귀를 기울이곤 했다. 두려운 생각이 먼저 들었다. 도시 아이가 시골에 놀러가서 땅꾼들이 산길을 따라가며 뱀을 모는 걸 지켜보듯 부흥사를 쳐다보았다. 또 이십 대 청년 시절에는, 프랑스와 멕시코를 여행하면서 사원에서 놀라운 광경을 목격했다. 순례자들이 눈, 귀, 다리, 폐, 신장, 가슴, 위장 등 신체 부위를 본뜬 작은 금속 조각을 목에 걸고 있었는데 신유 역사가 일어나기를 기도하고 있다는 상징이었다. 초기 가톨릭교회에서는 성 아폴로는 치통, 성 로치는 페스트 하는 식으로 특정 질환에 하나하나 성인을 지명하기도 했다.

풋내기 저널리스트 시절, 신유와 관련된 희극적인 장면과 비극적인 현실을 두루 접했다. 짐 베커 목사가 만든 단체 겸 방송국인 PTL클럽과 텔레비전이 전성기를 구가하던 시절, 태미 페이 베커가 방송에 나와서 눈물을 뚝뚝 흘리며 사료를 너무 많이 먹고 죽은 애완견 때문에 깊은 상처를 입었다고 말했다. "세상이 끝나버린 것 같았어요." 페이는 강아지를 다시 살려달라는 기도가 그대로 이뤄지지는 않았지만 한 가지 깨달음을 주셔서 현실을 받아들일 수 있었다고 했다. "치치(애완견)가 뚱뚱했던 건 사실이에요. 녀석을 데려가지 않으면 온 방 안을 오줌 천지로 만들어버릴 걸 하나님은 아셨던 거예요."[2]

래리 파커 부부를 인터뷰한 적도 있는데, 그들은 인디애나 주에 있는 페이스 어셈블리 교회에 다니면서 모든 질병은 오직 믿음으로만 고칠 수 있으며 다른 데(가령 의사)서 도움을 구하는 건 그만큼 하나님을 신뢰하지 못하는 증거라는 주장에 동조하고 있었다. 부부는 열한 살짜리 아들이 당뇨 합병증으로 죽어가는 걸 그냥 지켜보기만 했다가 과실치사와 아동학대 혐의로 구속되었다.[3] 전문가의 조사에 따르면, 페이스 어셈블리 교회 교인들의 유아 사망률이 일반인의 세 배에 이르고(부모가 의사의 진료를 거부한 결과 최소 126명의 아동이 목숨을 잃었다), 출산과 관련해서는 사망률이 무려 100배가 넘었다.

1970년대와 1980년대 미국의 주류 미디어들은 이런 이야기를 파고

들었다. 잡지들은 앞 다투어 후회하는 부모의 사진을 싣고 재판 과정을 상세히 보도했다. CBS는 파커 부부의 비극적인 이야기를 소재로 텔레비전 영화를 제작해서 방영했다. 〈60분〉이나 〈프런트라인〉 같은 시사 프로그램도 베니 힌 목사를 비롯한 신유 사역자의 문제점을 집중 조명했다.

그런데 얼마 전부터 놀라운 변화가 일어나고 있다. 지난 10년 동안 미국의 3대 잡지가 커버스토리로 기도가 건강에 미치는 영향을 상세히 다룬 것이다. 래리 도시, 허버트 벤슨, 헤럴드 쾨니히, 버니 시걸 같은 외과 전문의들이 쓴 책이 줄줄이 베스트셀러에 올랐는데, 주로 기도와 질병 치유 사이의 상관관계를 과학적으로 검증한 내용을 담고 있다. 명문 듀크와 하버드를 비롯한 70여 개 의과대학은 건강을 유지하는 데 영성이 어떤 역할을 하는지 연구하는 과정을 개설했다.

2003년에 조사한 바에 따르면, 기도를 포함한 신앙 의식이 건강을 증진시킨다는 사실을 입증하는 의학 논문이 500건 이상 제출되었다. 미국 그리스도인 가운데 열에 여덟은 오늘날에도 기적이 일어난다고 믿으며, 절반이 넘는 의사가 환자를 돌보면서 의학적으로는 도저히 설명할 수 없는 기적을 목격한 적이 있다고 고백한다.[4]

도대체 무엇이 신유를 극단적인 신앙 행위에서 주류 신앙 행위로 끌어들였을까? 치유의 과정에 영성을 개입시키는 새로운 처방이, 내게 편지를 보낸 독자들처럼 기도를 통해 아무 효과를 얻지 못한 이들에게 소망을 줄까?

내재된 기적

사고방식이 달라진 건 무엇보다도 이중 은폐(실험이나 검사에 주관성이 개입할 가능성을 배제하기 위해 실험 진행자와 실험 참여자 모두에게 실험에 관한 정보를 제공하지 않는 것-옮긴이)라는 연구 기법을 사용해 기도가 건강에 미치는 영향을 측정한 덕분이다. 연구진은 지원자들의 동의 아래 일부 환자들을 위해 기도하게 하고 다른 집단은 그냥 내버려두었다. 누가 기도를 받고 있는지는 환자는 물론이고 의료진에게까지 비밀에 붙였다. 결과는 놀라웠다. 실험을 염두에 두고 익명을 유지했음에도 기도에 상당한 효과가 있다는 사실이 연이어 드러났다. 샌프란시스코 병원에 입원한 심장 발작 환자 393명을 대상으로 한 실험은 그 가운데서도 특히 유명하다. 연구자들은 심장 발작으로 샌프란시스코 병원에 입원한 환자 가운데 절반만 기도를 받을 수 있게 했다. 기도를 받은 집단에서는 사망자가 눈에 띄게 줄었으며, 강한 약물을 덜 사용해도 좋을 만큼 회복 속도가 빨랐다. 생명 유지 장치를 달아야 하는 경우는 단 한 건도 없었다.

물론 이런 연구 결과에 회의적인 반응을 보이는 이들도 적지 않다. 간혹 방법론적으로 결함이 있는 연구가 나오기도 하고 정반대의 결과가 도출되기도 한다. 그렇다 하더라도 통계 자료에 일관되게 나타나는 흐름만큼은 부정할 수 없을 듯하다. 다양한 조사 결과를 검토한 어느 역학자는 '충격적'이라는 평가를 내렸다. "정기적으로 교회에 출석하는 그리스도인들은 그렇지 않은 이들보다 사망률이 25퍼센트나 줄어들었다. 그만큼 오래 산다는 뜻이다."[5]

듀크 대학의 종교 및 영성과 건강 연구 센터를 이끌고 있는 심리학자

헤럴드 쾨니히 박사는 자신의 저서《신앙의 치유력*The Healing Power of Faith*》에서 이런 사례를 수없이 보고하고 있다. 각 장의 제목만 봐도 결론을 넉넉히 짐작할 수 있다.

- 신앙을 가진 사람은 상대적으로 더 튼튼한 부부 관계와 가정생활을 유지한다.
- 신앙을 가진 사람은 상대적으로 더 건전한 생활 방식을 가지고 있다.
- 신앙을 가진 사람은 상대적으로 스트레스를 더 쉽게 이겨낸다.
- 신앙은 우울증을 예방해주며 그런 증상을 가지고 있다 하더라도 신속하게 회복할 수 있게 도와준다.
- 신앙을 가진 사람은 상대적으로 더 건강하게 오래 산다.
- 신앙은 심각한 심혈관계 질환을 막아준다.
- 신앙을 가진 사람은 상대적으로 더 강력한 면역 체계를 가지고 있다.
- 신앙을 가진 사람은 비용이 많이 드는 의료 서비스를 상대적으로 덜 이용한다.[6]

쾨니히 박사도 인정하는 사실이지만, 이런 결과 가운데 상당수는 기도의 고유한 영향력을 반증해준다기보다 신앙이 건강에 미치는 효과를 보여줄 따름이다. 신앙생활을 하면 상당한 유익을 얻을 수 있다. 정기적으로 교회에 다니는 그리스도인은 담배를 덜 피우고, 술을 줄이게 된다. 난잡한 성행위에 개입되거나 마약에 손대는 사례도 상대적으로 낮아진다. 삶의 문제를 극복하는 과정에서 도움을 얻을 수 있는 지원 공동체도 확보하게 된다.

한편, 기도는 스트레스를 극복할 수 있도록 뒷받침해주며 행복감을 높여주고 기꺼이 용서할 수 있게 한다. 건강에도 긍정적 영향을 끼칠 수밖에 없다. 뇌파와 심박동, 혈액 성분을 측정하는 장치는 기도하는 동안 인간에게 극적인 변화가 일어난다는 사실을 명백히 보여준다. 인체의 자연치유 시스템은 마음의 통제를 받게 되어 있으므로 어떻게 생각하고 느끼느냐에 따라 몸의 상태는 크게 달라진다. 매일 경건의 시간을 갖고 긴장을 늦출 줄 아는 사람은 건강을 증진시키는 방향으로 스트레스를 조절한다. 감사하는 마음은 심장을 안정시킨다. (반면에 공포, 외로움, 적대감, 근심, 슬픔, 무력감 따위의 정서는 건강을 가로막는 가장 큰 적이다.) 일부에서는 엔도르핀이 생산돼서 고통을 가라앉히고 몸의 성분을 바꾸는 덕분이라고 하지만, 두뇌가 어떻게 이런 조화를 일으키는지에 대해서는 아직 전모를 파악하지 못하고 있다.

하나님을 믿지 않는 과학자들과 의사들은 초자연적인 치유 사례가 드러날 때마다 '정신신체증'이라는 용어로 설명한다. 기적이라기보다는 자기 암시가 낳은 결과라는 뜻이다. 저명한 외과 의사이자 나와 함께 몇 권의 책을 함께 쓴 폴 브랜드 박사는 이렇게 말한다. "하나님이 주로 마음을 통해 인체에 내재된 치유 자원을 소집하는 방식으로 역사하신다고 해도 그분을 향한 존경심은 눈곱만큼도 줄어들지 않는다. 정신신체증psychosomatic이라는 말에는 주님의 역사를 폄하하는 의미가 전혀 없다고 본다. 이 용어는 몸과 마음을 뜻하는 '프쉬케psyche'와 '소마soma'라는 그리스어에서 나왔다. 초자연적인 치료 사례들은 마음이 나머지 신체에 엄청난 영향력을 행사한다는 사실을 잘 보여준다."

사실 브랜드 박사는 건강을 유지하는 데 영혼이 중요한 역할을 한다는 점을 인식하고 '영'을 의미하는 그리스어 '프뉴마*pneuma*'를 덧붙여 '영심신증pneumapsychosomatic'이라는 말을 새로 만들어 썼다. 몸과 혼과 영이 삼위일체를 이루어 창조주가 거룩한 뜻을 표현하는 방식에 부응할 때, 인간은 최고의 건강 상태를 누릴 수 있다는 것이다. 박사는 기도할 때도 그 점을 생각하라고 조언한다. "질병이나 고통을 거둬주시길 요청할 때는 먼저 몸 안에 그토록 대단한 치유력을 심어주신 창조주를 찬양하고, 그다음에 특별한 은혜를 베푸셔서 어려움에 처한 이가 그러한 자원을 최대한 끌어낼 있게 해주시길 간구해야 한다. 그렇게 해서 질병이 치유된 놀라운 사례를 여러 번 보았다. 하나님의 통제를 받는 인간 내면의 치유력을 작동시킨다는 점에서 그리스도인들의 기도는 실제적이고 구체적인 도움을 준다."

사랑의 지원을 받으며 평안을 누리는 환자는 몸과 혼과 영의 자원을 모두 끌어낼 수 있으며 치유 속도 역시 빠를 수밖에 없다. 이런 치유가 자연법칙을 거슬러가며 직접 개입하시는 하나님의 역사보다 못할 이유가 전혀 없다. 성령님은 거룩한 뜻을 성취하기 위해 마음, 신경, 세포를 지배하는 호르몬 체계 등 자연환경을 최대한 이용하신다.

무시되는 자연법칙

인체에 '내재된 기적'을 신용하는 것을 두고 일부 그리스도인이 어떤 반응을 보일지 눈에 선하다. "알아요, 안다고요. 다 알겠어요. 하지만 기적은 어떻게 되죠? 인간의 힘으로는 도저히 고칠 수 없는 병에 걸렸다고 생각해보세요. 의사는 가망이 없다고 하고, 의학이 제공해줄 수 있는 도움은 아무것도 없을 때 어떻게 하나요? 그러면 하나님이 개입하시나요? 믿음으로 드리는 기도에 응답해서 자연법칙을 깨뜨려주실까요?"

우선 자연법칙을 조금 변호해주고 가야 할 것 같다. 우주가 아주 정확하고 한결같은 규칙에 따라 돌아간다는 데는 과학자와 신학자 사이에 이견이 없다. 태양은 언제나 동쪽에서 뜨고, 저기압이 형성되면 폭풍이 생기며, 콩을 심으면 콩이 난다. 행성은 중심 별의 인력에 따라 일정한 궤도를 돈다. 자연계가 그렇게 예측 가능한 성질을 가진 덕분에 인간은 거기에 적응해가며 산다. 지진대 단층선이나 툭하면 강물이 범람하는 지역에 집을 지어보라. 자연재해의 희생자가 될 확률이 기하급수적으로 높아지지 않겠는가. 담배를 입에 달고 살거나 술을 한없이 마시면 생명이 단축될 수밖에 없는 것과 같은 이치다.

인간이 당하는 고통 가운데 상당 부분은 세심하게 살피면 근본 원인과 궁극적인 결과까지 추적해볼 수 있다. 지나치게 먹고 배탈이 나는 것처럼, 스스로 저지른 잘못 때문에 고통을 당하는 경우가 있다. 반면에 다른 이의 잘못에서 고통이 비롯되는 사례도 적지 않다. 상대방의 음주 운전 탓에 교통사고를 당할 수도 있고, 독감 환자인 줄 모르고 너무 가까이 앉았다가 세균을 들이마실 수도 있다. 인플루엔자를 완전히 피하자면 다른 인간과의 접촉을 완전히 끊어버리든지 일본의 샐러리맨들처럼 마스크를 쓰고 다니든지 해야 하지만, 어느 쪽이든 쉬운 일이 아니다.

자연법칙의 정확성을 인정하고 받아들이는 그리스도인이 다른 영역, 특히 건강 문제에 관해서는 한사코 손을 내저으며 거부하려 하는 걸 보면 고개를 갸우뚱하게 된다. 극단적인 신유 치료자가 그리스도인은 병에 걸려도 약물로 치료하는 대신 믿음을 가지고 기도해야 한다고 부추기는 건 들어보았다. 하지만 사하라 한복판에 나무를 심었다는 그리스도인 농부 얘기는 들은 적이 없다. 뜨겁고 메마른 사막에다 벼를 심어놓고 비를 내려주시길 기도한다면, 하나님이 세상을 다스리는 방식을 잘못 이해하고 있음에 틀림없다.

자연법칙에 순응해서 기도하는 법을 배워야 한다.[7] 아직 어릴 때는 죽은 고양이가 다시 살아나고, 선생님이 시험 일정을 취소하고, 응원하는 팀이 월드컵이나 올림픽에서 우승하고, 푸른색 눈동자가 초록색으로 변하게 해주시길 기도할 수 있다. 하지만 시간이 지나고 신앙이 성장하면서 차츰 하나님은 변덕스러운 인간의 비위를 맞추기 위해 삶 전체를 재구성하는 마술사가 아니라는 사실을 배우게 된다.

육신의 건강에 관해서라면, 기도의 능력은 제한적이라고 할 수 있다. 아무리 기도해도 노화를 되돌릴 수 없고 먹지 않고는 살 수 없다. 달리 말하자면 하나님은 분명한 원칙에 따라 우주를 움직이시며, 신유 역사가 일어날 가능성이 더 높은 것도 바로 그 법칙들 안에서다.

성경을 보면 주님이 극적으로 개입하신 경우가 더러 있다. 예를 들어, 하나님은 이스라엘 백성에게 한동안 만나를 공급하셨으며 예수님은 주린 백성들에게 빵과 물고기를 베풀어 먹이셨다. 하지만 지금도 비슷한 기적이 일어나길 기대하면서 음식을 일절 거부하는 사람은 없을 것이다. 그리스도 역시 함부로 기적을 행하지는 않으셨다. 인근에 식당이 즐비해 언제라도 음식을 구할 수 있는데도 예수님이 5,000명을 먹이셨을 것으로는 생각하기 어렵다.

20여 년 전에 폴 브랜드 박사와 함께 〈크리스채너티 투데이〉에 신체 건강에 관한 글을 쓴 적이 있다.[8] 박사의 주장은 한결같았다. "외과 의사로서의 경험에 비추어볼 때, 하나님이 육체적인 영역에 개입하셨다고 단언할 수 있는 사례는 단 한 번도 보지 못했다고 솔직히 인정할 수밖에 없다. 허다한 환자가 기도를 받았으며 많은 이들이 나음을 입었지만, 해부학의 원리를 거스르는 방식으로는 아니었다. 개인적으로 치료했던 어떤 경우도 초자연적인 기적의 요건을 충족시키지 못했다."

브랜드 박사는 평생을 한센병 치료에 바쳤는데 그 끔찍한 질환에서 기적적으로 치유되었다고 주장하는 환자를 전혀 만나보지 못했다. 다행스럽게도 효능이 뛰어난 약품이 개발돼서 진행을 늦출 수 있었으며, 브랜드는 외과 의사로서 병 때문에 생긴 치명적인 결과 가운데 일부를 되돌려놓는 작업을 추진했다. 굳어버린 한쪽 손을 다시 살리는 작업만 해도 보통 2-3년에 걸쳐 여러 번 수술과 재활 치료를 반복해야 했다. 그러고 나서야 비로소 기능을 잃었던 손이 그나마 쓸 만하게 돌아왔다. 떨어져나갔던 손가락이 다시 돋아나는 일 따위는 눈 씻고 찾아봐도 없었다. 브랜드 박사는 이렇게 썼다. "만약에 텔레비전 전도자들이 하는 얘기가 모두 사실이라면, 나는 참으로 시원찮은 일을 하고 있는 셈이다. 눈 깜짝할 새에 처리할 수 있는 일을 평생을 들여서 느릿느릿, 그것도 죽을 고생을 하며 해왔다는 말인가?"

잡지에 글이 게재된 뒤에 수많은 독자 편지를 받았다. 브랜드 박사의 진솔한 고백에 갈채를 보내는 이들도 있었지만, 믿음의 가치를 깎아내린다며 화를 내고 정죄하는 독자도 많았다. 몇몇 의사들은 기적적으로 치료된 환자의 이야기를 적어 보냈다. 골수암의 조짐이 있었는데 완전히 사라졌다든지 척수가 손상돼서 사지마비가 올 줄 알았는데 전혀 그렇지 않았다는 사연이었다. 브랜드 박사는 그런 사례를 꼼꼼히 살펴본 뒤에, 몇 가지 사례는 실제로 초자연적인 역사를 보여준다고 결론지었다. 세상을 떠나기 직전인 2003년, 박사는 신유에 대한 생각을 수정하는 작업을 하고 있었다. 인간의 몸에 기적을 내장시켜주신 하나님에 대한 찬양에서 시작해, 동시에 예외적으로 기적이 일어난다는 사실을 인정하는 내용이었다.

대다수 의사들은 자연법칙을 거스르는 듯 보이는 임상 사례에 부닥칠 때가 있다고 한다. 미국 외과의사협회의 전임 회장이 쓴《암의 자연 퇴행*Spontaneous Regression of Cancer*》이라는 책만 하더라도 무려 176가지 실례를 소개하고 있다. 그렇기는 하지만, 그처럼 병세가 호전된 경우는 꾸준히 기도하는 암 환자 가운데 지극히 일부에 지나지 않는다. 의학 전문지들은 암 환자 1,000명당 두세 명꼴로 치료와 전혀 상관없는 '치유'를 경험한다고 추정한다.

그리스도인 의사들에게 초자연적인 기적을 목격한 적이 있느냐고 물어보면, 십중팔구는 잠깐 생각하다가 금방 한두 가지 사례를 이야기한다. 그리고는 브랜드 박사처럼 드문 회수에 중점을 두지 않고 지극히 예외적인 현상이라는 걸 인정한다. 신유 은사로 유명한 어느 전도자는 정말 기적으로 분류할 수 있는 사례는 지금껏 한두 번밖에 보지 못했노라고 고백했다. 루르드의 기적을 조사한 프랑스 의료 당국은 2세기에 걸친 7,000건의 대상 중 67건만을 기적적인 치료로 인정했으며, 1987년 이후에는 단 한 건에 불과했다.

차이는 무엇 때문에 생기는가

개발도상국일수록 더 많은 기적이 보고된다. 앞에서도 한 번 언급했지만, 네팔 교회는 곳곳에서 일어나는 신유 역사 덕분에 급격히 성장하고 있다. 현지를 찾아가서 몇몇 유럽인 의사를 인터뷰했는데, 저마다 설명하기 어려운 치유 사례를 소개했다. 분명히 사산된 아기가 돌연히 숨을 쉬기 시작했다든지, 안면근육이 손상된 한 여성의 얼굴이 여전히 정상적으로 움직인다든지, 안으로 오그라든 손이 펴졌다든지, 수술이 불가능한 악성 종양이 저절로 사라졌다든지 하는 사례였다. 네팔뿐 아니라 중국에서도 비슷한 일이 일어나고 있다.

열악한 의료 현실과 싸워야 하는 개발도상국의 그리스도인들은 하나님이 개입해주시길 간절히 기도할 수밖에 없다. 그렇다면 차이는 어디서 오는 걸까? 과학적인 세계관을 가지고 있으며 기적의 전제 조건인 믿음이 부족한 서구 사회에서도 똑같은 역사가 일어날 수 있을까? 초자연적인 역사가 한쪽에 집중되고 다른 지역에서는 찾아보기 어려운 식으로 영적인 자원이 불균형하게 배치되어 있는 걸 어떻게 설명할 수 있을까? 참으로 모를 일이다.

그럼에도 (인체를 지배하는 자연법칙에 초자연적으로 개입하시는 역사를 일컫는) '신유'라는 단어를 입에 올릴 때 흔히 떠올릴 만한 사건은 극히 드물게 벌어진다고 믿는다. 일상이 아니라 기적이라는 뜻이다. 따라서 신유를 행한다 하더라도 고통당하고 있는 환자에게 헛된 소망을 주어서 자신이 가진 신앙을 걸고 기적적인 치유에 의지하게 해서는 안 된다.

예수님 당시에는 기적이 수없이 일어났다. 그리스도는 적어도 한 번

이상 날씨를 바꾸셨고 이루 헤아릴 수 없을 만큼 많은 이들의 병을 고쳐 주셨다. 그럼에도 그리스도의 기적은 선택적이었다. 첫 번째 기적은 물로 포도주를 만들어 결혼 잔치가 깨지지 않게 도와주신 일이었다. 어째서 그때만, 그 특별한 경우에만 권능을 사용하셨을까? 숨이 끊어진 소녀의 생명을 되돌려주셨지만, 그 시절 이스라엘에서 죽어가던 목숨이 어디 한둘이었겠는가? 베데스다 못가에서 몸을 쓰지 못하는 병자를 고쳐주셨지만, 요한은 똑같은 연못가에 누워 있었던 다른 환자들이 어찌되었는지에 관해서는 아무 말도 하지 않는다.

복음서를 읽을 때마다 예수님이 조금 더 체계적이었으면 좋겠다는 생각을 떨쳐버릴 수가 없다. 말씀을 들으려고 그날 하루에 몰려든 5,000명만을 먹이실 게 아니라 인류의 기근 문제를 완전히 해결해주셨더라면 얼마나 좋았겠는가? 제대로 걷지 못하는 이들을 간간이 고쳐주시는 것보다 소아마비의 원인이 되는 폴리오바이러스를 아예 박멸해버리시는 게 낫지 않겠는가? 그런 생각을 하면 매사에 낙담할 수밖에 없다. 분명히 말하지만, 예수님은 자연법칙을 거스르거나 더 나은 법을 세우러 세상에 오시지 않았다. 적어도 초림에는 그러셨다. 예수님은 광야에서 시험받으시면서 자연법칙을 뒤집으라는 유혹을 단호하게 물리치셨다.

나는 선택적인 성경의 기적을 하나님이 가지신 인성의 상징으로 본다. 그리스도는 그날그날 만나는 이들을 고쳐주셨다. 애초에는 정해진 목표를 성취하기 위해 출발하셨겠지만 길에서 부딪치는 이들을 보면서 새로운 도전을 받으셨다. 비슷한 일이 내 주변에서도 벌어지고 있기 때문에 충분히 이해가 가는 일이다. 시작할 때는 성취할 과제가 분명히 설정되어 있지만 도중에 이런저런 일이 끼어드는 바람에 목표를 수정하기 일쑤다. 그런 경우에 주님은 권능을 동원하셔서 자연법칙에 역행하는 역사를 일으키신 것이다.

다들 하나님이 고정불변의 원리에 따라 역사하시기를 기대하지만 성경은 오히려 갈팡질팡 '변덕스러운' 방식으로 행하시는 하나님의 성향을 보여준다. 주님은 당시의 통념을 깨뜨리고 에서가 아니라 야곱을, 형들이 아닌 다윗을 선택하셨다. 감옥에 갇힌 베드로와 바울을 기적적으로 구해주셨지만, 결국 둘 다 다시 투옥되었고 종내는 처형을 당했다. 하나님이 자연법칙을 중단시키신 사건을 설명하기 위해 무슨 논리 체계 같은 걸 세우는 행위 자체가 과연 타당한지 묻고 싶다. 좋다, 주님의 선택이 아주 변덕스러워 보인다 치자. 그래도 어쩌겠는가, 그게 하나님의 결정인 것을.

자연적인 사건과 초자연적인 기적을, 신학 용어를 쓰자면 일반적인 섭리와 특별한 섭리를 엄격하게 구분하려는 노력은 우리에게나 중요할 뿐, 하나님께는 중요한 관심사가 아니다. 어떤 성경학자가 하나님이 세상에 개입하신 사건에 등급을 매겨 도표를 만들었다. 상위권은 당연히 불타는 가시덤불과 애굽에 내린 열 가지 재앙 같은 초자연적인 사건이 차지했다. 중위권은 꿈이나 메시지, 아브라함이나 야곱 같은 이들을 찾아가신 사건(정작 당사자는 찾아온 이의 정체조차 제대로 파악하지 못할 때가 많았다)의 몫이었다. 인간이 성취한 '자연스러운' 사건은 두말할 것도 없이 바닥권이었다. 드보라가 군대를 이끌고, 솔로몬이 성전을 건축하고, 느헤미야가 대공사를 감독하고, 바울이 회당에서 메시지를 전한 것을 비롯해서 수많은 사건은 평범하고 일상적인 방식으로 하나님의 뜻을 이루었다. 그러나 주님이 역사를 돌아보신다면 그런 구분을 그다지 중요하게 생각하지 않으실 것이다. 오히려 하나님은 그런 일을 인간이라는 대리인에게 맡기신 걸 기뻐하실 게 틀림없다.

병 낫기를 기도할 때 점검할 것

몸이 아프거나, 친구나 사랑하는 이들이 신체적인 고통을 당하고 있다는 얘기가 들리면, 성경이 '자비의 아버지시요 모든 위로의 하나님'고후 1:3이라고 알려준 분께 나가서 기도한다. 건강하지 못하다는 것, 즉 병들었다는 건 예수님이 관심을 가지셨던 비정상적인 상황 가운데 하나다. 그리스도의 기적이 모든 문제를 해결해주지는 않지만, 세상이 어떻게 되어야 하는지, 그리고 장차 어떻게 될 것인지에 대해 분명한 지표를 제시한다. 주님의 치유 사역은 지구상에서 총체적으로 손상된 개인을 회복시키는 작업이었다.[9]

반면에 하나님의 뜻이 무엇인지 분별하지 않고 무조건 희망을 품었다가 커다란 손상을 입은 경우도 종종 본다. 성경은 응답받은 기도와 그렇지 못한 기도, 치유 받은 질병과 그렇지 못한 고통을 고루 보여준다. 처참하리 만치 실망할 게 뻔하다면 지나치게 큰 기대를 품지 않을 것이다. 적절하게 균형을 잡으려는 노력의 일환으로, 기적이 일어나길 소망하며 기도할 때마다 스스로에게 몇 가지 질문을 던져본다.

기적을 당연한 권리로 기대하는가

서류함에 들어 있는 편지들을 다시 한 번 떠올려본다. 거기에는 기적을 베풀어주시길 긴급하게 요청했던 이들의 글도 적잖이 들어 있다. 어떤 부부는 아기를 갖게 해달라고 끈덕지게 기도했더니 하나님이 소원을 들어주셨다고 기쁨에 넘쳐 이야기했다. 하지만 똑같은 처지에 있던 다른 가족은 임신을 포기하고 중국에서 양자를 데려오는 멀고도 험한 절차를 밟기 시작했다. 우리 교회 목사님에게 들은 얘기는 더욱 극적이다. 하루는 어떤 아이 엄마가 나와서 두 살짜리 아들이 수영장에 빠져서 죽을 뻔했는데 인공호흡으로 숨이 돌아왔으며 완전히 건강을 회복했다고 간증했다. 여인은 감격에 겨워 소리쳤다. "정말 놀라우신 하나님이 아닙니까?" 그런데 그날 청중 가운데는 비슷한 일을 겪은 또 다른 엄마가 앉아 있었다. 아들이 수영장에 빠진 것까지는 비슷했지만 그 집 아이는 영원히 깨어나지 못했다.

하나님은 건강이라는 방패로 자녀들을 특별히 보호하시지도 않고 모든 고통에 대해 빠르고 신뢰할 만한 해결책을 제공하시지도 않는다. 병원이나 보호 시설, 요양원에는 하나님을 믿지 않는 이들만큼 많은 숫자의 그리스도인이 있다. 신학교 학장을 지냈으며 내가 아는 한 누구보다 경건한 인물인 버논 그라운즈 박사에게 "신체적인 질병이 고침받은, 누구도 부인할 수 없을 만큼 확실한 기적을 본 적이 있습니까?"라고 물었다. 조금도 망설이지 않고 박사가 대답했다. "아니요. 하지만 여전히 그러길 소망하고 있습니다." 그리곤 치료가 불가능한 신장 질환에 걸린 친구 이야기를 해주었다. 박사는 친구를 기적적으로 고쳐주시길 날마다 기도했다. 90평생에 단 한 번도 그런 일을 보지 못했지만, 전능하신 하나님이라면 능히 그런 기적을 베푸실 수 있다는 걸 믿어 의심치 않았다.

지나치게 많은 약속을 제시하는 것보다 그라운즈처럼 겸손히 기다리는 자세에 더 호감이 간다. 1990년대에 벌어졌던 사건을 살펴보자. 현장을 목격한 목회자에게서 들은 얘기다. 미국에서 건너온 전도자가 기독교 세력이 아주 약한 캄보디아에서 신유 집회를 열기로 하고 여느 때처럼 모든 병을 다 고쳐주고 온갖 문제에서 건져주겠다고 장담하는 포스터를 내붙였다. 순진한 농부들은 소는 물론이고 집까지 팔아가며 집회에 참석하기 위해 수도 프놈펜으로 몰려들었다. 베트남과 전쟁을 치르면서 깔아놓은 지뢰가 여전히 많은 탓에 캄보디아인 가운데는 절단 수술을 받은 이들이 200명 중 한 명 꼴이었다. 그들 가운데 상당수가 소망을 품고 집회장을 찾았다. 하지만 잘려나간 팔다리가 새로 돋아날 리가 없었다. 기대가 무너지자 난동이 시작되었다. 강사는 군 헬리콥터를 얻어 타고 간신히 현장을 벗어나 안전한 호텔로 피신했다. 하지만 성난 군중은 집회가 열렸던 경기장에서 몰려나와 호텔을 포위했다. 신유 집회를 열었던 전도자는 천신만고 끝에야 캄보디아를 떠나 미국으로 돌아갔다.

"그 일이 캄보디아 교회에 어떤 영향을 미쳤는지 상상도 못할 겁니다." 현장을 지켜봤던 목회자는 말한다. "적어도 50년은 퇴보시켜놓았어요. 웬만해서는 신뢰를 회복하기 힘들 겁니다."

하나님의 '일반은총'을 충분히 활용하고 있는가

19세기에는 천연두라는 질병 하나가 500만 명의 목숨을 앗아갔다. 오늘날 에이즈로 생명을 위협받고 있는 환자들보다 월등히 많은 숫자다. 다행히 20세기에 들어서면서 수많은 학자와 의료 전문가의 헌신적인 노력에 힘입어 완전히 근절된 첫 번째 질병이 되었다. 하지만 천연두 백신이 처음 개발되었을 당시에는 내로라하는 그리스도인들이 '하나님의 뜻'을 거스르는 처사라며 접종 반대 의사를 밝혔다. 나로서는 그들과 정면으로 대치되는 얘기를 할 수밖에 없다. 백신을 개발한 에드워드 제너야말로 하나님의 뜻을 성취해낸 용감한 인물이다. 주님이 그토록 사랑하는 백성들을 치료해서 건강하게 만들지 않았는가.

예수님은 강도를 만나 다친 이를 싸매고 기름과 포도주를 부어 치료한 뒤에 여관에 데려다주었던 선한 사마리아인의 비유를 들려주셨다. 그는 유대인이 아닌 것은 물론이고 어느 면에서도 '그리스도인'이 아니었다. 사마리아인은 단순히 기도하는 데 그치지 않고 당시로서는 최선이었던 치료법을 동원해서 환자를 돌봐주었다. 그렇게 이웃을 자기 몸처럼 사랑함으로써 주님이 가르쳐주신 가장 핵심적인 계명 두 가지 가운데 하나를 충실하게 이행한 것이다.

선한 사마리아인은 인류의 건강을 위해 평생을 바치는 의사와 과학자의 표본이다. 지난 한 세기 동안 소아마비, 선페스트, 디프테리아, 인플루엔자, 말라리아, 황열병 등 역사상 엄청난 재앙을 가져왔던 여러 질병을 물리칠 수 있는 효과적인 치료법이 발견되었다. 어떤 질병은 그리스도인 선교사들이 앞장서서 가장 좋은 치료법을 찾아냈다. 그들 말고는 감염의 위험을 무릅쓰고 환자들 틈에 섞여 살려는 이가 없었기 때문이다.

앞에서 인용했던 신앙과 치유에 대한 논문들은 영과 혼이 알맞게 조화된 삶을 살면서 적절한 약으로 뒷받침해가며 몸을 다스려갈 때 최선의 치료가 이루어진다는 사실을 보여준다. 다시 브랜드 박사의 설명을 들어보자.

수술이라는 작업은 처음부터 끝까지 인체의 자가 치유 시스템에 의존한다.

골절을 치료한다고 할 때, 의사는 그저 부러진 양쪽 끝을 정확하게 맞추는 일을 할 따름이다. 뼈가 다시 붙는 데 필요한 칼슘은 몸에서 나온다. 분비가 제대로 이뤄지지 않으면 의사가 아무리 애를 써도 소용이 없다. 그리스도인은 상처나 감염을 이겨낼 채비를 갖추도록 창조주가 설계한 몸을 가지고 있는 덕분에 병을 고칠 수 있다. 하나님을 모르는 이들 역시 똑같은 설비를 체내에 갖추고 있지만, 제대로 사용할 줄 몰라서 치유 기능이 최대한 발휘되지 못하고 있는지도 모른다. 그러나 의로운 이에게나 불의한 이에게 햇살이 비치게 하신 것처럼, 조골세포는 의로운 이와 불의한 이의 뼈를 모두 치유한다.

병이 들었거나 고통을 당하고 있는 이들을 위해 기도할 때 반드시 기억해야 할 것이 있다면, 먼저 놀라운 치유와 회복 메커니즘을 고안해서 인체에 장착해주신 하나님을 찬양하고, 이어서 특별한 은혜로 환자의 몸을 단단히 붙잡아서 그러한 자원을 최대한 활용할 수 있는 능력을 베풀어주시길 기도해야 한다는 것이다. 아울러 교회도 기꺼이 달려와서 도움을 주고 믿음과 소망, 사랑이 필요한 환자의 머리 위에 치유의 손길을 더해야 한다.[10]

고통의 원인을 하나님에게서 찾으며 공연히 원망하고 있지 않은가

갑자기 어린 자식을 떠나보내고 두고두고 괴로워하는 이들을 수없이 만나보았다. 미국에서는 최근 15년 동안 영아돌연사증후군 발생률이 40퍼센트나 감소했다. 의사들이 부모들에게 아기를 엎드려 재우면 질식사할 위험이 있으니 반드시 뉘어 재우라고 주의를 주었기 때문이다. 그렇다면 지난날 아기를 잃고 하나님을 향해 "어째서 내 아이를 데려가셨습니까?"라고 부르짖었던 부모들을 생각해봐야 한다. 엄밀히 말하면 그건 잘못된 질문이었다. 어린아이들이 죽었던 건 엎드려 재우는 게 얼마나 위험한지 몰랐기 때문이다.

흑사병을 둘러싸고도 비슷한 일이 있었다. 페스트가 창궐하던 시대, 머리칼을 길게 늘어뜨린 예언자들은 주민 가운데 3분의 1은 죽고 3분의 1은 시골로 피난을 가서 무서우리만큼 고요한 런던 시내를 배회하면서 하나님이 사악한 세상을 심판하고 계신다고 외쳤다. 사실 500년 가까운 세월 동안 예언자들은 줄곧 그런 식의 종말을 예고했었다. 하지만 결국 쥐약이 나오면서 무서운 재앙도 사라졌다.

의학과 과학이 발전하면서 담배와 질병 사이의 상관관계가 속속 드러나고 있다. 한때 네덜란드에서는 흡연을 신령한 그리스도인의 상징으로, 건전한 일로 여겼다. 반항적인 부류나 담배를 피우지 않는다는 생각이 지배적이었다. 이제 흡연이 몸에 해롭다는 건 삼척동자도 다 아는 사실이다. 과거 폐암과 폐기종을 하나님의 뜻이라고 생각했던 네덜란드의 경건한 칼뱅주의자들도 사실 파이프만 꺼버렸더라면 얼마든지 건강할 수 있었을 것이다.

갑자기 날아든 총탄에 아내와 생후 7개월 된 딸을 잃은 선교사의 이야기를 들었다. 사역하던 남미 국가의 공군기가 일행을 마약 거래상으로 오인하고 사격을 가하는 바람에 벌어진 비극이었다. 살아남은 남편이자 아버지는 언론과의 인터뷰에서 말했다. "하나님이 총탄을 인도하셨습니다." 몇몇 사람들과 이 말을 가지고 오래도록 토론했다. 나로서는 '자비의 아버지'가 총알이 아기의 몸을 관통하도록 인도했다고는 도저히 믿을 수 없었다. 예수님도 인간 사이에 벌어진 비극을 두고 하나님을 원망하는 주장을 조목조목 반박하지 않았던가.

이전에 다니던 시카고 교회의 목사님은 교인들 누구나 앞에 나와서 기도를 받을 수 있는 기회를 자주 마련했다. "최악의 사태가 벌어졌다는 건 사랑을 넘치도록 체험할 일이 생겼다는 뜻이기도 합니다. 그러니 꼭 나쁜 일만은 아니죠, 안 그렇습니까? '네 믿음이 너를 구원하였으니 모든 고통을 벗어버리고 평안히 가라'고 말씀하시는 주님의 음성을 듣게 될 겁니다." 그리고 매번 교회는 고난을 당하는 이들에게 죄의식이나 회의를 안겨주는 대신, 사랑하고 지지해주어야 한다고 강조했다. 해를 거듭할수록 치유를 받았다고 간증하는 이들이 늘어났다. 몸 상태가 좋아지는 데 그치지 않고 갖가지 중독 증세에서 벗어났다거나 성적인 상처를 극복했다는 고백도 이어졌다. 당사자들뿐 아니라 나머지 교인들도 하나님은 고통이 아니라 위로의 근원이 되신다는 사실을 마음 깊이 새길 수 있었다.

치유가 일어나지 않더라도 받아들일 준비가 되었는가

사도 바울에게는 병을 고치는 능력이 있었다. 태어나면서부터 다리를 못 쓰는 남자를 고쳐주기도 하고 심지어 육신을 떠난 생명을 다시 불러오기도 했다. 그럼에도 자신은 말할 것도 없고 세 친구, 즉 에바브로디도, 드로비모, 디모데도 심각한 질병으로 고통받고 있다고 기록한다. 한 친구는 병이 깊어서 뒤에 남겨두었다고 했고, 다른 두 명에게는 치료를 권했다. 몸이 나았는지에 관해서는 전혀 언급이 없다.

고난의 문제를 상세히 다루고 있는 신약 성경 본문은 고통에서 배울 수 있는 가르침과 거기서 얻게 될 유익에 강조점을 두고 있다. 그런 기준을 가지고 고난을 생각하면, 자유롭지 못한 신체나 유전 질환을 수치스럽게 생각하기보다 오히려 고맙게 여길 수 있다. 예수님은 모든 가난과 모든 고통, 인간의 모든 필요를 해결해주시겠다고 약속하신 적이 없다. 다만 예쁘고, 능력 있으며, 제힘을 믿는 이들보다 가난한 사람들을 더 소중하게 생각하는 나라를 선포하셨다. 경험으로 미루어볼 때, 하나님 없이 살 수 없다는 것을 누구보다 기꺼이 인정하는 이들은 장애인이나 고통 중에 있는 이, 그리고 그들을 돌보는 이들처럼 대부분 달리 선택의 여지가 없는 사람들이었다.

기도로 병을 고치는 문제에 대해 어떤 결론을 내리든, 몸이 낫지 않는다는 이유로 가뜩이나 죄책감과 슬픔의 짐을 지고 허덕이는 이들에게 또 하나의 부담을 안겨서는 안 된다. 휠체어를 굴리거나, 날이면 날마다 잘려나간 팔다리의 뿌리를 더듬거나, 신경쇠약이나 유전 질환과 맞서 싸우는 그리스도인들은 이미 오랜 시간 치유를 위해 기도해온 이들이다. 더러는 부푼 꿈을 안고 신유 집회에 꼬박꼬박 참석해서 무릎을 꿇고 기름 부음을 기다렸을 것이다. 그러나 아직도 치유되지 않은 채 하루하루를 살아간다. 그런 이들에게 신유를 언급하는 것은 가장 잔인한 농담이 될 수 있으며 신체적인 건강은 물론이고 영적으로도 자격 미달이라는 조롱기 어린 비난처럼 느껴질 수 있다.

일부 텔레비전과 라디오 방송 설교자들은 믿기만 하면 반드시 나을 수 있다고 약속한다. 그게 사실이라면, 돋보기를 쓰고 대머리가 되는 등 늙어가고 있는 그리스도인이 설 자리는 어디인가? 세포의 효율이 떨어지는 현상과 질병이 서로 절묘하게 맞물리면서, 신유를 행하는 이들을 포함해서 모든 인간을 서서히 죽음으로 이끌게 마련이고, 아무리 기도를 많이 하고 큰 믿음이 있어도 그 과정을 되돌릴 수는 없다. 오래 기도했는데도 작가 조니 에릭슨 타다의 다리를 통제하는 신경은 저절로 재생되지 않았다. 치사율이 100퍼센트라는 췌장암이나 낭포성 섬유증, 또는 루게릭병이 기적적으로 나았다는 이야기도 아직 읽어보지 못했다.

아프리카의 목회자들로부터 시작하여 한때 대륙 전체를 휩쓸었던 '건강과 부의 신학'이 에이즈의 창궐로 된서리를 맞고 난 뒤부터 냉엄한 변화 과정을 밟았다는 이야기를 들었다. 사실 에이즈는 아직 완치된 사례가 없으며 일부 아프리카 국가에서는 감염률이 40퍼센트에 육박하는 게 현실이다. 따라서 교회는 "그저 믿기만 하면 낫는다"에서 좀 더 까다로운 내용으로 메시지를 바꿔야 했다. 위험을 무릅쓰고 병들어 죽어가는 이들을 보살피는 한편, 수백만 에이즈 고아를 돌보아야 한다고 설교하기 시작했던 것이다.

질병을 파고든 의미심장한 연구 보고 가운데 고통을 받는 당사자가 아니라 그를 돌보는 이들에게 초점을 맞춘 논문이 있다.[11] 연구진은 소아당뇨, 소아 류마티스관절염, 섬유성 낭포증, 간질, 이분척추 등 각종 유전 질환을 앓는 아동의 부모를 조사한 끝에, 신앙에서 위로와 힘을 끌어낼 줄 아는 부모의 능력이야말로 회복력을 좌우하는 결정적인 요소라는 사실을 발견했다. 출범 단계부터 교회는 그러한 부르심에 순종했다. 페스트가 유행하던 시절, 그리스도인들은 멀리 피난하기보다 발병 지역에 남아 환자들을 간호함으로써 분명한 차이를 보여주었다.

사우스캐롤라이나 주 콜롬비아 시에 있는 작은 집 침실에 앉아서 로버트슨 매컬킨이 아내에게 웃어가며, 말을 시켜가며, 뺨을 두드려주며, 입가에 흘러내린 국물을 닦아주며 집에서 만든 수프를 한 숟가락씩 떠먹이는 걸 지켜본 적이 있다. 그때의 기억을 잊을 수가 없다. 병든 아내는 소리를 내지도, 40년을 같이 산 남편을 알아보지도 못했다. 그나마 성한 한쪽 팔을 들어올려 흔드는 게 고작이었다. 매컬킨은 아내를 돌보기 위해 기독교 대학 학장직을 사임했다. 알츠하이머가 발병하기 전까지 아내 뮤리엘은 교사이자 자신의 이름을 딴 프로그램을 진행하는 방송인이었다. 무려 20년 동안, 남편은 그렇게 책임을 다했다. 아내에게 도움이 필요하면 언제라도 달려갈 수 있도록 대부분의 강연 약속을 취소하고 추진하던 프로젝트도 중단했다. 왜 그랬을까? 매컬킨은 말한다. "하나님 앞에서 맹세했어요. 아플 때나 건강할 때나 한결같이 사랑하겠다고요. 정말 사랑한다면 그래야 하는 것 아닌가요?"

온타리오 주에 사는 한 여성이 루게릭병에 걸린 남편을 7년 동안 간호하며 가족들이 쓴 일기를 보내주었다. 형과 어머니, 할아버지, 숙모, 사촌 하나가 똑같은 병으로 목숨을 잃은 까닭에, 남편은 장차 자신에게 어떤 일이 닥칠지 훤히 내다보고 있었다. 물론 이 병에 걸렸다가 나은 사람이 아무도 없다는 사실도 잘 알았다.

식구들은 장례식에 참석한 이들에게 종이 한 장을 돌렸다. 위쪽 끝에는 "여호와는 나의 목자시니 내게 부족함이 없으리로다"라고 적어놓았고 아랫단에는 "내 하나님이여 내 하나님이여 어찌 나를 버리셨나이까?"라고 써놓았다. 시편 23편과 22편에 나란히 등장하는 이 두 말씀은 환자를 돌보며 보낸 지난 7년을 고스란히 압축해서 보여주고 있었다.

딸이 쓴 일기의 첫머리에는 언제나 병의 진행 상태가 정리되어 있었다. "아빠는 더 이상 신발 끈을 매지 못하신다. … 이름을 적지 못하게 되셨다. … 쇄골이 부러졌고 직장을 그만두셨다. … 주차장에서 쓰러졌는데 누군가 일으켜줄 때까지 땅바닥에 엎드린 채 기다리셔야 했다. … 이제 아빠는 아침밥을 떠먹지 못하신다. 우리를 껴안아주지도 못하신다.

… 삶은 콩을 넘기기도 힘들어 하신다. … 고개를 가누지 못하게 되셨다."

마침내 7년 세월의 종지부를 찍는 날, 일기는 이렇게 시작된다. "의자에 앉아 거친 숨을 몰아쉬는 아빠 곁에 기대앉았다. 평안을 주시도록 기도했다. 콧물을 닦아드렸다. 어깨를 주물러드렸다. 엄마가 아빠에게 사랑한다고 말했다. 그리고 안녕이라고. 아빠는 엄마에게 당신을 사랑하며 두 분이 함께한 세월을 사랑한다고 표현하셨다. 아빠가 하늘나라를 바라보신다. 그리곤 조용히 숨을 거두었다. … 주님은 우리의 목자시니."

환자의 고통과 가족의 비통함이 절정에 이른 순간, 식구들은 사랑하는 이가 은혜롭게 세상을 떠날 수 있도록 위로와 힘을 주었다. 바울이 고린도 교회에 보낸 편지에는 '모든 위로의 하나님'고후 1:3이라는 표현이 등장한다. 이처럼 아름다운 호칭이 또 있을까? 한 목회자가 비꼬는 투로 지적한 대로 주님은 보호는 최소한 지원은 최대한 베푸신다. 그런데 바울은 강조점을 우리에게로 옮겨놓는다. "온갖 환난 가운데에서 우리를 위로하여 주시는 분이십니다. 따라서 우리가 하나님께 받는 그 위로로, 우리도 온갖 환난을 당하는 사람들을 위로할 수 있습니다. 그리스도의 고난이 우리에게 넘치는 것과 같이, 그리스도로 말미암아 우리의 위로도 또한 넘칩니다"고후 1:4-5, 새번역.

부분적인 기적

빈스

    길에서 나를 만났다면, 그것도 휠체어를 타고 쏜살같이 달려가는 모습을 봤다면, 망가진 몸을 치유한 표본이라고까지는 못해도 2003년 7월에 비해 많이 치유된 것을 분명히 알 것이다.

    사고가 터지기 전에는 하고 싶은 일도, 할 일도 많았다. 세계 다섯 개 대륙을 두루 돌아다녔으며, 그레이트 배리어 환초에 가서 스쿠버다이빙을 즐겼고, 남극에서 전기 기술자로 일했고, 멕시코와 인도네시아로 선교 여행도 갔다. 지금은 70센티미터 넓이의 문간을 지나고 10센티미터 높이의 문턱을 지나다니기도 힘겹다. 미래를 바라보지 않고 과거에 연연한다면 우울의 늪에서 헤어나지 못할 것이다.

    콜로라도 산맥의 4,200미터짜리 봉우리에 올라갔다 돌아오는 길에 오토바이가 미끄러져 구르는 대형 사고를 당했다. 뇌와 척수에 심각한 상처를 입었으며 그로부터 여드레 동안 코마 상태에 빠져 있었다. 면봉을 안구에 대도 눈을 깜빡이지 않았다. 제힘으로 숨을 쉬지도 못했다. 의료진은 생명 유지 장치를 떼어내는 게 어떠냐고 가족들에게 제안했다. 뇌 기능이 회복될 가능성이 없으며 영구적인 식물인간 상태에 머물게 될 공산이 크다는 뜻이었다.

하지만 누구도 그러길 원치 않았다. 사고가 나던 날 밤, 식구들은 시편 57편의 기도를 드렸다. "내 영광아 깰지어다. 비파야, 수금아, 깰지어다. 내가 새벽을 깨우리로다"라는 말씀 그대로 8일 만에 하나님은 기도에 응답하셨다. 그날 새벽부터 눈동자를 굴리기 시작했다. 의사들은 가족들에게 생명 유지 장치 얘기는 없었던 걸로 해달라고 했다. 시편 57편 8절 말씀은 내게도 뜻깊은 약속이 되었다.

'치유' 과정은 느리고 고통스러웠다. 한 걸음씩 지루하게 이어졌다. 의사도 어찌해줄 수 없는 환상통을 가라앉혀달라고 하나님께 얼마나 간절히 부르짖었는지 모른다. 손의 감각과 운동 신경을 되살리는 데만도 여러 달이 걸렸다. 읽는 법도 다시 배워야 했다. 아직도 전신의 70퍼센트 정도는 움직이지 않는다. 배가 고프다는 감각도 느끼지 못한다. 온몸을 회복시켜달라고 기도해야 할까, 아니면 상황을 받아들이게 해달라고 기도해야 할까?

망가진 몸을 치유하는 작업에는 수많은 이들이 관여한다. 퇴원한 뒤부터는 동생을 비롯한 식구들이나 친구들의 손에 의지해서 기초적인 일을 처리한다. 오랜 시간에 걸쳐 물리 치료를 받기도 했다. 이제는 도움을 청하는 게 부끄러운 일이 아니라는 걸 잘 안다. 누구나 마찬가지다. 항상 웃을 필요도 없고 늘 행복한 표정을 지을 이유도 없다. 세상은 우리에게 다른 이의 도움을 받아서는 안 되고 독립적으로 살아야 한다고, 약한 모습을 보이지 말라고 가르친다. 그러나 하나님은 당신의 자녀들이 그렇게 살기를 원치 않으신다. 사고가 터지자마자 생각지도 못한 이들이 수없이 찾아와서 손을 보태고, 음식을 날라다주고, 침상 곁에서 함께 기도해주고, 고통을 덜어주어 정말 놀라울 지경이다.

동생 이야기에 따르면, 입원하고 나서 몇 주 동안 너무 많은 이들이 찾아와 대기실을 독차지하는 바람에 병원 직원들에게 눈총을 받았다고 한다. 세상 사람들은 그런 도움도 받지 않고 어떻게 비극을 헤쳐나가는지 도통 알 수가 없다.

주님을 꼭 붙들고

재클린

우울증이 6개월씩이나 계속되던 시기에 기도하는 법을 배웠다. 집어삼킬 듯 엄습하는 고통 앞에서 나는 무방비 상태였다. 우울증을 실제로 경험해보지 못한 이들에게는 신체적인 고통을 느꼈다는 이야기가 이상하게 들릴지도 모르겠다. 이렇게 보면 몸에 아무 이상이 없지만, 저렇게 보면 성한 데가 없었다. 기분이 가라앉으면 차라리 트럭에라도 치여 죽고 싶은 마음이 굴뚝같았다.

방바닥에 누워서 고통을 거둬달라고 하나님께 간구하던 생각이 난다. 기도가 하늘로 올라가지 못하고 카펫 위를 맴도는 듯했다. 누군가와 어울릴 엄두조차 못 냈다. 그러니 하나님과의 관계인들 온전했겠는가. 자궁 속 태아처럼 웅크린 채, 하루 종일 침대 위에서 버둥거렸다.

부끄러웠다. 굶어 죽어가는 아기를 꼭 끌어안은 수단 여인이나 불치병으로 죽어가는 이에 비하면 내 고통쯤은 아무것도 아니었다. 하지만 모든 고통은 한결같이 고통스러울 뿐이었다. 얼마나 가치가 있느냐는 잣대로 고통의 크기를 잴 수는 없는 법이다.

고통을 잊을 수 있는 순간은 꾸밈음처럼 드물게 찾아왔다. 어느 날 밤인가는 오렌지를 꺼내려고 부엌에 갔다가 냉장고 문틈으로 새나오는 푸르스름한 광선을 보면서 갑자기 마음이 편해졌다. 괴로움이 모두 가셨다. 하지만 다음날은 다시 침대에 틀어박혔다. 주일이면 가끔씩 교회에 갔다. 살금살금 들어가서 맨 뒷자리에 눈을 꼭 감고 앉았다가 아무도 알아채지 못하게 빠져나오곤 했다. 그렇게 좋아졌던 기분은 월요일 아침이 되기가 무섭게 사라져버렸다. 결국 잠시 위안이 찾아와도 믿을 수가 없게 되었다. 금방 사라져버릴 게 틀림없기 때문이었다.

비슷한 일을 겪고 있는 이들이 없을까 싶어서 자살 사이트를 찾아다녔다. 스스로 목숨을 끊는 이들을 이제는 충분히 이해한다. 그것 말고는 달리 고통을 끝낼 길을 찾지 못하기 때문이다. 남편은 늘 기도했다. "하나님, 아내가 자살하지 않도록 지켜주세요. 주님이 여전히 사랑하신다는 걸 깨닫게 해주세요." 내게는 그 기도가 너무나도 가망 없어 보였다. 나 역시 "하나님이 아직도 저를 사랑하신다는 걸 알게 도와주세요"라고 말은 했지만, 복권에 당첨되는 것만큼이나 요원해 보였다.

당시에는 새카맣게 몰랐지만, 지금 돌아보면 하나님이 우리 부부의 기도에 응답하신 걸 똑똑히 알 수 있다. 멀리 사는 여동생이 첫 비행기를 잡아타고 날아와서 일주일 내내 함께 있어주었다. 침대 곁에 앉아서 나직하게 찬송가를 불러주고, 말없이 기도해주고, 때로는 그냥 머리를 빗겨주기도 했다.

동생은 묻곤 했다. "언니, 거울을 보면 뭐가 보여?"

대답은 한결같았다. "쓸모없는 인간, 낙오자, 영적인 쓰레기."

"하나님이 언니를 어떻게 생각하시는지 얘기해줄게. 주님은 언니가 너무 좋대." 그분의 사랑을 직접 느끼지는 못했지만, 그 순간 동생의 말을 통해서 깊이 실감이 되었다.

심리 상담가는 또 다른 형태로 다가온 기도 응답이었다. 그가 처방해준 약을 말하는 게 아니다. 하나님은 사람들을 통해서 아픈 곳을 고쳐주시는 경우가 많다. 일주일에 한 번, 위로를 주는 성경 말씀과 아울러 "우리는 당신을 위해 기도하고 있습니다"라는 말이 적힌 카드가 날아왔다. 아직도 누가 보냈는지 모르지만, 그날 필요한 말씀이 정확하게 담겨 있었다.

지금은 우울증에서 벗어났다. 덕분에 내 삶도 완전히 달라졌다. 무어든 내 힘으로 할 수 있다는 건방진 생각이 사라졌다. 이제는 스스로 영적인 장애인이라고 생각한다. 매일, 그것도 하루 종일 주님을 의지하지 않으면 살 수 없다. 혼자서 해보려다 실패한 경험이 있는 까닭에 자신을 신뢰하지 않는다. 과거에는 하나님을 끌어들여 내가 원하는 일을 하려고 했다. 지금은 그분이 행하시는 일 가운데 머무는 게 좋다고 생각한다. 그저 꼭 붙들고 놓치지만 않으려고 한다.

기도의 초보자가 되고 싶지 않다. 그러나 분명히 알고 넘어가야 할 사실이 있다. 우리는 무조건 풋내기다. 아무리 세월이 흘러도 마찬가지다. _토머스 머튼[1]

무엇을 위해 기도해야 할까

응답되지 않은 기도, 그리고 하나님과 치유를 둘러싸고 해답을 얻지 못한 의문은 자칫 우리를 혼란스럽게 하고 주님을 향해 입을 다물게 만들 수 있다. 도대체 무엇을 위해 기도해야 한단 말인가?

통상적인 상황에서 기도하는 이들은 물론이고 고통을 겪고 있는 이들, 어려움에 빠진 사람을 보살피고 있는 이들과 군목, 분야별 봉사자를 두루 만나고 나서 기도의 가이드라인을 추려냈다. 고난 중에 있는 이들뿐 아니라 시시때때로 필요에 따라 부르짖는 이들까지 모든 그리스도인에게 어떻게 기도해야 하는지 보여주는 일종의 표본이다. 다들 믿을 만한 기도인 만큼 자신 있게 기도해도 좋을 것이다.

마음의 소원

비록 불가능해 보일지라도 마음에 소원하는 바를 있는 그대로 하나님께 말씀드리는 법을 배웠다. 개인적으로는 중동 평화를 위해, 아프리카의 정의 실현을 위해, 중국을 비롯한 몇몇 나라에서 신앙의 자유가 인정되기를 위해, 미국에서 노숙자와 인종 편견이 사라지기를 위해 기도하고 있는데, 그렇게 되기를 진심으로 소망할 뿐 아니라 궁극적으로는 하나님도 그리 되길 원하신다고 믿기 때문이다.

시카고에 사는 친구 하나가 빈민 사역을 하는 동료들에게 그 지역의 빈곤 추방을 위한 작정 기도를 제안했다. 그런데 요청을 받은 이들마다 한결같이 탐탁지 않다는 반응을 보였다. 반대하는 논리는 대개 비슷했다. "어째서 그렇게 이상적이고 불가능한 일을 구하려고 하는 거지?" 하지만 친구의 생각은 달랐다. 마음에 소원하는 바를 아뢰지 못할 바에야 기도할 이유가 무엇인가? 더구나 그것이 세상을 향한 하나님의 뜻과 잘 맞아떨어진다면 두말할 것도 없지 않은가? 주님이 원하시는 일을 기도했을 때 무슨 일이 일어날지 누가 아는가? 철의 장막 뒤편에서, 그리고 인종 분리 정책이 시행되던 남아프리카공화국에서 그리스도인들이 드렸던 수많은 간구를 생각해보라. 그야말로 불가능하고 이상적으로 보이는 기도가 아니었던가?

하나님은 필요한 걸 있는 그대로 구하라고 요구하신다. 품 안을 파고들며 크리스마스 선물로 이러저러한 것들을 갖게 해달라고 조르는 아이를 세상 어느 부모가 매정하게 꾸짖겠는가? 하나님도 마찬가지다. 버논 그라운즈 박사는 병 낫기를 위해 기도해달라는 요청을 받고 이렇게 간구했다고 한다. "하나님께서 특별한 목적을 가지고 계신 걸 잘 압니다. 이 사람을 위해 선한 계획을 세워두셨다는 것도 한 점 의심 없이 믿습니다. 하지만 솔직히 말씀드려서, 그런 목적과 계획이 실제로 이뤄지는 걸 보고 싶습니다."

심각한 병에 걸렸다는 진단을 받는다면 당장 고쳐주시길 기도할 것이다. 병 낫기를 위해 기도하라는 건 거룩한 명령이다. 자녀들이 건강하고 온전하게 되기를 하나님이 진심으로 소망하신다는 사실은 그리스도를 통해서 분명히 드러났다. 게다가 허다한 논문이 치유 과정에 기도가 얼마나 효과적인지 설명하고 있다. 믿음은 변화를 불러온다. 기도는 몸과 혼과 영을 조화롭게 조절하는 한편, 인체에 내장된 자가 치료 시스템을 가동시킨다.

예수님은 가끔씩 환자들에게 "네가 낫고자 하느냐"요 5:6 하고 물으셨다. 쓸데없는 질문이 아니었다. 의사들의 증언에 따르면, 일부 환자들은 아프지 않은 자신의 모습을 도무지 상상하지 못한다고 한다. 뭔가를 요청하는 기도가 다 마찬가지겠지만, 치료를 구하는 기도에서도 하나님께 문제를 정직하게 드러내고 마음의 소원을 말씀드려야 한다.

탄식

마리아와 마르다는 오라비 나사로의 상태를 기도 형식을 빌려서 예수님께 알렸다. "주여 보시옵소서. 사랑하시는 자가 병들었나이다"요 11:3. 설교자들은 이 자매의 성격 차이에 관심이 많다. 종종거리며 분주하게 돌아다니는 마르다 스타일과 묵상하기를 좋아하는 마리아 타입이 있다는 것이다. 하지만 내 눈길을 끈 것은 나사로를 돕기에는 너무 늦게 도착하신 그리스도 앞에서 두 사람이 보인 반응이다. 주님을 만나러 허둥지둥 달려 나온 마르다는 "주께서 여기 계셨더라면 내 오라버니가 죽지 아니하였겠나이다"요 11:21라며 안타까워했다. 언니보다 조금 느긋하게 마중 나오기는 했지만 마리아의 첫마디도 판에 박은 듯 똑같다. "주께서 여기 계셨더라면 내 오라버니가 죽지 아니하였겠나이다"요 11:32. 고통과 슬픔이 깊으면 성격이 어떠하든 탄식이 먼저 튀어나오게 마련이다. 더러는 기도하면서 아무 얘기도 못하고 그저 한탄만 늘어놓는 경우도 있다.

예수님은 그런 자매를 어떻게 대하셨을까? 꾸짖지 않으셨을 뿐 아니라 심령에 비통히 여기시고 불쌍히 생각하셨다. 성경에서 가장 짧은 한 구절이 주님의 마음을 강렬하게 함축한다. "예수께서 눈물을 흘리시더라"요 11:35. 콜로라도에 있는 대형 교회에서 교구를 담당하고 있는 목회자 존은 눈물의 가치를 중시한다. 직책이 직책인 만큼, 존은 하루의 대부분을 몸이 아프거나 죽어가는 이들을 심방하며 보낸다. 일주일에 적어도 한 번은 장례식에 참석한다. 거기에다 유전 질환으로 언제 어떻게 될지 모르는 두 자녀까지 키우고 있다. 존은 말한다. "복음 전도자들은 행복한 결말을 기대하는 경향이 있습니다만, 우리 경우는 그냥 슬프게 끝났습니다. 고통을 당하고 있는 이들과 함께 있으면 상대방과 함께 바다에 나가서 깊고 깊은 바닥까지 잠수해 들어가는 것 같은 느낌이 듭니다. 너무 빨리 수면 위로 떠오르면 감압 때문에 대단히 위험합니다. 최소한 얼마 동안은 슬픔에 머물러야 합니다. 슬픔을 느끼고, 내뱉기를 반복하면서 말입니다. 맨눈에는 보이지 않던 것들이 눈물을 통해 보면 또렷하게 들어

올지 모릅니다."

하나님은 기도를 통해 쏟아내는 자녀들의 한탄을 모두 들어주실 뿐 아니라, 우리를 위하여 성경에도 그런 말씀을 가득 채워놓으셨다. 유진 피터슨은 시편 가운데 3분의 2는 탄식의 노래라고 말한다.[2]

더는 출구를 찾을 수 없을 만큼 막다른 골목에 몰린 결혼 생활, 집에 있는 돈이란 돈은 다 가져다 쓰면서도 감사는커녕 원망만 늘어놓는 사나운 십 대 자녀, 부부 관계에는 아무 관심이 없는 배우자, 온 세상을 휘젓는 테러리즘, 엉뚱한 방향으로 흘러가는 선거, 심하게 다투다가 결국 쪼개진 교회, 치매에 걸린 부모, 이런 상황 하나하나는 곧장 탄식의 기도를 자극한다.

둘째가라면 서러울 만큼 참을성이 깊어 보였던 로버트슨 매컬킨까지도 분노가 일정 수준에 이르면 알츠하이머에 걸려 누워 있는 아내에게 고함을 지르거나 심지어 뺨이라도 때려주어야 속이 풀릴 것 같은 심정이 된다고 털어놓았다. 그럴 때 기도는 훨씬 나은 대안이 된다. 시편 기자들이 원수들을 염두에 두고 격렬한 기도를 쏟아냈던 게 개인적으로 앙갚음하는 행위보다 월등히 훌륭한 선택이었던 것과 마찬가지다. 기도하면서 좌절감을 토로하는 걸 죄스럽게 생각할 이유가 없다. 하나님은 탄식을 환영하신다.

고백

죄는 몸과 혼과 영의 조화를 깨뜨려서 하나님과의 관계를 망가뜨린다.

고백은 근심과 죄책감, 두려움 등 건강을 망치는 장애물을 쓸어내는 동시에 하나님과 의사소통할 수 있는 통로를 회복시킨다.

앞에서 이야기한 바 있지만, 누구든지 어느 정도까지는 내면의 대화를 나눈다. 물론 주변 사람들은 전혀 들을 수 없다. 죄책감을 붙들고 씨름할 때마다 나를 둘러싸고 내면의 대화가 끝없이 돌아가는 걸 느낄 수 있다. 스스로 저지른 잘못을 합리화하거나 해명하기도 하고, 원인을 제공한 이를 원망하기도 하고, 자기연민이나 양심의 가책에 시달리기도 한다. 오직 고백만이 그런 자기 몰입을 해소하고 하나님의 부드러운 음성을 향해 마음을 열게 해준다.

미시간 주 그랜드래피즈에 있는 갈보리교회의 에드 돕슨 목사는 루게릭이라는 불치병에 걸린 뒤에 가능한 모든 잘못을 철저히 고백해야겠다고 마음먹었다. "진단을 받고 나니, '이제 죽겠구나. 그렇다면 깨끗한 양심으로 온전한 관계 속에서 죽었으면 좋겠다' 싶었습니다. 본의 아니게 마음을 상하게 했던 이들, 용서를 구해야 할 얼굴들이 생각났습니다. 그래서 마음에 떠오르는 대로 명단을 만들어서 전화를 걸기 시작했습니다."[3]

돕슨은 본래 근본주의 운동과 '모럴머조리티'라는 보수 기독교 정치 단체에 뿌리를 두고 있었다. 그러나 방향을 전환한 이후에는, 특히 그 지역 동성애자 선교와 관련하여 종전과 전혀 다른 태도를 취했다. 심각한 병에 걸린 것을 알게 된 그는 제리 폴웰, 밥 존스, 제임스 돕슨(친척은 아니다) 등 옛 동료들에게 전화를 걸어서, 혹시 자기 때문에 마음 상한 게 있으면 용서해달라고 요청했다. 일일이 전화를 돌린 뒤에는 깨끗한 양심을 갖게 해주시길 간구했으며 기도하는 가운데 이전에는 알지 못했던 새로운 자유를 맛보았다.

그리스도인은 하나님과의 관계를 가로막는 장애물을 제거하는 순간, 온전하고 건강한 삶을 향해 큰 걸음을 내딛는다. 장담하건대, 주님은 고백하는 기도에 백발백중 응답하시며 용서를 보장하신다. 사도 요한은 이렇게 말한다. "만일 누가 죄를 범하여도 아버지 앞에서 우리에게 대언자가 있으니 곧 의로우신 예수 그리스도시라"요일 2:1.

필리핀 시민 혁명 당시 핵심 역할을 한 가톨릭교회 마닐라 교구장 하이메 신 추기경은 접견 시간마다 하나님의 계시를 받았다며 찾아오던 여인의 이야기를 즐겨 했다. 몇 번이나 쫓아 보냈지만 여인은 지칠 줄 모르고 돌아왔다. 마침내 추기경이 말했다. "가톨릭교회에는 환상이나 메시지가 하나님으로부터 온 것인지를 가리는 엄격한 규정이 있습니다. 당신이 진짜인지 시험해봐야겠습니다. 돌아가서 내가 가장 최근에 고해한 죄가 뭔지 하나님께 물어보면 좋겠습니다. 하나님이 알려주신 게 맞으면 당신을 인정하겠습니다."

다음 주가 되자 영락없이 여인이 나타났다. 추기경은 짜증 섞인 목소리로 물었다. "그래, 하나님께 내 죄를 여쭤보았습니까?"

"네."

"대답을 하시던가요?"

"예."

"뭐라고 하셨나요?"

"전혀 기억나지 않는다고 하시더군요."[4]

평안

영국 성공회 사제 로이 로렌스는 기도 응답을 받으려면 공을 많이 들여야 하는 것으로 우리가 오해하고 있다고 지적한다. "보통은 기도를 씨름하듯 매달려야 하는 힘든 일이라고 생각한다. 나 역시 그런 식으로 생각했다. 누군가를 고쳐달라고 간구하고 나면, 손바닥에 손톱자국이 선명했다. 기도하면서 너무 괴로운 나머지 주먹을 꼭 말아 쥐고 있었던 까닭이다."[5]

로렌스는 차츰 기도란 씨름하듯 애쓰는 노력보다 쉼과 더 관계가 깊다는 사실을 확신하게 되었다. 예수님은 "수고하고 무거운 짐 진 자들아 다 내게로 오라 내가 너희를 쉬게 하리라"마 11:28고 말씀하셨다. 영어 성경 가운데는 뒷부분을 "내가 너희 원기를 회복시켜줄 것이라"고 풀이한 번역본도 있다. 로렌스는 요한복음 15장을 펼쳐서 예수님이 보여주시는 포도나무와 가지의 그림에서 기도의 지침을 구했다. 가지는 열심히 노력하거나 깊이 고민함으로써가 아니라 줄기에 붙은 채로 가만히 있기만 하면 저절로 열매를 맺는다.

앞에서 기도의 방향 전환을 이야기했었다. 뭔가를 요청하고 요구하는 데서 시작하지 말고 하나님을 출발점으로 삼자는 취지였다. 주님이 어떤 분인지 알고 난 뒤에, 그분의 사랑과 능력이 흘러가는 대로 맡기는 게 최선이기 때문이다. 몸이 아프거나 어려운 일을 겪고 있는 이들을 위해 기도할 때, 아무리 상황이 급박해도 다짜고짜 요구 사항을 꺼내들기보다는 중보하려는 이를 하나님이 어떻게 생각하고 계실지부터 묵상한다.

예수님의 모습을 보면 하나님 마음을 정확히 알 수 있다. 주님은 마리아와 마르다를 보고 동정의 눈물을 흘리셨다. 병든 이들이 부르짖을 때마다 외면하지 않으시고 고쳐주셨다. 창기와 세리처럼 사회적으로 멸시를 받던 부류들 사이에서 변화를 일으키셨다. 우리를 돌보아달라고 애써 하나님을 설득할 필요가 없다는 사실을 깨닫고 나니 한결 평안하다. 주님은 짧은 상상력으로 가늠할 수 없을 만큼 잘 보살펴주고 계시며, 궁극적으로 무슨 일이 벌어지는지 손금 보듯 훤히 알고 조정하신다.

그리스도는 제자들에게 "평안을 너희에게 끼치노니 곧 나의 평안을 너희에게 주노라"요 14:27고 말씀하셨다. 스트레스나 두려움, 긴장, 근심 따위로 마음의 평화가 깨지는 게 질병을 일으키는 병원균만큼이나 건강에 해롭다는 건 거의 모든 의사가 인정하는 사실이다. 핍박받는 교회에는 평안이 필요하다. 갓난아기를 가진 부모들도 평안이 필요하다. 대학생도 평안이 필요하다. 분쟁 지역에서 난민을 보살피며 구호 활동을 펴는 이들에게도 평안이 필요하다. 평화의 왕이신 주님은 하루도 편할 날이 없는 세상을 사는 인류에게 가장 필요한 평안을 작별 선물로 선사하셨다.

어떻게 하면 주어진 환경과 관련해서 정확한 기도를 드릴 수 있을까? 신유의 역사를 일으켜주시길 구해야 할까, 아니면 만성적이거나 심지어 치명적이기까지 한 질환을 감수해야 할까? 감옥에서 풀려나게 해달라고 요청해야 할까, 아니면 거기서 보내는 시간을 거룩하게 사용하도록 도와달라고 부탁드려야 할까? 예비부부를 위한 상담을 받아야 할까, 아니면 약혼을 깨야 할까? 다시 한 번, 성령님에 관한 바울의 약속에서 위로를 얻는다. 그분이 압박을 덜어주시며 지극히 혼란스러운 상황에서도 평안을 누릴 수 있는 길을 제공하신다지 않는가.

이와 같이 성령도 우리의 연약함을 도우시나니 우리는 마땅히 기도할 바를 알지 못하나 오직 성령이 말할 수 없는 탄식으로 우리를 위하여 친히 간구하시느니라. 마음을 살피시는 이가 성령의 생각을 아시나니 이는 성령이 하나님의 뜻대로 성도를 위하여 간구하심이니라롬 8:26-27.

하나님의 임재

예수님은 평안을 유산으로 남기신 바로 그 마지막 만찬 자리에서 훨씬 큰 선물을 약속하셨다. 하나님이 멀리 하늘나라도 아니고 우리 안에, 마음속에 사시겠다는 것이다. 그리스도는 성령님을 보내주시겠다고 하셨는데, 주님이 선택하신 보혜사(위로자)라는 이름에 이미 감당하실 사역의 내용이 함축되어 있다. 거룩한 임재를 감각적으로 느낄 수도 있고 그렇지 못할 수도 있다. 그러나 하나님이 이미 임재하셔서 마음속에 거하시므로, 먼 곳에서 모셔올 필요가 없다는 사실만큼은 확실하다.

전혀 생각지도 못한 곳에서 하나님의 임재를 확인할 때가 있다. 네팔을 여행할 때만 해도 그렇다. 현지에서 일하는 물리 치료사가 우리 부부를 안내해서 푸른초장병원을 구경시켜주었다. 한센병 환자만을 수용해서 돌보는 특별 시설이었다. 아내와 함께 건물 외벽을 따라 이어지는 보도를 걷고 있는데 말할 수 없이 추한(그렇게 험한 얼굴은 난생처음 보았다) 몰골을 한 여인이 마당에 서 있는 게 눈에 들어왔다. 두 손에는 붕대를 칭칭 감고 있었다. 발이 있어야 할 자리는 뭉툭한 흔적만 남아 있었다. 얼굴은 한센병이 휩쓸고 간 처참한 흔적을 고스란히 드러내고 있었다.

콧날은 모두 뭉개져서 똑바로 바라보면 움푹 파인 구멍만 보였다. 눈은 이미 혼탁해지고 각질에 뒤덮여서 빛 한줄기 들어갈 수 없는 상태였다. 여인은 앞을 전혀 보지 못했다. 상처투성이인 팔에는 피부 조각이 너덜거리고 있었다.

병동을 모두 돌아보고 똑같은 길을 되짚어 나왔다. 마당을 지나는 순간, 아직까지 거기 있던 여인은 마당을 가로질러 보도 턱까지 다가왔다. 팔꿈치로 땅을 딛고 몸을 질질 끌었다. 마치 상처 입은 짐승이 버둥거리는 것 같았다. 참으로 부끄러운 얘기지만, 퍼뜩 '거지인가보다. 돈을 달라는 거겠지'라는 생각이 들었다. 망가질 대로 망가진 이들 사이에서 사역하는 아내는 훨씬 거룩한 반응을 보였다. 서슴없이 몸을 굽혀서 여인의 어깨를 감싸 안았다. 노파는 아내의 어깨에 머리를 기대고 네팔어로 노래를 부르기 시작했다. 가락을 들어보니 무슨 노래인지 금방 알 수 있었다. "날 사랑하심, 날 사랑하심, 날 사랑하심, 성경에 써 있네."

나중에 물리 치료사가 여인에 관해 이야기해주었다. "단마야 할머니는 가장 경건한 교인 가운데 한 분이에요. 환자들은 대부분 힌두교도지만 병원에는 조그만 교회당도 있어요. 할머니는 문을 열기 전부터 와서 기다리곤 하죠. 그야말로 기도의 용사거든요. 푸른초장병원에 오는 손님들한테 인사하고 환영하는 걸 얼마나 좋아하는지 몰라요. 아마 우리가 복도를 따라 걸으며 대화하는 소리를 듣고 쫓아오신 걸 거예요."

몇 달 뒤, 단마야 할머니가 세상을 떠났다는 소식을 들었다. 지금도 책상 곁에는 할머니가 아내에게 찬송을 들려줄 때 찍은 사진이 붙어 있다. 아름다움에 집착하는 '연예인 문화', 다시 말해 한쪽에서는 제대로 된 치료를 받지 못한 에이즈 환자들이 하루에 9,000명씩 죽어가고 푸른초장

병원 같은 의료 시설은 푼돈을 기부 받아 간신히 운영하고 있는데, 이쪽에서는 이상적인 미인이 되겠다는 불가능한 목표를 좇아 코를 높이거나 가슴을 키우는 데 엄청난 돈을 쏟는 문화에 오염된 채 살고 있다는 생각이 들 때마다 사진을 끌어당긴다. 아름다운 두 여인이 액자 속에 들어 있다. 전날 산 밝은 색 사리를 입고 따뜻하게 웃는 아내, 그리고 그 팔에 기댄 주름투성이 할머니. 미인 대회에 나간다면 두말할 것 없이 탈락이겠지만, 가장 중요한 경연에서만큼은 입상은 떼놓은 당상이다.

몸은 망가질 대로 망가지고 말할 수 없이 쇠약해졌지만, 그 안에서 하나님의 임재의 빛이 환하게 뿜어나왔다. 성령님이 머무실 곳을 찾으신 것이다.

긍휼

어려운 시기를 만나면 시야가 좁아져서 나 자신과 내 문제 외에는 생각할 여유가 없어진다. 그런데 하나님의 사랑이 미치는 반경을 넓히려면 눈을 들어 훨씬 먼 곳을 볼 필요가 있다. 사도 바울은 하나님을 "환난 중에서 우리를 위로하사 우리로 하여금 하나님께 받는 위로로써 모든 환난 중에 있는 자들을 능히 위로하게 하시는 이"고후 1:4라고 설명한다. 반드시 곱씹어봐야 할 대목이다. 가끔씩 무력감과 불안감을 느끼는가? 날마다 그것을 붙들고 씨름하는 이들이 있다는 걸 잊지 마라.

나는 하나님께 뭔가를 물어보는 데 많은 에너지를 쓰곤 했다. 어째서 미국처럼 부유한 나라에도 여전히 가난한 이들이 있는 걸까요? 아프리카 대륙이 마치 스펀지처럼 세상의 재앙을 죄다 빨아들이는 까닭은 무엇입니까? 그런데 언제부터인가, 하나님이 똑같은 질문을 우리에게 던지고 계시다는 생각이 들었다. 그리스도는 이미 거룩한 뜻을 분명히 보여주셨다. 그렇다면 주님의 뜻이 성취되도록 돕기 위해 구체적으로 어느 영역에서 무슨 일을 하고 있는가?

아프리카에서 에이즈를 몰아내주시기를 간구할 때는 월드비전이나 월드컨선, 티어펀드 등 여러 단체가 펼치고 있는 의식 개혁 운동을 위해, 록 스타 보노가 교회를 향해 던지는 예언자적 메시지를 위해 기도한다. 제약회사 이사회가 희생적인 결단을 내려서 약품을 기증할 수 있도록, 정부 지도자들이 기금 조성 문제를 논의하도록, 그리고 현장에서 환자를 직접 돌보고 고아들이 머물 공간을 찾느라 동분서주하는 의료인과 구호 요원 및 교육자를 위해 기도한다. 작은 일 같지만, 이렇게 기도를 통해서 문제 해결에 힘을 보탠다.

알츠하이머나 루게릭처럼 좀처럼 회복하기 어려운 병에 걸린 친구들을 위해 기도하는 경우, 환자에 버금가는 스트레스와 고통을 받아가며 애쓰는 보호자를 위해서도 간구한다. 힘과 용기를 주시기를, 오래도록 인내하게 도와주시길 요청한다. 발병 초기에는 친척과 친구들이 몰려들어 자기 일처럼 위로하고 거들어주다가 시간이 제법 흐르면 흐지부지 사라져버리기 일쑤라는 게 간병을 돕는 이들의 한결같은 얘기다. 고통을 바라보는 신학적인 시각이 정립되어 있지 않은 탓에, 교회마저도 오랫동안 차도가 없는 환자를 골치 아픈 존재쯤으로 치부하는 경향이 있다.

아울러 현실적인 자원을 위해서 기도한다. 생활하는 데 필요한 물질적인 필요를 채워주시고 음식과 자원봉사자, 의료 보험, 진료비를 공급해주시길 요청한다. 물론 그런 상황을 통해서 하나님이 내게 들려주시는 메시지에 귀를 기울일 수 있게 해달라고도 간구한다. 하나님의 사랑과 위로를 전달하는 흐름에 적극적으로 동참해야 합니까? 돕는 자 중 하나가 되어야 합니까? (복음서를 보면, 병 고침을 받은 사례 가운데 다른 이의 손에 이끌려 주님께 나온 경우는 단 일곱 건에 불과하다.) 기도는 위험한 행동이다.

몸이 아픈 이들은 직접 나서서 무슨 일을 하는 게 어려울 수도 있다. 하지만 적어도 기도는 할 수 있다. 세 번이나 치명적인 발작을 겪은 뒤에 코리 텐 붐은 침대에 누워 꼼짝 못하는 신세가 되었다. 주님을 위해 온 세계를 돌아다녔지만, 이제 정원이 내려다보이는 조그만 방에 갇힌 신세다. 코리는 봉사자들에게 친구와 선교사의 사진을 가져다가 사방 벽에 붙여달라고 했다. 관절이 제대로 움직여주지 않는 탓에 몸을 움직일 수 없는 순간에도 눈동자만큼은 이 사진에서 저 사진으로 분주하게 건너다녔다. 그들을 위해 기도하고 있었던 것이다.

감사

삶은 선물이다. 데이비드 로텐버그라는 청년의 감동적인 연설을 들었다. 그동안 열여섯 번에 걸쳐 큰 수술을 받았고 앞으로도 똑같은 과정을 수십 번 더 거쳐야 한다고 했다. 여섯 살 때, 데이비드의 아버지는 아들에게 수면제를 먹인 다음 온몸에 등유를 붓고 불을 댕겼다. 그날의 사고로 아이는 전신에 3도 화상을 입었다. "그토록 처참한 상황에서 어디서 꿋꿋하게 살아갈 힘을 얻었습니까?"라는 질문을 받을 때마다 젊은이는 대답했다. "저는 살아 있습니다. 살아 있습니다. 분명히 살아 있습니다. 살 기회를 놓치지 않았다는 것 하나만으로도 너무나 행복합니다."

전문가들은 건강을 유지하거나 질병을 고치는 데 가장 도움이 되는 감정은 바로 '감사'라고 말한다. 매사에 감사할 줄 아는 사람은 상대적으로 더 큰 행복감을 느끼고 삶에 만족하는 성향이 있으며, 실제로 더 오래 산다는 것이다. 감사가 스트레스와 고혈압을 완화시키는 데 어떤 영향을 미치는지 연구했던 학자는 "감사하는 마음이 건강한 심장을 낳는다"고 결론지었다.[6]

시카고에 살던 시절, 이틀 연속으로 충격적인 경험을 했다. 어느 날 저녁, 남편과 헤어지는 절차를 밟고 있다는 친구를 만났다. 정말 좋은 벗이었고, 남편과도 아주 가깝게 지내는 처지였다. 친구는 "그이가 필요를 전혀 채워주지 않는다"고 했다. "좋은 남편, 자상한 아버지가 되려고 노력하는 건 인정해. 하지만 너무 늦었어. 지금은 더 좋은 사람이 생겼어. 이제 갈라설 거야." 친구의 사연을 모두 듣고 나서 세상 모든 부부가 갖가지 어려움을 무릅쓰고 가정을 지켜나간다고 말해주었다. 남편과 헤어지면 잃어버릴 수밖에 없는 것들을 하나하나 짚어주기도 했다. 처음부터 끝까지 모두 인정했지만, 마음을 돌리지는 않았다. 진즉에 결정을 내린 눈치였다. 돌아서는 발걸음이 무거웠다. 집안 식구들끼리 서로 오갈 정도로 가깝던 친구들이었는데, 이제 다시는 그렇게 깊은 교제를 나눌 수 없게 돼버렸다.

이튿날 밤에는 남편을 뇌종양으로 떠나보내고 젊은 나이에 혼자 된 이의 집에 갔다. 살았더라면 서른두 번째 생일을 맞았을 고인을 지인들이 모여 함께 기억하는 조촐한 자리였다. 수술을 받고 긴 투병 기간을 거치면서 부부의 고생이 얼마나 컸는지 모른다. 진료비를 갚아나가면서 두 아이를 키우는 부담은 고스란히 아내의 몫으로 남았다. 한시바삐 이혼하고 싶다는 친구에게 너무 큰 충격을 받아서였을까? 집에 들어서는데 왠지 모르게 마음이 불안했다.

하지만 그건 기우였다. 불평하거나 후회하는 듯한 이야기는 단 한마디도 듣지 못했다. 젊은 아내는 사진을 보여주며 남편과의 추억을 떠올렸다. 얘기를 들으며 다들 울다가 웃다가 또 울었다. 아내는 기타를 잡고 남편이 생전에 가장 좋아하던 노래를 불렀다. 둘이 함께했던 행복한 시절, 남편이 자주 하던 웃기지도 않은 농담, 심심할 때마다 쓱쓱 그려내던 익살스러운 그림, 힘을 모아 병마와 싸우는 과정에서 깊어진 친밀감 등을 이야기했다. "지금도 항상 아이 아빠가 그리워요. 하지만 남편이랑 몇 년이나마 멋진 시간을 보냈다는 게 말할 수 없이 감사해요. 그이는 제게 주신 하나님의 선물이에요."

삶에 접근하는 방식이 어쩌면 이렇게도 다를 수가 있을까? 한쪽은 잃어버린 것들을 원망하며 더 많은 걸 갈망했다. 다른 쪽은 삶을 선물로 여기고 찬양했으며 감사하게 기억했다. 환경이 어떠하든지 후자와 같은 마음을 갖게 해달라는 기도가 절로 나왔다.

믿음

성경은 두 종류의 믿음을 제시한다. 하나는 어린아이 같은 담대한 믿음으로, 예수님께 깊은 인상을 주었던 부류다. 주님은 전혀 기대하지 않았던 이들에게서 몇 차례 그런 신앙을 보시고 크게 탄복하셨다. 다른 하나는 내가 '포기하지 않는 믿음'이라고 부르는 종류의 신앙이다. 무슨 대가를 치르든 개의치 않고 모든 역경을 무릅쓴 채 필사적으로 매달리는 믿음을 가리킨다. 이 믿음은 아브라함, 요셉, 욥과 같이 하나님이 아끼고 사랑하셨던 여러 인물에게서 찾아볼 수 있으며, 히브리서 11장에서도 높이 평가하고 있다.

긍정적이며 희망적인 믿음이 건강을 전반적으로 끌어올리는 데 대단히 소중한 자원이라는 사실은 과학적인 연구를 통해 충분히 입증되었다. 병이 나을 거라는 믿음은 상승효과를 내서 인체의 활성 세포에 유익한 영향을 미친다. 그런 효과를 증명해줄 사례는 너무 많아서 일일이 꼽을 수 없을 정도다.

하지만 아무리 굳센 믿음을 가져도 기대했던 치유 효과를 얻을 수 없다는 사실이 분명히 드러나는 순간도 있다. 스티븐 슈미트는 "23년 동안 크론병을 끼고 살았다. 남은 것이라곤 실망과 분노, 앞으로도 결코 나아지지 않으리라는 현실뿐"이라고 말한다.

그래서 아주 개인적인 선입견을 가지고 이 문제를 생각하게 된다. 오래도록 마음을 다해 탄원하고 고함을 질러가며 덤벼보기도 했지만 병은 낫지 않았다. 의학적으로 새로운 기술이나 약품이 개발된다면 모를까, 적어도 지금 당장은 아니다. 기적을 일으켜달라고 기도하는 것도 그만뒀다. 지난 23년 동안 내게는 그런 일이 벌어지지 않았다. 앞으로 남은 세월이 얼마든 어쨌든 이 땅에 존재하며 살아야 한다. 그러니 가능하지도 않은 걸 하나님께 구하는 건 도움이 되지도, 합리적이지도, 신앙적이지도 않다. 그건 마술에 가깝다.

마술을 사실로 믿기엔 나이가 들었고, 감상적인 생각에 빠지기엔 이것저것 경험한 게 너무 많으며, 불가능한 일을 경건하게 요청하면서 삶에 기도 비슷한 가짜 약을 투여하는 독특한 방식으로 시간을 낭비하기에는 너무 화가 나고 실망이 크다.[7]

슈미트는 고통을 인간 존재의 일부로 받아들이기로 했노라고 거듭 이야기한다. 고치고 싶다는 욕구를 고칠 필요가 있었다. 이제 슈미트는 견뎌낼 힘을 주시길, 고통에 어떤 의미가 있는지 알려주시길, 고통스러운 수술 과정을 되풀이할 때도 하나님은 선하시고 사랑이 많으신 분이라는 신앙을 잃지 않기를 기도한다. '포기하지 않는 믿음'을 날마다 살아내야 하는 것이다.

이미 인정한 것처럼, 내게는 예수님을 감동시키는 어린아이 같은 믿음이 모자란다. 삶이 던져주는 것을 너무 쉽게 받아들이고 거기에 적응하려고 노력하는 기질을 가진 탓이다. 달라질 수 있는 것을 내다보는 비전을 구할 필요가 있다.

그러나 허다한 유익에도 어린아이 같은 믿음에는 한 가지 중요한 결함이 있다. 미래, 즉 마음이 소원하는 변화에 전부를 건다는 것이다. 어떤 이들에게는 그런 변화가 결코 찾아오지 않는다. 건강해지거나, 직장을 얻거나, 결혼하거나, 그 밖에 무엇이든 새로운 국면이 전개될 때까지 기다리다가 아무 일도 못하게 될 수도 있다. 그리스도의 삶을 살아내는 작업은 당장 해야 한다. 기대할 수 있는 건 지금 이 순간이 전부다.

고린도 교회에 보낸 편지에서 바울은 "우리는 사방으로 죄어들어도 움츠러들지 않으며, 답답한 일을 당해도 낙심하지 않으며, 박해를 당해도 버림받지 않으며, 거꾸러뜨림을 당해도 망하지 않습니다"고후 4:8-9, 새번역라고 썼다. 사도는 전혀 새로운 차원의 믿음을 제시한다. 역경을 피하거나 없애는 게 아니라 그 안에서 꿋꿋이 견뎌내는 신앙, 연약한 가운데 강하게 되며 '치유의 갈망'을 '수용의 기도' 속에 녹여낼 줄 아는 믿음을 역설하고 있는 것이다.

은혜

원칙대로라면 아무도 은혜를 받을 자격이 없지만, 자비에 대한 셰익스피어의 표현대로라면, 은혜는 "하늘에서 보슬비가 부드럽게 떨어지듯" 온 세상에 내린다.[8] 거기에 반응하여 인간의 영혼은 제힘으로는 도저히 도달할 수 없을 만큼 까마득한 높이까지 솟구쳐 오른다.

넬슨 만델라가 (그랬다 해도 다들 당연하게 생각했을) 원망과 복수심이 아니라 관용과 화해의 정신을 품고 27년간의 수형 생활을 견뎌낸 것은 은혜 때문이었다.

'맨발의 전도자'로 유명한 조지 첸이 18년형을 선고받고 강제 수용소에 갇혀서도 세상에서 가장 특별한 기도 골방을 찾아낸 것도 은혜 때문이었다. 간수들은 죄수들에게 달랑 삽 한 자루만 들려서 무릎까지 차는 똥구덩이에 몰아넣고 하루 종일 퇴비를 만들게 했다. "다들 비참하다고 생각했겠지만, 사실은 얼마나 행복했는지 모릅니다. 냄새가 지독해서 아무도 얼씬거리지 않았거든요. 덕택에 내내 큰소리로 기도하고 찬양할 수 있었습니다."[9]

심각한 장애아를 키우는 엄마는 보통 사람이라면 자기 연민에 빠지고도 남았을 만큼 처절한 상황에서 너무나 당당했다. 은혜에 힘입은 까닭이다. 미시간 주에 사는 이 엄마는 태어나면서부터 이분척추와 뇌수종을 앓아온 아들 간호에 하루 스물네 시간을 꼬박 매달려야 하는 형편이다. 재정적인 부담을 해결하는 것만으로도 너무 고단해서 개인적인 꿈 따위는 잊어버린 지 오래다. 그런데도 아이 엄마는 말한다. "입도 뻥긋 못하지만, 그래도 우리 아이만큼 무조건적인 사랑이 뭔지 잘 가르칠 수 있는 신학자도 드물 겁니다."

날마다 보채는 아이한테 화를 내거나, 장애라는 재앙을 내리셨다고 하나님을 원망했을 어머니들에게 죄책감을 더하려고 이런 얘기를 하는 건 아니다. 은혜는 부드럽게 떨어지는 보슬비처럼 내려온다. 차별하지도 않고 등급을 매기지도 않는다. 구름처럼 하늘 높이 떠 있을 따름이다. 갈급한 이들은 마치 사막을 떠도는 유목민이 비를 기다리듯 은혜를 구한다.

몸의 일부를 제대로 쓰지 못하는 걸 날마다 괴로워하는 사람이 있는가 하면, 장애를 이겨낼 수 있는 은혜를 달라고 간구하는 이도 있다. 어린 시절에 받은 학대 때문에 미움과 원망을 품고 사는 부류도 있고, "그래도 나는 살아 있다!"고 기뻐 외치는 이들도 있다. 사이가 틀어진 식구와 그냥 담을 쌓고 지내는 쪽이 있는가 하면, 장벽을 허무는 힘겨운 작업을 과감하게 시작하는 경우도 있다. 은혜를 구하는 기도는 뿌리 깊은 상처를 치유할 기회를 제공한다. 적어도 쉽게 바로잡을 수 없었던 일을 잘 처리할 길을 열어준다.

장로교 목사 리 반 햄은 고환암과 싸우는 동안 계속해서 기도 일지를 썼다. 암에 걸렸다는 사실을 알고 충격을 받았던 초기에는 하나님 말씀을 듣기도 하고 소원을 아뢰기도 하면서 여러 장씩 노트를 채워갔다. 하지만 수술을 받은 직후부터 커뮤니케이션이 돌연 중단되었다. 다른 이들의 기도에 의지할 뿐, 스스로 기도할 엄두조차 내지 못했다. 자식들이 자라서 손자손녀를 낳는 것조차 보지 못하고 떠나겠구나 싶은 생각에 무슨 일을 해도 의욕이 생기질 않았다.

"한번 해봐야겠다는 마음보다는 만사 귀찮다는 생각뿐입니다. 이렇게 기운이 떨어졌을 때는 어떻게 살아야 하는 건가요?" 기도하면서 똑같은 질문을 던지고 또 던졌다. 그리고 마침내 응답을 받았다. "사랑으로, 위대한 사랑으로 살라고 하시더군요." 반 햄 목사는 말한다.

사소한 일도 사랑을 품고 하기 시작했다. 사랑해야겠다고 생각하며 식기세척기에 그릇을 넣었다. '설거지를 하지 않았더라면 더 중요한 일을 처리할 수 있었을 텐데'라든지 '목사가 이렇게 세상적인 일까지 해야 돼?' 따위의 상념과는 전혀 차원이 다른 사고였다.

컴퓨터에 전원을 넣고 작동되기까지 느려터진 기계를 탓하는 대신 사랑을 품고 기다렸다. 자동차를 몰 때도 그랬다. 신호등에 노란 불이 켜지면 서둘러 속도를 높이는 게 아니라 브레이크를 밟고 멈춰 서서 사랑하는 마음으로 다시 삶을 돌아보았다.

지난 몇 주 동안 너무 캄캄한 세상에서 살았다는 걸 깨달았다. 하지만 이제 흑암과 공허감은 삶의 무대 뒤로 확실히 사라졌다. 하나님은 영원을 생각하는 거룩한 사고방식을 빚어서 보여주셨다. "사랑으로 살아라. 위대한 사랑으로 곤고한 날을 살아 내거라."[10]

은혜는 일리노이 주에 있는 반 햄 목사의 사택에 쏟아졌다. 캘리포니아 주에서 새로운 교회를 사랑으로 돌보게 되자 은혜도 따라왔다. 병을 통해서 그는 삶의 고비를 견뎌내는 법을 배웠다.

준비

예지가 번뜩였던 작가 플래너리 오코너는 오랜 세월에 걸쳐 루푸스와 씨름하던 끝에 채 40세를 못 넘기고 임종을 맞았다. "아무데도 다녀보지 못하고 그저 아프기만 했다. 하긴, 어찌 보면 질병도 장소라고 말할 수 있겠지. 온 유럽을 돌아다니는 것보다 더 교육적이고, 언제 가더라도 혼자 가지만, 누구도 따라올 수 없는 곳이라는 게 다를 뿐." 하지만 그동안 견뎌온 고통을 돌아보며 놀라운 말을 덧붙였다. "죽음을 앞두고 앓는 건 대단히 적합한 일이다. 그런 과정을 겪지 않는 사람은 하나님의 사랑 가운데 하나를 놓치고 있다고 생각한다."[11]

누구나 오코너처럼 고상하게 고통을 받아들이는 경지에 오르는 건 아니다. 제 몫으로 주어진 삶의 무대를 경험하고 저마다 독특한 방식으로 하나님의 역사를 선포할 따름이다. 경우에 따라서는 아무리 노력해도 믿고 소망하던 걸 얻지 못할 수도 있다. 그래서 기도가 필요하다.

사도 바울은 개인적인 딜레마를 숨기지 않았다. 로마 감옥에 갇힌 채로 지금껏 견뎌온 갖가지 험한 일을 돌아보면서 죽음을 기쁘고 고마운 구원으로 받아들였다. 최소한 그리스도와 함께 머물 수 있으니 얼마나 좋은가? 적어도 '영원한 영광'고후 4:17이 모든 어려움을 잊어버리게 해주지 않겠는가? 결국은 채찍 자국과 상처가 사라진 새로운 몸을 얻게 될 것이 아닌가? 바울은 "살든지 죽든지 내 몸에서 그리스도가 존귀하게 되게"빌 1:20 해달라는 한 가지만 기도했다. "목숨을 위하여 염려하지 말라"마 6:25는 예수님의 명령을 성취하는 길을 찾아냈던 것이다. 인간의 유한성을 받아들이고 몸의 건강에 집착하지 않았다. 기쁘든 슬프든, 성공하든 실패하든 세상에서 보내는 시간은 그저 준비에 지나지 않는다는 것을 알았다. 바울은 죽을 준비가 되어 있었던 것이다.

앞에 이야기한 것처럼, 아내는 한동안 병원에서 임종을 앞둔 환자를 돌보는 원목으로 일했다. 호스피스 병동으로 넘어오는 이들의 사망률은 거의 100퍼센트에 이른다. 의사한테 말기 암 진단을 받은 것이나 다름없다. 대다수 환자들은 평균 2주를 넘기지 못한다. 삶과 건강에 대한 시각을 바로잡아주는 활동을 하면서 아내는 어떤 생각을 가지고 있느냐에 따라 기도하는 방식이 달라진다는 사실을 발견했다. 죽음이 눈앞에 닥치면 누구나 옛 상처를 치유하고, 맺힌 원한을 풀고, 유산을 넘겨줄 기회를 갖는다. 하지만 실천에 옮기는 사람이 있고 끝내 거부하는 이들도 있다.

품위 있는 죽음을 가로막는 불안감이나 긴장, 근심, 두려움 따위의 장애물은 곧 건강한 삶을 방해하는 요소이기도 했다. 아내는 환자들로 하여금 감정을 솔직하게 표현하고 자신을 받아들이도록 도왔다. 신앙을 가진 이들에게는 내세에 대한 믿음이 실질적이고 구체적인 버팀목 구실을 했다. 특히 앞서 갔거나 장차 뒤따라올 사랑하는 이들과 다시 만나리라는 약속이 큰 힘을 주었다.

죽음은 떠나보내는 과정도 포함한다. 사랑하는 이들, 친척들, 친구들, 재산과 정체성 등 살아 있는 동안 한 인간을 규정하던 모든 것을 한결같이 내려놓아야 한다. 호스피스 병동의 환자들 눈에는, 세상 사람들은 다들 외면하려고 발버둥 치는 마감 시간이 또렷이 보이게 마련이다.

그리스도인에게 죽음은 또한 새로운 출발을 의미한다. 완벽하지는 않았지만 그럭저럭 괜찮았던 육신과 새로운 몸을 맞바꾼다. 은혜와 기쁨을 누리기는 했지만 악과 고통에 취약했던 삶을 버리고 약속하셨던 대로 완벽한 새 삶을 얻는다. 혼란스러운 교리와 흔들리는 믿음 대신 분명한 지식을 갖게 된다. 남은 세월 동안, 그런 교환을 준비하며 살아야 한다.

발치라도 따듯할 수 있다면

버논

교회에서 들은 기도 중 80퍼센트 이상은 아픈 몸을 고쳐달라는 내용이었다. 사실 병으로 신음하는 이에게는 다른 건 아무것도 눈에 들어오지 않는다. 그러니 얼마든지 이해할 수 있는 일이다. 그래도 가난이나 박해, 불의 등 다른 부류의 아픔을 호소하는 이들의 기도도 들을 수 있다면 얼마나 좋을까 하는 마음이 들었다.

아내는 텔레비전에 나오는 복음 전도자의 설교를 꼬박꼬박 챙겨 보지만, 나로서는 텔레비전에서 본 기적적인 이야기를 어떻게 생각해야 할지 모르겠다. 더러 의혹을 제기하는 이들이 있지만, 어떻게 그처럼 특이한 이야기를 지어낼 수 있다는 말인가? 지금 나는 아흔 살이다. 그만하면 누구도 부인할 수 없을 만큼 명백하게 기적적으로 치유된 사례를 보았을 법도 하지 않은가? 하지만 여러 번 기도했음에도 정말 단 한 번도 목격한 적이 없다.

열심히 기도했는데도 하나님이 응답해주시지 않는다는 이유로 믿음이 흔들리지는 않는다. 몇 가지 그럴 만한 이유가 있다. 무엇보다도 하나님과 나는 너무 오랫동안 함께 지냈다. 그리고 하나님이 역사하시는 걸 분명히 지켜보았다. 아무리 노력해도 영적인 문제에 관심을 보이지 않는 처남을 위해 40년 동안 기도했다. 그런데 어느 날 갑자기(나한테는 갑자기가 아니지만) 처남이 교회에 다니기 시작하더니 마침내 정식으로 교회에 등록했다.

개인적으로는 예수님이 겟세마네 동산에서 간구하신 모습에서 중요한 기도 원리를 찾는 편이다. "이 잔을 내게서 옮기시옵소서. 그러나 나의 원대로 마옵시고 아버지의 원대로 하옵소서." 원하는 일은 무엇이든 하실 수 있는 하나님의 능력을 추호도 의심치 않는다. 부활 사건만 봐도 알 수 있는 일이 아닌가. 하지만 다른 한편으로는 또 하나의 영적인 세력이 선한 권세를 좌절시키려고 발버둥 치고 있다는 사실을 믿는다. 그러므로 수수께끼와 모순을 인정하고 받아들인다.

하나님과의 관계가 늘 평탄하기를 기대해서는 안 된다. 얼마 전에 결혼 65주년을 맞았다. 그러나 아내와 그렇게 오래 함께 살면서 늘 사랑의 환희를 느낀 것은 아니다. 로맨스는 타오르는 화톳불처럼 시작된다. 〈당신은 내 인생의 빛〉이라는 노래도 있지 않은가? 하지만 수십 년이라는 세월을 거치면서 차츰 시뻘건 숯 더미 같아진다. 열기는 조금 떨어졌을지라도 숯 또한 유익한 물건이다. 감자를 구워먹을 수도 있고, 발치를 따뜻하게 덥힐 수도 있다. 새로운 차원의 동반자 관계가 열리는 것이다.

기억도 아스라하지만, 아주 어려서부터 하루에 적어도 30분씩은 기도해왔다. 예전에 나온 복음송 가사처럼 '하늘의 영광이 내 맘에' 넘치는 경우도 있었지만 그렇게 흔치는 않았다. 결혼 생활을 소중히 생각하기에 하루하루 성실하게 살아가는 것처럼, 대부분은 하나님과의 관계를 귀하게 여겼으므로 그저 우직하게 밀고 나갔을 따름이다. 그 불에 발치라도 따뜻할 수 있다면, 그 또한 얼마나 감사한 일인가.

준비됨

버드

미국 상원의 원목을 지낸 피터 마셜에 따르면, 하나님은 자녀들로 하여금 욕조에서 퍼덕거리는 대신 깊은 바다에 가서 다이빙할 준비를 시켜주신다고 한다. 그렇다. 기도를 얼마나 진지하게 받아들이느냐에 따라 결과는 판이하게 달라질 수 있다. 기도란 하나님이 세상에서 우리를 통해 행하시려는 역사를 언제든지 시작할 수 있도록 준비시키시는 과정이라고 생각한다.

진짜 기적을 체험해본 적이 있느냐는 질문을 받은 적이 있다. 두말하면 잔소리다. 그것도 몇 번씩이나 된다. 지금 시카고에서 가장 가난한 이들 틈에 섞여 살고 있는데, 여기서는 기적이 수없이 일어난다. 우리는 팀을 구성해서 방치된 빌딩을 복구한 뒤에 노숙자와 복지 혜택을 받지 못하는 이들에게 보금자리를 만들어주는 작업을 하고 있다. 하루는 파이프가 연결된 헬멧을 쓰고 콘크리트 바닥을 갈아내는 작업을 하던 중이었다. 압축 펌프에서 일산화탄소를 내뿜기 시작했다. 냄새도 없고 맛도 없지만 치명적인 독성을 가진 가스였으므로 금방 의식을 잃고 쓰러졌다. 같은 시간, 멀리 떨어진 고속도로를 달리고 있던 친구 하나가 하나님의 음성을 들었다. "당장 버드한테 가 보거라." 하지만 너무 생뚱맞은데다가 불편한 일이어서(자동차로 다섯 시간 이상 떨어진 곳이었다) 지름길로 이어지는 출구를 두 군데나 지나쳤다. 하지만 음성은 집요하게 계속됐고, 마침내 시카고로 차를 돌렸다. 정신없이 쓰려져 있던 나를 찾아서 병원으로 데려간 건 바로 그 친구였다. 그야말로 생명의 은인이었다.

가까운 데도 달려와 줄 이들이 많았는데, 하필이면 멀리 떨어져 있던 친구를 부르셨을까? 아마도 하나님은 가까운 데 있는 허다한 사람들에게 먼저 연락을 취하셨을 것이다. 다만 아무도 그 음성을 듣지 못했다는 데 문제가 있었다. 친구는 다소 망설이기는 했지만 언제든지 하나님의 쓰임을 받을 수 있도록 준비를 갖추고 있었다. 자녀들이 언제든지 사용될 준비를 갖추고 있기만 하다면, 주님은 날마다 기적을 일으키길 원하신다.

현대인은 영적 전쟁 한복판에서 살고 있다. 하나님의 사랑만이 사악한 세력과 빈곤, 불의와 싸워 이길 수 있다. 올해 주변에서만 다섯 건의 살인 사건이 일어났다. 주민들은 술과 마약으로 삶을 망쳐가고 있다. 잘 돌아섰다 싶었는데 다시 중독의 세계로 돌아가 버리는 이들도 있다. 그럼에도 수많은 이들이 부활하고 있다. 우리는 매년 미시간 호 너머로 태양이 떠오를 때쯤, 호숫가에 서서 부활절 예배를 드린다. 올해는 한 여성의 간증이 감동적이었다. "작년에 저는 죽어 있었습니다. 하지만 지금은 이렇게 살아 있습니다." 이것이 바로 기도의 기적, 새 생명의 기적이다.

노숙 여성과 아이들을 위해 쉼터를 마련하고 '새 생명의 집'이라는 이름을 붙였다. 거기서는 식사 시간마다 둥글게 모여 앉아 다 같이 손을 잡고 찬양으로 기도한다. "좋으신 하나님, 참 감사합니다. 모든 필요를 채워주시고 햇살과 비를 내려주시며, 음식을 주셔서 배부르게 하십니다." 한 번은 한 손님이 집 한 칸 없는 노숙자들에게 그런 찬양이 가당키나 하냐고 물었다. 새 생명의 집 입주자들은 변두리에 사는 보통의 그리스도인들에 비해 훨씬 깊이 찬양하고 감사할 줄 안다고 자신 있게 말할 수 있다. 체면 불구하고 생존을 위해 기도하며 손에 잡히는 아주 작은 축복에도 감사하는 법을 알기 때문이다.

가난한 이들은 많은 교회가 잊고 있는 풀뿌리 같은 복음을 안다. 그들의 간구를 들으며 기도를 배웠다. 그리고 바로 그 기도를 통해서 무엇이든 서로 섬기며 그리스도의 지배를 받을 수 있는 준비를 갖출 수 있게 해 주시길 요청하고 있다.

기도의 실제

인생의 가장 큰 비극은 응답받지 못한 간구가 아니라,
아예 드리지도 않은 기도다.

_F. B. 마이어[1]

간단히 말하자면 기도는 병에 걸린 영성을 다루는 야전 병원이다. 누구보다 탁월한 권위자가 직접 진단을 내리고 치료까지 담당한다. _월터 윙크[1]

기도와 나

남아프리카공화국 초원에서 사파리를 즐기면서, 나는 현지인 가이드의 본능적인 감각을 존중하는 게 여러모로 유익하다는 사실을 일찌감치 터득했다. 가이드였던 로렌스는 탐험용 지프 위에 접이식 의자를 펼쳐놓고 앉아서 동물의 배설물이나 나뭇잎 스치는 소리, 발굽 자국 따위를 세심히 살피며 최근에 덩치 큰 짐승이 지나갔는지 여부를 알아냈다. 뭔가 단서가 될 만한 게 눈에 띄면 즉시 신호를 보내 차를 멈추게 했다. 일단 코를 벌름거리며 방향을 가늠해본 다음에는 백발백중 동물의 향방을 짚어냈다.

"저기쯤 코뿔소가 있을 거예요. 아주 가까이에 있어요."

"기린 두 마리가 한두 시간 전에 이 길로 지나갔어요."

한번은 무슨 짐승을 발견한 것 같지도 않은데 손을 번쩍 들어 차를 세웠다. 백인 기사의 얼굴에 불쾌한 기색이 스쳤다. "후진!" 단호한 말투에

눌린 듯, 기사는 영 마땅치 않다는 표정을 지으면서도 차를 뺐다. 로렌스는 노란 꽃이 드문드문 피어 있는 흔하디흔한 덤불 하나를 가리키며 엄숙하게 말했다. "저게 바로 위핑위틀입니다. 우리 부족에게는 대단히 뜻 깊은 식물이죠."

로렌스는 남아프리카공화국의 백인들이 인근 국가로 흑인 노동자를 수출하던 시절의 이야기를 시작했다. 대부분은 금광 광산 노동자로 일했는데 고되기도 하거니와 대단히 위험한 작업이었다. 광부들은 새장처럼 생긴 승강기를 타고 수직 갱도를 따라 4킬로미터 가까이 땅속으로 내려갔다. 한 치 앞도 보이지 않는 어둠과 한낮의 사막이나 다름없는 뜨거운 열기 속에서 그들은 종일 곡괭이로 바위를 쪼아대야 했다. 부서진 암석 쪼가리는 너무나 뜨거워서 맨손으로는 도저히 잡을 수 없을 정도였다. 노동자들은 가시철조망을 둘러친 기숙사에서 살았다. 본인도 가족들도 글을 읽을 줄 몰랐으므로 집에서 편지가 오는 일은 없었다. 달력도 없고 시계도 없었다. 지하에서 가혹한 노동에 시달린 뒤에 구내식당에서 대충 끼니를 때우는 게 주요 일과였다. 저녁이면 카드 게임 따위로 잠시 시간을 보내다가 오늘과 전혀 다를 게 없는 내일을 위해 잠자리에 들곤 했다. 광부들의 삶은 그렇게 흘러갔다.

"1년 동안 가족을 만날 수 있는 기간은 고작 두 주, 크리스마스 휴가 때뿐이었어요. 위핑위틀 꽃은 12월에 핍니다. 샛노란 봉오리가 올라오면 광부들의 마음은 터질 것처럼 부풀어오르곤 했어요. 조금만 있으면 아내와 아이들을 보겠구나 싶었던 거죠."

로렌스의 이야기가 유난히 가슴 아팠던 건 그 역시 계약에 따라 1년에 단 두 번, 사냥 금지 기간에만 가족의 품으로 돌아갈 수 있었기 때문이다. 그리고 보면 위핑워틀은 그에게도 희망의 상징이었다. 한 달 남짓 기다리면 아내는 물론이고 아직 얼굴조차 보지 못한 갓난쟁이 아들을 볼 수 있을 테니 말이다.

주파수 맞추기

나는 본성적으로 기교, 특히 영적 훈련과 관련된 기교를 싫어한다. 하나님과 그때그때 주어진 상황에 맞게 교제하는 쪽이 훨씬 더 좋다. 문제는 그렇게 하나님과 교제하는 게 이상적이기는 한데, 그때마다 번번이 곁길로 새기 일쑤라는 것이다. 내게는 저쪽에 하늘나라, 즉 눈에 보이지는 않지만 삶의 중심으로 삼아야 할 세상이 실재한다는 사실을 알려주는 위핑워틀 같은 이정표가 필요하다. 그리고 가이드 로렌스가 그랬듯이, 무심코 지나치기 쉬운 평범한 단서를 주의 깊게 살펴보아야 한다. 기도가 하나님의 임재에 대한 나의 반응이라면, 먼저 그 임재에 주파수를 맞추어야 한다.

헨리 나우웬은 "주님이 움직이실 수 있는 여지를 만들어드리라"고 제안한다.[2] 문자 그대로 공간, 즉 우주를 만드신 창조주께서는 자녀들의 마음에 '하나님 구역'을 확보하고 잡다한 것들이 삶을 채우지 못하게 지키고 싶어 하신다. 사전에 계획하지 않은 뜻밖의 일이 일어날 수 있는 은밀한 공간을 마련해서 나처럼 변덕스러운 인간을 제어해주시려는 것이다. 나로서는 하나님의 임재를 시종일관 의식할 능력이 없다. 정서적인 차원에서 느껴질 때가 있는가 하면 전혀 감지하지 못하는 경우도 있다. 하지만 최소한 열심히 기다리고 항상 주의를 기울일 수는 있다.

볼리비아에서 가난한 이들을 돕는 일을 하던 나우웬은 어느 날 조금 일찍 일을 마치고 영화를 보러 갔다. 때마침 대림절 기간이었다. "영화는 탐욕과 욕정, 술수와 착취, 공포와 고통의 감정을 드러내는 이미지로 가득 차 있어서 대림절의 은혜로운 정신을 담을 빈 공간이 전혀 없었다."[3] 나우웬의 글을 읽으면서 내 속을 돌아보았다. 온갖 잡다한 것들로 마음을 빈틈없이 채울 때가 얼마나 많은가? 여행을 다니다 숙소에 들어가면 텔레비전부터 켠다. 점심을 먹을 때도 뉴스에서 눈을 떼지 않는다. 자동차를 운전하면서는 계속 라디오를 듣는다. 조금이라도 짬이 나면 신문, 잡지, 컴퓨터 사용 설명서, 인터넷 블로그 따위를 읽는다. 공간이 생기기가 무섭게 뭔가로 메워버리는 것이다.

예수님은 "들을 귀 있는 자는 들으라"막 4:9고 말씀하셨다. 부모라면 누구나 '들을 귀'라는 게 있다는 걸 알 것이다. "찻길로 가면 안 된다"고 아무리 가르쳐도 아이들은 툭하면 찻길로 들어간다. 붙들고 야단이라도 칠라치면 "못 들었는데요"를 연발한다. 남 얘기할 것 없다. 나만 해도 하나님의 분명한 명령을 '듣지' 못하는 경우가 얼마나 많은가?[4]

잘 듣는 것도 기술이다. 저널리스트 일을 하면서 경청하는 법을 배운 것처럼, 하나님의 음성에 귀를 기울이는 기술을 습득해야 한다. 누군가를 인터뷰하게 되면 주로 기자 쪽에서 질문을 던지고 상대편은 거기에 답을 내놓는다. 햇병아리 시절에는 취재원의 이야기가 강렬하고 분명하지 못할 때마다 말을 끊고 끼어들었다. 경력이 쌓이면서 차츰 상대방의 이야기를 중단시키거나 서둘러 보충 질문을 던지지 않고 잠시 조용히 앉아 있으면 저쪽에서 먼저 구체적인 설명을 덧붙이게 마련이라는 걸 알게 되었다. 상담가들 역시 이런 사실을 정확히 간파하고 있다.

하나님은 조용히 말씀하실 때가 많다. 지난날의 기억이나 성경 말씀, 친구의 모습 등이 떠오르기도 하고, 언젠가 크게 낙심했던 경험이 삶에 소망을 갖도록 자극을 줄 수도 있다. 스스로 잘못을 저질러본 뒤에야 복수하고 싶은 마음 대신 용서의 정신이 자리를 잡기도 한다. 모르는 척 지나가지 말고 상황에 뛰어들라는 부르심을 받는 경우도 있다. 하지만 이 모두가 하나님께 주파수를 맞춰놓고 있을 때만 가능한 일이다.

한 신학교 교수가 《주님과 거닐다 *Wasting Time With God*》라는 책을 썼다.[5] 주님과 함께 있으려는 의지의 중요성을 역설하는 내용으로 현대인의 삶에 의미심장한 메시지를 던진다. '하나님과 함께 허송하기'라니, 이 얼마나 멋진 제목인가! 길고 긴 세월 무수한 수도사와 수녀들이 주님과 더불어 시간을 '허송했던' 점만 보아도 그렇다. 거룩한 허송이야말로 수도자들의 일이었다. 겉으로 보기에는 어떨지 몰라도, 하나님과 함께 있는 시간은 결코 허송세월이 아니다. 책의 저자도 동의하리라 믿어 의심치 않는다. 요양원으로 노인들을 찾아다닌 게 시간 낭비였을까? 중환자실에 누워 사경을 헤매는 친구 곁에 앉아 있는 건 어떨까? 병든 아이 곁에서 밤을 꼬박 새운 일은? 사랑하는 이와 함께 지내는 시간은 낭비가 아니다. 더구나 상대가 하나님이라면 두말할 것도 없다.

마르다는 일거리가 산더미같이 쌓여 있는데 마리아가 예수님 발치에서 시간을 낭비하고 있다며 불평했다. 유다는 바로 그 마리아가 값비싼 향유를 그리스도께 부어서 돈을 '낭비'해버렸다고 투덜댔다. 하나님과 교제하는 일보다 다른 일을 더 중요하게 생각하는 이들의 눈에는 기도하는 시간이 낭비처럼 보일 수도 있다. 하지만 주님을 사랑하는 이들에게는 그처럼 생산적이고 중요한 일이 없을 것이다.

기도의 치유 효과

당장 눈앞에 보이는 유익을 좇느라 기도를 한편으로 제쳐두는 경우가 허다하다. 기도가 무대 뒤, 의식 세계의 이면에서 측량하기 어려운 형태로 얼마나 큰 유익을 주는지 실감하지 못해서 저지르는 실수다. 하나님과 시간을 '허송'하는 과정은 내면으로부터 인간을 변화시킨다. 아이는 작심하고 몸가짐이나 독특한 버릇, 목소리 따위를 연습해서 아빠와 비슷해지는 게 아니다. 가족들 사이에 섞여 지내노라면 저절로 가족의 특성이 몸에 배는 법이다.

프랑스의 외과 전문의로 노벨 의학상을 받은 알렉시 카렐 박사는 1936년에 치료의 측면에서 기도의 가치를 칭송하는 책을 펴냈다. 박사는 정기적으로 기도하면 삶의 질이 높아진다고 주장한다. 긴장을 풀고, 깍지를 끼고, 무릎을 꿇는 자세부터가 건강에 유익하다. 정서적인 갈등을 풀어주고 죄를 씻어주며 부정적인 사고를 극복하도록 도와준다. 게다가 내면에서 진행되는 일을 말로 표현함으로써 일종의 자가 치료 효과까지 기대할 수 있다.

카렐은 어떤 신에게 구해도 똑같은 유익을 얻을 수 있으며 무엇을 요청하든 상관없다고 했다. 덕분에 뉴에이지 옹호자들은 박사의 이론을 간단히 수정해서 자기네 논리를 뒷받침하는 근거로 삼았다. 하지만 이들은 그리스도인이 드리는 기도의 가장 중요한 핵심을 놓치고 있다. 누구에게 기도하느냐가 무엇을 어떻게 간구하느냐보다 중요하다. 스탠리 존스는 단호히 말한다. "기도가 자기 암시에 불과하다 하더라도 여전히 간구하겠다. 더 나은 결과를 불러올 수 있는 더 나은 가설이기 때문이다. 하지만 오래 기도하기는 어려울 것 같다. 비현실적인 대상에 몰두하는 게 어디 쉬운 일이겠는가? 천국이 어리석은 인간들로 우글거리는 곳이라면 난 천국에서 살고 싶지 않다."[6]

치료의 차원에서 기도에 가치가 있다 하더라도 그것은 기도의 궁극적인 목표가 아니라 부산물일 따름이다. 예수님이 약속하신 것처럼, 포도나무에 붙어 있기만 하면 열매는 저절로 열리게 마련이다. 그리스도인이 해야 할 일은 그저 '붙어 있는' 것뿐이다.

툭하면 아내와 다투던 신혼 시절이 생각난다. 그야말로 사사건건 부딪쳤다. 쉴 새 없이 주도권 싸움을 벌였으며 어느 쪽도 자기 논리를 접으려고 하지 않았다. 중요한 일이든 사소한 일이든, 뭔가를 결정할 때마다 대화는 줄다리기로 비화되었다. 이러다간 큰일 나겠다 싶어서, 한 번도 해보지 않은 방법을 써보기로 했다. 함께 기도하기로 한 것이다. 날마다 아내와 소파에 앉아서 속마음을 하나님 앞에 펼쳐놓았다. 결정해야 할 일, 만나야 할 사람, 친구와 식구들을 위해서 간구했다. 창조주의 탁월한 권세 앞에서 부부 사이의 주도권 따위는 왈가왈부할 거리가 되지 못했다. 서로 마주보고 으르렁거리는 대신 주님을 향해 나란히 서게 되었다. 그로부터 25년이 지났지만, 함께 간구하는 일은 꾸준히 계속되고 있다.

거기에 치유 효과가 있었느냐고? 당연하다. 그렇지만 더 중요한 게 있다. 기도가 우리가 부부라는 사실, 너무 당연해서 오히려 쉬 잊어버리는 사실을 날마다 상기시켜준다는 점이다. 하나님 앞에서 맹세를 하고 남편과 아내가 됐으므로, 그분을 이해 당사자로 반갑게 맞아들여 잔잔할 때나 폭풍우가 몰아칠 때나 한결같이 결혼 생활을 이끌어주시도록 부탁드리는 게 당연하지 않겠는가?

헨리 나우웬은 남아메리카에 머무는 동안 "아무도 내게 기도하면 달라진다는 사실을 증명해보일 필요가 없었다"고 했다. "기도하지 않으면 쉽게 화를 내고, 마음이 무거우며, 성령님의 인도하심을 자주 놓쳐서 자신이 아닌 남에게 관심을 쏟을 수 없게 된다. 기도하지 않으면 선입견에 따라 행동하기 쉽다. 변덕스럽고 사소한 일에도 원한을 품는다. 분노를 다스리지 못하고 앙갚음하고 싶은 마음에 시달린다." 물론 그는 하루에 한 시간씩 교회에 앉아 있자면 정신을 집중하기 어렵고, 안절부절못하고, 졸리고, 혼란스럽고, 지루했다고 한다. 하지만 나중에 되돌아보았을 때, 기도한 뒤로부터 하루가 다르게, 한 주가 다르게 긍정적인 변화가 일어나는 걸 감지할 수 있었다는 것이다. "하루에 한 시간 정도 기도하지 않았더라면, 내 삶은 일관성을 잃어버렸을 테고, 그저 갖가지 사건 사고가 이어지는 평범한 세월을 보냈을 것이다."[7]

몇 년 전에 구약 성경을 본문으로 《예수님이 읽으신 성경The Bible Jesus Read》이라는 책을 쓰면서, 원수들에게 복수해주시길 요청하는 시편의 저주시를 집중적으로 살펴보았다. 일주일에 한 번씩 우리 집 뒷산을 이리저리 걸어 다니는 이른바 '분노의 산책' 이야기도 했다. 부당한 일을 당했을 때 상대방에게 느끼는 분노를 하나님께 있는 그대로 드러내는 나만의 방식이었다. 그렇게 깊은 감정을 주님 앞에 쏟아놓으면 치유 효과를 볼 수 있었다. "십중팔구 무거운 짐 보따리를 벗어버린 듯 홀가분하게 돌아오곤 했다. 가시처럼 마음속에 박혀 있던 억울한 심정은 모두 사라져버렸다. 큰소리로 하나님께 상한 마음을 아뢸수록 상대방을 향해 너그러운 생각을 품게 되었다. 성령님은 내 이기심과 정죄하는 마음을 지적하셨다. 지난날, 형편없이 좁은 시야로 세상을 보며 저질렀던 잘못을 다른 이들이 넓은 마음으로 용서해준 사실도 기억나게 하셨다."

지금도 막 그런 시편을 읽은 참이다. 누군가 그 옛날에 그런 글을 써놓았다는 사실이 참으로 놀랍다. 알다시피 분노의 산책을 시작한 지 이미 여러 해가 지났다. 요즘도 주일 오후가 되면 뒷동산을 헤매고 다닌다. 여우 굴을 한번 들여다보고, 딱정벌레가 소나무를 파먹은 흔적이 있는지 살펴보고, 눈밭에 난 동물 발자국을 따라가기도 한다. 물론 걷는 내내 기도한다. 이제 와서 생각해보면 '찬양의 산책'이라고 부르는 편이 더 어울릴 것 같다. 의식하지 못하는 사이에 분노가 녹아내리고 상처가 치유되기 때문이다.

두려움

기도는 궁극적으로 간구하는 이에게 뭔가 변화를 일으켜야 그 효용을 인정받을 수 있다. 돈 포스티마는 "기도란 조각을 만들고, 그림을 그리고, 작곡을 하는 예술가이신 하나님께 인간을 재창조하고, 더불어 활동하며, 다시 매만지실 기회를 드리는 행위"라고 말한다. 두려움만 해도 그렇다.[8]

매년 여름이면 두려움에 관해 다시 공부하는 셈 치고 콜로라도 산맥의 더 높은 봉우리에 도전한다. 지붕 끝에 매달린 물받이 홈통을 청소하는 데도 속이 울렁거리는 처지인지라, 스스로 두려움을 극복해내지 않고 서는 양옆이 천 길 낭떠러지인 산등성이를 타는 건 생각조차 못할 일이다. 산에서는 두려움이 이성을 마비시키고 성급한 결정을 내리도록 유혹하는 적이 될 수도 있지만, 책임의 한계를 가르치는 친구가 될 수도 있다. 지난여름에도 다섯 시간에 걸친 등반 끝에 베터호른 봉에 올랐지만, 정상을 겨우 18미터 남겨둔 지점에서 돌아서야 했다. 마지막 경사로는 단단히 굳은 눈으로 뒤덮여 있어서 한 걸음 한 걸음이 조심스러웠다. 단한 발짝이라도 잘못 딛었다가는 천 길 낭떠러지로 떨어져 죽을 수도 있었다. 두려움의 도움으로 한결 현명해진 나는 정상 등정을 날씨가 좀 더 따뜻해진 다음 기회로 미뤘다.

때로는 겉만 무서운 표면적인 공포가 있다. 위태로워 보이던 화강암 표면이 알고 보니 단단해서 디딤돌이나 손잡이로 쓰기에 안성맞춤일 수 있다. 반면에 안팎이 모두 두려운 실질적인 공포가 있다. 그런 상황에서 두려움을 제거하는 유일한 해독제는 신뢰뿐이다. 파트너와 함께 산에 오르면 두려움을 말로 표현할 수 있고 조언을 구하는 등 도움도 받을 수 있다. "어떤 경로가 가장 안전한 것 같아?" "이렇게 움직이면 좀 위험할까?" "폭풍우가 몰려오기 전에 정상에 도달할 수 있을까?" 겨울에 등반할 때는 반드시 아이스바일을 가지고 다닌다. 혹시라도 눈밭에서 미끄러질 경우 자기 제동 본능에 의지해보려는 것이다. 또 필요할 때마다 로프에 몸을 의지한다.

아내와 함께 가장 힘들다는 봉우리에 오를 때는 두려움이라곤 전혀 모를 것같이 생긴 전문 산악인을 채용했다. 어쩌다 보니 에베레스트에 세 번, 데날리에 열세 번 올랐다는 베테랑을 만나게 되었다. 무뚝뚝한 가이드지만, 밥은 우리가 오르려는 두 봉우리를 손금 들여다보듯 환히 알고 있었다. 우리는 온갖 불안감을 그에게 죄다 떠넘길 수 있었다. 칼날 같은 능선으로 악명 높은 캐피톨 피크를 넘으면서도 무난한 봉우리를 혼자 올라갈 때보다 마음 편할 수 있었던 것은 다 가이드 덕분이었다.

기도할 때 느끼는 두려움은 산에서 부딪치는 공포감보다 훨씬 복잡하지만, 둘 사이에는 공통점이 꽤 있다. 신앙이 아직 어리던 시절에 나는 크게만 보이는 표면적인 공포에 짓눌려 고전했다. 하나님을 가차 없이 심판하는 우주의 주관자로만 생각했다. 그런 분께는 도대체 기도하고 싶은 마음이 생기질 않았다. 그렇게 두려운 파트너와 어떻게 친밀한 관계를 유지할 수 있단 말인가? 하지만 깊은 은혜를 체험하고 믿을 만한 가이드를 만난 뒤로 방어벽은 차츰 얇아졌으며, 예수님을 구체적으로 알게 되면서 방어벽은 완전히 사라졌다.

마음을 고쳐먹은 근본주의자에게는, 복음이 사랑 많으신 하나님이 주신 정말로 좋은 소식임을 신뢰하는 데도 용기가 필요하다. 믿음의 핵심을 거의 파악하지 못한 상태에서, 똑같은 얘기를 최대한 근본주의적으로 이야기해줄 안내자를 찾아 헤맸다. 세상에서 가장 낮고 천한 이들, 한센병에 걸린 인도의 불가촉천민에게 치료와 은혜를 전하던 폴 브랜드 박사를 무려 10년 넘게 따라다녔다. 함께 기도할 기회가 가끔 있었는데, 그때마다 그의 단순한 믿음에 탄복했다. 박사는 형편없는 박봉을 받고 고된 일을 하면서도 감사하는 마음을 잃지 않았다. 눈앞에 닥쳐온 노년을 두려움은커녕 기대를 품고 바라보았다. 심지어 죽음까지도 갑자기 나타난 장애물이 아니라 인생의 정점으로 보고 진심으로 환영했다.

헨리 나우웬 역시 신뢰할 만한 가이드였다. 그는 두려움을 일으키기보다 진정시키는 하나님의 참모습을 잘 보여주었다. 내면에 두려움을 품고 있음에도 하나님의 성품을 신뢰할 줄 알게 되었다. "두려움으로부터 달아날 수는 없지만 철저히 느끼고, 참아 견디며, 정면으로 직시할 수는 있다. 그런 까닭에 어떻게 아뢰어야 할지 모르면서도 기도할 수 있고, 불안한 가운데서도 안식을 누리고, 시험을 당하면서도 평안하며, 여전히 걱정스러운 가운데서도 안연하고, 암흑 속에서도 밝은 빛에 둘러싸여, 회의하면서도 오히려 사랑할 수 있다"는 사실을 깨달았다고 했다. "나를 붙들어주시고, 태어나기 전부터 사랑하셨으며, 죽은 뒤에도 영원히 사랑해주실" 하나님을 깊이 신뢰하는 좋은 본보기였다.[9]

나우웬은 혹시라도 감옥에 갇히고 고문을 받게 된다면, 시편 한 권을 지닐 수 있으면 좋겠다고 했다. 시편에 실린 기도가 두려움을 잠재워주는 까닭이다. "시편은 단순한 상념이나 상상, 비유가 아니다. 하나하나가 진정한 현실 그 자체다. 과중한 업무나 허다한 긴장 속에서 하루를 보내고 나면, 무사히 풀려났다는 해방감과 함께 대주재의 장막에 머문다는 게 얼마나 멋진 일인지 실감한다."[10] 이제는 두려움을 하나님께 떠맡길 수 있을 것 같다. "내가 해를 두려워하지 않을 것은 주께서 나와 함께하심이라"시 23:4는 시편 기자의 고백을 내 것으로 삼을 수 있기 때문이다.

사도 바울이 하나님을 찬양하며 드렸던 기도 가운데 상당수가 지하 감옥에서 쓴 옥중 서신에 수록되었다는 걸 생각하면 그저 놀라울 뿐이다. 기도는 바울로 하여금 눈앞의 상황에 대한 두려움을 딛고 일어서서 주님의 따뜻한 보살핌을 철저히 신뢰하도록 이끌어주는 통로였다. 1960년대, 민권 운동에 앞장섰던 목회자들과 시민운동가들이 감방에서 줄곧 큰 소리로 기도하고 찬양했던 것도 같은 맥락이다. 무신론자는 그런 기도를 가장 악질적인 현실 부정으로 여길지 모른다. 그러나 그리스도인이라면 그것이 상황을 초월해서 두려움의 장벽을 무너뜨리는 믿음의 표현임을 잘 알 것이다.

1984년에 자전거로 중국 대륙을 횡단한 내 친구는 잠시 머문 집에서 감동적인 이야기를 들었다. 주인 내외는 둘 다 대학 교수였는데, 신앙생활을 하고 있다는 사실을 공개적으로 드러낸 직후였다. 문화 혁명 당시, 부부는 고학력이라는 이유로 '반혁명분자'로 지목되었다. 홍위병들은 아이들을 모아놓고 엄마 아빠가 종교적인 상징물을 지니고 있는 것을 보면 즉시 신고해야 한다고 가르쳤다. 최악의 형국이었다. 자식들을 곤란한 상황에 몰아넣고 싶지 않았으므로 부부는 신앙을 상징하는 물건을 집 안에서 잠시 치우기로 결정했다. 드러내어 기도하거나 신앙에 대해 이야기하는 일도 삼가기로 했다. 그럼에도 한 가지만은 포기하지 않았다. 부부는 밤마다 자리에 누워 손을 잡고 소리 없이 주기도문을 암송했다. 한 행이 끝날 때마다 손을 꼭 쥐어서 서로에게 알려주었다. 주님이 가르쳐주신 기도를 외우고 난 다음에는 아이들을 위해 마음속으로 간구했다. 기도가 다 끝날 때까지 깍지 낀 손을 풀지 않았다. 밤마다 은밀하게 이어지는 의식은 문화 혁명이라는 신앙의 암흑기를 지나는 동안 두려움을 가라앉히고 믿음을 다져주었다.

마침내 정치 상황이 완전히 바뀌었다. 부부는 아이들에게 속마음을 이야기하기로 작정했다. 오래 침묵을 지키다 아이들을 기독교 가정에서 키울 기회를 모두 잃은 게 아닌지 걱정스러웠다. 그러나 극렬한 무신론 교육을 받으며 자란 다섯 자녀는 한결같이 부모의 신앙을 받아들였다. 교수 부부는 내 친구에게 말했다. "기도가 다 응답되었어요. 이제는 겁날

게 아무것도 없습니다."

염려

십자가의 요한은 기도할 때마다 고개를 쳐드는 '어지러운 마음'을 조심하라고 경고한다. 이는 현기증이 날 때처럼 머리가 어질어질하고 속이 뒤집히도록 소용돌이치는 마음을 말한다. 개인적으로는 마감 시간이 다가오거나, 식구들에게 위기가 닥쳤거나, 의료 장비가 작동을 멈출 때 어지러운 마음이 따라붙는다. 조바심치면서 일을 바로잡으려고 허둥댄다. 기도는 어쩌면 그렇게 느려터지고 비생산적인지 속이 타들어갈 지경이다. 텔레비전 뉴스를 보다가도 어지러운 마음의 습격을 받는다. 테러범의 위협, 석유 감산, 조류 독감, 지구 온난화, 경기 침체 따위가 새로운 걱정거리를 가져다주는 까닭이다.

바울이 빌립보 교인들에게 보낸 편지에서 "아무것도 염려하지 말고 다만 모든 일에 기도와 간구로, 너희 구할 것을 감사함으로 하나님께 아뢰라"빌 4:6고 말하는 대목을 읽을 때마다 놀라지 않을 수 없다. 바울이 감옥에 갇히고, 괴로움을 참아가며 도망 다니고, 피를 말리는 공개 토론에 나서고, 매질을 당하고, 병에 걸리고, 난파를 당하는 등 고단한 삶을 살았다는 건 성경을 대충 훑어봐도 알 수 있는 일이 아닌가? 더구나 이 편지는 감방에서 사슬에 묶여 쓴 글이다. 그럼에도 바울은 "그리하면 모든 지각에 뛰어난 하나님의 평강이 그리스도 예수 안에서 너희 마음과 생각을 지키시리라"빌 4:7고 가르친다.

사도 베드로도 핍박받는 성도들에게 쓴 편지에서 비슷한 이야기를 전한다. "너희 염려를 다 주께 맡기라. 이는 그가 너희를 돌보심이라"벧전 5:7. 염려에 빠져서 기도하지 못했던 적이 한두 번이 아니었다. 걱정하는 일을 가능한 구체적으로 하나님께 알려드리고 그 짐을 벗어버릴 수 있도록 도와주시길 간구해야 한다. 염려를 가져가시고 대신 평안의 영으로 마음과 생각을 지켜주시겠다는 주님의 약속을 신뢰하는지 스스로 물어볼 필요가 있다.

하나님이 모든 지각을 초월하는 평안을 주신다는 바울의 말은 "평안을 너희에게 끼치노니 곧 나의 평안을 너희에게 주노라"요 14:27고 하신 예수님의 말씀을 그대로 재현하고 있다. 어지러운 마음을 물리친다는 건 세상이 눈앞에서 흔들어대며 유혹하는 거짓 평안의 실체를 폭로한다는 뜻이기도 하다. 텔레비전을 틀면 채 1분이 지나기도 전에 평안을 주겠다는 약속이 쏟아진다. 이러저러한 약품을 구입하면(부작용이 있을 수 있으니 의사와 상의하라는 경고문이 스크린에 떠오르기는 하지만 너무 빨리 지나가는 바람에 읽을 수가 없다), 탄수화물 함량이 적은 맥주를 마시면, 안전성을 크게 높인 자동차 운전석에 앉으면, 가족이 안정적으로 생활할 수 있도록 넉넉한 보상금을 제공하는 생명 보험에 가입하면 평안을 얻을 수 있다고 장담한다. 그렇게 흔한 혜택을 전혀 누리지 못하고 우여곡절 많은 삶을 살다가 젊은 나이에 돌아가신 걸 보면, 예수님이 주시겠다는 평안의 성격은 세상 것과 판이한 게 분명하다.

기적을 일으키는 예언자요, 이스라엘의 구원자로 불리던 예수님은 집안에 생긴 어려운 문제를 해결해달라거나, 병을 치료해달라거나, 자녀들을 축복해달라거나, 민족을 구해달라거나, 귀신을 쫓아내달라고 간청하는 군중에게 늘 시달리셨다. 종일 온갖 염려에 에워싸여 지내셨음에도 때로는 다음날 날이 밝기 한참 전에 일어나 기도하셨다. 막무가내로 밀려드는 무리를 피해서 배를 저어 호수 건너편으로 평안과 고요를 찾아가신 적도 있다. 그리스도에게 기도는 피난처였다. 시험과 십자가 처형이 기다리고 있다는 사실을 알리기 전에 고통과 죽음에 대한 모든 염려를 겟세마네 동산에 남겨두고 내려오신 것이다. 예수님은 염려를 맡기는 비결을 알고 계셨던 것이다.

《사막에서의 편지*Letter from the Desert*》를 쓴 카를로 카레토는 1954년, 분주한 일상을 버리고 알제리 사막에 있는 '예수의 작은 형제회'에 입회했다. 이 수도회는 적대적인 모슬렘 땅에 평화로운 기도의 장소로 세워진 곳이다. 그는 수도자가 되기 전까지는 누구보다 열심인 행동가였다. 그런 경험 때문이었을까? 카레토는 하나님을 위해 번잡하고 중요한 일을 하는 이들을 향해 깊은 우려를 드러낸다.

오랫동안 교회에서 제법 대단한 일을 하고 있다고 생각했다. 교회를 살아 움직이는 유기체가 아니라 수많은 기둥이 떠받치고 있는 성전 건물쯤으로 여겼다. 그리스도인 개개인이 크고 작은 교회 기둥을 어깨로 떠받치고 있는 모습을 상상했다. 물론 나도 자그마한 원주 하나를 지탱해내고 있다고 믿었다. 아무리 열심히 일해도 시간이 모자랐다. 이 일을 하다가 저 일로, 이 사람을 만나다가 저 사람에게로, 이 도시에서 저 도시로 쉴 새 없이 뛰어다녔다. 기도는 조급해지고, 대화는 사나워졌으며, 마음은 혼란에 빠졌다.

마침내, 카레토는 사막에 나가 모래 위에 무릎을 꿇었다.

어느 날, 부담스러운 일을 죄다 벗어버릴 요량으로 돌연히 모든 일을 내려놓고 물러났다. 무슨 일이 벌어졌을까? 모든 게 제자리에 그대로 있었다. 달라진 것도 없고 소란이 일어나지도 않았다. 무려 25년이 흐르고 나서야 어깨 위에는 아무것도 없었고 기둥 운운은 자작극에 불과했다는 걸 깨달았다. 엉터리에다 비현실적이고 상상력과 허영심의 산물일 뿐이었다. 세상의 모든 짐은 그리스도와 함께 십자가에 이미 못 박혔다.[11]

나는 기도가 반드시 '생산적'이어야 하는 것은 아니라는 걸 새삼스럽게 배우고 있다. 예전에는 걸어 다니면서도 그날 해야 할 일을 어떻게 하면 잘 처리할 수 있을지 골똘히 생각하곤 했다. 기도는 염려스러운 일을 옆으로 제쳐놓고(아예 하나님께 넘겨버리고), 긴장을 늦추고, 자유롭게 생각하고, 숨을 깊이 들이마시고, 잠시 쉬어갈 짬을 내고, 주님을 의지할 수 있는 여유를 제공한다. 그럼에도 이상한 일이 일어난다. 그처럼 멈춰 서는 시간을 낼수록 더 생산적이 된다. 한결 분명한 결정을 내리게 되고 충동적으로 저지르는 실수가 줄어든다. 근심이 물러간다. 행여 일이 잘못될까 초조해하지도 않는다. 마음을 어지럽히던 일이 어디론가 사라져버린다.

일주일 전에 집중해서 글을 쓸 요량으로 폭설을 뚫고 깊은 산중으로 들어왔다. 그러나 덴버 서쪽 아이젠하워 터널을 향해 가파른 언덕길을 올라갈 때부터 심각한 문제가 생겼다. 자동차들이 얼어붙은 도로에 타이어 자국을 남기며 지그재그로 미끄러지기 시작했다. 중심을 잃고 갓길이나 도랑에 처박히기도 했다. 사륜구동 차량이었고 저속으로 운행했지만, 눈발이 헤드라이트 불빛 속에서 마치 화염처럼 이리저리 날리는 바람에 어디가 길인지 분간하기가 어려웠다. 핸들을 돌리기가 무척이나 조심스러웠다. 뱃속에서 신물이 넘어오는 것 같았다. 손바닥에는 땀이 홍건하게 배었다.

갖가지 방안이 뇌리를 스쳤다. 여행을 포기하고 차를 돌릴 수도 있었다. 걱정스럽기는 하지만 별일 없기를 기대하며 무조건 전진할 수도 있었다. 순간, 기도해야겠다는 생각이 들었다. 그때부터 45분 동안, 마음에 떠오르는 대로 가족과 친구, 선교사, 재소자, 그 밖에 어려운 형편에 빠진 이들을 위해 큰소리로 기도했다. 염려가 얼마쯤 사라지는 것 같았다. 필요할 때마다 브레이크를 밟고 핸들을 돌리면서도 나머지 집중력은 모두 기도에 쏟아부었다. 자동차는 눈 덮인 도로를 반쯤 뜬 상태로 달렸고 내 영혼은 수많은 이들 사이를 떠돌았다.

겨울철 운전 요령에 내가 쓴 방법을 추천하고 싶은 마음은 추호도 없다. 하지만 어찌 됐든 목적지에 안전하게 도착해서 긴장과 두려움을 홀홀 털어버릴 수 있었다. 사도 베드로는 "너희 염려를 다 주께 맡기라"벧전 5:7고 적은 뒤에 재빨리 "근신하라 깨어라"벧전 5:8라는 설교를 덧붙였다. 그날 밤, 고속도로 위에서 나는 그 두 가지를 모두 실천했다.

조급증

콜로라도로 이사한 지 얼마 안 됐을 무렵 사방에 유해 식물이 널렸다는 걸 알게 되었다. 민들레, 프랑스 국화, 러시아 엉겅퀴, 좁은잎해란초 따위의 달갑지 않은 녀석들이 마치 식물에 기생하는 바이러스처럼 주변에 두루 퍼져서 재래종의 생존을 위협하고 있었다. 선량한 시민답게 쓸 만한 제초기를 사서 봄여름으로 소일 삼아 잡초 뽑는 일을 시작했다. 점심을 먹고 나면 집 뒤편 언덕을 어슬렁거리면서 유해한 침입자를 찾아다녔다. 짧은 산책은 기도하는 데도 아주 이상적이었다. 적어도 몇 십분 정도는 갖가지 신경 쓰이는 일에서 벗어나 한가하게 자연의 아름다움을 만끽할 수 있었다.

그런데 어느 날, 잡초 사냥을 겸한 기도에 일대 변화가 일었다. 모처럼 따라나선 아내에게서 중요한 깨달음을 얻었기 때문이다. 아내는 예리한 눈으로 해로운 풀을 족집게처럼 골라냈다. 그것만으로도 큰 보탬이 되었다. 하지만 그보다 더 중요한 건, 스무 종이 넘는 야생화를 짚어냄으로써 산책의 성격을 통째로 바꿔놓았다는 점이다. 그동안 나는 잡초를 골라내는 데 정신이 팔려서 동산에 지천으로 흐드러진 야생화, 제초기까지 동원해서 보호하려고 공을 들였던 그 꽃을 제대로 보지 못했던 것이다.

문득, 기도도 그런 식으로 해왔던 게 아니었을까 하는 깨달음이 왔다. 사실 찬양하고 감사할 기회를 그냥 지나쳐버리고, 잔뜩 헝클어진 문제 덩어리만 하나님 앞에 꺼내놓는 경향이 없지 않았다. 온통 뒤엉킨 잡초를 망태에 담아서 집으로 들고 오는 것과 다를 게 없었다. 내가 드렸던 기도는 뼛속까지 이기적이었다. 주님을 사주해서 욕심을 채울 속셈이었다. 하나님이 역사하신다는 증거가 사방에 깔려 있는데 그걸 죄다 무시하고 그분을 다만 해결사(제초기)로만 대접했다. 그러고 나서 특별한 변화가 일어나지 않는다 싶으면 금방 조급해졌다.

기도를 따라다니는 조급증을 치료할 수 있는 약이 있다. 계속 기도하는 것이다. 너무 실망스러워서 기도를 포기하거나 다른 방식으로 간구하고 싶은 생각이 드는가? 18세기 신비주의 영성가 장 니콜라 그루는 건전한 기도에는 겸손하고, 경건하며, 사랑이 넘치고, 확신이 있고, 오래 참는 특성이 있다고 설명한다. 쉽게 말해서 조급한 마음과는 상극이라는 것이다.

인간은 끝을 보고 싶어 한다. 글을 쓰면 몇 달 뒤에는 책으로 인쇄되어 나온다. 산을 오르면 언젠가 정상이 나타난다. 하지만 기도는 전혀 다른 원리로 작동된다. 하나님이 정하신 규칙에 따라 돌아간다는 말이다. 본래부터 은밀한 행위이므로 얼마나 노력했는지는 아무도 모른다. 하나님이 계획하신 결과는 전혀 예상하지 못한 놀라운 방식으로 나타나고, 보통은 기대했던 것보다 한참 늦게 드러난다. 그러므로 기도할 때는 주님께 자신을 활짝 개방하고 인간의 선입견으로 그분을 제한하지 않는 태도가 중요하다. 한마디로 하나님으로 하여금 정녕 하나님이 되시도록 모든 가능성을 열어놓는다는 뜻이다.

성경에 기록된 기도는 대부분 기다림의 열매다. 아브라함과 사라는 단 한 명의 아들을 얻기까지 긴 세월을 기다려야 했다. 야곱은 아내를 위해 7년을 참았으며 장인의 속임수에 걸려 다시 7년을 더 보냈다. 이스라엘 백성들은 무려 400년에 가까운 세월 동안 구원의 날을 고대했다. 모세는 40년 만에 부르심을 받았고 자신은 들어갈 수도 없는 약속의 땅에 이르기 위해 또 40년이라는 시간을 흘려보냈다. 다윗은 하나님으로부터 약속받은 왕좌에 오르기까지 동굴 속에서 옹색한 삶을 견뎌야 했다. 예언자들은 스스로 선포한 이상한 예언이 성취되기를 기다렸다. 대다수 유대인들처럼 마리아와 요셉, 엘리사벳과 사가랴, 안나, 시므온도 메시아를 학수고대했다. 권력자형 구세주를 갈망하던 제자들은 예수님이 자신들의 기대를 충족시켜주시기를 조바심치며 재촉했다.

시간의 제한을 받지 않으시는 하나님은 성숙한 신앙을 요구하신다. 거기에는 앞에서 열거한 이들이 겪었던 것처럼 마치 마음을 시험하듯 응답이 지체되는 일도 포함될 수 있다. 인내는 성숙의 상징이며, 세월의 단련을 통해서만 계발할 수 있는 자질이다.

어린아이일수록 만사가 당장 해결되길 바란다. "아직 멀었어요? 간식이 먹고 싶은데…. 지금 선물을 열어봐도 돼요? 휴식 시간 안 끝났어요?" 반면에 사랑하는 이들은 기다리는 법을 배운다. "야곱이 라헬을 위하여 칠 년 동안 라반을 섬겼으나 그를 사랑하는 까닭에 칠 년을 며칠같이 여겼더라"창 29:20. 의대에 다니는 학생은 10년 이상을 공부해야 하고 전문의가 되려면 더 많은 수련이 필요하다. 부모들은 탕자가 돌아오길 기대하며 여러 해를 기다린다. 기다림이 목표가 될 수는 없겠지만, 목표에 이르기 위해서는 반드시 통과해야 할 관문이다. 기다릴 만한 가치가 있으면 누가 시키지 않아도 기다리는 법이며, 그 과정에서 인내를 배운다.

시편 기자는 "파수꾼이 아침을 기다림보다 내 영혼이 주를 더 기다리나니"시 130:6라고 노래했다. 경계병이 근무가 끝나기를 기다리며 연신 시계를 들여다보는 장면이 떠오르지 않는가? 시험 기간을 견딜 수 있도록, 기대감을 항상 유지하도록, 신뢰를 잃지 않도록 인내하는 마음을 주시길 기도한다. 참고 견디는 능력이 오래 지속되길 또한 기도한다. 또 다른 시편 기자의 고백이 내 것이 되기를 바란다.

'주님께서 나를 언제 위로해주실까' 하면서
주님의 말씀을 기다리다가, 시력조차 잃었습니다.

내가 비록 연기에 그을린 가죽부대처럼 되었어도,

주님의 율례들만은 잊지 않습니다.

주님의 종이 살 수 있는 날이

이제 얼마 남지 않았습니다 시 119:82-84, 새번역.

시간 멈추기

안토니 블룸은 인내를 배우느라 힘겨운 씨름을 벌였다. 격변기에 태어나 굴곡이 많은 삶을 살았으니 그럴 만도 했다. 러시아와 페르시아(지금의 이란)에서 어린 시절을 보낸 블룸은 난민 신분으로 프랑스로 피난했다. 거기서 2차 세계대전에 참전했으며 외과의 수련을 받았다.

신앙적인 배경이 전혀 없었던 까닭에 무신론자를 자처하던 그는, 어느날 마가복음을 읽으면서 극적인 회심을 경험했다. 그 뒤로 의사 일을 그만두고 사제 수업을 받기 시작했으며 결국은 러시아 정교회 서유럽 수석 대주교에 올랐다.《기도의 체험*Beginning to Pray*》이라는 책에서 블룸은 조바심을 극복하고 '시간을 멈추게 해서' 하나님을 생각할 여유를 창출하는 방법을 설명한다.

의사로 일하는 동안 블룸은 온통 미래에만 신경을 썼다. 환자를 검진하면서도 대기실에서 차례를 기다리는 손님의 수를 헤아리느라 자꾸 옆방을 흘끔거렸다. 수술이 끝나고 돌아서는 순간부터 환자에 대해서는 아주 사소한 것마저 다 잊었다. 한술 더 떠, 방금 전까지 무슨 일을 했는지 기억하지 못하고 똑같은 질문을 두세 번씩 자신에게 던지곤 했다. 블룸은 접근 방식을 바꾸기로 마음먹었다. 눈앞에 앉아 있는 환자를 세상에 존재하는 유일한 사람처럼 대하기로 다짐했다. '빨리 움직여야겠다'는 조급증이 들면 일부러 의자에 깊이 몸을 기대고 환자에게 몇 마디 말을 시켜서 서두르는 마음을 가라앉혔다. 결과는 놀라웠다. 하루에 실제로 사용할 수 있는 시간이 이전보다 훨씬 늘어났다. 똑같은 질문을 되풀이하고 같은 절차를 쓸데없이 반복하는 실수가 대폭 줄었기 때문이다.

블룸은 너무 빨리 움직이려고 애쓰는 시간을 멈추게 해야 한다고 단언한다. "안돼!"라고 말하는 순간부터 시간을 온전하게, 내면의 긴장 없이 사용할 수 있다는 것이다. "일분일초가 정말 일분일초답게 흘러가는 걸 상상할 수 있는가? 우리는 5분이 30초 만에 달아나버리는 것처럼 살지만 시간은 그렇게 흘러가지 않는다. 이상하게 들리겠지만 엄연한 사실이다."

시간을 멈추게 하는 훈련은 차츰 하나님과 동행하는 삶을 변화시켰다. 무엇보다도 과거는 돌이킬 수 없으며 미래는 어떻게 될지 예측이 불가능하다는 사실을 깨닫고 현재의 삶에 집중하게 되었다. 눈앞에서 흘러가는 지금이 영원이란 시간과 교차하는 지점이었던 것이다.

하루에도 몇 번씩, 블룸은 하던 일을 멈추고 마음을 추슬렀다. "아무 일도 하지 말고 앉아 있어야겠다. 앞으로 5분 동안은 꼼짝도 않을 거야. 여기 하나님의 임재 안에, 내 존재 속에, 가구들이 둘러싸고 있는 가운데 머물러 있어야지. 아무 데도 가지 않고 그냥 가만히 있을 거야."[12] 조바심이 들 때마다 잠깐씩, 5분 정도 같은 과정을 반복했다. 그런 식으로 짬짬이 쉬었다가 다시 분주한 일정으로 돌아가면 차분하고 평온한 마음을 지킬 수 있다는 걸 알게 되었다. 그 후로는 차츰 시간을 늘렸다.

뜻밖에도 5분을 한가하게 쉬면, 나머지 세상도 그만큼을 기다려주었다. 과제를 처리하는 게 아무리 급박하다 해도(보통 이런 급박한 일이 그의 마음을 꽉 채우고 있었다) 3분, 5분, 아니 10분 정도는 여유를 낼 수 있었다. 사실, 잠깐 짬을 냈다가 다시 시작하면 오히려 더 평온하고 신속하게 과제를 끝낼 수 있었다. 결국은 그렇게 틈틈이 멈춰 섰다 가는 시간을 연장해서 아침, 저녁 기도 일과를 만들었다.

블룸은 날마다 조용하고 평온한 가운데 일과를 시작했다. 하루라는 시간 자체가 이전에는 결코 존재한 적이 없는 하나님의 선물이며 다시 시작할 기회라는 사실을 마음 깊이 새겼다. 눈을 뜰 때마다 새로운 날이 어린 시절 러시아에서 보았던 순백의 설원처럼 넓게 펼쳐졌다. "오늘은 주님이 만드신 날이다. 여기서 마음껏 즐기며 기뻐하자!" 아침에는 하나님의 사자로서 누구를 만나든지 하나님의 임재를 전하게 해달라고 기도했다. 밤이 되면 그날 일어난 일을 차근차근 돌아보며 잘됐든 잘못됐든 모든 일에 감사했다. 하루를 통째로 하나님 손에 올려드렸다.

잠깐씩 기도하는 여유는 블룸에게 목걸이의 진주처럼 줄줄이 늘어서서 본질적인 진실을 일깨워주는 이정표가 되었다. 산다는 건 무의미한 행동의 연속이 아니다. 삶은 하나님나라의 목표를 자신의 몸으로 살아내는 경기장이다. 기도는 행위인 동시에 특정한 상태를 가리키는데, 기도를 하루에 몇 차례라는 식의 제한된 순간으로 생각하면 쉽게 잊어버릴 수밖에 없는 게 사실이다.

2003년에 세상을 떠난 블룸을 거론하는 이유는 그의 권면을 이미 잘 따르고 있는 척한다면 정직하지 못한 일이 될 것이기 때문이다. 무언가 뜻깊고 가치 있는 일을 하고 있으므로 좀 더 빨리 움직여서 한시바삐 목표에 도달하는 게 좋겠다는 욕심이 날 때가 있다. 교만이 파고들 여지가 커지고 만사가 자기 손에 달렸다는 착각에 빠지기 쉬운 순간이다. 얼마나 어리석은 생각인가? 한 시간 뒤에 심장이 멈출지 어찌 아는가? 뇌에 이상이 생겨서 앞뒤를 가리지 못하게 될 수도 있지 않은가? 지금 이 시간 자체가 하나님의 선물이라는 근본 진리가 하루를 지배하도록 마음을 비운다면, 훨씬 실제적으로 더 많은 일을 하며 살 수 있을 것이다.

어떻게 하면 달리는 시간을 멈출 수 있을까? 어떻게 하면 침묵 가운데 말씀하시는 음성을 들을 수 있을까? 어떻게 하면 스스로 움직이려는 마음을 줄이고 한결같으신 창조주를 더 의지할 수 있을까? 어떻게 하면 두려움과 염려를 하나님께 맡길 수 있을까? 어떻게 하면 하루를 잘 조절해서 주님과 더불어 시작하고 마감하는 틀을 잡을 수 있을까? 어떻게 해야 분주함이 부정적인 영향을 끼친다는 사실을 늘 기억할 수 있을까? 이런 질문에 답을 내놓을 수 있다면, 급한 일에 매달리도록 끌어당기는 요인이 도대체 무엇인지 정확히 규명할 수 있을 것이다.

아주 드문 순간

벤

기도하면서 초자연적인 체험을 한 적이 있다. 돌아보면 참으로 거룩한 순간이었다. 혈우병을 앓다가 에이즈에 오염된 혈액을 수혈받은 친구를 심방하던 참이었다. 환자가 서서히 죽어가고 있다는 건 누구도 부인할 수 없는 사실이었다. 병실에서 성찬식을 나누고 싶어서 부목사와 함께 찾아 갔다.

친구는 몹시 말라 있었다. 얼굴도 창백하고 곳곳에 상처가 생겼으며 입 주위도 다 헐어 있었다. 빵과 포도주를 나눌 때는 조금 힘들어하면서도 잘 받아먹었다. 죽음을 두려워할 줄 알았는데 뜻밖에 담담했다. 감동적인 이야기도 들려주었다. 일주일 전쯤, 천사가 병실로 찾아와서 위로해주었 다고 했다. "두려워하지 마라. 곧 딸(태어난 지 얼마 안 되어 세상을 떠났다) 을 보게 될 것이다."

침상 곁에 앉아 있는 내내, 옆방에서 텔레비전 소리가 희미하게 들려왔 다. 병원 설비와 기계가 돌아가는 소리까지 겹쳐서 신비로운 느낌이 들었 다. 친구의 이야기가 끝났다. 조금 더 거기 있어야 할 것 같아서 "아무 얘 기도 말고 조용히 있자"고 했다. 바로 그때 난생처음이자 마지막으로 방 언이 터졌다. 성령의 은사를 강조하는 이들과 늘 함께 지냈으며 방언의 은사를 달라고 오랫동안 간구했지만 여태껏 받지 못했었다. 그런데 임종을 앞둔 친구가 주님의 자비로우심을 이야기하는 걸 들으면서 그분의 영광을 보는 엄숙한 순간에 그런 역사가 일어난 것이다.

지금 나는 대학 교회를 담임하면서 학생들을 돌보고 있다. 그날의 경험이 내게 깊은 감동을 남겼지만 젊은 친구들에게 이야기하기는 다소 망설여지는 게 사실이다. 그런 순간을 만나는 건 대단히 드문 일이기 때문이다. 학생들은 하나님에 대해 너무 쉽게 이야기한다. "주님이 성경 공부를 시작하라고 하셨어요." "그분이 저 여학생이랑 데이트하라고 알려주셨어요." 특별한 뜻 없이 쓰는 그런 전문 용어를 처음 듣는 이라면, 그리스도인의 삶은 신비로운 체험의 연속이라고 생각하기 딱 알맞다.

병원에 누워 있는 친구와 맞바꿀 만큼 초자연적인 체험이 소중했던 건 아니다. 하지만 난생처음 겪는 신비로운 일이었고 간절히 기다려온 순간이었던 것만큼은 분명하다. 그러나 그런 경험 없이도 오랫동안 목회를 해왔다. 지금도 학생들에게 90퍼센트 이상의 기도는 현실이 된다고 말한다.

최고의 경이로움

데니스 레버토프

내가 신비로움을 망각해도 시간은 흐른다.

풀리지 않는 문제와 스스로 무시된

해결책을 내는 문제들이

내 주의를 촉구하며, 곁방으로 몰려든다.

시중꾼인 한 무리의 오락거리와 더불어,

화려한 옷을 입고, 모자를 쓰고 종을 울리며.

　　　　　　그러고 나서

한 번 더 조용한 신비로움이 나에게 찾아들면,

군중의 아우성이 잦아든다.

무언가가 있다는 신비로움,

우주와 기쁨과 기억과 세상의 모든 일과

허공을 초월한 것 이상의 무언가가 있다는 신비로움,

오 주여, 창조주여, 신성한 유일자여, 그대가 여전히,

매 시간 그것을 지탱한다는 신비로움.

_《샘가의 사막Sands of the Well》 중에서[13]

가장 순수한 형태의 사랑은 돌려받을 걸 기대하지 않고 주는 것이다. 그런 기준에서 생각하면
다른 사람을 위해 열심히 기도하는 일이야말로 더할 나위 없이 숭고한 사랑의 실천이다.
_데이비드 허바드[1]

기도와 이웃

내가 기도에 관심을 가지고 있다는 걸 알고, 친구가 이메일 하나를 보내주면서 어떻게 생각하는지 의견을 구했다. 뭘 사라거나 돈을 벌 수 있게 해주겠다는 스팸 메일은 여러 번 받아봤지만, 기도와 관련된 건 처음이었다.

이라크에 주둔 중인 미군 병사가 미국에 있는 아내 신디에게 문제가 생긴 것을 알게 되었다. 아내는 자궁경부암 4기 진단을 받았다. 의사의 전망은 부정적이었다. 아내가 지구 반대편에서 죽어가고 있는데도 해줄 수 있는 일이 아무것도 없었다. 병사는 지푸라기라도 잡는 심정으로 다니던 교회에 이메일을 보냈다. 그리고 교인들은 병사의 기도 요청을 사방으로 재전송했다.

기도해주시고 다른 사람들에게도 전달해주세요. '보내기' 단추를 클릭 하는

데는 1초밖에 걸리지 않습니다. 전송한 뒤에도 삭제하지 말아주십시오. 당신의 기도가 한 여성의 목숨을 건질 수 있으며, 반드시 그렇게 되리라고 믿습니다. 기도할 뿐 아니라 가까운 이들에게 신디의 병이 낫도록 기도해달라고 요청해주십시오. 종양이 남김없이 사라져서 삶을 즐길 수 있도록, 다섯 살짜리 아들에게 오래오래 좋은 엄마 노릇을 할 수 있도록 간구해주십시오.

이메일을 받은 내 친구는 궁금해졌다. 기도는 다수결로 응답되는가? 똑같은 제목을 구하는 이들이 많을수록 문제가 해결될 공산도 커지는가? 간구해주는 친구가 있는 환자는 똑같은 병에 걸렸지만 기도해 줄 이가 없는 쪽보다 회복될 가능성이 더 높은가? 기도는 직접 무릎을 꿇은 당사자 외에 다른 이들에게 정확히 어떤 식으로 도움을 줄 수 있는가? 어떻게 상대방의 자유의지를 침해하지 않고 영향을 줄 수 있단 말인가?

이처럼 헷갈리는 문제에 대해서 아무도 이건 이렇고 저건 저렇다고 확실하게 대답할 수 없다.[2] 예전에 그리스도인 100만 명이 기도하면 이라크의 사담 후세인이 자진해서 사퇴하고 임박한 전쟁을 피할 수 있다고 약속하는 이메일 캠페인이 있었다. 원하던 기도 응답을 받지 못했음은 물론이다. 기도의 시스템은 수학 공식에 따라 움직이지 않는다. 하늘나라에 가해지는 기도 압력의 총량으로 응답 여부를 결정짓는 게 아니라는 말이다.

그럼에도 남아프리카공화국이나 동유럽 국가에서는 수많은 이들의 기도가 결국 변화를 이끌어냈다고 볼 수 있다. 사실 성경에서도 그런 사례를 더러 찾을 수 있다. 예를 들어, 하나님은 애굽에서 노예 생활을 하던 이스라엘 백성들의 '부르짖음을 듣고'출 3:7 응답하셨다. 예언자들은 곧잘 온 백성을 향해서 회개하라고 외쳤으며, 그 메시지를 듣고 민족 전체가 돌아오는 경우도 적지 않았다. 요나의 선포를 듣고 니느웨 성 주민들이 모두 돌아온 사건이 대표적이다. 바울은 고린도, 에베소, 로마 등지의 교인들에게 함께 기도해달라고 요청했다. 공통 관심사를 두고 여럿이 함께 기도할 때 효과가 있음은 분명해 보인다.

하나님이 보시는 대로

기도를 생각할 때, 다른 이들을 위한 간구인 중보기도만큼 까다로운 주제가 또 있을까 싶다. 중보기도에 대해 생각하면 할수록 세상을 보는 방식을 바꿔야 한다는 부담이 더 심해진다.

과학적인 논리가 널리 보급되면서 이른바 선진국 국민들은 대부분 완곡한 이신론理神論에 기초한 사고방식을 갖게 되었다. 날씨나 질병 따위는 고정 불변의 자연법칙에 따라 움직이는 것으로 생각한다는 뜻이다. 그럼에도 그러한 문제가 자신의 이해와 직결된다는 판단이 들면 조심스럽게 이신론 너머로 눈을 돌려서 하나님께 개입해주시길 요청하는 경우도 허다하다. 가뭄이 너무 오래 계속된다 싶으면 비를 내려달라고 간청한다. 자궁암 선고를 받은 젊은 엄마는 치유해주시길 간구한다. 말씀드리지 않으면 해주고 싶어 하지 않으셨을 게 분명한 무언가를 하나님께 말씀드려서 그 일을 행하시게 하고야 말겠다는 듯 간곡하게 부탁드린다.

기도의 본질을 깊이 이해할수록 그런 세계관을 고쳐야 할 필요가 분명해진다. 개인적으로는 그리스도의 인성을 통해 드러난 하나님의 참모습을 출발점으로 삼는 편이다. 복음서를 보면, 예수님은 누구든지 하나님의 사랑을 경험하기를 간절히 원하셨다. 바로 그 메시지를 전하기 위해 생명까지도 내놓으셨다. 뿐만 아니라 모든 이들이 건강하게 살기를 소원하셨다. 병을 고쳐달라는 요청을 단 한 번도, 정말 단 한 번도 거절하신 적이 없다는 사실만으로도 충분히 짐작할 수 있는 일이다.

이어서 하나님은 사랑이시며 자녀들에게 최선의 선물을 주고 싶어 하신다는 핵심 진리를 되짚어본다. 사실 누구나 하나님의 사랑을 환영하는 건 아니며, 심지어 거기에 관심을 갖는 것도 아니다. 모든 사람이 건강을 누리는 것도 아니다. 세상을 향한 하나님의 높은 뜻을 가로막는 뭔가가 존재한다는 뜻이지만, 그렇다 할지라도 주님이 세상을 사랑하신다는 기본 진리까지 바꿔놓을 정도는 아니다.

하나님은 세상에 임재하실 거점을 두루 구하신다. '몸'을 찾으신다고 보면 되는데, 사도 바울은 여러 교회에 편지하면서 바로 그 이미지를 동원해 하나님과의 관계를 표현했다. '그리스도의 몸'인 우리는 하나님의 동역자가 되어 거룩한 사랑과 은혜를 세상에 나누어준다. 은혜를 경험하고 나면, 그것을 다른 이들과 나누고 싶어진다. 굳이 말하자면 내 안에는 사랑이 저절로 생기지 않는다. 어차피 자가 생산이 불가능하기에 늘 하나님의 영향권 안에 머물러서 그분의 사랑이 마음을 가득 채우도록 기도해야 한다.

이런 관점에서 세상을 보면 다른 이들을 위해 기도하는 방식이 달라진다. 노골적으로 말하자면, 과거에는 중보기도를 '하나님이 전혀 모르고 계신 일을 알려드리고 부탁을 요청하는 일'쯤으로 생각했다. 이제는 다른 이를 위해 기도하는 것은 곧 내 의식을 끌어올리는 작업이라고 믿는다. 누군가를 위해 기도할 때마다 내 눈을 열어주셔서 주님의 시각으로 상대를 보게 해달라고 간구하며, 하나님이 이미 그를 향해 흘려보내고 계신 사랑의 물결에 자연스럽게 편승한다.

그런 식으로 기도할 때 뭔가 변화가 일어난다. 누군가를 하나님의 임재 앞으로 데려가는 행위는 그에 대한 마음가짐을 바꿔주며 관계에 결정적인 영향을 미친다. 동네일에 쓸 비용을 추렴할 때마다 갖가지 핑계를 대고 빠져나가는 이웃 남자를 위해 기도하면서, 그가 얌체가 아니라 돈 문제로 걱정하는 외로운 인물로 보이기 시작했다. 마약 중독에서 헤어나지 못하는 친척을 위해 기도하면서는 그의 무책임한 행동을 비난하는 대신 상처투성이의 절박한 영혼을 볼 수 있었다.

간단히 말해서, 기도는 하나님의 관점에서 누군가(그리고 자신)를 보게 한다. 인간은 저마다 하나님의 형상을 품고 있는 독특한 존재인 동시에 하나같이 깊은 흠을 가진 존재다. 그런 상대를 예수님의 눈으로 보기 시작한다. 그것은 자식이 너무 사랑스러워 와락 껴안아주고 싶어 하는 아버지의 눈길이다. 알다시피, 하나님은 자녀들의 결혼 생활이 날이 갈수록 견고해지고 자녀들이 아무 문제 없이 생활하기를 원하신다. 다들 건강하고, 온갖 유혹을 거뜬히 이겨내며, 이웃의 어려움을 보살펴줄 수 있기를 바라신다. 그분이 소원하시는 바가 뭔지 알고 있으므로 바로 그 일을 들고 주님 앞에 나가 기도하는 것이다. 하나님이 자녀들을 향해 품고 계신 사랑은 너무도 커서 내가 기도할 때 갖는 소망과는 비교할 수조차 없다.

사랑하는 이들을 위해 기도해보면 하나님의 마음을 살짝 맛볼 수 있다. 무엇보다도 상대방에게 자기 뜻을 강요하지 않게 된다. 하나님 역시 자녀들의 자유를 최대한 존중하는 쪽을 택하신다. 얼마든지 묵살해버릴 수 있지만 그렇게 하지 않으신다. 물론 본인을 위해서라도 반드시 고쳐야 할 행동이 종종 눈에 띈다. 그릇된 선택으로 자신은 물론이고 주변 사람에게까지 해를 입히는 친척이나 친구도 더러 보인다. 그러나 누군가가 다른 자유인에게 미칠 수 있는 영향에는 한계가 있다. (부모라면 충분히 공감할 것이다.) 선지자들의 글이나 예수님이 들려주신 탕자의 비유를 보면, 하나님도 똑같은 딜레마를 가지고 계신 걸 알 수 있다.

나 역시 언젠가 하나님의 눈으로 누군가를 바라보는 경험을 했다. 세상에 존재하는 그리스도의 몸으로서 반응해야겠다는 강렬한 자극을 받았다. 내게 일어난 변화가 궁극적으로 상대방까지 달라지게 만들었음은 두말할 것도 없다. 친지와 이웃을 예전과는 다른 모습, 즉 하나님의 은혜가 깃든 방식으로 대하기 시작했다. 외국에서 성 매매업에 종사하는 여성이나 재소자, 고아들을 돌보는 사역자들을 위해 기도할 때, 후원금을 보내는 것과는 비교할 수 없을 만큼 깊은 친화감을 느낀다. 기도만큼 내 안에 긍휼히 여기는 마음을 불러일으키는 건 아무것도 없다.[3]

〈캠퍼스 라이프〉지를 만들던 시절, 일주일에 한 번씩 이른 아침에 모여 기도하던 일을 떠올리면 마음이 절로 흐뭇해진다. 보통 업무가 시작되기 한 시간 전인 오전 7시에 모두가 자발적으로 모였다. 만남이 거듭되면서 참석자들끼리는 차츰 서로의 속사정을 샅샅이 알게 되었다. 어떻게 피부색이 다른 형제들이 섞여 살게 됐는지부터 개인적으로 겪고 있는 고통이나 갈등에 이르기까지 모르는 게 없었다. 그렇게 개개인이 가진 구체적인 제목을 위해 간절히 기도한 뒤에는 잡지를 만드는 문제를 두고 마음을 모아 간구했다.

언제까지 비서 노릇이나 하고 있을지 고민하는 여직원의 이야기를 듣고 아침 기도 시간에 함께 기도했다면, 적어도 그날 하루는 그녀를 이전과는 다른 태도로 대할 게 분명하다. 최근에 어처구니없는 실수를 저질러 정말 마음이 힘들다고 고백한 컴퓨터 프로그래머를 비난할 사람은 없을 것이다. 쉽게 얘기해서, 동료들을 기계 속 톱니바퀴가 아니라 하나님의 은혜와 사랑을 받고 있는 인간으로 보기 시작한 것이다. 아침 기도 모임은 참석자들을 새로운 질서 속으로 안내했다. 직급이나 봉급을 기준으로 성립된 조직에서 벗어나 소망과 열망, 두려움과 갈등, 꿈과 상처를 껴안고 있는 인간 대 인간의 모임이 되게 해주었다. 하나님의 타는 듯한 사랑 안에서 하나가 될 수 있었다.

넓어지는 동심원

디트리히 본회퍼는 "그리스도가 우리 사이에 서 계신다. 주님을 통해서 이웃에게 다가서기만 하면 된다"고 했다.[4] 하나님 앞에 누군가의 문제를 들고 나갈 때마다 주님이 중보하려는 이에게도 임하신다는 사실을 다시 한 번 명심한다. 중보기도는 잔잔한 호수에 이는 파문처럼, 하나님의 사랑을 중심으로 점점 넓은 동심원을 그리며 내게서 가장 가까운 이로부터 멀리 떨어진 이들에게까지 멀리멀리 퍼져나간다.

식구와 친지, 친구들이 제일 먼저다. 임신한 조카의 건강, 사촌 형이 알코올과 벌이고 있는 힘겨운 싸움, 부모 속을 무던히도 썩이는 이웃집 여자아이를 위해서 가능한 구체적으로 기도한다. 다시 한 번 말하지만, 하나님이 전혀 모르고 계시는 새로운 사실을 귀띔해드리는 게 아니다. 누구보다 사정을 잘 아시며 깊이 염려하시는 하나님과 당사자 사이의 관계에 제3자로 끼어들 뿐이다. 그러므로 주님이 내 사랑과 관심, 기도를 사용하셔서 모두가 소망하는 선한 결과를 허락해주시길 요청한다.

중보기도는 때로는 기도받는 쪽을, 또 더러는 간구하는 이를 변화시킨다. 버지니아 스템 오언스는 밤마다 정해진 시간에 기도하면서 하나님 앞에 갖가지 요청을 꺼내놓고 응답을 기다리곤 했다. 그러던 어느 날, 그날따라 아무런 반응이 없으셔서 오밤중까지 기다리다가 깜빡 잠이 들었다. 얼마나 그렇게 있었을까? 이른 새벽, 동트기 직전에야 자리에서 일어났다. 정신을 차려보니 얼굴은 온통 눈물범벅이었다. 문득 십 대 초반일 때, 집에 노처녀로 얹혀살던 이모 생각이 어렴풋이 떠올랐다. 군식구가 늘어나면서 원래 쓰던 방은 남동생에게 돌아가고 자의반 타의반, 이모와 한 방을 쓰게 되었다. 방을 뺏긴 아이로서는 마음이 편할 리 없었다.

몇 주가 다시 몇 달로 늘어나는 동안 원망은 더욱 커졌지만 노골적으로 내색하지는 않았다. 대신 수만 가지 은밀하고 통렬한 방식으로 분풀이를 해댔다. 그런데 그로부터 오랜 세월이 지난 그날 밤, 자신이 평생 나쁜 감정을 품고 살아왔다는 사실을 깨달았던 것이다.

새벽 여명 속에 앉아서 이모가 얼마나 부끄러웠을지 생각했다. 자기 가정을 꾸려보지도 못한 채, 이집 저집 전전해야 했다. 생활하는 데 필요한 온갖 것들까지 죄다 조카들한테 의지해야 했으니 오죽 참담했겠는가? 당시는 물론이고 지금까지도 이모가 그런 상황에서 어떤 마음으로 살았을지 단 한 번도 생각해보지 않았다. 하지만 지금은 그 심정을 뼈에 사무치도록 실감할 수 있다. 날마다 이를 악물고 자존심을 죽여야 했을 것이다. 방을 뺏긴 내가 참아야 했던 불편함 따위와는 비교할 수 없을 만큼 괴로웠을 것이다.[5]

이튿날 밤에도 똑같은 일이 되풀이되었다. 하나님께 간구를 드렸고 주님의 음성을 기다리다 잠이 들었다. 아침의 상황도 비슷했다. 또 다른 사건이 생생하게 되살아나서 마음이 완전히 부서졌다. 그날부터 버지니아에게 기도는 잘못된 관계를 직시하고 중보자이신 그리스도의 임재 앞에서 치유받는 도구가 되었다.

여러 해 동안, 나는 기도해야 할 이들의 명단을 카드로 만들어 보관했다. 하루는 가족들의 카드를 꺼내놓고 이름을 불러가며 기도하고, 다음 날은 친구와 이웃, 동료 작가들, 인근 도시나 먼 나라에서 애쓰는 사역자들을 위해 간구하는 식이었다. 그리고 가끔은 스스로의 삶을 점검하는 영적인 점검표로도 사용했다. 버지니아 스템 오언스가 그랬던 것처럼 내 마음가짐도 기도하는 도중에 달라지는 것을 경험했다. 알코올 중독으로 허덕이는 사촌을 무책임한 낙오자로 여기지 않고 예수님의 동정 어린 눈으로 바라볼 줄 아는 힘이 생겼다. 주님 앞에 간구했던 문제를 해결하는 데 개인적으로 힘을 보탤 수 있는 방법을 골똘히 궁리하게 되었다.

20년 전쯤, 지금은 아주 유명해진 한 여성 작가에게 편지를 보내서 일주일에 하루씩 기도해주겠다고 약속한 적이 있다. 당시 그녀가 어떤 압력을 받고 있는지 잘 알고 있었기 때문이다. 훗날 그 작가는 이렇게 고백했다. "아무도 기도해주겠다고 얘기하지 않았어요. 편지를 받고 나서 당신이 해준 기도에 보답해야 한다는 생각이 들었어요. 기독교 작가로 남아야겠다고 결심한 거죠. 할 수 있는 일이라곤 그게 전부였어요." 어떤 느낌이 들었을지 짐작하고도 남는다. 나 역시 기도를 받아본 적이 있기 때문이다. 한 독자가 세 살짜리 딸아이가 뇌종양 수술을 받았다는 소식과 함께 너무나도 특별한 선물을 보내주었다. 1년 365일 하루도 빼놓지 않고 나를 위해 직접 손으로 쓴 빼곡한 기도 노트였다. 기분이 처지거나 무기력해지는 날이면 기도 노트를 찾아 읽어본다. 놀랍게도 그날 상황에 딱 들어맞는 기도를 발견할 때가 많다. 최근에 편지를 보냈더니 집주인이 이사를 가서 전달하지 못했다는 통지와 함께 돌아왔다. 어디로 옮겼는지 집 주소도 알 수 없다고 했다. 연락할 길은 끊어졌지만, 그 독자의 기도는 여전히 살아 있다. 나 역시 그 간구에 값하려고 늘 노력한다.

사도 바울의 기도를 연구해보면, 하나님을 중심으로 사랑의 동심원이 계속 넓어지는 걸 명확히 볼 수 있다. 바울은 함께 사역하는 디모데를 위해 끊임없이 기도했으며 다른 이들의 이름을 불러가며 간구하는 경우도 적지 않았다. 빌레몬처럼 노예를 부리는 소유주들을 위해서도 기도했으며, 한 걸음 더 나아가서 종들을 풀어주는 게 좋겠다며 압력을 가하기도 했다. 가까운 친구들을 위해서는 두말할 것도 없다. 직접 방문했던 교회는 물론이고 로마나 골로새처럼 가본 적이 없는 지역의 그리스도인들을 위해서도 열심히 중보했다. 인종을 가리지 않았으며, 심지어 예수님을 메시아로 받아들이지 않는 동족 유대인들을 위해서까지 기도했다.

그로부터 20세기가 지난 지금, 나 또한 바울처럼 행할 일이 있는지 국내외를 두루 살펴본다. 아프리카에서는 에이즈가 창궐하고 있다는 소식이 끊임없이 들려온다. 글을 써달라는 부탁을 받고 직접 현지를 찾아가 기도 했다. 식구들에게조차 버림받은 아기들이 사지가 꼬챙이처럼 말라 비틀어진 채 오렌지색으로 바랜 머리칼을 하고 침대에 죽은 듯 누워 있는 걸 두 눈으로 똑똑히 보았다. 어떤 여인은 문란한 남편을 통해 성병에 감염된 뒤, 부족 사회에서 추방당한 사연을 영국식 악센트가 섞인 영어로 들려주었다. 그날 밤, 하루 종일 만난 사람들의 얼굴을 떠올리며 간구했다. 그냥 얼굴이 아니라 지구상에 존재하는 악에 희생된 동료들의 면면이었다. 기도하는 동안 그들의 고통은 곧 내 고통이 되었다. 하나님 앞에 그들의 딱한 처지를 모두 내려놓았다. 그리고 바다 건너편에 살고 있는 '얀시'라는 한 인간이 어떻게 하면 아프리카인에 대한 하나님의 사랑과 관심을 제대로 전달할 수 있을지 곰곰이 생각해보았다. 누가 지금 주님의 사랑을 몸으로 보여주고 있는가? 어떻게 하면 그 일을 도울 수 있을까?

가까이로 눈을 돌리면, 다른 지역에 사는 친구 하나가 이혼 절차를 구체적으로 진행하고 있다. 그 집 형편을 너무도 잘 알기에, 어느 한쪽의 신체적인 학대나 외도 때문에 일어난 일이 아니라 결혼에 따르는 갖가지 힘든 일 탓에 생긴 문제라고 확신한다. 나는 그들 부부를 데리고 하나님 앞에 나간다. 처음에는 이러저러해야 한다는 선입견을 가지고 섣불리 덤벼들었다. 하나님이 반드시 이런 쪽으로 이끌어주셔야 한다고 기도했다. 하지만 지금은 아무것도 아는 게 없다는 것을 주께 고백한다. 부부를 주님 앞에 내려놓고 두 손을 모아 빈 그릇처럼 하나님 앞에 내밀 뿐이다. 치유의 손길이 허다한 눈물과 그만큼 무수했을 상담, 드러난 비밀, 더디기만 한 용서를 모두 감싸는 모습을 그려본다. 그런 기도를 드리는 한편으로, 친구로서 내가 어떤 역할을 할 수 있을지 알려주시도록 요청한다. 금이 간 결혼 생활이 잘 봉합되지 못하고 완전히 깨질 수도 있다는 사실을 염두에 두고 두 사람을 위해 기도하며, 그런 사태가 닥쳤을 때 내가 적절히 대처할 수 있도록 도와주시길 구한다.

기도는 하나님을 조종해서 자신의 의지를 관철시키는 것이 아니다. 오히려 주님의 사랑이 가득한 연못에 한 방울의 사랑을 보태어 그 동심원의 폭을 더욱 넓힐 따름이다.

경계 밀어내기

근대 문맹 퇴치 운동의 주창자이며 필리핀 선교사였던 프랭크 루박은 일상생활에서 눈에 보이지 않는 기도의 흐름을 꾸준히 이어가는 한편, 하루하루 만나는 이들을 위해 어떻게 간구하고 있는지 설명한다. "중보기도를 받는 이들과 관련해서 모든 걸 다 고할 필요는 없다. 하나님의 선한 생각과 의지 앞에 간구할 제목을 차근차근 내려놓기만 하면 자녀들을 향한 그분의 뜻이 그 어느 때보다 잘 드러날 것이다. 하나님은 기도를 받는 친구들에게 무엇이 필요한지 우리보다 더 잘 알고 계신다. 다만 쉽게 납득하기 어려운 이유에서 주로 우리 기도를 통해서 그 권능을 행사하실 뿐이다."[6]

루박은 낯모르는 이들, 심지어 만나본 적도 없는 세계 지도자들에게까지 똑같은 원리를 적용했다. 신약 성경도 그런 이들을 위해서 기도하라고 명령한다. 백악관이나 화이트홀, 크렘린에 들어가 의견을 제시하는 것보다 성실하게 기도하는 쪽이 더 많은 일을 성취할 수 있다는 게 그의 소신이었다. 인간의 충고는 상대를 엉뚱한 방향으로 이끌어갈 공산이 크지만, 리더들을 위해 기도하면 눈에 보이지 않는 힘이 작용해서 실질적인 영향을 미칠 수 있다. 더 열심히 하시도록 하나님을 설득하는 것이 아니라, 지도자들을 납득시켜서 힘껏 뛰게 만드는 것이다.[7]

예수님은 "원수를 사랑하며 너희를 박해하는 자를 위하여 기도하라"마 5:44고 말씀하셨다. 기도의 반경을 쾌적한 '안락 지대' 너머까지 확대하신 것이다. 불과 십수 년 전만 하더라도 러시아와 중국은 서방 사회의 원수 취급을 받았다. 서방 사회를 무시무시하게 위협하는 세력으로 보았던 것이다. 지금은 두 나라와 협력 관계를 유지하고 있으며 경제적, 문화적 교류가 활발하게 진행 중이다. 원수라고 아예 제쳐두었는데 막상 만나보니 인간의 얼굴을 하고 있었던 것이다.

1991년, 러시아를 여행하면서 그리스도인들이 KGB 장교들과 나란히 앉아 기도하는 모임에 참석한 적이 있다. 사회를 맡은 간부가 입을 열었다. "오늘 '회개'의 참뜻을 배우고 싶어서 여러분을 모셨습니다." 그날 모임 이후, 200만 권의 성경을 러시아군 장병들에게 보급하는 사업이 진행 중이다. 부끄럽지만 냉전 시대 동안 단 한 번도 러시아 지도자들을 위해 기도해본 적이 없다. 그저 원수로만 생각했기에 하나님 앞에 데려가 주님의 눈으로 바라보며 간구할 생각을 하지 못했다.

그렇다면 현재 서방 사회에 극렬한 거부감을 보이고 있는 이슬람 근본주의자들에 대해서도 기도해야 하지 않을까? 교회마다 알카에다 조직원을 영적으로 입양해서 그 이름을 불러가며 기도한다면 어떤 변화가 일어날지 생각해보았는가?

한 걸음 더 나아가서 처음부터 그러한 적대 행위를 불러일으킨 우리 사회의 여러 증상을 기도하는 자세로 반성하는 건 어떨까? 2001년 9월 11일, 사전에 광고를 한 것도 아닌데 수백 명이나 되는 교인들이 교회로 모여들었다. 다들 대경실색해서 '왜 저들은 우리를 그토록 미워하는 걸까?' 곰곰이 생각하는 분위기였다. 이렇게 위기가 닥칠 때마다 우리는 거의 본능적으로 국가와 장래를 위해, 참극을 당한 가정을 위해, 정부 지도자를 위해 기도한다. 며칠 뒤에는 국가 지도자들이 워싱턴 대성당에 모여 공식 기도회를 열었다. 잠시나마 미국인들은 자신을 돌아보았다. 적을 염두에 두고('적을 위해서'가 아니다) 드리는 기도는 자기성찰의 기회가 된다. 이상하게도 원수가 친구만큼이나 자기 모습을 정확하게 파악하도록 도와주기 때문이다.

형에게 보낸 편지에서 C. S. 루이스는 히틀러, 스탈린, 무솔리니 등 생각만 해도 미워지는 이들을 위해 밤마다 기도하고 있노라고 했다. 다른 서신에서는 기도할 때마다, 자신에게도 잔인한 성품이 있어서 그런 인물들처럼 적절한 기회를 만났더라면 얼마든지 구체적인 행동을 했을 거라는 사실을 깊이 생각한다고 적었다. 그리스도가 루이스라는 인간만이 아니라 힘껏 미워하고 싶은 악한 자들을 위해서도 목숨을 바치셨으며, 자신도 '그 소름끼치는 작자들과 크게 다를 바 없다는' 사실을 마음 깊이 새겼던 것이다.[8]

누구에게나 적은 있다. 어떤 이들에게는 미국의 근본주의자들과 우익 공화당원들이 원수다. 반대로 세속적인 인본주의자와 인권 단체라면 치가 떨리는 쪽도 있다. 그리스도인들이 정부와 타종교로부터 노골적인 핍박을 받는 지역도 엄연히 존재한다. 하지만 진정으로 예수님을 따르는 이들은 원수를 사랑하고 핍박하는 자들을 위해 기도하라는 충격적인 명령을 공유한다. 그리스도의 명령에 순종하는 가운데 그리스도인들은 거룩한 사랑이 미치는 범위를 확장할 수 있으며, 결국 더 이상 피하지 못하고 그 은혜를 경험하는 이들도 나타날 것이다.

《나를 따르라*Nachfolge*》라는 책에서, 디트리히 본회퍼는 까다롭기 짝이 없는 이 명령을 깊이 묵상한다. 예수님의 원수들은 바다 건너편에 멀찌감치 떨어져 있지 않았다. 그림자처럼 주님을 쫓아다녔다. 원수를 사랑하라는 말씀을 하실 때도 거기 서서 듣고 있었던 것이 틀림없다. 그렇게 주님을 쫓아다니며 훼방을 놓거나 꼬투리를 잡아 또 다른 부류의 적, 즉 로마 통치자들에게 고자질했을 것이다. 본회퍼의 처지도 크게 다르지 않았다. 히틀러의 밀정들이 밤낮없이 따라다녔다. 반체제의 흔적을 찾아서 설교를 꼼꼼히 점검했으며, 원고라도 한 편 쓸라치면 살벌한 검열을 벌였다. 체포할 핑계거리를 찾기 위해 혈안이었다.

그러나 본회퍼는 예언자처럼 경고했다. "세상은 광범위한 박해의 시대로 접어들고 있다. 그리스도인들은 이곳에서 저곳으로 쫓겨 다니고, 물리적인 공격을 받으며, 갖가지 형태의 학대와 죽음을 경험하게 될 것이다."[9] 본회퍼의 결론은 명료했다. 적들을 위해 기도함으로써, 그들이 자기 힘으로는 죽었다 깨나도 못할 일을 대신해주자는 것이다. 미움에 사로잡힌 이들만큼 사랑이 필요한 존재가 어디 있겠는가? 기도를 통해서 원수들과 어깨를 나란히 하고 그들을 위해 하나님께 탄원한다. 성경 어디에도 귀신 들린 사람이 직접 예수님께 고쳐주시길 요청했던 경우는 없다. 그들에게는 그럴 만한 힘이 없으므로 언제나 누군가가 대신해서 그들을 그리스도 앞에 데려오곤 했다.

'예수의 작은 형제회'와 '작은 자매회'에 가입하는 사람들은 특별히 슬럼가와 군사적인 분쟁이 벌어지고 있는 위험 지역, 그리스도인이 환영받지 못하는 이슬람권 등에 들어가서 가난한 이들을 보살피겠다고 서약한다. 이들은 가사 도우미나 공장 근로자처럼 평범한 일을 하면서 남는 시간을 공동 기도에 투자한다. 설교를 하지도 않고 사회사업에 지나치게 개입하지도 않는다. 그저 이웃들 사이에 섞여 살면서 말없이 사랑을 보여줄 따름이다. 그런 삶을 통해서 똑똑 떨어지는 물방울이 바위를 뚫는 것처럼 복음이 견고한 악의 진영을 뚫고 들어갈 것을 믿는 것이다.

그리스도인은 친구와 가족, 지인의 범위를 넘어서, 그리고 타당성과 정의의 한계를 초월해서 원수에게까지 하나님 사랑의 범위를 확장하도록 부르심을 받았다. 주님의 사랑이 이미 거기까지 미쳤으므로 우리는 그저 따라갈 따름이다. 예수님은 자신을 죽이려는 이들을 위해 기도하셨다. "아버지 저들을 사하여주옵소서. 자기들이 하는 것을 알지 못함이니이다"눅 23:34. 그로부터 몇 달 뒤, 제자들 가운데 하나가 똑같은 곤경 앞에서 그리스도가 보인 그대로 반응했다. 돌로 쳐서 처형하려는 이들을 위해 "주여 이 죄를 그들에게 돌리지 마옵소서"행 7:60라고 기도했던 것이다. 스데반의 충격적인 고백을 들은 이들 가운데 사울이라는 젊은이가 있었다. 그때만 해도 예수님의 적이었지만, 장차 누구도 따를 수 없을 만큼 탁월한 선교사가 될 인물이었다.

본회퍼는 결론지었다. "하나님은 원수를 사랑하셨다. 그것이 주님 사랑의 결정판이었다." 그리스도인은 사랑으로 원수를 무너뜨린다. 기도는 그런 사랑을 활성화시키는 촉매 구실을 한다. 가슴에 맺힌 게 있는데 도저히 용서할 마음이 생기지 않는다면, 상처를 입힌 당사자와 아울러 그 원한을 하나님 앞에 내놓고 헤어날 힘을 달라고 간구해야 한다. 예수님이 십자가에서 "너희를 사하노라"고 선포하시지 않고 "저들을 사하여주옵소서"라고 기도하셨던 이유도 바로 여기 있다. 실제로 나는 그런 무거운 짐은 더 잘 지시는 분께 떠넘겼다. 시간이 지나면서 상처가 부드럽게 치료되는 징후가 나타났다. 내가 스스로 해낼 수 없는 일을 하나님이 하신 것이다.

한 기독교 잡지사에서 독자들에게 정말 하기 힘들었던 기도에 관한 사연을 보내달라고 요청하자, 아칸소 주에 사는 여성이 이런 편지를 보내왔다.

몇 년 전, 결혼을 앞둔 딸아이가 놀라운 사실을 털어놓았습니다. 네 살 때부터 삼촌에게서 반복적으로 성추행을 당했다는 것이었습니다. 처음에는 사랑하는 딸아이가 받은 상처를 치유해달라고만 기도했습니다. 그런데 관련된 책을 찾아 읽어 보니, 가해자들 가운데 상당수가 스스로 성폭력의 피해자라고 하더군요. 문득 '삼촌을 위해 기도해야 하나' 생각했습니다. 하지만 그렇게 간구할 힘을 어디서 얻는단 말입니까? 오직 하나님만 아시겠지요. 자식에게 치명적인 상처를 입힌 인간을 위해 기도하는 건 힘겨운 일입니다. 그러나 하나님이 삼촌의 삶에 난 케케묵은 상처를 고쳐주시지 않으면 변화가 일어날 가능성은 전혀 없었어요. 결국 용서하는 문제를 두고 날마다 씨름했습니다. 삼촌이 일으킨 고통과 괴로움을 과소평가하는 건 아닌지 염려스러웠습니다. 하지만 내가 아니면 누가 그를 위해 기도해주겠습니까?[10]

벼랑 끝에서

마이크

대학교 2학년 무렵에 중보기도가 얼마나 중요한지 배웠다. 다섯 달 동안 학교를 쉬고 길거리에 나가 살아보겠다는 다소 엉뚱한 결정을 내리면서였다. 마침 뜻을 같이하는 친구가 있어서 각자 부모님을 진지하게 설득한 끝에 승낙을 받았다. 마침내 웨스트몬트 대학 캘리포니아 캠퍼스의 안온한 환경과 갖가지 음식이 언제나 준비되어 있는 구내식당을 떠나서 덴버, 워싱턴 D. C., 포틀랜드, 피닉스 따위의 도시를 유랑하기 시작했다. 쓰레기통을 뒤져서 먹을 만한 게 나오면 무조건 챙겼다. 길모퉁이에 서서 구걸한 돈으로 끼니를 해결하기도 했다. 기타 케이스를 벌여놓고 찬송가를 부르고 있으면 행인들이 동전을 던져주었다.

전혀 다른 세계가 거기 있었다. 면도도 샤워도 할 수 없었다. 너저분한 꼴을 하고 있었으므로 다들 길거리에서 흔히 볼 수 있는 노숙자이겠거니 생각할 뿐, 대학생이라고는 짐작도 못했을 것이다.

2주에 한 번은 도서관이나 컴퓨터를 공짜로 쓸 수 있는 곳을 찾아서 우리를 위해 기도해주기로 한 이들에게 근황을 알렸다. 처음에는 40-50명 정도에게 메일을 보냈다. 그러나 노숙 생활이 끝나가는 마지막 달쯤에는 열 배가 넘는 이들의 명단을 갖게 되었다. 갑자기 기도해야 할 것 같은 느낌이 들더라고 고백하는 경우도 여러 번 있었다. 어떤 친구는 새벽 3시에 잠을 깼는데 나를 위해 기도해야겠다는 생각이 주체할 수 없을 만큼 강하게 마음을 사로잡았다고 했다. 당시 우리는 시차가 제법 나는 지역에 있었는데, 친구가 기도했다는 바로 그 시간에 누군가 내 배낭을 찢고 청바지를 훔쳐갔었다.

우리에게 이메일 접속은 우리에게 마음을 기울이고 비전을 공유하는 이들의 세계와 연결된 생명줄이나 다름없었다. 노숙 생활은 험난했다. 그리고 거기서 만난 이들 가운데는 세상 천지에 기도해줄 이가 한 명도 없는 불쌍한 이들이 허다했다. 어림잡아 넷에 하나는 열성적인 신앙을 가지고 있었지만, 대부분 아무런 지원을 받지 못한 채 외롭게 지내고 있었다.

어느 날 기타를 치며 〈목마른 사슴, 시냇물을 찾아 헤매듯이〉라는 찬양을 하는데, 데이비드라는 노숙인이 눈물을 쏟았다. "나도 물이 필요해. 오래도록 알코올 중독에 빠져 살았지만, 이젠 벗어나고 싶어." 데이비드와 같이 지내면서 하나님을 만나는 것 말고는 중독에서 벗어날 길이 없다는 것을 더욱 분명히 깨달았다. 그에게는 내면의 힘이 전혀 남아 있지 않았다. 친구들이 내 뒤에서 간구해주는 것처럼, 데이비드를 둘러싸고 기도로 도와줄 이들이 있어야 했다.

노숙 생활의 모험담을 정리한 책이 《육교 아래서Under the Overpass》라는 책이다. 친구와 나는 마음만 먹으면 언제든지 노숙 생활을 정리하고 더 안전하고 안락한 생활로 돌아갈 수 있는 입장이니 노숙인의 처지를 완전히 이해한다고 할 수는 없었다. 그래도 거리에서 배운 가르침을 끝까지 기억하고 싶다. 개중에는 내 신앙을 돌아보게 만드는 이들도 있었다. 한때 마약 중독자였던 링스 같은 이는 회심한 뒤부터 사회 보장 연금을 톡 톡 털어서 여전히 거리에 사는 이들에게 나눠주고 있다. 노숙자들의 기도하는 모습도 잊을 수가 없다. 벼랑 끝에 사는 이들답게, 젠체하거나 진부한 이야기를 늘어놓지 않았다. 세상은 물론이고 하나님 앞에서도 속마음을 그대로 드러내며 간구했다.

훗날을 기대하며

에이럼

"그렇게 열심히 땅을 파헤쳤으니 배가 고플 만도 하지. 사과파이 한 조각 줄까? 잠깐만 있어라. 금방 만들어주마."

이웃에 사는 백 할머니는 남편을 먼저 떠나보내고 혼자 사는 팔순 노인이다. 파이는 고사하고 부엌까지 가는 데만도 최소한 10분은 걸릴 것 같았다. 과연 얼마나 기다려야 품삯을 받고 대문을 나서게 될지 갑갑하다는 생각을 하면서 탁자에 걸터앉았다.

얼마쯤 지났을까. 할머니가 파이를 내왔다. 누르스름하게 빛나는 빵과 입안이 다 벗겨질 만큼 뜨거운 사과, 길쭉한 컵에 담긴 차가운 우유까지, 전형적인 뉴잉글랜드식이었다. 게 눈 감추듯 뚝딱 해치웠다.

파이 한 조각을 맛보려고 막 식탁에 앉으려던 할머니가 내 접시가 텅 빈 걸 알아챘다. 할머니는 말릴 틈도 없이 다시 부엌으로 들어갔다. 얼마나 빨리 움직이는지 우스꽝스러울 정도였다. 파이는 흠잡을 데 없었다. 두 번째 접시 역시 삽시간에 입속으로 들어갔다.

접시는 다 비었지만, 할머니의 이야기는 한없이 이어졌다. 동네 사람들 사이에선 할머니한테 붙잡히는 게 일종의 공포로 통했다. 누구나 한 번씩은 겪어본 일이라 다들 고개를 절레절레 흔들었다. 아직 어렸던 나 역시 어떻게 하면 할머니 앞에서 명확하게 싫은 내색을 할 수 있을까, 어쩌면 그렇게 내가 이제 그만 가고 싶어 하는 걸 눈치 채지 못할까, 생각했다.

그로부터 10년이 지났다. 어느 월요일 오후, "할머니한테 가서 말하라"는 음성이 마음에서 들려왔다. 실은 사흘 전에 하버드 광장에서 열린 집회에서 하나님께 삶을 드렸지만, 아직 아무한테도 말하지 않고 있었다. 그런데 왠지 할머니한테는 이야기해야 할 것 같았다.

때는 5월, 한가로운 봄날 오후였다. 할머니는 빨래를 널고 있었다. 울타리 근처로 다가서서 큰소리로 말을 걸었다. "할머니, 거듭났다는 게 무슨 뜻인지 아세요?"

노인의 손에서 빨래가 툭 떨어졌다. 놀라고 기뻐하는 눈치가 역력했다. "알다마다. 그런데 왜 그러니?" 남편이 목사였는데 모를 리 있겠는가?

"며칠 전에 제가 거듭났거든요."

할머니는 나를 똑바로 바라보더니 단호하게 말했다. "꼼짝 말고 거기 있어라." 노인네가 지팡이를 짚고 절뚝거리며 부엌문 쪽으로 가서 계단을 오르는 걸 울타리 옆 길가에 서서 지켜보았다.

10분 쯤 지났을 때, 할머니가 다시 뒷문으로 나왔다. 그리고 환한 얼굴로 손에 든 걸 건네주며 말했다. "어서 먹어보렴." 평생 그렇게 크고 맛있는 초콜릿 케이크는 처음이었다. 마지막 한 조각까지 다 삼키도록 할머니는 꼼짝 않고 서서 당신 일처럼 기뻐해주었다.

마침내 접시가 텅 비었을 즈음에 할머니가 입을 열었다. "네가 이사 온 뒤로 지난 15년 동안 너랑 폴(할머니 댁 건너편에 사는 내 친구다)이 예수님을 알게 해달라고 날마다 기도했단다."

기도와 하나님

마르틴 루터나 조지 뮬러 같은 거장들처럼 기도를 진지하게 생각하는 몇 안 되는 인물 가운데 하나를 만났다. 마샤는 아빌라의 테레사가 《영혼의 성The Interior Castle》에서 설명한 대로 기도 골방을 따로 마련할 만큼 열심이다. 그런데 막상 기도에 대한 의견을 묻자, 뜻밖에도 하나님께 간구하는 일과 별 상관이 없어 보이는 일부터 얘기를 꺼냈다.

대화도 기도가 될 수 있어요. 사마리아 여인을 생각해보세요. 우물가에서 만난 예수님과 물이니, 산이니, 예루살렘이니 하며 대화를 나누잖아요. 그게 기도가 아니면 뭐겠어요? 개인적으로는 누군가와 나누는 이야기를 기도라고 생각하기를 좋아해요. 상대방의 마음속에 계신 예수님께 말씀드리는 거죠. '주님, 이 점심 한 끼가, 차 한 잔이, 그 밖에 다른 것도 모두 기도가 되게 해주세요'라고 요청합니다. 성경을 읽는 일도 마찬가지예요. 시편 73편을 읽는 게 아니라 시편 73편을 기도해요. 무슨 일을 하든지 거리낌 없이 주께 말씀드리는데, 그렇게 해서 일을 곧 기도로 만듭니다.

가끔 "기도 생활을 잘하고 계신가요?"라는 질문을 받습니다. 그리스도인에게는 "요즘 어떻게 지내세요?"라고 묻는 거나 마찬가지죠. 삶과 기도를 분리하는 게 문제입니다. 왜들 그렇게 구분 짓기를 좋아하는지 모르겠어요.

알다시피, 나는 화가예요. 그림을 그리면서 하나님과 대화를 나눕니다. 그림이 일종의 기도가 되는 거예요. 어떻게 기도해야 좋을지 모르겠다는 소리를 들으면, 제일 좋아하는 게 뭔지 생각해서 그 일을 하라고 해요. 다만 하나님의 영광만을 위해서 하라고요. 댁한테는 글쓰기나 등산이 될 수 있겠지요. 나에게는 그림 그리는 일이에요. 생각만 해도 기운이 나고 마음이 편해지는 것부터 시작하세요. 꽃도 좋고 음악, 하이킹, 새, 정원 가꾸기도 괜찮습니다. 무엇을 하든 좋지만, 주님을 위해 한다는 사실을 잊지 않게 해달라고 구하세요.

그림을 그리다가 하나님께 5분만 기다려달라고 말씀드릴 때도 있어요. 물론 잠시도 쉬지 않고 캔버스를 붙잡고 있기도 하죠. 그럼 오후가 통째로 기도가 되는 셈이죠. 좋아하는 일을 하는 동안 구체적인 기도 제목이 떠오르는 경우도 많아요. 영국에서 공부하는 친구들이나 중국에 나가 사역하는 선교사들을 위해 간구해야겠다는 생각이 불쑥 솟아오릅니다. 그래서인지 하나님께 요청해야 할 제목을 따로 정리해두지 않는 편이에요. 그때그때 생각나는 대로, 마음에 걸리는 대로 즉시 아룁니다. 주님이 그런 생각을 주셨다고 믿으니까요.

하나님과 더불어 시간을 갖는 게 중요해요. 우리는 어떻게든 시간을 보내잖아요. 그런데 어째서 주님이 함께 계시다는 걸 의식하고 거기에 걸맞게 행동하지 않는 거죠?

마샤의 이야기를 들으면서, 그동안 너무 쉽게 삶을 구분지어 생각해왔다는 자각이 들었다. 기도를 나머지 일과 아무 상관이 없는 영적인 활동인 것처럼 여겼다. 의무감에 사로잡혀서 때로는 기쁘게, 더러는 마지못해 따로 시간을 내서 간구하고는 곧장 그날 주어지는 '진짜' 일에 매달렸다. 기도를, 하루 일을 시작하는 몸 풀기 운동쯤으로 여겼던 까닭이다. 기도 자체가 목적이 아니라 목적을 이루는 수단이었다. 하나님을 항상 의식하게 도와주는 도구였던 것이다.

쉬지 말고 기도하라

행동으로서의 기도와 '하나님을 생각하는' 영혼의 태도로서의 기도가 어떻게 다른지 이제는 알게 되었다.[2] 그런 감각을 가지고 드리는 기도는 마당 청소부터 컴퓨터 하드디스크 정리까지 모든 일의 성격을 바꿔놓을 수 있다.

- 항상 기뻐하라. 쉬지 말고 기도하라. 범사에 감사하라살전 5:16-18.
- 항상 찬송의 제사를 하나님께 드리자히 13:15.
- 범사에 우리 주 예수 그리스도의 이름으로 항상 아버지 하나님께 감사하며엡 5:20.
- 모든 기도와 간구를 하되 항상 성령 안에서 기도하고엡 6:18.

이런 본문을 읽을 때면 무릎에 못이 박히도록 밤 새워 기도하는 성인들의 모습을 떠올리며 언제나 죄책감에 사로잡히곤 했다.[3] 이제는 생각이 달라졌다. 죄의식을 불러일으키는 덫이 아니라 하나님 쪽을 바라보라는 부르심으로 파악한다. 기도는 늘 함께하시는 하나님과 더불어 지속적으로 동행하는 일을 가리킨다. 누군가에게 관심을 가지고 있으며 무언가를 위해 기도한다는 사실 자체가 하나님의 임재를 명백히 드러내는 증거다. 아이들처럼 호들갑을 떨며 주님을 찾아 헤맬 필요가 없다. "애야, 여길 봐!" 고개만 돌리면 하나님은 언제나 거기 계신다.

시몬 베유는 "기도는 관심으로 구성된다. 힘닿는 데까지 하나님을 향해 주의를 기울이는 일이다"라고 했다.[4] "쉬지 말고 기도하라"는 바울의 가르침을 따르려면 어떻게 해야 할까? 인간에게는 한꺼번에 여러 가지 일을 할 수 있는 잠재력이 있다. 무슨 일인가를 하면서도 하나님을 바라볼 수 있다는 말이다. 필요한 작업을 하는 동시에 기도하는 게 가능하다. 마음속으로 오가는 무수한 이야기 가운데 하나님 쪽을 선택하기만 하면 된다. 쉬지 않고 기도하는 것은 마음의 다중 처리 능력을 최대한 활용하는 행위다.

어디 가서 설교를 하게 되면, 논리적으로 정리되고 정확히 이야기하는 데 집중하면서도 다른 한편으로는 청중이 눈치 채지 못하길 바라면서 시간이 얼마나 남았는지, 미칠 것처럼 간질거리는 목이 강단 위에 놓인 물 한 잔을 마시면 가라앉으려는지, 앞줄에 앉은 교인들은 어떤 모습인지 따위를 생각한다. 젊은 엄마는 슈퍼마켓에서 장봐야 할 물건들과 가격에 신경을 쓰면서도 한쪽으로는 네 살배기 꼬마와 명쾌한 대화를 나눌 수 있다. 십 대들은 최근에 MP3에 다운받은 음악을 들으며 숙제를 하는 한편, 인터넷을 열어서 한꺼번에 친구 네 명과 채팅한다.

그냥 내버려두면 내면의 대화는 십중팔구 나를 둘러싼 주제를 벗어나지 못할 것이다. 주위 사람들에게 어떤 인상을 줄지, 관심이 가는 물건에 관해 영업 사원이 정확히 사실을 이야기하는지 거짓말을 하는지, 상황에 맞춰 옷을 제대로 갖춰 입고 있는지 따위에 집중할 뿐이다. 그러나 의식의 흐름 속에 드리는 간구는 대화의 초점을 내게서 하나님께로 돌려놓는다. 쉬운 일은 아니지만 조금만 신경을 쓰면 무슨 일이든 발생하는 즉시 하나님께 그 상황에 대해 이야기할 수 있다. 설피雪皮를 신고 눈꽃이 활짝 핀 나무 사이를 미끄러져 내려가거나 산호초 사이를 헤엄치면서 하나님을 찬양하는 게 한참 시간이 흐른 뒤에 기억을 되살리는 것보다 훨씬 쉽다. 그렇게 된다면, 계산대 앞에서 오래 기다리게 만드는 느려터진 인턴 사원을 대하는 태도도 달라질 것이다.

퀘이커 신학자 토머스 켈리는 이런 기도를 '내면을 지향하는 마음의 습관'이라고 불렀다. 기도하는 마음으로 사는 이들은 주변에서 일어나는 평범한 일을 '빛 한가운데'로 끌어낸다. 거기서 모든 일이 재조정된다. 걸인은 하나님의 자녀로 변한다. 복수의 기회는 은혜의 기회로, 탐욕의 유혹은 자선의 욕구로 바뀐다. 처음에는 한 가지 일을 두 가지 차원에서 받아들이는 분리된 삶으로 보일지 모른다. 하지만 훈련이 되면, 하나의 삶으로 온전히 통합된다.

작가 수 몽 키드는 어떻게 그런 기도를 드리게 되었는지 자세히 설명해준다. 《순례자의 길The Way of the Pilgrim》이라는 책에서 온종일 복음서의 단순한 기도를 드렸던 19세기 러시아 농부의 이야기를 읽다가 '예수 기도'를 만난 게 계기가 되었다.

"주 예수 그리스도여, 나를 불쌍히 여기소서." 조금 어색해하면서 입을 열었다. 그리고 똑같은 기도를 다시 되풀이했다. 거의 5분은 그랬던 것 같다. 기도의 말이 그대로 내 삶에 일어나기를 소망했다. 자동차가 오가고, 다람쥐가 나무 둥걸 주위를 뛰어다니고, 학생들이 서둘러 수업에 들어가는 걸 창밖으로 내려다보면서 옛 순례자들이 그랬던 것처럼 들숨과 날숨에 맞춰보았다. "주 예수 그리스도여"는 공기를 들이마시면서, "나를 불쌍히 여기소서"는 내쉬면서 기도했다. 모든 일의 속도를 떨어뜨리고 자연스럽게 그리스도에게 집중할 수 있게 해주는 리듬을 찾아가며 천천히, 나지막이 기도했다.

키드는 실질적으로 기도가 삶 전체를 장악하게 했다. 이야기를 나누거나 허드렛일을 하면서도 한쪽으로는 계속 간구할 수 있었다. 친구는 물론이고 길에서 마주치는 낯선 이들에게까지 똑같은 기도를 적용했다. "주 예수 그리스도여, 이 사람을 불쌍히 여기소서."

달리 할 말이 없거나 무엇을 어떻게 구해야 할지 알 수 없을 때 그렇게 기도한다.

이 기도가 내 안에 살아 숨쉬는 것을, 심장처럼 펄떡펄떡 뛰는 것을 상상한다. 물론 늘 그 생각만 하는 건 아니다. 의식하지 못하는 순간에도 늘 그 생각이 마음을 떠나지 않는다면 마음이 매우 산란할 것이다. 며칠에 한 번씩 떠오르기도 하고 아무 때나 불쑥 튀어나오기도 한다. 옷을 갈아입거나, 신호가 바뀌길 기다리거나, 미용실에서 순서를 기다릴 때 생각나기도 한다. 인간은 어디 있든지 숨을 들이마시고 내쉬어야 한다. 물론 모든 과정이 부드럽고 자연스러워야 한다.[5]

부적절한 기도

신약 성경은 자녀들의 삶 구석구석까지 세심하게 보살피시는 자상한 하나님을 강조한다. 예수님은 "너희에게는 머리털까지 다 세신 바 되었나니"마 10:30라고 분명히 말씀하셨다. 솔직히 말하자면 하나님이 각 사람에게 그토록 깊은 관심을 가지고 계시다는 포괄적인 메시지는, 기도에 적용하는 건 물론이고 이해하기조차 쉽지 않다. "누군가 내 삶을 그렇게 소상하게 돌봐준다는 게 상상이 안 가. 그런데 인간도 아니고 하나님이 그러신단 말이야? 시시한 내 관심사 말고도 걱정할 일이 산더미 같으신 분이?"라고 묻는 걸 보면 납득이 안 가기는 내 친구도 비슷한 모양이다.

경건한 마음으로 자유롭게 기도하는 이가 있는가 하면, 내 친구처럼 낮은 자존감 때문에 입을 꼭 다물어버리는 사람들도 있다. 영성가 에크하르트는 "누구보다 부유하며 사랑이 많으신 하나님께 그토록 사소한 일(병마에서 벗어나도록 도와달라는)을 간구하지는" 않겠다고 했다.[6] 제노아의 캐서린은 35년 동안 꾸준히 기도하면서 단 한 번도 자신을 위해서 간구한 적이 없다는 사실을 뿌듯하게 생각했다. 가끔은 선배들이 그랬던 것처럼, 나도 이기적이고 부적절해 보이는 기도를 모조리 걸러내고 싶은 마음이 든다. 그럴 때마다 다시 성경에 기록된 기도로 돌아간다.

성경은 온갖 '이기적인' 기도로 도배되어 있다. 자식이 없는 엄마는 아기를 갖게 해달라고 청했고, 먹을거리가 떨어진 과부는 기름을 구했으며, 군인은 전쟁에 나가서 승리할 수 있도록 기도했다. 가뭄이 들면 비를 간구했고 원수들을 물리쳐달라고 간청하기도 했다. 심지어 주님이 가르쳐주신 기도에도 '일용할 양식'을 구하는 대목이 포함되어 있다. 바울은 안전한 여행, 사역의 확장, 질병의 치료, 담대한 복음 선포 등을 위해 기도했다. 야고보는 지혜를 요청하고 병 낫기를 간구하라고 가르쳤다.

성경에 들어 있는 기도를 살펴본 뒤로, '적절치 못한 기도라면 어떻게 하지'라는 염려를 버렸다. 하나님은 기도를 통해 나와 교제하길 원하시는데, 내가 적절한 기도의 기준을 만들고 기준에서 벗어나는 내용은 일찌감치 걸러내려 한다면, 아버지와 나 사이에 친밀감이 생길 여지가 사라지지 않겠는가. 예수님은 기도로 아뢸 수 없을 만큼 시시한 일이란 존재하지 않는다고 말씀하신다. 하나님은 생각, 동기, 선택, 기분 등 자녀들과 관련된 모든 일에 관심이 많으시다.

친구들과의 관계에서도 비슷한 유형을 볼 수 있다. 일 때문에 만나는 관계에서는 비즈니스 얘기만 나눌 뿐, 개인적으로 겪고 있는 통증이나 아픔, 불면증과의 한판 승부 같은 속사정에 관해서는 입도 뻥끗하지 않는다. 일생일대의 깊은 비밀은 말할 것도 없고, 사소한 관심사까지도 아주 가까운 친구들과만 나누게 마련이다.

토머스 머튼은 《칠층산*The Seven Storey Mountain*》이란 멋진 책에서 "작가 지망생이 처녀작의 운명이 어찌될지 말로 다할 수 없는 고뇌로 마음 조이며, 사춘기 풋사랑의 아픔 말고는 달리 비교할 게 없을 만큼 간절한 마음으로" 뉴욕 거리를 서성이던 이야기를 들려준다. 어떤 심정이었을지 짐작이 가고도 남는다. 출판사나 잡지사에 글을 보낼 때마다 나 역시 똑같은 고뇌를 맛보기 때문이다. 아무튼, 편집자에게 소설 원고를 넘겨준 머튼은 그렇게 이기적인 문제를 가지고 기도해야 할지 말아야 할지 고민한다. 그리고 한바탕 씨름 끝에 결론을 내렸다.

하나님은 자녀들의 기도가 자기중심적이냐 아니냐에 특별히 개의치 않으신다. 주님은 그저 기도를 듣고 싶어 하실 뿐이다. 구하라, 그리하면 받으리라. 자신의 필요에 관해서는 아무것도 구해서는 안 된다고 생각하는 건 일종의 교만이다. 마치 모자라는 게 전혀 없다는 듯, 하나님께 의지해야 할 뿐 아니라 거룩한 뜻에 따라 물질에 기댈 수밖에 없는 존재가 아니라는 듯 행동하면서 자신을 하나님과 똑같은 수준에 올려놓으려는 또 하나의 교활한 술책이기 때문이다.[7]

찜찜하던 문제가 정리되자마자 머튼은 남부 맨해튼의 조그만 교회당으로 들어가 무릎을 꿇고 소설이 편집자의 눈에 들어 책으로 발간되기를 소망하는 기도를 드렸다. (이어서 머튼은 결과에 대해서도 이야기한다. 편집자는 출간을 거부했다. 훗날, 머튼은 이 편집자의 현명한 판단을 최고의 응답으로 꼽았다. 오랜 방황을 청산하고 다시 수도사의 신분으로 돌아갈 수 있게 해주었으며, 결국 평생에 걸쳐 멋진 작품을 써낼 길을 열어준 셈이기 때문이다.)

기도를 기교가 아니라 하나님과의 관계, 또는 그분과 지속적으로 동행하는 방식으로 보기 시작하면서 부적절하거나 엉뚱한 기도에 대한 염려는 눈 녹듯 사라져버렸다. 사랑하는 이들끼리는 서로의 필요와 욕구는 물론이고 그 밖의 사소한 것까지 죄다 알고 싶어 하는 법이다. 아끼는 사람을 위해서는 무엇보다도 함께 시간을 보내주는 게 가장 좋은 선물이다. 그렇지 않다면 아이들을 안아주거나, 마당에서 같이 놀아주거나, 요금을 더 많이 물어가면서까지 남자 친구나 여자 친구에게 전화를 걸어댈 이유가 없다.

예수님이 기도를 아버지에게 다가가는 아이에 비유하신 사실을 다시

한 번 지적하고 싶다. 아이는 크리스마스 선물로 받고 싶은 것을 잔뜩 적은 쪽지를 들고 아빠 무릎으로 기어오르지만, 원하는 걸 다 얻을 수 없을지도 모른다. 그러나 아버지의 무릎에 앉아 마음 깊이 담아두었던 소원을 털어놓았다는 사실 자체가 부모 자식의 유대를 더욱 단단히 만들어준다. 아버지가 가장 소중하게 생각하는 건 바로 그 유대감이다. 어린아이처럼 일단 아빠를 믿고 원하는 걸 다 얘기한 다음, 어리석은 생각인지 아닌지 그분의 판단에 맡기는 쪽이 적절한 부탁을 드렸는지 지레 걱정하는 것보다 훨씬 낫다.

당연한 얘긴지 몰라도, 하나님 마음에 딱 맞는 기도는 더러 어린아이 입에서 나온다. "하나님, 신호등 아래 떨고 서 있는 저 아저씨가 오늘밤에 편히 쉴 곳을 찾게 해주세요. 제발 내 고양이가 더는 애들한테 시달리지 않게 해주세요. 할머니가 그만 슬퍼하게 해주세요. 심술궂은 형이랑 어떻게 하면 잘 지낼 수 있는지 가르쳐주세요."

이웃집의 네 살짜리 여자아이 엘리자베스는 부모가 일 때문에 잠깐 뉴욕에 간 사이에 할머니랑 지내고 있다. 어느 날 밤, 아이가 침대 곁에 무릎을 꿇고 기도를 시작했다. "엄마랑 아빠가 무사히 집으로 돌아오게 해주세요. 그리고 만약에 오고 싶어 하지 않으면…." 나란히 앉아 기도하던 할머니가 끼어들었다. "아가, 그럴 리가 있겠니? 엄마 아빠도 달려오고 싶어 한단다." 순간, 꼬맹이가 똑 부러지는 목소리로 대꾸했다. "할머니, 지금 하나님이랑 얘기하고 있잖아요!" 어린아이 깜냥으로도 기도하면서 두려움과 분노, 불안, 의심 등 쫓아내야 할 감정을 드러내는 게 조금도 문제될 일이 아니라는 것을 알았던 것이다. (시편에 실린 저주시를 생각해보라.)

찬양

이 책도 마찬가지지만, 기도에 관한 책은 대개 인간에게 미치는 영향을 낱낱이 파헤치기에 급급해서 관계를 형성하는 상대편에 대해서는 깊이 살펴보지 않고 지나치는 경향이 있다. 하나님은 기도하라고 부르시고 한 걸음 더 나가 명령을 내리기까지 하셨다. 주님이 기도를 통해서 얻고자 하신 건 무엇이었을까? 하찮은 인간이 기도하든 말든 그게 위대하신 창조주께 왜 그토록 중요한 것일까?

'찬양'이라는 단어가 마음에 불쑥 떠오르는 순간, 나는 반사적으로 움찔한다. 개인적으로는 기도를 생각할 때 가장 납득하기 어려운 것 중에 하나가 바로 찬양이다. 조금 심하게 들릴지 모르지만, 하나님한테서 동화 〈백설공주〉에 나오는 여왕 같은 냄새가 나서 영 개운치가 않다. "거울아, 거울아, 세상에서 누가 제일 예쁘니?"

처음에는 찬양이 내게 어떤 의미를 갖는지 되짚어보면서 이해해보려고 노력했다. 사사건건 흠을 잡으려 드는 이들과 함께할 때보다는 조금만 잘해도 칭찬이 늘어지는 친구들과 동행할 때 스키가 더 잘 나가고 골프공도 유난히 똑바로 날아가는 게 사실이다. 하지만 생각은 거기서 더 멀리 진전되지 못했다. 하나님은 나와 다르다. 그분께는 신경 써야 할 불안 요인이 전혀 없다. 이스라엘 백성들에게 "내가 가령 주려도 네게 이르지 아니할 것은 세계와 거기에 충만한 것이 내 것임이로다"시 50:12라고 말씀하셨을 때, 그건 허풍이 아니라 지극히 당연한 사실을 말씀하신 것이다. 하나님은 인간한테 확인받으실 필요가 없으시다. 그렇다면 왜 찬양을 해야 하는가?

시편 기자는 "하늘이 하나님의 영광을 선포하고 궁창이 그의 손으로 하신 일을 나타내는도다. 날은 날에게 말하고 밤은 밤에게 지식을 전하니"시 19:1-2라고 노래했다. 또 다른 시편은 "하늘은 기뻐하고 땅은 즐거워하며 바다와 거기에 충만한 것이 외치고 밭과 그 가운데에 있는 모든 것은 즐거워할지로다. 그때 숲의 모든 나무들이 여호와 앞에서 즐거이 노래하리니"시 96:11-12라고 했다. 멋진 시가이지만 대단히 은유적이다. 나무는 노래하지 않으며 하늘은 말이 없다. 수목과 창공이 뭘 알고 있는 게 아니라 오직 창조주의 지식을 표현할 뿐이다. 자연계의 광대한 작품들은 한결같이 하나님의 속성을 수동적으로 드러낸다. 유능한 관찰자가 나타나서 그분의 성품을 큰소리로 선포해주길 다들 목마르게 기다리고 있다는 말이다. 강물이 손뼉을 치고 산들이 목청껏 외친다 해도 오직 인간만이 거기에 말을 입힐 수 있다.

성경 전체를 통틀어 인류가 하나님과 깊이 관계를 맺어가는 과정보다 더 감동적인 메시지는 없다. 창조주는 인생을 염두에 두고 세상을 만드셨으며, 인간을 그 중앙에 두셨으며, 거듭 실수하고 실족했음에도 한결같이 사랑하셨으며, 심지어 아들을 보내셔서 구원해주시기까지 하셨다.[8] 그리고 이런 선물을 받은 인간이 보이는 반응은 하나님께 실질적이고도 깊은 영향을 미친다. 받는 쪽에서 고마운 줄 모른다면 베푸신 분에게 무슨 낙이 있겠는가? 고침 받은 문둥병자 열 사람 가운데 한 명만 돌아왔을 때 예수님이 보이신 반응만 생각해도 넉넉히 짐작할 수 있는 일이다.

대다수 부모들은 선물을 받으면 꼭 감사의 표현을 하라고 아이들에게 주지시킨다. "그래서, 그 고마운 아줌마한테 뭐라고 말씀드렸니?" 어린 아이들뿐 아니라 우리도 그런 습관을 길러서 영적인 건망증에 빠지지 말아야 한다.

그래서 경건한 유대인들은 날마다 최소한 백 가지 이상 감사할 거리를 찾는 훈련을 한다. 정교회 신자들과 함께 있다 보면 가끔 낮은 목소리로 찬양의 말을 중얼거리는 소리를 들을 수 있다. 탈무드는 천둥소리가 들리는 것에, 번갯불을 볼 수 있는 것에, 갖가지 맛에, 해돋이와 해넘이에, 온갖 향기에, 나무와 호수와 산에 감사하라고 가르친다. 개인적으로 가장 마음에 드는 건 "피조물을 그토록 다양하게 만드신 하나님, 감사합니다"라는 표현이다. 이 말을 기억하고 날마다 되풀이해서 고백했더라면 일상생활에서 하나님의 임재를 훨씬 더 가까이 의식할 수 있었을 것이다. (식사 기도를 얼마나 진지하게 드리는지 생각하면 부끄럽기 짝이 없다.)

성경에 기록된 예수님의 감사 기도 가운데 절반 정도는 70명의 제자들이 전도여행에서 돌아오거나, 무리에게 음식을 나눠주거나, 나사로를 다시 살리실 때처럼 눈앞에서 벌어진 상황에 반응해서 자연스럽게 나온 것이다. 사도 바울 역시 각 교회에 편지하면서 자주 감사 기도를 적어넣었다. 심지어 꾸짖고 경고하는 이야기를 하다가 불쑥 감사를 표현하는 경우도 있었다. 하나님이 주신 멋진 선물이 불현듯 떠오르면 그의 생각은 올무에서 벗어난 새처럼 치솟아 올랐고, 그때마다 "하나님께 감사하리로다!"라는 말을 끼워 넣었다.

하나님은 진정 찬양받으시기에 합당한 분이지만, 생각해보면 모든 선하고 완전한 선물을 베푸신 이 또한 그분이다. 그러므로 굳이 주님을 기분 좋게 만들 칭송의 표현을 고안해내려고 애쓸 필요가 없다. 신뢰를 보낼 만한 대상에게 신뢰를 보내면 그뿐이다. 콘서트에서 앙코르를 외치거나 마라톤 경기에서 챔피언이 지나가는 걸 보려고 줄지어 기다릴 때는 누구나 자발적이며, 열의가 넘치고, 비교할 수 없을 만큼 탁월한 기능을 가진 상대에 감탄해서 잠시 자신을 잊어버린다. 진정으로 위대한 존재 앞에서 경쟁 본능은 온데간데없어진다.

나는 세계적인 앙상블 시카고 심포니 오케스트라의 회원권을 15년 동안 가지고 있다. 한번은 요하네스 브람스의 장대한 작품, 〈독일 레퀴엠〉 공연을 준비하는 오케스트라와 코러스의 비공개 리허설을 추가 비용까지 내며 구경하게 되었다. 이상하게 들릴지 모르지만, 합창 지휘자 마가렛 힐리스는 단원들을 몰아세울 때조차 "거기 알토 말인데, 음정을 마음대로 올리지 말고, 미리 말씀을 하시지? 여기 E플랫 하나 추가요!" 따위의 지적으로 청중들을 즐겁게 해주었다. "레가토, 레가토! 부드럽게, 끊지 말고! 이건 브람스판 〈십자가 군병들아〉가 아니에요", "신실한 장로교인이신가 봐요. 예정론을 철석같이 믿으시죠? 그렇지 않고서야 다음 악절을 미리 당겨다 부르실 리가 있나"라고 얘기하는 걸 보면 교회 성가대에서 상당 기간 활동했던 게 아닌가 싶다.

완벽주의자 힐리스는 칭찬을 하면서도 고삐를 늦추지 않았다. "아주 잘했어요. 다른 합창단 같으면 충분히 잘했어요." 그렇게 추켜세우고 두 박자쯤 쉰 다음에 덧붙인다. "하지만 시카고 심포니한테는 아니죠." 그리고 둘째가라면 서러워할 뛰어난 단원들에게 결정타를 날리려는 듯 애원조로 말한다. "하나님을 믿지 않으시거든, 최소한 브람스라도 믿어주세요!"

며칠 뒤, 객석에 앉아서 연주를 들었다. 무대 위의 음악가들은 지휘자 힐리스가 추구하는 이상을 잘 표현했다. 〈독일 레퀴엠〉은 어머니와, 가장 가까웠던 친구 로버트 슈만을 동시에 잃은 브람스의 슬픔이 진하게 묻어나는 장중하고 애처로운 분위기로 시작된다. 아침에 돋는 풀 같은 인류의 참담한 운명을 유일한 희망, 즉 하나님이 그리스도 안에서 약속하신 용서와 부활에 비추어 진지하게 파고든다.

노래와 선율이 어떤 기술로도 복제해낼 수 없는 입체 음향으로 홀을 가득 채우는 순간, 음악가들의 연주를 감상하는 행위는 곧 내 찬양이 되었다. 코러스의 일원으로 노래를 부르고 있는 친구 몇 명, 최소한 브람스를 믿는 오케스트라 멤버들, 그리고 작곡가 자신에게도 그랬을 것이다. 음악에 휩쓸려 들어간 이들에게는 집에 남겨두고 온 일이라든지, 건강이나 가족 걱정, 재정 문제 따위는 더 이상 중요한 일이 아니었다.

시카고 오케스트라 홀에서 예술적으로 드리든, 거기서 서쪽으로 몇 블록 떨어진 상가 교회에서 노인네가 쉰 목소리로 고백하든, 찬양은 자발적으로 가장 선한 존재에게 자신을 내맡기게 만든다. U2 밴드의 보노가 함성을 지르는 팬들을 진정시키고 시편을 낭송하면서 청중들에게 "할렐루야!"를 외치도록 이끌어내는 장면을 여러 번 목격했다. 더러 보노를 향해 갈채를 보내는 이들이 있지만 그를 비롯한 멤버들은 하나님 쪽으로 찬양의 물줄기를 돌려놓는다. 그들이 높이고 싶은 대상은 그분뿐이기 때문이다.

쉰 소리로 꺽꺽거리든 장엄하게 외치든, 혼자든 여럿이든, 거룩한 자녀들은 아버지를 찬송한다. 찬양은 인간의 지위를 낮추는 게 아니라 완성시키므로, 무릎을 꿇는 순간 더 크게 성장하게 마련이다. 우주에서 자신의 자리와 하나님의 좌표를 정확하게 설정할 수 있게 된 덕분이다. 조지 허버트의 말대로, 우리는 모두 '찬양을 맡은 관원'이다.[9]

으뜸가는 계명

예수님은 세 번씩이나 저주하며 부인했던 제자 베드로를 찾아오셔서 토씨 하나 바꾸지 않고 똑같은 질문을 세 번 던지셨다. "네가 나를 사랑하느냐"요 21:19. 우주의 주인이신 하나님께 우리 인간의 사랑은 헤아릴 수 없는 무언가를 의미한다.

언젠가 가장 중요한 계명 하나를 골라보라는 요청을 받으셨을 때, 주님은 조금도 망설이지 않고 "네 마음을 다하고 목숨을 다하고 뜻을 다하여 주 너의 하나님을 사랑하라"마 22:37는 말씀을 선택하셨다. 여기에는 하늘 아버지가 자녀들에게 원하시는 모든 것이 한마디로 압축되어 있다. 인간이 드릴 수 있는 가장 큰 보답인 동시에, 창조주라 할지라도 억지로 요구할 수 없는 선물은 바로 사랑이다. 자식을 키우는 부모라면, 아이들이 스스로 보여주는 사랑이야말로 무엇보다 소중한 선물이며, 강요해서 끌어낼 수 있는 게 아니라는 걸 잘 알 것이다.

그런데 사랑을 명령하셨다는 게 조금 이상하게 들리지 않는가? 단단히 작심하고 누군가를 사랑한다는 게 아무래도 자연스럽지 않다. 사랑이라는 감정은 식구들 사이에서 자연스럽게 솟아나거나, 로맨스에 빠진 남녀 사이에 격정적으로 몰아치거나, 관계가 발전함에 따라서 차츰 성장하는 법이다. 하지만 예수님은 하늘 아버지를 향한 사랑을 인생의 가장 중요한 목표로 설정하고 강조하셨다. 그렇다면 어떻게 해야 온 마음과 목숨과 뜻을 다해 하나님을 사랑할 수 있을까?

아빌라의 테레사는 기도에 관한 상세한 책을 쓰면서 "많이 생각하는 게 아니라 많이 사랑하는 게 중요하다"라고 했다.[10] 오직 기도하는 가운데만 마음과 목숨과 뜻을 다해 사랑하는 법을 배울 수 있다.

그리스도는 온 마음을 다해 하나님을 사랑하라고 말씀하신다. 가만히 앉아서 자신의 삶에 귀를 기울여보라. 열정과 꿈을 생각하고 실망을 돌아보라. 극적인 사건뿐 아니라 지루한 일상도 생각해보라. 하나하나가 하나님의 선물이다. 하루하루가 풀어보지 않은 보물 보따리다. 주님은 날마다 만나서 그 이야기를 자세히 나누자고 부르신다.

코넬리우스 닐 플랜팅가는 첫째가는 계명에 예수님이 미묘한 변화를 주셨다는 사실을 지적한다. 본래 신명기는 마음을 다하고 성품을 다하고 힘을 다하여 하나님을 사랑하라고 요구하는데 반해, 예수님은 마지막 '힘'이란 단어를 '뜻'으로 살짝 바꾸셨다. 식구 중에 철학자 하나, 음악가 서넛, 신학자, 웹 마스터, 신학교 학장 등 내로라하는 지성인이 들끓었기 때문일까? 플랜팅거는 이것을 그리스도인의 지적인 삶에 대한 선언으로 받아들였다. 그는 뜻을 다하여 하나님을 사랑하라는 말씀을 이렇게 해석한다.

모든 소유와 존재를 가지고 하나님을 사랑할 수 있다는 말이다. 그야말로 모든 것이다. 예수님은 모든 열망, 모든 자질, 모든 지적 은사, 신체적 재능, 컴퓨터 기술, 무엇이든 즐거움을 줄 줄 아는 능력 등 보유하고 있는 모든 선한 것을 취해 하나님을 향하게 하라고 말씀하신다. 열망을 취해 하나님을 갈망하고, 피조물로서 가진 풍성함을 취해 하나님께 드리고, 아름다움을 볼 줄 아는 안목을 취해 하나님의 진면목을 감상하며, 마음과 목숨과 뜻, 부족하고 뛰어난 모든 것을 온전히 주께 돌리라는 것이다.[11]

영혼(또는 목숨)을 다해 하나님을 사랑하는 대목은 이 명령 가운데 가장 까다로운 부분이다. 영혼이란 무엇인가? 마음이나 뜻도 마찬가지지만, 영혼은 보이지도 않고 그 움직임을 그래프용지에 포착할 수도 없다. 심지어 무신론자는 영혼이라는 게 있기는 한지 의심스러워한다. 하지만 기도하는 그리스도인에게 영혼보다 더 중요한 요소는 없다. 마음과 뜻이 무너진 뒤의 삶을 준비하는 데도 기도가 필요하다.

모든 심령을 기울여 하나님을 사랑하는 자세는 기도를 바라보는 관점을 변화시킨다. 똑같은 곤경을 눈앞에 두고도 전혀 다른 평가를 내릴 수 있게 해준다. '지극히 크고 영원한' 영광을 염두에 두었던 사도 바울은 혹독한 시련을 '잠시 받는 환난의 경한 것'고후 4:17쯤으로 취급했다. 프랑스의 수학자 블레즈 파스칼은 병에 걸리자 고쳐달라는 기도는 고사하고 통증을 줄여달라는 간구조차 해야 할지 말지 무척 망설였다.

> 건강하고 아픈 것 가운데, 넉넉하고 가난한 것 가운데, 그 밖에 세상에 속한 무엇이 내게 유익한지 나는 모른다. 그런 분별은 인간이나 천사의 능력 밖의 일이며 하나님의 비밀스러운 섭리 속에 감추어져 있다. 나는 다만 찬양할 뿐, 이해하려 하지 않는다.[12]

어쩌면 "찬양할 뿐, 이해하려 하지 않는다"는 이 간결한 문장에 영혼을 다해 하나님을 사랑할 수 있는 능력의 단서가 들어 있는지도 모른다. 나는 최후 변론에 나선 변호사처럼 명쾌하게 기도를 정리하려 들 때가 얼마나 많은지 모른다. 어떤 이들은 축복을 받고 어떤 이들은 저주를 받는지, 어떻게 하나님이 허다한 악과 폭력을 허용하시는지, 어떻게 보지 못한 것을 믿을 수 있는지, 삶에는 무슨 의미가 있는지 따위를 낱낱이 파악하고 싶어 안달한다.

　기도는 그리스도인을 하나님의 임재 앞으로 데려가며 높은 곳에서 조망하게 해줌으로써 삶을 체험하는 방식을 철저히 바꿔놓는다. 고통을 치유하는 것보다 고난 속에서 믿음을 지키는 게 더 중요하다. 십자가에 못박히는 형벌을 피하기보다 하나님의 뜻에 순종하는 쪽을 선택하게 된다. '육체의 가시'에서 벗어나는 것보다 겸손을 배우는 걸 더 소중히 여기게 된다.

　온 영혼을 바쳐 하나님을 사랑하는 기도의 상급 학교에 올라가면 의심과 갈등이 사라지는 게 아니라 거기에 덜 휘둘리게 된다. 예수님은 "너희가 악해도 너희 자녀에게 좋은 것을 줄 줄 알거든, 하물며 하늘에 계신 너희 아버지께서, 구하는 사람에게 좋은 것을 주시지 않겠느냐?"마 7:11고 말씀하셨다. 마음속에서 무수한 반론을 불러일으킬 만한 말씀이다. 그러나 영혼을 기울여 하나님을 사랑하면 반론은 힘을 잃는다. 무엇이든 '좋은 선물'로 바꾸시는 선하신 하나님을 신뢰하는 순간, 기도에 관한 갖가지 의문은 돌연 힘을 잃는다.

다시 대화를 시작하며

　얼마 전에 헬무트 틸리케의 전기를 읽었다. 20세기 독일을 풍미했던 유명한 설교자로 욥의 인생을 재탕한 듯한 삶을 살았던 인물이다. 히틀러에 반대한다는 이유로 대학교수 자리에서 쫓겨났고, 나치 친위대에 끌려가 굴욕적인 심문을 받아야 했으며, 언제 감옥에 끌려갈지 모르는 불안한 생활을 해야 했다. 전쟁이 막바지로 치닫던 어느 날, 그가 돌보던 슈투트가르트 교회가 폭격에 완전히 무너져내렸다. 참담한 심정으로 되돌아온 그의 눈에 이번에는 산산조각 난 집이 들어왔다. 상황은 갈수록 악화되었다. 주릴 대로 주린 아이들이 요리책에 나온 음식 사진에 얼굴을 부비며 우는 걸 지켜보는 아버지의 마음은 갈가리 찢겼다. 그럼에도 틸리케는 주일마다 빠짐없이 강단에 섰다. 이제는 다 허물어져서 돌무더기만 남은 예배당에 서서, 혼란스러워하는 교인들에게 소망을 주려고 노력했다.

"온통 혼란스러운 세상에서 우리가 의지할 수 있는 확실한 기둥은 언제나 신실하시며 늘 의지할 수 있는 하나님뿐입니다." 틸리케는 소리 높여 선포했다. 하나님의 신실하심은 결코 무너지지 않고, 역사의 굴곡과 인생의 혼란 가운데는 한결같은 하나님의 뜻이 있다는 사실을 강조했다. 당시 상황을 생각할 때 참으로 놀라운 메시지였다.

언젠가는 하나님의 보좌 앞에서 그동안 지나온 날을 돌아보는 순간이 옵니다. 그리곤 깜짝 놀라서 탄성을 지르며 이렇게 말할지도 모릅니다. "사랑하는 이의 무덤가에서 이젠 다 끝났다고 생각할 당시에 이런 세상이 있다는 걸 상상이라도 했더라면, 오랜 세월 감옥에 갇히거나 좀처럼 낫지 않는 병마에 시달려야 하는 뜻 모를 운명에 맞닥뜨렸을 때 이런 모습을 꿈이라도 꿀 수 있었더라면, 갖가지 불행한 일을 통해서 하나님이 그분의 뜻과 계획을 이루어가신다는 걸 알았더라면, 염려와 고난과 절망의 와중에서 주님의 추수철이 가까웠으며 만왕의 왕이 심판하시는 날이 다가오고 있다는 사실을 깨달았더라면 … 그런 걸 다 알았더라면 더 평온하고 자신 있게 살 수 있었을 텐데, 한결 즐겁고 침착하며 차분하게 지냈을 텐데"라고 말입니다.[13]

틸리케는 교인들에게 세상의 고통과 불의, 폭력 따위를 전혀 다른 눈으로 보셨던 예수님의 모범을 자연스럽게 제시했다. 주님이 깨어 있을 동안이나 잠들었을 때나 한결같이 그런 문제를 붙들고 씨름하셨던가? 혼란스러운 세상사가 그분의 영혼을 흔들어놓았던가?

전혀 그렇지 않았다. 예수님은 세상의 온갖 문제를 아버지의 손에 맡기고 세리와 어부, 과부, 창기, 부랑자 등 대접받지 못하는 이들과 더불어 시간을 보내셨다. 틸리케는 적어도 그리스도에게는 아버지와 대화하는 게 허다한 군중에게 설교하는 일보다 훨씬 중요했다는 사실을 깨달았다. 주님은 군중을 헤치고 한적한 곳에 나가서 하나님과 오래 이야기를 나누셨다. "예수님이 백성들을 위해 시간을 내신 이유도 바로 그것이었습니다. 모든 시간이 아버지의 수중에 있었기 때문입니다. 언제나 평온하시며 불안해하지 않으셨던 근거도 거기에 있었습니다. 하나님의 신실하심이 이미 무지개처럼 세상에 이르렀던 까닭입니다. 주님은 무지개를 놓을 필요가 없었습니다. 그 아래를 걸어가기만 하면 됐던 겁니다."

예수님을 따르는 이들은 누구나 하나님의 신실하심이 무지개처럼 세상에 두루 미치고 있다는 사실을 믿는다. 그리스도 자신이 제물이 되신 것 자체가 주님의 한결같으심을 입증하는 가장 좋은 증거다. 언젠가는 슈투트가르트의 틸리케나 겟세마네와 골고다의 예수님처럼 믿음을 철저하게 검증하는 시기가 오게 마련이다. 그런 일이 닥치면 어떻게 대처할지 생각해본다. 필사적으로 기도하고, 어둠 속을 헤매면서도 부분이 아니라 전체를 파악할 수 있기를 소망하며, 하나님의 관점으로 상황을 파악하려고 노력할 것이다. 아이러니컬하게도, 문제가 해결되면 오히려 하나님과 대화를 유지하기 위해 더 열심히 신경 써야 한다.

하나님은 지속적인 관계를 원하신다는 놀라운 사실을 믿고 기도한다. 기도라는 행위는 무한하신 창조주와 유한한 인간 사이에 난 커다란 틈을 메우기 위해 주님이 직접 정하신 방법이라고 믿는다. 그리고 세상을 치유하시는 거룩한 사역의 물결에 동참할 수 있기를 기도한다. 마치 숨을 쉬듯 기도한다. 숨을 멈추면 누구도 살 수 없다. 기도는 완벽한 커뮤니케이션 방식이 아니다. 불완전한 물질계에 사는 흠 많은 내가 완전하고 영적인 존재를 향해 손을 내미는 행위이기 때문이다. 그러므로 어떤 기도는 응답을 받지 못한다. 하나님이 임재하고 계시다는 느낌은 밀려왔다 밀려가기를 되풀이한다. 속 시원한 해답을 얻을 때보다 오히려 더 혼란스러워지는 경우가 허다하다. 그래도 기도하기를 멈추지 않는다. 사도 바울의 가르침에 절대 공감하기 때문이다. "지금은 내가 부분적으로 아나 그때에는 주께서 나를 아신 것 같이 내가 온전히 알리라"고전 13:12.

요한계시록은 세상이 온전히 회복되는 날의 모습을 이렇게 묘사했다. "그들은 하나님의 백성이 되고 하나님은 친히 그들과 함께 계셔서 모든 눈물을 그 눈에서 닦아주시니 다시는 사망이 없고 애통하는 것이나 곡하는 것이나 아픈 것이 다시 있지 아니하리니 처음 것들이 다 지나갔음이러라"계 21:3-4. 뿐만 아니라, 새로운 질서 아래에서는 하나님의 임재에서 빛이 나오므로 더 이상 해나 달이 필요 없다고 말한다. 하늘나라를 그려내는 놀라운 본문 가운데서도 이 대목에 이르면 한계를 느끼지 않을 수 없다. 하나님과 관련된 터무니없는 인식이 머릿속에 박히는 성장 과정을 거치며, 기도하는 척하거나 비판하는 데 너무나 익숙해져서 아무 거칠 것 없는 하나님의 임재를 상상조차 할 수 없기 때문이다.

기도의 형식은 완성품이 아니니 필연적으로 변하게 마련이지만, 기도의 본질은 언제나 '대화'에 있다. 어찌하다 보면 기도가 어색한 낭독처럼 돼버린다. 마치 아프리카에 있는 누군가와 휴대전화로 대화하는 것같이 툭하면 혼선이 생기고 잡음이 들끓는다. 문장도 엉터리고 억양도 괴상하다. 자크 엘뤼은 "하나님은 아담에게 일어난 단절을 절대 용납지 않으셨다"고 말했다.[14] 아담은 죄를 짓고 곧장 동산 구석에 숨어서 하나님과 친구로서 대화하기를 거부했다. 성경은 시종일관 그날 망가진 것을 다시 회복시키려는 하나님의 노력을 기록하고 있다. 언젠가는 모든 피해가 완전히 복구될 것이다.

가끔씩, 처음으로 하나님과 마주앉아 대화하던 일을 생각한다. 해결되지 않은 문제가 너무도 많았다. 탄식하고 원망할 일은 또 왜 그렇게 많던지. '자, 무슨 얘기부터 시작한다?' 대화 상대가 은하계를 펼치시고 세상 만물을 창조하신 분이라는 걸 기억해내기 전까지는 이것저것 궁리가 많았다. 하지만 이제 제기하고 싶은 반론이 없어졌다. 의심은 해소되었다. 그래서 욥과 비슷한 결론을 내렸던 것 같다. "오, 이제 알겠습니다!" 드디어 대화가 시작되었다.

몸을 보고도 어찌 감사하지 않으랴

필립

내 멘토이기도 하고 책을 여러 권 같이 쓰기도 한 폴 브랜드 박사는 생명과 인체의 신비에 '감사하는 기도를' 장황하게 드리는 것으로 하루를 시작하곤 했다. 심장, 뇌, 세포, 면역체계 같이 인간의 몸을 구성하는 다양한 기관을 하나하나 떠올리면서 생명을 유지시켜주는 복잡한 작용에 대해 하나님을 찬양했다. 박사는 자주 말했다. "의사 노릇을 하다 보니, 인체의 일부가 설계대로 돌아가지 않는 경우를 종종 만납니다. 몸에 있는 수조 개의 세포가 날마다 물 흐르듯이 돌아가는 기적을 항상 기억할 필요가 있습니다."

박사는 또한, 기도를 만성 통증과 맞서 싸우는 1차 방어선으로 삼았다. 잠을 이루기 어려울 만큼 불편하다 싶으면 벌떡 일어나서 가운을 걸치고 맨발로 한센병 요양원 주위의 보도 위를 걸어 다녔다. 뾰족한 포석이 깔린 길을 걸으면서 일부러 자기 몸에다 견딜 만한 고통을 주었다. 맨발에 전해지는 자갈의 찌르는 듯한 느낌, 그리고 거기에 이어지는 젖은 잔디의 감촉은 루이지애나 소택지에 밤이 깊어가는 소리와 어울려 등과 담낭에서 보내오는 고통스러운 신호와 경합하거나 아예 몰아내주곤 했다.

브랜드 박사에게는 특별히 기억에 남는 밤이 있다고 했다. "언제부터 찬송을 부르기 시작했는지 모르겠어요. 주위에 펼쳐진 아름다운 세상과 하늘에 빛나는 별들에 감격하고 감사하는 마음을 큰소리로 표현했던 건 그때가 처음이 아니었나 싶어요. 좋아하는 찬송가 몇 곡을 내리 불렀어요. 새들이 푸드득거리며 날아올랐어요. 따라나선 강아지는 귀를 쫑긋 세우고 주인을 이상하다는 듯 바라봤고요. 얼마쯤 그렇게 걸었을까요? 갑자기 내 꼴이 눈에 들어왔어요. 외과 과장이 새벽 2시에, 그것도 맨발에 파자마 차림으로, 큰소리로 노래를 불러대며 돌아다니는 걸 야간 경비원이 보면 어떻게 생각할까 하는 생각이 퍼뜩 스치더군요."

폴 브랜드 박사는 그렇게 돌아다니는 게 진통에는 아주 효과적이었다고 했다. 통증을 없애주지는 못했지만, 어둡고 조용한 침실에서 느낄 때보다는 한결 견딜 만해졌다는 것이다.

오, 자비롭고 거룩하신 아버지

누르시아의 베네딕투스

오, 자비로우시고 거룩하신 아버지여,

당신을 알아볼 수 있는 지혜와

당신을 이해할 수 있는 총명함과

당신을 애써 찾을 수 있는 부지런함과

당신을 기다릴 수 있는 참을성과

당신을 우러러 바라볼 수 있는 눈과

당신을 깊이 묵상할 수 있는 마음과

우리 주 예수 그리스도의 영에 속한 권세를 통하여

당신을 선포할 수 있는 생명을 허락하소서.

감사의 말

기도에 관한 책을 쓰려니 부족한 게 너무 많다는 생각이 들었다. 당장 여러 해 동안 받은 편지를 꺼내 읽는 한편, 가까운 이들을 찾아다니면서 기도에 관한 체험담을 들었다. 다들 논리정연하게 자신의 생각을 이야기해주었으며 귀가 번쩍 뜨일 만큼 놀라운 통찰을 제공했다. 이 책 곳곳에는 그렇게 주워 모은 이야기가 실려 있다. 가장 은밀한 행위 가운데 하나인 기도 생활을 낱낱이 탐색할 수 있도록 허락해주었을 뿐 아니라 어떤 응답을 받았는지까지 공개적으로 이야기해준 모든 이에게 감사한다. 취재를 해놓고도 여러 가지 사정으로 싣지 못한 이들의 이야기도 있는데, 그들과 나눈 이야기가 글의 방향을 잡는 데 큰 도움이 되었다는 사실을 꼭 밝혀두고 싶다.

도서관에서도 상당히 많은 시간을 보냈다. 기도에 관한 책이 빼곡히 들어찬 서가를 보면 지레 주눅이 들곤 했다. 돕는 손길이 없었더라면 아직도 그 그늘 아래서 헤매고 있을 게 틀림없다. 멜리사 니콜슨은 작품을 세세히 검색하고 필요한 부분을 찾아 표시해주었다. 서류철과 토막 자료를 끝까지 추적하여 이처럼 두툼한 책으로 엮어냈다. 더할 나위 없이 중요한 보좌관 노릇을 해준 셈이다.

독자들이 지금 읽고 있는 원고는 다소 길기는 해도 초고에 비하면 훨씬 술술 읽히는 편이다. 대부분은 데이비드 그레이엄, 수전 맥컬킨 그레이, 존 톱리프 같은 이들 덕분이다. 데이비드 멀러니, 밥 허드슨, 팀 스태포드, 캐더린 헬머스 같은 전문가들은 조언과 아울러 가위질도 해주었다. 존 슬로언은 구석구석 단어 하나하나까지 다 읽고 바나바처럼 자상하고 온유하게 문제점을 짚어주었다. 하나님께서 그 따뜻한 마음을 축복하시길. 이 책의 편집자들은 필자보다도 더 세심하게 신경을 써주었다. 정말로 드문 일이다. 헌신적으로 도움을 준 모든 이에게 감사한다. 마지막으로, 글쓰기라는 내향적인 작업을 하는 자의 직업병인 신경질을 너그러운 마음으로 끝까지 참아준 아내 재닛에게 고마움을 전한다.

기도에 관한 자료를 꼽자면 입이 아플 지경이다. 리처드 와그너Richard Wagner의 *Christian Prayer for Dummies*에서부터 프리드리히 하일러 Friedrich Heiler의 학구적인 책 *Prayer*, 그리고 필립 살레스키 내외Philip and Carol Zaleski가 최근에 내놓은 베스트셀러 *Prayer: A History*에 이르기까지 줄을 섰다. 따라서 여기서는 인터넷을 뒤져서 무작위로 찾아낸 샘플을 소개할 뿐임을 미리 말해둔다.

리처드 포스터가 쓴《기도》(두란노 역간)는 기도와 관련된 21가지 독특한 이야기다. 포스터가 주관하는 단체, 레노바레Renovare에서 출간 중인 *Spiritual Classics*나 *Devotional Classics* 시리즈는 모두 영성 훈련과 관련하여 엄선된 내용을 담고 있다.

*Prayer for Beginners*는 피터 크리프트Peter Kreeft의 책으로, 기도에 관한 기초적인 질문에 답을 주고 있다. 이와 비슷한 책으로 머조리 톰슨 Marjorie Thompson이 쓴 *Soul Feast*가 있다. 도널드 블뢰쉬Donald Bloesch의 *The Struggle of Prayer*와 P. T. 포사이스의《영혼의 기도》(복있는사람 역간)는 진지하게 기도하는 이들이 맞닥뜨리게 되는 갖가지 장벽을 분석하고 진단한다. 사이먼 터그웰Simon Tugwell과 토머스 그린Thomas H. Green은 좌절감과 씨름하며 메마른 기도 생활을 영위하는 이들을 격려하는 글을 여러 편 남겼다. 팀 존스Tim Jones의 *The Art of Prayer*는 기도에 대해 한

충 인격적이고 목회적으로 접근한 역작이다. 총 14장으로 구성된《기질에 따른 기도와 영성》(선교횃불 역간)은 MBTI 검사에서 나타난 갖가지 성품을 토대로 각각에 필요한 지침을 제공한다. 그 밖에도 토머스 머튼Thomas Merton의 *Contemplative Prayer*, 더글라스 스티어의《기도의 능력》(은성 역간), 데이비드 허바드David Allan Hubbard의 *The Problem with Prayer Is*, 오스틴 펠프스Austin Pelps가 쓴 *The Still Hour*, 캐럴 심콕스Carroll Simcox의 *The Divine Dialog*, 벤 캠벨 존슨Ben Campbell Johnson의 *The God Who Speaks*, 앤드류 머리가 쓴《그리스도의 기도 학교》(크리스챤다이제스트 역간) 등을 추천하고 싶다.

한스 우르스 폰 발타자르Hans Urs von Balthasar와 칼 라너Karl Rahner는 가톨릭의 입장에서 본질을 꿰뚫는 소중한 책을 썼다. 정교회 신학자 안토니 블룸Anthony Bloom 역시 기도에 대해 주목할 만한 저술을 남겼다. E. M. 바운즈가 19세기에 쓴 기도 관련 서적 여덟 권은 이제 한 권으로 묶여 나온다. 조지 버트릭George A. Buttrick의 *Prayer*는 현재 절판된 상태지만 헌책이라도 구해 읽으면 충분한 보람을 느낄 수 있을 것이다. 에스더 드 왈Esther de Waal은 *The Celtic Way of Prayer*에서 소중한 전통을 조명했다.

영국에서 운영되는 웹사이트 www.24-7prayer.com은 기도의 지평을 온 세계로 넓혀놓았다. 사실 어떤 검색 엔진을 사용하든 어렵지 않게 기도 전문 사이트에 접속할 수 있을 것이다.

테네시 주 내슈빌에 본부를 둔 '다락방The Upper Room'은 영성 훈련에 관한 방대한 자료를 발행하고 있는데, 그 가운데서도 맥시 둔남Maxie Dunnam이 주도하는 잡지 *Weaving*과 탁월한 기도 노트들은 주목할 만하다. 예수회 신부 마크 티보도Mark E. Thibodeaux의 *Armchair Mystic*은 중보기도와 관련하여 짤막하면서도 대단히 실질적인 지침을 제공한다. 엘리스 프릴링Alice Fryling의 *The Art of Spiritual Listening*은 복음주의 관점을 가지고 동일한 주제에 접근한다.

철학 쪽에 마음이 끌리는 이들에게도 추천하고 싶은 책이 있다. 테란스 티센Terrance Tiessen의 *Providence and Prayer*는 기도를 두고 칼뱅주의와 알미니안주의, '열린 신학' 등이 내놓은 주장을 다각도로 검증한다. C. S. 루이스의 《개인기도》(홍성사 역간)는 실질적인 문제와 신학적인 이슈 모두에 대해 재기발랄한 해석을 내리고 있다. 브리짓 허만Brigid E. Herman의 *Creative Prayer*와 에밀리 그리핀Emilie Griffin의 *Doors into Prayer*, 데이비드 스텐들 라스트 형제Brother David Stendl-Rast가 쓴 *Gratefulness, The Heart of Prayer*, 제럴드 싯처의 《하나님이 기도에 침묵하실 때》(성서유니온 역간)도 권할 만하다.

그레고리 울프 부부George and Suzanne Wolfe는 가족들이 함께 나눌 수 있는 깔끔한 기도 문집인 《기도하는 우리집》(청림 역간)을 냈다. 어린아이들에게 기도하는 법을 가르치는 데도 그만이다. 베티 쉐넌 클로이드Betty Shannon Cloyd의 *A Shared Pilgrimage*도 똑같은 목표를 가지고 쓴 책이다.

선집

개인에게 초점을 맞춘 기도 모음에는 페리 르페브르가 편집한 《키에르케고르의 기도》(기독교연합신문사 역간), 알렉산더 화이트Alexander Whyte가 번역한 *Lancelot Andrews and His Private Devotions*, 패트라이즈C. A. Patrides가 정리한 *The English Poems of George Herbert*, 로널드 클루그Ronald Klug가 토머스 아 켐피스의 《그리스도를 본받아》(포이에마 역간)에서 발췌 편집한 *Prayers from The Imitation of Christ*, 존 던_{John Donne}의 *Devotions* 등이 있다. www.wordamongus.org라는 웹사이트에서는 C. S. 루이스나 로욜라의 이그나티우스, 도로시 데이처럼 유명한 인물의 기도를 소개하는 '함께 드리는 기도' 시리즈를 업데이트하고 있다.

영국 국교회와 감독교회는《성공회 기도서》를 사용하고 있으며, 가톨릭교회는《시과 전례》를 발행한다. 둘 다 성례전에 사용할 목적으로 만든 탁월한 자료다. 기독교 고전과 현대물에서 발췌 편집한 *A Guide to Prayer for All who Seek God*도 비슷한 체제를 갖추고 있다. 각 교단은 자체적으로 기도 안내서를 발행한다. Westminster John Knox Press가 펴낸 *Book of Common Worship*, 스테픈 폴토시스_{Stephen Fortosis}의 *A Treasury of Prayers*, 조지 애플턴이 편역한《명기도문집》(시공사 역간)도 눈여겨볼 필요가 있다.

필리스 티클_{Phyllis Tickle}은 *The Divine Hours*를 대중적인 3부작으로 편집했다. 캐틀린 노리스의《수도원 산책》(생활성서사 역간)과 로버트 벤슨_{Robert Benson}의 *Living Prayer*는 성례전을 대하는 저마다의 이면에 감춰진 이야기를 들려준다. 벤슨은 나중에 기도 문집, *Venite: A Book of Daily Prayer*를 따로 냈다.

메리 베츨러_{Mary Batchelor}가 편집한 *Lion Prayer Collection*은 무려 1,300편이나 되는 기도문을 주제별로 분류해놓았다. 켄 가이어_{Ken Gire}의 *Between Heaven and Earth* 역시 간단한 묵상과 더불어 본보기가 될 만한 기도문을 여럿 싣고 있다. 존 베일리의《매일기도》(성서유니온 역간)는 요즘 나온 기도문을 모았다. 아침저녁에 드릴 기도문과 아울러 독자들이 직접 참여할 수 있도록 빈 페이지를 배치했다. 베네딕트 그뢰셸

Benedict Groeschel이 정리한 *Praying to Our Lord Jesus Christ*는 2세기부터 20세기까지 작성된 기도문과 묵상을 한데 모은 책이다. 주로 가톨릭 성인들의 글이다.

묵상집

텔마 홀의 작품 《깊이 깊이 말씀 속으로》(성서와함께 역간)는 500개의 성경 본문을 담고 있어서 묵상하며 기도하기에 좋다. 유진 피터슨은 《이 책을 먹으라》(IVP 역간)를 쓰면서 렉시오 디비나 방식으로 묵상하는 문제를 다루는 데 몇 장을 할애했다. 반면에 리처드 피스Richard Peace는 *Contemplative Bible Reading*을 통해 '소그룹 성경 공부에 맞는 묵상 방식을 제시한다.

유진 피터슨은 1년 동안 날마다 기도하고 묵상하도록 돕는 책을 비롯해서 시편과 관련된 책도 몇 권 썼다. 정교회 신부 패트릭 헨리 리어든 Patrick Henry Reardon이 쓴 *Christ in the Psalms*는 시편을 하나씩 읽어나가는 편제로 꾸며져 있다.

주

1부 : 늘 하나님과 동행하며

1 Patricia Hampl, *Virgin Time* (New York: Ballantine, 1992), 35.

내면 깊은 곳의 갈망

1 Albert Einstein, *Leadership Journal* (1983년 겨울호) 43.
2 다친 데는 깨끗이 나았다. 기도 요청은 실제적인 열매를 맺었다. 주치의의 아내인 기도 팀 멤버
가 메시지를 받자마자 병원에 진료 예약을 해준 덕분에 러시아에서 돌아온 다음날부터 곧바로
신경 치료에 들어갈 수 있었다.
3 David Remnick, *Lenin's Tomb* (New York: Random House, 1993), 81.
4 Paul Johnson, *Modern Times* (New York: Harper & Row, 1983), 454.《모던 타임스》(살림
출판사 역간).
5 다음 책에서 인용한 토머스 머튼의 말을 재인용했다. Mark E. Thibodeaux, *Armchair Mystic*
(Cincinnati: St. Anthony Messenger, 2001), ix.
6 George H. Gallup, Jr, *Religion in America 1996* (Princeton, NJ: The Princeton Religion
Research Center, 1996), 4, 12, 19.
7 다음 책에서 인용한 조나단 에드워즈의 말을 재인용했다. Austin Phelps, *The Still Hour*
(Carlisle, Penn: Banner of Truth Trust, 1979), 11.
8 다음 책에서 인용한 한스 큉의 말을 재인용했다. Ben Patterson, *Deepening Your
Conversation With God*, Chapter 2, n.p., www.ctlibrary.com/lebooks/pastossoul.
soulconverstation.
9 George Buttrick, *Prayer* (New York: Aningdon, 1942), 26.
10 Martin Lloyd-Jones, *Why Does God Allow War* (Wheaton, Ill.: Crossway, 2003), 15.
11 Gerald May, *Addiction and Grace* (San Francisco: HarperSanFrancisco, 1988), 1.《중독과
은혜》(IVP 역간).

하나님의 눈으로

1 George Marshall, 출처 미상.

2 Thornton Wilder, "Our Town", *Three Plays* (New York: Harper & Brothers, 1957), Act 1, 45.

3 Shakespeare, *King Lear*, 3.4, line 106.《리어왕》(민음사 역간).

4 다음 책에서 인용한 알렉산더 슈메만의 글을 재인용했다. Alan Jones, *Soul Making* (San Francisco: Harper & Row, 1985), 53.

5 어떤 기자가 토머스 머튼에게 우리 시대의 영적인 질병 가운데 가장 심각한 게 무엇이라 생각하느냐고 물었다. 수도사의 입에서 튀어나온 말은 전혀 예상 밖이었다. "능률이죠!" 이유를 묻자 이런 대답이 돌아왔다. "수도원부터 정부 기관에 이르기까지 다들 한없이 달리기만 합니다. 그렇게 뛰고 나면 다른 일을 할 시간이나 힘이 남아나지 않습니다." 다음 책에서 재인용했다. Ronald Rolheiser, *The Shattered Lantern* (New York: Crossread, 2001), 40.

6 Hampl, *Virgin*, op. cit. 217.

7 오늘날 정치 현실에서 보면 다소 낯설게 느껴질지 모르지만, 17세기 영국 하원에서 드렸던 기도는 올바른 시각을 유지하고 있다. "홀로 왕들을 다스리시며, 군주들에게 정의를 선포하시고, 모든 논의에 개입하시며, 지혜롭고 분별에 뛰어나시며 전능하신 하나님, 주님의 이름으로 여기 모인 쓸모없는 종들이 낮고 낮은 마음으로 간구합니다. 하늘로부터 하나님의 지혜를 내려주시고 무슨 일을 협의하든 앞서서 지도하고 안내하소서. 항상 주님을 두려워하는 자세를 갖게 하시고 사사로운 이해관계와 편견, 당리당략에서 자유롭게 하소서. 회의 결과가 늘 주님의 복된 이름에 영광을 돌리게 하소서." Jonathan Aitken, *Prayers for People Under Pressure* (London: Continuum, 2005), 176.

8 Simon Tugwell, *Prayer: Living With God* (Springfield, Ill.: Templegate Publishers, 1975), 35.

9 John Milton, *Paradise Lost*, Book XI, line 148ff.《실낙원》(문학동네 역간).

있는 모습 그대로

1 C. S. Lewis, *Letters to Malcolm: Chiefly on Prayer* (London: Geoffrey Bles, 1964), 109.《개인기도》(홍성사 역간).

2 다음 책에서 인용한 시릴 코널리의 말을 재인용했다. Paul Johnson, *Intellectuals* (New York: Harper & Row, 1988), 315.《지식인의 두 얼굴》(을유문화사 역간).

3 프레드릭 뷰크너가 쓴 일기의 한 구절. 아담과 이브가 최초로 불순종의 죄를 지었을 때 하나님은 핵심을 찌르는 두 가지 질문을 하셨다. "너희가 어디 있느냐?"와 "너희가 무엇을 했느냐?"는 것이다. 뷰크너는 예나 지금이나 모든 심리 치료사가 똑같은 질문을 던진다는 사실에 주목한다. "너희가 어디 있느냐?"라는 질문은 현상을 있는 그대로 드러낸다. 두 사람은 벌거벗고, 숨었으며, 그동안 전혀 알지 못했던 죄책감과 수치심으로 황폐해졌다. "너희가 무엇을 했느냐?"는 과거를 노출시킨다. 하나님은 아담과 이브를 부르시고 둘이 저지른 돌출 행동이 어떤 결과를 가져왔는지 설명하셨으며 의복을 만들어 입히셨다. 이제는 어쩔 수 없이 스스로 불러온 낯선 환경에 적응하며 살아야 했기 때문이다. 뷰크너는 말한다. "범죄 이전으로 돌아갈 수는 없었다. 하지만 새로운 방식으로 무장하고 앞으로 나아갈 수는 있었다." Frederick Buechner, *Whistling in the Dark* (San Francisco: Harper & Row, 1988), 96. 노련한 심리 치료사가 기대하는 효과가 바로 이것이다.

4 Walter Wangerin Jr., *Whole Prayer* (Grand Rapids, Mich.: Zondervan, 1988), 95-96.

5 Ole Hallesby, *Prayer* (Minneapolis: Augsburg, 1975), 16-17. 《기도》(생명의말씀사 역간).

6 Henri Nouwen, *With Open Hands* (New York: Ballantine/Epiphany Edition, 1985), 54. 《열린 손으로》(성바오로출판사 역간).

7 Henry Adams(pseudonym Frances Snow Compton), *Esther: A Novel* (New York: Henry Holt, 1884), 299.

8 Daniel Hawk, 출처미상.

9 Etty Hillesum, *An Interrupted Life* (New York: Washington Square Press, 1981), 264.

10 C. S. Lewis, *Malcolm*, op. cit., 35.

11 Abraham Joshua Heschel, *I Asked for Wonder* (New York: Crossroad, 2000), 18.

12 John Milton, *Paradise Lost*, Book XI, line 148ff. 존 밀턴의 《실낙원》에서 타락한 아담과 이 브는 깊은 수심에 잠겨 세상을 방황한다. 지축을 뒤흔들 만큼 엄청난 잘못을 저지른 걸 후회하며 하나님이 과연 다시 사랑을 베풀어주실지 회의한다. 그러던 아담에게 한 줄기 소망의 빛이 드리 워졌다.

> 왜냐하면, 기도로서
> 성난 하나님을 달래드리고자 노력하며,
> 그분 앞에 무릎 꿇고 전심으로 겸비한 때로부터,
> 하나님께서 너그럽고 온유하게 귀 기울여주심을 보았고,
> 선의를 품고 들으신다는 믿음이 점점 커졌으며,
> 평화가 내 가슴에 돌아왔기 때문이다.

13 David Ford, *The Shape of Living* (Grand Rapids, Mich.: Baker Books, 1997), 55.

하나님은 어떤 분일까

1 Nacy Mairs, *Ordinary Time* (Boston: Beacon, 1993), 54.

2 다음 책에서 재인용했다. Philip Zaleski & Carol Zaleski, *Prayer: A History* (New York: Houghton Mifflin, 2005), 4.

3 Jonathan Aitken, *Pride and Perjury* (London: Continuum, 2004), 12.

4 조지 맥도널드는 자식들에게 긍정적인 아버지상을 심어주지 못한 이들에게 충고한다. "아버지 란 단어를 놓쳤다는 건 곧 인생의 전부를 잃어버렸다는 뜻으로 해석해야 한다." 다음 책에서 재 인용했다. Rolland Hein, *The Heart of George McDonald* (Wheaton, Ill.: Harold Shaw, 1994), 373.

5 다음 소식지에서 인용했다. Ester Elizabeth, *Journey Into Freedom*.

6 Saint Augustine, Sermons, #117.5. 다음 책에서 재인용했다. Gary Wills, *Saint Augustine* (New York: Viking, 1999), xii.

7 레이놀즈 프라이스는 은유로 가득한 해답을 제시한다. "창조주께서 우주를 만들 때 가지셨던 마 음을 이성적인 판단을 하는 인간이 떠올릴 수 있는 범위에서 생각해본다면, 그처럼 엄청나고 영 속적인 사업을 벌이시는 데 사랑만큼 타당한 이유가 또 있을까 싶다." Reynolds Price, *Letter to a Man in the Fire* (New York: Scribner, 1999), 84. 인간은 허약한 비유를 통해서만 하나님 의 심정을 이해할 뿐이다. 예를 들어, 부모가 온갖 수고와 희생을 참고 견디면서 아이들을 키우 는 까닭은 무엇인가? 사랑 때문이다. 예수님이 가르쳐주신 하나님의 속마음도 바로 사랑이었다. "하나님이 세상을 이처럼 사랑하사 독생자를 주셨으니"(요 3:16). 인류를 지으시면서 주님은 사

랑받을 뿐 아니라 사랑할 대상을 원하셨다. 인간이 얼마나 보잘것없는 존재인지 따위는 개의치 않으셨다.

8 Joachim Jeremias, *The Prayers of Jesus* (Naperville, Ill.: Alec R. Allenson, Inc., 1967), 78.

9 Dante Alighieri, *Paradiso*, Canto 33.

10 현대 물리학의 도움으로 시간의 상대적인 성질은 더 쉽게 파악된다. 아인슈타인의 상대성이론에 따르면, 광속으로 여행하는 인간은 한순간에 우주 역사 전체를 볼 수 있다고 한다. 그렇다면 우주 전체를 꿰뚫고 계신 하나님은 현재 지구에서 일어나고 있는 일과 1만 5,000년, 또는 수억 년 전에 벌어졌던 일을 동시에(시간을 초월하신 하나님께 동시라는 말은 별 의미가 없지만) '보실' 수 있지 않을까? 인류는 과거 한 시점에 존재했던 별을 본다. 지구에 도달한 별빛은 수백만 년 전에 발산된 것이다. 네덜란드 소설가 하리 멀리쉬는 《천국의 발견》이라는 판타지 소설에서, "40광년 떨어진 천체에 거울을 설치할 수 있는 기술을 가졌다면 어떤 일이 벌어질까?"라는 질문을 던진다. 초고성능 망원경으로 그 거울에 비친 지구의 형상을 관찰하면 지금 이 자리에 서서 80년 전(지구의 빛이 거울이 설치된 별에 도착하는 데 40년, 그 빛이 반사되어 지구까지 돌아오는 데 40년)에 일어났던 일을 두 눈으로 볼 수 있을 것으로 추측했다. 과거와 현재가 하나로 통합되는 되는 것이다. 시간과 공간을 뛰어넘어 안드로메다 은하계와 지구에 동시에 존재하실 수 있을 만큼 광대하신 하나님은 인간과는 전혀 다른 방식으로 시간을 체험하신다. 지구는 물론이고 은하계의 까마득한 역사, 그 사이에 낀 시간을 동시에 관통하신다. 안드로메다에서 일어나는 행성 폭발을 즉시 알아채실 뿐 아니라, 여러 해 뒤에 다시 한 번 관찰자의 눈으로 지켜보실 것이다. 신학자들은 입을 모아 하나님은 시간을 초월하신 분이라고 말한다. 인간은 이제야 겨우 어떻게 그럴 수 있을지 상상해보기 시작했다. 모든 피조물이 그렇듯, 시간도 궁극적으로 하나님을 예배한다.

11 Etty Hillesum, *Interrupted*, op. cit., 225, 238, 189.

12 다음 책에 인용된 아브라함 요수아 헤셸의 말을 재인용했다. Terry W. Glaspey, *Pathway to the Heart of God* (Eugene, Ore.: Harvest House, 1998), 53.

13 오스틴 파러는 중요한 사실 하나를 지적한다. "기도가 따분하거나 어려운 일처럼 보일 수도 있다. 그렇지만 온 마음을 다해 기도하다 보면 마칠 때쯤이면 처음보다는 훨씬 흥미진진하고 편안한 느낌이 들 것이다. 지루하고 답답하고 힘들다는 건 그저 우리의 생각일 뿐이고, 하나님 편에서 보면 전혀 그렇지 않다. 비록 사소한 몸짓일지라도 자녀들이 선한 의도를 가지고 움직일 때마다 주님은 크게 기뻐하신다. 하나님의 임재를 보일듯 말듯 어렴풋하게 감지했는가? 사실 그 뒤편에는 그룹과 스랍들이 늘어서 있다. 주님은 온 우주의 주인이시다." Austin Farrer, *The Essential Sermons* (London: SPCK, 1991), 157.

14 Meister Eckhart, David O'Neal, ed., *Meister Eckhart, from Whom God Hid Nothing* (Boston: Shambhala, 1996), 15.

15 Thibodeaux, *Armchair*, op. cit., 173-174.

16 Rainer Maria Rilke, *Rilke's Book*, op. cit., 81.

하나님과 함께

1 Blais Pascal, *Pensees* (New York: Dutton, 1958), 123. 《팡세》(민음사 역간).

2 Tim Stafford, *Knowing the Face of God* (Grand Rapids, Mich.: Zondervan, 1986), 130-31.

3 Tim Stafford, *Knowing*, op. cit., 134.

4 C. S. Lewis, *Malcolm*, op. cit,, 32.

5 다음 책에서 인용한 알렉산드리아의 클레멘스의 말을 재인용했다. Simon Tugwell, *Prayer*, op. cit., vii.

6 다음 책에서 인용한 앨런 에클레스턴의 말을 재인용했다. John V. Taylor, *The Go-Between God* (London: SCM Press, 1972), 235.

7 Mother Teresa, *Everything Starts From Prayer* (Ashland, Ore.: White Cloud Press, 1998), 35.

8 Walter Brueggemann, *The Message of the Psalms* (Minneapolis: Augsburg, 1984), 80, 52.

9 다음 책에 나오는 구전을 인용했다. *Hasidic Tales*, p.149.

2부 : 풀리지 않는 미스터리

1 George Herbert, "Longing," *The English Poems of George Herbert* (Totowa, N.J.: Rowman and Littlefield, 1974), 53.

기도는 왜 할까

1 R. S. Thomas, "Folk Tale," in *Experimenting with an Amen* (London: Macmillan, 1986), 53.

2 Leo Tolstoy, *War and Peace* (Baltimore: Penguin, 1957), Vol. 1, 588. 《전쟁과 평화》(태동 출판사 역간).

3 Nancey Murphy, "Of Miracles," *Bulletin of the Center for Theology and the Natural Sciences*, vol. 10, no. 2, Spring 1990, 16.

4 Joachim Jeremias, *The Prayers of Jesus*, op. cit. 66.

5 철학자 루소도 기도할 필요가 없는 이유를 설명하면서 비슷한 이야기를 했다. "자기를 위해 역사의 진행 방향을 바꿔달라고 기도한다는 게 말이 되는가? 거룩한 지혜로 세우시고 놀라운 섭리로 이끄시는 질서를 사랑해야 마땅한 터에, 이기적인 이유로 그게 무효화되길 바라야 한다는 말인가?" 다음 책에서 재인용했다. Harry Emerson Fosdick, *The Meaning of Prayer* (New York: Association Press, 1917), 62.

6 Ray S. Anderson, *The Gospel According to Judas* (Colorado Springs: Helmers & Howard, 1991), 51-53.

7 John Donne, 'Divine meditation 14', *The Complete English Poems* (New York: Penguin 1987), 314.

8 다음 잡지에서 인용한 해돈 로빈슨의 글을 재인용했다. Paul Robbinson, 'The Back Page' *Leadership*, vol. 8 (1987), n.p.

9 하나님이 이런 식으로 역사하시는 건 한시적일 뿐이라고 성경은 약속한다. 예수님이 베드로를 위해 기도하신 내용과 주님이 장차 악을 어떻게 처리할 것인지에 대한 예언을 비교해보라. "그때에 불법한 자가 나타나리니 주 예수께서 그 입의 기운으로 그를 죽이시고 강림하여 나타나심

으로 폐하시리라"(살후 2:8).

끝이 없는 씨름

1 Walter Wink, "Prayer and the Powers", *Sojourners*, vol. 19, no. 8 (October, 1990), 13.
2 Nelson Mandela, *Long Walk to Freedom* (New York: Little Brown, 1995), 265. 《만델라 자서전: 자유를 향한 머나먼 길》(두레 역간).
3 다음 책에서 인용한 소저너 트루스의 말을 재인용했다. Hugh T. Kerr and John M. Mulder, Eds., *Conversions* (Grand Rapids, Mich.: Eerdmans, 1983), 117.
4 마르틴 루터가 상상한 그림이다. "하나님은 오직 들으실 뿐이다. 나는 그분의 문전에 무거운 짐을 던져버린다. 그리고 기도를 들어주시겠다고 약속하신 말씀을 총동원해서 주님의 귀를 괴롭힌다." 다른 글에서는 친구 필립 멜란히톤의 병을 고쳐달라고 기도하면서 하나님과 씨름했던 이야기를 들려준다. "그래서 위대한 능력을 가지신 전능자께 간구했다. 바로 주님이 주신 무기를 가지고 그분을 공략했다. 기도하면 들으신다는 성경 구절을 기억나는 대로 모두 인용했다. 그리고 앞으로도 계속해서 신뢰받기를 원하신다면 당연히 기도를 들어주셔야 한다고 밀어붙였다." 다음 책에서 재인용했다. Walter Wink, *Engaging the Power* (Minneapolis, Minn.: Fortress), 1992, 301. 《사탄의 체제와 예수의 비폭력》(한국기독교연구소 역간).
5 다음 책에서 재인용했다. Donald Bloesch, *The Struggle of Prayer* (San Francisco: Harper & Row, 1980), 73.
6 Abraham Joshua Heschel, *A Passion for Truth* (New York: Farrar, Straus & Giroux, 1973), 265, 269.
7 Arthur Waskow, *Godwrestling* (New York: Schocken Books, 1978), 1-2.
8 E. M. Bounds, *The Complete Works of E. M. Bounds* (Grand Rapids, Mich.: Baker Book House, 1990), 322. 《이엠바운즈 기도 시리즈 1-6》(생명의말씀사 역간).
9 Roy Lawrence, *How to Pray When Life Hurts* (Downers Grove, Ill.: InterVarsity, 1990), 28. 《삶을 치유하는 기도》(생명의말씀사 역간).

하나님과의 동역

1 Abraham Joshua Heschel, *The Prophets* (New York: HarperCollins, Perennial Classics Edition, 2001), 253. 《예언자들》(삼인 역간).
2 노리치의 줄리안은 14세기식 표현을 써서 기도를 '하나님이 인간과 지속적으로 동역 관계를 유지하는 핵심 통로'라고 정의했다. "기도는 하나님께 드리는 마음이다. 하나님은 사랑이 가득한 눈으로 우리를 바라보시며 함께 선한 일을 하자고 부르시기 때문이다. 그러므로 하나님이 행하시고자 하는 일을 위해 기도하도록 몰아가신다." Julian of Norwich, *Revelations of Divine Love* (London: Methuen & Co., 1901), 90.
3 C. S. Lewis, *The Screwtape Letters* (New York: Time, 1961), 97. 《스크루테이프의 편지》(홍성사 역간).
4 C. S. Lewis, *Miracles* (New York: Macmillan, 1947), 187. 《기적》(홍성사 역간).
5 C. S. Lewis, *Prayer: Letters to Malcolm*, op. cit, 70.

6   다음 책에서 재인용했다. Alister Hardy, *The Biology of God* (New York: Taplinger, 1975), 130.

7   도널드 드마르코가 사용한 용어를 차용했다. Donald DeMarco, *The Heart of Virtue* (San Francisco: Ignatius Press, 1996), 147.

8   Rabbi Shlomo Carlebach, *Christianity Today* (June, 10, 2002), 47.

9   신학자 테런스 티센은 이렇게 썼다. "현재의 상황에서 구체적으로 어떻게 행하는 것이 하나님의 뜻인지 확신하지 못하는 경우가 많다. 그래서 기도를 하면서도 '주님의 뜻이라면'이라는 제한을 둔다. 믿음이 모자라서가 아니라 지식이 부족해서 오는 현상이다. 하나님이 최선을 베풀어주실 걸 믿지만 그 '최선'이 무엇인지 정확히 알지 못하므로, 그저 지혜를 총동원해서 간구할 뿐이다. 쇠렌 키르케고르에 따르면, '기도를 통해 나누는 참다운 교제가 이뤄지는 순간은 하나님이 우리 기도를 들으실 때가 아니다. 오히려 우리가 청취자가 되어 주님이 뜻하시는 바에 귀를 기울일 수 있게 되기까지 지속적으로 기도할 때 진정한 교제가 시작된다.' Søren Kierkegaard, Charles E. Moore, *Provocations: Spiritual Writings of Kierkegaard* (Farmington, Penn.: Plough, 1999), 345; *Providence & Prayer* (Downers Grove, Ill.: InterVarsity, 2000), 339-340.

10 Hampl, *Virgin*, op. cit., 217.

11 Eugene Peterson, *Working the Angles* (Grand Rapids, Mich.: Eerdmans, 1987), 30-31.《균형있는 목회자》(좋은씨앗 역간).

12 다음 책에서 재인용했다. Brad Long & Doug McMurry, *Prayer that Shapes the Future* (Grand Rapids, Mich.: Zondervan, 1999), 60.

13 Brennan Manning, *Lion and Lamb* (Old Tappan, N.J.: Chosen Books, 1986), 86쪽.《사자와 어린양》(복있는사람 역간).

14 아일랜드 극작가 숀 오케이시는《주노와 공작》이라는 희곡에서 등장인물의 입을 빌어 이렇게 말한다. "두 사람 말을 들어보면 두 사람 다 넌더리가 난다고. 제리는 아무것도 안 믿고, 벤담은 모든 것을 다 믿고. 한 사람은 모든 것은 신에 의한 것이지 인간은 아니라고 하고, 또 한 사람은 모든 것은 인간에 의한 것이지 신은 아니라고 한단 말이야!" Sean O'Casey, "Juno and The Paycock," *The Sean O'Casey Reader* (New York: St. Martin's 1968), Act II, 29.《주노와 공작》(동인 역간).

15 Eugene Peterson, *The Contemplative Pastor* (Grand Rapids, Mich.: Eerdmans, 1989), 103-4.《목회자의 영성》(포이에마 역간).

16 www.leeellison.com/franciscan.html을 비롯한 여러 자료에서 인용했다.

기도하면 뭐가 달라질까

1   William Shakespeare, *Richard III*, Act 4.4, line 75.

2   다음 책에서 인용한 레닌의 말을 재인용했다. Stephanie Courtois, et. al., *The Black Book of Communism* (Cambridge Mass.: harvard University Press, 1999), 124.

3   다음 책에서 인용한 스탈린의 말을 재인용했다. Winston Churchill, *The Gathering Storm*, Vol. 1 (Boston: Houghton Mifflin, 1948), 135.

4   리처드 모우와 나눈 개인적인 대화.

5   Helmut Thieliche, *Our Heavenly Father: Sermons on the Lord's Prayer* (New York: Harper & Brothers, 1960), 109.

6 다음 두 사람도 자신의 책에서 이런 이론을 적극 전개하고 있다. Gregory Boyd, *God At War* (IVP Academic, 1997); David Bentley Hart, *The Doors of the Sea* (Wm. B. Eerdmans, 2005).

7 다음 책에서 재인용했다. Kenneth Leech, *True Prayer* (San Francisco: Harper & Row, 1980), 68.

8 다음 책에서 재인용했다. Robert Barron, *The Strangest Way* (Maryknoll, N.Y.: Orbis, 2004), 156.

9 레이 매컬리와 나눈 개인적인 대화.

10 다음 책에서 재인용했다. Antjie Krog, *Country of My Skull* (New York: Three Rivers Press 2000), 202.

11 다음 자료에서 재인용했다. *Bono in Conversation with Michka Assayas* (New York, Riverhead Boods, 2005), 272.

12 다음 책에서 인용한 본회퍼의 말을 재인용했다. Geffrey B. Kelley, F. Burton Nelson, *The Spirituality of Dietrich Bonhoeffer* (Grand Rapids, Mich.: Eerdmans, 2003), 228.

13 Richard Rohr, *Everything Belongs: The Gift of Contemplative Prayer* (New York: Crossroad Books, 1999), 92.

14 Charles Dickens, *Martin Chuzzlewit* (New York: Knopf, 1907), 145.

15 www.saintthomasmoresociety.org와 그 밖에 다양한 자료에서 인용했다.

16 Karl Barth, *Church Dogmatics II*, "The Doctrine of God", part 1, trans. T. H. L. Parker, W. B. Johnston, Harold Knight and J. L. M Haire, ed. G. W. Bromley and T. F. Torrance (Edinburgh: T & T Clark, 1957), 265.《교회 교의학》(대한기독서회 역간).

17 Sandi Huckaby, "God's Work, Not Ours", *The Other Side*, Jan./Feb. 1998, 45.

18 Walter Wink, *Engaging the Powers*, op. cit., 299.

기도로 하나님의 뜻을 바꿀 수 있을까

1 Andrew Murray, *With Christian the School of Prayer* (Greenville, S. C.: Ambassador Publications, 1998), 215.《그리스도의 기도 학교》(크리스챤다이제스트 역간).

2 Origen, 'On Prayer', *Origen: An Exhortation to Martyrdom, Prayer and Selected Works*, trans. Rowan Greer, Classics of Western Spirituality (New York: Paulist, 1979), 92.

3 다음 책에서 재인용했다. Friedrich Heiler, *Prayer* (New York: Oxford University Press, 1932), 89.

4 Jonathan Edwards, "The Most High: A prayer-hearing God," in *Works of Jonathan Edwards*, Edward Hackman, Ed. (Edinburgh: The Banner of Truth Trust, 1974), 2:115-116. 다음 책에서 재인용했다. John Sanders, *The God Who Risks*, (IVP Academic, 2007).

5 칼뱅은 단 한 번도 기도에 회의를 품은 적이 없다는 사실을 짚고 넘어가야겠다. 그는 그리스도인이라면 당연히 기도해야 한다고 주장했을 뿐 아니라《기독교 강요》를 쓰면서도 예정론에 관한 설명을 끝내자마자 바로 기도와 관련된 주제를 다루었다. 더 급진적인 성향의 추종자들에게는 "인간의 시시콜콜한 탄원이 우주 전체를 움직이시는 하나님을 쓸데없이 괴롭히는 것처럼 가르쳐서 지레 기도를 포기하게 만드는 건 어처구니없는 짓"이라고 경계했다. John Calvin, *Institutes of the Christian Religion* (Grand Rapids, Mich.: Eerdmans, 1964), 148.《기독교

강요》(크리스챤다이제스트 역간).

6 다음 자료에서 재인용했다. Timothy George, "What God Knows", *First Things* (June/July 2003), 8.

7 Kurt Vonnegut, *Slaughterhouse-Five* (New York: Delacorte, 1969) 52. 《제5도살장》(아이필드 역간).

8 Jacques Ellul, *Prayer and Modern Man* (*New York: Seabury, 1973*), 177.

9 Charles Finney, *Prevailing Prayer* (Grand Rapids, Mich.: Kregel, 1965), 41.

10 Clark Pinnock, *The Openness of God* (Downers Grove, Ill.: InterVarsity, 1994), 48.

11 Andrew Murray, *With Christ*, op. cit., 127.

12 C. S. Lewis, *God in the Dock* (Grand Rapids, Mich.: Eerdmans, 1970), 104-105.

13 Blaise Pascal, *Pensees* #513, op. cit., 140.

14 C. S. Lewis, *Dock*, op. cit., 105-106.

15 C. S. Lewis, *Miracle*, op. cit., 185-186.

16 현대 우주학자들의 이야기를 듣고 있으면 중세에 시작된 까다로운 논쟁이 떠오른다. 16세기 스페인에서 예수회 수사로 활동했던 루이스 데 몰리나는 하나님의 주권과 인간의 자유의지를 조화시키고자 '중간 지식'이라는 개념을 내놓았다. 모든 피조물이 행하게 될 일과 그런 자유로운 선택이 가능한 세계에 어떤 영향을 미치게 될지 미리 내다보는 능력을 말한다. 다음 책에서 재인용했다. Tiessen, *Providence*, op. cit., 153-158. 스티븐 호킹을 비롯해서 몇몇 노벨상 수상자는 '다세계 해석'에 공감을 표시했다. 어떤 선택을 할 때, 스스로 인식하는 건 하나의 현상뿐이지만 실제로는 우주의 다른 쪽에 영향을 주게 된다는 주장이다. 진동 이론에 따르면 현실에는 인간이 분간할 수 있는 최소한 여덟 개의 차원이 존재한다.

17 Karl Barth, *Prayer* (Philadelphia: Westminster, 1952), 21.

18 다음 책에서 재인용했다. Steven Mosley, *If Only Would Answer* (Colorado Springs, Navpress, 1992), 150.

19 C. S. 루이스는 이렇게 말한다. "피조물들에게 위임하실 수 있는 일이라면 전혀 손대지 않으시는 것처럼 보이기 때문이다. 직접 하신다면 눈 깜짝할 사이에 완벽하게 해내실 수 있는 일을 자녀들이 천천히, 그것도 서투르게 처리하도록 맡기신다. 소홀히 다루거나 실패할 공산이 크지만 그것도 받아들이셨다. 인간으로서는 죽었다 깨나도 완전히 이해하기 어렵다. 말하자면 유한한 인간의 자유의지가 전지전능한 성품과 동거할 수 있게 되었다. 순간순간 '거룩한 포기'가 개입되지 않고는 불가능한 일이다." C. S. Lewis, *The World's Last Night*, (New York: Harcourt Brace Jovanovich, 1960), 9. 루이스는 또 다른 글에서 이렇게 덧붙인다. "하나님은 피조물들에게 처음부터 끝까지 철저히 위임하셨다. 피조물이 할 수 있는 일이라면 절대 스스로 행하지 않으신다. 개인적으로는 주님이 베푸는 데 익숙한 분이기 때문이라고 생각한다." C. S. Lewis, *Malcolm*, op. cit., 95-96.

구하라, 찾으라, 두드리라

1 John Milton, *Paradise Lost*, book 11, lines 307-310.

2 Kenneth Bailey, *Poet & Peasant and Through Peasant Eyes* (Grand Rapids, Mich.: Eerdmans, 1983), *Poet & Peasant*, 122.

3 다음 책에서 재인용했다. H. B. Tristram, *Eastern Customs in Bible Lands* (London: Hodder

and Stoughton, 1894), 228.

4 Helmut Thielicke, *Christ and the Meaning of Life* (Grand Rapids, Mich.: Baker Book House, 1975), 85.

5 'the gates of hell,' 마 16:18(KJV). 한글 개역개정은 이 구절을 '음부의 권세'로, 새번역은 '죽음의 문들'로 번역했다.

6 Jerry Sittser, *When God Doesn't Answer Your Prayer* (Grand Rapids, Mich.: Zondervan, 2003), 115.

7 다음 책에서 재인용했다. Zaleski, *Prayer*, op. cit., 99.

8 다음 책에서 재인용했다. A. L. Lilley, *Prayer and Christian Theology* (London: Billing & Sons Ltd., 1924), 4.

9 George MacDonald, *Creation in Christ* (Wheaton, Ill.: Harold Shaw, 1976), 315.

10 Henri Nouwen, *Primacy of the Heart* (Madison, Wis.: Benedict Center, 1988), 9.

11 Henri Nouwen, *The Road to Daybreak* (New York: Doubleday, 1988), 117. 《데이브레이크로 가는 길》(포이에마 역간).

12 Henri Nouwen, *Primacy*, op. cit., 9.

13 Simone Weil, *The Notebooks of Simone Weil*, vol.2 (New York: Putnam, 1956), 574.

14 다음 책에서 재인용했다. Friedrich Heiler, *Prayer*, op. cit., 200.

3부 : 기도의 언어

1 Frederick Buechner, *Godric* (New York: Atheneum, 1981), 142.

막힘없는 기도에 대한 열망

1 Henri Nouwen, *Reaching Out* (New York: Doubleday, 1975), 126. 《영적 발돋움》(두란노 역간).

2 Frederick Buechner, *Now & Then* (San Francisco: Harper & Row, 1983), 32.

3 Mother Theresa, *Everything Starts*, op. cit., 39. 40.

4 Leslie Weatherhead, *A Private House of Prayer* (Nashville: Abingdon, 1958), 28.

5 Henri Nouwen, *The Genesee Diary* (Garden City, N.Y.: Image Books/Doubleday, 1981), 140. 《제네시 일기》(포이에마 역간).

6 Don Postema, *Space for God* (Grand Rapids, Mich.: Bible Way/CrC Publications, 1983), 17.

7 다음 책에 나온 주디 모포드의 말을 재인용했다. Terry Muck, *Liberating the Leader's Prayer Life* (Carol Stream, Ill.: Christianity Today/Word Books, 1985), 67.

8 다음 책에 나온 다니엘 얀켈로비치의 말을 재인용했다. Joseph M. Champlin, *Behind Closed Doors: A Handbook on How to Pray* (New York: Paulist Press, 1984), 63-64.

9 Simon Tugwell, *Prayer*, op. cit., 5.

10 다음 책에 나온 헨리 나우웬의 말을 재인용했다. Terry Muck, *Liberating*, op. cit, 138.

11 Ben Patterson, *Waiting* (Downers Grove, Ill.: InterVarsity, 1989), 109.

기도 문법

1 Morton Hunt, *The Universe Within* (New York: Touchstone, 1982), 222-223.

2 다음 책에 저자가 쓴 서문에서 인용했다. John Calvin, *Commentary on Psalms*, Volume 1 (www.ccel.org).

3 다음 자료에서 인용한 본회퍼의 말을 재인용했다. Geffrey B. Kelley, "The Prayerbook of the Bible: Dietrich Bonhoeffer's Introduction to the Psalms," in *Weavings*, vol. vi, no. 5 (Sept./Oct., 1991), 36.

4 원수를 저주하는 시편 때문에 당황스러워하는 독자들을 위하여, 이 문제를 구체적으로 설명하고 있는《예수님이 읽으신 성경》이라는 책의 내용을 일부 요약하여 소개한다.

언젠가 도로시 세이어즈가 이야기한 것처럼, 인간은 누구나 악마적인 사고를 가지고 있다. 하지만 그런 생각을 어떻게 실행하느냐는 전혀 다른 차원의 문제다. 살인 사건을 다룬 추리 소설을 쓸 수도 있고 실제로 살인을 저지를 수도 있다. 누군가에게서 부당한 일을 당했을 때 거기에 대처하는 몇 가지 방안을 생각할 수 있다. 우선 사사로운 복수를 고려할 수 있는데, 성경은 그런 행위를 정죄한다. 두 번째는 상처와 분노를 억누르는 방법이며, 마지막으로 그런 감정을 하나님께 가져가는 방식이 있다. 악을 갚고 정의를 실현하는 과제를 창조주의 손에 맡기는 것이다. 저주를 노래하는 시편은 마지막 선택을 보여주는 생생한 사례다. 시편 기자들은 적이 아니라 하나님을 향해 분노를 표현하고 있다.

본능적으로는 기도를 통해 감정을 정화하고 싶어 하면서도 다들 머뭇거리고 있는지 모른다. 최악의 감정을 수단과 방법을 가리지 말고 하나님께 가져가야 한다. 누군가에게 이야기하면 뒷공론이 되지만, 하나님께 고백하면 간구가 된다. 상대에게 쏟아내면 앙심을 품고 내지르는 저주가 되지만("천벌 받아 죽어라!"), 주님께 직접 고하면 전폭적으로 의지하는 탄원이 된다("그런 인간을 저주하는 일을 맡겨드립니다. 하나님만이 공정한 심판자이십니다!").

저주하는 내용의 시편은 전혀 다른 차원에서 악과 불의를 처리하는 중요한 모델이다. 악한 자들을 미워하거나 복수하고 싶어 하는 마음을 억누르려고 발버둥 칠 이유가 없다. 자기 손으로 정의를 실현하려고 애쓸 필요도 없다. 그런 감정을 있는 그대로 하나님께 전달하라. 욥기나 예레미야서, 하박국서가 분명하게 보여주는 것처럼, 하나님은 기도하면서 쏟아내는 이야기를 끝까지 참고 들어주신다. 인간이 발산하는 분노를 하나님은 모두 처리해주실 수 있다. 그런 과정을 통해서 주님이 고쳐주셔야 할 부분이 원한을 품고 있는 자신에게도 있다는 사실을 깨닫게 될 것이다. 그러나 그런 감정을 거룩한 임재 앞에 가지고 나가지 않는다면, 교정과 치료의 기회를 가질 길이 없다.

5 Eugene Peterson, *Answering God* (San Francisco: HarperSanFrancisco, 1991), 7.《응답하는 기도》(IVP 역간).

6 Debra Rienstra, *So Much More* (San Francisco: Jossey-Bass, 2005), 144.

7 Ben Patterson, *Deepening*, chapter 4, op. cit., n.p.

8 다음 책에 나온 존 밀턴의 말을 재인용했다. Buttrick, *Prayer*, op. cit., 230.

9 C. S. Lewis, *Malcolm*, op. cit., 22.

10 Rosalind Rinker, *Communicating Love Through Prayer* (Grand Rapids, Mich.:

Zondervan, 1966), 90-95.

11 Francis de Sales, "Introduction to a Devout Life," William Adams Brown, *A Life of Prayer in a World of Science* (New York: Scribner's, 1927), 153-155.

12 Phyllis Tickle, *Prayer is a Place* (New York: Doubleday, 2005), 256.

13 Anne Lamott, *Traveling Mercies* (New York: Pantheon, 1999), 82.

기도가 막힐 때

1 George MacDonald, *Creation*, op. cit., 328.

2 Martin Luther, *What Luther Say*, Ewald M. Plass, ed. (St. Louis: Concordia, 1959), 2:1083. 요한복음 16장 23절에 대한 주석에서 인용했다.

3 다음 책에서 재인용했다. Thomas H. Green, S. J., *When the Well Runs Dry* (Notre Mame, In.: Ave Maria Press, 1998), 136.《샘이 마를 때》(로뎀 역간).

4 5. Thomas a Kempis, *The Imitation of Christ* (Nashville: Thomas Nelson, 1979), 159.《그리스도를 본받아》(포이에마 역간).

5 John Donne, *Sermons on the Psalms and Gospels*, Evelyn M. Simpson, Ed. (Los Angeles: University of California Press, 1963), 226.

6 다음 책에 나온 다마스쿠스의 성 요한의 말을 재인용했다. F. P. Harton, *The Elements of the Spiritual Life* (New York: Macmillan, 1943), 222.

7 Herbert McCabe, *God, Christ and Us* (London: Continuum International Publishing Group, 2005). 다음 자료에서 재인용했다. L. Roger Owens, "Don't Talk Nonsense," Christian Century (January 25, 2005), 21.

8 Martin Luther, *By Faith Alone* (Grand Rapids, Mich.: World Publishing, 1998), March 9.

9 Thomas Merton, *New Seeds of Contemplation* (New York: New Directions, 1961), 31.《새 명상의 씨》(가톨릭출판사 역간).

10 Roberta Bondi, *To Pray and to Love* (Minneapolis.: Fortress, 1991), 49.

11 신학자 위르겐 몰트만은 엎드려 기도하는 자세는 아시아의 절대 군주의 목전에 부복한 신하를 연상시킨다고 했다. "신하는 통치자 앞에서 얼굴을 땅에 대고 엎드린다. 참수를 하든지 사면령을 내리든지 맡긴다는 뜻에서 무방비 상태로 목을 드러내는 행위이며 가능한 한 자신을 하찮은 존재로 표현하려는 몸짓이다." 혹시 하나님 앞에서라면 그런 자세가 적절할지 모르겠다. 그러나 초기 그리스도인들은 똑바로 서서, 고개를 쳐들고, 눈을 뜬 채로 기도했다. 주님의 응답을 기대하며 언제라도 받아들일 준비를 갖춘 모습이었다. 종이 아니라 자유인의 태도였다. 몰트만은 겸손하게, 몸을 굽히고, 절뚝이며 찾아오는 이들을 주님이 모두 일으켜 세우셨다는 점에 주목했다. 그들은 두 눈으로 주님을 보았고, 걷게 되었으며, 다시 사랑할 수 있었다. 몰트만은 말한다. "완전하게 서고, 깊이 숨 쉬고, 머리 위로 손을 들어올리고, 생명을 주시는 성령님의 임재를 열린 눈으로 체험할 때 비로소 치유가 가능하다." Jurgen Moltmann, *The Source of Life* (Minneapolis: Fortress, 1997), 126-130.

12 Chester P. Michael and Marie C. Norrisey, *Prayer and Temperament* (Charlottesville, Va.: The Open Door, Inc., 1991).

13 다음 자료에서 인용한 이블린 언더힐의 글을 재인용했다. Kathy Callahan-Howell "Mary Heart, Martha Brain," *Leadership* (Fall 2001), 57.

14 다음 책에서 재인용했다. Eugene Peterson, *Angles*, op., cit., 58.

15 Martin Marty, *A Cry of Absence* (Grand Rapids, Mich.: Eerdmans, 1997), 41.

16 Terry Muck, *Liberating*, op. cit., 175. 테리 머크는 마틴 로이드 존스의 말을 인용해서 영적인 침체를 극복하는 데 시편이 얼마나 좋은 모델을 제시해주는지 설명한다. 로이드 존스는 "자기 내면의 이야기를 들어야 할 시점에 오히려 자신에게 무언가를 이야기하는 태도"를 영혼의 침체기를 불러오는 핵심 요인으로 꼽았다. 그리고 시편 기자가 자기 내면에 "내 영혼아 네가 어찌하여 낙심하며 어찌하여 내 속에서 불안해하는가?"(시 42:5)라고 묻고 있다고 지적한다. 머크는 그러한 내면의 대화를 나눈 뒤에 "평정심을 되찾고 움직일 수 있다"고 결론지었다. Terry Muck, Ibid., 105.

17 C. S. Lewis, *Malcolm*, op. cit., 149.

침묵의 소리

1 Georges Bernanos, *The Diary of a Country Priest* (Garden City, N. Y.: Image, 1954), 80-81. 《어느 시골 신부의 일기》(민음사 역간)

2 Patrick Henry, *The Ironic Christian's Companion* (New York: Riverhead Books, 1999), 130.

3 Thomas Green, *When*, op. cit., 84-85.

4 다음 책에 인용된 윌리엄 쿠퍼의 글을 재인용했다. Fosdick, *Meaning*, op. cit., 81.

5 George Herbert, *Poems*, op. cit., 168-169.

6 Dietrich Bonhoeffer, *Life Together* (San Francisco: HarperSanFrancisco, 1954), 84. 《현대인을 위한 성도의 공동생활》(프리셉트 역간).

7 Henry Blackaby, *Experiencing God* (Nashville: Broadman & Holman Publishers, 1994), 115. 《하나님을 경험하는 삶》(요단출판사 역간).

8 리처드 로와 나눈 개인적인 대화.

9 다음 책에 인용된 데이비드 슈타인들 라스트의 글을 재인용했다. Gratefulness, *The Heart of Prayer* (New York: Paulist Press, 1984), 52.

10 다음 책에 인용된 휴 래티머의 글을 재인용했다. Fosdick, *Meaning*, op. cit., 82.

11 Martin Luther, *By Faith*, op. cit., August 17.

12 Jonathan Aitken, *Pride*, op. cit., 277.

13 오스틴 파러는 신뢰한다는 말의 의미를 이렇게 설명했다. "자기 마음을 잘 알고 있는 그리스도인이라면 대략 이런 식으로 기도할지 모른다. 하나님, 주님이 그토록 소망하시는 선물을 드리고 싶습니다. 제 자신을 완전히 바치고 다시는 번복하지 않기를 원합니다. 그런데 제 힘으로는 주님 뜻에 맞출 수가 없습니다. 그래도 저를 거룩한 손에 맡길 수 있는 길은 아직 남아 있습니다. 저로서는 거룩한 손길에 계속 머무를 수 없지만, 주님의 손이 붙들어주시면 가능합니다. 그 강하고 따뜻한 손이 항상 양보해주시면서도 결코 저를 놓지 않으십니다. 지혜롭고 섬세한 손이 제 보잘 것 없는 반항에 부드럽게 맞서서 하나님의 손에서 벗어나려는 걸 주저앉히며 결국 못 자국 난 손바닥 안에서 쉬게 합니다." Austin Farrer, *Sermons*, op. cit., 183-184.

4부 : 기도의 딜레마

1 Emily Dickinson, *The Complete Poems of Emily Dickinson*, ed. Thomas H. Johnson (Boston: Little, Brown, 1961), 709.

응답이 없는 건 누구의 잘못일까

1 Oscar Wilde, "An Idea Husband," *The Best of Oscar Wilde: Selected Plays and Writings* (New York: New American Library, 2004), 212.

2 Gerard Manley Hopkins, "I Wake and Feel the Fell of Dark", *The Poems of Gerard Manley Hopkins* (New York: Oxford University Press, 1970), 101.

3 Somerset Maugham, *Of Human Bondage* (New York: Bantam Books, 1991), 48-49. 《인간의 굴레에서》(민음사 역간).

4 다음 책에서 재인용했다. Rick Ostrander, *The Life of Prayer in a World of Science* (New York: Oxford University Press, 2000), 23, 33, 42.

5 Sheler, "Power," op. cit., 56.

6 루터파 신학자 마틴 마티는 말한다. "해병대원 250명이 사망하고 4명만 살아남은 사건이 벌어졌을 때, 생존자 가족들은 텔레비전에 나와서 말했다. '진심으로 기도했어요. 덕분에 이렇게 생명을 건질 수 있었던 거죠.' 그 말을 들으며 몹시 거슬리는 기도라는 생각이 들었다. 그건 비성경적인 게임이다. 마술이며 미신이다. 태어날 때부터 앞을 보지 못하는 이에 관한 질문을 받고 그리스도는 '이 사람이 죄를 지은 것도 아니요, 그의 부모가 죄를 지은 것도 아니라'(요 9:3)라고 하셨다. 이렇게 사실을 있는 그대로 받아들이는 예수님의 태도를 참으로 좋아한다. 그는 그냥 맹인으로 태어났을 뿐이다. 아무 이유 없이도 사건은 일어난다. 비는 의로운 자와 불의한 자의 머리 위에 골고루 내린다." 다음 잡지에서 인용한 마틴 마티의 말을 재인용했다. Jim Castelli, "Prayer," *USA Weekend* (December 23-25, 1994), 5.

7 다음 자료에서 재인용했다. Shirl J. Hoffman, "The Sanctification of Sport: Can the Mind of Christ Coexist with the Killer Instinct?", *Christianity Today* (4 April 1986), 18.

8 이사야서 58장 3-9절, 59장 2절, 미가서 2-3장도 함께 읽어라.

9 Martin Lloyd-Jones, *Why*, op. cit., 21. 개인적으로 만난 자리에서 데이비드 메이스 목사는 올바른 기도를 드리고 있는지 다음 사항을 점검해보라고 추천했다.

   1. 진심으로 원하는 게 무엇인가? 구체적으로 구하고 있는가? 아니면 두루뭉술한 내용을 두서없이 이야기할 뿐인가?
   2. 하나님이 들어주실 수 있는 요청인가? 그분의 성품에 어긋나는 일을 구하고 있지는 않은가?
   3. 스스로 해야 할 일을 다 했는가? 다이어트는 꿈도 꾸지 않으면서 체중을 줄여달라고 간구하지는 않는가?
   4. 하나님과의 관계는 어떠한가? 편안하게 대화를 나누는 사이인가?
   5. 요청을 들어주신다면 하나님과 나, 어느 쪽이 영광을 받는가? 하나님의 유익을 염두에 두고 있는가?
   6. 정말 기도가 응답되기를 원하는가? 떠난 여자 친구가 정말 돌아온다면 어떤 일이 생길까?

10 9.11 테러 공격에 대응해서 군사 반격을 시작할 당시, 미 국방성은 '무한 정의 작전'이라는 작전

명을 썼다. 무슬림이 도가 지나쳤다며 항의할 때까지는 그 이름을 사용했다. 흥미롭게도 그리스도인 가운데는 반대하는 목소리가 전혀 없었다.

11 다음 책에서 인용한 존 배처먼의 글을 재인용했다. John Bartlett, *Bartlett's Familiar Quotations* (Boston: Little, Brown, 1980), 866: 17.

12 다음 책에서 인용한 제퍼슨 데이비스의 말을 재인용했다. Alfred Kazin, *God and the American Writer* (New York: Vintage, 1998), 135.

13 링컨이 1865년에 한 연설 중에서 인용했다. Abraham Lincoln, "Second Inaugural Address." www.bartleby.com/124/pres32.html

14 다음 책에서 인용한 링컨의 말을 재인용했다. Woodrow Kroll, *When God Doesn't Answer* (Grand Rapids, Mich.: Baker Book House, 1997), 197.

15 다음 책에서 인용한 마하트마 간디의 말을 재인용했다. E. Stanley Jones, *Victory Through Surrender* (Nashville: Abingdon, 1971), 68-69.

16 Garth Brooks, "Unanswered Prayers," written by Patrick Alger, Larry B. Bastian, and Troyal Garth Brooks. 1991 Major Bob Music/Mid-Summer Music, Inc./Universal Music Publishing Group/Universal Polygram International Publishing, Inc.

17 Charles Edward White, "Small Sacrifices," in *Christianity Today* (June 22, 1992), 32-33.

응답 없는 기도, 미스터리와의 동거

1 George Herbert, "Denial," *Poems*, op. cit., 96.

2 C. S. Lewis, *Malcolm*, op. cit., 64.

3 C. S. Lewis, *World's Last Night and Other Essays*, op. cit., 4-5.

4 C. S. 루이스는 이 문제를 다음 책에서 아주 구체적으로 다루고 있다. Lewis, "Petitionary Prayer: A Problem Without a Answer," in *Christian Reflections* (Grand Rapids, Mich.: Eerdmans, 1967), 142-151.

5 David Aikman, *Jesus in Beijing* (Washington, D.C.: Regnery, 2003).《베이징에 오신 하나 님》(좋은씨앗 역간).

6 다음 책에서 인용한 존 베일리의 글을 재인용했다. George Appleton, *Journey for a Soul* (Glasgow: William Collins, 1974), 222.

7 Duane W. H. Arnold ed., *Prayers of the Martyrs* (Grand Rapids, Mich.: Zondervan, 1991).

8 Ronald Goetz, "Lord, Teach Us to Pray," in *The Christian Century* (November 5, 1986), 975.

9 Ronald Rolheiser, *The Holy Longing* (New York: Doubleday, 1999), 81.

10 John Calvin, *Sermons on the Epistle to the Ephesians* (Edinburgh, Scotland: Banner of Truth Trust, 1975), 683.

11 윌리엄 슬로언 코핀은 하나님의 헤아릴 수 없는 판단과 관련하여 이렇게 말한다. "기독교는 무슨 신념의 집합체라기보다 생활 방식, 즉 지적 확신을 절대시하지 않도록 주의하는 삶의 태도를 말한다." William Sloane Coffin, *Credo* (Louisville: Westminster/John Knox, 2004), 40.

606

기도와 질병의 치유

1   Reynolds Price, *The Laws of Ice* (New York: Atheneum, 1987), 67.
2   Tammy Faye Bakker, "Theologian of the Year: Tammy Faye Bakker," *The Wittenberg Door*, vol. 58 (December, 1980-Fanuary 1981), 3.
3   훗날, 이들은《우리는 아들을 죽게 했다*We Let Our Son Die*》라는 책에서 신학적인 오류를 인정했다.
4   다음 웹페이지에서 외과 의사를 대상으로 조사한 결과를 볼 수 있다. www.jtsa.edu/research/finkelstein/surveys/physicians.shtml
5   "Faith & Healing," *Newsweek* (November 10, 1993), 48.
6   Dr. Harold G. Koenig, *The Healing Power of Faith* (New York: Simon & Schuster, 1999), 9.
7   콜로라도 산지에 있는 우리 집에 연기가 밀려들고 머리 위로 헬리콥터가 요란하게 날아다니는 급박한 상황에서 바람의 방향이 바뀌어서 산불의 진로를 돌려달라고 기도한 적이 있다. 하지만 지구의 중력을 없애달라고 기도하지는 않는다. 조지 버트릭은 그러한 차이를 일반 원칙으로 정리해서 제시한다. "자연의 불변성이 명확할수록 탄원하는 기도의 힘은 줄어든다. 기도로 밀물과 썰물을 바꿀 수 없다. 다양성과 융통성이 커질수록 간구는 더 절박해진다. 날씨와 건강에 관해서는 끊임없이 기도하게 될 것이다." George Buttrick, *Prayer*, op. cit., 114-115.
8   Philip Yancey and Dr. Paul Brand, *Healing* (Portland, Ore.: Mltnomah, 1984).
9   신약 성경에 세 번째로 등장하는 치유 사건에는 악한 영을 내쫓는 과정이 포함되어 있다. 성경은 종종 질병을 귀신들림으로 표현한다. 심지어 바울은 자신의 질환을 설명하면서 '사탄의 사자'(고후 12:7)라는 용어를 썼다. 제임스 칼라스는 이렇게 말한다. "소아마비에 걸렸거나 발을 저는 이들을 보면서, 짐짓 경건하게 고개를 흔들며, 분별없는 이들이 오랫동안 주절거려왔던 어리석은 얘기를 되풀이한다. '저건 하나님의 뜻이야. 이해하기 어렵지만, 거룩한 섭리는 길고 긴 판결을 내리지. 해답을 읽으려면 하늘나라에 갈 때까지 기다려야 해.' 예수님은 그걸 보시고 '하나님의 뜻이 아니라 마귀의 장난'이라고 아주 명확하게 지적하신다." James Kallas, *The Significance of the Synoptic Miracles* (Greenwich, Conn.: Seabury, 1961), 63.
10 폴 브랜드의 출간되지 않은 글 중에서 인용했다.
11 Dale A. Matthews, M.D., *The Faith Factor* (New York: Viking, 1998), 145-150.

무엇을 위해 기도해야 할까

1   Thomas Merton, *Contemplative Prayer* (New York: Doubleday, 1996), 37.
2   Eugene Peterson, *Christ Plays in Ten Thousand Places* (Grand Rapids, Mich.: Eerdmans, 2005), 138.《현실, 하나님의 세계》(IVP 역간).
3   Ed Dobson, "Leave Room for God," in *Leadership* (Fall 2001), 31.
4   하이메 신 추기경이 레이튼 포드 일행과 나눈 대화에서 인용했다.
5   Roy Lawrence, *How*, op. cit., 60-70.
6   Rober A. Emmons, "Gratitude and Mind-Body Health," *Spirituality & Medicine Connection*, Vol. 5, issue 1, Spiring, 2001, 1.
7   Stephen A. Schmidt, "Theologies of Prayer: A Christian Perspective," *Stauros Notebook*,

vol. 20, no.2 (September 2001), 3.

8 William Shakespeare, *The Merchant of Venice*, Act 4.1, line 183. 《베니스의 상인》(민음사 역간).

9 George Chen, "China's Dynamic Church," *Christianity Today* (July 13, 1998). 커버스토리 에서 인용했다.

10 Lee Van Ham, "Some Benefits of Losing Heart," *Faith at Work* (Spring 1998), 6-7.

11 Flannery O'Connor, *The Habit of Being* (New York: Vintage, 1979), 163.

5부 : 기도의 실제

1 다음 책에서 재인용했다. Jerry Sittser, *When God*, op. cit., 11.

기도와 나

1 Walter Wink, *Engaging*, op. cit., 298.

2 Henri Nouwen, "Moving from Solitude to Community to Ministry," in *Leadership* (Spring 1995), 81.

3 Henri Nouwen, *Gracias!* (Maryknoll, N.Y.: Orbis, 1993), 57.

4 파멜라 그레이는 "주여, 말씀하시옵소서. 종이 듣겠나이다"라고 말하는 이가 한 명이라면 "들 어보세요, 주님. 종이 이야기하겠나이다"라고 말하는 이는 열 명이나 된다"고 꼬집었다. 다음 책에서 인용한 글을 재인용했다. Carroll E. Simcox, *Prayer: The Divine Dialog* (Downers Grove, Ill.: InterVarsity, 1985), 32.

5 Klaus Issler, *Wasting Time With God* (Downers Grove, Ill.: InterVarsity, 2001). 《주님과 거닐다》(IVP 역간).

6 E. Stanley Jones, *The Way* (New York: Abingdon-Cokesbury, 1946), 206.

7 Henri Nouwen, *Gracias!*, op. cit., 44, 69.

8 Don Postema, *Space*, op. cit., 110.

9 다음 책에서 인용했다. Christopher de Vinck, *Nouwen Then* (Grand Rapids, Mich.: Zondervan, 1999), 134-135. 《헨리 나웬》(요단 역간).

10 Henri Nouwen, *Genesee*, op. cit., 100.

11 다음 책에서 인용했다. Eddie Askew, *A Silence and a Shouting* (Guilford, Surrey, England: Eagle Publishing, 2001), 25-26.

12 Anthony Bloom, *Beginning to Pray* (Mahwah, N.J.: Paulist Press, 1970), 88-89.

13 Denise Levertov, "Primary Wonder," *Sands of the Well* (New York: New Directions, 1996), 129. 우리말 번역은 전주대 최희섭 교수의 번역을 참고했다.

기도와 이웃

1 David Hubbard, *The Problem with Prayer Is* (Wheaton, Ill.: Tyndale House, 1972), 14.

2 그렇다고 시도가 아예 없었던 건 아니다. 역사 저술가 폴 존슨은 말한다. "에라스무스가 한동안 몸담았던 루뱅 대학에서 1493년에 교사와 학생이 모여 기도와 관련된 주제를 놓고 토론했다. 매일 4-5분씩 대엿새에 걸쳐 기도하는 게 단번에 20분 동안 기도하는 쪽보다 응답받을 확률이 높은가? 한 사람이 대표로 10분 동안 기도하는 방식이 열 사람이 1분씩 나눠 기도하는 편보다 효과적인가? 토론은 8주 동안이나 계속됐는데, 한 해 전인 1492년에 콜럼버스가 미국으로 항해한 기간보다 길었다." Paul Johnson, *A History of Christianity* (New York: Atheneum, MacMillan, 1976), 270.《기독교의 역사》(포이에마 역간).

3 《성공회 기도서》에는 "가난하고 억눌린 사람들, 직장을 잃은 이들과 궁핍한 이들, 재소자와 포로로 잡힌 이들, 그들을 기억하고 돌보는 모든 이들"을 위해 간구하는 훌륭한 기도문이 실려 있다. *The Book of Common Prayer* (New York : Oxford University Press), 384.

4 Dietrich Bonhoeffer, *The Cost of Discipleship* (New York: MacMilan Co., 1959), 88.《나를 따르라》(대한기독교서회 역간).

5 Virginia Stem Owens, "Prayer-Into the Lion's Jaw," in *Christianity Today* (November 19, 1976), 17-21.

6 Frank Laubach, *Man of Prayer* (Syracuse, N.Y.: Laubach Literacy International, 1990), 45.

7 국가 지도자들이 난국에 부딪히자 기도에 눈을 돌린 유명한 사례가 있다. 미국 제헌 의회는 4주간에 걸쳐 난상 토론을 벌였지만 단 한 줄도 합의를 보지 못한 채 교착 상태에 빠졌다. 그때 신앙 좋기로 소문난 인물도 아닌 벤저민 프랭클린이 자리에서 일어나 조지 워싱턴을 바라보며 입을 열었다. "나이가 먹을수록 하나님이 인간사를 지배하신다는 진리를 확실하게 뒷받침해주는 증거가 더 많이 눈에 띕니다." 그는 이처럼 여러 정파가 저마다의 이해관계에 집착하다가 전혀 의견의 일치를 보지 못할까 걱정스럽다고 했다. "하나가 되도록 하나님이 도와주시지 않는다면, 오늘 우리는 국가 정책을 결정하는 이 건물에서 바벨탑을 지은 건축자들의 뒤를 잇게 될 게 분명합니다." 프랭클린은 기도 자세를 취하며 말했다. "앞으로는 매일 아침, 회의를 시작할 때마다 하나님이 우리의 생각을 도우시고 축복해주시길 기도합시다." 그날부터 기도는 미국 의회의 전통이 되었으며, 오늘까지 이어지고 있다. E. Stanley Jones, *The Way*, op. cit., 207.

8 다음 책에서 재인용했다. Michael Ward, "Knights & Martyrs," *Christian History*, vol. 88, 30-31.

9 Dietrich Bonhoeffer, *Cost*, op. cit., 135.

10 Phyllis, "Forgiving the Unforgivable," *Today's Christian Woman* (Nov.-Dec. 2005), 63-64.

기도와 하나님

1 다음 책에서 재인용했다. Robert Bonazzi, *Man in the Mirror* (Maryknoll, N.Y.: Orbis, 1997), 160.

2 F. P. Harton, *Elements*, op. cit, 222.

3 에우키테스라는 이단 수도회는 '쉬지 않고' 기도하는 방법은 잠든 사이에 대신 기도해줄 대리인

을 구하는 것뿐이라고 생각했다. Green, *The Illumined Heart* (Brewster, Mass.: Paraclete, 2001), 71. 위스콘신 주에서는 일단의 수녀들이 1878년부터 현재까지 잠시도 끊이지 않고 기도를 계속하고 있다.

4 Simone Weil, *Waiting on God* (New York: Putnam's 1951), 68.

5 Sue Monk Kidd, *God's Joyful Surprise* (*New York: Guideposts Associates, Inc., 1987*), 222-224.

6 다음 책에서 인용한 에크하르트의 말을 재인용했다. Friedrich Heiler, *Prayer*, op. cit., 192.

7 Thomas Merton, *The Seven Storey Mountain* (New York: Harcourt Brace and Co., 1948), 246-7. 《칠층산》(바오로딸 역간).

8 정교회 신학자 데이비드 하트는 육신의 세계와 영적인 영역 사이에서 '경계 또는 변경'의 역할을 감당하는 인간의 독특한 위치를 강조한다. '하늘과 땅을 하나로 묶는 모든 피조물의 제사장'이라는 것이다. David Bentley Hart, *The Door of the Sea* (Grand Rapids, Mich.: Eerdmans, 2005), 63. 사도 바울은 로마서 8장에서 인간이 가진 우주적인 가치를 부각시켰다. "피조물은 하나님의 자녀들이 나타나기를 간절히 기다리고 있습니다"(롬 8:19, 새번역).

9 George Herbert, "Providence," *Poems*, op. cit., 129.

10 Teresa of Avila, *The Interior Castle* (New York: Image / Doubleday 1989), 76.

11 Cornelius Plantinga, Jr., "Pray the Lord My Mind to Keep," in *Christianity Today* (August 10, 1998), 50.

12 다음 책에서 인용한 파스칼의 말을 재인용했다. William James, *The Varieties of Religious Experience* (New York: The Modern Library, 1936), 281.

13 Helmut Thielicke, *The Waiting Father* (San Francisco: Harper & Row, 1959), 87-89.

14 Jacques Ellul, *Prayer and Modern Man*, op. cit., 125.

옮긴이의 말

오르고 또 오르면 못 오를 리 없다고들 하지만, 오르지 못할 나무는 쳐다보지도 않는 쪽을 즐겨 택하는 편이다. 초등학교 시절에 숱하게 읽었던 위인전과 영웅전의 줄거리가 그처럼 '비겁한' 인생관의 골조를 세워주었다. 태어날 때부터 비범하고 탁월했던 주인공들의 행적에 비해 내 모습은 지극히 '평범'하거나 자못 '한심'했다. 좇기엔 간격이 너무 컸다. "마음껏 자면서 학교 공부에만 충실했다"는 대입 시험 수석 합격자의 인터뷰는 튼실한 뼈대에 살을 입혔다. '그렇다면 나랑 똑같이 공부한 셈인데 결과는 왜 그렇게 다른가? 괜히 힘쓰지 말고 일찌감치 포기하는 게 나아.' 마지막 인테리어 공사는 같은 잡지사에서 일하던 동료들이 맡아주었다. 수십 쪽짜리 원고를 쓰는 데도 밤을 새우는 판인데, 그들은 더 긴 글을 깔끔하게 마무리 짓고 일찌감치 퇴근하곤 했다. 도저히 흉내 낼 수 없는 일이었다. 괜히 따라간답시고 헛심을 빼기보다 다소 고생스럽더라도 가랑이를 안전하게 지키는 편이 현명하겠다고 판단했다.

삶의 태도가 그 꼴이니 신앙생활이라고 다르겠는가? 기도만 해도 그렇다. 평생 5만 번의 기도 응답을 받았다는 이야기를 들으면 감동보다 계산이 앞선다. 엄마 뱃속에서부터 백 년 동안 기도한다고 쳐도 하루에 한두 건씩은 기적적인 역사가 일어나야 한다는 건데, 범인에게 그게 가당키나 한 일인가? 너무 바빠서 하루에 세 시간밖에 기도할 수 없었다는 소리에는 한숨이 나온다. 소나무 등걸을 붙잡고 간절히 기도하다 보니 뿌리가 뽑혀 있더라는 전설에는 기가 질린다. 화분에 심긴 화초를 뽑아 옮기는 데도 땀이 나는데 하물며 산에서 자라는 나무를 해치웠다고?

알미울 만큼 똑똑한 얀시는 이런 열등생의 처지를 잘 알고 있음에 틀림없다. 아득히 먼 목표를 가리키면서 열심을 내라고 몰아붙이지 않는 것만 봐도 그렇다. 속도가 좀 떨어져도 믿음이 부족한 까닭이라고 닦달하지 않는다. 독자들을 도와 건너편까지 건너갈 속셈이면서도 코앞에다 큰 돌을 놓아주며 거기까지만 넘어오라고 요구할 따름이다. 개울의 폭이 아무리 넓어도 일차 목표가 만만해 보이니 도전 의지가 생긴다. 혹시 발을 헛디뎌 풍덩 빠져도 질책하지 않는다. 오히려, 징검다리 건너다 물에 빠진 나그네가 어디 한둘이라더냐, 다섯 칸을 건너오면서 백 번밖에 안 넘어졌으면 싹수가 보인다고 격려한다. 이 책을 번역하는 내내 무릎을 칠 수밖에 없었던 건 모두 그런 배려 때문이다.

그렇다고 순풍에 돛 단 듯 술술 풀렸다는 얘기는 아니다. 사실 작가로서의 필립 얀시는 탁월하다. 생각이 깊어도 글이 서툴면 책이 될 수 없는데, 깊은 생각에, 풍부한 자료에, 글 솜씨까지 두루 갖췄다. 지루해지려는 대목마다 문맥을 살짝 비틀어 유머를 짜내는 기술도 대단하다. 정곡을 찌르는 질문은 그야말로 독보적이다. 신실한 그리스도인의 입장이 아니라 악의적인 바리새인의 시각에서 쏟아내는 회의와 불신의 질문들, 그리고 다시 예수님의 눈으로 돌아가 내놓는 멋진 대답들은 장쾌하고 화려하다.

넉 달 반 동안 이 책을 번역하면서 가뜩이나 도드라졌던 허리가 더 불룩해졌다. 옷으로 감출 수 있는 한계를 훨씬 넘었다. 그래도 원망스럽지 않다. 몸매 자랑할 일도 없거니와 노력해서 줄이면 그만이지만 얀시가 소개하는 다양한 가르침은 혼자 공부하고 애써서 얻을 수 있는 성질이 아니다. 그걸 누구보다 빨리 맛볼 수 있었던 건 그야말로 특권이었다.

기도는 방어벽을 바짝 낮추고 다른 누구도 아닌 진정한 자기 자신을,
이미 모든 걸 알고 계시는 하나님께 최대한 보여드리는 과정이다.